LIGADOS
VOLUME I
by Angelos Gialamas

LIGADOS
VOLUME I
by Angelos Gialamas

Graphic Design: Konstantakopoulou Panagiota

Copyright © 2019 by Angelos Gialamas. All rights reserved.

No part of this publication may be reproduced, stored in a retrieval system or transmitted in any form or by any means, electronic, mechanical, photocopying, recording or otherwise, without the prior written permission of the publisher.

Permissions may be sought directly from Angelos Gialamas. Brief quotations embodied in critical articles or reviews are permitted.

Part of this work is protected under USPTO application no. 62/326,830 *(Enhancing Stringed Instrument Learning With A Wearable Device)* and others.

Angelos Gialamas
3 Giannitson Street
Kalamata, 24100
Greece
https://www.guitartecnica.com

Sent feedback to feedback@guitartecnica.com
Visit online store at https://www.guitartecnica.com

Printed in United States of America
10 9 8 7 6 5 4 3 2 1

To place orders through Guitartecnica:
Tel: (0030) 27210 82838
Mob: (0030) 697 722 1180
E-mail: orders@guitartecnica.com

ISBN-10: 1-947596-03-9
ISBN-13: 978-1-947596-03-0

> Significant discounts for bulk and educational institutions are available.
> Please contact Angelos Gialamas at info@guitartecnica.com or (0030) 697 722 1180

Acknowledgments

This work would not have been possible without the loving support and contribution of many of you which I am very grateful. Your warmth and consistent encouragement throughout the years has truly been a lightning rod of creativity and hope for me and my music.

On this first ever publication endeavor, I would like to offer my sincere gratitude to my graphic designer Giota Konstantakopoulou for years of excellent collaboration and cooperation. Giota has been instrumental in organizing and presenting all graphical book elements since inception.

Special thanks to my dear friend, Niki Sakareli for her laborious translations. Eamonn Clerkin on his mechanical engineering contribution of the accompanied Rasgueados wearable device. Nikos Avraam for content curation. Petros Tsapralis, Christos Katsireas, Dimitra Margariti, Francesco Santini for their musical editorial review and assessment. Maria Baka, Gioula Nikitea and Kostantina Vraka for their positive attribution of book authoring.

A heartfelt thank you to Giorgos Gialamas and Eleni Asproudi for teaching and instilling in me strong music foundations. Early introduced influences by Giorgos and Eleni resonate strongly in me. Their warmth and tenderness, their countless hours of instruction, commitment and dedication to their pupil, have inspired me to produce this volume of work. I am and always be indebted to them, for the love and consideration I have received.

I would like to also thank my loving spouse Amalia, daughters Christina and Fotini. Throughout the years, their discreet presence, patience and tolerance has cultivated an environment of tranquility and serenity for me to exist and work uninterrupted. Their consistent encouragement and attention is a true testament of selfless love.

Angelo Gialamas

Kalamata,
August 1, 2017

LIGADOS

Ligados are essential elements in the technique both of the Classical and the Flamenco guitar. Ligados are performed by the left hand fingers: index, middle, ring and littler finger symbolized as 1, 2, 3 and 4 respectively.

There are three kinds of ligados:

The ascending ligado (which connects lower with higher notes).

The descending ligado (which connects higher with lower notes).

The complex ligado which contains either ascending or descending ligados or even a combination of these. Complex ligados connect more than two notes.

In this project ligados refer to one, two, three or four strings and they are ascending, descending, simple or complex.

They are based on the chromatic scales of one string (8 notes) as the one that follows:

$$\| 1\ 4\ 3\ 4\ 2\ 4\ 3\ 4 \|$$

Each chromatic scale (of 8 notes) is structured together with its opposite as:

$$\| 1\ 4\ 3\ 4\ 2\ 4\ 3\ 4 \;\|\!\!:\; 4\ 3\ 4\ 2\ 4\ 3\ 4\ 1 \|$$

In that way an ascending ligado returns as descending and the practice of the fingers is balanced.

$$\| \overset{\frown}{1\ 4}\ \overset{\frown}{3\ 4}\ \overset{\frown}{2\ 4}\ \overset{\frown}{3\ 4} \;\|\!\!:\; \overset{\frown}{4\ 3}\ \overset{\frown}{4\ 2}\ \overset{\frown}{4\ 3}\ \overset{\frown}{4\ 1} \|$$

Specifically, ligados develop in 11 units and refer to the practice of:

1.

Two fingers with the other two stable.
UNITS: I, II, III, IV, V and VI

2.

Three fingers with the other one stable
UNITS: VII, VIII, IX and X.

3.

Four fingers
UNIT XI.

The "rest" positions of the finger or fingers which do not practice are mentioned and described in the beginning of each unit.

The fingerings of the right hand are various and refer to:

A/. THUMB ONLY

B/. THUMB COMBINATION

a

with one out of the fingers i, m, a: pi, pm, pa.

b

with two out of the fingers i, m, a:

| pim | pma | pia |
| pmi | pam | pai |

c

with the fingers i, m, a:

| pima | pmia | pami |
| piam | pmai | paim |

C/. FINGERS i, m, a ONLY

a

simple fingerings of two fingers.

| im | ma | ia |
| mi | am | ai |

b

fingerings of three fingers.

| ima | mia | ami |
| iam | mai | aim |

c

more complex fingerings:

imam	mima	amim
imia	miai	amai
iama	mami	aimi
iaim	maia	aiam

The fingerings (with reference to unit 11) are mentioned in detail in the beginning of each level of difficulty.

As already mentioned the material is classified in 11 units, the following:

UNITS

UNIT I
Practice of fingers 1 + 2, rest of fingers 3 + 4

UNIT II
Practice of fingers 1 + 3, rest of fingers 2 + 4

UNIT III
Practice of fingers 1 + 4, rest of fingers 2 + 3

UNIT IV
Practice of fingers 3 + 2, rest of fingers 1 + 4

UNIT V
Practice of fingers 2 + 4, rest of fingers 1 + 3

UNIT VI
Practice of fingers 3 + 4, rest of fingers 1 + 2

UNIT VII
Practice of fingers 1 + 2 + 3, rest of finger 4

UNIT VIII
Practice of fingers 2 + 3+ 4, rest of finger 1

UNIT IX
Practice of fingers 1 + 2 + 4, rest of finger 3

UNIT X
Practice of fingers 1 + 3 + 4, rest of finger 2

UNIT XI
Practice of the 4 fingers of the left hand.

The rest positions of the fingers (or finger) are mentioned in detail in the beginning of each unit.

The 11 units are classified in six levels depending on the degree of difficulty that exhibit in their performance. These levels of difficulty will be mentioned below with reference to unit 11 where all the four left hand fingers play. The same apply in the remaining 10 units.

LEVEL OF DIFFICULTY 1
SIMPLE LIGADOS ON ONE STRING

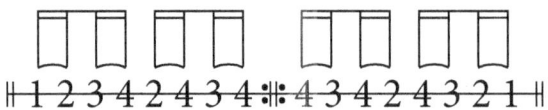

LEVEL OF DIFFICULTY 2
COMBINATION OF SIMPLE AND COMPLEX LIGADOS ON ONE STRING
VARIATION 1

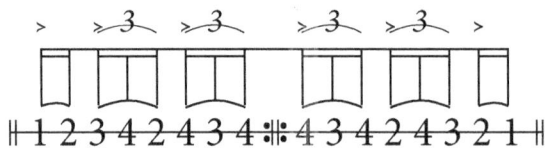

VARIATION 2

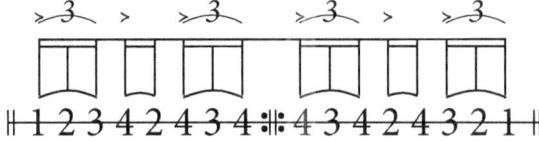

VARIATION 3

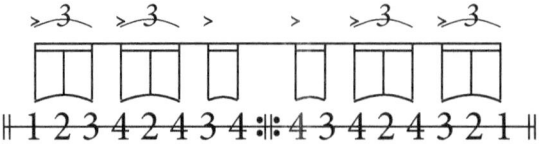

LEVEL OF DIFFICULTY 3
SIMPLE AND COMPLEX LIGADOS DEVELOPED ON TWO STRINGS
VARIATION 1

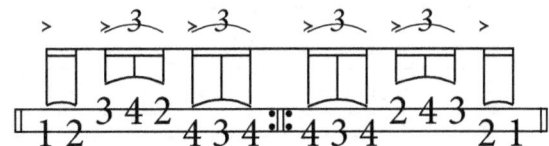

VARIATION 2

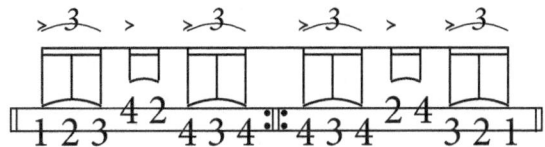

VARIATION 3

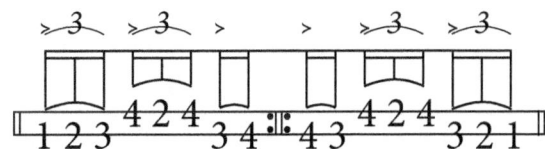

LEVEL OF DIFFICULTY 4
SIMPLE AND COMPLEX LIGADOS DEVELOPED ON THREE STRINGS
VARIATION 1

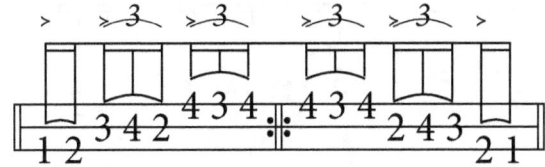

VARIATION 2

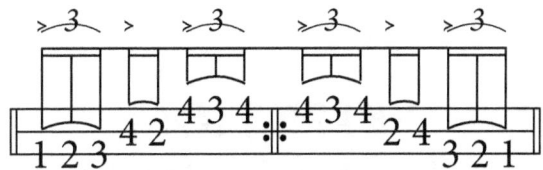

VARIATION 3

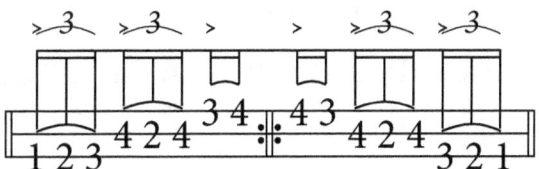

LEVEL OF DIFFICULTY 5
SIMPLE LIGADOS
DEVELOPED ON FOUR STRINGS

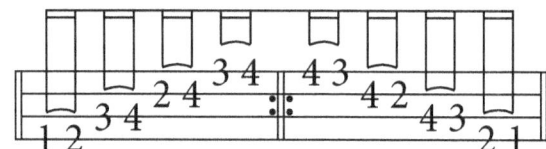

LEVEL OF DIFFICULTY 6
COMPLEX LIGADOS
DEVELOPED ON TWO STRINGS

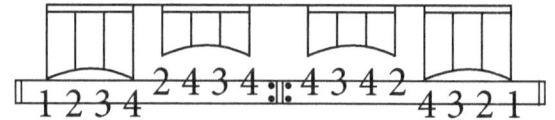

ATTENTION:
INSIST ON THE FOLLOWING FINGERINGS:
im, mi, ma, am, ia, ai

in all units and level of difficulty.

The ligados in this book are simple (ligados of two notes) and complex (ligados of three and four notes).

As already mentioned the 11 units within each level of difficulty are subject to multiple reading and performance by the right hand fingers. That means that they can be performed by the right hand in various ways fingerings. These fingerings will be mentioned in each level of difficulty with reference to unit 11. Of course what applies in unit 11 (in all levels of difficulty) also applies in the remaining 10 units. This modification (and the practice) depends on the individual learner.

To achieve the independence of the left hand fingers during the study of ligados, the fingers that do not practice should never lose contact with the fingerboard. During the performance of the exercise hold the fingers that do not practice stable (rest position). So in the following Formulas 32, 40 and 65 of unit 11, fingers 1 and 3 remain stable without moving as long as they do not prevent the movement of the rest of the fingers.

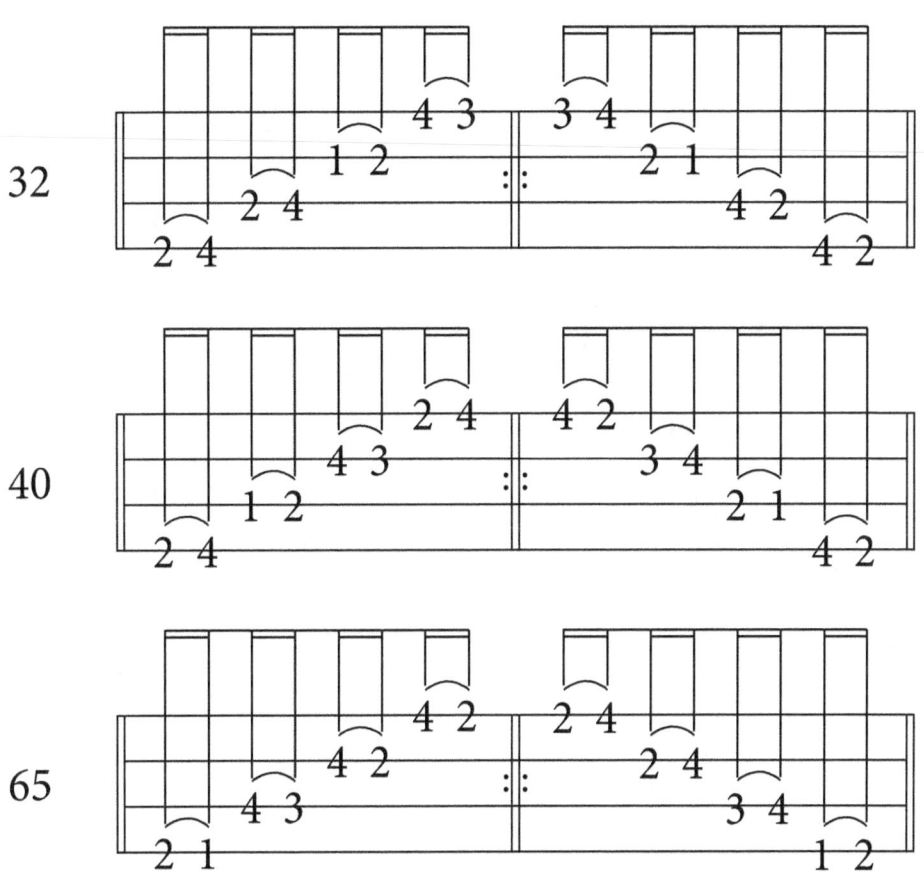

TABLE OF CONTENTS

LEVEL OF DIFFICULTY 1 ...page 1
SIMPLE LIGADOS ON ONE STRING

UNIT 1	...13
UNIT 2	...19
UNIT 3	...25
UNIT 4	...31
UNIT 5	...37
UNIT 6	...45
UNIT 7	...51
UNIT 8	...59
UNIT 9	...67
UNIT 10	...73
UNIT 11	...81

LEVEL OF DIFFICULTY 2 ...page 97
COMBINATION OF SIMPLE AND COMPLEX LIGADOS ON ONE STRING

VARIATION 1 ...page 99

UNIT 1	...109
UNIT 2	...113
UNIT 3	...117
UNIT 4	...121
UNIT 5	...125
UNIT 6	...129
UNIT 7	...133
UNIT 8	...139
UNIT 9	...145
UNIT 10	...149
UNIT 11	...155

VARIATION 2 ...page 169

UNIT 1	...177
UNIT 2	...181
UNIT 3	...185
UNIT 4	...189
UNIT 5	...193
UNIT 6	...197
UNIT 7	...201
UNIT 8	...207
UNIT 9	...213
UNIT 10	...217
UNIT 11	...223

VARIATION 3 ...page 237

UNIT 1	...247
UNIT 2	...251
UNIT 3	...255
UNIT 4	...259
UNIT 5	...263
UNIT 6	...267
UNIT 7	...271
UNIT 8	...277
UNIT 9	...283
UNIT 10	...287
UNIT 11	...293

LEVEL OF DIFFICULTY 3 ...page 307
SIMPLE AND COMPLEX LIGADOS DEVELOPED ON TWO STRINGS

VARIATION 1 ...page 311	UNIT 1 ...319
	UNIT 2 ...323
	UNIT 3 ...327
	UNIT 4 ...331
	UNIT 5 ...335
	UNIT 6 ...339
	UNIT 7 ...343
	UNIT 8 ...349
	UNIT 9 ...355
	UNIT 10 ...359
	UNIT 11 ...365
VARIATION 2 ...page 379	UNIT 1 ...389
	UNIT 2 ...393
	UNIT 3 ...397
	UNIT 4 ...401
	UNIT 5 ...405
	UNIT 6 ...409
	UNIT 7 ...413
	UNIT 8 ...419
	UNIT 9 ...425
	UNIT 10 ...429
	UNIT 11 ...435
VARIATION 3 ...page 449	UNIT 1 ...459
	UNIT 2 ...463
	UNIT 3 ...467
	UNIT 4 ...471
	UNIT 5 ...475
	UNIT 6 ...479
	UNIT 7 ...483
	UNIT 8 ...489
	UNIT 9 ...495
	UNIT 10 ...499
	UNIT 11 ..505

LIGADOS
LEVEL OF DIFFICULTY 1

LEVEL OF DIFFICULTY 1

Simple ascending and descending ligados on one string and on the chromatic scales of 8 notes which are structured together with their opposite.
Eg.

‖ 1 3 2 4 3 2 4 2 ‖: 2 4 2 3 4 2 3 1 ‖

The right hand can work the level of difficulty 1 with various fingerings. Samples of fingerings from unit 11, where the four fingers of the right hand play: p, i, m and a, will be given below. These fingerings apply to the rest of units, too.

I
FINGERINGS - THUMP ONLY

1/ STROKE TOWARDS ONE DIRECTION (↑↑)

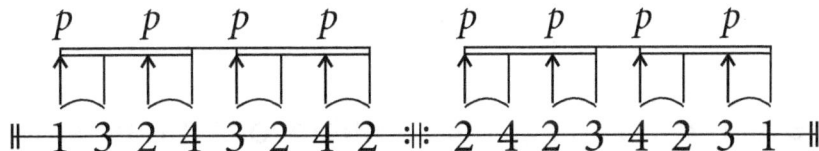

2/ STROKE TOWARDS TWO DIRECTIONS (↑↓)

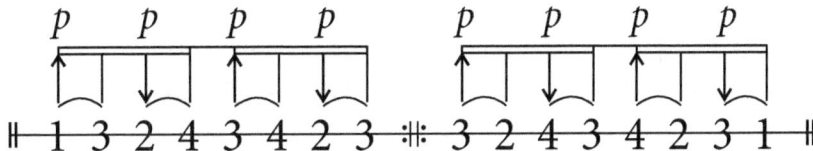

The exercise described above can be played on any string. Different strings exhibit different degrees of difficulty. Start practicing with the string that is less difficult in your hand.

For strengthening the thumb stroke these two performance ways are proposed:

A

Chromatic scale on the 5th string and simultaneous thumb stroke on the 6th string after towards one (a/1) or towards two directions (a/2):

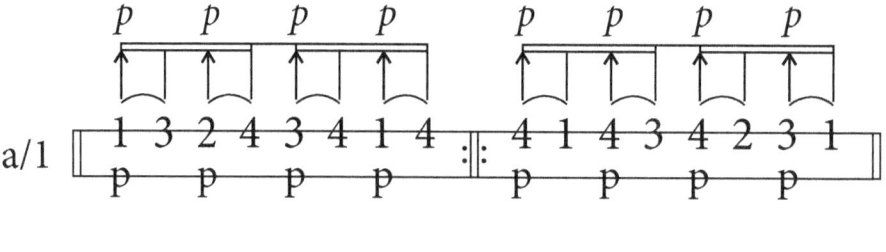

B

Chromatic scale on the 4th string and simultaneous thumb stroke on the 5th and 6th string either towards one (a/1) or towards two directions (a/2):

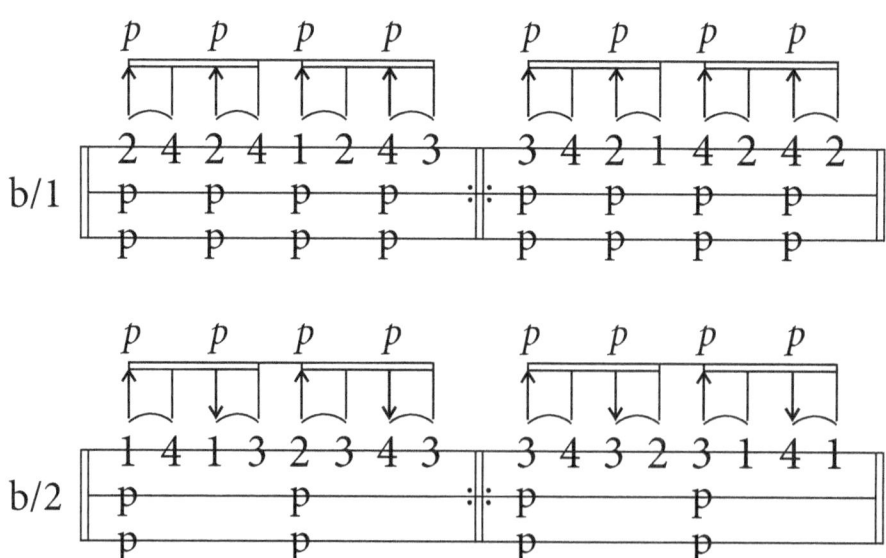

THUMB FINGERINGS
with fingers i, m and a

VARIATION 1
FINGERINGS

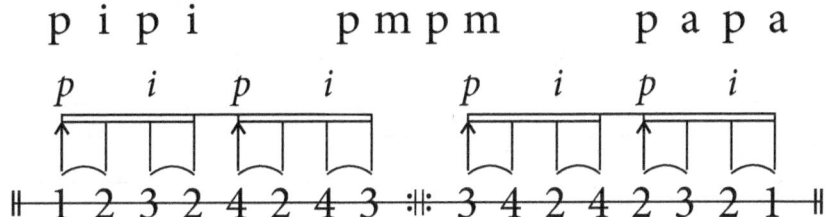

VARIATION 2
FINGERINGS

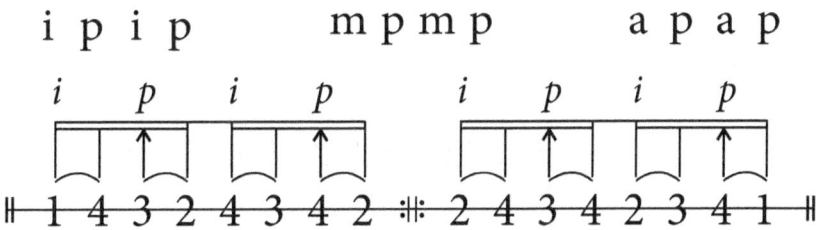

VARIATION 3
FINGERINGS

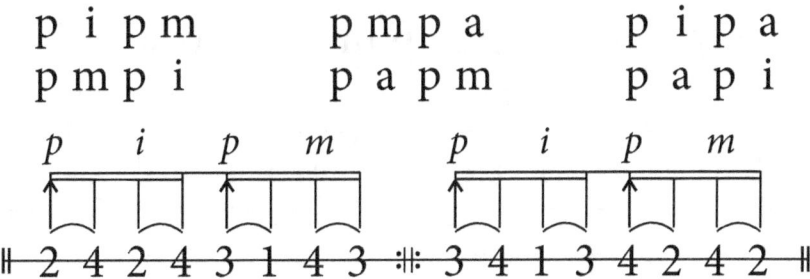

VARIATION 4
FINGERINGS

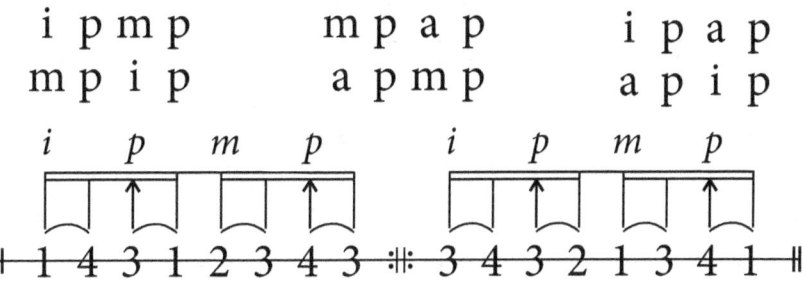

THUMB STRENGTHENING
stroke of two strings

VARIATION 1
FINGERINGS
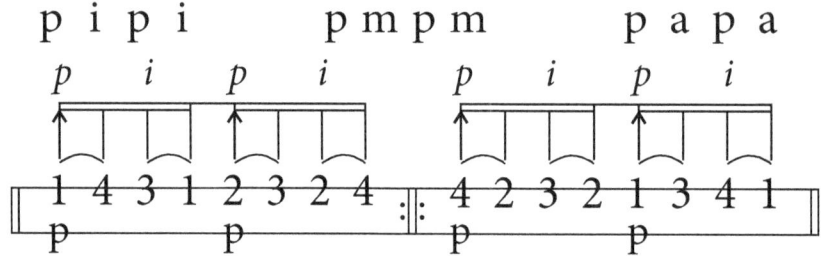

VARIATION 2
FINGERINGS
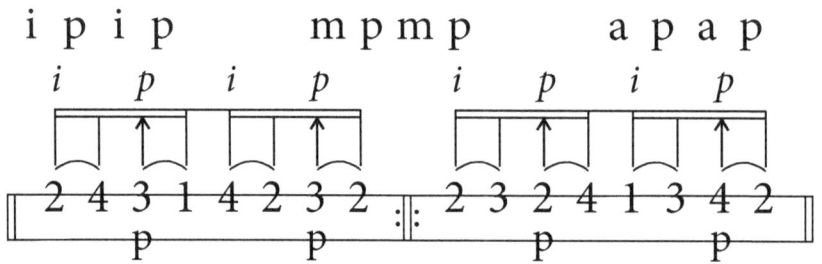

VARIATION 3
FINGERINGS
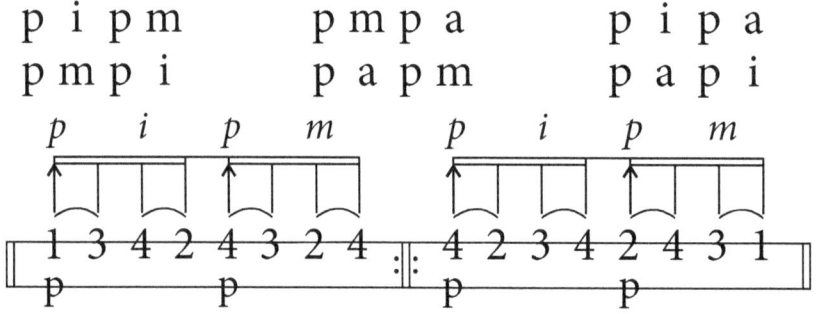

VARIATION 4
FINGERINGS
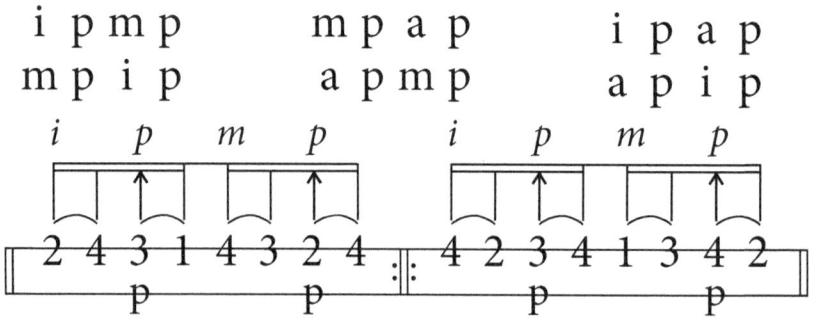

THUMB STRENGTHENING
stroke of three strings

VARIATION 1
FINGERINGS

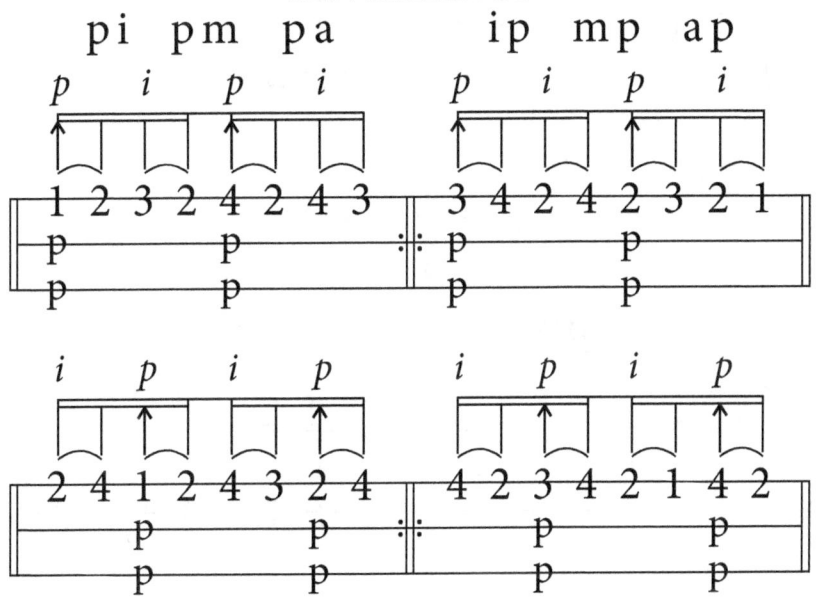

VARIATION 2
FINGERINGS

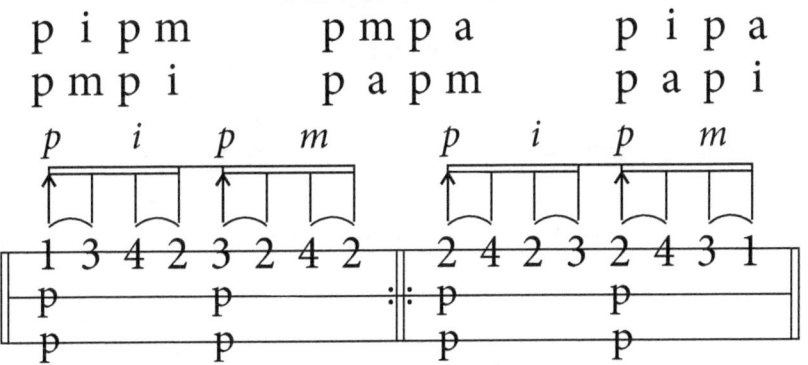

VARIATION 3
FINGERINGS

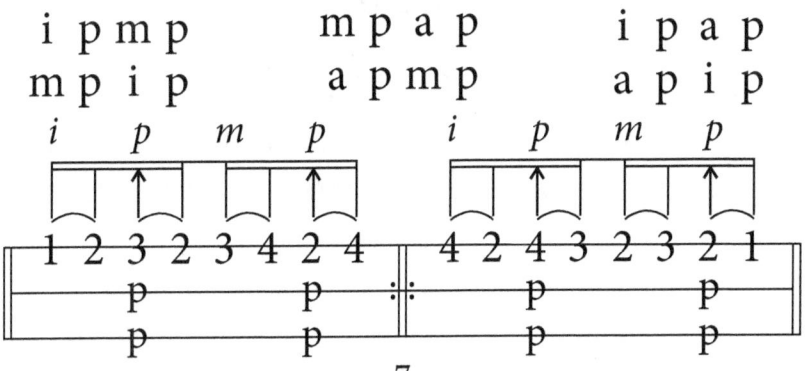

VARIATION
FINGERINGS
ppi ppm ppa

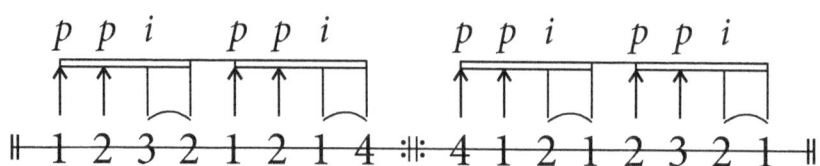

VARIATION
FINGERINGS
ppi ppm ppa

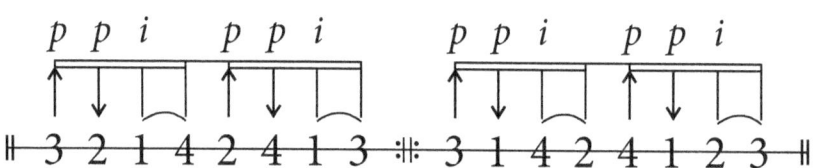

VARIATION
FINGERINGS
ipp mpp app

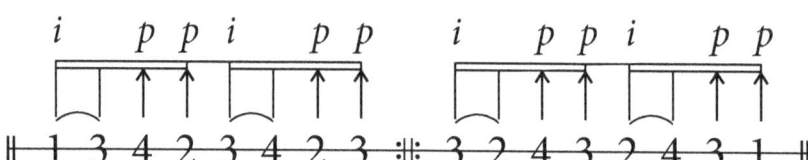

VARIATION
FINGERINGS
ipp mpp app

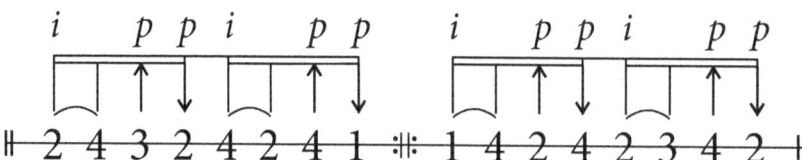

FINGERINGS ONLY WITH FINGERS i, m and a

VARIATION 1
FINGERINGS

i m i m   m a m a   i a i a
m i m i   a m a m   a i a i

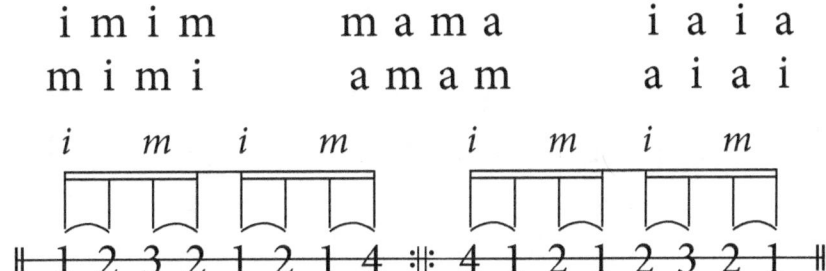

VARIATION 2
FINGERINGS

i m a m   m i m a   a m i m
i m i a   m i a i   a m a i
i a m a   m a m i   a i m i
i a i m   m a i a   a i a m

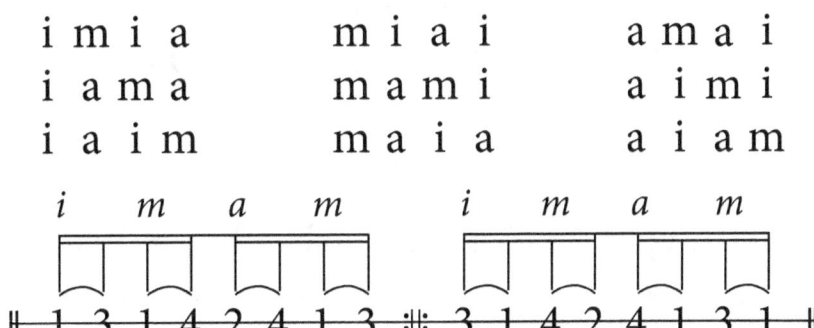

In the above variations practice in two ways:

1/ Apoyando
2/ Tirando
and alternatively in both ways.

LEVEL OF DIFFICULTY 1
11 UNITS
LEGADOS ON ONE STRING

UNIT 1
Practicing fingers 1 and 2 - Stable fingers 3 and 4

‖ 0 1 0 1 2 0 1 0 :‖: 0 1 0 2 1 0 1 0 ‖

UNIT 2
Practicing fingers 1 and 3 - Stable fingers 2 and 4

‖ 0 1 0 1 0 3 1 3 :‖: 3 1 3 0 1 0 1 0 ‖

UNIT 3
Practicing fingers 1 and 4 - Stable fingers 2 and 3

‖ 0 1 0 1 4 0 1 0 :‖: 0 1 0 4 1 0 1 0 ‖

UNIT 4
Practicing fingers 2 and 3 - Stable fingers 1 and 4

‖ 0 2 0 2 0 2 3 2 :‖: 2 3 2 0 2 0 2 0 ‖

UNIT 5
Practicing fingers 2 and 4 - Stable fingers 1 and 3

‖ 2 0 2 0 2 0 2 4 :‖: 4 2 0 2 0 2 0 2 ‖

UNIT 6
Practicing fingers 3 and 4 - Stable fingers 1 and 2

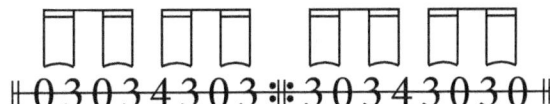

UNIT 7
Practicing fingers 1, 2 and 3 - Stable finger 4

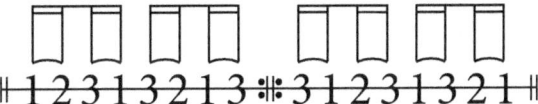

UNIT 8
Practicing fingers 2, 3 and 4 - Stable finger 1

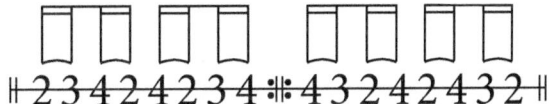

UNIT 9
Practicing fingers 1, 2 and 4 - Stable finger 3

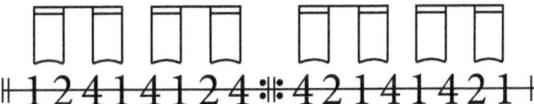

UNIT 10
Practicing fingers 1, 3 and 4 - Stable finger 2

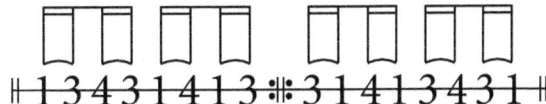

UNIT 11
Practicing fingers 1, 2, 3 and 4

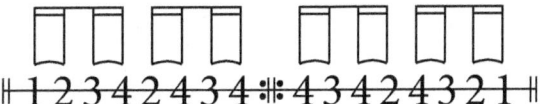

LIGADOS
UNIT 1

UNIT 1

Practice of fingers 1 and 2 of the left hand on one string and hold of fingers 3 and 4 in the rest positions that are cited below (A, B, C). The different rest positions set different degrees of difficulty. The learner should choose to start practice from those positions that exhibit less difficulty.

* 0 stands for free string.

REST POSITIONS for fingers 3 and 4

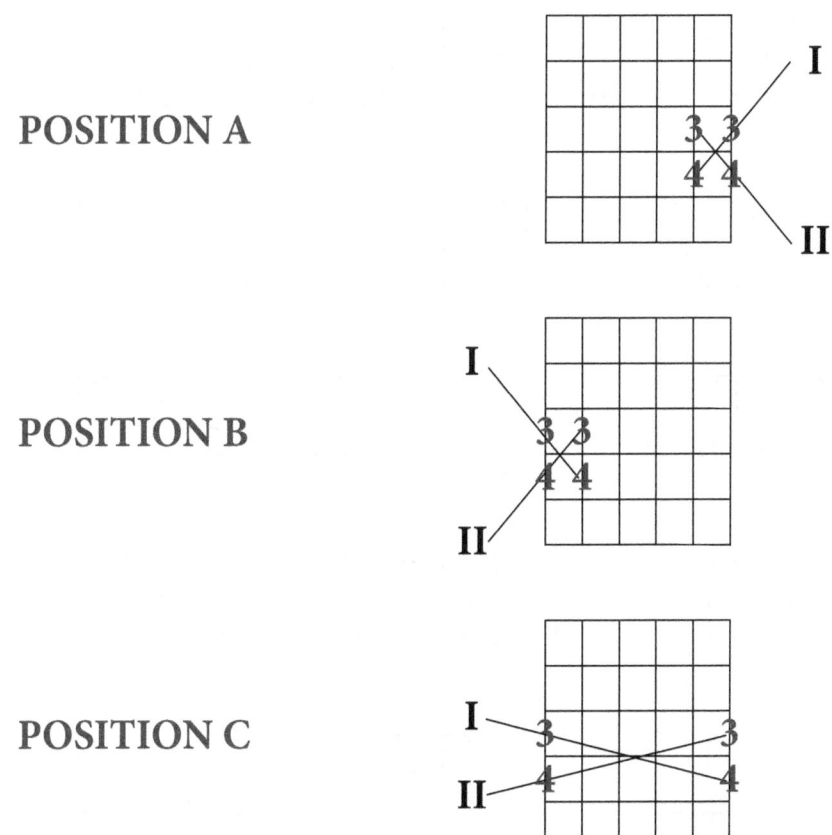

POSITION A

POSITION B

POSITION C

1. ‖: 0 1 0 1 2 0 1 0 :‖: 0 1 0 2 1 0 1 0 :‖
2. ‖: 2 0 1 0 1 2 0 2 :‖: 2 0 1 2 0 1 0 2 :‖
3. ‖: 0 1 0 2 1 2 0 2 :‖: 2 0 2 1 2 0 1 0 :‖
4. ‖: 1 2 0 2 1 0 1 2 :‖: 2 1 0 1 2 0 2 1 :‖
5. ‖: 0 1 0 2 1 0 1 2 :‖: 2 1 0 1 2 0 1 0 :‖
6. ‖: 1 2 0 2 0 2 0 2 :‖: 2 0 2 0 2 0 2 1 :‖
7. ‖: 0 1 2 1 0 1 0 2 :‖: 2 0 1 0 1 2 1 0 :‖
8. ‖: 1 2 0 2 0 2 1 2 :‖: 2 1 2 0 2 0 2 1 :‖
9. ‖: 0 1 2 0 1 0 1 0 :‖: 0 1 0 1 0 2 1 0 :‖
10. ‖: 1 2 0 2 1 0 2 0 :‖: 0 2 0 1 2 0 2 1 :‖
11. ‖: 0 1 2 1 2 0 2 0 :‖: 0 2 0 2 1 2 1 0 :‖
12. ‖: 1 2 0 2 1 2 1 0 :‖: 0 1 2 1 2 0 2 1 :‖
13. ‖: 0 1 2 0 2 0 2 1 :‖: 1 2 0 2 0 2 1 0 :‖
14. ‖: 1 2 0 2 0 1 2 0 :‖: 0 2 1 0 2 0 2 1 :‖
15. ‖: 0 1 2 0 2 0 1 2 :‖: 2 1 0 2 0 2 1 0 :‖
16. ‖: 1 2 0 2 1 0 1 0 :‖: 0 1 0 1 2 0 2 1 :‖
17. ‖: 0 1 2 0 2 1 2 0 :‖: 0 2 1 2 0 2 1 0 :‖
18. ‖: 0 2 1 0 2 0 2 1 :‖: 1 2 0 2 0 1 2 0 :‖
19. ‖: 2 0 1 0 1 2 1 2 :‖: 2 1 2 1 0 1 0 2 :‖
20. ‖: 0 2 0 2 1 0 2 0 :‖: 0 2 0 1 2 0 2 0 :‖

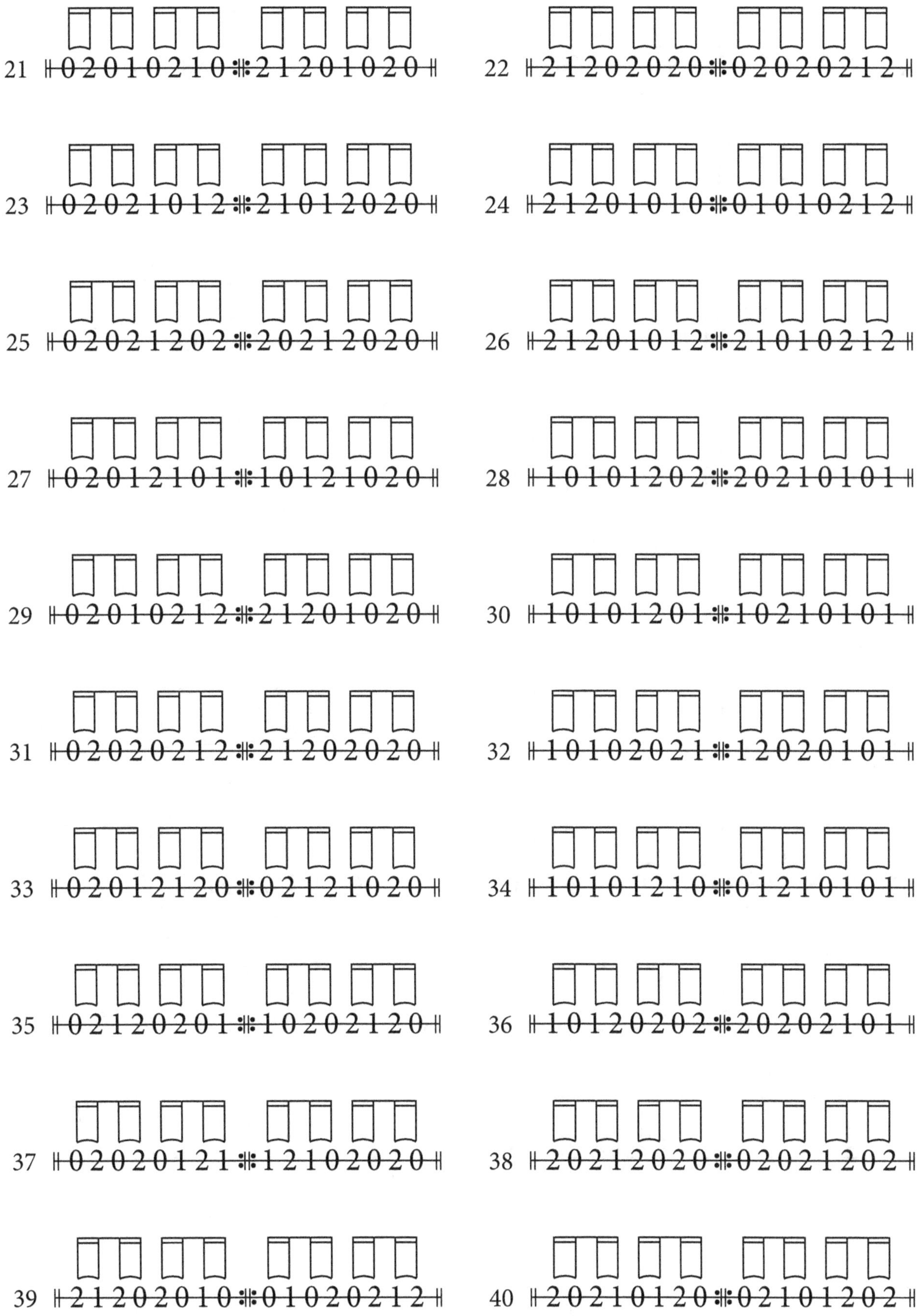

21 ‖: 0 2 0 1 0 2 1 0 :‖: 2 1 2 0 1 0 2 0 :‖
22 ‖: 2 1 2 0 2 0 2 0 :‖: 0 2 0 2 0 2 1 2 :‖
23 ‖: 0 2 0 2 1 0 1 2 :‖: 2 1 0 1 2 0 2 0 :‖
24 ‖: 2 1 2 0 1 0 1 0 :‖: 0 1 0 1 0 2 1 2 :‖
25 ‖: 0 2 0 2 1 2 0 2 :‖: 2 0 2 1 2 0 2 0 :‖
26 ‖: 2 1 2 0 1 0 1 2 :‖: 2 1 0 1 0 2 1 2 :‖
27 ‖: 0 2 0 1 2 1 0 1 :‖: 1 0 1 2 1 0 2 0 :‖
28 ‖: 1 0 1 0 1 2 0 2 :‖: 2 0 2 1 0 1 0 1 :‖
29 ‖: 0 2 0 1 0 2 1 2 :‖: 2 1 2 0 1 0 2 0 :‖
30 ‖: 1 0 1 0 1 2 0 1 :‖: 1 0 2 1 0 1 0 1 :‖
31 ‖: 0 2 0 2 0 2 1 2 :‖: 2 1 2 0 2 0 2 0 :‖
32 ‖: 1 0 1 0 2 0 2 1 :‖: 1 2 0 2 0 1 0 1 :‖
33 ‖: 0 2 0 1 2 1 2 0 :‖: 0 2 1 2 1 0 2 0 :‖
34 ‖: 1 0 1 0 1 2 1 0 :‖: 0 1 2 1 0 1 0 1 :‖
35 ‖: 0 2 1 2 0 2 0 1 :‖: 1 0 2 0 2 1 2 0 :‖
36 ‖: 1 0 1 2 0 2 0 2 :‖: 2 0 2 0 2 1 0 1 :‖
37 ‖: 0 2 0 2 0 1 2 1 :‖: 1 2 1 0 2 0 2 0 :‖
38 ‖: 2 0 2 1 2 0 2 0 :‖: 0 2 0 2 1 2 0 2 :‖
39 ‖: 2 1 2 0 2 0 1 0 :‖: 0 1 0 2 0 2 1 2 :‖
40 ‖: 2 0 2 1 0 1 2 0 :‖: 0 2 1 0 1 2 0 2 :‖

41 ‖: 0 2 1 0 2 0 2 0 :‖: 0 2 0 2 0 1 2 0 :‖   42 ‖: 2 1 0 1 0 1 2 0 :‖: 0 2 1 0 1 0 1 2 :‖

43 ‖: 0 2 1 2 1 0 1 2 :‖: 2 1 0 1 2 1 2 0 :‖   44 ‖: 1 0 2 0 2 1 0 2 :‖: 2 0 1 2 0 2 0 1 :‖

45 ‖: 0 2 1 2 0 2 1 0 :‖: 0 1 2 0 2 1 2 0 :‖   46 ‖: 1 0 2 0 2 1 0 1 :‖: 1 0 2 1 0 2 0 1 :‖

47 ‖: 0 2 1 2 0 2 1 2 :‖: 2 1 2 0 2 1 2 0 :‖   48 ‖: 1 0 2 0 2 0 1 0 :‖: 0 1 0 2 0 2 0 1 :‖

49 ‖: 0 2 1 2 1 0 2 0 :‖: 0 2 0 1 2 1 2 0 :‖   50 ‖: 1 0 2 0 1 0 1 2 :‖: 2 1 0 1 0 2 0 1 :‖

51 ‖: 0 2 1 0 1 2 0 2 :‖: 2 0 2 1 0 1 2 0 :‖   52 ‖: 2 0 2 0 2 1 0 1 :‖: 1 0 1 2 0 2 0 2 :‖

53 ‖: 0 2 1 2 0 2 0 2 :‖: 2 0 2 0 2 1 2 0 :‖   54 ‖: 2 0 2 0 1 0 1 2 :‖: 2 1 0 1 0 2 0 2 :‖

55 ‖: 2 1 0 1 2 0 2 0 :‖: 0 2 0 2 1 0 1 2 :‖   56 ‖: 2 0 2 0 2 0 2 1 :‖: 1 2 0 2 0 2 0 2 :‖

57 ‖: 2 1 0 1 0 1 0 2 :‖: 2 0 1 0 1 0 1 2 :‖   58 ‖: 2 1 0 1 0 1 0 1 :‖: 1 0 1 0 1 0 1 2 :‖

LIGADOS
UNIT 2

UNIT 2

Practice of fingers 1 and 3 of the left hand on one string and hold of fingers 2 and 4 in the rest positions that are cited below (A, B, C). The different hold of fingers 2 and 4 sets different degrees of difficulty in the practice of fingers 1 and 3. The positions that exhibit less difficulty are the ones that should be chosen (after having all position tested of course).

* 0 stands for free string.

REST POSITIONS for fingers 2 and 4

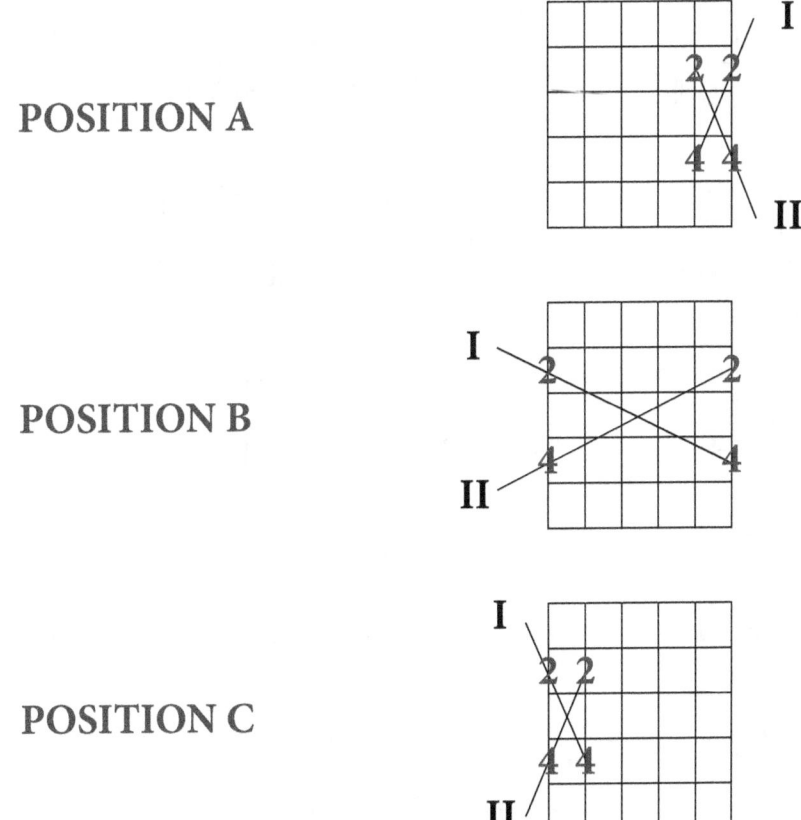

POSITION A

POSITION B

POSITION C

1 ‖: 0 1 0 1 0 3 1 3 :‖: 3 1 3 0 1 0 1 0 :‖
2 ‖: 1 3 1 0 1 0 3 0 :‖: 0 3 0 1 0 1 3 1 :‖
3 ‖: 0 1 0 3 1 0 1 3 :‖: 3 1 0 1 3 0 1 0 :‖
4 ‖: 1 3 1 0 1 0 1 0 :‖: 0 1 0 1 0 1 3 1 :‖
5 ‖: 0 1 0 3 1 0 1 3 :‖: 3 1 0 1 3 0 1 0 :‖
6 ‖: 1 0 1 0 1 0 1 3 :‖: 3 1 0 1 0 1 0 1 :‖
7 ‖: 0 1 0 3 1 3 1 0 :‖: 0 1 3 1 3 0 1 0 :‖
8 ‖: 1 0 1 0 1 3 1 0 :‖: 0 1 3 1 0 1 3 1 :‖
9 ‖: 0 1 0 1 3 0 1 0 :‖: 0 1 0 3 1 0 1 0 :‖
10 ‖: 1 0 1 0 1 3 0 3 :‖: 3 0 3 1 0 1 0 1 :‖
11 ‖: 0 1 0 1 3 1 0 1 :‖: 1 0 1 3 1 0 1 0 :‖
12 ‖: 1 0 1 0 3 0 3 1 :‖: 1 3 0 3 0 1 0 1 :‖
13 ‖: 0 1 0 3 1 3 0 3 :‖: 3 0 3 1 3 0 1 0 :‖
14 ‖: 0 1 3 1 3 0 1 0 :‖: 0 1 0 3 1 3 1 0 :‖
15 ‖: 0 1 0 1 0 1 3 1 :‖: 1 3 1 0 1 0 1 0 :‖
16 ‖: 0 1 3 1 0 1 0 1 :‖: 1 0 1 0 1 3 1 0 :‖
17 ‖: 0 1 0 3 0 1 3 1 :‖: 1 3 1 0 3 0 1 0 :‖
18 ‖: 0 1 3 1 3 0 3 1 :‖: 1 3 0 3 1 3 1 0 :‖
19 ‖: 0 1 0 1 3 0 3 1 :‖: 1 3 0 3 1 0 1 0 :‖
20 ‖: 0 1 3 1 0 1 3 0 :‖: 0 3 1 0 1 3 1 0 :‖

21 ‖0 1 3 0 1 0 1 3 :‖: 3 1 0 1 0 3 1 0‖   22 ‖0 1 3 1 0 1 3 1 :‖: 1 3 1 0 1 3 1 0‖

23 ‖0 1 3 0 3 1 0 1 :‖: 1 0 1 3 0 3 1 0‖   24 ‖0 1 3 1 0 1 0 3 :‖: 3 0 1 0 1 3 1 0‖

25 ‖0 1 3 0 1 0 1 0 :‖: 0 1 0 1 0 3 1 0‖   26 ‖3 0 1 0 3 0 3 1 :‖: 1 3 0 3 0 1 0 3‖

27 ‖1 0 3 0 3 1 0 1 :‖: 1 0 1 3 0 3 0 1‖   28 ‖3 0 1 0 1 0 3 0 :‖: 0 3 0 1 0 1 0 3‖

29 ‖1 3 0 3 1 0 1 0 :‖: 0 1 0 1 3 0 3 1‖   30 ‖3 0 1 0 1 3 0 3 :‖: 3 0 3 1 0 1 0 3‖

31 ‖3 0 1 0 1 3 0 3 :‖: 3 0 3 1 0 1 0 3‖   32 ‖0 3 1 0 1 0 1 3 :‖: 3 1 0 1 0 1 3 0‖

33 ‖3 0 3 0 3 1 0 1 :‖: 1 0 1 3 0 3 0 3‖   34 ‖3 1 0 1 0 3 1 0 :‖: 0 1 3 0 1 0 1 3‖

35 ‖3 0 3 1 0 1 0 3 :‖: 3 0 1 0 1 3 0 3‖   36 ‖0 3 0 1 3 1 0 1 :‖: 1 0 1 3 1 0 3 0‖

37 ‖3 0 3 1 0 1 0 1 :‖: 1 0 1 0 1 3 0 3‖   38 ‖0 3 1 3 1 0 1 0 :‖: 0 1 0 1 3 1 3 0‖

39 ‖3 1 0 1 3 1 3 0 :‖: 0 3 1 3 1 0 1 3‖   40 ‖1 0 1 3 1 0 1 0 :‖: 0 1 0 1 3 1 0 1‖

41 ‖: 3 1 0 1 3 0 1 0 :‖: 0 1 0 3 1 0 1 3 :‖

42 ‖: 1 0 1 3 0 3 1 0 :‖: 0 1 3 0 3 1 0 1 :‖

43 ‖: 3 1 0 1 0 1 3 0 :‖: 0 3 1 0 1 0 1 3 :‖

44 ‖: 3 1 3 0 1 0 1 3 :‖: 3 1 0 1 0 3 1 3 :‖

45 ‖: 3 1 0 1 0 1 0 3 :‖: 3 0 1 0 1 0 1 3 :‖

46 ‖: 3 1 3 0 1 0 1 0 :‖: 0 1 0 1 0 3 1 3 :‖

47 ‖: 3 1 0 1 0 1 3 1 :‖: 1 3 1 0 1 0 1 3 :‖

48 ‖: 0 3 1 3 1 3 0 3 :‖: 3 0 3 1 3 1 3 0 :‖

49 ‖: 3 1 0 1 3 0 3 1 :‖: 1 3 0 3 1 0 1 3 :‖

50 ‖: 0 3 1 0 1 3 1 0 :‖: 0 1 3 1 0 1 3 0 :‖

51 ‖: 3 1 0 1 0 1 0 1 :‖: 1 0 1 0 1 0 1 3 :‖

52 ‖: 0 3 1 0 1 0 3 1 :‖: 1 3 0 1 0 1 3 0 :‖

LIGADOS

UNIT 3

UNIT 3

Practice of fingers 1 and 4 of the left hand on one string and hold of fingers 2 and 3 in the rest positions that are cited below (A, B, C). The different hold of fingers 2 and 3 sets different degrees of difficulty in the practice of fingers 1 and 4. The positions that exhibit less difficulty are the ones that should be chosen (after having all position tested of course).

All chromatic scales are structured together with their opposite in such a way that balanced practice of the fingers on the ascending and descending ligados is offered.

* 0 stands for free string.

REST POSITIONS for fingers 3 and 4

POSITION A

POSITION B

POSITION C

1. ‖: 0 1 0 1 4 0 1 0 :‖: 0 1 0 4 1 0 1 0 :‖
2. ‖: 1 4 0 4 1 0 1 0 :‖: 0 1 0 1 4 0 4 1 :‖
3. ‖: 0 1 0 1 4 1 0 1 :‖: 1 0 1 4 1 0 1 0 :‖
4. ‖: 0 1 4 0 4 1 4 1 :‖: 1 4 1 4 0 4 1 0 :‖
5. ‖: 0 1 0 1 4 0 4 1 :‖: 1 4 0 4 1 0 1 0 :‖
6. ‖: 0 4 1 4 1 4 0 4 :‖: 4 0 4 1 4 1 4 0 :‖
7. ‖: 0 1 0 1 0 4 1 4 :‖: 4 1 4 0 1 0 1 0 :‖
8. ‖: 1 4 1 0 1 0 1 0 :‖: 0 1 0 1 0 1 4 1 :‖
9. ‖: 0 1 0 1 0 1 4 1 :‖: 1 4 1 0 1 0 1 0 :‖
10. ‖: 0 1 4 1 4 0 4 1 :‖: 1 4 0 4 1 4 1 0 :‖
11. ‖: 0 1 0 4 1 4 0 4 :‖: 4 0 4 1 4 0 1 0 :‖
12. ‖: 0 1 4 1 0 1 4 1 :‖: 1 4 1 0 1 4 1 0 :‖
13. ‖: 0 1 0 4 0 1 4 1 :‖: 1 4 1 0 4 0 1 0 :‖
14. ‖: 0 1 4 1 4 0 1 0 :‖: 0 1 0 4 1 4 1 0 :‖
15. ‖: 0 1 0 4 1 0 1 4 :‖: 4 1 0 1 4 0 1 0 :‖
16. ‖: 0 1 4 1 0 1 0 1 :‖: 1 0 1 0 1 4 1 0 :‖
17. ‖: 4 1 0 1 4 0 1 0 :‖: 0 1 0 4 1 0 1 4 :‖
18. ‖: 0 1 4 1 0 1 0 4 :‖: 4 0 1 0 1 4 1 0 :‖
19. ‖: 4 1 0 1 4 0 4 1 :‖: 1 4 0 4 1 0 1 4 :‖
20. ‖: 0 1 4 1 0 1 4 0 :‖: 0 4 1 0 1 4 1 0 :‖

21 ‖ 1 0 1 0 1 4 0 4 :‖: 4 0 4 1 0 1 0 1 ‖   22 ‖ 4 1 0 1 0 1 0 4 :‖: 4 0 1 0 1 0 1 4 ‖

23 ‖ 1 0 1 0 1 4 1 0 :‖: 0 1 4 1 0 1 0 1 ‖   24 ‖ 4 1 0 1 0 1 0 1 :‖: 1 0 1 0 1 0 1 4 ‖

25 ‖ 1 0 1 0 1 0 1 4 :‖: 4 1 0 1 0 1 0 1 ‖   26 ‖ 4 1 0 1 0 1 4 1 :‖: 1 4 1 0 1 0 1 4 ‖

27 ‖ 1 0 1 0 4 0 4 1 :‖: 1 4 0 4 0 1 0 1 ‖   28 ‖ 4 1 0 1 0 1 4 0 :‖: 0 4 1 0 1 0 1 4 ‖

29 ‖ 0 1 0 4 0 1 4 1 :‖: 1 4 1 0 4 0 1 0 ‖   30 ‖ 0 1 0 4 1 4 1 0 :‖: 0 1 4 1 4 0 1 0 ‖

31 ‖ 0 1 0 4 0 4 1 4 :‖: 4 1 4 0 4 0 1 0 ‖   32 ‖ 4 1 0 1 4 1 4 0 :‖: 0 4 1 4 1 0 1 4 ‖

33 ‖ 0 1 0 4 1 4 1 0 :‖: 0 1 4 1 4 0 1 0 ‖   34 ‖ 4 1 0 1 0 4 1 0 :‖: 0 1 4 0 1 0 1 4 ‖

35 ‖ 0 1 0 4 1 0 4 1 :‖: 1 4 0 1 4 0 1 0 ‖   36 ‖ 4 0 4 0 4 1 0 1 :‖: 1 0 1 4 0 4 0 4 ‖

37 ‖ 1 4 1 0 1 0 4 0 :‖: 0 4 0 1 0 1 4 1 ‖   38 ‖ 4 0 1 0 4 0 4 1 :‖: 1 4 0 4 0 1 0 4 ‖

39 ‖ 0 4 1 0 1 4 1 0 :‖: 0 1 4 1 0 1 4 0 ‖   40 ‖ 4 0 4 1 0 1 0 4 :‖: 4 0 1 0 1 4 0 4 ‖

41 ‖: 0 4 1 0 1 0 1 4 :‖: 4 1 0 1 0 1 4 0 :‖
42 ‖: 4 0 4 1 0 1 0 1 :‖: 1 0 1 0 1 4 0 4 :‖
43 ‖: 0 4 1 4 1 0 1 0 :‖: 0 1 0 1 4 1 4 0 :‖
44 ‖: 1 0 1 4 1 0 1 0 :‖: 0 1 0 1 4 1 0 1 :‖
45 ‖: 0 4 0 1 4 1 0 1 :‖: 1 0 1 4 1 0 4 0 :‖
46 ‖: 1 0 1 4 0 4 1 0 :‖: 0 1 4 0 4 1 0 1 :‖
47 ‖: 4 1 4 0 1 0 1 0 :‖: 0 1 0 1 0 4 1 4 :‖
48 ‖: 4 0 1 0 1 4 0 1 :‖: 1 0 4 1 0 1 0 4 :‖
49 ‖: 4 1 4 0 1 0 1 4 :‖: 4 1 0 1 0 4 1 4 :‖
50 ‖: 4 0 1 0 1 0 4 0 :‖: 0 4 0 1 0 1 0 4 :‖
51 ‖: 4 1 0 1 4 0 1 0 :‖: 0 1 0 4 1 0 1 4 :‖
52 ‖: 4 0 1 0 1 4 0 4 :‖: 4 0 4 1 0 1 0 4 :‖
53 ‖: 1 0 4 0 4 1 0 1 :‖: 1 0 1 4 0 4 0 1 :‖
54 ‖: 0 1 4 0 1 0 1 0 :‖: 0 1 0 1 0 4 1 0 :‖
55 ‖: 0 1 4 0 4 1 0 1 :‖: 1 0 1 4 0 4 1 0 :‖
56 ‖: 0 1 4 0 4 1 0 1 :‖: 1 0 1 4 0 4 1 0 :‖
57 ‖: 0 1 4 0 1 0 1 4 :‖: 4 1 0 1 0 4 1 0 :‖

30

LIGADOS

UNIT 4

UNIT 4

Practice of fingers 2 and 3 of the left hand on one string and hold of fingers 1 and 4 in the rest positions that are cited below (A, B, C). The different hold of fingers 1 and 4 sets different degrees of difficulty in the practice of fingers 2 and 3. The positions that exhibit less difficulty are the ones that should be chosen (after having all position tested of course).

All chromatic scales are structured together with their opposite in such a way that balanced practice of the fingers on the ascending and descending ligados is offered.

* 0 stands for free string.

REST POSITIONS for fingers 1 and 4

POSITION A

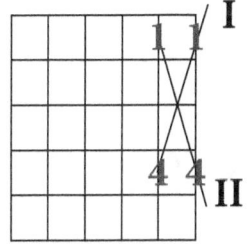

POSITION B

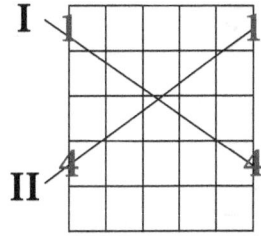

POSITION C

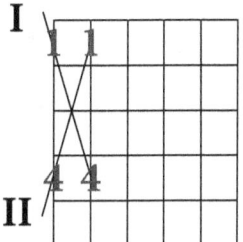

1 ‖: 0 2 0 2 0 2 3 2 :‖: 2 3 2 0 2 0 2 0 :‖
2 ‖: 0 2 3 0 2 0 2 3 :‖: 3 2 0 2 0 3 2 0 :‖
3 ‖: 0 2 0 2 0 3 2 3 :‖: 3 2 3 0 2 0 2 0 :‖
4 ‖: 0 2 3 2 3 0 3 2 :‖: 2 3 0 3 2 3 2 0 :‖
5 ‖: 0 2 0 2 3 0 2 0 :‖: 0 2 0 3 2 0 2 0 :‖
6 ‖: 0 2 3 2 3 2 0 2 :‖: 2 0 2 3 2 3 2 0 :‖
7 ‖: 0 2 0 3 0 2 3 2 :‖: 2 3 2 0 3 0 2 0 :‖
8 ‖: 0 2 3 2 0 2 0 2 :‖: 2 0 2 0 2 3 2 0 :‖
9 ‖: 0 2 0 2 3 2 0 2 :‖: 2 0 2 3 2 0 2 0 :‖
10 ‖: 0 2 3 2 0 2 3 0 :‖: 0 3 2 0 2 3 2 0 :‖
11 ‖: 0 2 0 2 3 0 3 2 :‖: 2 3 0 3 2 0 2 0 :‖
12 ‖: 0 2 3 2 0 2 0 3 :‖: 3 0 2 0 2 3 2 0 :‖
13 ‖: 0 2 0 3 2 0 2 3 :‖: 3 2 0 2 3 0 2 0 :‖
14 ‖: 0 2 3 2 0 2 3 2 :‖: 2 3 2 0 2 3 2 0 :‖
15 ‖: 0 2 3 0 0 2 3 2 :‖: 2 3 2 0 0 3 2 0 :‖
16 ‖: 0 3 2 0 2 0 3 2 :‖: 2 3 0 2 0 2 3 0 :‖
17 ‖: 0 2 3 2 3 0 2 0 :‖: 0 2 0 3 2 3 2 0 :‖
18 ‖: 0 3 2 0 2 0 2 3 :‖: 3 2 0 2 0 2 3 0 :‖
19 ‖: 0 2 0 3 2 3 0 3 :‖: 3 0 3 2 3 0 2 0 :‖
20 ‖: 0 3 2 0 2 3 2 0 :‖: 0 2 3 2 0 2 3 0 :‖

21. ‖: 0 2 0 3 0 2 3 2 :‖: 2 3 2 0 3 0 2 0 :‖
22. ‖: 0 3 2 3 2 0 2 0 :‖: 0 2 0 2 3 2 3 0 :‖
23. ‖: 0 2 0 3 2 3 2 0 :‖: 0 2 3 2 3 0 2 0 :‖
24. ‖: 0 3 2 3 2 0 0 3 :‖: 3 0 0 2 3 2 3 0 :‖
25. ‖: 0 2 0 3 2 3 2 3 :‖: 3 2 3 2 3 0 2 0 :‖
26. ‖: 0 3 0 2 3 2 0 2 :‖: 2 0 2 3 2 0 3 0 :‖
27. ‖: 3 2 3 0 3 2 0 2 :‖: 2 0 2 3 0 3 2 3 :‖
28. ‖: 2 0 2 0 2 3 0 3 :‖: 3 0 3 2 0 2 0 2 :‖
29. ‖: 0 2 3 0 2 0 2 0 :‖: 0 2 0 2 0 3 2 0 :‖
30. ‖: 2 0 2 0 2 0 2 3 :‖: 3 2 0 2 0 2 0 2 :‖
31. ‖: 2 0 2 0 2 3 2 0 :‖: 0 2 3 2 0 2 0 2 :‖
32. ‖: 2 3 0 2 0 2 3 0 :‖: 0 3 2 0 2 0 3 2 :‖
33. ‖: 2 0 2 3 0 3 2 0 :‖: 0 2 3 0 3 2 0 2 :‖
34. ‖: 2 3 0 2 0 2 3 2 :‖: 2 3 2 0 2 0 3 2 :‖
35. ‖: 2 0 2 3 2 0 2 0 :‖: 0 2 0 2 3 2 0 2 :‖
36. ‖: 2 3 2 0 2 0 3 0 :‖: 0 3 0 2 0 2 3 2 :‖
37. ‖: 2 0 2 0 3 0 3 2 :‖: 2 3 0 3 0 2 0 2 :‖
38. ‖: 2 3 2 0 2 3 2 0 :‖: 0 2 3 2 0 2 3 2 :‖
39. ‖: 2 0 3 0 3 2 0 2 :‖: 2 0 2 3 0 3 0 2 :‖
40. ‖: 2 3 2 0 2 0 3 2 :‖: 2 3 0 2 0 2 3 2 :‖

41 ‖ 2 3 2 0 2 0 2 0 :‖: 0 2 0 2 0 2 3 2 ‖

42 ‖ 2 3 2 0 2 3 0 2 :‖: 2 0 3 2 0 2 3 2 ‖

43 ‖ 2 3 0 3 2 0 2 0 :‖: 0 2 0 2 3 0 3 2 ‖

LIGADOS
UNIT 5

UNIT 5

Practice of fingers 2 and 4 of the left hand on one string and hold of fingers 1 and 3 in the rest positions that are cited below (A, B, C). The different hold of fingers 1 and 3 sets different degrees of difficulty in the practice of fingers 2 and 4. The positions that exhibit less difficulty are the ones that should be chosen (after having all position tested of course).

All chromatic scales are structured together with their opposite in such a way that balanced practice of the fingers on the ascending and descending ligados is offered.

* 0 stands for free string.

REST POSITIONS for fingers 1 and 3

POSITION A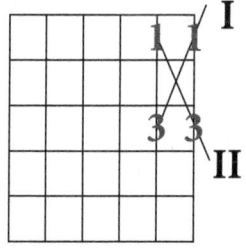

POSITION B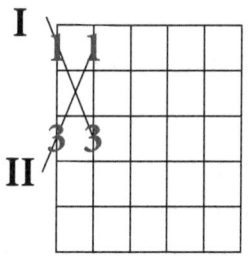

POSITION C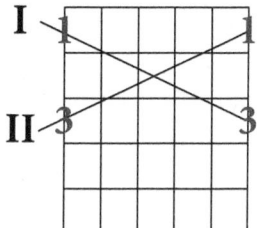

1. ‖: 2 0 2 0 2 0 2 4 :‖: 4 2 0 2 0 2 0 2 :‖
2. ‖: 0 2 4 2 0 2 4 2 :‖: 2 4 2 0 2 4 2 0 :‖
3. ‖: 2 0 2 0 4 0 4 2 :‖: 2 4 0 4 0 2 0 2 :‖
4. ‖: 0 2 4 2 0 2 0 2 :‖: 2 0 2 0 2 4 2 0 :‖
5. ‖: 0 2 0 2 4 0 4 2 :‖: 2 4 0 4 2 0 2 0 :‖
6. ‖: 2 0 2 0 2 4 2 0 :‖: 0 2 4 2 0 2 0 2 :‖
7. ‖: 0 2 0 2 0 4 2 4 :‖: 4 2 4 0 2 0 2 0 :‖
8. ‖: 2 0 2 0 2 4 0 4 :‖: 4 0 4 2 0 2 0 2 :‖
9. ‖: 0 2 0 2 0 2 4 2 :‖: 2 4 2 0 2 0 2 0 :‖
10. ‖: 2 0 2 4 0 4 2 0 :‖: 0 2 4 0 4 2 0 2 :‖
11. ‖: 0 2 0 2 4 0 2 0 :‖: 0 2 0 4 2 0 2 0 :‖
12. ‖: 2 0 2 4 2 0 2 0 :‖: 0 2 0 2 4 2 0 2 :‖
13. ‖: 0 2 0 4 0 2 4 2 :‖: 2 4 2 0 4 0 2 0 :‖
14. ‖: 2 0 4 0 4 2 0 2 :‖: 2 0 2 4 0 4 0 2 :‖
15. ‖: 0 2 0 2 4 2 0 2 :‖: 2 0 2 4 2 0 2 0 :‖
16. ‖: 2 4 0 4 2 0 2 0 :‖: 0 2 0 2 4 0 4 2 :‖
17. ‖: 0 2 0 4 2 4 0 4 :‖: 4 0 4 2 4 0 2 0 :‖
18. ‖: 4 2 0 2 4 2 4 0 :‖: 0 4 2 4 2 0 2 4 :‖
19. ‖: 0 2 0 4 2 4 2 0 :‖: 0 2 4 2 4 0 2 0 :‖
20. ‖: 4 2 0 2 0 2 0 2 :‖: 2 0 2 0 2 0 2 4 :‖

21 ‖: 0 2 0 4 2 0 2 4 :‖: 4 2 0 2 4 0 2 0 :‖
22 ‖: 4 2 0 2 0 2 4 2 :‖: 2 4 2 0 2 0 2 4 :‖
23 ‖: 0 2 4 2 4 0 4 2 :‖: 2 4 0 4 2 4 2 0 :‖
24 ‖: 4 2 0 2 0 2 4 0 :‖: 0 4 2 0 2 0 2 4 :‖
25 ‖: 0 2 4 2 4 0 2 0 :‖: 0 2 0 4 2 4 2 0 :‖
26 ‖: 4 2 0 2 0 2 0 4 :‖: 4 0 2 0 2 0 2 4 :‖
27 ‖: 0 2 4 2 0 2 4 0 :‖: 0 4 2 0 2 4 2 0 :‖
28 ‖: 4 2 0 2 0 4 2 0 :‖: 0 2 4 0 2 0 2 4 :‖
29 ‖: 0 2 4 2 0 2 0 4 :‖: 4 0 2 0 2 4 2 0 :‖
30 ‖: 4 2 0 2 4 0 4 2 :‖: 2 4 0 4 2 0 2 4 :‖
31 ‖: 4 2 0 2 4 0 2 0 :‖: 0 2 0 4 2 0 2 4 :‖
32 ‖: 0 4 2 0 2 4 2 0 :‖: 0 2 4 2 0 2 4 0 :‖
33 ‖: 4 0 4 0 4 2 0 2 :‖: 2 0 2 4 0 4 0 4 :‖
34 ‖: 0 4 2 0 2 0 4 2 :‖: 2 4 0 2 0 2 4 0 :‖
35 ‖: 4 2 4 0 2 0 2 0 :‖: 0 2 0 2 0 4 2 4 :‖
36 ‖: 0 4 2 0 2 0 2 4 :‖: 4 2 0 2 0 2 4 0 :‖
37 ‖: 4 2 4 0 2 0 2 4 :‖: 4 2 0 2 0 4 2 4 :‖
38 ‖: 0 4 2 4 2 0 2 0 :‖: 0 2 0 2 4 2 4 0 :‖
39 ‖: 0 2 4 0 4 0 4 2 :‖: 2 4 0 4 0 4 2 0 :‖
40 ‖: 2 4 2 0 2 0 4 0 :‖: 0 4 0 2 0 2 4 2 :‖

41 ‖0 4 2 4 2 0 0 4 :‖: 4 0 0 2 4 2 4 0‖   42 ‖2 4 2 0 2 0 2 0 :‖: 0 2 0 2 0 2 4 2‖

43 ‖0 2 0 4 0 2 4 2 :‖: 2 4 2 0 4 0 2 0‖   44 ‖4 0 2 0 2 4 0 4 :‖: 4 0 4 2 0 2 0 4‖

45 ‖0 2 4 0 2 0 2 4 :‖: 4 2 0 2 0 4 2 0‖   46 ‖4 0 2 0 4 0 4 2 :‖: 2 4 0 4 0 2 0 4‖

47 ‖0 2 4 0 2 0 2 0 :‖: 0 2 0 2 0 4 2 0‖   48 ‖4 0 2 0 4 0 4 2 :‖: 2 4 0 4 0 2 0 4‖

49 ‖0 2 4 0 4 2 0 2 :‖: 2 0 2 4 0 4 2 0‖   50 ‖4 0 2 0 2 4 0 2 :‖: 2 0 4 2 0 2 0 4‖

51 ‖0 4 0 2 4 2 0 2 :‖: 2 0 2 4 2 0 4 0‖   52 ‖4 0 2 0 2 0 4 0 :‖: 0 4 0 2 0 2 0 4‖

53 ‖4 0 4 2 0 2 0 4 :‖: 4 0 2 0 2 4 0 4‖   54 ‖4 0 2 4 0 4 2 4 :‖: 4 2 4 0 4 2 0 4‖

55 ‖4 0 4 2 0 2 0 2 :‖: 2 0 2 0 2 4 0 4‖   56 ‖2 4 2 0 2 0 2 4 :‖: 4 2 0 2 0 2 4 2‖

57 ‖4 0 4 2 0 2 4 0 :‖: 0 4 2 0 2 4 0 4‖   58 ‖2 4 2 0 4 2 4 0 :‖: 0 4 2 4 0 2 4 2‖

59 ‖4 0 2 0 4 0 2 4 :‖: 4 2 0 4 0 2 0 4‖   60 ‖4 0 2 4 2 0 4 0 :‖: 0 4 0 2 4 2 0 4‖

61 ‖4 0 2 4 0 2 0 2 :‖: 2 0 2 0 4 2 0 4‖   62 ‖4 0 2 4 0 2 4 0 :‖: 0 4 2 0 4 2 0 4‖

LIGADOS
UNIT 6

UNIT 6

Practice of fingers 3 and 4 of the left hand on one string and hold of fingers 1 and 2 in the rest positions that are cited below (A, B, C). The different hold of fingers 1 and 2 sets different degrees of difficulty in the practice of fingers 3 and 4. The positions that exhibit less difficulty are the ones that should be chosen (after having all position tested of course).

All chromatic scales are structured together with their opposite in such a way that balanced practice of the fingers on the ascending and descending ligados is offered.

* 0 stands for free string.

REST POSITIONS for fingers 1 and 2

POSITION A

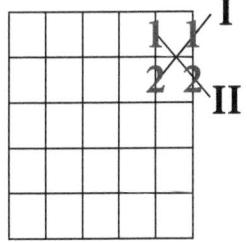

POSITION B

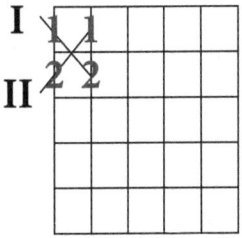

POSITION C

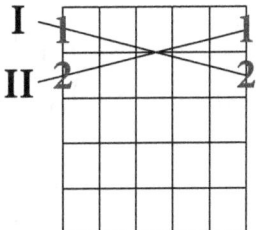

47

1 ‖: 0 3 0 3 4 3 0 3 :‖: 3 0 3 4 3 0 3 0 :‖
2 ‖: 0 3 4 3 4 0 4 3 :‖: 3 4 0 4 3 4 3 0 :‖
3 ‖: 0 3 0 3 4 0 3 0 :‖: 0 3 0 4 3 0 3 0 :‖
4 ‖: 0 3 4 3 0 3 4 3 :‖: 3 4 3 0 3 4 3 0 :‖
5 ‖: 0 3 0 3 0 3 4 3 :‖: 3 4 3 0 3 0 3 0 :‖
6 ‖: 0 3 4 3 0 3 0 4 :‖: 4 0 3 0 3 4 3 0 :‖
7 ‖: 0 3 0 3 4 0 4 3 :‖: 3 4 0 4 3 0 3 0 :‖
8 ‖: 0 3 4 0 0 3 4 3 :‖: 3 4 3 0 0 4 3 0 :‖
9 ‖: 0 3 0 3 0 4 3 4 :‖: 4 3 4 0 3 0 3 0 :‖
10 ‖: 0 4 0 3 4 3 0 3 :‖: 3 0 3 4 3 0 4 0 :‖
11 ‖: 0 3 0 4 3 4 3 0 :‖: 0 3 4 3 4 0 3 0 :‖
12 ‖: 0 4 3 0 3 4 3 0 :‖: 0 3 4 3 0 3 4 0 :‖
13 ‖: 0 3 0 4 3 0 3 4 :‖: 4 3 0 3 4 0 3 0 :‖
14 ‖: 0 4 3 0 3 0 4 3 :‖: 3 4 0 3 0 3 4 0 :‖
15 ‖: 0 3 0 4 3 4 0 4 :‖: 4 0 4 3 4 0 3 0 :‖
16 ‖: 0 4 3 0 3 0 3 4 :‖: 4 3 0 3 0 3 4 0 :‖
17 ‖: 0 3 0 4 0 3 4 3 :‖: 3 4 3 0 4 0 3 0 :‖
18 ‖: 0 4 3 4 3 0 0 4 :‖: 4 0 0 3 4 3 4 0 :‖
19 ‖: 0 3 4 0 4 3 0 3 :‖: 3 0 3 4 0 4 3 0 :‖
20 ‖: 0 4 3 4 3 0 3 0 :‖: 0 3 0 3 4 3 4 0 :‖

21 ‖: 0 3 4 0 3 0 3 0 :‖: 0 3 0 3 0 4 3 0 :‖
22 ‖: 3 0 3 0 3 0 3 4 :‖: 4 3 0 3 0 3 0 3 :‖

23 ‖: 0 3 4 0 3 0 3 4 :‖: 4 3 0 3 0 4 3 0 :‖
24 ‖: 3 0 3 0 3 4 3 0 :‖: 0 3 4 3 0 3 0 3 :‖

25 ‖: 0 3 4 3 0 3 4 0 :‖: 0 4 3 0 3 4 3 0 :‖
26 ‖: 3 0 3 0 3 4 0 4 :‖: 4 0 4 3 0 3 0 3 :‖

27 ‖: 0 3 4 3 4 0 3 0 :‖: 0 3 0 4 3 4 3 0 :‖
28 ‖: 3 0 3 0 4 0 4 3 :‖: 3 4 0 4 0 3 0 3 :‖

29 ‖: 0 3 4 3 0 3 0 3 :‖: 3 0 3 0 3 4 3 0 :‖
30 ‖: 3 0 3 4 0 4 3 0 :‖: 0 3 4 0 4 3 0 3 :‖

31 ‖: 3 0 4 0 4 3 0 3 :‖: 3 0 3 4 0 4 0 3 :‖
32 ‖: 4 3 0 3 0 3 4 3 :‖: 3 4 3 0 3 0 3 4 :‖

33 ‖: 3 0 3 4 3 0 3 0 :‖: 0 3 0 3 4 3 0 3 :‖
34 ‖: 4 3 0 3 4 0 3 0 :‖: 0 3 0 4 3 0 3 4 :‖

35 ‖: 3 4 3 4 3 0 3 0 :‖: 0 3 0 3 4 3 4 3 :‖
36 ‖: 4 3 0 3 4 0 3 0 :‖: 0 3 0 4 3 0 3 4 :‖

37 ‖: 3 4 3 0 3 0 3 0 :‖: 0 3 0 3 0 3 4 3 :‖
38 ‖: 4 3 0 3 4 3 4 0 :‖: 0 4 3 4 3 0 3 4 :‖

39 ‖: 3 4 0 4 3 0 3 0 :‖: 0 3 0 3 4 0 4 3 :‖
40 ‖: 4 3 0 3 4 0 4 3 :‖: 3 4 0 4 3 0 3 4 :‖

41 ‖: 3 4 3 0 3 0 4 0 :‖: 0 4 0 3 0 3 4 3 :‖   42 ‖: 4 3 4 0 3 0 3 0 :‖: 0 3 0 3 0 4 3 4 :‖

43 ‖: 4 0 3 0 3 4 0 4 :‖: 4 0 4 3 0 3 0 4 :‖   44 ‖: 4 3 4 0 3 0 3 4 :‖: 4 3 0 3 0 4 3 4 :‖

45 ‖: 4 0 3 0 4 0 4 3 :‖: 3 4 0 4 0 3 0 4 :‖   46 ‖: 4 3 0 3 0 3 0 3 :‖: 3 0 3 0 3 0 3 4 :‖

47 ‖: 4 0 4 3 0 3 0 4 :‖: 4 0 3 0 3 4 0 4 :‖   48 ‖: 4 3 0 3 0 3 0 4 :‖: 4 0 3 0 3 0 3 4 :‖

49 ‖: 4 0 4 3 0 3 0 3 :‖: 3 0 3 0 3 4 0 4 :‖   50 ‖: 4 3 0 3 0 4 3 0 :‖: 0 3 4 0 3 0 3 4 :‖

51 ‖: 4 0 3 0 3 0 4 0 :‖: 0 4 0 3 0 3 0 4 :‖   52 ‖: 4 3 0 3 0 3 4 0 :‖: 0 4 3 0 3 0 3 4 :‖

53 ‖: 4 0 4 0 4 3 0 3 :‖: 3 0 3 4 0 4 0 4 :‖

LIGADOS
UNIT 7

UNIT 7

In this unit fingers 1, 2 and 3 of the left hand play on one string. Finger 4 rests on the following positions.

REST POSITIONS
4 rest positions are proposed for finger 4 which does not play:

POSITION A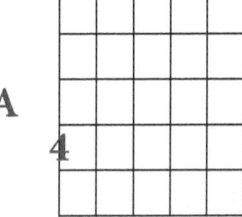

Rest on 6th string. Fingers 1, 2 and 3 play on strings 5, 4, 3, 2 and 1.

POSITION B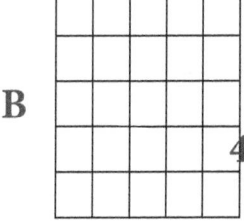

Rest on 1th string. Fingers 1, 2 and 3 play on strings 2, 3, 4, 5 and 6.

POSITION C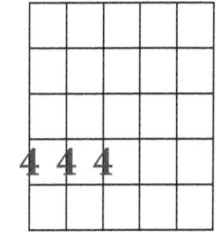

"BARRE" hold of finger 4 on strings 6, 5 and 4. Fingers 1, 2 and 3 play on strings 3, 2 and 1.

POSITION D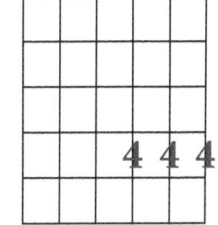

"BARRE" hold of finger 4 on strings 1, 2 and 3. Fingers 1, 2 and 3 play on strings 6, 5 and 4.

1. 1 2 3 1 3 2 1 3 :|: 3 1 2 3 1 3 2 1
2. 1 3 2 3 1 3 1 3 :|: 3 1 3 1 3 2 3 1
3. 1 2 3 2 1 3 2 3 :|: 3 2 3 1 2 3 2 1
4. 1 3 2 3 1 2 3 2 :|: 2 3 2 1 3 2 3 1
5. 1 2 3 1 2 3 2 3 :|: 3 2 3 2 1 3 2 1
6. 1 3 2 1 3 2 3 2 :|: 2 3 2 3 1 2 3 1
7. 1 2 3 2 3 1 3 1 :|: 1 3 1 3 2 3 2 1
8. 1 3 2 3 2 1 3 2 :|: 2 3 1 2 3 2 3 1
9. 1 2 3 2 3 1 3 2 :|: 2 3 1 3 2 3 2 1
10. 1 3 2 1 3 2 3 1 :|: 1 3 2 3 1 2 3 1
11. 1 2 3 2 2 1 3 2 1 :|: 1 2 3 1 2 3 2 1
12. 1 2 3 2 3 2 1 3 :|: 3 1 2 3 2 3 2 1
13. 1 2 3 2 3 1 2 3 :|: 3 2 1 3 2 3 2 1
14. 2 1 3 2 1 3 2 1 :|: 1 2 3 1 2 3 1 2
15. 1 2 3 1 2 3 2 1 :|: 1 2 3 2 1 3 2 1
16. 2 1 3 2 3 2 1 2 :|: 2 1 2 3 2 3 1 2
17. 1 3 1 2 3 2 3 2 :|: 2 3 2 3 2 2 1 3 1
18. 2 1 3 2 1 3 2 3 :|: 3 2 3 1 2 3 1 2
19. 1 3 1 2 3 1 3 2 :|: 2 3 1 3 2 1 3 1
20. 2 1 3 2 3 2 2 1 3 :|: 3 1 2 3 2 3 1 2

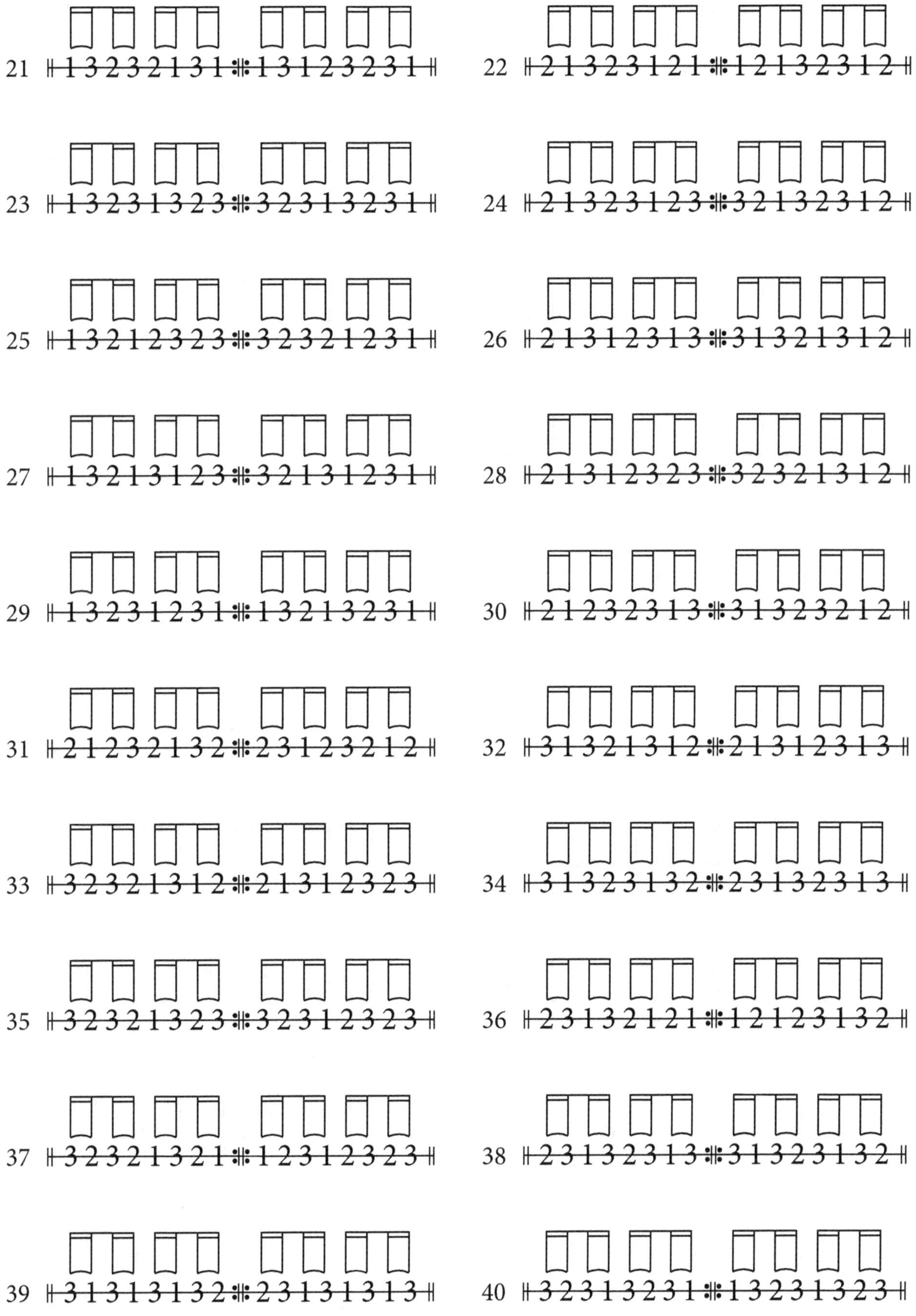

21 ‖: 1 3 2 3 2 1 3 1 :‖: 1 3 1 2 3 2 3 1 :‖
22 ‖: 2 1 3 2 3 1 2 1 :‖: 1 2 1 3 2 3 1 2 :‖

23 ‖: 1 3 2 3 1 3 2 3 :‖: 3 2 3 1 3 2 3 1 :‖
24 ‖: 2 1 3 2 3 1 2 3 :‖: 3 2 1 3 2 3 1 2 :‖

25 ‖: 1 3 2 1 2 3 2 3 :‖: 3 2 3 2 1 2 3 1 :‖
26 ‖: 2 1 3 1 2 3 1 3 :‖: 3 1 3 2 1 3 1 2 :‖

27 ‖: 1 3 2 1 3 1 2 3 :‖: 3 2 1 3 1 2 3 1 :‖
28 ‖: 2 1 3 1 2 3 2 3 :‖: 3 2 3 2 1 3 1 2 :‖

29 ‖: 1 3 2 3 1 2 3 1 :‖: 1 3 2 1 3 2 3 1 :‖
30 ‖: 2 1 2 3 2 3 1 3 :‖: 3 1 3 2 3 2 1 2 :‖

31 ‖: 2 1 2 3 2 1 3 2 :‖: 2 3 1 2 3 2 1 2 :‖
32 ‖: 3 1 3 2 1 3 1 2 :‖: 2 1 3 1 2 1 2 3 1 3 :‖

33 ‖: 3 2 3 2 1 3 1 2 :‖: 2 1 3 1 2 3 2 3 :‖
34 ‖: 3 1 3 2 3 1 3 2 :‖: 2 3 1 3 2 3 1 3 :‖

35 ‖: 3 2 3 2 1 3 2 3 :‖: 3 2 3 1 2 3 2 3 :‖
36 ‖: 2 3 1 3 2 1 2 1 :‖: 1 2 1 2 3 1 3 2 :‖

37 ‖: 3 2 3 2 1 3 2 1 :‖: 1 2 3 1 2 3 2 3 :‖
38 ‖: 2 3 1 3 2 3 1 3 :‖: 3 1 3 2 3 1 3 2 :‖

39 ‖: 3 1 3 1 3 1 3 2 :‖: 2 3 1 3 1 3 1 3 :‖
40 ‖: 3 2 3 1 3 2 3 1 :‖: 1 3 2 3 1 3 2 3 :‖

41 ‖ 2 3 1 2 1 2 1 3 :‖: 3 1 2 1 2 1 3 2 ‖   42 ‖ 3 2 3 1 2 3 1 2 :‖: 2 1 3 2 1 3 2 3 ‖

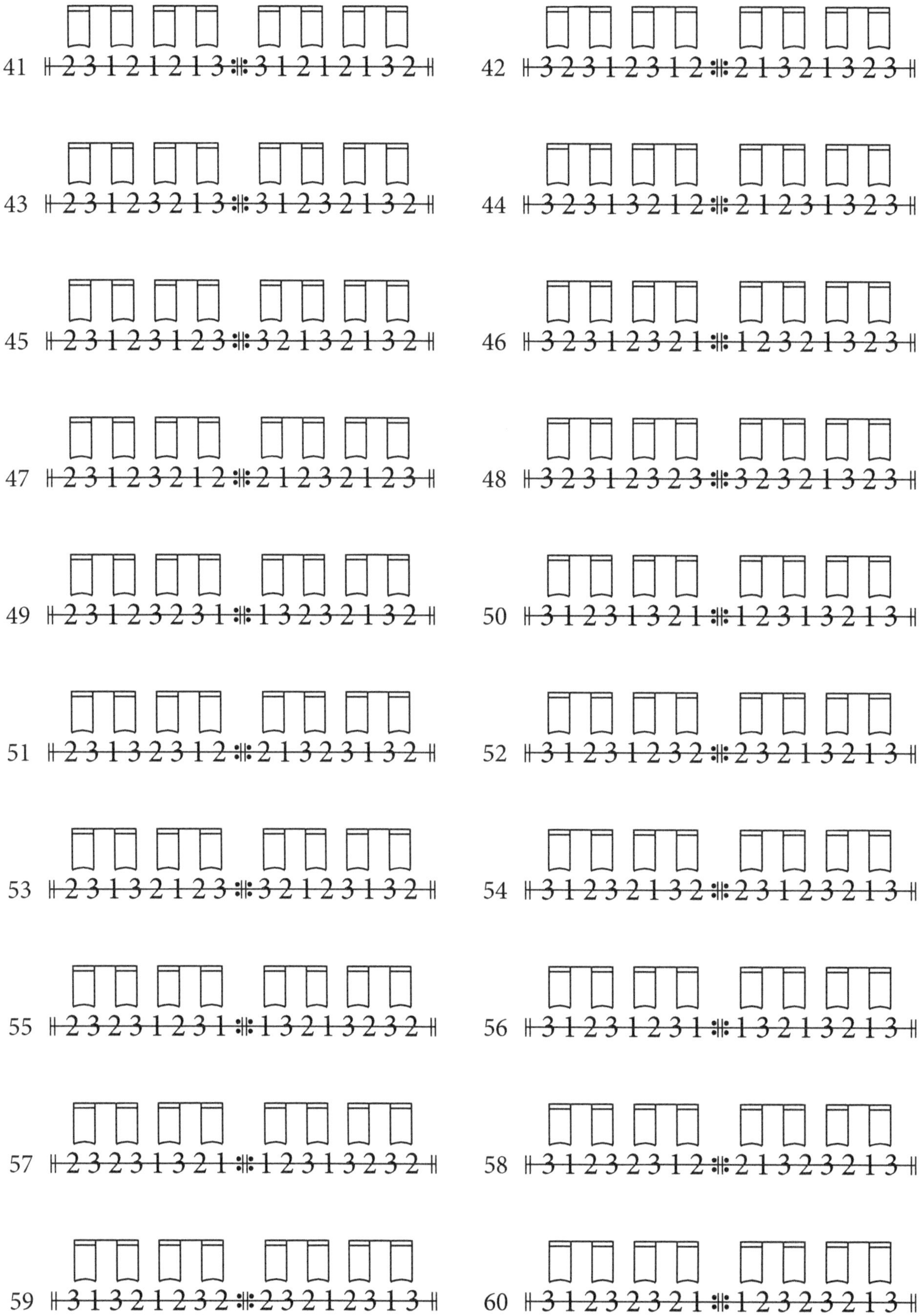

43 ‖ 2 3 1 2 3 2 1 3 :‖: 3 1 2 3 2 1 3 2 ‖   44 ‖ 3 2 3 1 3 2 1 2 :‖: 2 1 2 3 1 3 2 3 ‖

45 ‖ 2 3 1 2 3 1 2 3 :‖: 3 2 1 3 2 1 3 2 ‖   46 ‖ 3 2 3 1 2 3 2 1 :‖: 1 2 3 1 3 2 2 3 ‖

47 ‖ 2 3 1 2 3 2 1 2 :‖: 2 1 2 3 2 1 2 3 ‖   48 ‖ 3 2 3 1 2 3 2 3 :‖: 3 2 3 2 1 3 2 3 ‖

49 ‖ 2 3 1 2 3 2 3 1 :‖: 1 3 2 3 2 1 3 2 ‖   50 ‖ 3 1 2 3 1 3 2 1 :‖: 1 2 3 1 3 2 1 3 ‖

51 ‖ 2 3 1 3 2 3 1 2 :‖: 2 1 3 2 3 1 3 2 ‖   52 ‖ 3 1 2 3 1 2 3 2 :‖: 2 3 2 1 3 2 1 3 ‖

53 ‖ 2 3 1 3 2 1 2 3 :‖: 3 2 1 2 3 1 3 2 ‖   54 ‖ 3 1 2 3 2 1 3 2 :‖: 2 3 1 2 3 2 1 3 ‖

55 ‖ 2 3 2 3 1 2 3 1 :‖: 1 3 2 1 3 2 3 2 ‖   56 ‖ 3 1 2 3 1 2 3 1 :‖: 1 3 2 1 3 2 1 3 ‖

57 ‖ 2 3 2 3 1 3 2 1 :‖: 1 2 3 1 3 2 3 2 ‖   58 ‖ 3 1 2 3 2 3 1 2 :‖: 2 1 3 2 3 2 1 3 ‖

59 ‖ 3 1 3 2 1 2 3 2 :‖: 2 3 2 1 2 3 1 3 ‖   60 ‖ 3 1 2 3 2 3 2 1 :‖: 1 2 3 2 3 2 1 3 ‖

61 ‖ 3 2 1 2 3 2 3 1 :‖: 1 3 2 3 2 1 2 3 ‖
62 ‖ 3 2 1 3 1 2 3 2 :‖: 2 3 2 1 3 1 2 3 ‖

63 ‖ 3 1 2 1 2 3 1 2 :‖: 2 1 3 2 1 2 1 3 ‖
64 ‖ 3 2 1 3 2 1 3 2 :‖: 2 3 1 2 3 1 2 3 ‖

65 ‖ 3 1 2 1 2 1 3 2 :‖: 2 3 1 2 1 2 1 3 ‖
66 ‖ 3 2 1 3 2 3 1 3 :‖: 3 1 3 2 3 1 2 3 ‖

67 ‖ 2 3 2 1 3 2 1 3 :‖: 3 1 2 3 1 2 3 2 ‖
68 ‖ 3 2 1 3 2 3 1 2 :‖: 2 1 3 2 3 1 2 3 ‖

69 ‖ 2 3 2 1 3 2 3 1 :‖: 1 3 2 3 1 2 3 2 ‖
70 ‖ 3 2 1 3 2 1 2 1 :‖: 1 2 1 2 3 1 2 3 ‖

71 ‖ 2 3 2 1 3 1 2 3 :‖: 3 2 1 3 1 2 3 2 ‖
72 ‖ 3 2 1 3 2 3 2 1 :‖: 1 2 3 2 3 1 2 3 ‖

73 ‖ 2 3 2 1 3 2 1 2 :‖: 2 1 2 3 1 2 3 2 ‖
74 ‖ 3 2 1 3 1 2 3 1 :‖: 1 3 2 1 3 1 2 3 ‖

75 ‖ 2 3 2 1 3 2 3 2 :‖: 2 3 2 3 1 2 3 2 ‖
76 ‖ 3 2 1 3 2 1 3 1 :‖: 1 3 1 2 1 3 2 3 ‖

LIGADOS

UNIT 8

UNIT 8

In this unit fingers 2, 3 and 4 of the left hand play on one string. Finger 1 rests on the following positions.

REST POSITIONS
4 rest positions are proposed for finger 1 which does not play:

POSITION A   A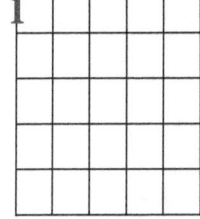

Rest on 6th string. Fingers 2, 3 and 4 play on strings 5, 4, 3, 2 and 1.

POSITION B   B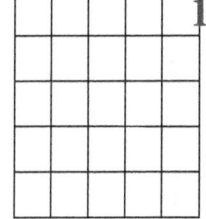

Rest on 1th string. Fingers 2, 3 and 4 play on strings 2, 3, 4, 5 and 6.

POSITION C   C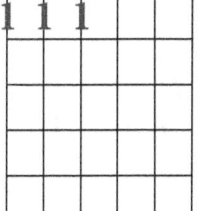

"BARRE" hold of finger 1 on strings 6, 5 and 4. Fingers 2, 3 and 4 play on strings 3, 2 and 1.

POSITION D   D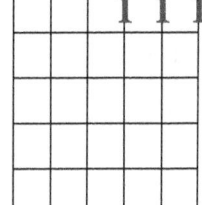

"BARRE" hold of finger 1 on strings 1, 2 and 3. Fingers 2, 3 and 4 play on strings 6, 5 and 4.

1 ‖: 2 3 4 2 4 2 3 4 :‖: 4 3 2 4 2 4 3 2 :‖
2 ‖: 2 4 3 4 2 4 2 4 :‖: 4 2 4 2 4 3 4 2 :‖
3 ‖: 2 3 4 2 3 4 2 3 :‖: 3 2 4 3 2 4 3 2 :‖
4 ‖: 2 4 3 2 4 3 2 3 :‖: 3 2 3 4 2 4 3 4 2 :‖
5 ‖: 2 3 4 2 4 2 3 4 :‖: 4 3 2 4 2 4 3 2 :‖
6 ‖: 2 4 3 2 4 2 4 3 :‖: 3 4 2 4 2 4 3 4 2 :‖
7 ‖: 2 4 3 4 2 3 2 4 :‖: 4 2 3 2 4 3 4 2 :‖
8 ‖: 2 4 3 2 4 3 2 4 :‖: 4 2 3 2 4 3 4 2 :‖
9 ‖: 2 3 4 2 4 3 4 2 :‖: 2 4 3 4 2 4 3 2 :‖
10 ‖: 2 4 3 2 4 2 3 4 :‖: 4 3 2 4 2 4 3 4 2 :‖
11 ‖: 2 3 4 3 2 4 3 4 :‖: 4 3 4 2 3 4 3 2 :‖
12 ‖: 2 4 3 2 4 2 4 2 :‖: 2 4 2 4 2 4 3 4 2 :‖
13 ‖: 2 3 4 2 3 4 2 4 :‖: 4 2 4 3 2 4 3 2 :‖
14 ‖: 4 3 2 4 3 2 4 3 :‖: 3 4 2 3 4 2 3 4 :‖
15 ‖: 2 3 4 2 4 3 2 4 :‖: 4 2 3 4 2 4 3 2 :‖
16 ‖: 2 4 2 3 4 2 3 2 :‖: 2 3 2 4 3 2 4 2 :‖
17 ‖: 2 3 4 3 2 4 2 4 :‖: 4 2 4 2 3 4 3 2 :‖
18 ‖: 2 4 2 3 4 2 4 3 :‖: 3 4 2 4 3 4 2 4 2 :‖
19 ‖: 2 3 4 2 4 2 3 2 :‖: 2 3 2 4 2 4 3 2 :‖
20 ‖: 2 4 2 3 4 3 2 4 :‖: 4 2 3 4 3 2 4 2 :‖

21 ‖ 2 3 4 2 4 3 2 3 :‖: 3 2 3 4 2 4 3 2 ‖
22 ‖ 2 4 2 4 3 2 4 2 :‖: 2 4 2 3 4 2 4 2 ‖
23 ‖ 2 4 3 2 4 2 4 3 :‖: 3 4 2 4 2 3 4 2 ‖
24 ‖ 2 4 2 3 4 2 3 4 :‖: 4 3 2 4 3 2 4 2 ‖
25 ‖ 2 4 3 4 2 3 4 3 :‖: 3 4 3 2 4 3 4 2 ‖
26 ‖ 2 4 2 4 3 4 2 3 :‖: 3 2 4 3 4 2 4 2 ‖
27 ‖ 4 3 2 4 3 2 4 2 :‖: 2 4 2 3 4 2 3 4 ‖
28 ‖ 2 4 2 4 2 3 4 3 :‖: 3 4 3 2 4 2 4 2 ‖
29 ‖ 2 4 3 4 2 4 3 4 :‖: 4 3 4 2 4 3 4 2 ‖
30 ‖ 2 4 2 4 3 2 4 3 :‖: 3 4 2 3 4 2 4 2 ‖
31 ‖ 4 3 4 2 3 4 2 4 :‖: 4 2 4 3 4 2 4 3 4 ‖
32 ‖ 3 4 2 4 3 4 2 4 :‖: 4 2 4 3 4 2 4 3 ‖
33 ‖ 4 3 4 2 4 3 4 2 :‖: 2 4 3 4 2 4 3 4 ‖
34 ‖ 3 4 2 3 4 3 2 4 :‖: 4 2 3 4 3 2 4 3 ‖
35 ‖ 4 3 4 2 3 4 3 2 :‖: 2 3 4 3 2 4 3 4 ‖
36 ‖ 3 4 2 3 2 4 2 4 :‖: 4 2 4 2 3 2 4 3 ‖
37 ‖ 4 3 4 2 3 2 4 2 :‖: 2 4 2 3 2 4 3 4 ‖
38 ‖ 3 4 2 4 2 3 4 3 :‖: 3 4 3 2 4 2 4 3 ‖
39 ‖ 4 3 2 4 2 4 3 4 :‖: 4 3 4 2 4 2 3 4 ‖
40 ‖ 3 4 2 4 3 4 3 2 :‖: 2 3 4 3 4 2 4 3 ‖

41. 4 3 4 2 4 3 4 3 :‖: 3 4 3 4 2 4 3 4
42. 3 4 3 2 4 2 4 2 :‖: 2 4 2 4 2 3 4 3
43. 4 3 2 4 2 3 4 3 :‖: 3 4 3 2 4 2 3 4
44. 3 4 2 4 3 2 4 2 :‖: 2 4 2 3 4 2 4 3
45. 4 3 2 4 2 3 4 2 :‖: 2 4 3 2 4 2 3 4
46. 3 4 2 4 3 2 4 3 :‖: 3 4 2 3 4 2 4 3
47. 3 2 4 2 3 4 2 4 :‖: 4 2 4 3 2 4 2 3
48. 3 4 2 3 4 2 4 3 :‖: 3 4 2 3 4 2 4 3
49. 4 2 3 4 2 3 4 3 :‖: 3 4 3 2 4 3 4 2
50. 3 4 3 2 4 3 4 2 :‖: 2 4 3 4 2 3 4 3
51. 4 3 2 4 2 4 2 3 :‖: 3 2 4 2 4 2 3 4
52. 3 2 4 2 4 2 3 4 :‖: 4 3 2 4 2 4 2 3
53. 4 3 2 4 3 4 2 3 :‖: 3 2 4 3 4 4 2 3 4
54. 3 2 4 2 3 4 2 3 :‖: 3 2 4 3 3 2 4 2 3
55. 3 4 2 3 4 2 4 2 :‖: 2 4 2 4 2 3 4 3
56. 3 2 4 2 4 3 4 2 :‖: 2 4 3 4 2 4 3 2
57. 3 4 2 4 2 3 4 2 :‖: 2 4 3 2 4 2 4 3
58. 3 2 4 2 3 4 2 4 :‖: 4 2 4 3 2 4 2 3
59. 3 4 2 4 3 2 4 2 :‖: 2 4 2 3 4 2 4 3
60. 3 2 4 2 4 3 2 4 :‖: 4 2 3 4 2 4 2 3

61 ‖ 3 2 4 3 2 4 2 4 :‖: 4 2 4 2 3 4 2 3 ‖
62 ‖ 4 2 4 3 2 4 3 4 :‖: 4 3 4 2 3 4 2 4 ‖
63 ‖ 3 2 4 3 2 4 2 3 :‖: 3 2 4 2 3 4 2 3 ‖
64 ‖ 4 2 3 4 2 3 4 3 :‖: 3 4 3 2 4 3 2 4 ‖
65 ‖ 3 2 4 3 4 2 3 4 :‖: 4 3 2 4 3 4 2 3 ‖
66 ‖ 4 2 3 4 2 3 4 2 :‖: 2 4 3 2 4 3 4 2 ‖
67 ‖ 3 2 4 2 4 3 2 3 :‖: 3 2 3 4 2 4 2 3 ‖
68 ‖ 4 2 3 4 2 4 3 2 :‖: 2 3 4 2 4 3 2 4 ‖
69 ‖ 4 2 4 3 2 4 3 2 :‖: 2 3 4 2 3 4 2 4 ‖
70 ‖ 4 2 3 4 3 2 4 2 :‖: 2 4 2 3 4 3 2 4 ‖
71 ‖ 4 2 4 3 4 2 3 2 :‖: 2 3 2 4 3 4 2 4 ‖
72 ‖ 4 2 3 2 4 2 4 3 :‖: 3 4 2 4 2 3 2 4 ‖
73 ‖ 4 2 4 2 3 4 3 2 :‖: 2 3 4 3 2 4 2 4 ‖
74 ‖ 4 2 3 4 2 4 3 4 :‖: 4 3 4 2 4 3 2 4 ‖
75 ‖ 4 2 4 3 4 2 4 3 :‖: 3 4 2 4 3 4 2 4 ‖
76 ‖ 4 2 3 4 3 2 4 3 :‖: 3 4 2 3 4 3 2 4 ‖
77 ‖ 4 2 4 3 4 2 4 2 :‖: 2 4 2 4 3 4 2 4 ‖
78 ‖ 4 2 4 3 2 4 2 4 :‖: 4 2 4 2 3 4 2 4 ‖
79 ‖ 4 2 4 2 3 4 2 4 :‖: 4 2 4 3 2 4 2 4 ‖
80 ‖ 4 2 3 4 2 4 2 3 :‖: 3 2 4 2 4 3 2 4 ‖

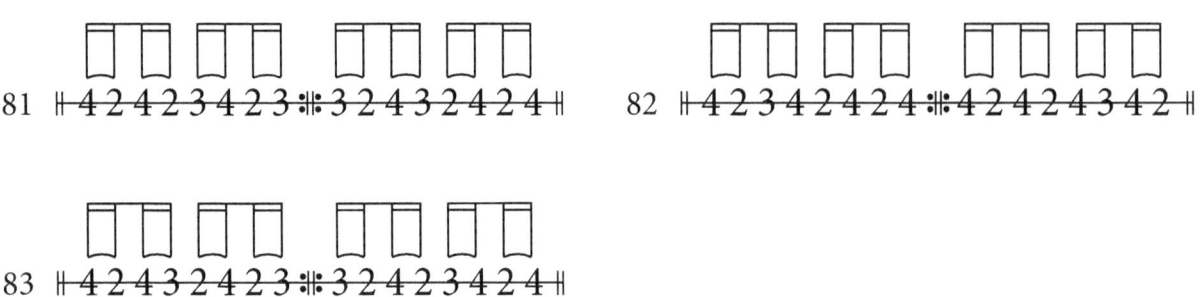

LIGADOS
UNIT 9

UNIT 9

In this unit fingers 1, 2 and 4 of the left hand play on one string. Finger 3 rests on the following positions.

REST POSITIONS
2 rest positions are proposed for finger 3 which does not play:

POSITION A   A 3

Rest on 6th string. Fingers 1, 2 and 4 play on strings 5, 4, 3, 2 and 1.

POSITION B   B   3

Rest on 1th string. Fingers 1, 2 and 4 play on strings 2, 3, 4, 5 and 6.

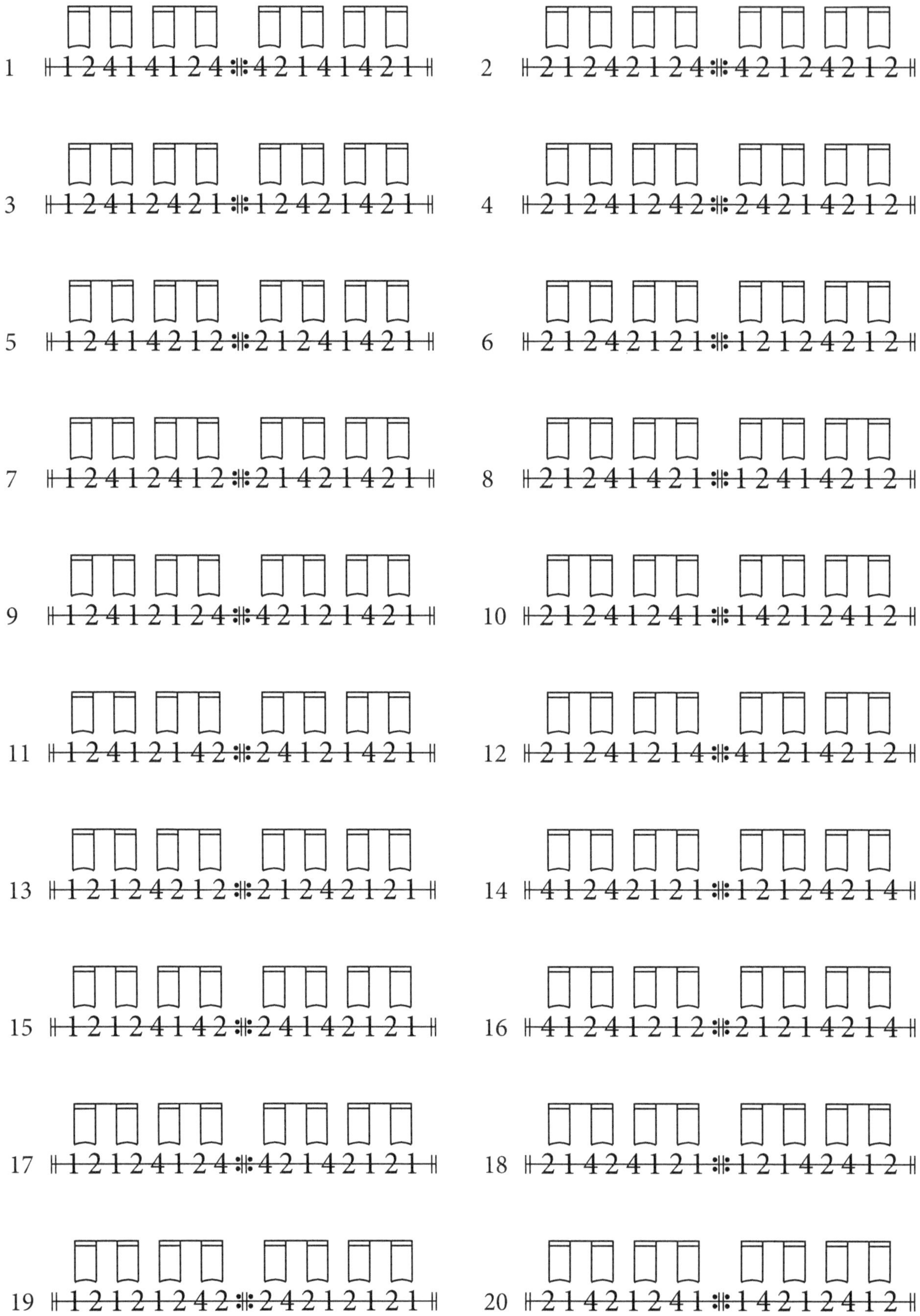

1 ‖ 1 2 4 1 4 1 2 4 :‖: 4 2 1 4 1 4 2 1 ‖
2 ‖ 2 1 2 4 2 1 2 4 :‖: 4 2 1 2 4 2 1 2 ‖

3 ‖ 1 2 4 1 2 4 2 1 :‖: 1 2 4 2 1 4 2 1 ‖
4 ‖ 2 1 2 4 1 2 4 2 :‖: 2 4 2 1 4 2 1 2 ‖

5 ‖ 1 2 4 1 4 2 1 2 :‖: 2 1 2 4 1 4 2 1 ‖
6 ‖ 2 1 2 4 2 1 2 1 :‖: 1 2 1 2 4 2 1 2 ‖

7 ‖ 1 2 4 1 2 4 1 2 :‖: 2 1 4 2 1 4 2 1 ‖
8 ‖ 2 1 2 4 1 4 2 1 :‖: 1 2 4 1 4 2 1 2 ‖

9 ‖ 1 2 4 1 2 1 2 4 :‖: 4 2 1 2 1 4 2 1 ‖
10 ‖ 2 1 2 4 1 2 4 1 :‖: 1 4 2 1 2 4 1 2 ‖

11 ‖ 1 2 4 1 2 1 4 2 :‖: 2 4 1 2 1 4 2 1 ‖
12 ‖ 2 1 2 4 1 2 1 4 :‖: 4 1 2 1 4 2 1 2 ‖

13 ‖ 1 2 1 2 4 2 1 2 :‖: 2 1 2 4 2 1 2 1 ‖
14 ‖ 4 1 2 4 2 1 2 1 :‖: 1 2 1 2 4 2 1 4 ‖

15 ‖ 1 2 1 2 4 1 4 2 :‖: 2 4 1 4 2 1 2 1 ‖
16 ‖ 4 1 2 4 1 2 1 2 :‖: 2 1 2 1 4 2 1 4 ‖

17 ‖ 1 2 1 2 4 1 2 4 :‖: 4 2 1 4 2 1 2 1 ‖
18 ‖ 2 1 4 2 4 1 2 1 :‖: 1 2 1 4 2 4 1 2 ‖

19 ‖ 1 2 1 2 1 2 4 2 :‖: 2 4 2 1 2 1 2 1 ‖
20 ‖ 2 1 4 2 1 2 4 1 :‖: 1 4 2 1 2 4 1 2 ‖

21 ‖ 4 2 1 2 1 2 1 2 :‖: 2 1 2 1 2 1 2 4 ‖
22 ‖ 2 1 4 2 4 1 2 4 :‖: 4 2 1 4 2 4 2 1 ‖
23 ‖ 4 2 1 2 1 4 2 1 :‖: 1 2 4 1 2 1 2 4 ‖
24 ‖ 2 1 4 2 1 4 2 4 :‖: 4 2 4 1 2 4 1 2 ‖
25 ‖ 4 2 1 2 1 2 4 1 :‖: 1 4 2 1 2 1 2 4 ‖
26 ‖ 2 1 4 2 1 2 1 4 :‖: 4 1 2 1 2 4 1 2 ‖
27 ‖ 4 2 1 2 1 4 1 2 :‖: 2 1 4 1 2 1 2 4 ‖
28 ‖ 2 1 4 2 4 2 1 4 :‖: 4 1 2 4 2 4 1 2 ‖
29 ‖ 4 2 1 2 4 1 2 1 :‖: 1 2 1 4 2 1 2 4 ‖
30 ‖ 1 2 1 4 2 1 4 2 :‖: 2 4 1 2 4 1 2 1 ‖
31 ‖ 1 2 1 4 2 4 2 1 :‖: 1 2 4 2 4 1 2 1 ‖
32 ‖ 2 4 2 1 2 1 4 1 :‖: 1 4 1 2 1 2 4 2 ‖
33 ‖ 1 2 1 4 2 4 1 2 :‖: 2 1 4 2 4 1 2 1 ‖
34 ‖ 2 4 2 1 4 1 2 1 :‖: 1 2 1 4 1 2 4 2 ‖
35 ‖ 1 2 1 4 2 4 1 4 :‖: 4 1 4 2 4 1 2 1 ‖
36 ‖ 1 4 2 1 4 2 4 2 :‖: 2 4 2 4 1 2 4 1 ‖
37 ‖ 1 2 1 4 1 2 4 2 :‖: 2 4 2 1 4 1 2 1 ‖
38 ‖ 1 4 2 1 2 1 4 2 :‖: 2 4 1 2 1 2 4 1 ‖
39 ‖ 2 4 1 2 1 2 4 1 :‖: 1 4 2 1 2 1 4 2 ‖
40 ‖ 1 4 2 1 2 1 2 4 :‖: 4 2 1 2 1 2 4 1 ‖

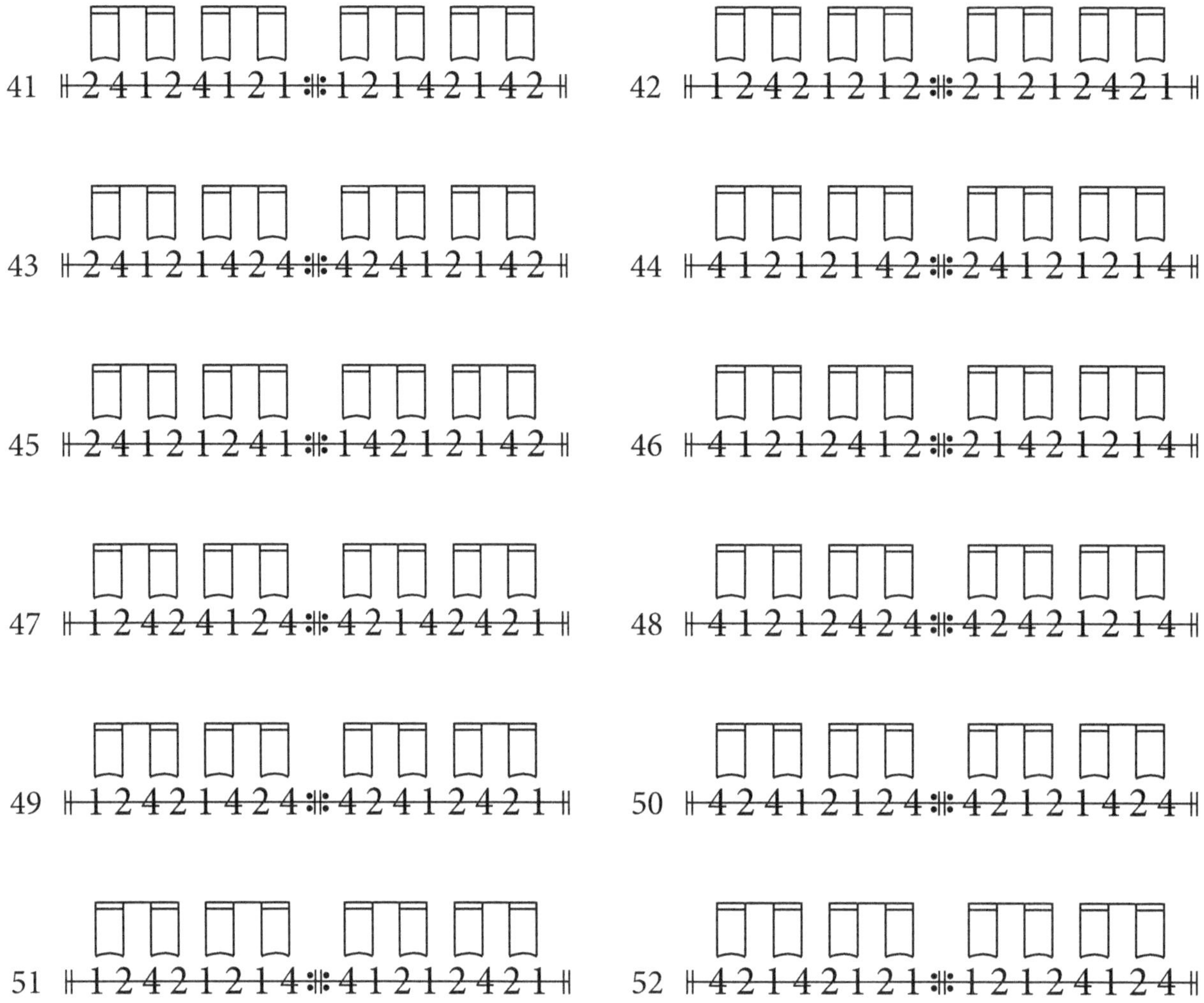

41 ‖ 2 4 1 2 4 1 2 1 :‖: 1 2 1 4 2 1 4 2 ‖
42 ‖ 1 2 4 2 1 2 1 2 :‖: 2 1 2 1 2 4 2 1 ‖

43 ‖ 2 4 1 2 1 4 2 4 :‖: 4 2 4 1 2 1 4 2 ‖
44 ‖ 4 1 2 1 2 1 4 2 :‖: 2 4 1 2 1 2 1 4 ‖

45 ‖ 2 4 1 2 1 2 4 1 :‖: 1 4 2 1 2 1 4 2 ‖
46 ‖ 4 1 2 1 2 4 1 2 :‖: 2 1 4 2 1 2 1 4 ‖

47 ‖ 1 2 4 2 4 1 2 4 :‖: 4 2 1 4 2 4 2 1 ‖
48 ‖ 4 1 2 1 2 4 2 4 :‖: 4 2 4 2 1 2 1 4 ‖

49 ‖ 1 2 4 2 1 4 2 4 :‖: 4 2 4 1 2 4 2 1 ‖
50 ‖ 4 2 4 1 2 1 2 4 :‖: 4 2 1 2 1 4 2 4 ‖

51 ‖ 1 2 4 2 1 2 1 4 :‖: 4 1 2 1 2 4 2 1 ‖
52 ‖ 4 2 1 4 2 1 2 1 :‖: 1 2 1 2 4 1 2 4 ‖

LIGADOS
UNIT 10

UNIT 10

In this unit fingers 1, 3 and 4 of the left hand play on one string. Finger 2 rests on the following positions.

REST POSITIONS
2 rest positions are proposed for finger 2 which does not play:

POSITION A   A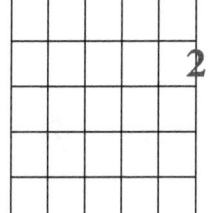

Rest on 6th string. Fingers 1, 3 and 4 play on strings 5, 4, 3, 2 and 1.

POSITION B   B

Rest on 1th string. Fingers 1, 3 and 4 play on strings 2, 3, 4, 5 and 6.

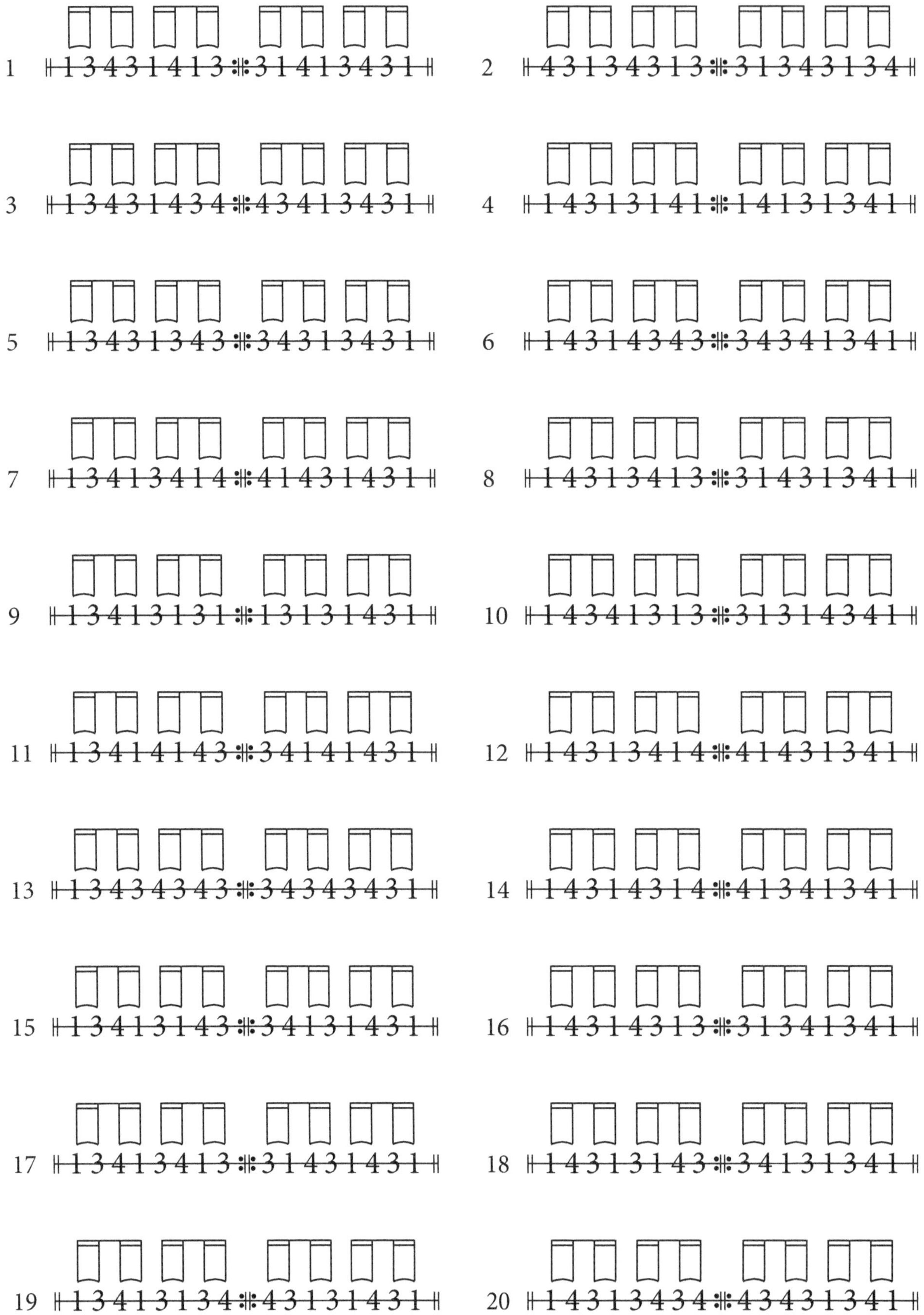

1 ‖ 1 3 4 3 1 4 1 3 :‖: 3 1 4 1 3 4 3 1 ‖
2 ‖ 4 3 1 3 4 3 1 3 :‖: 3 1 3 4 3 1 3 4 ‖

3 ‖ 1 3 4 3 1 4 3 4 :‖: 4 3 4 1 3 4 3 1 ‖
4 ‖ 1 4 3 1 3 1 4 1 :‖: 1 4 1 3 1 3 4 1 ‖

5 ‖ 1 3 4 3 1 3 4 3 :‖: 3 4 3 1 3 4 3 1 ‖
6 ‖ 1 4 3 1 4 3 4 3 :‖: 3 4 3 4 1 3 4 1 ‖

7 ‖ 1 3 4 1 3 4 1 4 :‖: 4 1 4 3 1 4 3 1 ‖
8 ‖ 1 4 3 1 3 4 1 3 :‖: 3 1 4 3 1 3 4 1 ‖

9 ‖ 1 3 4 1 3 1 3 1 :‖: 1 3 1 3 1 4 3 1 ‖
10 ‖ 1 4 3 4 1 3 1 3 :‖: 3 1 3 1 4 3 4 1 ‖

11 ‖ 1 3 4 1 4 1 4 3 :‖: 3 4 1 4 1 4 3 1 ‖
12 ‖ 1 4 3 1 3 4 1 4 :‖: 4 1 4 3 1 3 4 1 ‖

13 ‖ 1 3 4 3 4 3 4 3 :‖: 3 4 3 4 3 4 3 1 ‖
14 ‖ 1 4 3 1 4 3 1 4 :‖: 4 1 3 4 1 3 4 1 ‖

15 ‖ 1 3 4 1 3 1 4 3 :‖: 3 4 1 3 1 4 3 1 ‖
16 ‖ 1 4 3 1 4 3 1 3 :‖: 3 1 3 4 1 3 4 1 ‖

17 ‖ 1 3 4 1 3 4 1 3 :‖: 3 1 4 1 3 1 4 3 1 ‖
18 ‖ 1 4 3 1 3 1 4 3 :‖: 3 4 1 3 1 3 4 1 ‖

19 ‖ 1 3 4 1 3 1 3 4 :‖: 4 3 1 3 1 4 3 1 ‖
20 ‖ 1 4 3 1 3 4 3 4 :‖: 4 3 4 3 1 3 4 1 ‖

21 ‖ 1 3 4 1 3 1 4 1 :‖: 1 4 1 3 1 4 3 1 ‖   22 ‖ 1 4 3 1 3 1 3 1 :‖: 1 3 1 3 1 3 4 1 ‖

23 ‖ 4 3 1 4 3 4 1 3 :‖: 3 1 4 3 4 1 3 4 ‖   24 ‖ 3 4 1 3 1 3 4 3 :‖: 3 4 3 1 3 1 4 3 ‖

25 ‖ 4 3 1 3 4 3 1 3 :‖: 3 1 3 4 3 1 3 4 ‖   26 ‖ 3 4 1 3 1 3 1 4 :‖: 4 1 3 1 3 1 4 3 ‖

27 ‖ 4 3 1 3 1 4 3 4 :‖: 4 3 4 1 3 1 3 4 ‖   28 ‖ 3 4 1 4 1 4 3 1 :‖: 1 3 4 1 4 1 4 3 ‖

29 ‖ 4 3 1 3 4 1 3 4 :‖: 4 3 1 4 3 1 3 4 ‖   30 ‖ 1 3 1 4 3 1 4 1 :‖: 1 4 1 3 4 1 3 1 ‖

31 ‖ 1 3 1 4 3 1 3 1 :‖: 1 3 1 3 4 1 3 1 ‖   32 ‖ 3 1 3 4 1 3 4 3 :‖: 3 4 3 1 4 3 1 3 ‖

33 ‖ 1 3 1 4 3 1 4 3 :‖: 3 4 1 3 4 1 3 1 ‖   34 ‖ 3 1 3 4 1 3 1 3 :‖: 3 1 3 1 4 3 1 3 ‖

35 ‖ 1 3 1 4 3 1 3 4 :‖: 4 3 1 3 4 1 3 1 ‖   36 ‖ 3 1 3 1 4 3 4 1 :‖: 1 4 3 4 1 3 1 3 ‖

37 ‖ 1 3 1 4 3 4 1 3 :‖: 3 1 4 3 4 1 3 1 ‖   38 ‖ 3 1 3 4 1 3 4 1 :‖: 1 4 3 1 4 3 1 3 ‖

39 ‖ 1 3 1 4 1 4 3 4 :‖: 4 3 4 1 4 1 3 1 ‖   40 ‖ 3 1 3 4 3 1 3 4 :‖: 4 3 1 3 4 3 1 3 ‖

41 ‖: 1 3 1 3 4 1 3 4 :‖: 4 3 1 4 3 1 3 1 :‖

42 ‖: 3 1 3 4 3 1 4 1 :‖: 1 4 1 3 4 3 1 3 :‖

43 ‖: 1 3 1 3 4 3 1 4 :‖: 4 1 3 4 3 1 3 1 :‖

44 ‖: 4 3 1 4 3 1 3 1 :‖: 1 3 1 3 4 1 3 4 :‖

45 ‖: 1 3 1 3 1 4 3 4 :‖: 4 3 4 1 3 1 3 1 :‖

46 ‖: 1 4 1 3 1 3 4 3 :‖: 3 4 3 1 3 1 4 1 :‖

47 ‖: 4 1 3 4 1 3 1 3 :‖: 3 1 3 1 3 1 4 3 1 4 :‖

48 ‖: 1 4 3 4 1 3 4 3 :‖: 3 4 3 1 4 3 4 1 :‖

49 ‖: 4 1 3 4 3 1 4 3 :‖: 3 4 1 3 4 3 1 4 :‖

50 ‖: 4 1 4 1 4 3 1 3 :‖: 3 1 3 1 3 4 1 4 :‖

51 ‖: 3 1 3 1 4 3 1 3 :‖: 3 1 3 4 1 3 1 3 :‖

52 ‖: 4 1 3 1 4 3 1 3 :‖: 3 1 3 1 3 4 1 3 1 4 :‖

53 ‖: 3 1 3 1 4 3 4 3 :‖: 3 4 3 4 1 3 1 3 :‖

54 ‖: 4 1 3 1 3 4 1 3 :‖: 3 1 4 3 1 3 1 4 :‖

55 ‖: 3 1 3 1 4 3 1 4 :‖: 4 1 3 4 1 3 1 3 :‖

56 ‖: 4 1 3 1 3 4 3 1 :‖: 1 3 4 3 1 3 1 4 :‖

57 ‖: 3 1 3 4 1 3 1 4 :‖: 4 1 3 1 4 3 1 3 :‖

58 ‖: 4 3 4 3 3 4 3 1 :‖: 1 3 4 3 3 4 3 4 :‖

59 ‖: 3 1 3 4 1 3 1 4 :‖: 4 1 3 1 4 3 1 3 :‖

60 ‖: 3 1 4 1 3 1 3 4 :‖: 4 3 1 3 1 4 1 3 :‖

61. ‖: 3 1 4 3 1 3 1 4 :‖: 4 1 3 1 3 4 1 3 :‖
62. ‖: 3 4 3 1 4 1 3 1 :‖: 1 3 1 4 1 3 4 3 :‖
63. ‖: 3 1 4 3 1 4 3 4 :‖: 4 3 4 1 3 4 1 3 :‖
64. ‖: 3 4 3 1 3 4 3 1 :‖: 1 3 4 3 1 3 4 3 :‖
65. ‖: 3 1 4 3 1 4 1 4 :‖: 4 1 4 1 3 4 1 3 :‖
66. ‖: 3 4 3 1 3 4 3 4 :‖: 4 3 4 3 1 3 4 3 :‖
67. ‖: 3 1 4 3 1 4 3 1 :‖: 1 3 4 1 3 4 1 3 :‖
68. ‖: 4 1 3 1 3 4 1 4 :‖: 4 1 4 1 3 1 1 4 :‖
69. ‖: 3 1 4 3 1 3 4 1 :‖: 1 4 1 3 1 3 4 1 3 :‖
70. ‖: 4 1 3 1 4 3 4 3 :‖: 3 4 3 4 1 3 1 4 :‖
71. ‖: 3 1 4 3 4 1 3 1 :‖: 1 3 1 4 3 4 1 3 :‖
72. ‖: 4 1 3 1 3 1 4 3 :‖: 3 4 1 3 1 3 1 4 :‖
73. ‖: 3 1 4 3 4 1 3 4 :‖: 4 3 1 4 3 4 1 3 :‖
74. ‖: 4 3 1 3 1 4 1 4 :‖: 4 1 4 1 3 1 3 4 :‖
75. ‖: 3 4 1 3 1 4 3 4 :‖: 4 3 4 1 3 1 4 3 :‖
76. ‖: 4 3 1 3 1 4 3 1 :‖: 1 3 4 1 3 1 3 4 :‖
77. ‖: 3 4 1 3 4 1 3 4 :‖: 4 3 1 4 3 1 4 3 :‖
78. ‖: 4 3 1 3 4 1 3 1 :‖: 1 3 1 4 3 1 3 4 :‖
79. ‖: 3 4 1 3 4 3 1 4 :‖: 4 1 3 4 3 1 4 3 :‖
80. ‖: 4 3 1 4 1 3 1 3 :‖: 3 1 3 1 4 1 3 4 :‖

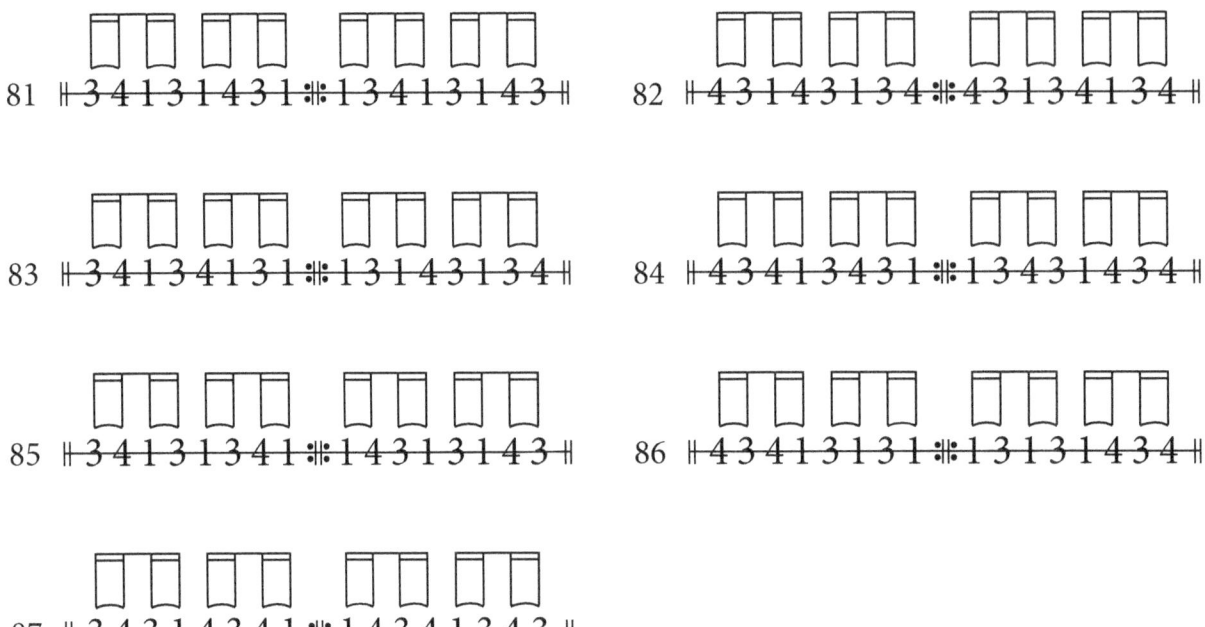

LIGADOS
UNIT 11

1. ‖: 1 2 3 4 2 4 3 4 :‖: 4 3 4 2 4 3 2 1 :‖
2. ‖: 1 3 2 4 3 2 4 2 :‖: 2 4 2 3 4 2 3 1 :‖
3. ‖: 1 2 3 2 4 2 4 3 :‖: 3 4 2 4 2 3 2 1 :‖
4. ‖: 1 3 2 4 3 4 2 3 :‖: 3 2 4 3 4 2 3 1 :‖
5. ‖: 1 2 3 2 3 4 2 4 :‖: 4 2 4 3 2 3 2 1 :‖
6. ‖: 1 3 2 4 3 4 1 4 :‖: 4 1 4 3 4 2 3 1 :‖
7. ‖: 1 2 3 2 1 2 1 4 :‖: 4 1 2 1 2 3 2 1 :‖
8. ‖: 3 2 1 4 2 4 1 3 :‖: 3 1 4 2 4 1 2 3 :‖
9. ‖: 1 2 3 2 1 2 4 1 :‖: 1 4 2 1 2 3 2 1 :‖
10. ‖: 3 2 1 4 3 1 2 4 :‖: 4 2 1 3 4 1 2 3 :‖
11. ‖: 3 1 2 4 3 4 2 4 :‖: 4 2 4 3 4 2 1 3 :‖
12. ‖: 3 2 3 4 1 4 3 4 :‖: 4 3 4 1 4 3 2 3 :‖
13. ‖: 3 2 1 2 4 1 3 1 :‖: 1 3 1 4 2 1 2 3 :‖
14. ‖: 3 2 3 4 2 4 1 4 :‖: 4 1 4 2 4 3 2 3 :‖
15. ‖: 1 2 4 3 2 4 2 4 :‖: 4 2 4 2 3 4 2 1 :‖
16. ‖: 3 2 3 4 1 4 2 4 :‖: 4 2 4 1 4 3 2 3 :‖
17. ‖: 1 2 4 3 4 2 3 4 :‖: 4 3 2 4 3 4 2 1 :‖
18. ‖: 3 2 1 4 1 4 2 4 :‖: 4 2 4 1 4 1 2 3 :‖
19. ‖: 1 2 4 3 2 4 2 3 :‖: 3 2 4 2 3 4 2 1 :‖
20. ‖: 3 4 3 4 2 1 4 2 :‖: 2 4 1 2 4 3 4 3 :‖

21 ‖ 1 2 4 3 1 4 1 3 :‖: 3 1 4 1 3 4 2 1 ‖   22 ‖ 3 4 3 4 2 1 2 4 :‖: 4 2 1 2 4 3 4 3 ‖

23 ‖ 3 2 1 2 3 4 2 4 :‖: 4 2 4 3 2 1 2 3 ‖   24 ‖ 3 2 3 1 2 4 3 4 :‖: 4 3 4 2 1 3 2 3 ‖

25 ‖ 3 2 1 2 3 2 3 4 :‖: 4 3 2 3 2 1 2 3 ‖   26 ‖ 3 2 1 2 3 4 2 4 :‖: 4 2 4 3 2 1 2 3 ‖

27 ‖ 3 2 1 2 4 1 3 1 :‖: 1 3 1 4 2 1 2 3 ‖   28 ‖ 1 4 2 3 4 3 2 4 :‖: 4 2 3 4 3 2 4 1 ‖

29 ‖ 1 3 2 4 2 3 4 2 :‖: 2 4 3 2 4 2 3 1 ‖   30 ‖ 1 4 2 3 1 2 3 4 :‖: 4 3 2 1 3 2 4 1 ‖

31 ‖ 1 4 1 3 2 3 4 3 :‖: 3 4 3 2 3 1 4 1 ‖   32 ‖ 2 4 2 4 1 2 4 3 :‖: 3 4 2 1 4 2 4 2 ‖

33 ‖ 1 4 3 2 4 3 4 2 :‖: 2 4 3 4 2 3 4 1 ‖   34 ‖ 2 4 2 4 3 1 4 3 :‖: 3 4 1 3 4 2 4 2 ‖

35 ‖ 1 4 3 1 2 3 4 3 :‖: 3 4 3 2 1 3 4 1 ‖   36 ‖ 2 4 3 1 4 2 3 2 :‖: 2 3 2 4 1 3 4 2 ‖

37 ‖ 1 3 4 2 4 3 2 4 :‖: 4 2 3 4 2 4 3 1 ‖   38 ‖ 2 4 3 1 4 3 2 4 :‖: 4 2 3 4 1 3 4 2 ‖

39 ‖ 1 3 4 2 3 2 4 2 :‖: 2 4 2 3 2 4 3 1 ‖   40 ‖ 2 4 1 2 4 3 2 4 :‖: 4 2 3 4 2 1 4 2 ‖

41 ‖ 1 3 4 2 4 3 1 4 :‖: 4 1 3 4 2 4 3 1 ‖   42 ‖ 2 4 2 3 4 2 1 3 :‖: 3 1 2 4 3 2 4 2 ‖

43 ‖ 1 3 4 2 3 4 2 3 :‖: 3 2 4 3 2 4 3 1 ‖   44 ‖ 2 4 3 2 4 2 4 1 :‖: 1 4 2 4 2 3 4 2 ‖

45 ‖ 1 3 4 2 3 4 2 4 :‖: 4 2 4 3 2 4 3 1 ‖   46 ‖ 2 3 2 1 3 2 4 3 :‖: 3 4 2 3 1 2 3 2 ‖

47 ‖ 3 2 3 4 2 4 1 4 :‖: 4 1 4 2 4 3 2 3 ‖   48 ‖ 2 3 4 1 2 4 3 1 :‖: 1 3 4 2 1 4 3 2 ‖

49 ‖ 2 4 1 3 2 3 4 3 :‖: 3 4 3 2 3 1 4 2 ‖   50 ‖ 2 3 1 2 4 3 2 4 :‖: 4 2 3 4 2 1 3 2 ‖

51 ‖ 2 4 1 3 4 3 2 3 :‖: 3 2 3 4 3 1 4 2 ‖   52 ‖ 2 3 1 2 1 4 3 1 :‖: 1 3 4 1 2 1 3 2 ‖

53 ‖ 2 3 1 3 4 2 3 4 :‖: 4 3 2 4 3 1 3 2 ‖   54 ‖ 2 3 4 3 2 4 1 4 :‖: 4 1 4 2 3 4 3 2 ‖

55 ‖ 2 4 1 3 4 2 3 2 :‖: 2 3 2 4 3 1 4 2 ‖   56 ‖ 2 3 4 3 1 4 3 4 :‖: 4 3 4 1 3 4 3 2 ‖

57 ‖ 2 3 4 2 1 4 3 4 :‖: 4 3 4 1 2 4 3 2 ‖   58 ‖ 2 3 4 3 4 2 1 4 :‖: 4 1 2 4 3 4 3 2 ‖

59 ‖ 2 3 4 2 1 3 2 4 :‖: 4 2 3 1 2 4 3 2 ‖   60 ‖ 2 3 4 3 4 2 1 2 :‖: 2 1 2 4 3 4 3 2 ‖

61 ‖ 2 4 3 2 4 2 4 1 :‖: 1 4 2 4 2 3 4 2 ‖   62 ‖ 2 1 4 2 3 4 3 4 :‖: 4 3 4 3 2 4 1 2 ‖

63 ‖ 2 1 2 4 3 4 3 4 :‖: 4 3 4 3 4 2 1 2 ‖   64 ‖ 2 4 1 4 2 3 4 3 :‖: 3 4 3 2 4 1 4 2 ‖

65 ‖ 2 1 4 3 4 2 4 2 :‖: 2 4 2 4 3 4 1 2 ‖   66 ‖ 2 4 1 4 2 3 2 4 :‖: 4 2 3 2 4 1 4 2 ‖

67 ‖ 2 1 4 3 2 4 3 4 :‖: 4 3 4 2 3 4 1 2 ‖   68 ‖ 2 4 1 4 2 4 2 3 :‖: 3 2 4 2 4 1 4 2 ‖

69 ‖ 2 1 4 3 4 2 3 4 :‖: 4 3 2 4 3 4 1 2 ‖   70 ‖ 2 4 1 4 3 2 3 4 :‖: 4 3 2 3 4 1 4 2 ‖

71 ‖ 2 1 3 2 3 4 3 1 :‖: 1 3 4 3 2 3 1 2 ‖   72 ‖ 2 3 2 4 3 4 2 1 :‖: 1 2 4 3 4 2 3 2 ‖

73 ‖ 2 1 3 2 4 3 1 2 :‖: 2 1 3 4 2 3 1 2 ‖   74 ‖ 2 3 4 2 3 1 3 4 :‖: 4 3 1 3 2 4 3 2 ‖

75 ‖ 2 1 3 2 4 3 1 3 :‖: 3 1 3 4 2 3 1 2 ‖   76 ‖ 2 4 3 4 1 2 3 2 :‖: 2 3 2 1 4 3 4 2 ‖

77 ‖ 2 1 3 2 4 2 3 4 :‖: 4 3 2 4 2 3 1 2 ‖   78 ‖ 2 4 3 4 1 2 3 4 :‖: 4 3 2 1 4 3 4 2 ‖

79 ‖ 2 1 3 2 3 4 2 3 :‖: 3 2 4 3 2 3 1 2 ‖   80 ‖ 2 4 3 4 1 3 4 1 :‖: 1 4 3 1 4 3 4 2 ‖

81 ‖ 2 1 3 2 4 3 2 4 :‖: 4 2 3 4 2 3 1 2 ‖   82 ‖ 2 4 3 4 2 4 3 1 :‖: 1 3 4 2 4 3 4 2 ‖

83 ‖ 2 1 3 2 1 2 4 1 :‖: 1 4 2 1 2 3 1 2 ‖   84 ‖ 2 4 3 4 1 4 2 3 :‖: 3 2 4 1 4 3 4 2 ‖

85 ‖ 2 1 3 4 1 4 3 1 :‖: 1 3 4 1 4 3 1 2 ‖   86 ‖ 2 4 3 4 1 3 4 2 :‖: 2 4 3 1 4 3 4 2 ‖

87 ‖ 2 1 3 4 2 4 3 2 :‖: 2 3 4 2 4 3 1 2 ‖   88 ‖ 2 4 3 4 2 3 1 3 :‖: 3 1 3 2 4 3 4 2 ‖

89 ‖ 2 1 4 2 4 3 4 3 :‖: 3 4 3 4 2 4 1 2 ‖   90 ‖ 2 4 3 4 3 4 1 2 :‖: 2 1 4 3 4 3 4 2 ‖

91 ‖ 2 4 3 4 2 3 1 4 :‖: 4 1 3 2 4 3 4 2 ‖   92 ‖ 3 1 2 4 3 4 2 4 :‖: 4 2 4 3 4 2 1 3 ‖

93 ‖ 2 4 3 4 1 4 3 1 :‖: 1 3 4 1 4 3 4 2 ‖   94 ‖ 3 1 2 4 3 2 4 2 :‖: 2 4 2 3 4 2 1 3 ‖

95 ‖ 2 4 3 4 1 4 1 3 :‖: 3 1 4 1 4 3 4 2 ‖   96 ‖ 3 1 2 4 3 4 1 4 :‖: 4 1 4 3 4 2 1 3 ‖

97 ‖ 3 2 1 4 2 4 1 3 :‖: 3 1 4 2 4 1 2 3 ‖   98 ‖ 3 4 2 1 3 1 4 2 :‖: 2 4 1 3 1 2 4 3 ‖

99 ‖ 3 2 1 4 3 1 2 4 :‖: 4 2 1 3 4 1 2 3 ‖   100 ‖ 3 4 2 1 4 3 2 4 :‖: 4 2 3 4 1 2 4 3 ‖

87

101 ‖: 3 4 2 3 1 3 2 4 :‖: 4 2 3 1 3 2 4 3 :‖
102 ‖: 3 4 2 1 3 2 4 2 :‖: 2 4 2 3 1 2 4 3 :‖
103 ‖: 3 4 2 3 1 4 2 4 :‖: 4 2 4 1 3 2 4 3 :‖
104 ‖: 3 4 2 1 4 2 3 4 :‖: 4 3 2 4 1 2 4 3 :‖
105 ‖: 3 4 2 3 4 2 1 4 :‖: 4 1 2 4 3 2 4 3 :‖
106 ‖: 3 4 2 1 4 2 3 1 :‖: 1 3 2 4 1 2 4 3 :‖
107 ‖: 3 4 2 3 4 1 3 4 :‖: 4 3 1 4 3 2 4 3 :‖
108 ‖: 3 2 4 2 3 4 2 1 :‖: 1 2 4 3 2 4 2 3 :‖
109 ‖: 3 4 2 3 4 3 1 4 :‖: 4 1 3 4 3 2 4 3 :‖
110 ‖: 3 2 4 2 4 1 2 4 :‖: 4 2 1 4 2 4 2 3 :‖
111 ‖: 3 4 2 3 4 3 4 1 :‖: 1 4 3 4 3 2 4 3 :‖
112 ‖: 3 2 4 2 1 4 3 4 :‖: 4 3 4 1 2 4 2 3 :‖
113 ‖: 3 4 2 3 4 2 3 1 :‖: 1 3 2 4 3 2 4 3 :‖
114 ‖: 3 2 4 2 1 4 2 4 :‖: 4 2 4 1 2 4 2 3 :‖
115 ‖: 3 4 2 3 1 3 4 2 :‖: 2 4 3 1 3 2 4 3 :‖
116 ‖: 3 2 4 2 3 1 4 3 :‖: 3 4 1 3 2 4 2 3 :‖
117 ‖: 3 4 2 3 1 4 2 1 :‖: 1 2 4 1 3 2 4 3 :‖
118 ‖: 3 2 4 2 4 3 1 4 :‖: 4 1 3 4 2 4 2 3 :‖
119 ‖: 3 1 2 4 3 4 3 2 :‖: 2 3 4 3 4 2 1 3 :‖
120 ‖: 3 2 4 2 3 1 4 2 :‖: 2 4 1 3 2 4 2 3 :‖

121 ‖: 3 2 4 2 3 1 4 1 :‖: 1 4 1 3 2 4 2 3 :‖
122 ‖: 4 3 2 4 2 3 1 4 :‖: 4 1 3 2 4 2 3 4 :‖
123 ‖: 3 2 4 3 4 2 1 4 :‖: 4 1 2 4 3 4 2 3 :‖
124 ‖: 4 3 2 4 3 4 2 1 :‖: 1 2 4 3 4 2 3 4 :‖
125 ‖: 3 2 4 3 4 1 2 4 :‖: 4 2 1 4 3 4 2 3 :‖
126 ‖: 4 3 2 4 3 1 2 4 :‖: 4 2 1 3 4 2 3 4 :‖
127 ‖: 3 2 4 3 2 4 1 4 :‖: 4 1 4 2 3 4 2 3 :‖
128 ‖: 4 3 2 3 1 4 1 4 :‖: 4 1 4 1 3 2 3 4 :‖
129 ‖: 3 2 4 3 2 4 1 3 :‖: 3 1 4 2 3 4 2 3 :‖
130 ‖: 4 3 2 3 4 1 4 2 :‖: 2 4 1 4 3 2 3 4 :‖
131 ‖: 3 2 4 3 4 1 2 1 :‖: 1 2 1 4 3 4 2 3 :‖
132 ‖: 4 3 2 3 1 3 2 4 :‖: 4 2 3 1 3 2 3 4 :‖
133 ‖: 3 2 4 3 4 2 4 1 :‖: 1 4 2 4 3 4 2 3 :‖
134 ‖: 4 1 2 3 4 3 2 4 :‖: 4 2 3 4 3 2 1 4 :‖
135 ‖: 3 4 2 3 4 3 1 4 :‖: 4 1 3 4 3 2 4 3 :‖
136 ‖: 4 3 1 2 1 4 3 4 :‖: 4 3 4 1 2 1 3 4 :‖
137 ‖: 3 4 2 3 4 1 3 4 :‖: 4 3 1 4 3 2 4 3 :‖
138 ‖: 4 3 1 2 3 4 2 4 :‖: 4 2 4 3 2 1 3 4 :‖
139 ‖: 3 4 2 3 4 2 3 1 :‖: 1 3 2 4 3 2 4 3 :‖
140 ‖: 4 3 1 2 1 4 1 4 :‖: 4 1 4 1 2 1 3 4 :‖

89

141 ‖: 3 4 2 3 1 3 2 4 :‖: 4 2 3 1 3 2 4 3 :‖
142 ‖: 4 3 1 2 3 4 2 4 :‖: 4 2 4 3 2 1 3 4 :‖
143 ‖: 3 4 2 3 1 3 4 2 :‖: 2 4 3 1 3 2 4 3 :‖
144 ‖: 4 2 1 2 3 4 2 4 :‖: 4 2 4 3 2 1 2 4 :‖
145 ‖: 4 3 2 4 1 3 4 2 :‖: 2 4 3 1 4 2 3 4 :‖
146 ‖: 4 3 2 3 1 3 4 2 :‖: 2 4 3 1 3 2 3 4 :‖
147 ‖: 4 3 2 4 2 3 1 2 :‖: 2 1 3 2 4 2 3 4 :‖
148 ‖: 4 2 3 4 2 3 1 3 :‖: 3 1 3 2 4 3 2 4 :‖
149 ‖: 4 3 2 4 2 4 3 1 :‖: 1 3 4 2 4 2 3 4 :‖
150 ‖: 4 2 3 4 3 1 4 3 :‖: 3 4 1 3 4 3 2 4 :‖
151 ‖: 4 2 3 4 2 4 3 1 :‖: 1 3 4 2 4 3 2 4 :‖
152 ‖: 4 3 2 3 2 4 1 4 :‖: 4 1 4 2 3 2 3 4 :‖
153 ‖: 4 2 3 4 3 4 2 1 :‖: 1 2 4 3 4 3 2 4 :‖
154 ‖: 4 3 4 1 4 2 1 3 :‖: 3 1 2 4 1 4 3 4 :‖
155 ‖: 4 2 3 4 2 1 3 2 :‖: 2 3 1 2 4 3 2 4 :‖
156 ‖: 1 3 4 3 2 1 4 1 :‖: 1 4 1 2 3 4 3 1 :‖
157 ‖: 4 2 3 4 2 1 4 3 :‖: 3 4 1 2 4 3 2 4 :‖
158 ‖: 1 3 4 3 4 2 4 2 :‖: 2 4 2 4 3 4 3 1 :‖
159 ‖: 4 3 1 4 2 4 3 1 :‖: 1 3 4 2 4 1 3 4 :‖
160 ‖: 1 3 1 4 2 4 2 4 :‖: 4 2 4 2 4 1 3 1 :‖

161 ‖: 4 3 1 4 3 2 4 2 :‖: 2 4 2 3 4 1 3 4 :‖
162 ‖: 1 2 4 2 4 3 4 3 :‖: 3 4 3 4 2 4 2 1 :‖

163 ‖: 4 3 1 4 3 2 4 1 :‖: 1 4 2 3 4 1 3 4 :‖
164 ‖: 3 1 3 2 4 3 4 2 :‖: 2 4 3 4 2 3 1 3 :‖

165 ‖: 4 3 1 4 2 4 3 4 :‖: 4 3 4 2 4 1 3 4 :‖
166 ‖: 3 1 3 2 4 3 4 1 :‖: 1 4 3 4 2 3 1 3 :‖

167 ‖: 4 2 4 2 1 2 3 4 :‖: 4 3 2 1 2 4 2 4 :‖
168 ‖: 4 1 2 4 3 2 4 2 :‖: 2 4 2 3 4 2 1 4 :‖

169 ‖: 4 2 4 2 1 3 2 4 :‖: 4 2 3 1 2 4 2 4 :‖
170 ‖: 4 1 2 4 2 3 4 2 :‖: 2 4 3 2 4 2 1 4 :‖

171 ‖: 4 3 4 3 1 4 2 4 :‖: 4 2 4 1 3 4 3 4 :‖
172 ‖: 4 1 3 2 4 3 4 2 :‖: 2 4 3 4 2 3 1 4 :‖

173 ‖: 4 3 2 3 1 4 1 4 :‖: 4 1 4 1 3 2 3 4 :‖
174 ‖: 4 1 3 2 1 2 4 3 :‖: 3 4 2 1 2 3 1 4 :‖

175 ‖: 4 3 2 3 2 4 1 3 :‖: 3 1 4 2 3 2 3 4 :‖
176 ‖: 4 2 4 1 2 4 3 2 :‖: 2 3 4 2 1 4 2 4 :‖

177 ‖: 4 3 2 3 1 3 2 4 :‖: 4 2 3 1 3 2 3 4 :‖
178 ‖: 4 2 4 1 4 3 2 3 :‖: 3 2 3 4 1 4 2 4 :‖

179 ‖: 4 3 2 3 4 1 4 2 :‖: 2 4 1 4 3 2 3 4 :‖
180 ‖: 4 2 4 1 3 2 4 3 :‖: 3 4 2 3 1 4 2 4 :‖

181 ‖ 42434213 :‖: 31243424 ‖   182 ‖ 41343234 :‖: 43234314 ‖

183 ‖ 42431342 :‖: 24313424 ‖   184 ‖ 41342432 :‖: 23424314 ‖

185 ‖ 42431431 :‖: 13413424 ‖   186 ‖ 41342431 :‖: 13424314 ‖

187 ‖ 42431413 :‖: 31413424 ‖   188 ‖ 41343243 :‖: 34234314 ‖

189 ‖ 42432413 :‖: 31423424 ‖   190 ‖ 41342413 :‖: 31424314 ‖

191 ‖ 42432313 :‖: 31323424 ‖   192 ‖ 41342423 :‖: 32424314 ‖

193 ‖ 42432341 :‖: 14323424 ‖   194 ‖ 41432324 :‖: 42323414 ‖

195 ‖ 42434214 :‖: 41243424 ‖   196 ‖ 41432342 :‖: 24323414 ‖

197 ‖ 42431432 :‖: 23413424 ‖   198 ‖ 41434232 :‖: 23243414 ‖

199 ‖ 43423421 :‖: 12432434 ‖   200 ‖ 41432423 :‖: 32423414 ‖

201 ‖ 4 3 4 2 3 4 3 1 :‖: 1 3 4 3 2 4 3 4 ‖   202 ‖ 4 1 4 3 1 3 2 4 :‖: 4 2 3 1 3 4 1 4 ‖

203 ‖ 4 3 4 2 1 4 2 3 :‖: 3 2 4 1 2 4 3 4 ‖   204 ‖ 4 1 4 3 4 1 2 4 :‖: 4 2 1 4 3 4 1 4 ‖

205 ‖ 4 3 4 2 3 2 1 4 :‖: 4 1 2 3 2 4 3 4 ‖   206 ‖ 1 4 3 4 2 3 4 3 :‖: 3 4 3 2 4 3 4 1 ‖

207 ‖ 4 3 4 2 1 4 3 2 :‖: 2 3 4 1 2 4 3 4 ‖   208 ‖ 1 4 3 4 2 4 1 3 :‖: 3 1 4 2 4 3 4 1 ‖

209 ‖ 4 3 4 2 3 2 1 4 :‖: 4 1 2 3 2 4 3 4 ‖   210 ‖ 1 4 3 4 2 3 4 2 :‖: 2 4 3 2 4 3 4 1 ‖

211 ‖ 1 4 2 4 3 4 2 3 :‖: 3 2 4 3 4 2 4 1 ‖   212 ‖ 4 2 3 1 3 4 2 4 :‖: 4 2 4 3 1 3 2 4 ‖

213 ‖ 1 4 2 4 2 3 2 4 :‖: 4 2 3 2 4 2 4 1 ‖   214 ‖ 4 2 3 1 2 4 3 2 :‖: 2 3 4 2 1 3 2 4 ‖

215 ‖ 3 2 3 4 1 4 3 4 :‖: 4 3 4 1 4 3 2 3 ‖   216 ‖ 4 2 3 1 3 2 4 3 :‖: 3 4 2 3 1 3 2 4 ‖

217 ‖ 3 1 3 4 2 4 2 4 :‖: 4 2 4 2 4 3 1 3 ‖   218 ‖ 4 2 3 1 3 4 2 3 :‖: 3 2 4 3 1 3 2 4 ‖

219 ‖ 3 1 3 4 2 3 4 2 :‖: 2 4 3 2 4 3 1 3 ‖   220 ‖ 3 1 4 2 3 2 4 2 :‖: 2 4 2 3 2 4 1 3 ‖

221 ‖ 3 1 3 4 2 3 2 4 :‖: 4 2 3 2 4 3 1 3 ‖   222 ‖ 3 1 4 2 4 3 2 3 :‖: 3 2 3 4 2 4 1 3 ‖

223 ‖ 4 2 1 4 2 3 4 3 :‖: 3 4 3 2 4 1 2 4 ‖   224 ‖ 3 1 4 2 4 3 1 4 :‖: 4 1 3 4 2 4 1 3 ‖

225 ‖ 4 2 1 4 3 2 4 3 :‖: 3 4 2 3 4 1 2 4 ‖   226 ‖ 3 1 4 2 4 1 2 3 :‖: 3 2 1 4 2 4 1 3 ‖

227 ‖ 4 2 1 4 3 4 2 3 :‖: 3 2 4 3 4 1 2 4 ‖   228 ‖ 3 1 4 2 4 2 1 4 :‖: 4 1 2 4 2 4 1 3 ‖

229 ‖ 4 2 1 4 2 3 1 3 :‖: 3 1 3 2 4 1 2 4 ‖   230 ‖ 3 1 4 2 3 2 4 1 :‖: 1 4 2 3 2 4 1 3 ‖

231 ‖ 4 2 1 4 3 2 4 1 :‖: 1 4 2 3 4 1 2 4 ‖   232 ‖ 3 1 4 2 3 2 1 2 :‖: 2 1 2 3 2 4 1 3 ‖

233 ‖ 4 1 4 2 4 3 2 3 :‖: 3 2 3 4 2 4 1 4 ‖   234 ‖ 3 1 4 3 1 4 2 4 :‖: 4 2 4 1 3 4 1 3 ‖

235 ‖ 4 3 2 1 3 2 4 2 :‖: 2 4 2 3 1 2 3 4 ‖   236 ‖ 3 1 4 3 4 2 3 4 :‖: 4 3 2 4 3 4 1 3 ‖

237 ‖ 4 2 3 1 3 4 2 3 :‖: 3 2 4 3 1 3 2 4 ‖   238 ‖ 3 1 4 3 1 2 4 1 :‖: 1 4 2 1 3 4 1 3 ‖

239 ‖ 4 2 1 3 2 4 3 2 :‖: 2 3 4 2 3 1 2 4 ‖   240 ‖ 3 1 4 3 2 4 2 4 :‖: 4 2 4 2 3 4 1 3 ‖

241 ‖: 3 1 4 3 4 1 4 2 :‖: 2 4 1 4 3 4 1 3 :‖
242 ‖: 3 4 2 4 3 4 1 4 :‖: 4 1 4 3 4 2 4 3 :‖

243 ‖: 3 1 4 3 2 4 3 4 :‖: 4 3 4 2 3 4 1 3 :‖
244 ‖: 3 4 2 4 3 1 2 4 :‖: 4 2 1 3 4 2 4 3 :‖

245 ‖: 3 4 2 4 3 4 1 2 :‖: 2 1 4 3 4 2 4 3 :‖
246 ‖: 3 4 2 4 3 2 4 1 :‖: 1 4 2 3 4 2 4 3 :‖

247 ‖: 3 4 2 4 3 4 1 3 :‖: 3 1 4 3 4 2 4 3 :‖
248 ‖: 3 4 2 4 3 2 1 2 :‖: 2 1 2 3 4 2 4 3 :‖

249 ‖: 3 4 2 4 2 4 3 1 :‖: 1 3 4 2 4 2 4 3 :‖
250 ‖: 3 4 2 4 3 2 1 4 :‖: 4 1 2 3 4 2 4 3 :‖

251 ‖: 3 4 2 4 1 4 2 3 :‖: 3 2 4 1 4 2 4 3 :‖
252 ‖: 3 1 4 1 3 4 2 4 :‖: 4 2 4 2 3 1 4 1 3 :‖

253 ‖: 3 4 2 4 2 4 1 3 :‖: 3 1 4 2 4 2 4 3 :‖
254 ‖: 3 4 1 4 2 3 2 4 :‖: 4 2 3 2 4 1 4 3 :‖

255 ‖: 3 4 2 4 1 4 3 2 :‖: 2 3 4 1 4 2 4 3 :‖

LIGADOS
LEVEL OF DIFFICULTY 2

VARIATION 1

SIMPLE - COMPLEX - COMPLEX LIGADO

LEVEL OF DIFFICULTY 2
11 UNITS
SIMPLE - COMPLEX - COMPLEX LIGADO

UNIT 1
Practicing fingers 1 and 2 - Stable fingers 3 and 4

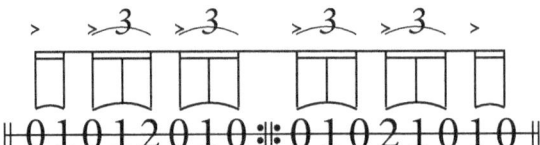

UNIT 2
Practicing fingers 1 and 3 - Stable fingers 2 and 4

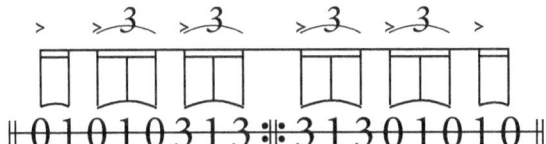

UNIT 3
Practicing fingers 1 and 4 - Stable fingers 2 and 3

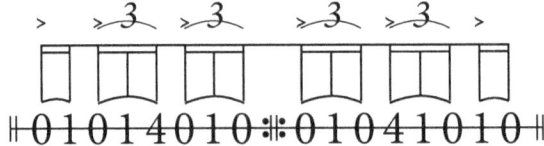

UNIT 4
Practicing fingers 2 and 3 - Stable fingers 1 and 4

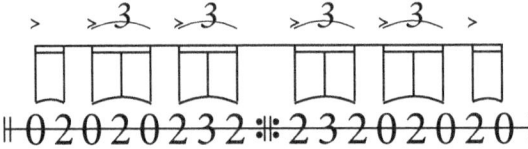

UNIT 5
Practicing fingers 2 and 4 - Stable fingers 1 and 3

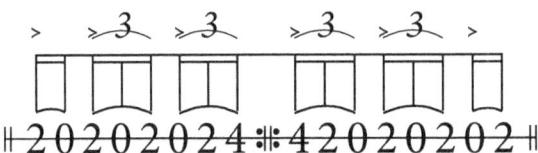

UNIT 6
Practicing fingers 3 and 4 - Stable fingers 1 and 2

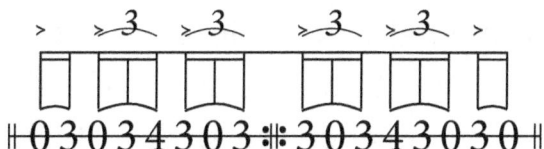

UNIT 7
Practicing fingers 1, 2 and 3 - Stable finger 4

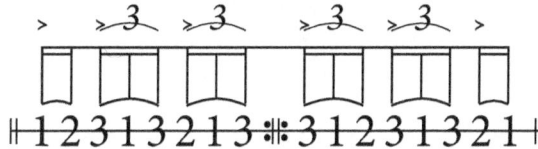

UNIT 8
Practicing fingers 2, 3 and 4 - Stable finger 1

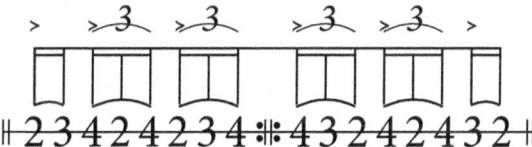

UNIT 9
Practicing fingers 1, 2 and 4 - Stable finger 3

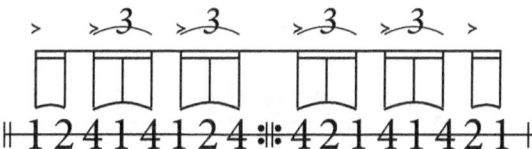

UNIT 10
Practicing fingers 1, 3 and 4 - Stable finger 2

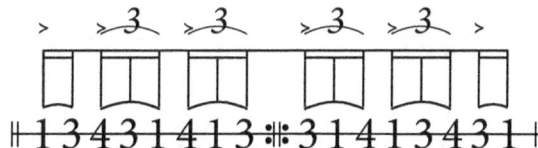

UNIT 11
Practicing fingers 1, 2, 3 and 4

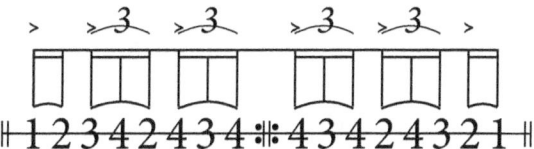

SIMPLE - COMPLEX - COMPLEX LIGADO

Right hand fingerings applied to the eleven Ligatos units of 2nd level of difficulty. Examples from Unit 11 will be given. The fingerings mentioned in Unit 11 can be applied to all other units. This depends on the individual learner.

THUMB ONLY STROKE

1/ STROKE OF ONE STRING

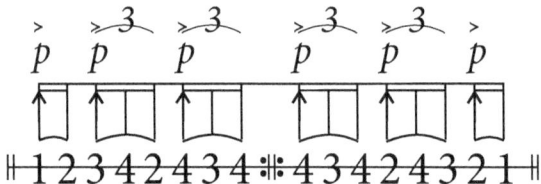

2/ STROKE OF TWO STRINGS

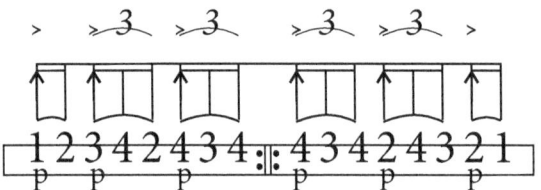

3/ STROKE OF THREE STRINGS

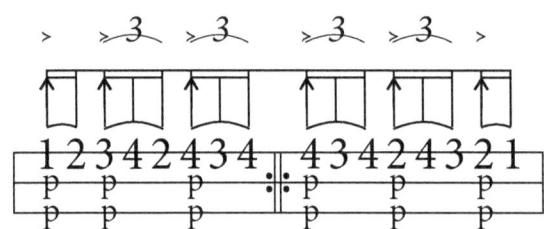

COMBINATION OF SIMPLE AND COMPLEX LIGADOS FINGERINGS ONLY WITH FINGERS i, m and a

VARIATION 1
FINGERINGS

i m i m i m
m i m i m i
m a m a m a
a m a m a m
i a i a i a
a i a i a i

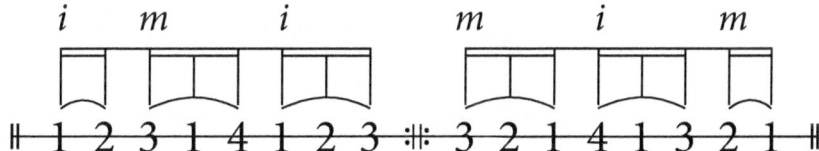

VARIATION 2
FINGERINGS

i m a   m i a   a m i
i a m   m a i   a i m

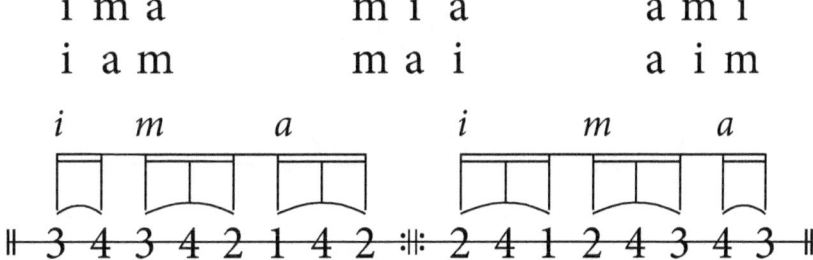

SIMPLE FINGERINGS - THUMB ONLY

STROKE TOWARDS ONE DIRECTION

VARIATION 1

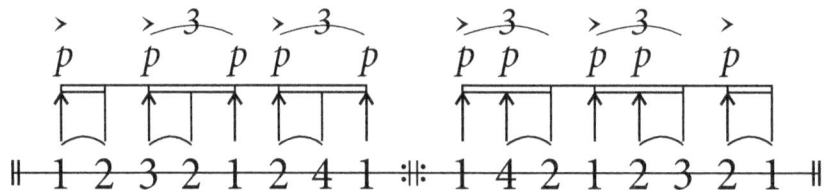

VARIATION 2

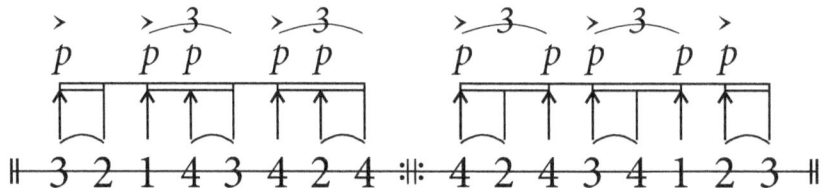

STROKE TOWARDS TWO DIRECTIONS

VARIATION 1

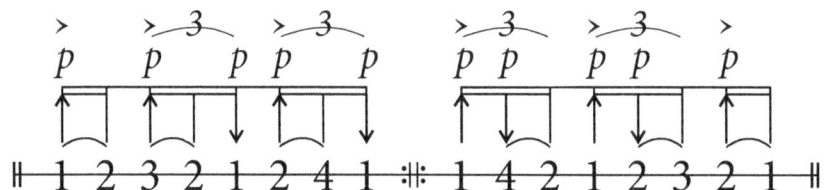

VARIATION 2

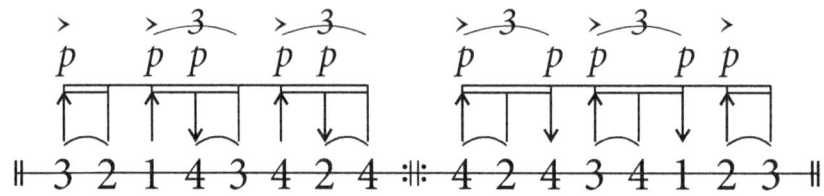

THUMB FINGERINGS
with index (i) only, or with middle finger (m) only, or with ring finger (a) only, with stroke of three strings

VARIATION 1
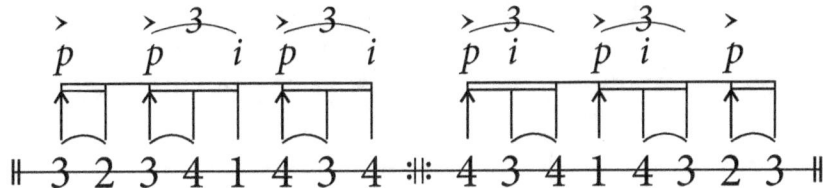

VARIATION 2
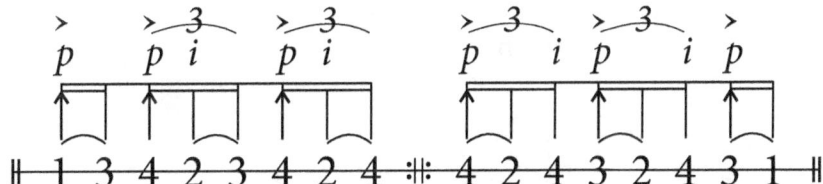

VARIATION 3
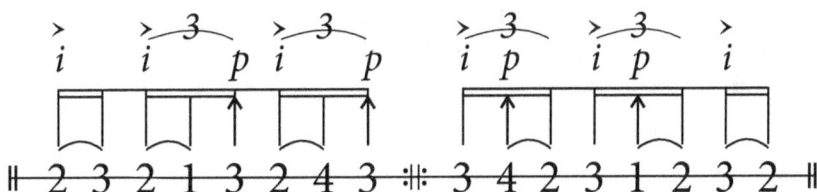

VARIATION 4
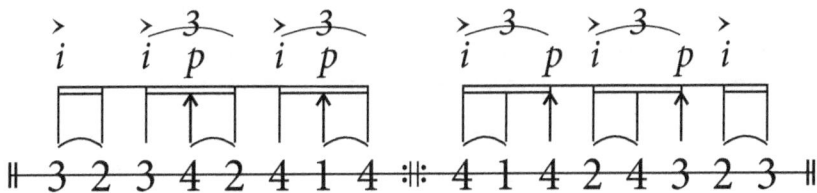

THUMB FINGERINGS
with fingers i, m and a

VARIATION 1
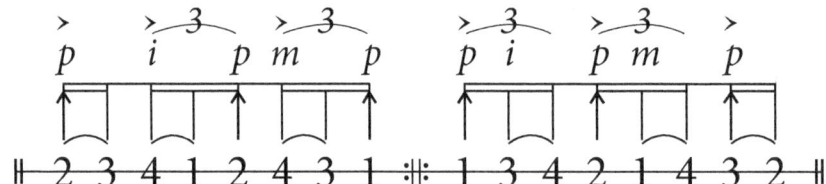

VARIATION 2
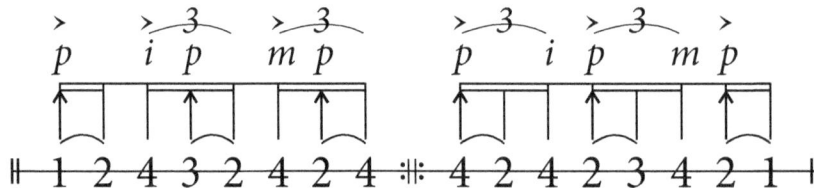

VARIATION 3
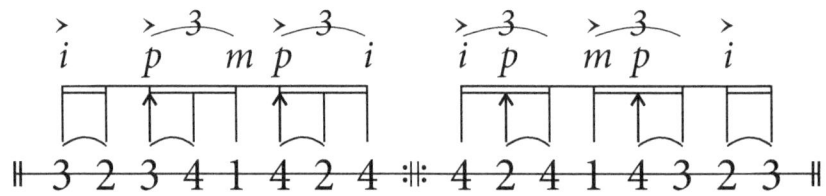

VARIATION 4
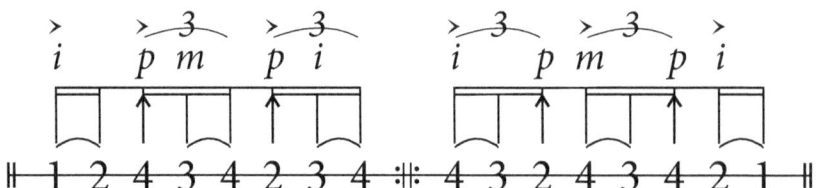

FINGERINGS ONLY WITH FINGERS i, m and a

```
i m          m a          i a
m i          a m          a i
```

VARIATION 1

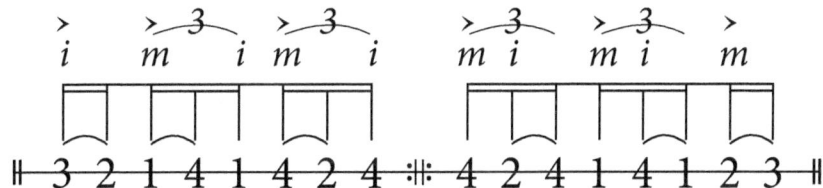

VARIATION 2

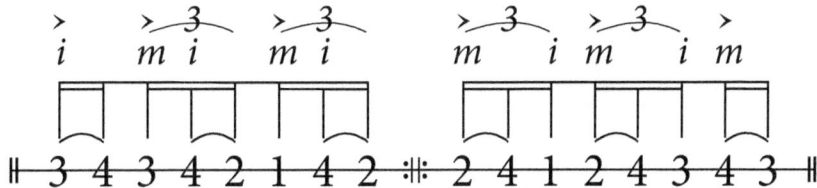

ATTENTION:

Study the parts of each exercise separately and then together as one unit!

LIGADOS
UNIT 1

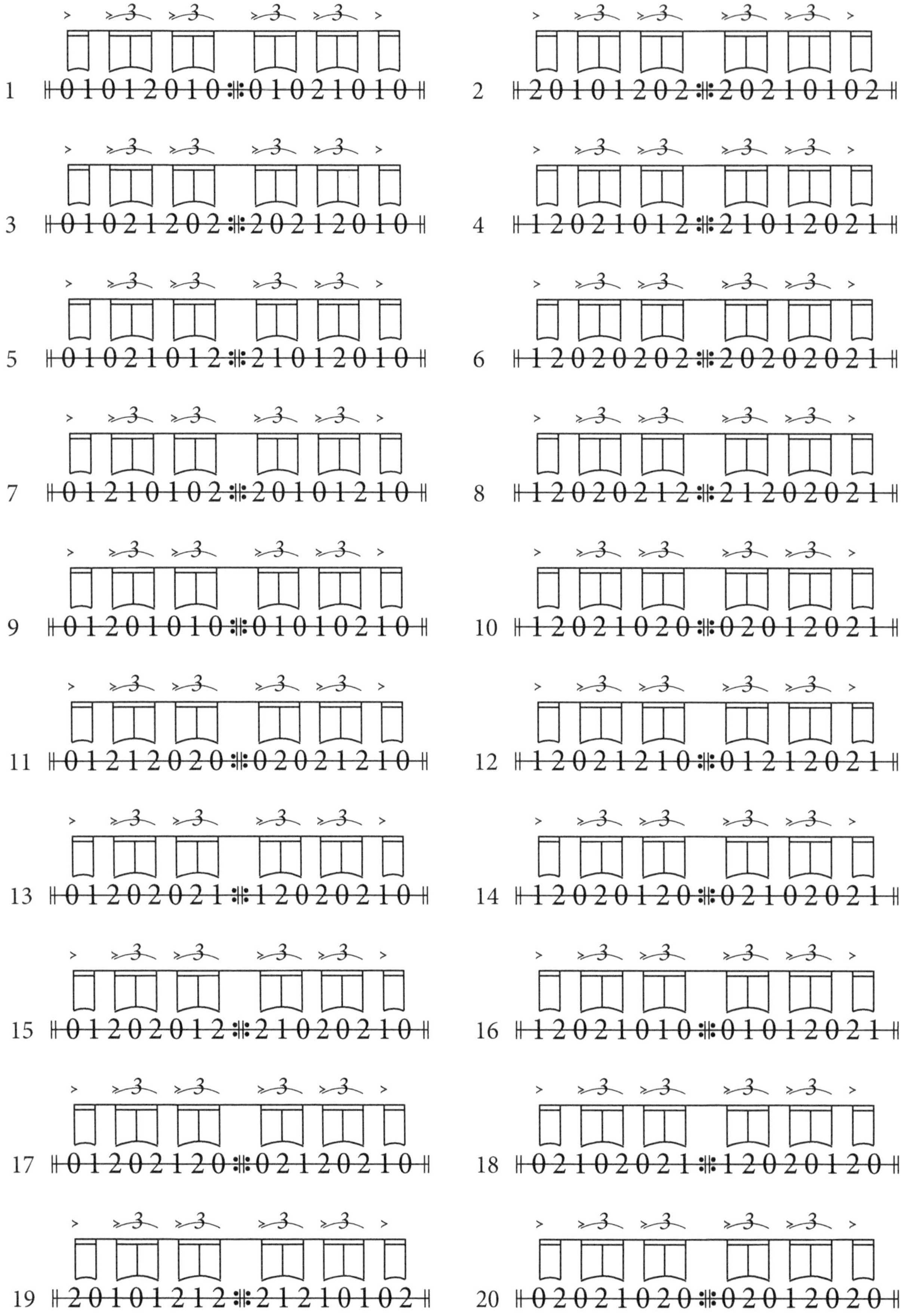

1 ‖: 0 1 0 1 2 0 1 0 :‖: 0 1 0 2 1 0 1 0 :‖
2 ‖: 2 0 1 0 1 2 0 2 :‖: 2 0 2 1 0 1 0 2 :‖
3 ‖: 0 1 0 2 1 2 0 2 :‖: 2 0 2 1 2 0 1 0 :‖
4 ‖: 1 2 0 2 1 0 1 2 :‖: 2 1 0 1 2 0 2 1 :‖
5 ‖: 0 1 0 2 1 0 1 2 :‖: 2 1 0 1 2 0 1 0 :‖
6 ‖: 1 2 0 2 0 2 0 2 :‖: 2 0 2 0 2 0 2 1 :‖
7 ‖: 0 1 2 1 0 1 0 2 :‖: 2 0 1 0 1 2 1 0 :‖
8 ‖: 1 2 0 2 0 2 1 2 :‖: 2 1 2 0 2 0 2 1 :‖
9 ‖: 0 1 2 0 1 0 1 0 :‖: 0 1 0 1 0 2 1 0 :‖
10 ‖: 1 2 0 2 1 0 2 0 :‖: 0 2 0 1 2 0 2 1 :‖
11 ‖: 0 1 2 1 2 0 2 0 :‖: 0 2 0 2 1 2 1 0 :‖
12 ‖: 1 2 0 2 1 2 1 0 :‖: 0 1 2 1 2 0 2 1 :‖
13 ‖: 0 1 2 0 2 0 2 1 :‖: 1 2 0 2 0 2 1 0 :‖
14 ‖: 1 2 0 2 0 1 2 0 :‖: 0 2 1 0 2 0 2 1 :‖
15 ‖: 0 1 2 0 2 0 1 2 :‖: 2 1 0 2 0 2 1 0 :‖
16 ‖: 1 2 0 2 1 0 1 0 :‖: 0 1 0 1 2 0 2 1 :‖
17 ‖: 0 1 2 0 2 1 2 0 :‖: 0 2 1 2 0 2 1 0 :‖
18 ‖: 0 2 1 0 2 0 2 1 :‖: 1 2 0 2 0 1 2 0 :‖
19 ‖: 2 0 1 0 1 2 1 2 :‖: 2 1 2 1 0 1 0 2 :‖
20 ‖: 0 2 0 2 1 0 2 0 :‖: 0 2 0 1 2 0 2 0 :‖

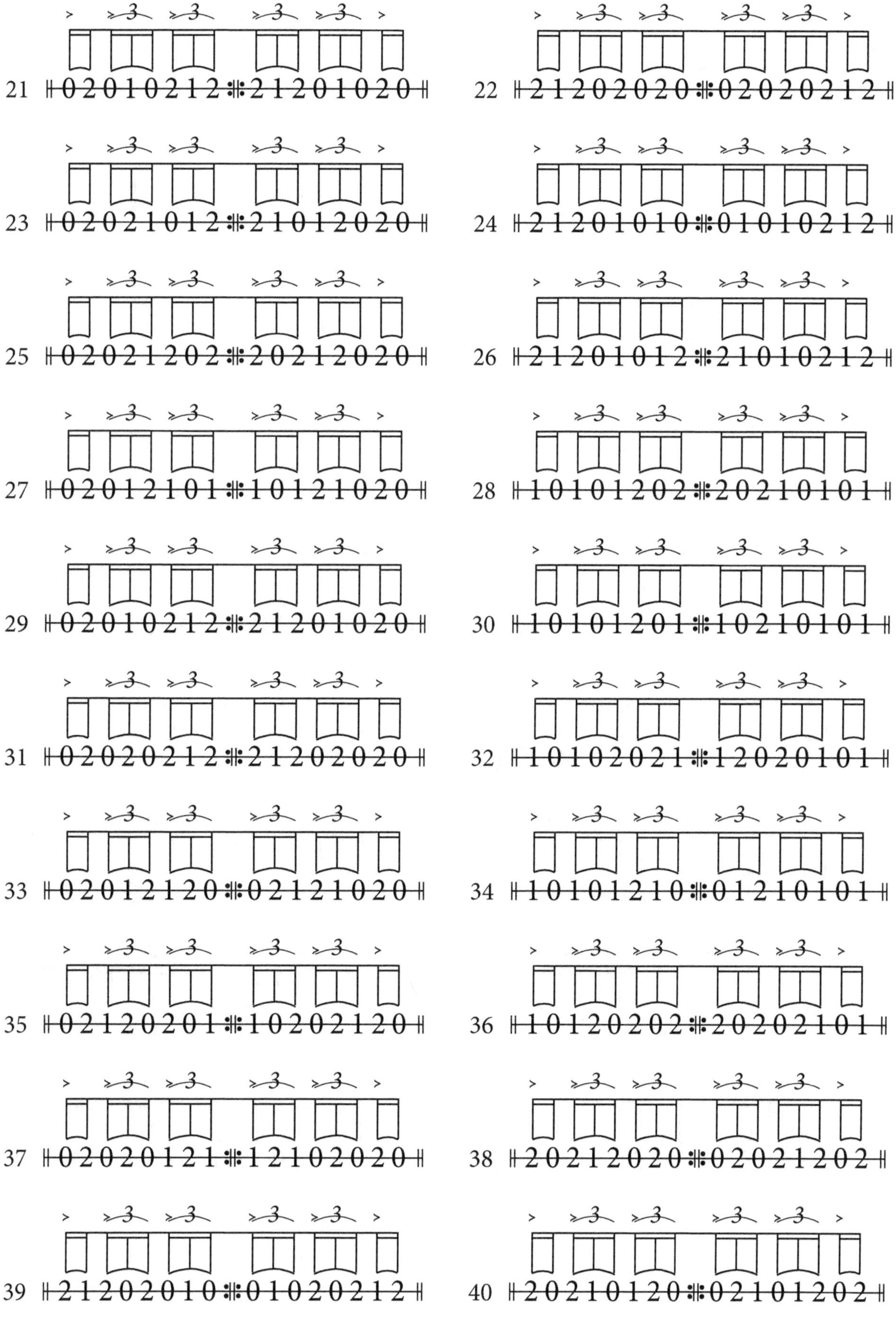

21 ‖: 0 2 0 1 0 2 1 2 :‖: 2 1 2 0 1 0 2 0 :‖
22 ‖: 2 1 2 0 2 0 2 0 :‖: 0 2 0 2 0 2 1 2 :‖
23 ‖: 0 2 0 2 1 0 1 2 :‖: 2 1 0 1 2 0 2 0 :‖
24 ‖: 2 1 2 0 1 0 1 0 :‖: 0 1 0 1 0 2 1 2 :‖
25 ‖: 0 2 0 2 1 2 0 2 :‖: 2 0 2 1 2 0 2 0 :‖
26 ‖: 2 1 2 0 1 0 1 2 :‖: 2 1 0 1 0 2 1 2 :‖
27 ‖: 0 2 0 1 2 1 0 1 :‖: 1 0 1 2 1 0 2 0 :‖
28 ‖: 1 0 1 0 1 2 0 2 :‖: 2 0 2 1 0 1 0 1 :‖
29 ‖: 0 2 0 1 0 2 1 2 :‖: 2 1 2 0 1 0 2 0 :‖
30 ‖: 1 0 1 0 1 2 0 1 :‖: 1 0 2 1 0 1 0 1 :‖
31 ‖: 0 2 0 2 0 2 1 2 :‖: 2 1 2 0 2 0 2 0 :‖
32 ‖: 1 0 1 0 2 0 2 1 :‖: 1 2 0 2 0 1 0 1 :‖
33 ‖: 0 2 0 1 2 1 2 0 :‖: 0 2 1 2 1 0 2 0 :‖
34 ‖: 1 0 1 0 1 2 1 0 :‖: 0 1 2 1 0 1 0 1 :‖
35 ‖: 0 2 1 2 0 2 0 1 :‖: 1 0 2 0 2 1 2 0 :‖
36 ‖: 1 0 1 2 0 2 0 2 :‖: 2 0 2 0 2 1 0 1 :‖
37 ‖: 0 2 0 2 0 1 2 1 :‖: 1 2 1 0 2 0 2 0 :‖
38 ‖: 2 0 2 1 2 0 2 0 :‖: 0 2 0 2 1 2 0 2 :‖
39 ‖: 2 1 2 0 2 0 1 0 :‖: 0 1 0 2 0 2 1 2 :‖
40 ‖: 2 0 2 1 0 1 2 0 :‖: 0 2 1 0 1 2 0 2 :‖

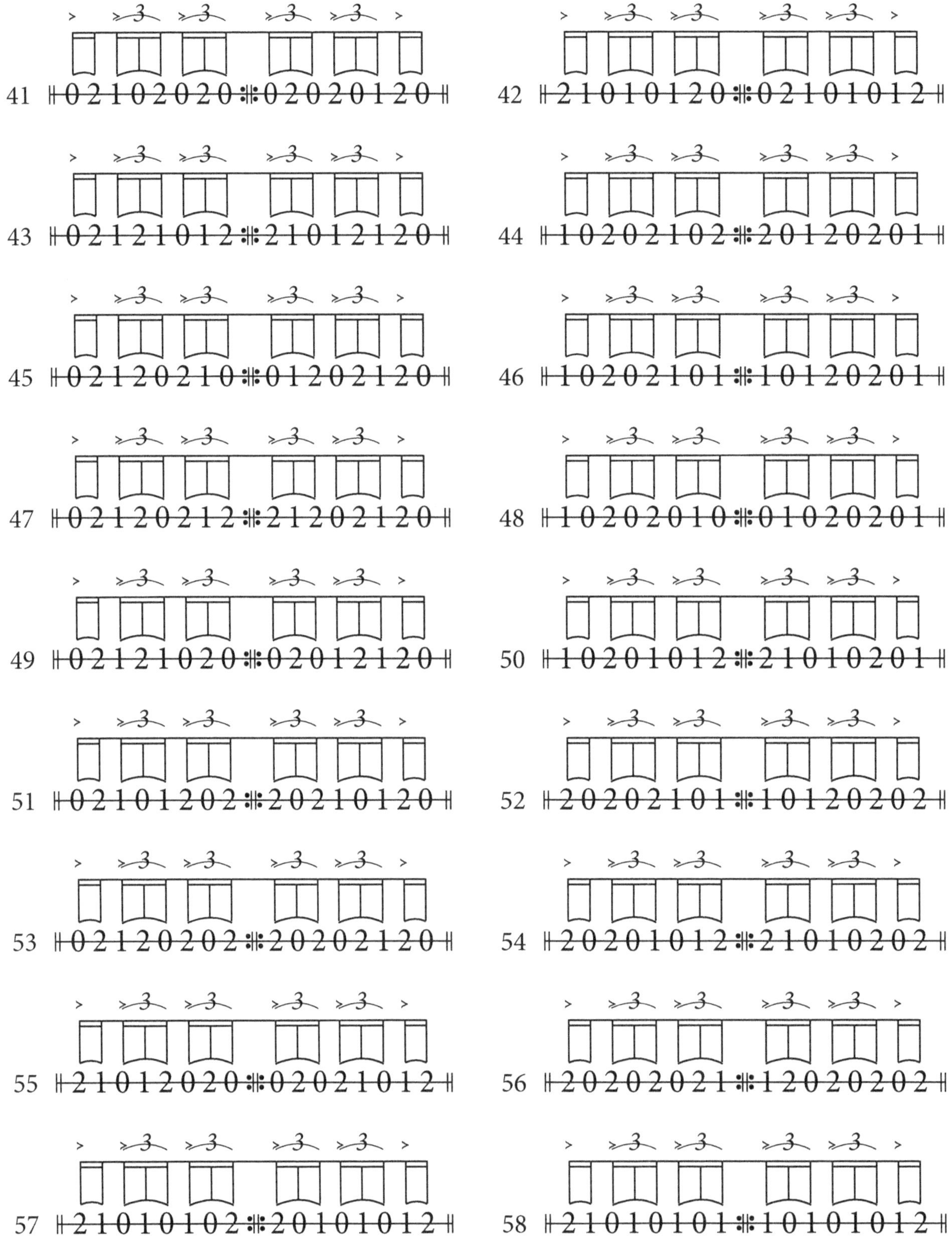

41 ‖: 0 2 1 0 2 0 2 0 :‖: 0 2 0 2 0 1 2 0 :‖
42 ‖: 2 1 0 1 0 1 2 0 :‖: 0 2 1 0 1 0 1 2 :‖
43 ‖: 0 2 1 2 1 0 1 2 :‖: 2 1 0 1 2 1 2 0 :‖
44 ‖: 1 0 2 0 2 1 0 2 :‖: 2 0 1 2 0 2 0 1 :‖
45 ‖: 0 2 1 2 0 2 1 0 :‖: 0 1 2 0 2 1 2 0 :‖
46 ‖: 1 0 2 0 2 1 0 1 :‖: 1 0 1 2 0 2 0 1 :‖
47 ‖: 0 2 1 2 0 2 1 2 :‖: 2 1 2 0 2 1 2 0 :‖
48 ‖: 1 0 2 0 2 0 1 0 :‖: 0 1 0 2 0 2 0 1 :‖
49 ‖: 0 2 1 2 1 0 2 0 :‖: 0 2 0 1 2 1 2 0 :‖
50 ‖: 1 0 2 0 1 0 1 2 :‖: 2 1 0 1 0 2 0 1 :‖
51 ‖: 0 2 1 0 1 2 0 2 :‖: 2 0 2 1 0 1 2 0 :‖
52 ‖: 2 0 2 0 2 1 0 1 :‖: 1 0 1 2 0 2 0 2 :‖
53 ‖: 0 2 1 2 0 2 0 2 :‖: 2 0 2 0 2 1 2 0 :‖
54 ‖: 2 0 2 0 1 0 1 2 :‖: 2 1 0 1 0 2 0 2 :‖
55 ‖: 2 1 0 1 2 0 2 0 :‖: 0 2 0 2 1 0 1 2 :‖
56 ‖: 2 0 2 0 2 0 2 1 :‖: 1 2 0 2 0 2 0 2 :‖
57 ‖: 2 1 0 1 0 1 0 2 :‖: 2 0 1 0 1 0 1 2 :‖
58 ‖: 2 1 0 1 0 1 0 1 :‖: 1 0 1 0 1 0 1 2 :‖

LIGADOS
UNIT 2

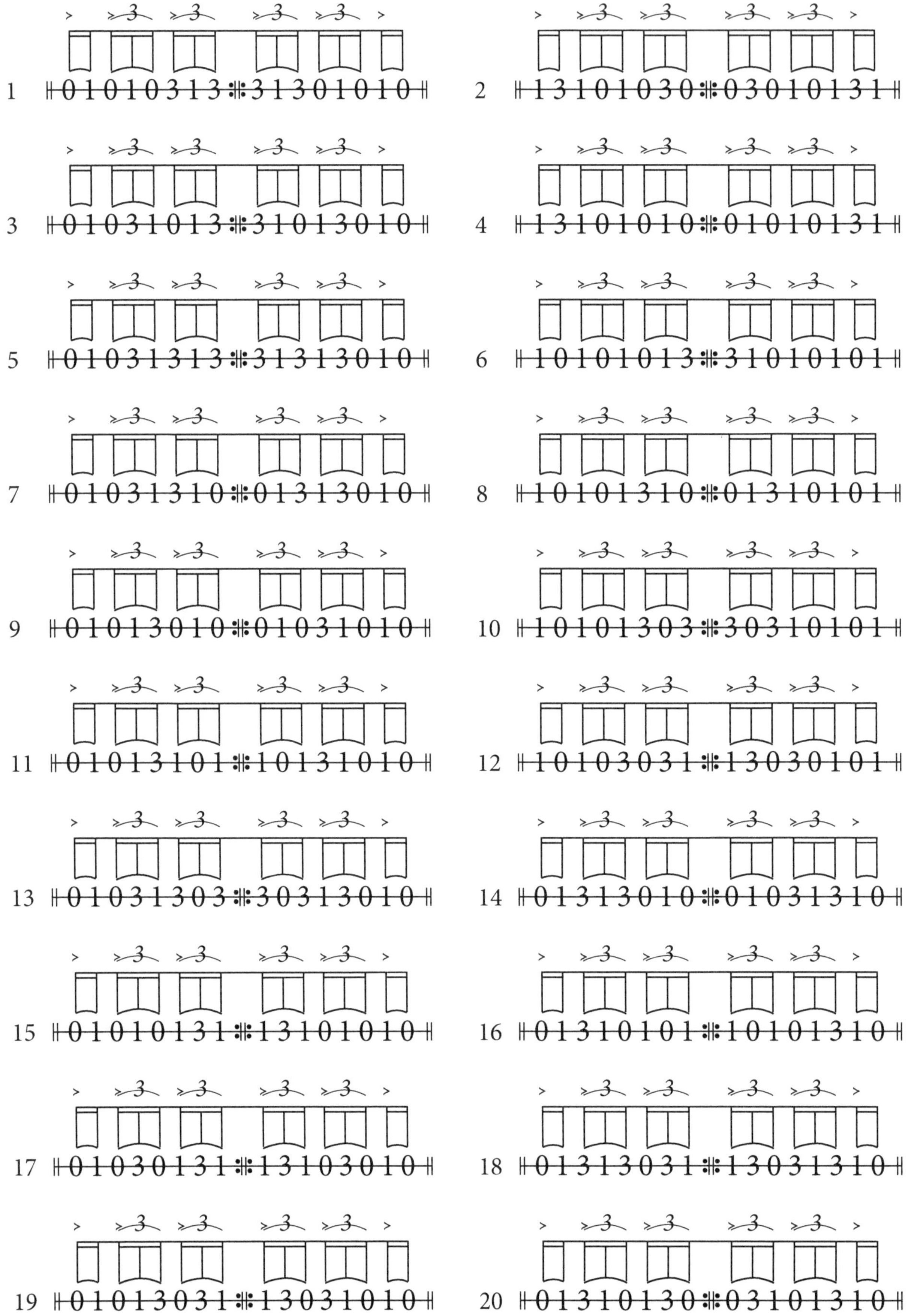

1. ‖: 0 1 0 1 0 3 1 3 :‖: 3 1 3 0 1 0 1 0 :‖
2. ‖: 1 3 1 0 1 0 3 0 :‖: 0 3 0 1 0 1 3 1 :‖
3. ‖: 0 1 0 3 1 0 1 3 :‖: 3 1 0 1 3 0 1 0 :‖
4. ‖: 1 3 1 0 1 0 1 0 :‖: 0 1 0 1 0 1 3 1 :‖
5. ‖: 0 1 0 3 1 3 1 3 :‖: 3 1 3 1 3 0 1 0 :‖
6. ‖: 1 0 1 0 1 0 1 3 :‖: 3 1 0 1 0 1 0 1 :‖
7. ‖: 0 1 0 3 1 3 1 0 :‖: 0 1 3 1 3 0 1 0 :‖
8. ‖: 1 0 1 0 1 3 1 0 :‖: 0 1 3 1 0 1 0 1 :‖
9. ‖: 0 1 0 1 3 0 1 0 :‖: 0 1 0 3 1 0 1 0 :‖
10. ‖: 1 0 1 0 1 3 0 3 :‖: 3 0 3 1 0 1 0 1 :‖
11. ‖: 0 1 0 1 3 1 0 1 :‖: 1 0 1 3 1 0 1 0 :‖
12. ‖: 1 0 1 0 3 0 3 1 :‖: 1 3 0 3 0 1 0 1 :‖
13. ‖: 0 1 0 3 1 3 0 3 :‖: 3 0 3 1 3 0 1 0 :‖
14. ‖: 0 1 3 1 3 0 1 0 :‖: 0 1 0 3 1 3 1 0 :‖
15. ‖: 0 1 0 1 0 1 3 1 :‖: 1 3 1 0 1 0 1 0 :‖
16. ‖: 0 1 3 1 0 1 0 1 :‖: 1 0 1 0 1 3 1 0 :‖
17. ‖: 0 1 0 3 0 1 3 1 :‖: 1 3 1 0 3 0 1 0 :‖
18. ‖: 0 1 3 1 3 0 3 1 :‖: 1 3 0 3 1 3 1 0 :‖
19. ‖: 0 1 0 1 3 0 3 1 :‖: 1 3 0 3 1 0 1 0 :‖
20. ‖: 0 1 3 1 0 1 3 0 :‖: 0 3 1 0 1 3 1 0 :‖

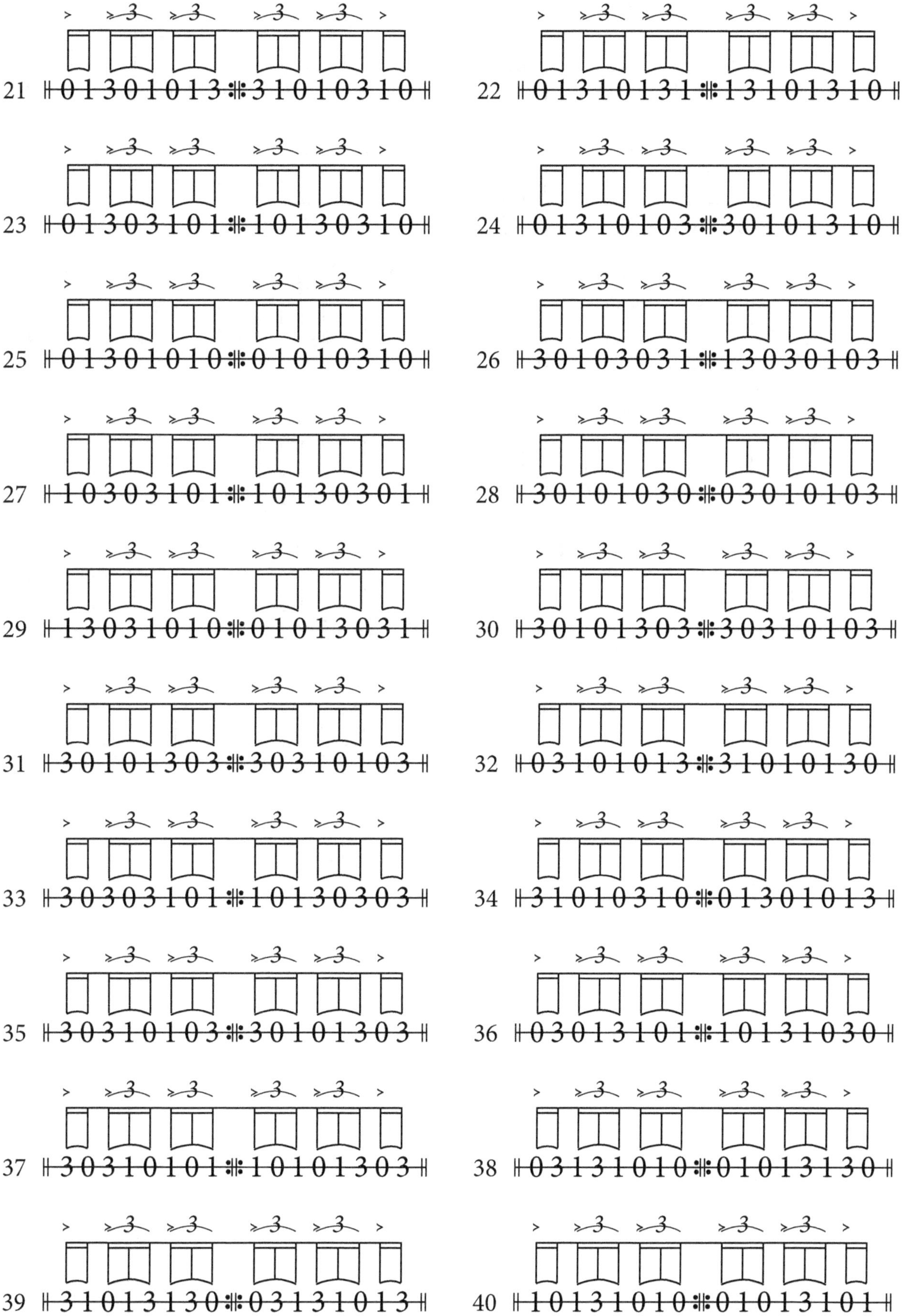

21 ‖: 0 1 3 0 1 0 1 3 :‖: 3 1 0 1 0 3 1 0 :‖
22 ‖: 0 1 3 1 0 1 3 1 :‖: 1 3 1 0 1 3 1 0 :‖
23 ‖: 0 1 3 0 3 1 0 1 :‖: 1 0 1 3 0 3 1 0 :‖
24 ‖: 0 1 3 1 0 1 0 3 :‖: 3 0 1 0 1 3 1 0 :‖
25 ‖: 0 1 3 0 1 0 1 0 :‖: 0 1 0 1 0 3 1 0 :‖
26 ‖: 3 0 1 0 3 0 3 1 :‖: 1 3 0 3 0 1 0 3 :‖
27 ‖: 1 0 3 0 3 1 0 1 :‖: 1 0 1 3 0 3 0 1 :‖
28 ‖: 3 0 1 0 1 0 3 0 :‖: 0 3 0 1 0 1 0 3 :‖
29 ‖: 1 3 0 3 1 0 1 0 :‖: 0 1 0 1 3 0 3 1 :‖
30 ‖: 3 0 1 0 1 3 0 3 :‖: 3 0 3 1 0 1 0 3 :‖
31 ‖: 3 0 1 0 1 3 0 3 :‖: 3 0 3 1 0 1 0 3 :‖
32 ‖: 0 3 1 0 1 0 1 3 :‖: 3 1 0 1 0 1 3 0 :‖
33 ‖: 3 0 3 0 3 1 0 1 :‖: 1 0 1 3 0 3 0 3 :‖
34 ‖: 3 1 0 1 0 3 1 0 :‖: 0 1 3 0 1 0 1 3 :‖
35 ‖: 3 0 3 1 0 1 0 3 :‖: 3 0 1 0 1 3 0 3 :‖
36 ‖: 0 3 0 1 3 1 0 1 :‖: 1 0 1 3 1 0 3 0 :‖
37 ‖: 3 0 3 1 0 1 0 1 :‖: 1 0 1 0 1 3 0 3 :‖
38 ‖: 0 3 1 3 1 0 1 0 :‖: 0 1 0 1 3 1 3 0 :‖
39 ‖: 3 1 0 1 3 1 3 0 :‖: 0 3 1 3 1 0 1 3 :‖
40 ‖: 1 0 1 3 1 0 1 0 :‖: 0 1 0 1 3 1 0 1 :‖

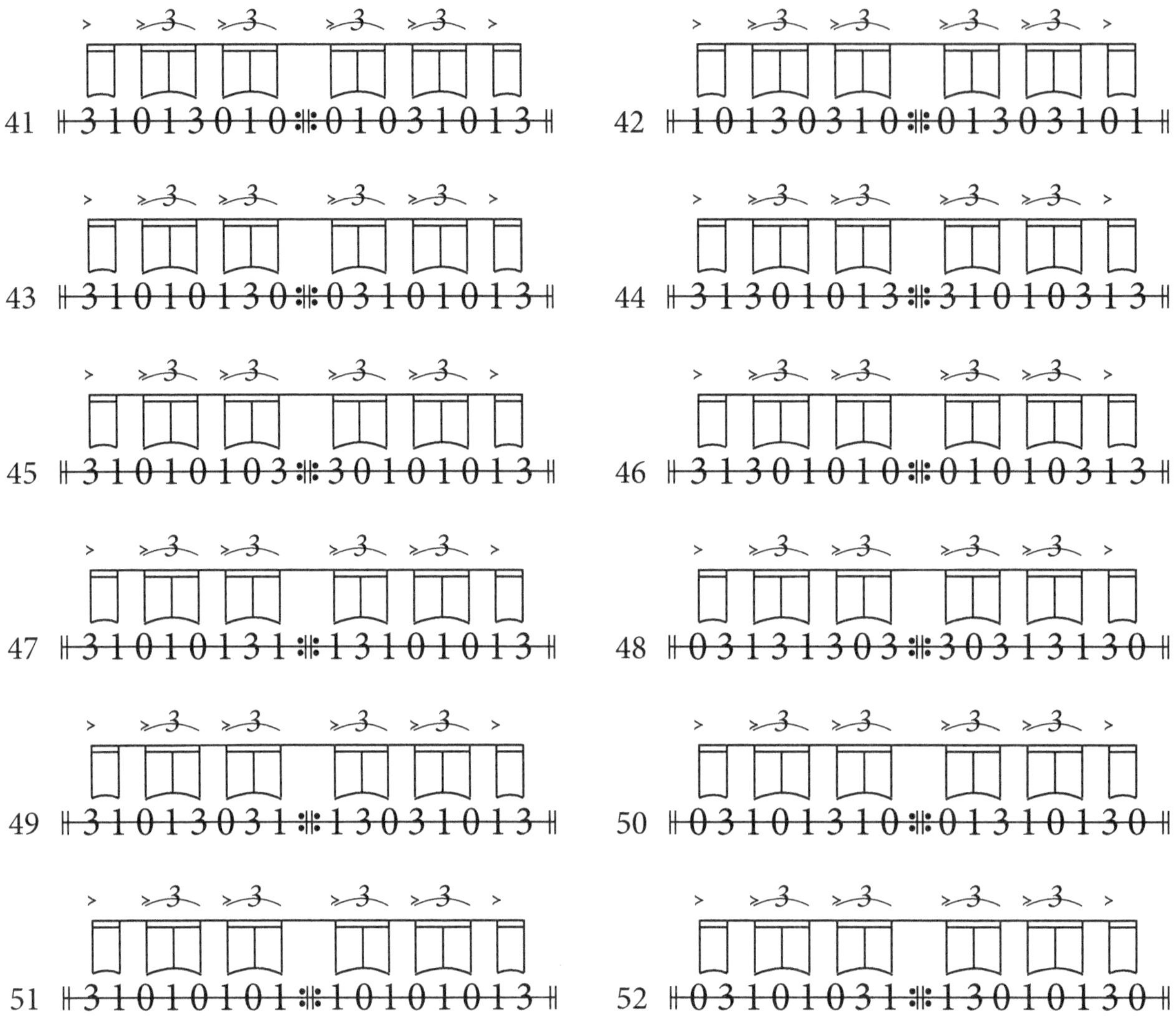

41. ‖: 3 1 0 1 3 0 1 0 :‖: 0 1 0 3 1 0 1 3 :‖
42. ‖: 1 0 1 3 0 3 1 0 :‖: 0 1 3 0 3 1 0 1 :‖
43. ‖: 3 1 0 1 0 1 3 0 :‖: 0 3 1 0 1 0 1 3 :‖
44. ‖: 3 1 3 0 1 0 1 3 :‖: 3 1 0 1 0 1 3 :‖
45. ‖: 3 1 0 1 0 1 0 3 :‖: 3 0 1 0 1 0 1 3 :‖
46. ‖: 3 1 3 0 1 0 1 0 :‖: 0 1 0 1 0 3 1 3 :‖
47. ‖: 3 1 0 1 0 1 3 1 :‖: 1 3 1 0 1 0 1 3 :‖
48. ‖: 0 3 1 3 1 3 0 3 :‖: 3 0 3 1 3 1 3 0 :‖
49. ‖: 3 1 0 1 3 0 3 1 :‖: 1 3 0 3 1 0 1 3 :‖
50. ‖: 0 3 1 0 1 3 1 0 :‖: 0 1 3 1 0 1 3 0 :‖
51. ‖: 3 1 0 1 0 1 0 1 :‖: 1 0 1 0 1 0 1 3 :‖
52. ‖: 0 3 1 0 1 0 3 1 :‖: 1 3 0 1 0 1 3 0 :‖

LIGADOS

UNIT 3

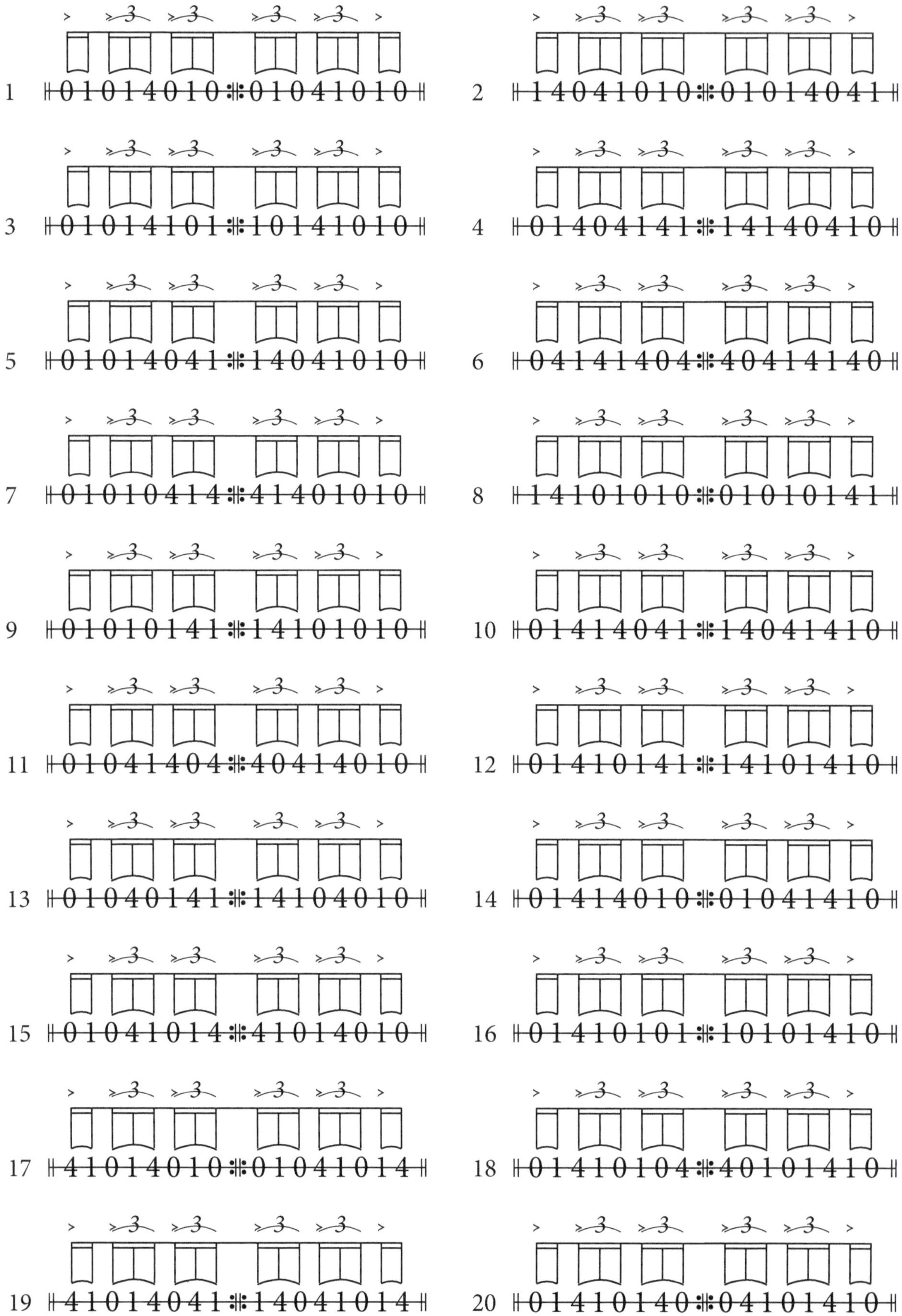

1. ‖: 01014010 :‖: 01041010 :‖
2. ‖: 14041010 :‖: 01014041 :‖
3. ‖: 01014101 :‖: 10141010 :‖
4. ‖: 01404141 :‖: 14140410 :‖
5. ‖: 01014041 :‖: 14041010 :‖
6. ‖: 04141404 :‖: 40414140 :‖
7. ‖: 01010414 :‖: 41401010 :‖
8. ‖: 14101010 :‖: 01010141 :‖
9. ‖: 01010141 :‖: 14101010 :‖
10. ‖: 01414041 :‖: 14041410 :‖
11. ‖: 01041404 :‖: 40414010 :‖
12. ‖: 01410141 :‖: 14101410 :‖
13. ‖: 01040141 :‖: 14104010 :‖
14. ‖: 01414010 :‖: 01041410 :‖
15. ‖: 01041014 :‖: 41014010 :‖
16. ‖: 01410101 :‖: 10101410 :‖
17. ‖: 41014010 :‖: 01041014 :‖
18. ‖: 01410104 :‖: 40101410 :‖
19. ‖: 41014041 :‖: 14041014 :‖
20. ‖: 01410140 :‖: 04101410 :‖

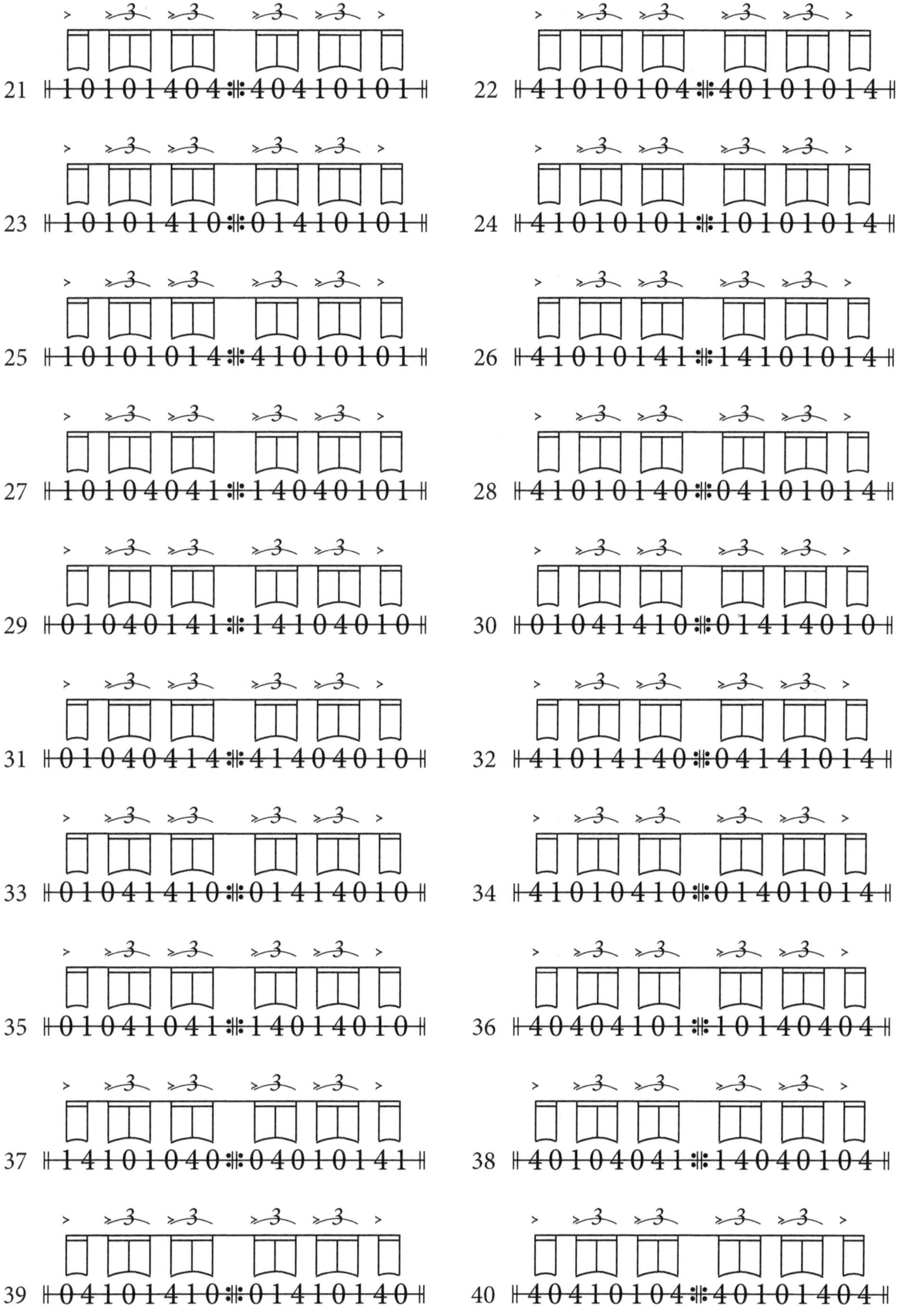

21 ‖: 1 0 1 0 1 4 0 4 :‖: 4 0 4 1 0 1 0 1 :‖
22 ‖: 4 1 0 1 0 1 0 4 :‖: 4 0 1 0 1 0 1 4 :‖
23 ‖: 1 0 1 0 1 4 1 0 :‖: 0 1 4 1 0 1 0 1 :‖
24 ‖: 4 1 0 1 0 1 0 1 :‖: 1 0 1 0 1 0 1 4 :‖
25 ‖: 1 0 1 0 1 0 1 4 :‖: 4 1 0 1 0 1 0 1 :‖
26 ‖: 4 1 0 1 0 1 4 1 :‖: 1 4 1 0 1 0 1 4 :‖
27 ‖: 1 0 1 0 4 0 4 1 :‖: 1 4 0 4 0 1 0 1 :‖
28 ‖: 4 1 0 1 0 1 4 0 :‖: 0 4 1 0 1 0 1 4 :‖
29 ‖: 0 1 0 4 0 1 4 1 :‖: 1 4 1 0 4 0 1 0 :‖
30 ‖: 0 1 0 4 1 4 1 0 :‖: 0 1 4 1 4 0 1 0 :‖
31 ‖: 0 1 0 4 0 4 1 4 :‖: 4 1 4 0 4 0 1 0 :‖
32 ‖: 4 1 0 1 4 1 4 0 :‖: 0 4 1 4 1 0 1 4 :‖
33 ‖: 0 1 0 4 1 4 1 0 :‖: 0 1 4 1 4 0 1 0 :‖
34 ‖: 4 1 0 1 0 4 1 0 :‖: 0 1 4 0 1 0 1 4 :‖
35 ‖: 0 1 0 4 1 0 4 1 :‖: 1 4 0 1 4 0 1 0 :‖
36 ‖: 4 0 4 0 4 1 0 1 :‖: 1 0 1 4 0 4 0 4 :‖
37 ‖: 1 4 1 0 1 0 4 0 :‖: 0 4 0 1 0 1 4 1 :‖
38 ‖: 4 0 1 0 4 0 4 1 :‖: 1 4 0 4 0 1 0 4 :‖
39 ‖: 0 4 1 0 1 4 1 0 :‖: 0 1 4 1 0 1 4 0 :‖
40 ‖: 4 0 4 1 0 1 0 4 :‖: 4 0 1 0 1 4 0 4 :‖

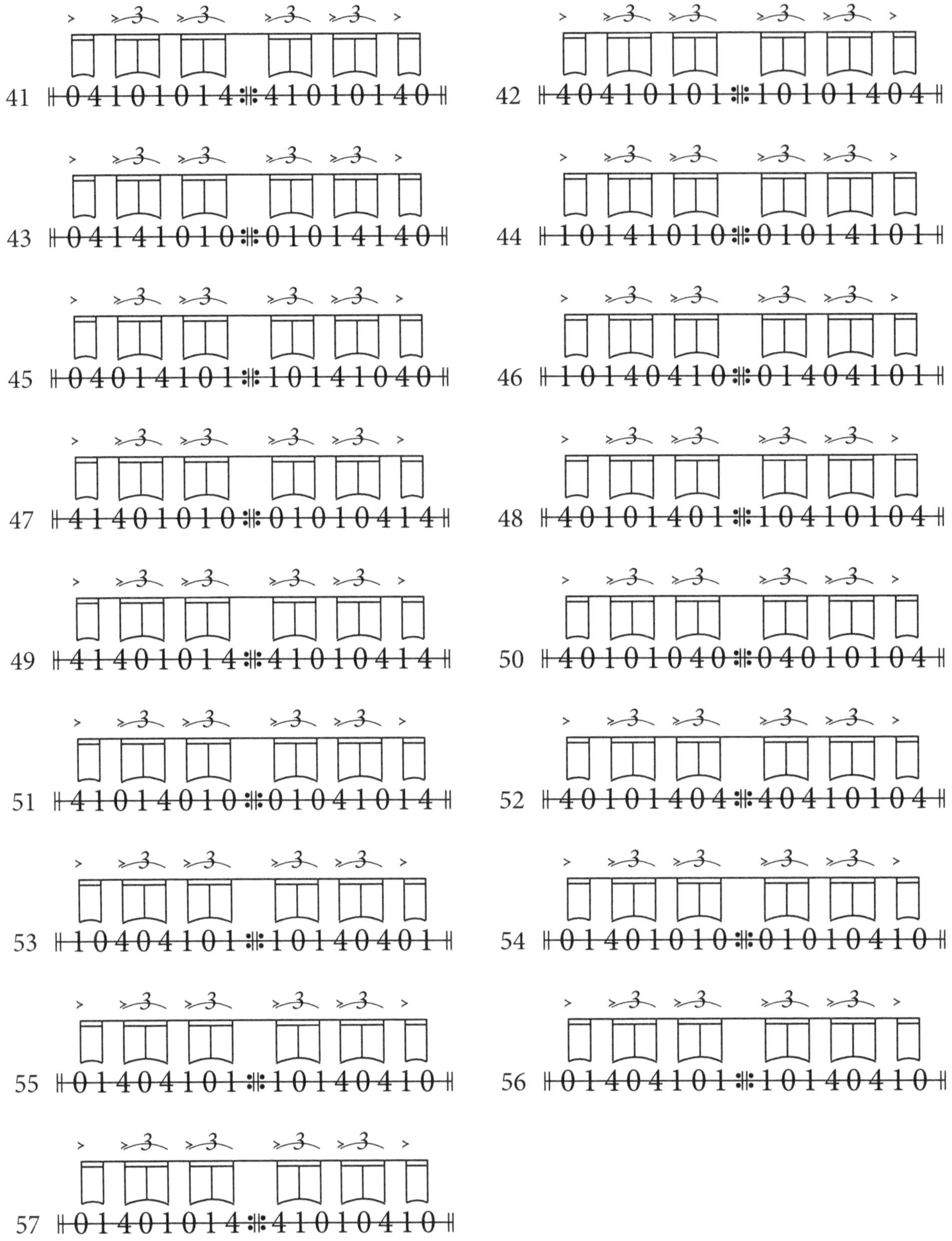

41 ‖: 0 4 1 0 1 0 1 4 :‖: 4 1 0 1 0 1 4 0 :‖
42 ‖: 4 0 4 1 0 1 0 1 :‖: 1 0 1 0 1 4 0 4 :‖
43 ‖: 0 4 1 4 1 0 1 0 :‖: 0 1 0 1 4 1 4 0 :‖
44 ‖: 1 0 1 4 1 0 1 0 :‖: 0 1 0 1 4 1 0 1 :‖
45 ‖: 0 4 0 1 4 1 0 1 :‖: 1 0 1 4 1 0 4 0 :‖
46 ‖: 1 0 1 4 0 4 1 0 :‖: 0 1 4 0 4 1 0 1 :‖
47 ‖: 4 1 4 0 1 0 1 0 :‖: 0 1 0 1 0 4 1 4 :‖
48 ‖: 4 0 1 0 1 4 0 1 :‖: 1 0 4 1 0 1 0 4 :‖
49 ‖: 4 1 4 0 1 0 1 4 :‖: 4 1 0 1 0 4 1 4 :‖
50 ‖: 4 0 1 0 1 0 4 0 :‖: 0 4 0 1 0 1 0 4 :‖
51 ‖: 4 1 0 1 4 0 1 0 :‖: 0 1 0 4 1 0 1 4 :‖
52 ‖: 4 0 1 0 1 4 0 4 :‖: 4 0 4 1 0 1 0 4 :‖
53 ‖: 1 0 4 0 4 1 0 1 :‖: 1 0 1 4 0 4 0 1 :‖
54 ‖: 0 1 4 0 1 0 1 0 :‖: 0 1 0 1 0 4 1 0 :‖
55 ‖: 0 1 4 0 4 1 0 1 :‖: 1 0 1 4 0 4 1 0 :‖
56 ‖: 0 1 4 0 4 1 0 1 :‖: 1 0 1 4 0 4 1 0 :‖
57 ‖: 0 1 4 0 1 0 1 4 :‖: 4 1 0 1 0 4 1 0 :‖

LIGADOS

UNIT 4

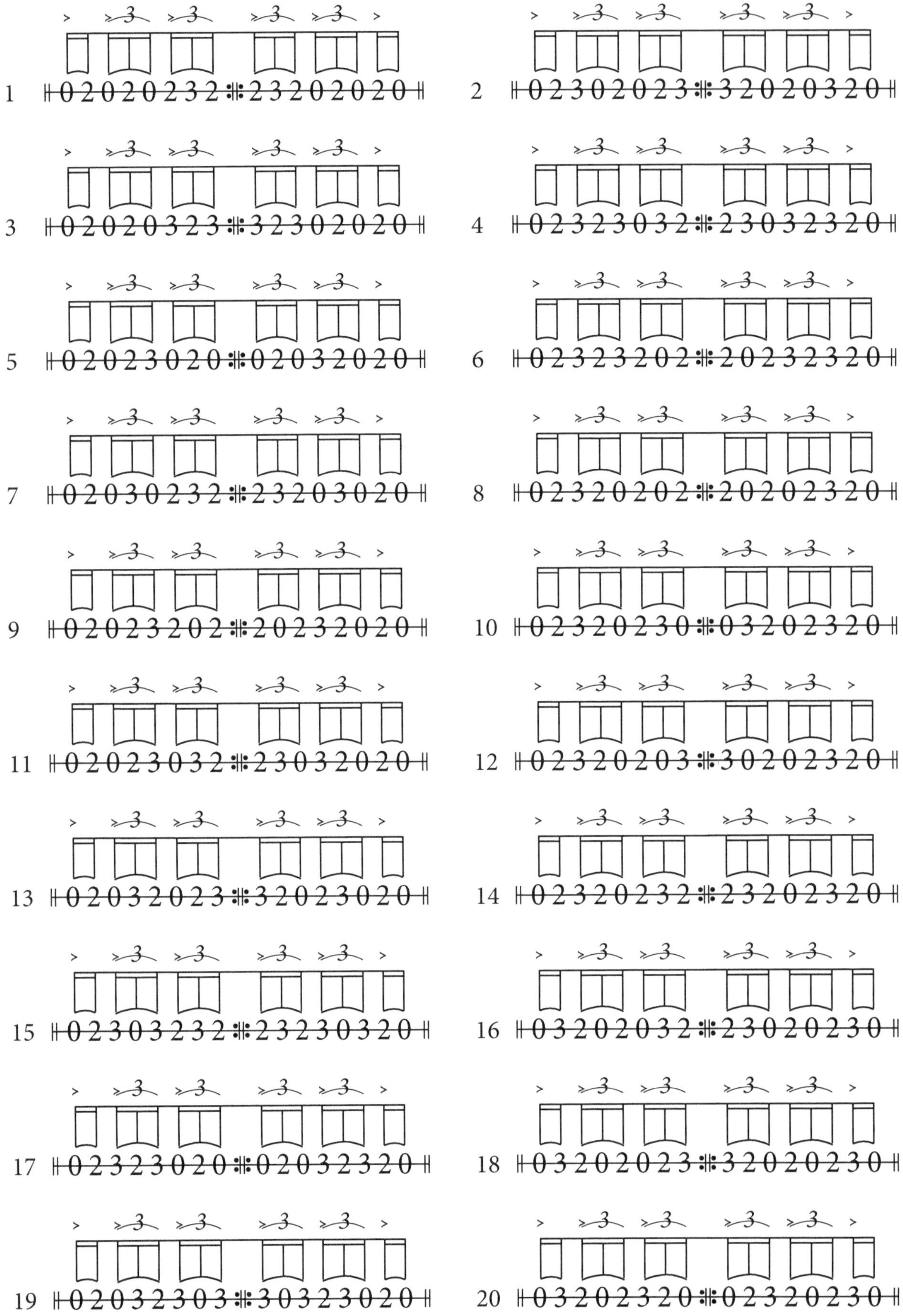

1 ‖0 2 0 2 0 2 3 2 :‖: 2 3 2 0 2 0 2 0‖
2 ‖0 2 3 0 2 0 2 3 :‖: 3 2 0 2 0 3 2 0‖
3 ‖0 2 0 2 0 3 2 3 :‖: 3 2 3 0 2 0 2 0‖
4 ‖0 2 3 2 3 0 3 2 :‖: 2 3 0 3 2 3 2 0‖
5 ‖0 2 0 2 3 0 2 0 :‖: 0 2 0 3 2 0 2 0‖
6 ‖0 2 3 2 3 2 0 2 :‖: 2 0 2 3 2 3 2 0‖
7 ‖0 2 0 3 0 2 3 2 :‖: 2 3 2 0 3 0 2 0‖
8 ‖0 2 3 2 0 2 0 2 :‖: 2 0 2 0 2 3 2 0‖
9 ‖0 2 0 2 3 2 0 2 :‖: 2 0 2 3 2 0 2 0‖
10 ‖0 2 3 2 0 2 3 0 :‖: 0 3 2 0 2 3 2 0‖
11 ‖0 2 0 2 3 0 3 2 :‖: 2 3 0 3 2 0 2 0‖
12 ‖0 2 3 2 0 2 0 3 :‖: 3 0 2 0 2 3 2 0‖
13 ‖0 2 0 3 2 0 2 3 :‖: 3 2 0 2 3 0 2 0‖
14 ‖0 2 3 2 0 2 3 2 :‖: 2 3 2 0 2 3 2 0‖
15 ‖0 2 3 0 3 2 3 2 :‖: 2 3 2 3 0 3 2 0‖
16 ‖0 3 2 0 2 0 3 2 :‖: 2 3 0 2 0 2 3 0‖
17 ‖0 2 3 2 3 0 2 0 :‖: 0 2 0 3 2 3 2 0‖
18 ‖0 3 2 0 2 0 2 3 :‖: 3 2 0 2 0 2 3 0‖
19 ‖0 2 0 3 2 3 0 3 :‖: 3 0 3 2 3 0 2 0‖
20 ‖0 3 2 0 2 3 2 0 :‖: 0 2 3 2 0 2 3 0‖

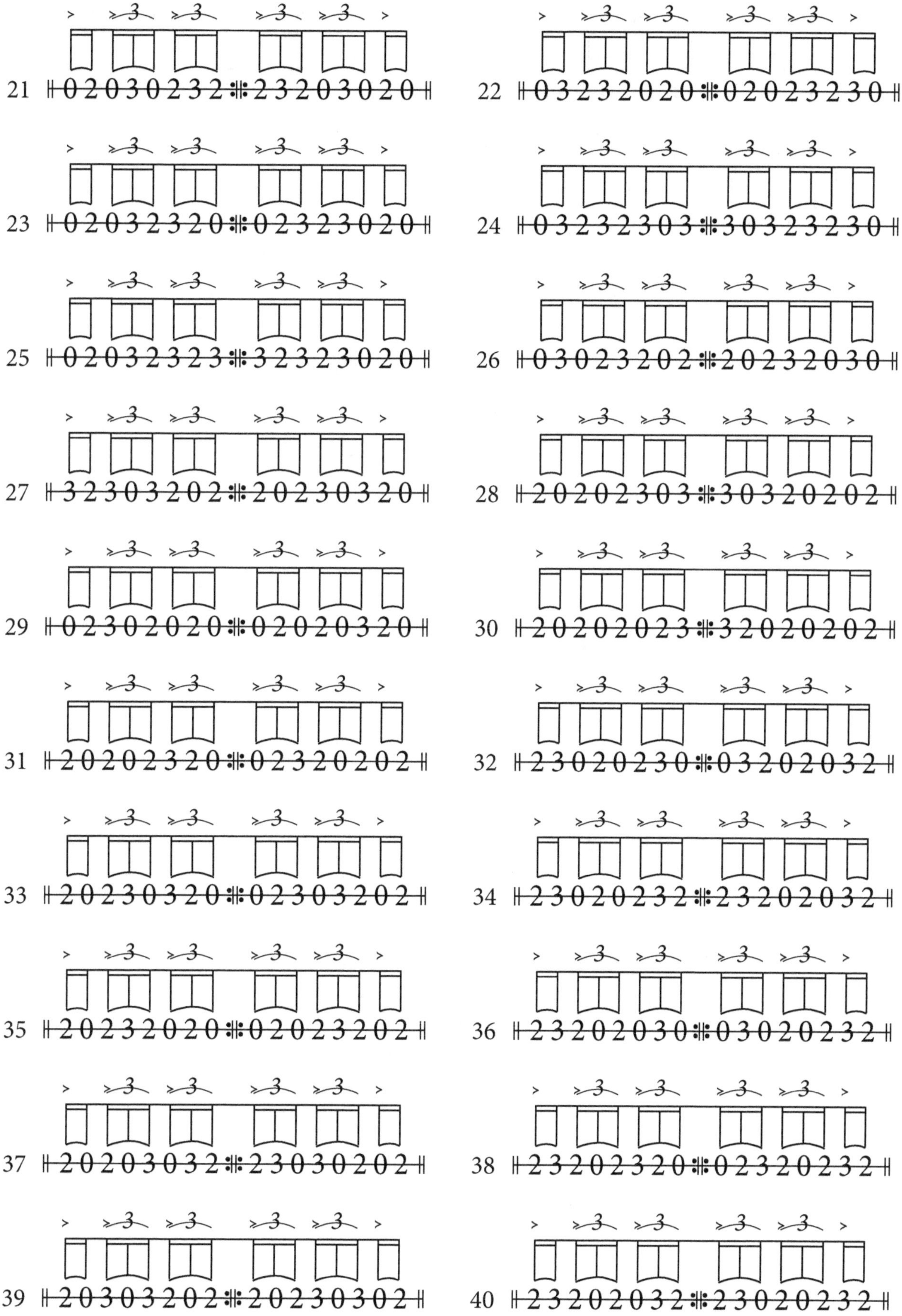

21. ‖ 0 2 0 3 0 2 3 2 :‖: 2 3 2 0 3 0 2 0 ‖
22. ‖ 0 3 2 3 2 0 2 0 :‖: 0 2 0 2 3 2 3 0 ‖
23. ‖ 0 2 0 3 2 3 2 0 :‖: 0 2 3 2 3 0 2 0 ‖
24. ‖ 0 3 2 3 2 3 0 3 :‖: 3 0 3 2 3 2 3 0 ‖
25. ‖ 0 2 0 3 2 3 2 3 :‖: 3 2 3 2 3 0 2 0 ‖
26. ‖ 0 3 0 2 3 2 0 2 :‖: 2 0 2 3 2 0 3 0 ‖
27. ‖ 3 2 3 0 3 2 0 2 :‖: 2 0 2 3 0 3 2 0 ‖
28. ‖ 2 0 2 0 2 3 0 3 :‖: 3 0 3 2 0 2 0 2 ‖
29. ‖ 0 2 3 0 2 0 2 0 :‖: 0 2 0 2 0 3 2 0 ‖
30. ‖ 2 0 2 0 2 0 2 3 :‖: 3 2 0 2 0 2 0 2 ‖
31. ‖ 2 0 2 0 2 3 2 0 :‖: 0 2 3 2 0 2 0 2 ‖
32. ‖ 2 3 0 2 0 2 3 0 :‖: 0 3 2 0 2 0 3 2 ‖
33. ‖ 2 0 2 3 0 3 2 0 :‖: 0 2 3 0 3 2 0 2 ‖
34. ‖ 2 3 0 2 0 2 3 2 :‖: 2 3 2 0 2 0 3 2 ‖
35. ‖ 2 0 2 3 2 0 2 0 :‖: 0 2 0 2 3 2 0 2 ‖
36. ‖ 2 3 2 0 2 0 3 0 :‖: 0 3 0 2 0 2 3 2 ‖
37. ‖ 2 0 2 0 3 0 3 2 :‖: 2 3 0 3 0 2 0 2 ‖
38. ‖ 2 3 2 0 2 3 2 0 :‖: 0 2 3 2 0 2 3 2 ‖
39. ‖ 2 0 3 0 3 2 0 2 :‖: 2 0 2 3 0 3 0 2 ‖
40. ‖ 2 3 2 0 2 0 3 2 :‖: 2 3 0 2 0 2 3 2 ‖

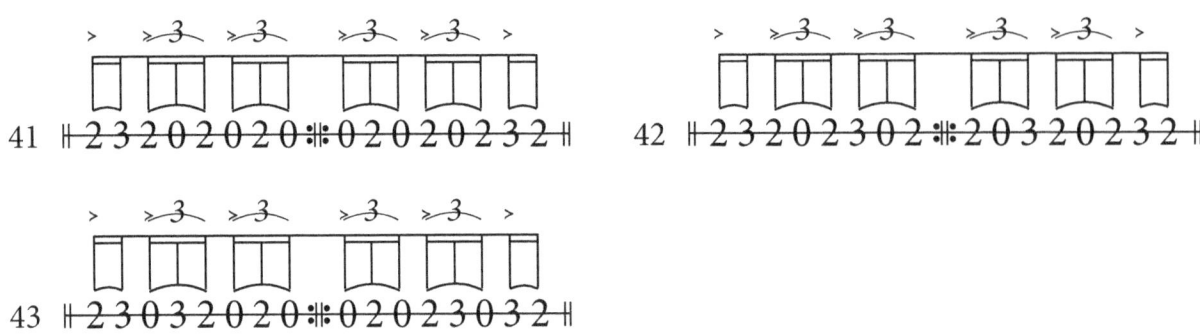

LIGADOS
UNIT 5

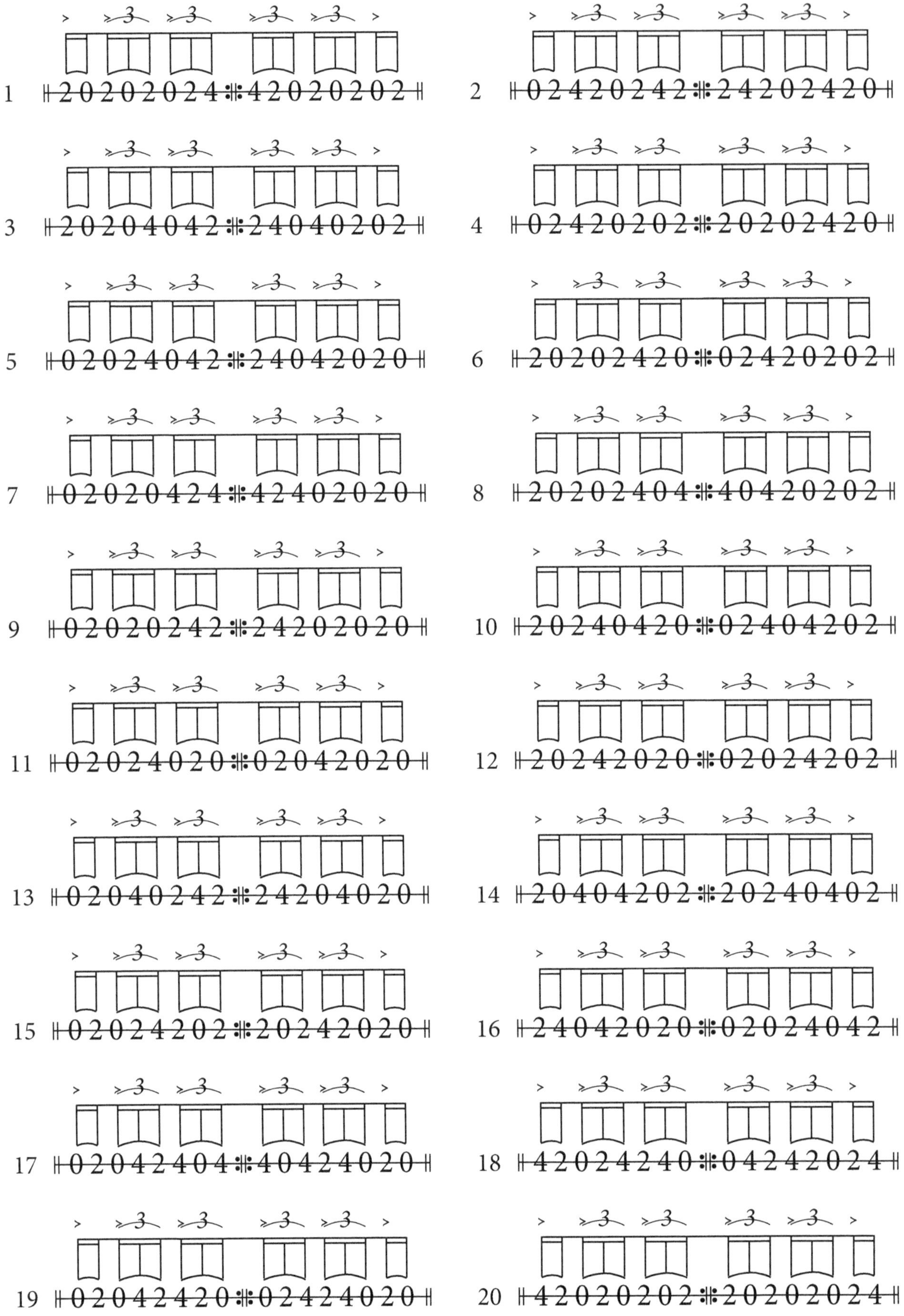

1 ‖: 2 0 2 0 2 0 2 4 :‖: 4 2 0 2 0 2 0 2 :‖
2 ‖: 0 2 4 2 0 2 4 2 :‖: 2 4 2 0 2 4 2 0 :‖
3 ‖: 2 0 2 0 4 0 4 2 :‖: 2 4 0 4 0 2 0 2 :‖
4 ‖: 0 2 4 2 0 2 0 2 :‖: 2 0 2 0 2 4 2 0 :‖
5 ‖: 0 2 0 2 4 0 4 2 :‖: 2 4 0 4 2 0 2 0 :‖
6 ‖: 2 0 2 0 2 4 2 0 :‖: 0 2 4 2 0 2 0 2 :‖
7 ‖: 0 2 0 2 0 4 2 4 :‖: 4 2 4 0 2 0 2 0 :‖
8 ‖: 2 0 2 0 2 4 0 4 :‖: 4 0 4 2 0 2 0 2 :‖
9 ‖: 0 2 0 2 0 2 4 2 :‖: 2 4 2 0 2 0 2 0 :‖
10 ‖: 2 0 2 4 0 4 2 0 :‖: 0 2 4 0 4 2 0 2 :‖
11 ‖: 0 2 0 2 4 0 2 0 :‖: 0 2 0 4 2 0 2 0 :‖
12 ‖: 2 0 2 4 2 0 2 0 :‖: 0 2 0 2 4 2 0 2 :‖
13 ‖: 0 2 0 4 0 2 4 2 :‖: 2 4 2 0 4 0 2 0 :‖
14 ‖: 2 0 4 0 4 2 0 2 :‖: 2 0 2 4 0 4 0 2 :‖
15 ‖: 0 2 0 2 4 2 0 2 :‖: 2 0 2 4 2 0 2 0 :‖
16 ‖: 2 4 0 4 2 0 2 0 :‖: 0 2 0 2 4 0 4 2 :‖
17 ‖: 0 2 0 4 2 4 0 4 :‖: 4 0 4 2 4 0 2 0 :‖
18 ‖: 4 2 0 2 4 2 4 0 :‖: 0 4 2 4 2 0 2 4 :‖
19 ‖: 0 2 0 4 2 4 2 0 :‖: 0 2 4 2 4 0 2 0 :‖
20 ‖: 4 2 0 2 0 2 0 2 :‖: 2 0 2 0 2 0 2 4 :‖

21 ‖: 0 2 0 4 2 0 2 4 :‖ 4 2 0 2 4 0 2 0 ‖
22 ‖: 4 2 0 2 0 2 4 2 :‖ 2 4 2 0 2 0 2 4 ‖
23 ‖: 0 2 4 2 4 0 4 2 :‖ 2 4 0 4 2 4 2 0 ‖
24 ‖: 4 2 0 2 0 2 4 0 :‖ 0 4 2 0 2 0 2 4 ‖
25 ‖: 0 2 4 2 4 0 2 0 :‖ 0 2 0 4 2 4 2 0 ‖
26 ‖: 4 2 0 2 0 2 0 4 :‖ 4 0 2 0 2 0 2 4 ‖
27 ‖: 0 2 4 2 0 2 4 0 :‖ 0 4 2 0 2 4 2 0 ‖
28 ‖: 4 2 0 2 0 4 2 0 :‖ 0 2 4 0 2 0 2 4 ‖
29 ‖: 0 2 4 2 0 2 0 4 :‖ 4 0 2 0 2 4 2 0 ‖
30 ‖: 4 2 0 2 4 0 4 2 :‖ 2 4 0 4 2 0 2 4 ‖
31 ‖: 4 2 0 2 4 0 2 0 :‖ 0 2 0 4 2 0 2 4 ‖
32 ‖: 0 4 2 0 2 4 2 0 :‖ 0 2 4 2 0 2 4 0 ‖
33 ‖: 4 0 4 0 4 2 0 2 :‖ 2 0 2 4 0 4 0 4 ‖
34 ‖: 0 4 2 0 2 0 4 2 :‖ 2 4 0 2 0 2 4 0 ‖
35 ‖: 4 2 4 0 2 0 2 0 :‖ 0 2 0 2 0 4 2 4 ‖
36 ‖: 0 4 2 0 2 0 2 4 :‖ 4 2 0 2 0 2 4 0 ‖
37 ‖: 4 2 4 0 2 0 2 4 :‖ 4 2 0 2 0 4 2 4 ‖
38 ‖: 0 4 2 4 2 0 2 0 :‖ 0 2 0 2 4 2 4 0 ‖
39 ‖: 0 2 4 0 4 0 4 2 :‖ 2 4 0 4 0 4 2 0 ‖
40 ‖: 2 4 2 0 2 0 4 0 :‖ 0 4 0 2 0 2 4 2 ‖

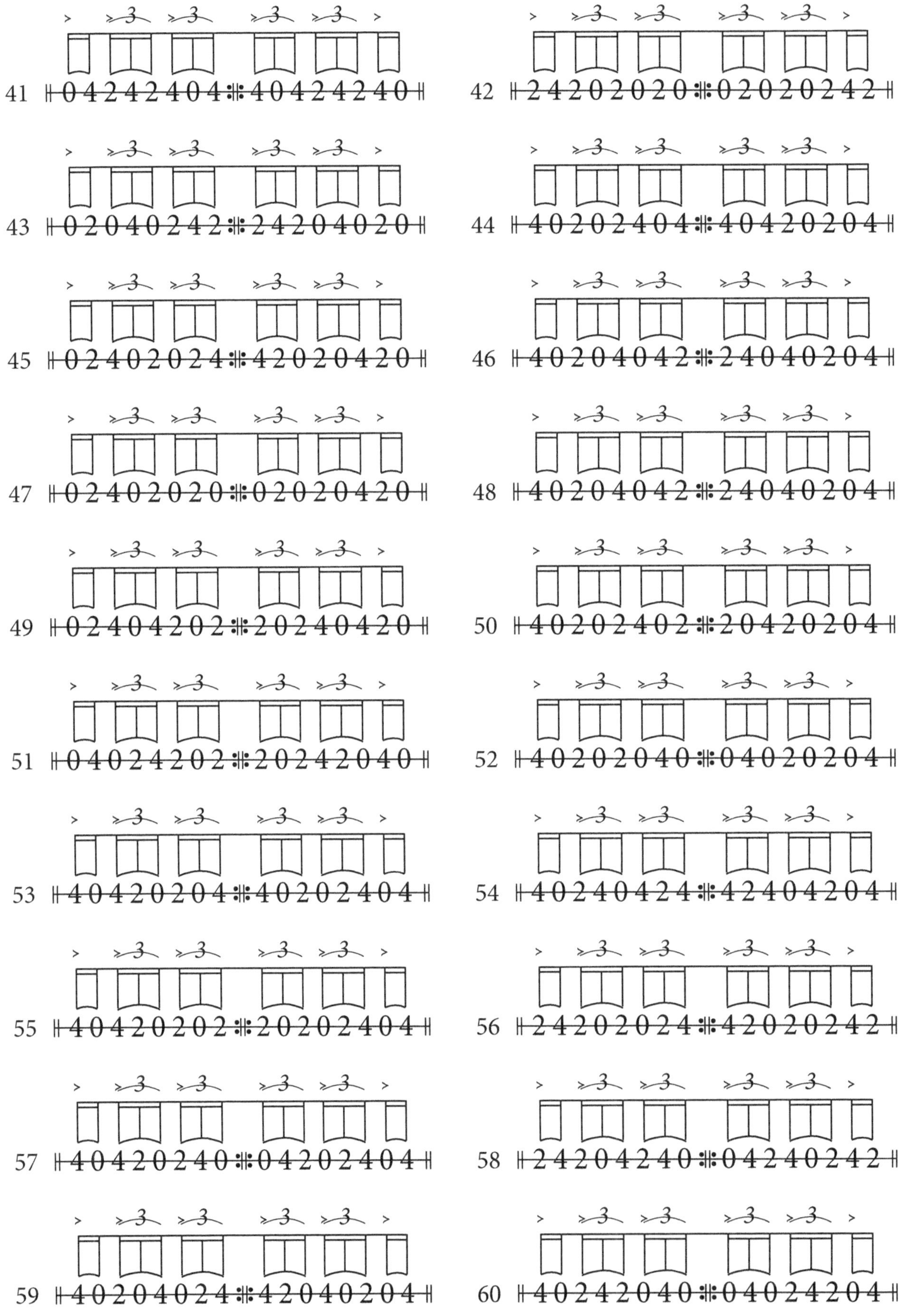

41. ‖: 0 4 2 4 2 4 0 4 :‖ 4 0 4 2 4 2 4 0 ‖
42. ‖: 2 4 2 0 2 0 2 0 :‖ 0 2 0 2 0 2 4 2 ‖
43. ‖: 0 2 0 4 0 2 4 2 :‖ 2 4 2 0 4 0 2 0 ‖
44. ‖: 4 0 2 0 2 4 0 4 :‖ 4 0 4 2 0 2 0 4 ‖
45. ‖: 0 2 4 0 2 0 2 4 :‖ 4 2 0 2 0 4 2 0 ‖
46. ‖: 4 0 2 0 4 0 4 2 :‖ 2 4 0 4 0 2 0 4 ‖
47. ‖: 0 2 4 0 2 0 2 0 :‖ 0 2 0 2 0 4 2 0 ‖
48. ‖: 4 0 2 0 4 0 4 2 :‖ 2 4 0 4 0 2 0 4 ‖
49. ‖: 0 2 4 0 4 2 0 2 :‖ 2 0 2 4 0 4 2 0 ‖
50. ‖: 4 0 2 0 2 4 0 2 :‖ 2 0 4 2 0 2 0 4 ‖
51. ‖: 0 4 0 2 4 2 0 2 :‖ 2 0 2 4 2 0 4 0 ‖
52. ‖: 4 0 2 0 2 0 4 0 :‖ 0 4 0 2 0 2 0 4 ‖
53. ‖: 4 0 4 2 0 2 0 4 :‖ 4 0 2 0 2 4 0 4 ‖
54. ‖: 4 0 2 4 0 4 2 4 :‖ 4 2 4 0 4 2 0 4 ‖
55. ‖: 4 0 4 2 0 2 0 2 :‖ 2 0 2 0 2 4 0 4 ‖
56. ‖: 2 4 2 0 2 0 2 4 :‖ 4 2 0 2 0 2 4 2 ‖
57. ‖: 4 0 4 2 0 2 4 0 :‖ 0 4 2 0 2 4 0 4 ‖
58. ‖: 2 4 2 0 4 2 4 0 :‖ 0 4 2 4 0 2 4 2 ‖
59. ‖: 4 0 2 0 4 0 2 4 :‖ 4 2 0 4 0 2 0 4 ‖
60. ‖: 4 0 2 4 2 0 4 0 :‖ 0 4 0 2 4 2 0 4 ‖

LIGADOS
UNIT 6

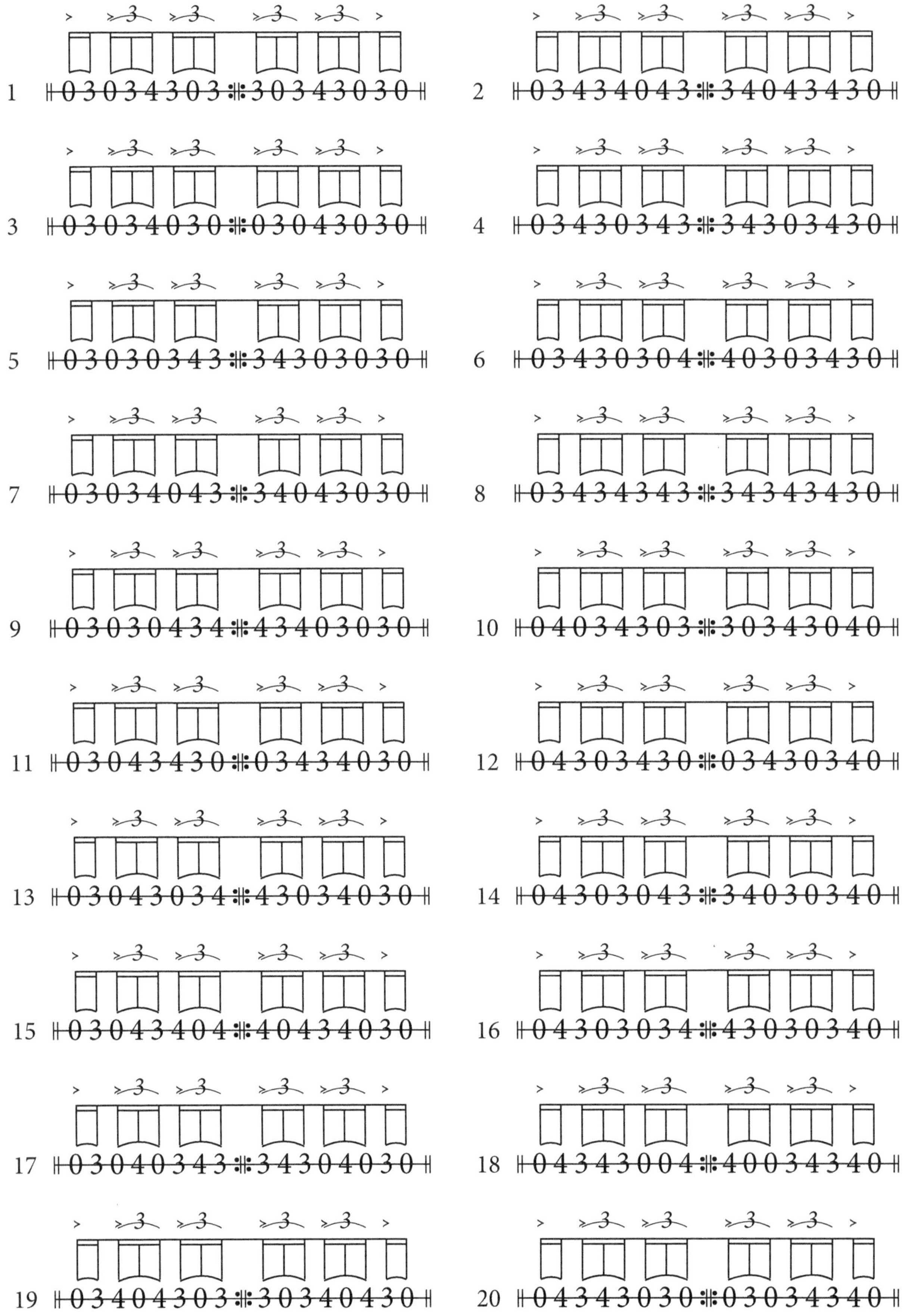

1. ‖: 0 3 0 3 4 3 0 3 :‖: 3 0 3 4 3 0 3 0 :‖
2. ‖: 0 3 4 3 4 0 4 3 :‖: 3 4 0 4 3 4 3 0 :‖
3. ‖: 0 3 0 3 4 0 3 0 :‖: 0 3 0 4 3 0 3 0 :‖
4. ‖: 0 3 4 3 0 3 4 3 :‖: 3 4 3 0 3 4 3 0 :‖
5. ‖: 0 3 0 3 0 3 4 3 :‖: 3 4 3 0 3 0 3 0 :‖
6. ‖: 0 3 4 3 0 3 0 4 :‖: 4 0 3 0 3 4 3 0 :‖
7. ‖: 0 3 0 3 4 0 4 3 :‖: 3 4 0 4 3 0 3 0 :‖
8. ‖: 0 3 4 3 4 3 4 3 :‖: 3 4 3 4 3 4 3 0 :‖
9. ‖: 0 3 0 3 0 4 3 4 :‖: 4 3 4 0 3 0 3 0 :‖
10. ‖: 0 4 0 3 4 3 0 3 :‖: 3 0 3 4 3 0 4 0 :‖
11. ‖: 0 3 0 4 3 4 3 0 :‖: 0 3 4 3 4 0 3 0 :‖
12. ‖: 0 4 3 0 3 4 3 0 :‖: 0 3 4 3 0 3 4 0 :‖
13. ‖: 0 3 0 4 3 0 3 4 :‖: 4 3 0 3 4 0 3 0 :‖
14. ‖: 0 4 3 0 3 0 4 3 :‖: 3 4 0 3 0 3 4 0 :‖
15. ‖: 0 3 0 4 3 4 0 4 :‖: 4 0 4 3 4 0 3 0 :‖
16. ‖: 0 4 3 0 3 0 3 4 :‖: 4 3 0 3 0 3 4 0 :‖
17. ‖: 0 3 0 4 0 3 4 3 :‖: 3 4 3 0 4 0 3 0 :‖
18. ‖: 0 4 3 4 3 0 0 4 :‖: 4 0 0 3 4 3 4 0 :‖
19. ‖: 0 3 4 0 4 3 0 3 :‖: 3 0 3 4 0 4 3 0 :‖
20. ‖: 0 4 3 4 3 0 3 0 :‖: 0 3 0 3 4 3 4 0 :‖

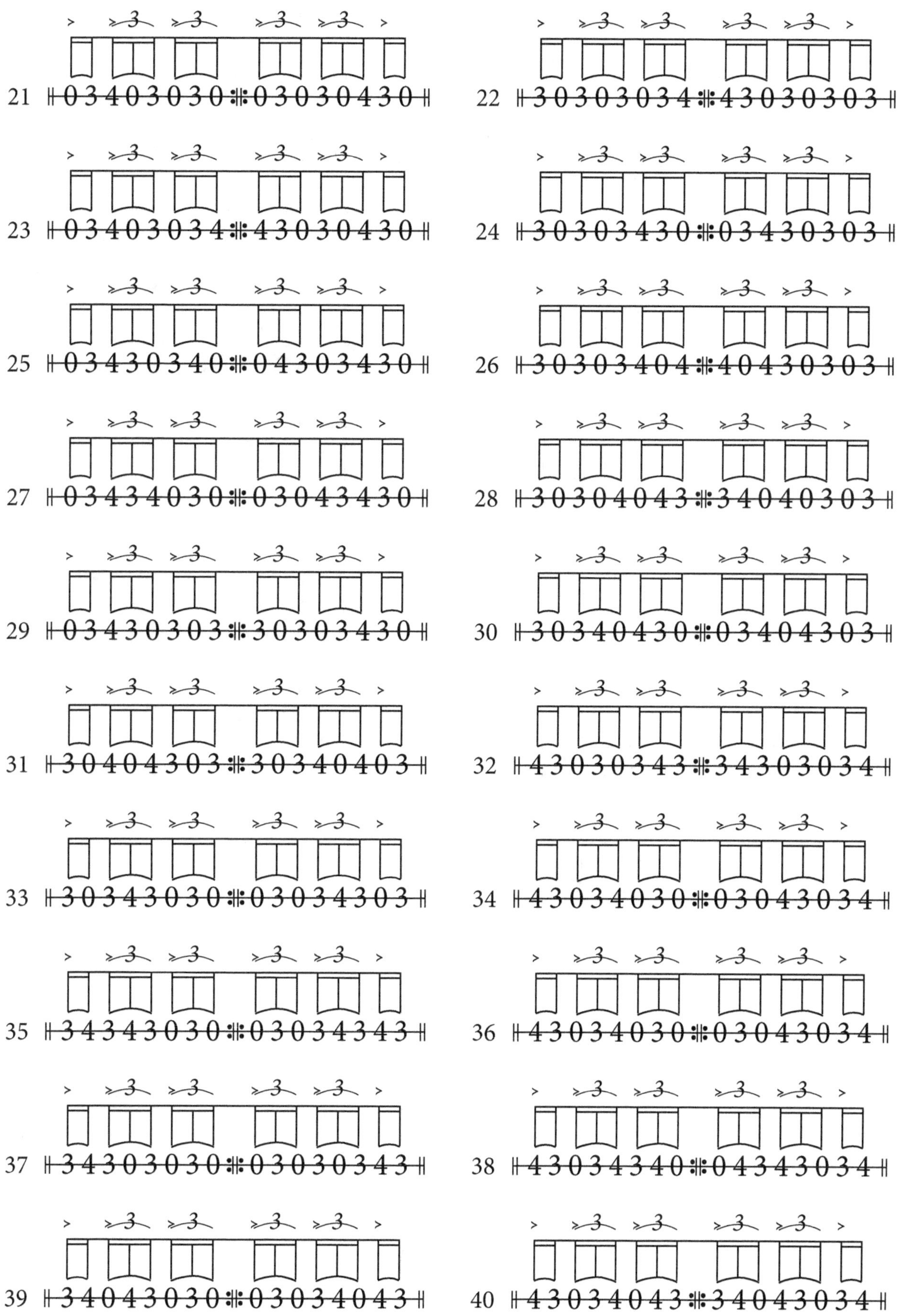

21 ‖: 03403030 :‖: 03030430 :‖
22 ‖: 30303034 :‖: 43030303 :‖
23 ‖: 03403034 :‖: 43030430 :‖
24 ‖: 30303430 :‖: 03430303 :‖
25 ‖: 03430340 :‖: 04303430 :‖
26 ‖: 30303404 :‖: 40430303 :‖
27 ‖: 03434030 :‖: 03043430 :‖
28 ‖: 30304043 :‖: 34040303 :‖
29 ‖: 03430303 :‖: 30303430 :‖
30 ‖: 30340430 :‖: 03404303 :‖
31 ‖: 30404303 :‖: 30340403 :‖
32 ‖: 43030343 :‖: 34303034 :‖
33 ‖: 30343030 :‖: 03034303 :‖
34 ‖: 43034030 :‖: 03043034 :‖
35 ‖: 34343030 :‖: 03034343 :‖
36 ‖: 43034030 :‖: 03043034 :‖
37 ‖: 34303030 :‖: 03030343 :‖
38 ‖: 43034340 :‖: 04343034 :‖
39 ‖: 34043030 :‖: 03034043 :‖
40 ‖: 43034043 :‖: 34043034 :‖

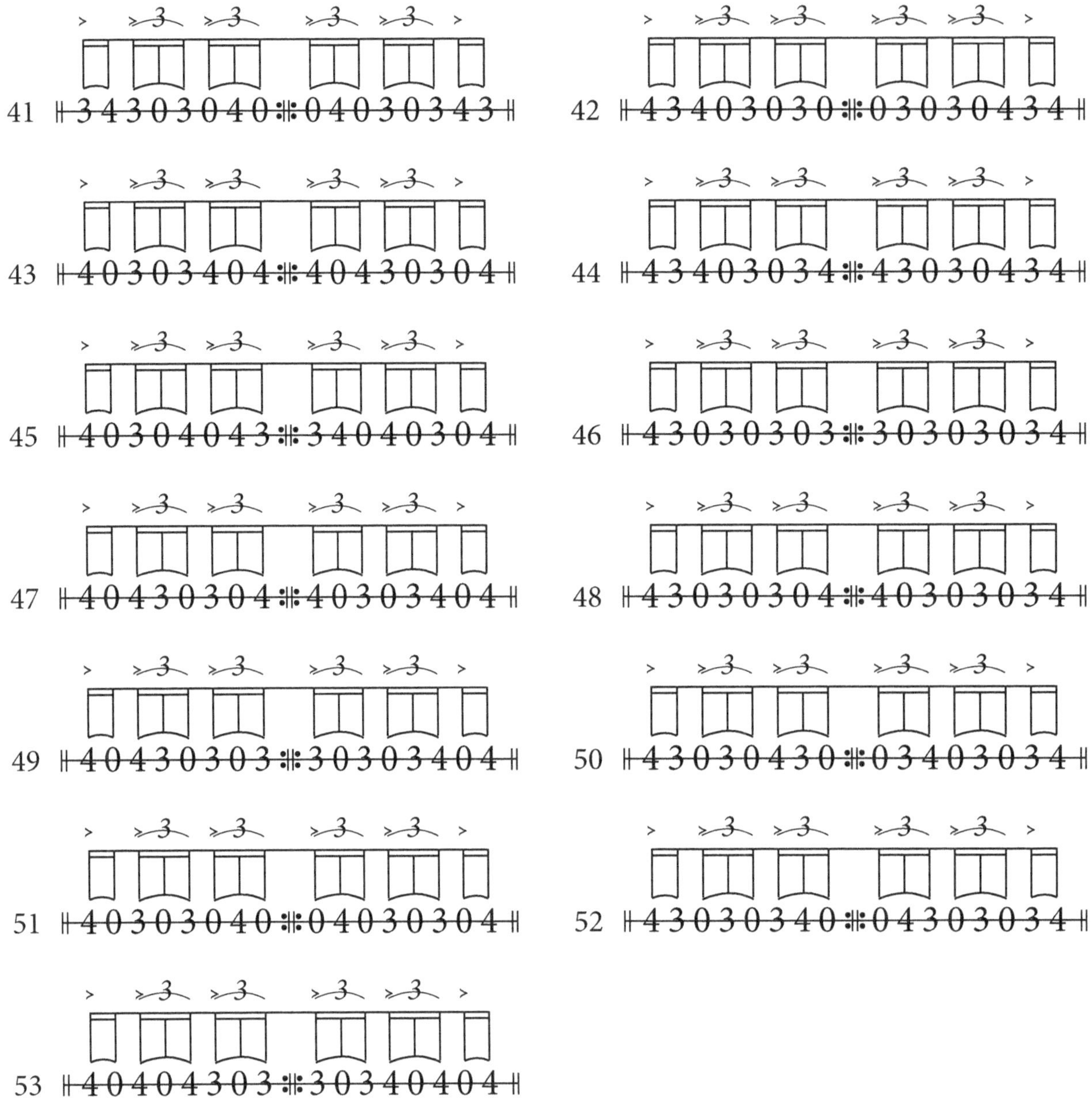

41 ‖: 3 4 3 0 3 0 4 0 :‖: 0 4 0 3 0 3 4 3 :‖

42 ‖: 4 3 4 0 3 0 3 0 :‖: 0 3 0 3 0 4 3 4 :‖

43 ‖: 4 0 3 0 3 4 0 4 :‖: 4 0 4 3 0 3 0 4 :‖

44 ‖: 4 3 4 0 3 0 3 4 :‖: 4 3 0 3 0 4 3 4 :‖

45 ‖: 4 0 3 0 4 0 4 3 :‖: 3 4 0 4 0 3 0 4 :‖

46 ‖: 4 3 0 3 0 3 0 3 :‖: 3 0 3 0 3 0 3 4 :‖

47 ‖: 4 0 4 3 0 3 0 4 :‖: 4 0 3 0 3 4 0 4 :‖

48 ‖: 4 3 0 3 0 3 0 4 :‖: 4 0 3 0 3 0 3 4 :‖

49 ‖: 4 0 4 3 0 3 0 3 :‖: 3 0 3 0 3 4 0 4 :‖

50 ‖: 4 3 0 3 0 4 3 0 :‖: 0 3 4 0 3 0 3 4 :‖

51 ‖: 4 0 3 0 3 0 4 0 :‖: 0 4 0 3 0 3 0 4 :‖

52 ‖: 4 3 0 3 0 3 4 0 :‖: 0 4 3 0 3 0 3 4 :‖

53 ‖: 4 0 4 0 4 3 0 3 :‖: 3 0 3 4 0 4 0 4 :‖

LIGADOS
UNIT 7

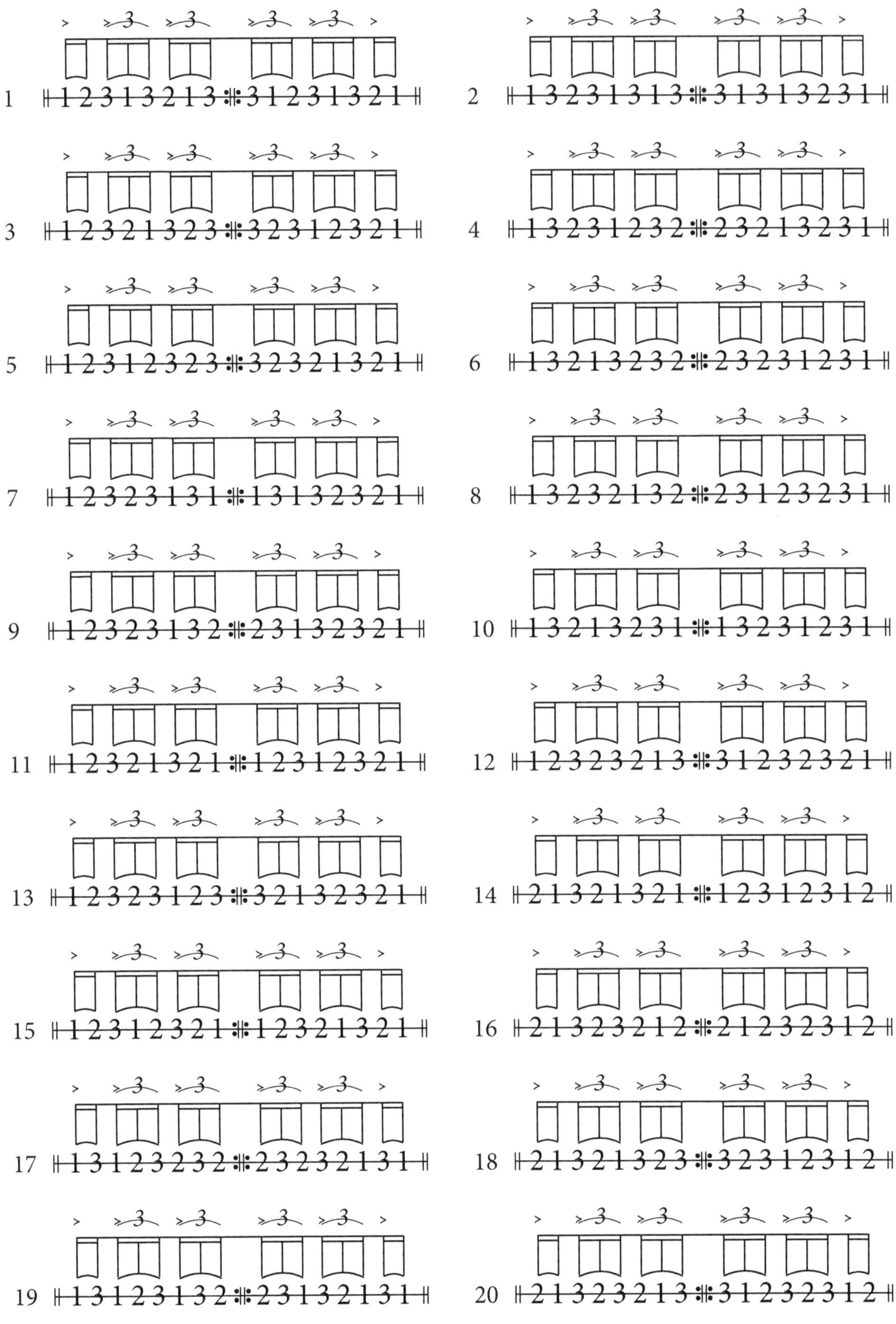

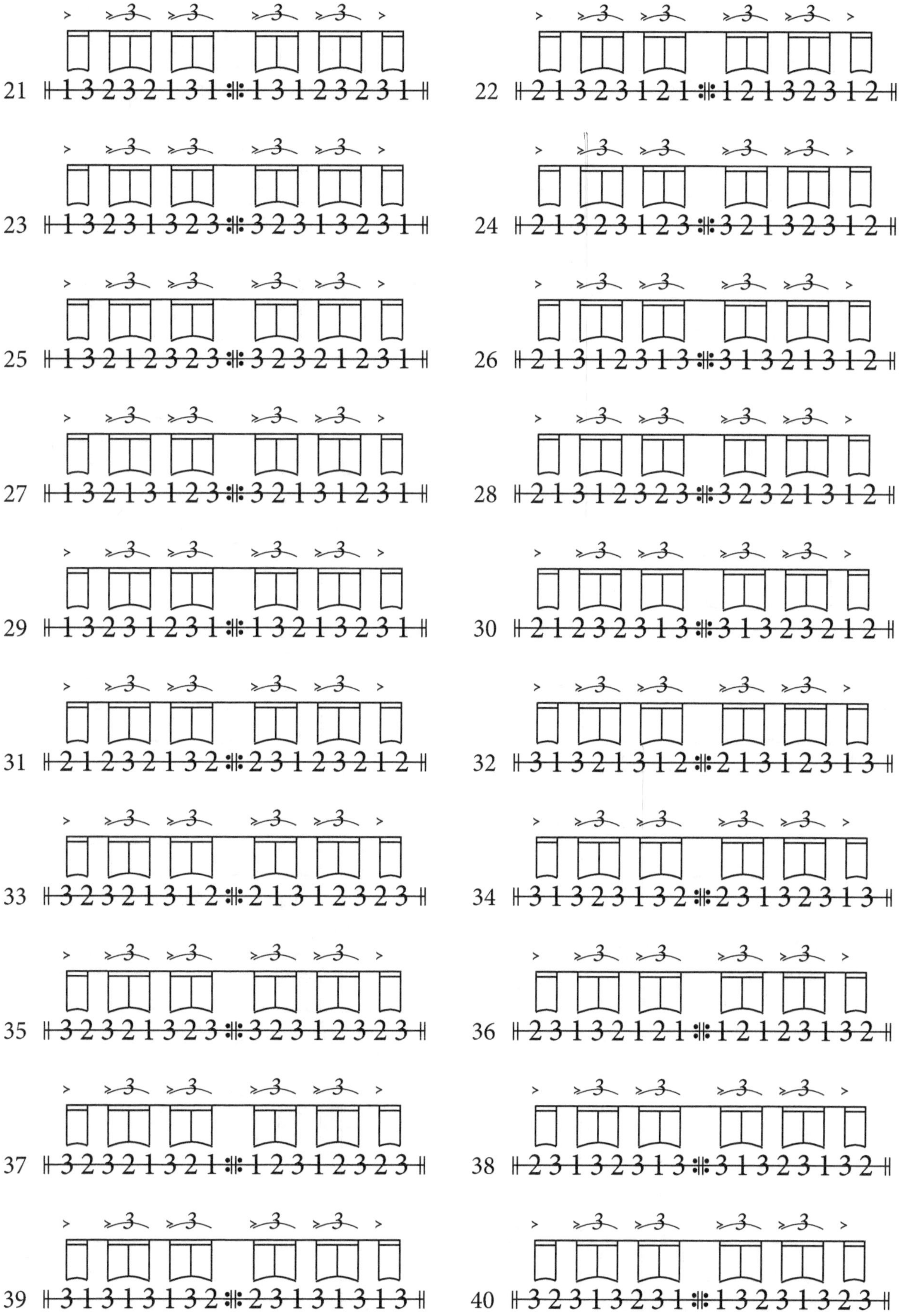
21 1 3 2 3 2 1 3 1 1 3 1 2 3 2 3 1
22 2 1 3 2 3 1 2 1 1 2 1 3 2 3 1 2
23 1 3 2 3 1 3 2 3 3 2 3 1 3 2 3 1
24 2 1 3 2 3 1 2 3 3 2 1 3 2 3 1 2
25 1 3 2 1 2 3 2 3 3 2 3 2 1 2 3 1
26 2 1 3 1 2 3 1 3 3 1 3 2 1 3 1 2
27 1 3 2 1 3 1 2 3 3 2 1 3 1 2 3 1
28 2 1 3 1 2 3 2 3 3 2 3 2 1 3 1 2
29 1 3 2 3 1 2 3 1 1 3 2 1 3 2 3 1
30 2 1 2 3 2 3 1 3 3 1 3 2 3 2 1 2
31 2 1 2 3 2 1 3 2 2 3 1 2 3 2 1 2
32 3 1 3 2 1 3 1 2 2 1 3 1 2 3 1 3
33 3 2 3 2 1 3 1 2 2 1 3 1 2 3 2 3
34 3 1 3 2 3 1 3 2 2 3 1 3 2 3 1 3
35 3 2 3 2 1 3 2 3 3 2 3 1 2 3 2 3
36 2 3 1 3 2 1 2 1 1 2 1 2 3 1 3 2
37 3 2 3 2 1 3 2 1 1 2 3 1 2 3 2 3
38 2 3 1 3 2 3 1 3 3 1 3 2 3 1 3 2
39 3 1 3 1 3 1 3 2 2 3 1 3 1 3 1 3
40 3 2 3 1 3 2 3 1 1 3 2 3 1 3 2 3

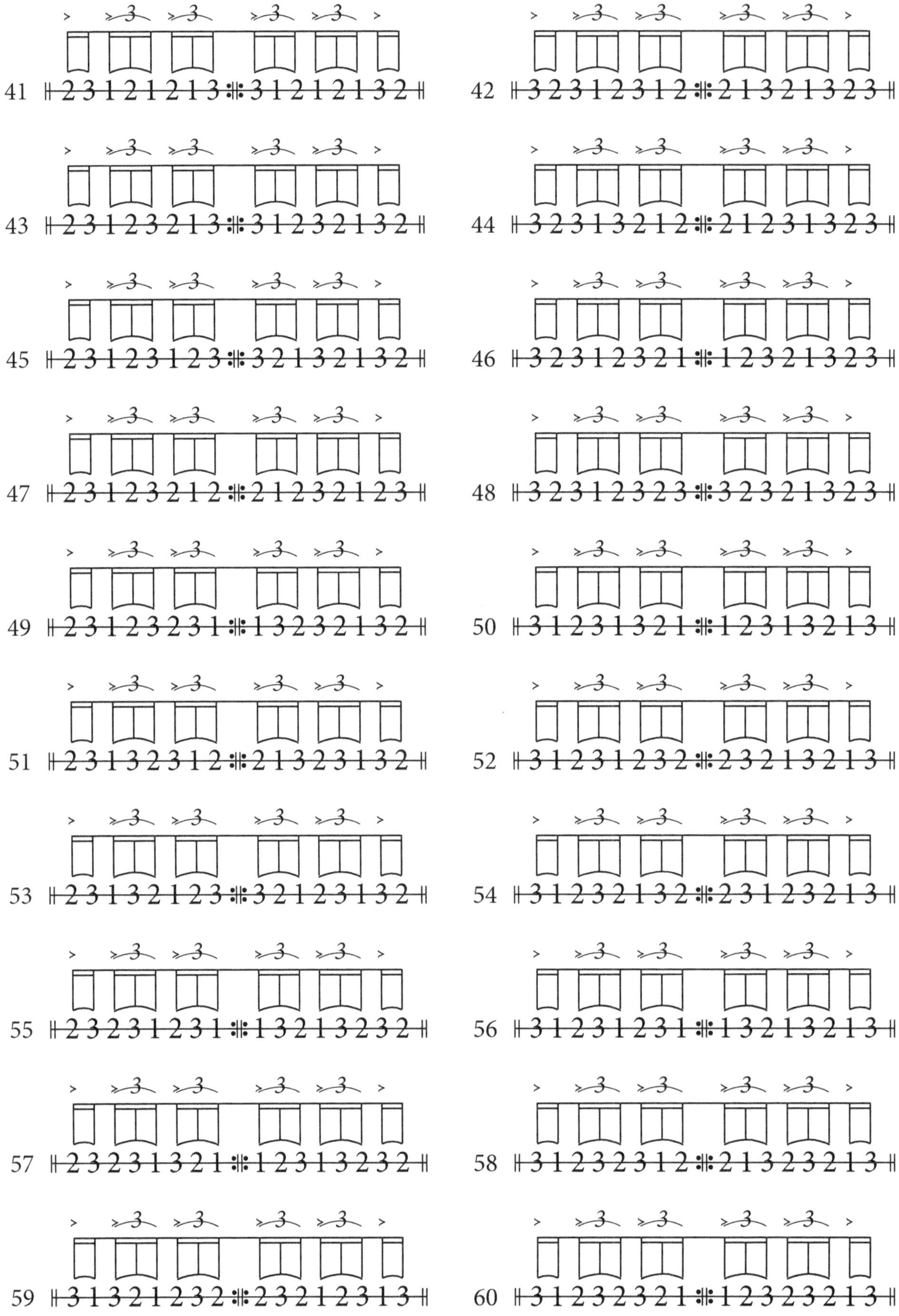

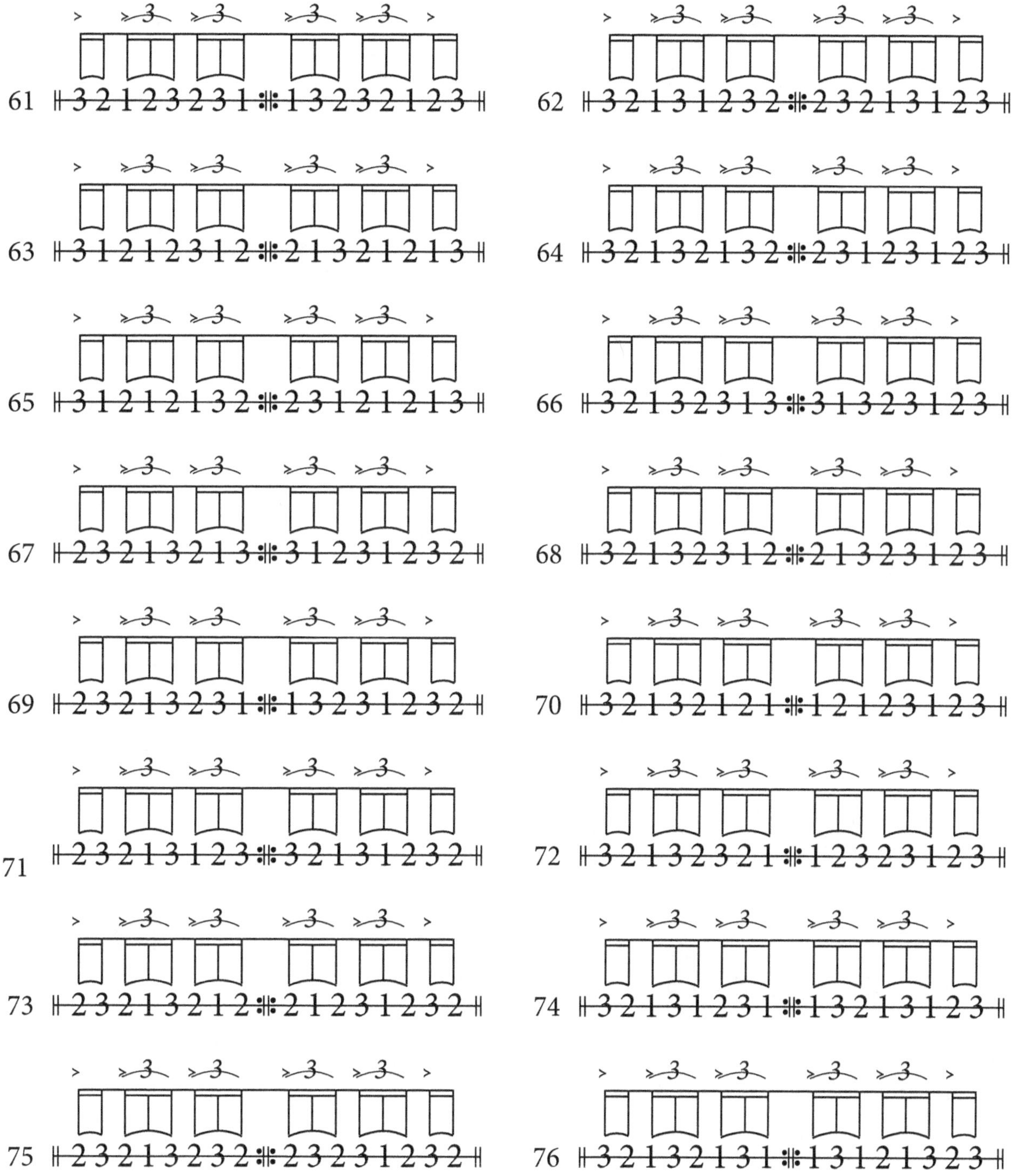

61 ‖ 3 2 1 2 3 2 3 1 :‖: 1 3 2 3 2 1 2 3 ‖
62 ‖ 3 2 1 3 1 2 3 2 :‖: 2 3 2 1 3 1 2 3 ‖
63 ‖ 3 1 2 1 2 3 1 2 :‖: 2 1 3 2 1 2 1 3 ‖
64 ‖ 3 2 1 3 2 1 3 2 :‖: 2 3 1 2 3 1 2 3 ‖
65 ‖ 3 1 2 1 2 1 3 2 :‖: 2 3 1 2 1 2 1 3 ‖
66 ‖ 3 2 1 3 2 3 1 2 :‖: 3 1 3 2 3 1 2 3 ‖
67 ‖ 2 3 2 1 3 2 1 3 :‖: 3 1 2 3 1 2 3 2 ‖
68 ‖ 3 2 1 3 2 3 1 2 :‖: 2 1 3 2 3 1 2 3 ‖
69 ‖ 2 3 2 1 3 2 3 1 :‖: 1 3 2 3 1 2 3 2 ‖
70 ‖ 3 2 1 3 2 1 2 1 :‖: 1 2 1 2 3 1 2 3 ‖
71 ‖ 2 3 2 1 3 1 2 3 :‖: 3 2 1 3 1 2 3 2 ‖
72 ‖ 3 2 1 3 2 3 2 1 :‖: 1 2 3 2 3 1 2 3 ‖
73 ‖ 2 3 2 1 3 2 1 2 :‖: 2 1 2 3 1 2 3 2 ‖
74 ‖ 3 2 1 3 1 2 3 1 :‖: 1 3 2 1 3 1 2 3 ‖
75 ‖ 2 3 2 1 3 2 3 2 :‖: 2 3 2 3 1 2 3 2 ‖
76 ‖ 3 2 1 3 2 1 3 1 :‖: 1 3 1 2 1 3 2 3 ‖

LIGADOS
UNIT 8

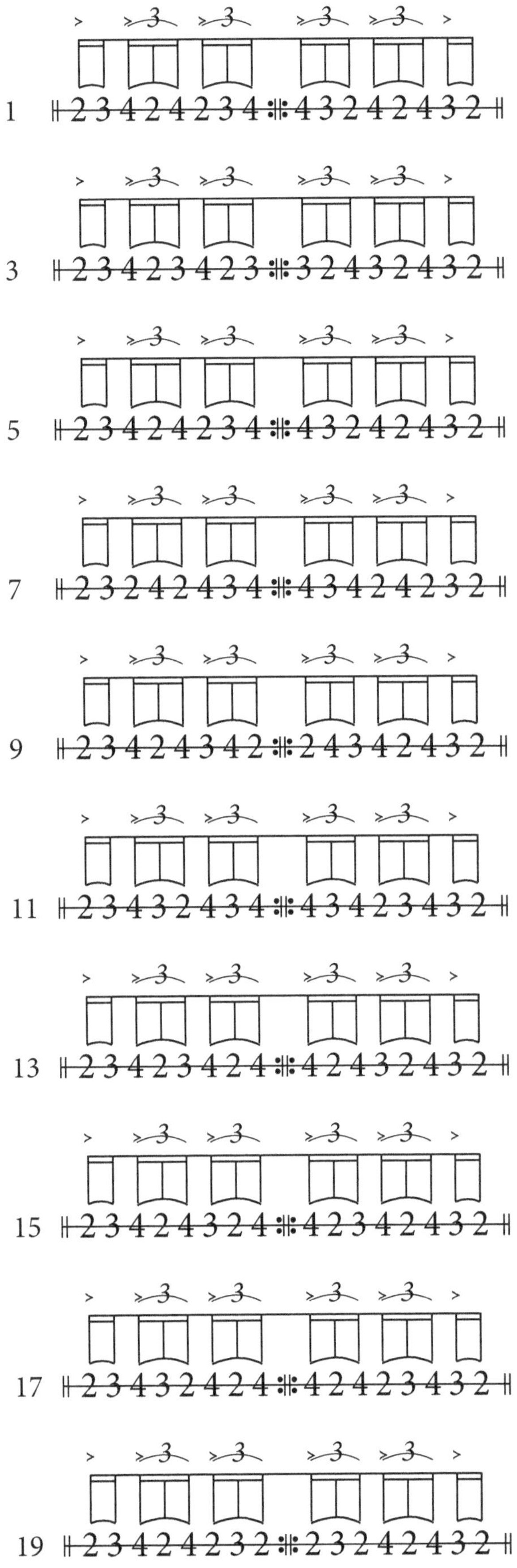

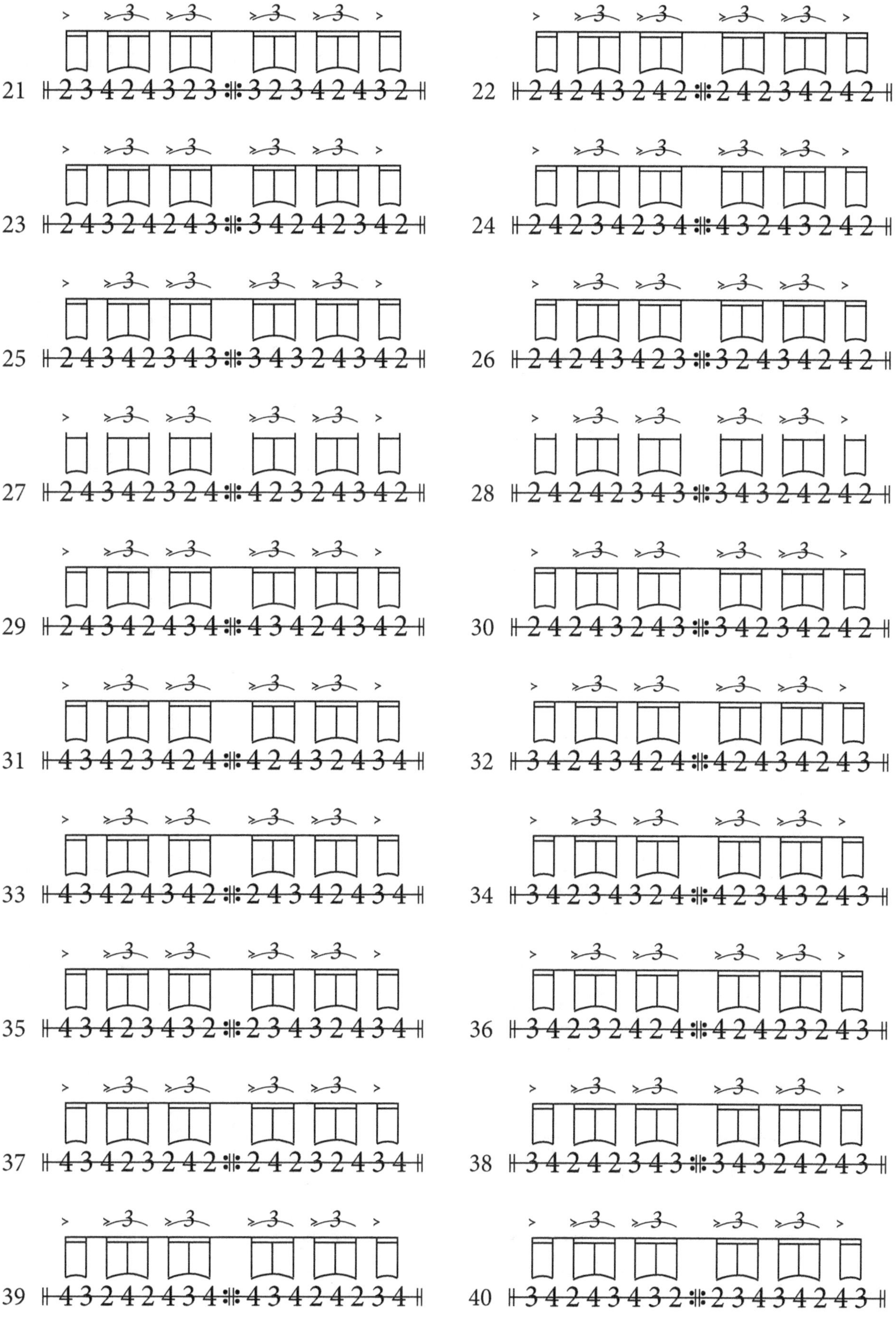

21 ‖ 2 3 4 2 4 3 2 3 :‖: 3 2 3 4 2 4 3 2 ‖
22 ‖ 2 4 2 4 3 2 4 2 :‖: 2 4 2 3 4 2 4 2 ‖
23 ‖ 2 4 3 2 4 2 4 3 :‖: 3 4 2 4 2 3 4 2 ‖
24 ‖ 2 4 2 3 4 2 3 4 :‖: 4 3 2 4 3 4 2 ‖
25 ‖ 2 4 3 4 2 3 4 3 :‖: 3 4 3 2 4 3 4 2 ‖
26 ‖ 2 4 2 4 3 2 4 2 :‖: 3 2 4 3 4 2 4 2 ‖
27 ‖ 2 4 3 4 2 3 2 4 :‖: 4 2 3 2 4 3 4 2 ‖
28 ‖ 2 4 2 4 2 3 4 3 :‖: 3 4 3 2 4 2 4 2 ‖
29 ‖ 2 4 3 4 2 4 3 4 :‖: 4 3 4 2 4 3 4 2 ‖
30 ‖ 2 4 2 4 3 2 4 3 :‖: 3 4 2 3 4 2 4 2 ‖
31 ‖ 4 3 4 2 3 4 2 4 :‖: 4 2 4 2 3 2 4 3 4 ‖
32 ‖ 3 4 2 4 3 4 2 4 :‖: 4 2 4 3 4 2 4 3 ‖
33 ‖ 4 3 4 2 4 3 4 2 :‖: 2 4 3 4 2 4 3 4 ‖
34 ‖ 3 4 2 3 4 3 2 4 :‖: 4 2 3 4 3 2 4 3 ‖
35 ‖ 4 3 4 2 3 4 3 2 :‖: 2 3 4 3 2 4 3 4 ‖
36 ‖ 3 4 2 3 2 4 2 4 :‖: 4 2 4 2 3 2 4 3 ‖
37 ‖ 4 3 4 2 3 2 4 2 :‖: 2 4 2 3 2 4 3 4 ‖
38 ‖ 3 4 2 4 2 3 4 3 :‖: 3 4 3 2 4 2 4 3 ‖
39 ‖ 4 3 2 4 2 4 3 4 :‖: 4 3 4 2 4 2 3 4 ‖
40 ‖ 3 4 2 4 3 4 3 2 :‖: 2 3 4 3 4 2 4 3 ‖

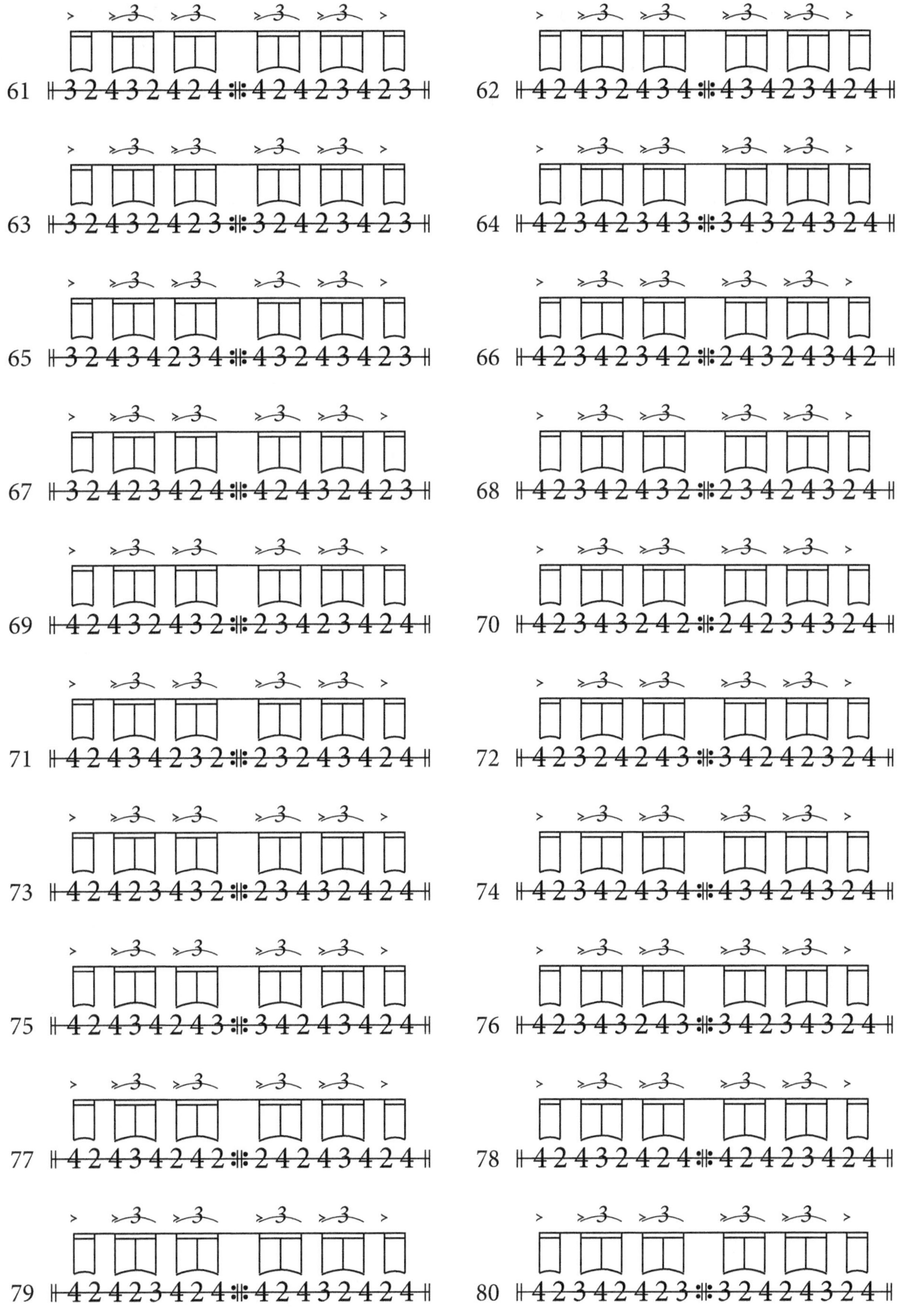

61. ‖ 3 2 4 3 2 4 2 4 :‖: 4 2 4 2 3 4 2 3 ‖
62. ‖ 4 2 4 3 2 4 3 4 :‖: 4 3 4 2 3 4 2 4 ‖
63. ‖ 3 2 4 3 2 4 2 3 :‖: 3 2 4 2 3 4 2 3 ‖
64. ‖ 4 2 3 4 2 3 4 3 :‖: 3 4 3 2 4 3 2 4 ‖
65. ‖ 3 2 4 3 4 2 3 4 :‖: 4 3 2 4 3 4 2 3 ‖
66. ‖ 4 2 3 4 2 3 4 2 :‖: 2 4 3 2 4 3 4 2 ‖
67. ‖ 3 2 4 2 3 4 2 4 :‖: 4 2 4 3 2 4 2 3 ‖
68. ‖ 4 2 3 4 2 4 3 2 :‖: 2 3 4 2 4 3 2 4 ‖
69. ‖ 4 2 4 3 2 4 3 2 :‖: 2 3 4 2 3 4 2 4 ‖
70. ‖ 4 2 3 4 3 2 4 2 :‖: 2 4 2 3 4 3 2 4 ‖
71. ‖ 4 2 4 3 4 2 3 2 :‖: 2 3 2 4 3 4 2 4 ‖
72. ‖ 4 2 3 2 4 2 4 3 :‖: 3 4 2 4 2 3 2 4 ‖
73. ‖ 4 2 4 2 3 4 3 2 :‖: 2 3 4 3 2 4 2 4 ‖
74. ‖ 4 2 3 4 2 4 3 4 :‖: 4 3 4 2 4 3 2 4 ‖
75. ‖ 4 2 4 3 4 2 4 3 :‖: 3 4 2 4 3 4 2 4 ‖
76. ‖ 4 2 3 4 3 2 4 3 :‖: 3 4 2 3 4 3 2 4 ‖
77. ‖ 4 2 4 3 4 2 4 2 :‖: 2 4 2 4 3 4 2 4 ‖
78. ‖ 4 2 4 3 2 4 2 4 :‖: 4 2 4 2 3 4 2 4 ‖
79. ‖ 4 2 4 2 3 4 2 4 :‖: 4 2 4 3 2 4 2 4 ‖
80. ‖ 4 2 3 4 2 4 2 3 :‖: 3 2 4 2 4 3 2 4 ‖

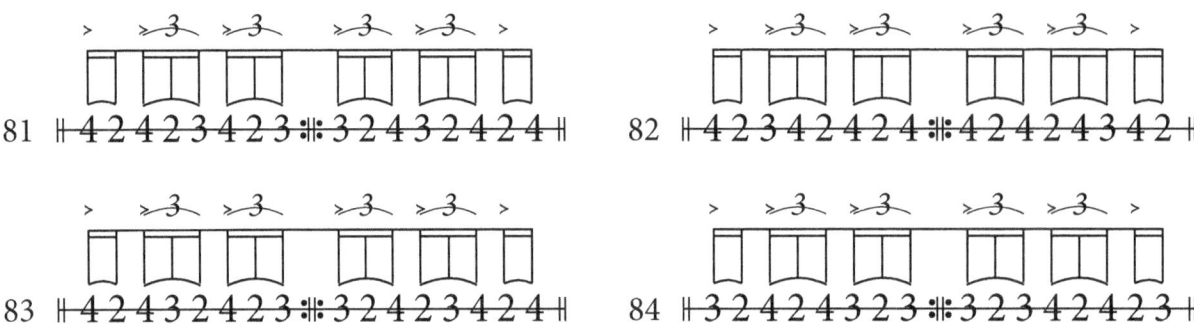

LIGADOS

UNIT 9

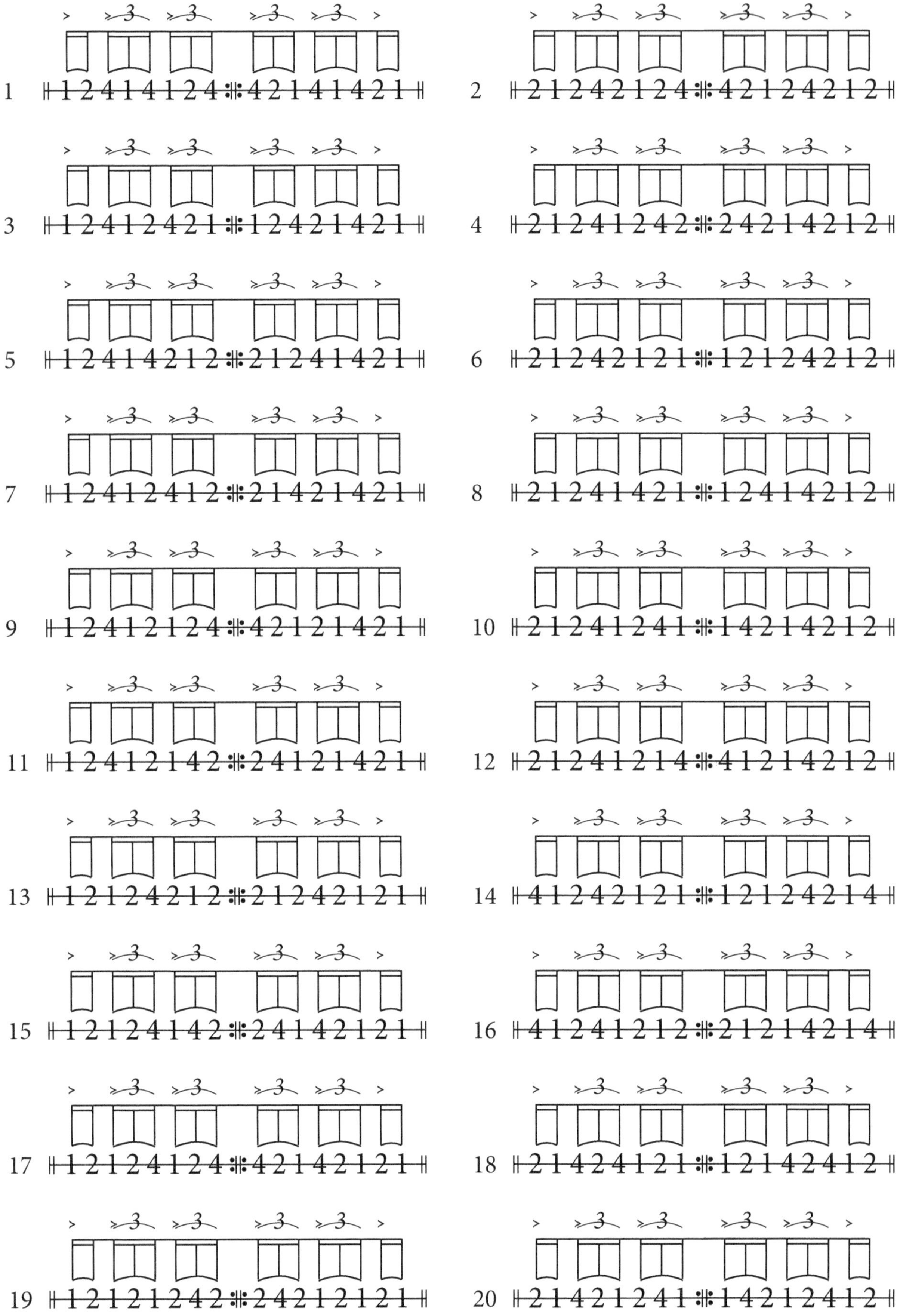

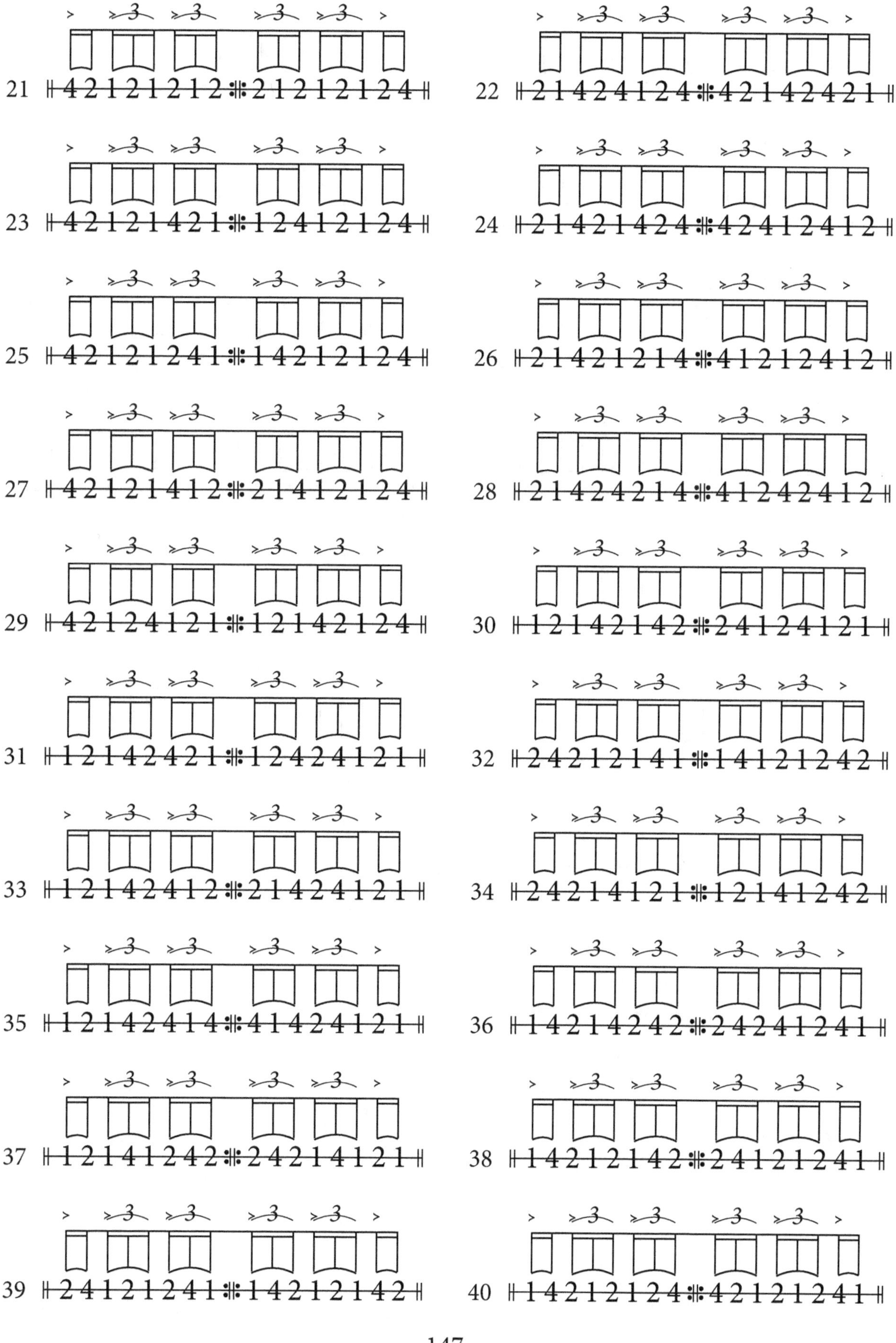

21. ‖: 4 2 1 2 1 2 1 2 :‖: 2 1 2 1 2 1 2 4 :‖
22. ‖: 2 1 4 2 4 1 2 4 :‖: 4 2 1 4 2 4 2 1 :‖
23. ‖: 4 2 1 2 1 4 2 1 :‖: 1 2 4 1 2 1 2 4 :‖
24. ‖: 2 1 4 2 1 4 2 4 :‖: 4 2 4 1 2 4 1 2 :‖
25. ‖: 4 2 1 2 1 2 4 1 :‖: 1 4 2 1 2 1 2 4 :‖
26. ‖: 2 1 4 2 1 2 1 4 :‖: 4 1 2 1 2 4 1 2 :‖
27. ‖: 4 2 1 2 1 4 1 2 :‖: 2 1 4 1 2 1 2 4 :‖
28. ‖: 2 1 4 2 4 2 1 4 :‖: 4 1 2 4 2 4 1 2 :‖
29. ‖: 4 2 1 2 4 1 2 1 :‖: 1 2 1 4 2 1 2 4 :‖
30. ‖: 1 2 1 4 2 1 4 2 :‖: 2 4 1 2 4 1 2 1 :‖
31. ‖: 1 2 1 4 2 4 2 1 :‖: 1 2 4 2 4 1 2 1 :‖
32. ‖: 2 4 2 1 2 1 4 1 :‖: 1 4 1 2 1 2 4 2 :‖
33. ‖: 1 2 1 4 2 4 1 2 :‖: 2 1 4 2 4 1 2 1 :‖
34. ‖: 2 4 2 1 4 1 2 1 :‖: 1 2 1 4 1 2 4 2 :‖
35. ‖: 1 2 1 4 2 4 1 4 :‖: 4 1 4 2 4 1 2 1 :‖
36. ‖: 1 4 2 1 4 2 4 2 :‖: 2 4 2 4 1 2 4 1 :‖
37. ‖: 1 2 1 4 1 2 4 2 :‖: 2 4 2 1 4 1 2 1 :‖
38. ‖: 1 4 2 1 2 1 4 2 :‖: 2 4 1 2 1 2 4 1 :‖
39. ‖: 2 4 1 2 1 2 4 1 :‖: 1 4 2 1 2 1 4 2 :‖
40. ‖: 1 4 2 1 2 1 2 4 :‖: 4 2 1 2 1 2 4 1 :‖

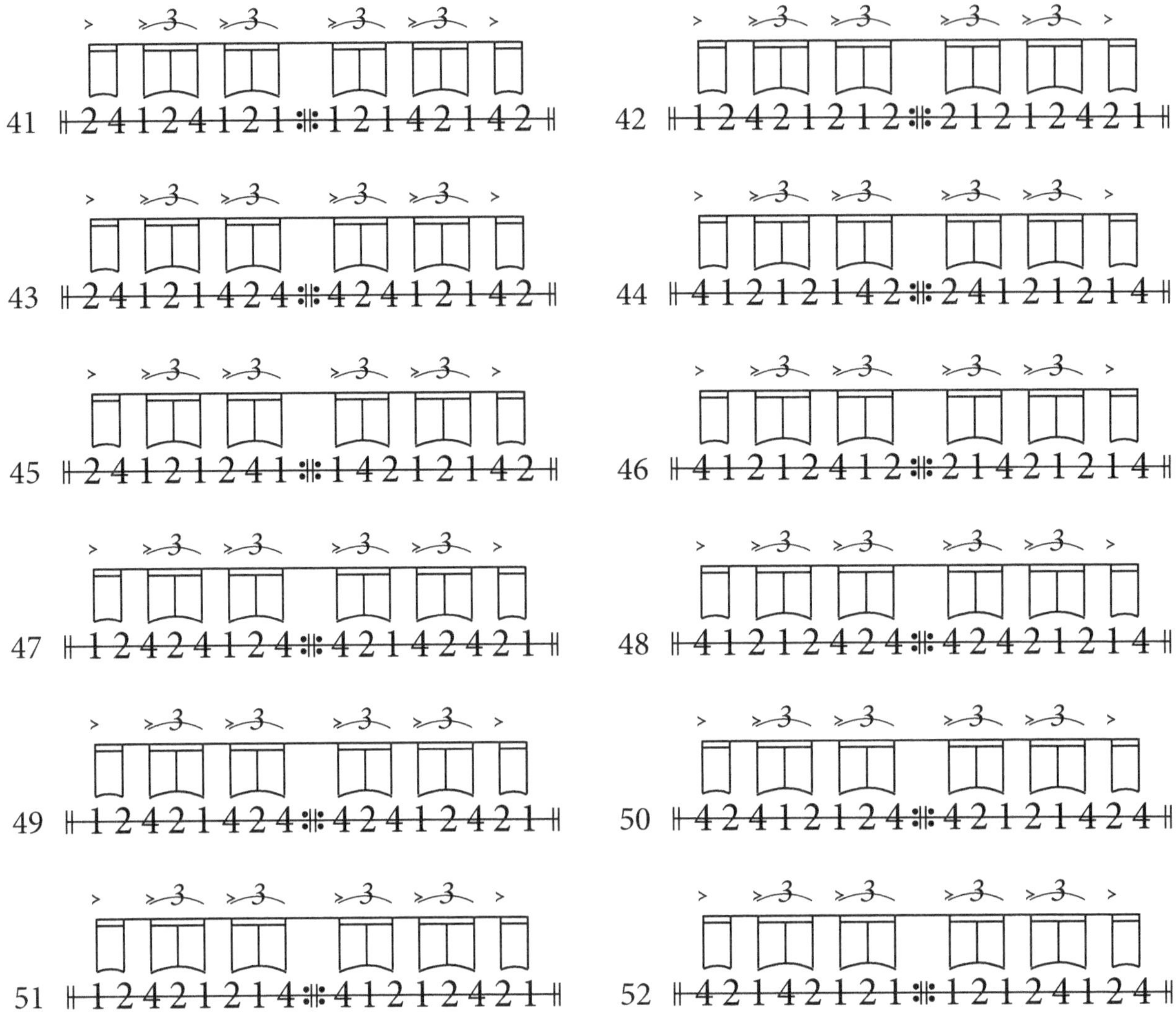

41 ‖ 2 4 1 2 4 1 2 1 :‖: 1 2 1 4 2 1 4 2 ‖
42 ‖ 1 2 4 2 1 2 1 2 :‖: 2 1 2 1 2 4 2 1 ‖
43 ‖ 2 4 1 2 1 4 2 4 :‖: 4 2 4 1 2 1 4 2 ‖
44 ‖ 4 1 2 1 2 1 4 2 :‖: 2 4 1 2 1 2 1 4 ‖
45 ‖ 2 4 1 2 1 2 4 1 :‖: 1 4 2 1 2 1 4 2 ‖
46 ‖ 4 1 2 1 2 4 1 2 :‖: 2 1 4 2 1 2 1 4 ‖
47 ‖ 1 2 4 2 4 1 2 4 :‖: 4 2 1 4 2 4 2 1 ‖
48 ‖ 4 1 2 1 2 4 2 4 :‖: 4 2 4 2 1 2 1 4 ‖
49 ‖ 1 2 4 2 1 4 2 4 :‖: 4 2 4 1 2 4 2 1 ‖
50 ‖ 4 2 4 1 2 1 2 4 :‖: 4 2 1 2 1 4 2 4 ‖
51 ‖ 1 2 4 2 1 2 1 4 :‖: 4 1 2 1 2 4 2 1 ‖
52 ‖ 4 2 1 4 2 1 2 1 :‖: 1 2 1 2 4 1 2 4 ‖

LIGADOS
UNIT 10

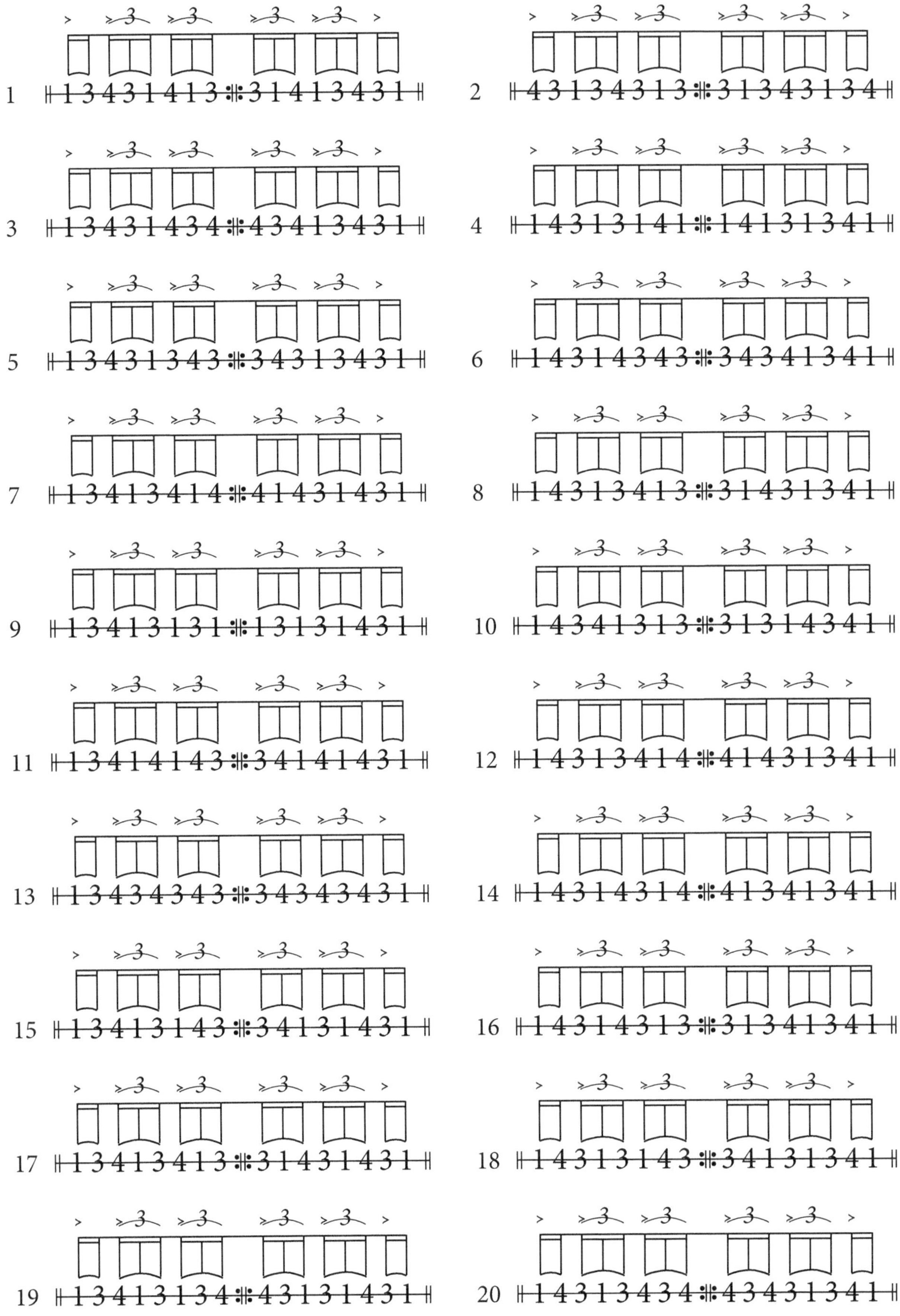

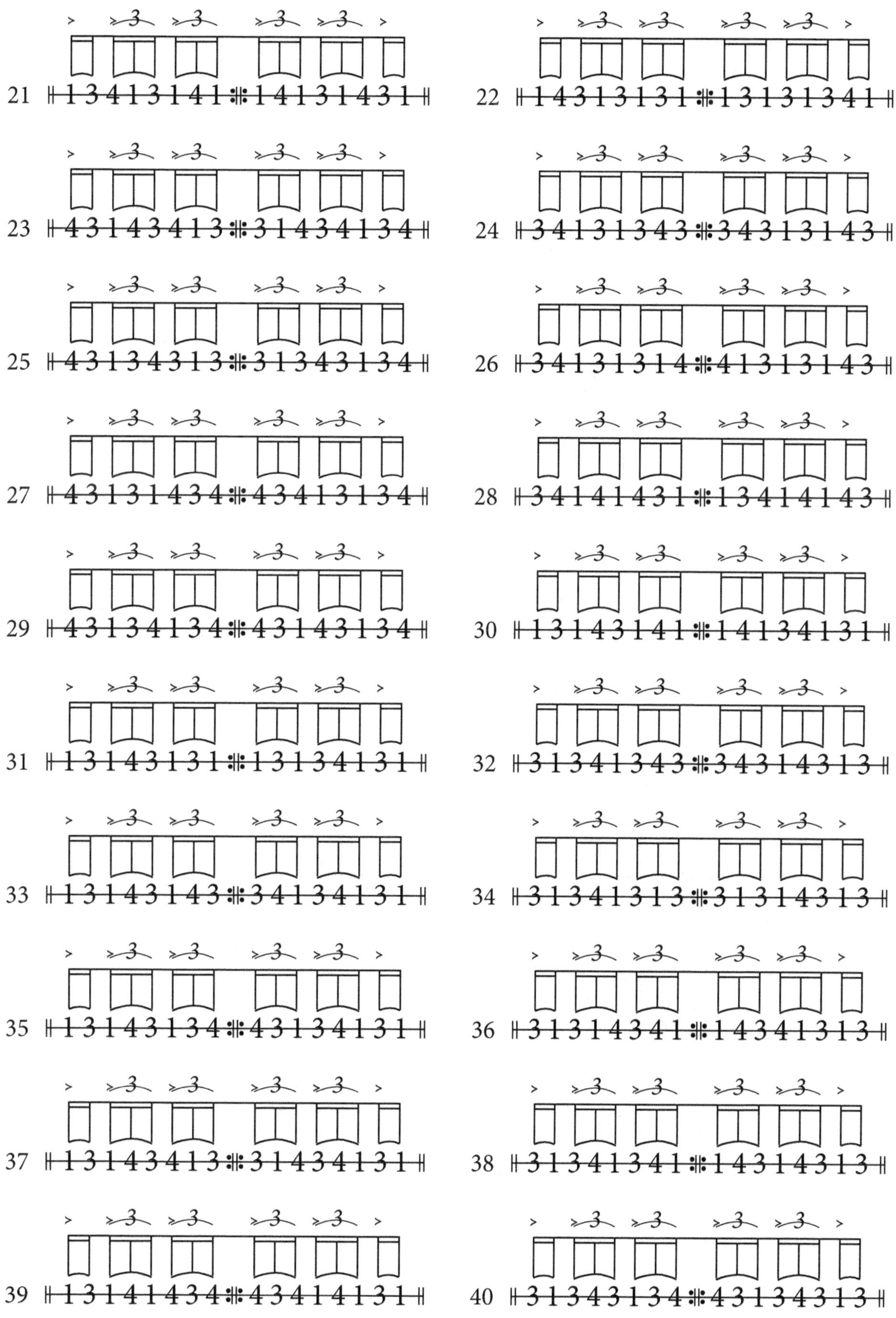

21 ‖ 1 3 4 1 3 1 4 1 :‖: 1 4 1 3 1 4 3 1 ‖
22 ‖ 1 4 3 1 3 1 3 1 :‖: 1 3 1 3 1 3 4 1 ‖
23 ‖ 4 3 1 4 3 4 1 3 :‖: 3 1 4 3 4 1 3 4 ‖
24 ‖ 3 4 1 3 1 3 4 3 :‖: 3 4 3 1 3 1 4 3 ‖
25 ‖ 4 3 1 3 4 3 1 3 :‖: 3 1 3 4 3 4 1 3 4 ‖
26 ‖ 3 4 1 3 1 3 1 4 :‖: 4 1 3 1 3 1 4 3 ‖
27 ‖ 4 3 1 3 1 4 3 4 :‖: 4 3 4 1 3 1 3 4 ‖
28 ‖ 3 4 1 4 1 4 3 1 :‖: 1 3 4 1 4 1 4 3 ‖
29 ‖ 4 3 1 3 4 1 3 4 :‖: 4 3 1 4 3 1 3 4 ‖
30 ‖ 1 3 1 4 3 1 4 1 :‖: 1 4 1 3 4 1 3 1 ‖
31 ‖ 1 3 1 4 3 1 3 1 :‖: 1 3 1 3 4 1 3 1 ‖
32 ‖ 3 1 3 4 1 3 4 3 :‖: 3 4 3 1 4 3 1 3 ‖
33 ‖ 1 3 1 4 3 1 4 3 :‖: 3 4 1 3 4 1 3 1 ‖
34 ‖ 3 1 3 4 1 3 1 3 :‖: 3 1 3 1 4 3 1 3 ‖
35 ‖ 1 3 1 4 3 1 3 4 :‖: 4 3 1 3 4 1 3 1 ‖
36 ‖ 3 1 3 1 4 3 4 1 :‖: 1 4 3 4 1 3 1 3 ‖
37 ‖ 1 3 1 4 3 4 1 3 :‖: 3 1 4 3 4 1 3 1 ‖
38 ‖ 3 1 3 4 1 3 4 1 :‖: 1 4 3 1 4 1 3 1 3 ‖
39 ‖ 1 3 1 4 1 4 3 4 :‖: 4 3 4 1 4 1 3 1 ‖
40 ‖ 3 1 3 4 3 1 3 4 :‖: 4 3 1 3 4 3 1 3 ‖

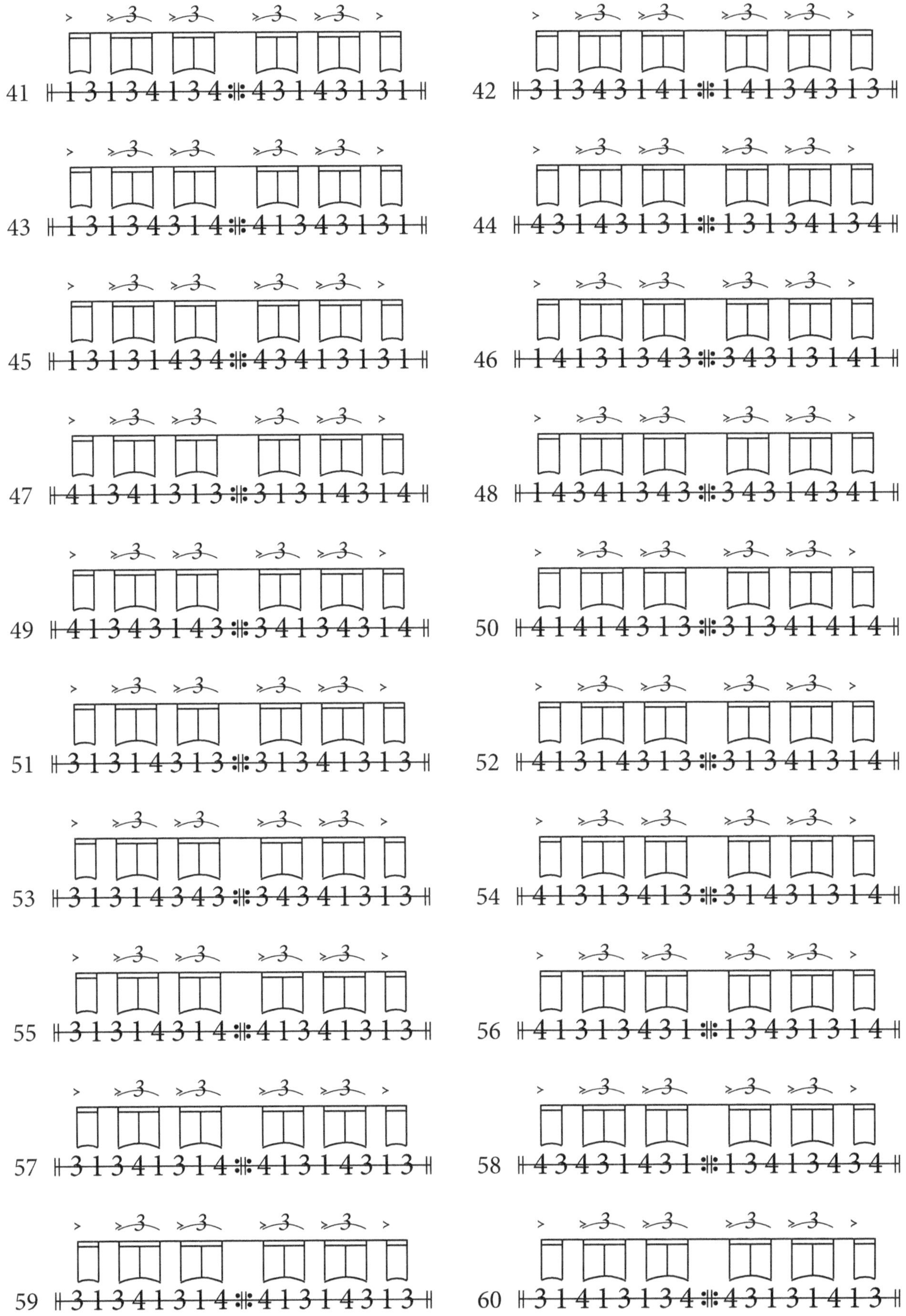

41. ‖ 1 3 1 3 4 1 3 4 :‖: 4 3 1 4 3 1 3 1 ‖
42. ‖ 3 1 3 4 3 1 4 1 :‖: 1 4 1 3 4 3 1 3 ‖
43. ‖ 1 3 1 3 4 3 1 4 :‖: 4 1 3 4 3 1 3 1 ‖
44. ‖ 4 3 1 4 3 1 3 1 :‖: 1 3 1 3 4 3 1 4 ‖
45. ‖ 1 3 1 3 1 4 3 4 :‖: 4 3 4 3 1 3 1 ‖
46. ‖ 1 4 1 3 1 3 4 3 :‖: 3 4 3 1 3 1 4 1 ‖
47. ‖ 4 1 3 4 1 3 1 3 :‖: 3 1 3 1 4 3 1 4 ‖
48. ‖ 1 4 3 4 1 3 4 3 :‖: 3 4 3 1 4 3 4 1 ‖
49. ‖ 4 1 3 4 3 1 4 3 :‖: 3 4 1 3 4 3 1 4 ‖
50. ‖ 4 1 4 1 4 3 1 3 :‖: 3 1 3 1 4 1 4 ‖
51. ‖ 3 1 3 1 4 3 1 3 :‖: 3 1 3 1 4 1 3 1 3 ‖
52. ‖ 4 1 3 1 4 3 1 3 :‖: 3 1 3 4 1 3 1 4 ‖
53. ‖ 3 1 3 1 4 3 4 3 :‖: 3 4 3 4 1 3 1 3 ‖
54. ‖ 4 1 3 1 3 4 1 3 :‖: 3 1 4 3 1 3 1 4 ‖
55. ‖ 3 1 3 1 4 3 1 4 :‖: 4 1 3 4 1 3 1 3 ‖
56. ‖ 4 1 3 1 3 4 3 1 :‖: 1 3 4 3 1 3 1 4 ‖
57. ‖ 3 1 3 4 1 3 1 4 :‖: 4 1 3 1 4 3 1 3 ‖
58. ‖ 4 3 4 3 1 4 3 1 :‖: 1 3 4 1 3 4 3 4 ‖
59. ‖ 3 1 3 4 1 3 1 4 :‖: 4 1 3 1 4 3 1 3 ‖
60. ‖ 3 1 4 1 3 1 3 4 :‖: 4 3 1 3 1 4 1 3 ‖

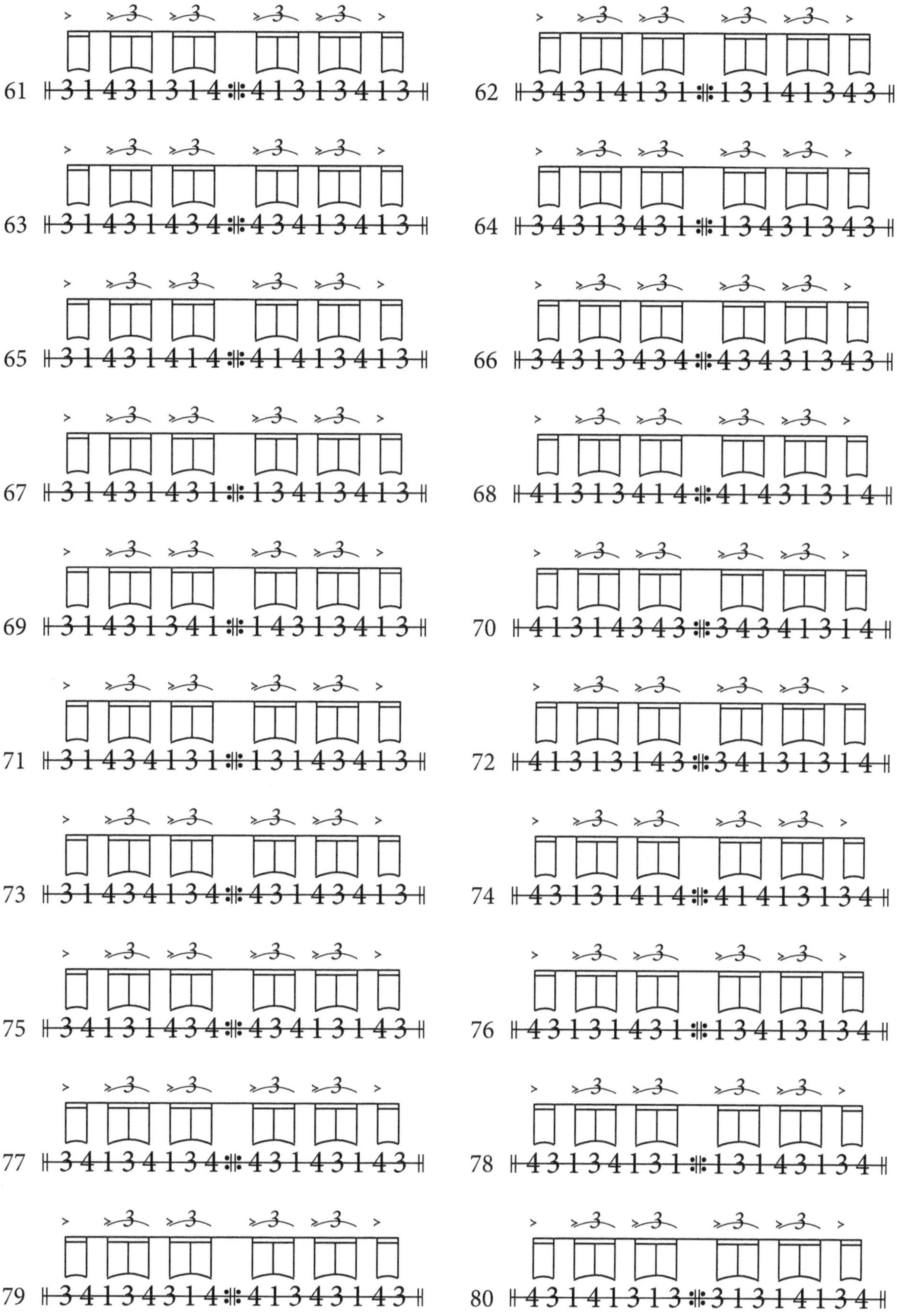

61) ‖ 3 1 4 3 1 3 1 4 :‖: 4 1 3 1 3 3 4 1 3 ‖
62) ‖ 3 4 3 1 4 1 3 1 :‖: 1 3 1 4 1 3 4 3 ‖
63) ‖ 3 1 4 3 1 4 3 4 :‖: 4 3 4 1 3 4 1 3 ‖
64) ‖ 3 4 3 1 3 4 3 1 :‖: 1 3 4 3 1 3 4 3 ‖
65) ‖ 3 1 4 3 1 4 1 4 :‖: 4 1 4 1 3 4 1 3 ‖
66) ‖ 3 4 3 1 3 4 3 4 :‖: 4 3 4 3 1 3 4 3 ‖
67) ‖ 3 1 4 3 1 4 3 1 :‖: 1 3 4 1 3 4 1 3 ‖
68) ‖ 4 1 3 1 3 4 1 4 :‖: 4 1 4 3 1 3 1 4 ‖
69) ‖ 3 1 4 3 1 3 4 1 :‖: 1 4 3 1 3 4 1 3 ‖
70) ‖ 4 1 3 1 4 3 4 3 :‖: 3 4 3 4 4 1 3 1 4 ‖
71) ‖ 3 1 4 3 4 1 3 1 :‖: 1 3 1 4 3 4 1 3 ‖
72) ‖ 4 1 3 1 3 1 4 3 :‖: 3 4 1 3 1 3 1 4 ‖
73) ‖ 3 1 4 3 4 1 3 4 :‖: 4 3 1 4 3 4 1 3 ‖
74) ‖ 4 3 1 3 1 4 1 4 :‖: 4 1 4 1 3 1 3 4 ‖
75) ‖ 3 4 1 3 1 4 3 4 :‖: 4 3 4 1 3 1 4 3 ‖
76) ‖ 4 3 1 3 1 4 3 1 :‖: 1 3 4 1 3 1 3 4 ‖
77) ‖ 3 4 1 3 4 1 3 4 :‖: 4 3 1 4 3 1 4 3 ‖
78) ‖ 4 3 1 3 4 1 3 1 :‖: 1 3 1 4 3 1 3 4 ‖
79) ‖ 3 4 1 3 4 3 1 4 :‖: 4 1 3 4 3 1 4 3 ‖
80) ‖ 4 3 1 4 1 3 1 3 :‖: 3 1 3 1 4 1 3 4 ‖

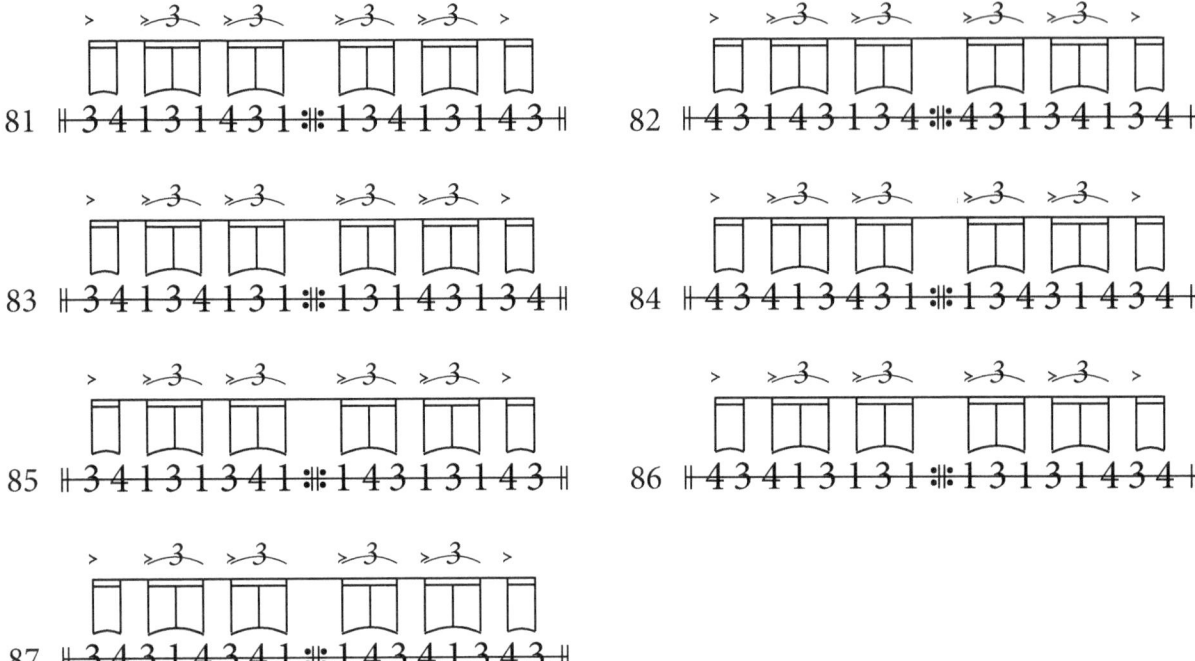

LIGADOS
UNIT 11

1. 1 2 3 4 2 4 3 4 :||: 4 3 4 2 4 3 2 1
2. 1 3 2 4 3 2 4 2 :||: 2 4 2 3 4 2 3 1
3. 1 2 3 2 4 2 4 3 :||: 3 4 2 4 2 3 2 1
4. 1 3 2 4 3 4 2 3 :||: 3 2 4 3 4 2 3 1
5. 1 2 3 2 3 4 2 4 :||: 4 2 4 3 2 3 2 1
6. 1 3 2 4 3 4 1 4 :||: 4 1 4 3 4 2 3 1
7. 1 2 3 2 1 2 1 4 :||: 4 1 2 1 2 3 2 1
8. 3 2 1 4 2 4 1 3 :||: 3 1 4 2 4 1 2 3
9. 1 2 3 2 1 2 4 1 :||: 1 4 2 1 2 3 2 1
10. 3 2 1 4 3 1 2 4 :||: 4 2 1 3 4 1 2 3
11. 3 1 2 4 3 4 2 4 :||: 4 2 4 3 4 2 1 3
12. 3 2 3 4 1 4 3 4 :||: 4 3 4 1 4 3 2 3
13. 3 2 1 2 4 1 3 1 :||: 1 3 1 4 2 1 2 3
14. 3 2 3 4 2 4 1 4 :||: 4 1 4 2 4 3 2 3
15. 1 2 4 3 2 4 2 4 :||: 4 2 4 2 3 4 2 1
16. 3 2 3 4 1 4 2 4 :||: 4 2 4 1 4 3 2 3
17. 1 2 4 3 4 2 3 4 :||: 4 3 2 4 3 4 2 1
18. 3 2 1 4 1 4 2 4 :||: 4 2 4 1 4 1 2 3
19. 1 2 4 3 2 4 2 3 :||: 3 2 4 2 3 4 2 1
20. 3 4 3 4 2 1 4 2 :||: 2 4 1 2 4 3 4 3

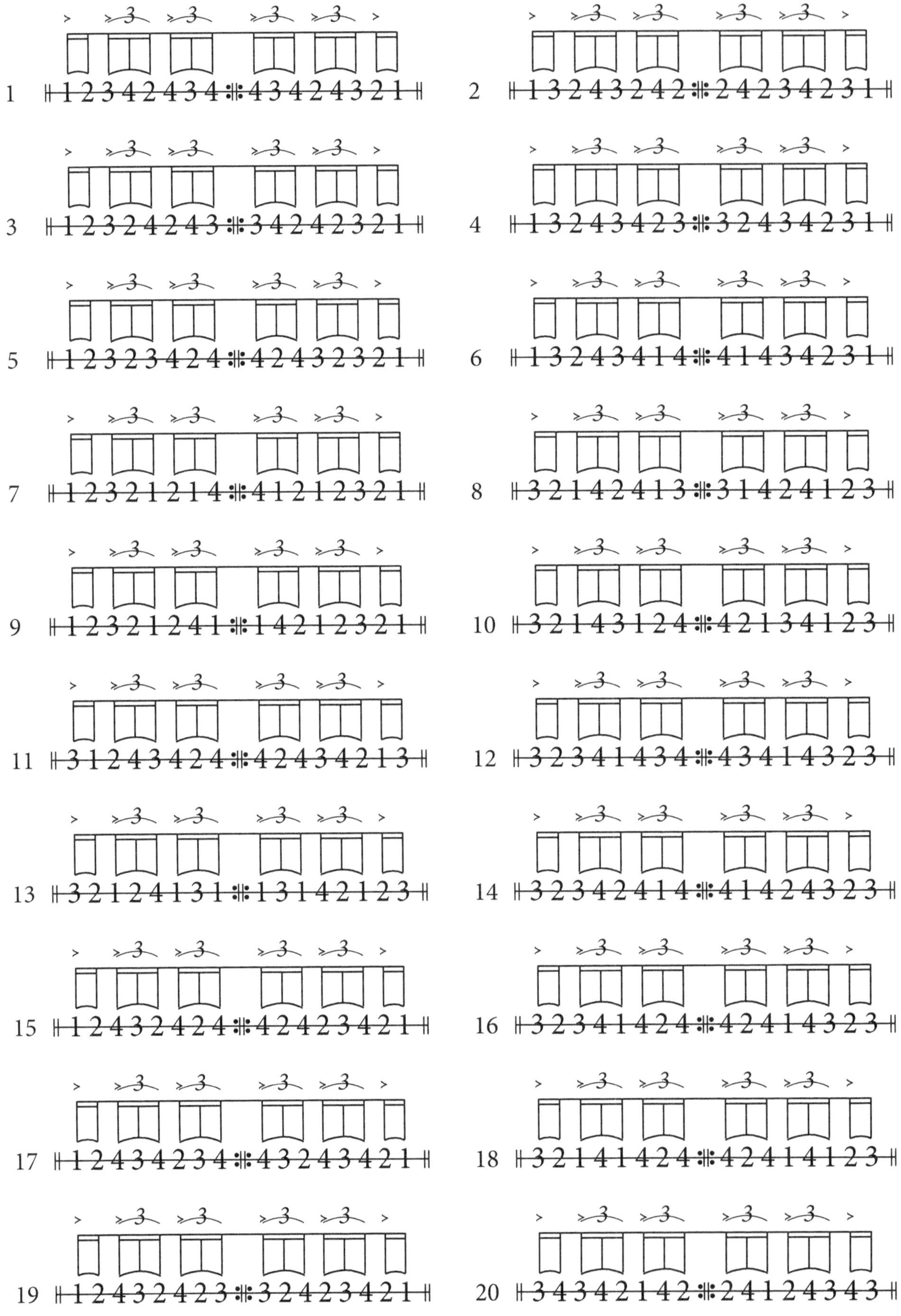

156

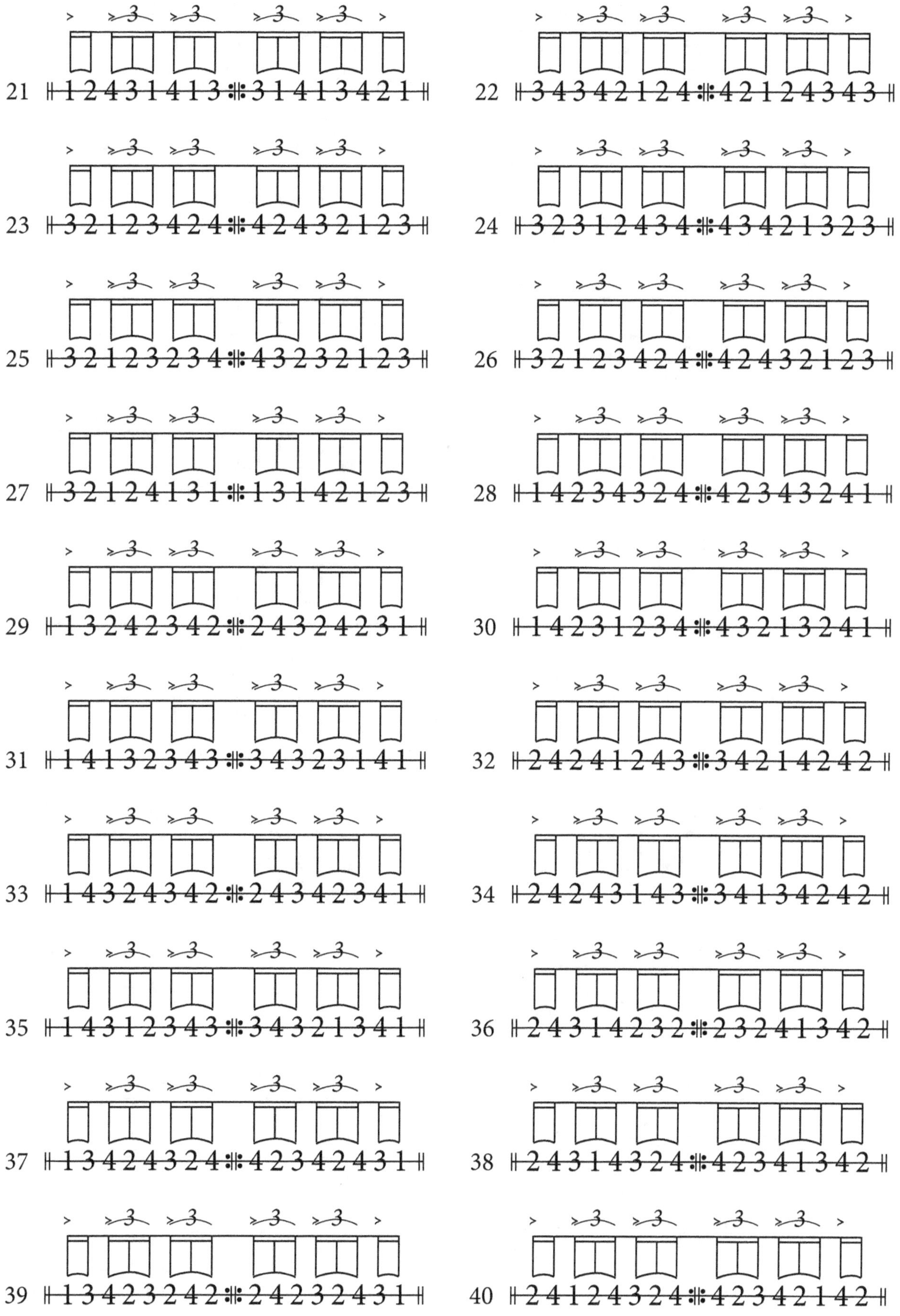

21. ‖: 1 2 4 3 1 4 1 3 :‖: 3 1 4 1 3 4 2 1 :‖
22. ‖: 3 4 3 4 2 1 2 4 :‖: 4 2 1 2 4 3 4 3 :‖
23. ‖: 3 2 1 2 3 4 2 4 :‖: 4 2 4 3 2 1 2 3 :‖
24. ‖: 3 2 3 1 2 4 3 4 :‖: 4 3 4 2 1 3 2 3 :‖
25. ‖: 3 2 1 2 3 2 3 4 :‖: 4 3 2 3 2 1 2 3 :‖
26. ‖: 3 2 1 2 3 4 2 4 :‖: 4 2 4 3 2 1 2 3 :‖
27. ‖: 3 2 1 2 4 1 3 1 :‖: 1 3 1 4 2 1 2 3 :‖
28. ‖: 1 4 2 3 4 3 2 4 :‖: 4 2 3 4 3 2 4 1 :‖
29. ‖: 1 3 2 4 2 3 4 2 :‖: 2 4 3 2 4 2 3 1 :‖
30. ‖: 1 4 2 3 1 2 3 4 :‖: 4 3 2 1 3 2 4 1 :‖
31. ‖: 1 4 1 3 2 3 4 3 :‖: 3 4 3 2 3 1 4 1 :‖
32. ‖: 2 4 2 4 1 2 4 3 :‖: 3 4 2 1 4 2 4 2 :‖
33. ‖: 1 4 3 2 4 3 4 2 :‖: 2 4 3 4 2 3 4 1 :‖
34. ‖: 2 4 2 4 3 1 4 3 :‖: 3 4 1 3 4 2 4 2 :‖
35. ‖: 1 4 3 1 2 3 4 3 :‖: 3 4 3 2 1 3 4 1 :‖
36. ‖: 2 4 3 1 4 2 3 2 :‖: 2 3 2 4 1 3 4 2 :‖
37. ‖: 1 3 4 2 4 3 2 4 :‖: 4 2 3 4 2 4 3 1 :‖
38. ‖: 2 4 3 1 4 3 2 4 :‖: 4 2 3 4 1 3 4 2 :‖
39. ‖: 1 3 4 2 3 2 4 2 :‖: 2 4 2 3 2 4 3 1 :‖
40. ‖: 2 4 1 2 4 3 2 4 :‖: 4 2 3 4 2 1 4 2 :‖

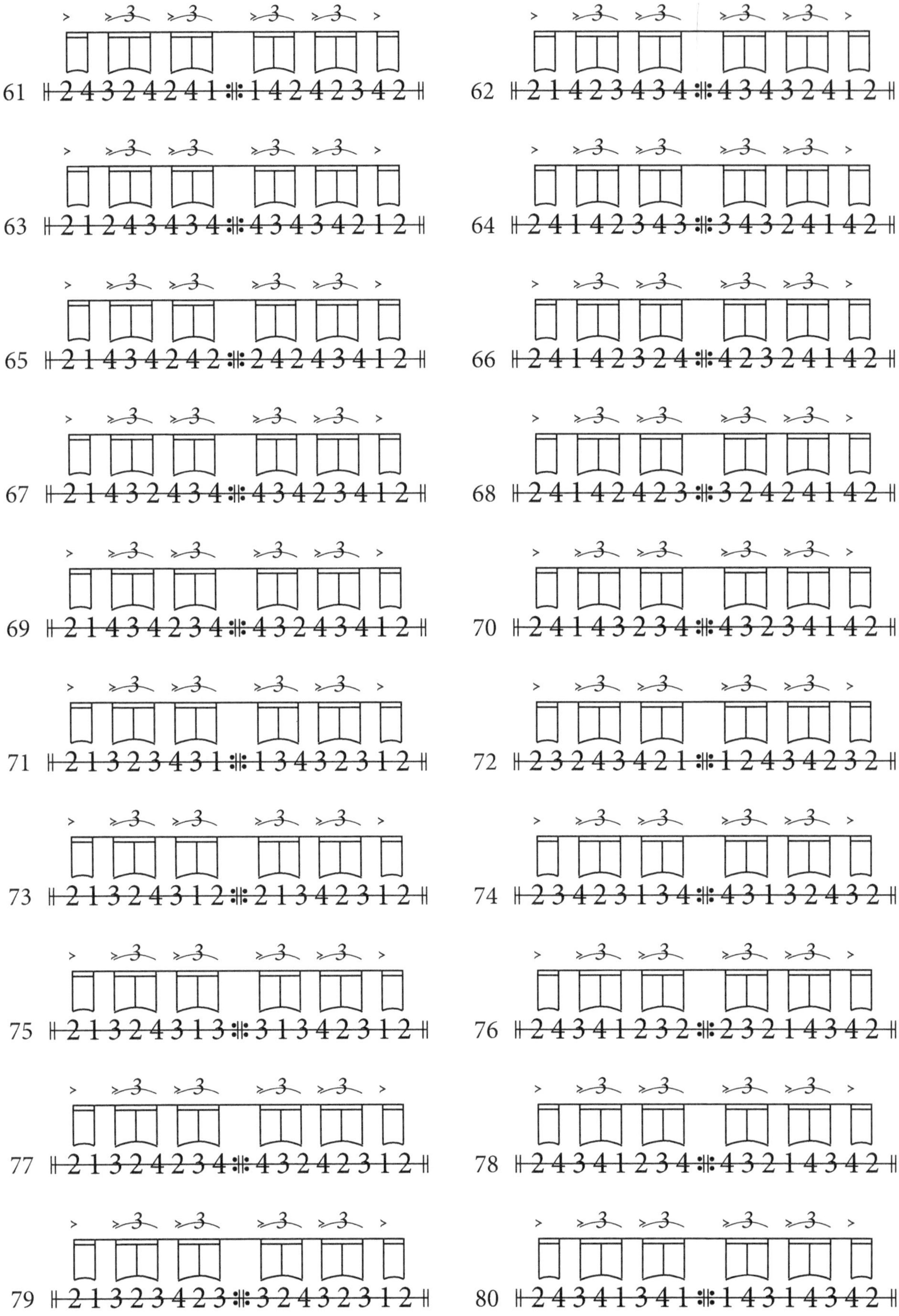

61 ‖ 2 4 3 2 4 2 4 1 :‖: 1 4 2 4 2 3 4 2 ‖
62 ‖ 2 1 4 2 3 4 3 4 :‖: 4 3 4 3 2 4 1 2 ‖
63 ‖ 2 1 2 4 3 4 3 4 :‖: 4 3 4 3 4 2 1 2 ‖
64 ‖ 2 4 1 4 2 3 4 3 :‖: 3 4 3 2 4 1 4 2 ‖
65 ‖ 2 1 4 3 4 2 4 2 :‖: 2 4 2 4 3 4 1 2 ‖
66 ‖ 2 4 1 4 2 3 2 4 :‖: 4 2 3 2 4 1 4 2 ‖
67 ‖ 2 1 4 3 2 4 3 4 :‖: 4 3 4 2 3 4 1 2 ‖
68 ‖ 2 4 1 4 2 4 2 3 :‖: 3 2 4 2 4 1 4 2 ‖
69 ‖ 2 1 4 3 4 2 3 4 :‖: 4 3 2 4 3 4 1 2 ‖
70 ‖ 2 4 1 4 3 2 3 4 :‖: 4 3 2 3 4 1 4 2 ‖
71 ‖ 2 1 3 2 3 4 3 1 :‖: 1 3 4 3 2 3 1 2 ‖
72 ‖ 2 3 2 4 3 4 2 1 :‖: 1 2 4 3 4 2 3 2 ‖
73 ‖ 2 1 3 2 4 3 1 2 :‖: 2 1 3 4 2 3 1 2 ‖
74 ‖ 2 3 4 2 3 1 3 4 :‖: 4 3 1 3 2 4 3 2 ‖
75 ‖ 2 1 3 2 4 3 1 3 :‖: 3 1 3 4 2 3 1 2 ‖
76 ‖ 2 4 3 4 1 2 3 2 :‖: 2 3 2 1 4 3 4 2 ‖
77 ‖ 2 1 3 2 4 2 3 4 :‖: 4 3 2 4 2 3 1 2 ‖
78 ‖ 2 4 3 4 1 2 3 4 :‖: 4 3 2 1 4 3 4 2 ‖
79 ‖ 2 1 3 2 3 4 2 3 :‖: 3 2 4 3 2 3 1 2 ‖
80 ‖ 2 4 3 4 1 3 4 1 :‖: 1 4 3 1 4 3 4 2 ‖

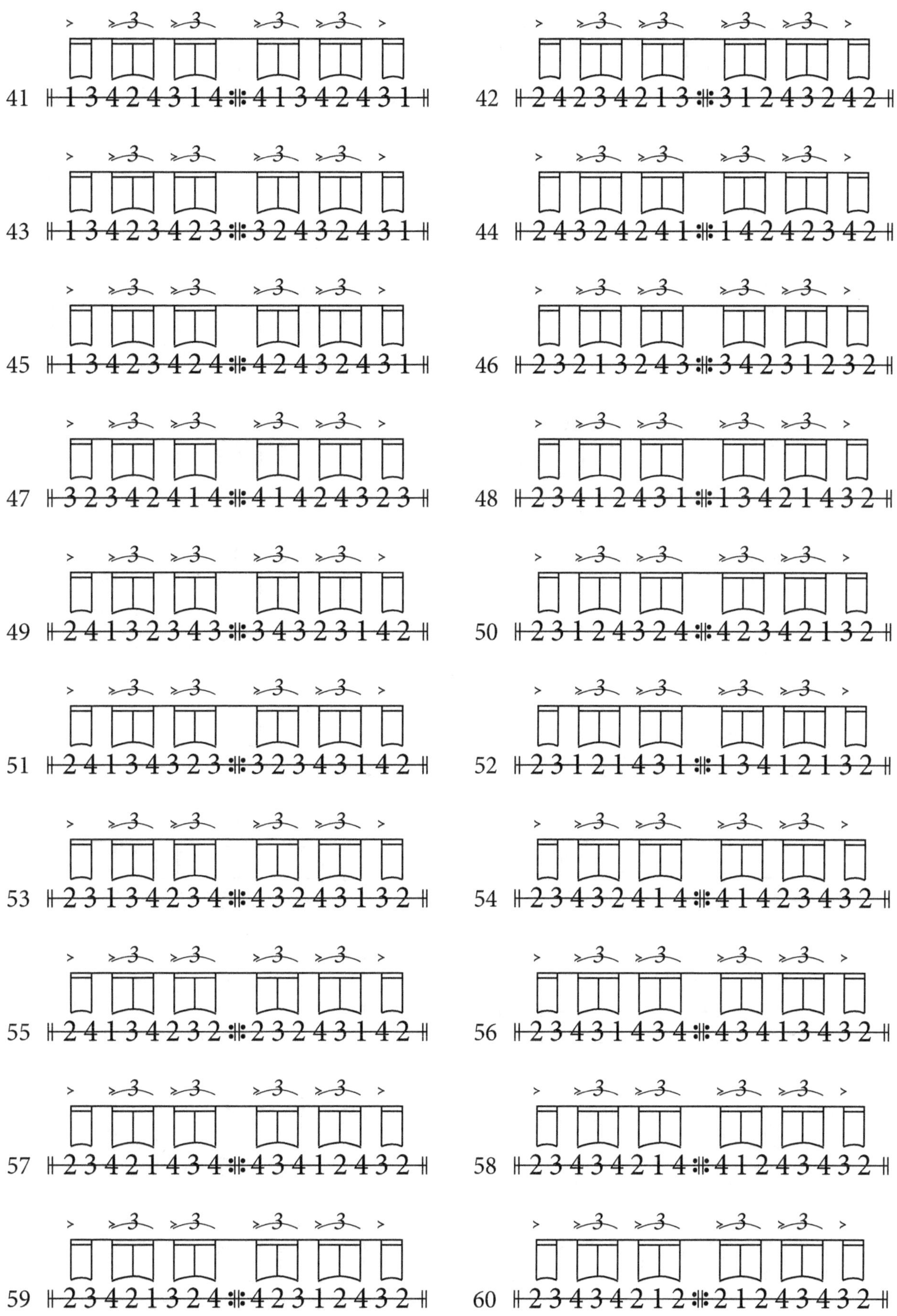

41 ‖: 1 3 4 2 4 3 1 4 :‖: 4 1 3 4 2 4 3 1 :‖

42 ‖: 2 4 2 3 4 2 1 3 :‖: 3 1 2 4 3 2 4 2 :‖

43 ‖: 1 3 4 2 3 4 2 3 :‖: 3 2 4 3 2 4 3 1 :‖

44 ‖: 2 4 3 2 4 2 4 1 :‖: 1 4 2 4 2 3 4 2 :‖

45 ‖: 1 3 4 2 3 4 2 4 :‖: 4 2 4 3 2 4 3 1 :‖

46 ‖: 2 3 2 1 3 2 4 3 :‖: 3 4 2 3 1 2 3 2 :‖

47 ‖: 3 2 3 4 2 4 1 4 :‖: 4 1 4 2 4 3 2 3 :‖

48 ‖: 2 3 4 1 2 4 3 1 :‖: 1 3 4 2 1 4 3 2 :‖

49 ‖: 2 4 1 3 2 3 4 3 :‖: 3 4 3 2 3 1 4 2 :‖

50 ‖: 2 3 1 2 4 3 2 4 :‖: 4 2 3 4 2 1 3 2 :‖

51 ‖: 2 4 1 3 4 3 2 3 :‖: 3 2 3 4 3 1 4 2 :‖

52 ‖: 2 3 1 2 1 4 3 1 :‖: 1 3 4 1 2 1 3 2 :‖

53 ‖: 2 3 1 3 4 2 3 4 :‖: 4 3 2 4 3 1 3 2 :‖

54 ‖: 2 3 4 3 2 4 1 4 :‖: 4 1 4 2 3 4 3 2 :‖

55 ‖: 2 4 1 3 4 2 3 2 :‖: 2 3 2 4 3 1 4 2 :‖

56 ‖: 2 3 4 3 1 4 3 4 :‖: 4 3 4 1 3 4 3 2 :‖

57 ‖: 2 3 4 2 1 4 3 4 :‖: 4 3 4 1 2 4 3 2 :‖

58 ‖: 2 3 4 3 4 2 1 4 :‖: 4 1 2 4 3 4 3 2 :‖

59 ‖: 2 3 4 2 1 3 2 4 :‖: 4 2 3 1 2 4 3 2 :‖

60 ‖: 2 3 4 3 4 2 1 2 :‖: 2 1 2 4 3 4 3 2 :‖

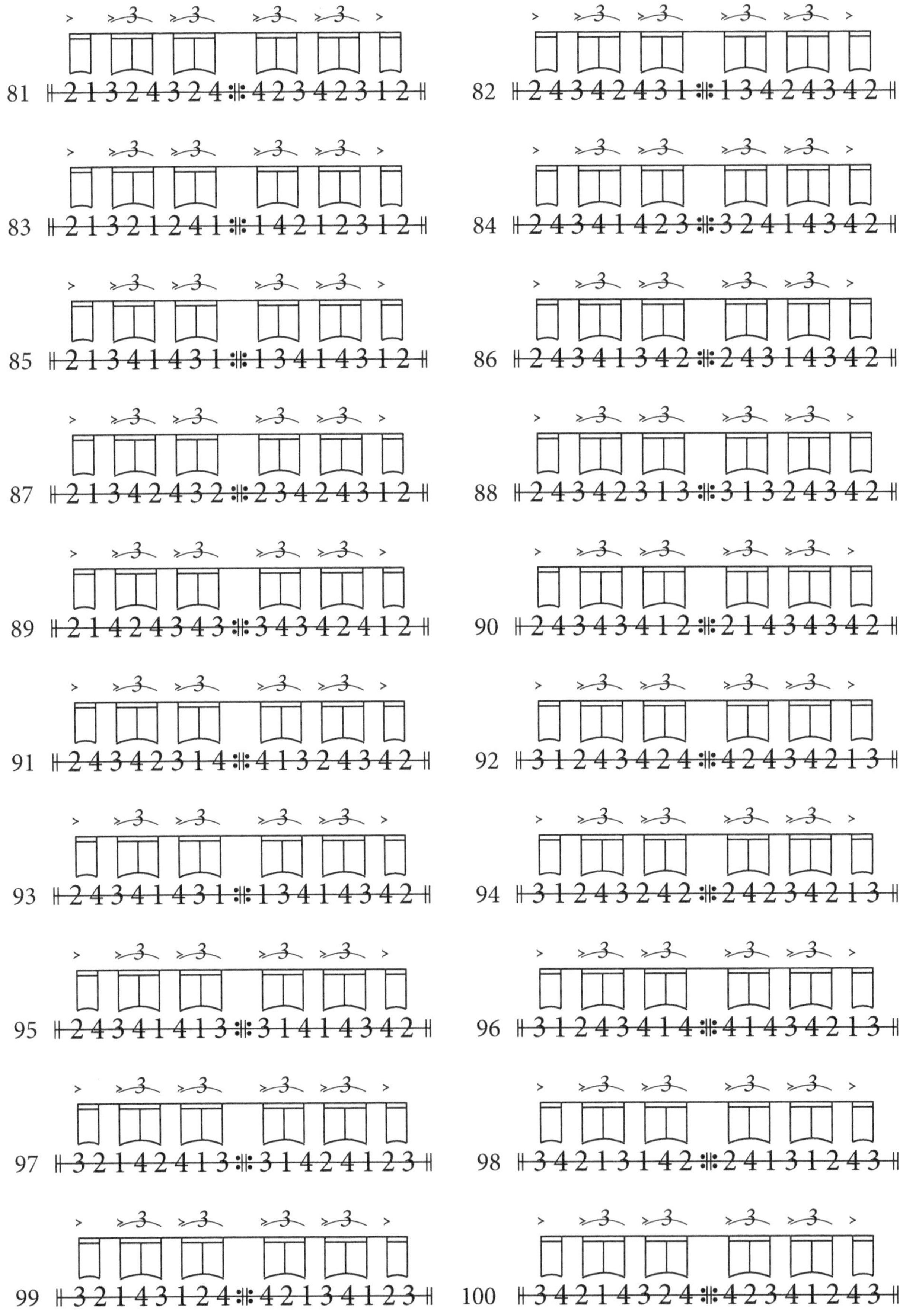

81. ‖: 2 1 3 2 4 3 2 4 :‖: 4 2 3 4 2 3 1 2 :‖
82. ‖: 2 4 3 4 2 4 3 1 :‖: 1 3 4 2 4 3 4 2 :‖
83. ‖: 2 1 3 2 1 2 4 1 :‖: 1 4 2 1 2 3 1 2 :‖
84. ‖: 2 4 3 4 1 4 2 3 :‖: 3 2 4 1 4 3 4 2 :‖
85. ‖: 2 1 3 4 1 4 3 1 :‖: 1 3 4 1 4 3 1 2 :‖
86. ‖: 2 4 3 4 1 3 4 2 :‖: 2 4 3 1 4 3 4 2 :‖
87. ‖: 2 1 3 4 2 4 3 2 :‖: 2 3 4 2 4 3 1 2 :‖
88. ‖: 2 4 3 4 2 3 1 3 :‖: 3 1 3 2 4 3 4 2 :‖
89. ‖: 2 1 4 2 4 3 4 3 :‖: 3 4 3 4 2 4 1 2 :‖
90. ‖: 2 4 3 4 3 4 1 2 :‖: 2 1 4 3 4 3 4 2 :‖
91. ‖: 2 4 3 4 2 3 1 4 :‖: 4 1 3 2 4 3 4 2 :‖
92. ‖: 3 1 2 4 3 4 2 4 :‖: 4 2 4 3 4 2 1 3 :‖
93. ‖: 2 4 3 4 1 4 3 1 :‖: 1 3 4 1 4 3 4 2 :‖
94. ‖: 3 1 2 4 3 2 4 2 :‖: 2 4 2 3 4 2 1 3 :‖
95. ‖: 2 4 3 4 1 4 1 3 :‖: 3 1 4 1 4 3 4 2 :‖
96. ‖: 3 1 2 4 3 4 1 4 :‖: 4 1 4 3 4 2 1 3 :‖
97. ‖: 3 2 1 4 2 4 1 3 :‖: 3 1 4 2 4 1 2 3 :‖
98. ‖: 3 4 2 1 3 1 4 2 :‖: 2 4 1 3 1 2 4 3 :‖
99. ‖: 3 2 1 4 3 1 2 4 :‖: 4 2 1 3 4 1 2 3 :‖
100. ‖: 3 4 2 1 4 3 2 4 :‖: 4 2 3 4 1 2 4 3 :‖

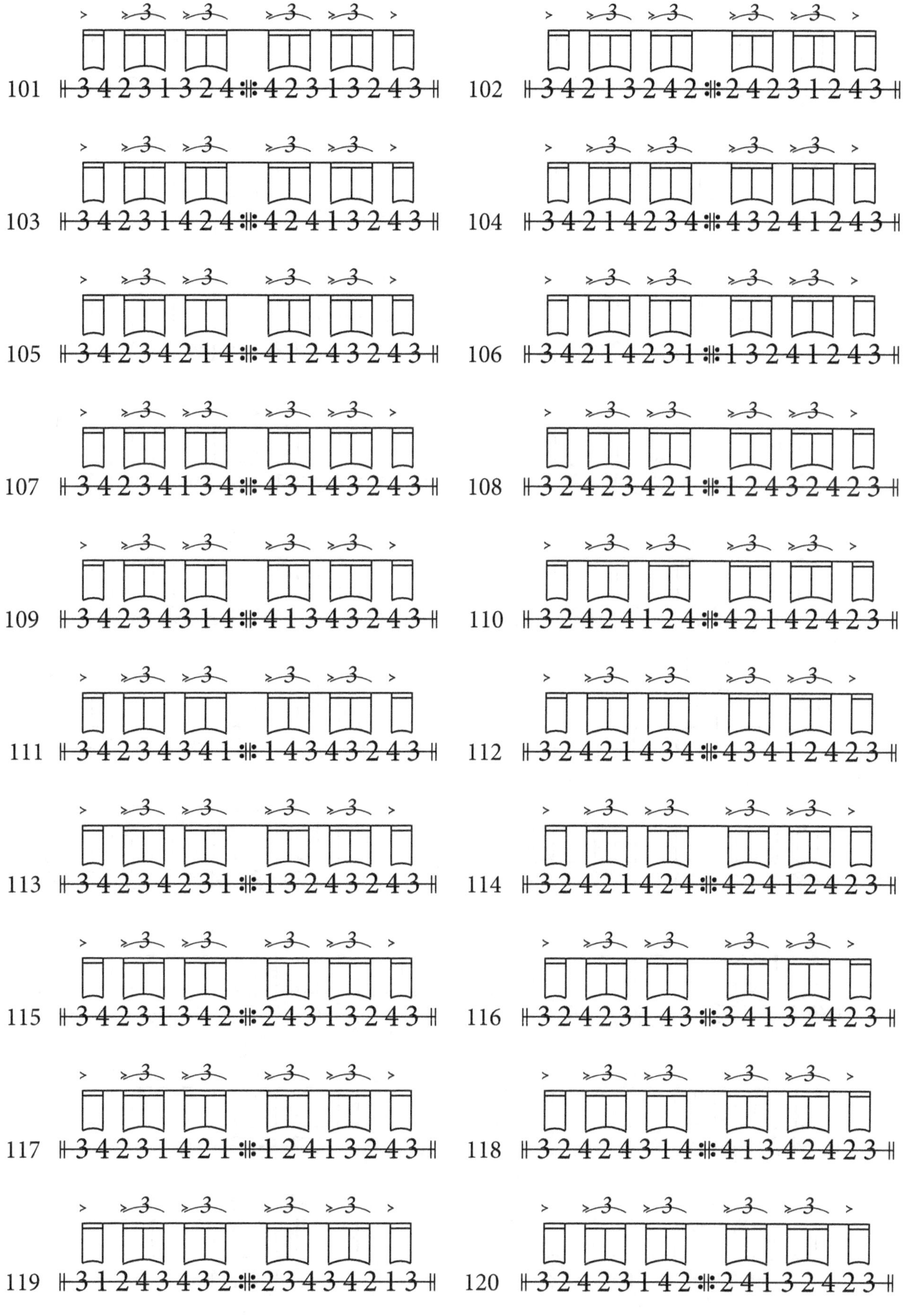

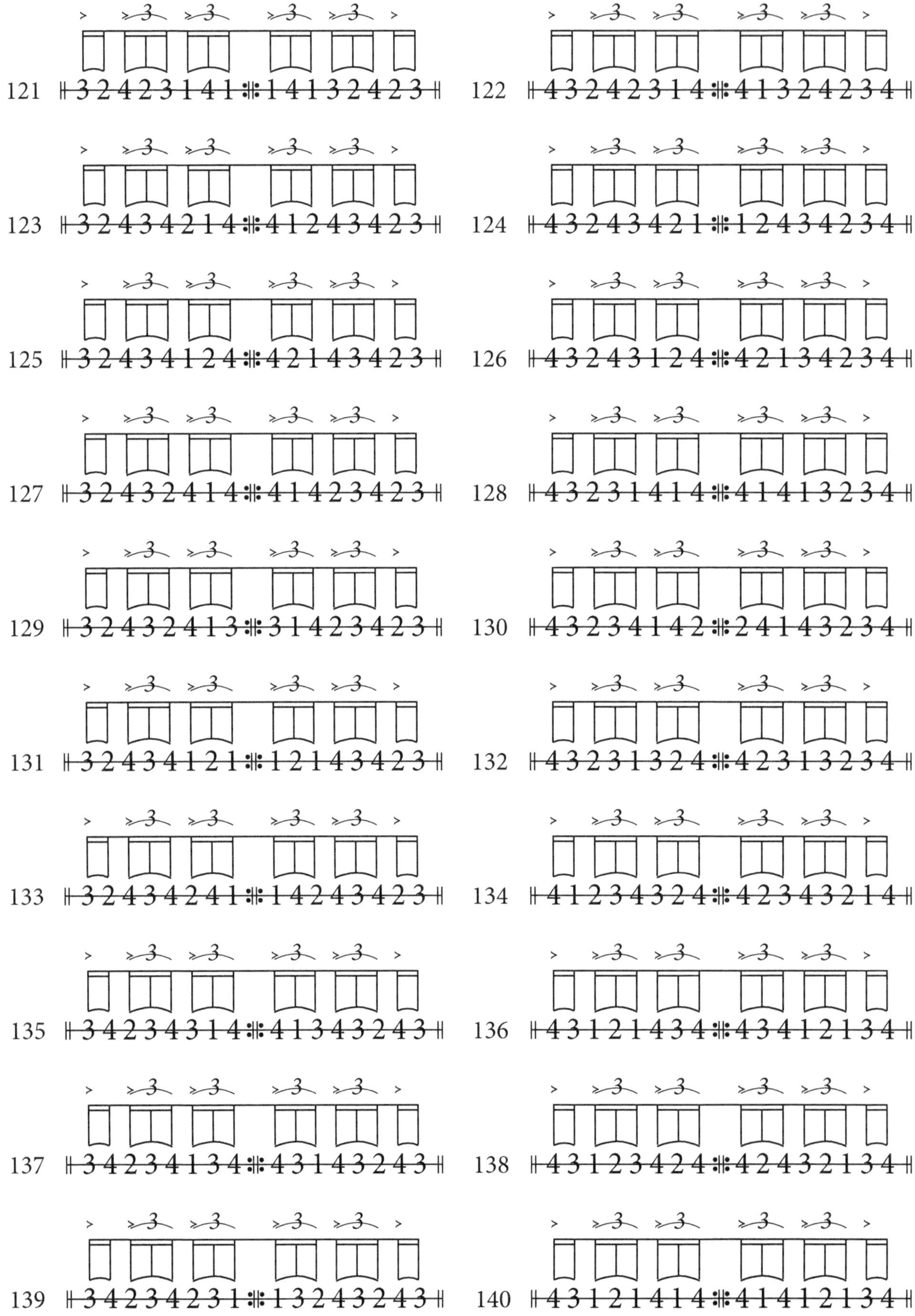

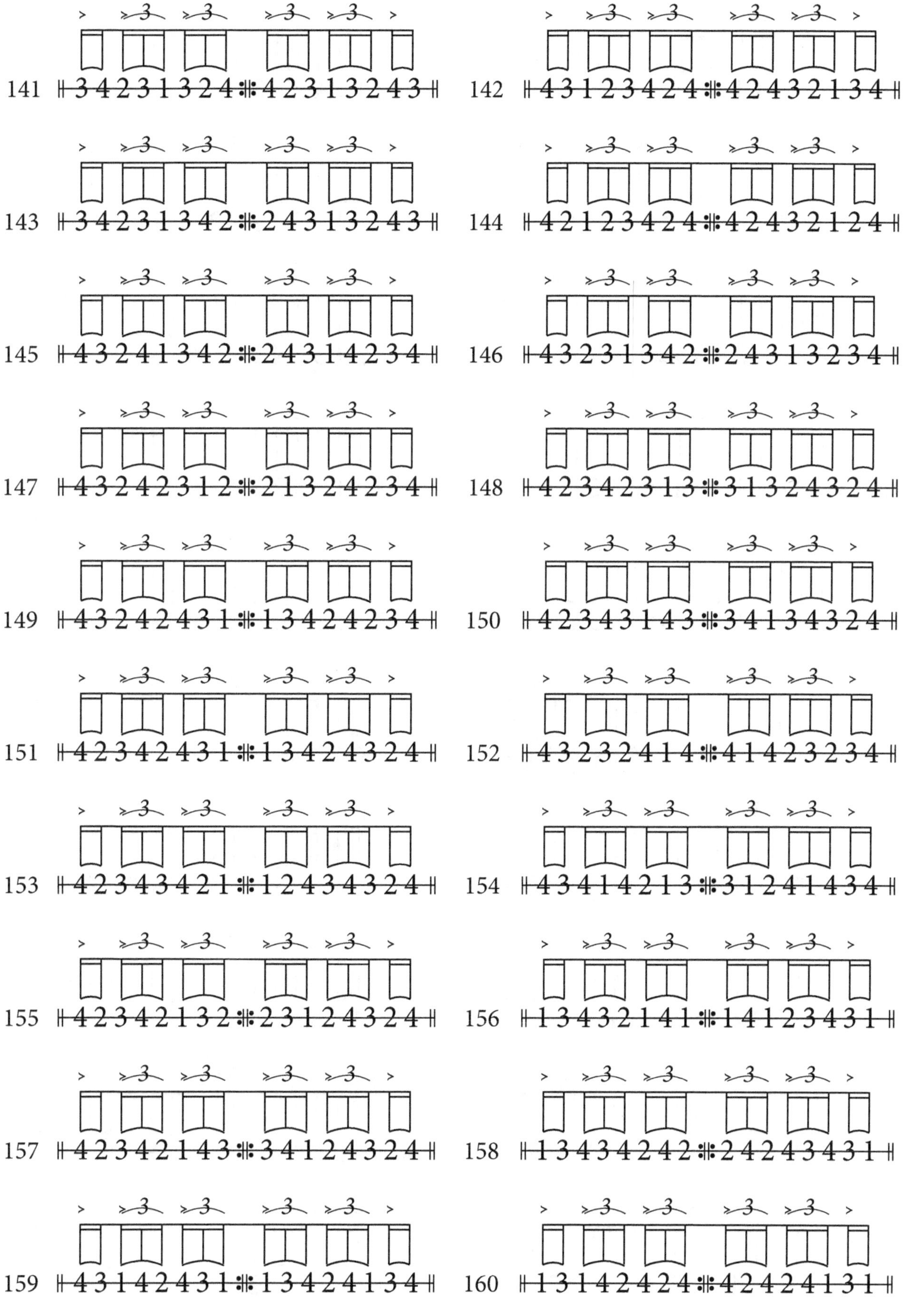

141. ‖: 3 4 2 3 1 3 2 4 :‖: 4 2 3 1 3 2 4 3 :‖
142. ‖: 4 3 1 2 3 4 2 4 :‖: 4 2 4 3 2 1 3 4 :‖
143. ‖: 3 4 2 3 1 3 4 2 :‖: 2 4 3 1 3 2 4 3 :‖
144. ‖: 4 2 1 2 3 4 2 4 :‖: 4 2 4 3 2 1 2 4 :‖
145. ‖: 4 3 2 4 1 3 4 2 :‖: 2 4 3 1 4 2 3 4 :‖
146. ‖: 4 3 2 3 1 3 4 2 :‖: 2 4 3 1 3 2 3 4 :‖
147. ‖: 4 3 2 4 2 3 1 2 :‖: 2 1 3 2 4 2 3 4 :‖
148. ‖: 4 2 3 4 2 3 1 3 :‖: 3 1 3 2 4 3 2 4 :‖
149. ‖: 4 3 2 4 2 4 3 1 :‖: 1 3 4 2 4 2 3 4 :‖
150. ‖: 4 2 3 4 3 1 4 3 :‖: 3 4 1 3 4 3 2 4 :‖
151. ‖: 4 2 3 4 2 4 3 1 :‖: 1 3 4 2 4 3 2 4 :‖
152. ‖: 4 3 2 3 2 4 1 4 :‖: 4 1 4 2 3 2 3 4 :‖
153. ‖: 4 2 3 4 3 4 2 1 :‖: 1 2 4 3 4 3 2 4 :‖
154. ‖: 4 3 4 1 4 2 1 3 :‖: 3 1 2 4 1 4 3 4 :‖
155. ‖: 4 2 3 4 2 1 3 2 :‖: 2 3 1 2 4 3 2 4 :‖
156. ‖: 1 3 4 3 2 1 4 1 :‖: 1 4 1 2 3 4 3 1 :‖
157. ‖: 4 2 3 4 2 1 4 3 :‖: 3 4 1 2 4 3 2 4 :‖
158. ‖: 1 3 4 3 4 2 4 2 :‖: 2 4 2 4 3 4 3 1 :‖
159. ‖: 4 3 1 4 2 4 3 1 :‖: 1 3 4 2 4 1 3 4 :‖
160. ‖: 1 3 1 4 2 4 2 4 :‖: 4 2 4 2 4 1 3 1 :‖

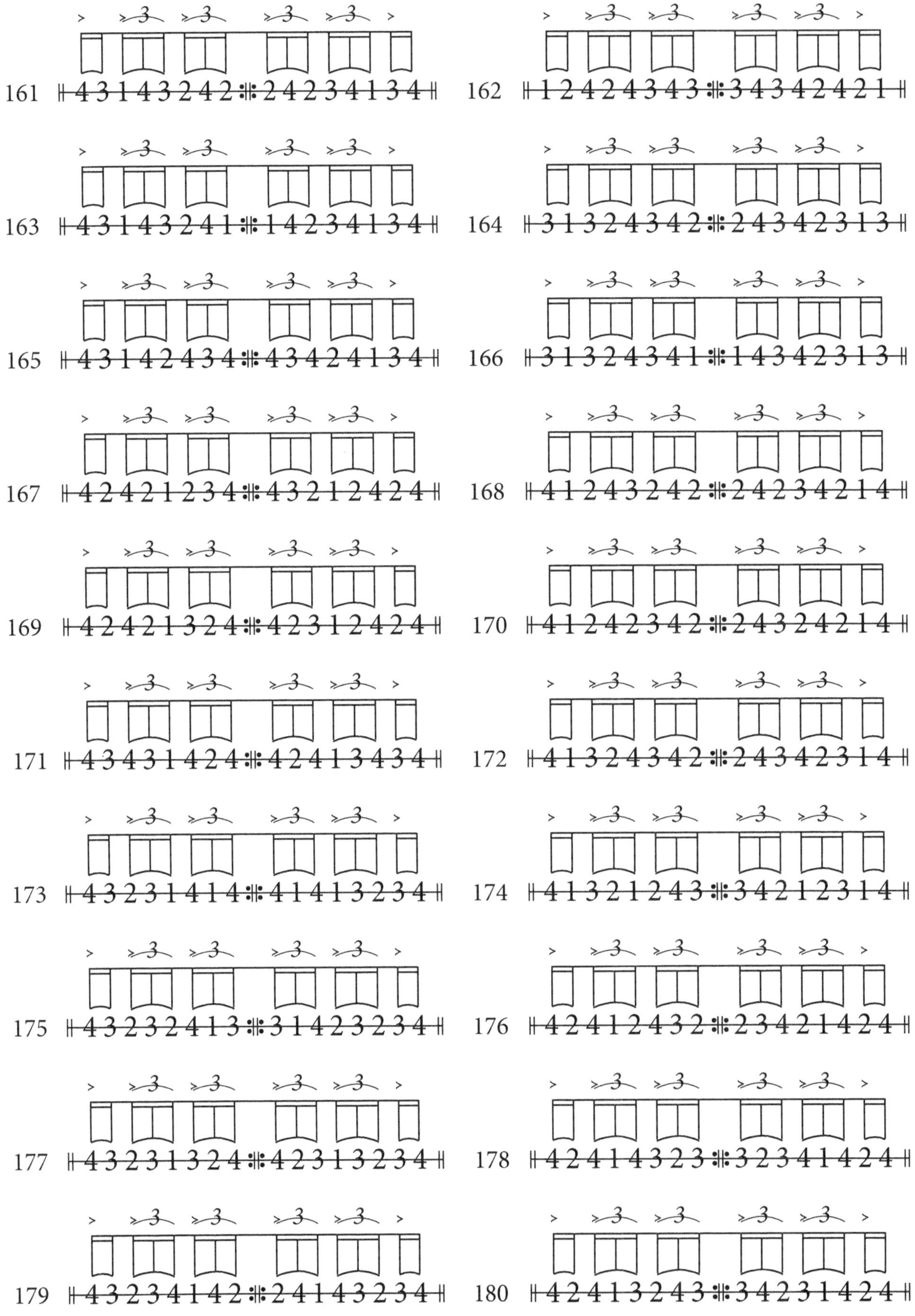

161 ‖ 4 3 1 4 3 2 4 2 :‖: 2 4 2 3 4 1 3 4 ‖
162 ‖ 1 2 4 2 4 3 4 3 :‖: 3 4 3 4 2 4 2 1 ‖
163 ‖ 4 3 1 4 3 2 4 1 :‖: 1 4 2 3 4 1 3 4 ‖
164 ‖ 3 1 3 2 4 3 4 2 :‖: 2 4 3 4 2 3 1 3 ‖
165 ‖ 4 3 1 4 2 4 3 4 :‖: 4 3 4 2 4 1 3 4 ‖
166 ‖ 3 1 3 2 4 3 4 1 :‖: 1 4 3 4 2 3 1 3 ‖
167 ‖ 4 2 4 2 1 2 3 4 :‖: 4 3 2 1 2 4 2 4 ‖
168 ‖ 4 1 2 4 3 2 4 2 :‖: 2 4 2 3 4 2 1 4 ‖
169 ‖ 4 2 4 2 1 3 2 4 :‖: 4 2 3 1 2 4 2 4 ‖
170 ‖ 4 1 2 4 2 3 4 2 :‖: 2 4 3 2 4 2 1 4 ‖
171 ‖ 4 3 4 3 1 4 2 4 :‖: 4 2 4 1 3 4 3 4 ‖
172 ‖ 4 1 3 2 4 3 4 2 :‖: 2 4 3 4 2 3 1 4 ‖
173 ‖ 4 3 2 3 1 4 1 4 :‖: 4 1 4 1 3 2 3 4 ‖
174 ‖ 4 1 3 2 1 2 4 3 :‖: 3 4 2 1 2 3 1 4 ‖
175 ‖ 4 3 2 3 2 4 1 3 :‖: 3 1 4 2 3 2 3 4 ‖
176 ‖ 4 2 4 1 2 4 3 2 :‖: 2 3 4 2 1 4 2 4 ‖
177 ‖ 4 3 2 3 1 3 2 4 :‖: 4 2 3 1 3 2 3 4 ‖
178 ‖ 4 2 4 1 4 3 2 3 :‖: 3 2 3 4 1 4 2 4 ‖
179 ‖ 4 3 2 3 4 1 4 2 :‖: 2 4 1 4 3 2 3 4 ‖
180 ‖ 4 2 4 1 3 2 4 3 :‖: 3 4 2 3 1 4 2 4 ‖

181 ‖: 4 2 4 3 4 2 1 3 :‖: 3 1 2 4 3 4 2 4 :‖
182 ‖: 4 1 3 4 3 2 3 4 :‖: 4 3 2 3 4 3 1 4 :‖
183 ‖: 4 2 4 3 1 3 4 2 :‖: 2 4 3 1 3 4 2 4 :‖
184 ‖: 4 1 3 4 2 4 3 2 :‖: 2 3 4 2 4 3 1 4 :‖
185 ‖: 4 2 4 3 1 4 3 1 :‖: 1 3 4 1 3 4 2 4 :‖
186 ‖: 4 1 3 4 2 4 3 1 :‖: 1 3 4 2 4 3 1 4 :‖
187 ‖: 4 2 4 3 1 4 1 3 :‖: 3 1 4 1 3 4 2 4 :‖
188 ‖: 4 1 3 4 3 2 4 3 :‖: 3 4 2 3 4 3 1 4 :‖
189 ‖: 4 2 4 3 2 4 1 3 :‖: 3 1 4 2 3 4 2 4 :‖
190 ‖: 4 1 3 4 2 4 1 3 :‖: 3 1 4 2 4 3 1 4 :‖
191 ‖: 4 2 4 3 2 3 1 3 :‖: 3 1 3 2 3 4 2 4 :‖
192 ‖: 4 1 3 4 2 4 2 3 :‖: 3 2 4 2 4 3 1 4 :‖
193 ‖: 4 2 4 3 2 3 4 1 :‖: 1 4 3 2 3 4 2 4 :‖
194 ‖: 4 1 4 3 2 3 2 4 :‖: 4 2 3 2 3 4 1 4 :‖
195 ‖: 4 2 4 3 4 2 1 4 :‖: 4 1 2 4 3 4 2 4 :‖
196 ‖: 4 1 4 3 2 3 4 2 :‖: 2 4 3 2 3 4 1 4 :‖
197 ‖: 4 2 4 3 1 4 3 2 :‖: 2 3 4 1 3 4 2 4 :‖
198 ‖: 4 1 4 3 4 2 3 2 :‖: 2 3 2 3 2 4 3 4 1 4 :‖
199 ‖: 4 3 4 2 3 4 2 1 :‖: 1 2 4 3 2 4 3 4 :‖
200 ‖: 4 1 4 3 2 4 2 3 :‖: 3 2 4 2 3 4 1 4 :‖

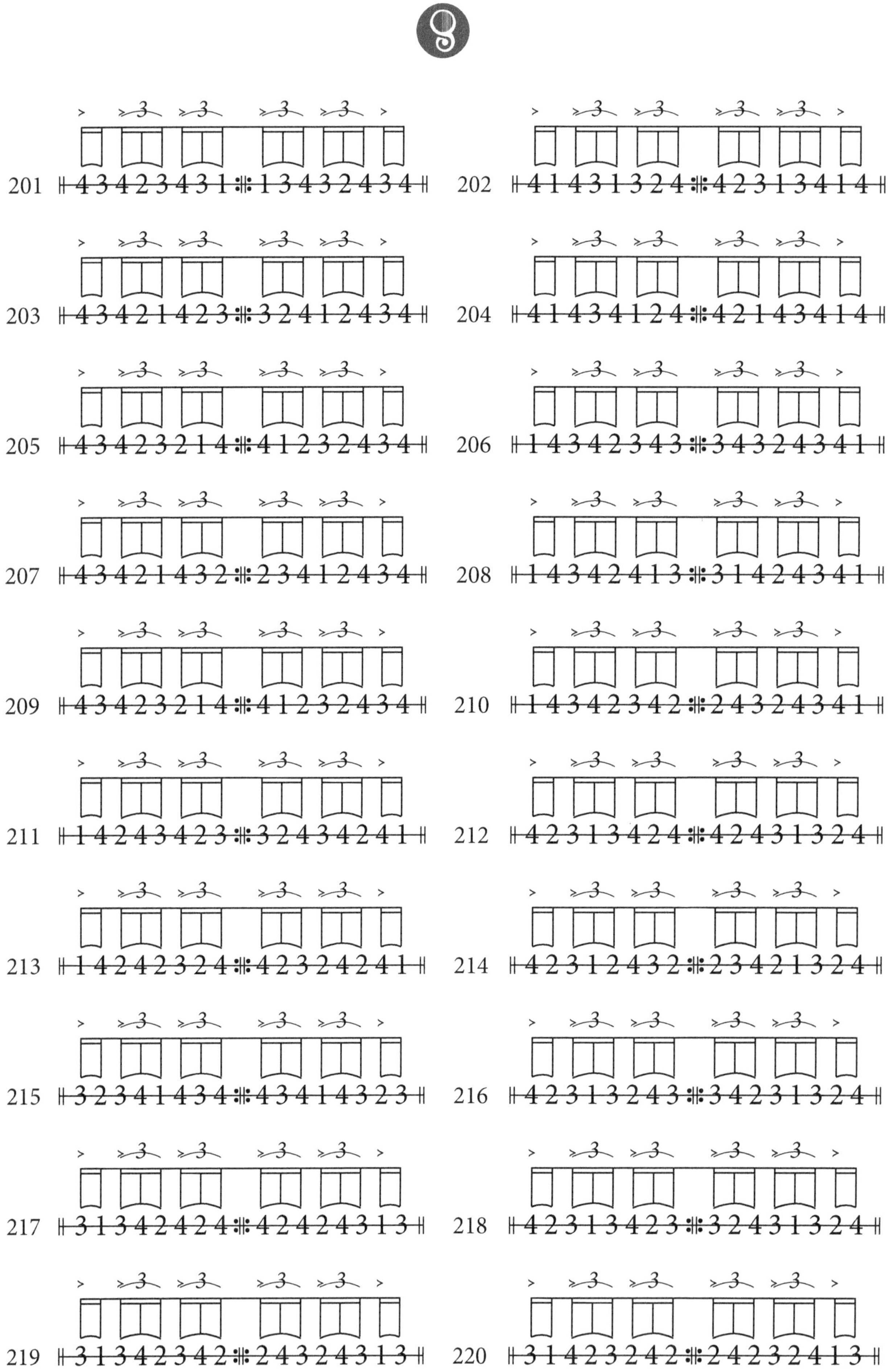

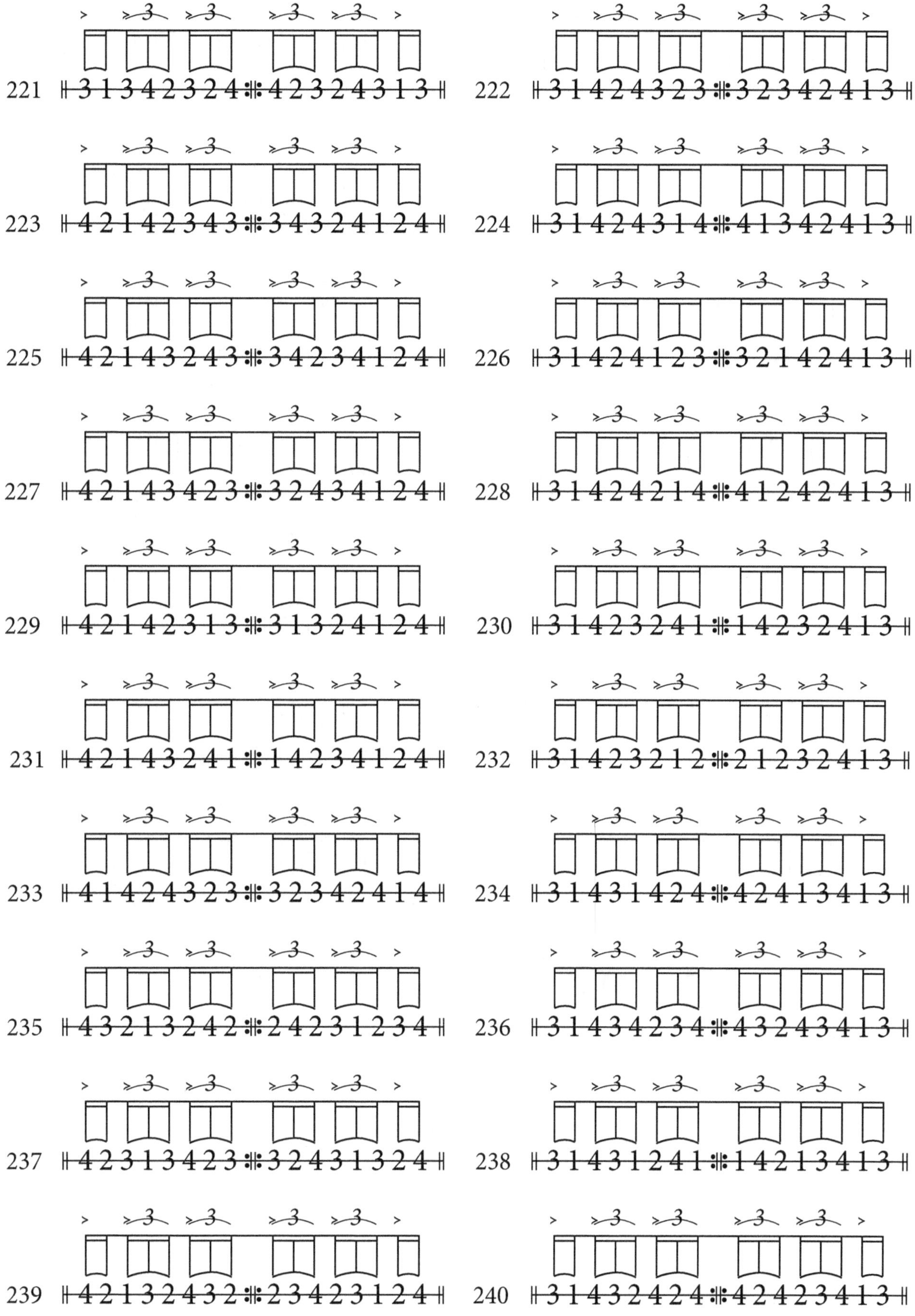

221 ‖ 31342324 :‖: 42324313 ‖
222 ‖ 31424323 :‖: 32342413 ‖
223 ‖ 42142343 :‖: 34324124 ‖
224 ‖ 31424314 :‖: 41342413 ‖
225 ‖ 42143243 :‖: 34234124 ‖
226 ‖ 31424123 :‖: 32142413 ‖
227 ‖ 42143423 :‖: 32434124 ‖
228 ‖ 31424214 :‖: 41242413 ‖
229 ‖ 42142313 :‖: 31324124 ‖
230 ‖ 31423241 :‖: 14232413 ‖
231 ‖ 42143241 :‖: 14234124 ‖
232 ‖ 31423212 :‖: 21232413 ‖
233 ‖ 41424323 :‖: 32342414 ‖
234 ‖ 31431424 :‖: 42413413 ‖
235 ‖ 43213242 :‖: 24231234 ‖
236 ‖ 31434234 :‖: 43243413 ‖
237 ‖ 42313423 :‖: 32431324 ‖
238 ‖ 31431241 :‖: 14213413 ‖
239 ‖ 42132432 :‖: 23423124 ‖
240 ‖ 31432424 :‖: 42423413 ‖

167

VARIATION 2

COMPLEX - SIMPLE - COMPLEX LIGADO

LEVEL OF DIFFICULTY 2
11 UNITS
COMPLEX - SIMPLE - COMPLEX LIGADO

UNIT 1
Practicing fingers 1 and 2 - Stable fingers 3 and 4

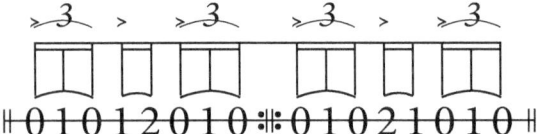

UNIT 2
Practicing fingers 1 and 3 - Stable fingers 2 and 4

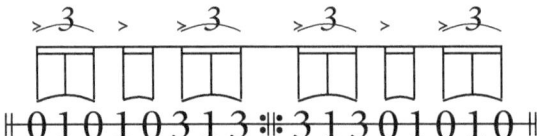

UNIT 3
Practicing fingers 1 and 4 - Stable fingers 2 and 3

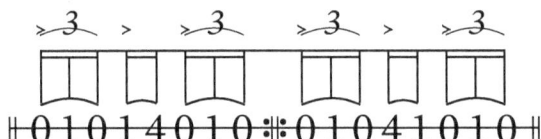

UNIT 4
Practicing fingers 2 and 3 - Stable fingers 1 and 4

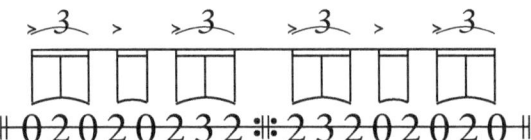

UNIT 5
Practicing fingers 2 and 4 - Stable fingers 1 and 3

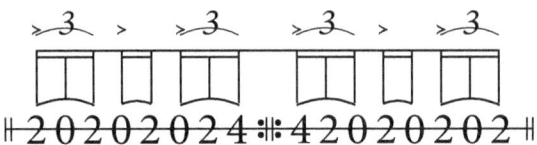

UNIT 6
Practicing fingers 3 and 4 - Stable fingers 1 and 2

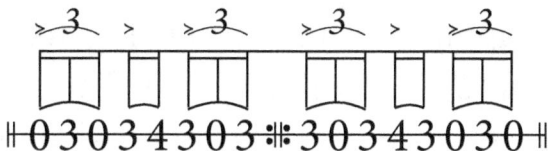

UNIT 7
Practicing fingers 1, 2 and 3 - Stable finger 4

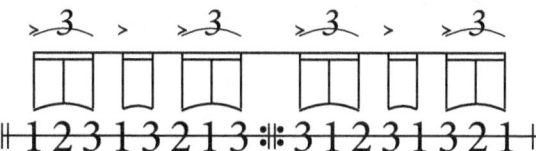

UNIT 8
Practicing fingers 2, 3 and 4 - Stable finger 1

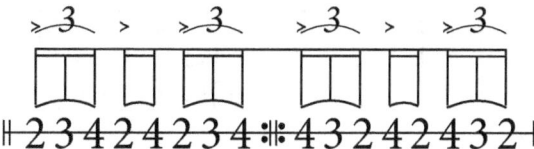

UNIT 9
Practicing fingers 1, 2 and 4 - Stable finger 3

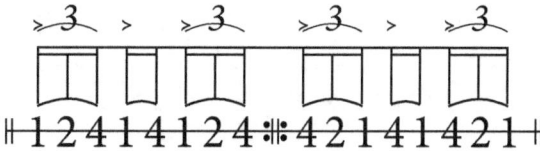

UNIT 10
Practicing fingers 1, 3 and 4 - Stable finger 2

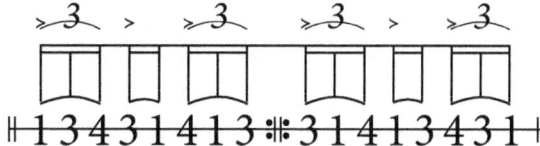

UNIT 11
Practicing fingers 1, 2, 3 and 4

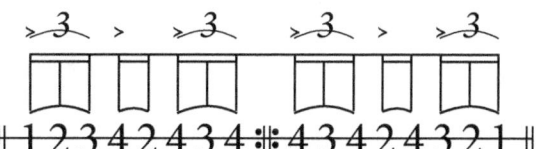

COMPLEX - SIMPLE - COMPLEX LIGADO

Right hand fingerings applied to the eleven Ligatos units of 2nd level of difficulty. Examples from Unit 11 will be given. The fingerings mentioned in Unit 11 can be applied to all other units. This depends on the individual learner.

THUMB ONLY STROKE

1/ STROKE OF ONE STRING

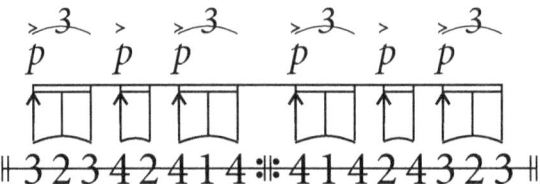

2/ STROKE OF TWO STRINGS

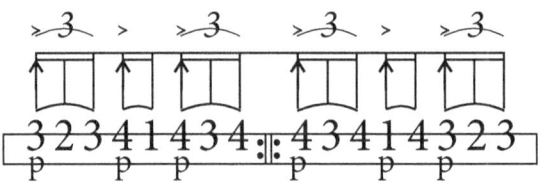

3/ STROKE OF THREE STRINGS

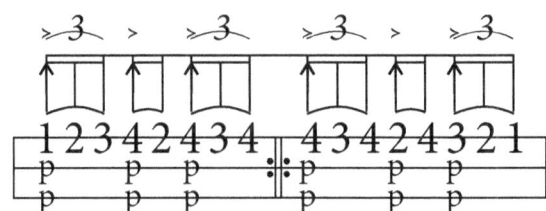

COMBINATION OF SIMPLE AND COMPLEX LIGADOS FINGERINGS ONLY WITH FINGERS i, m and a

VARIATION 1
FINGERINGS

i m i m i m
m i m i m i
m a m a m a
a m a m a m
i a i a i a
a i a i a i

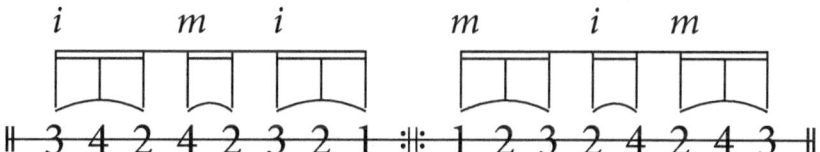

VARIATION 2
FINGERINGS

i m a   m i a   a m i
i a m   m a i   a i m

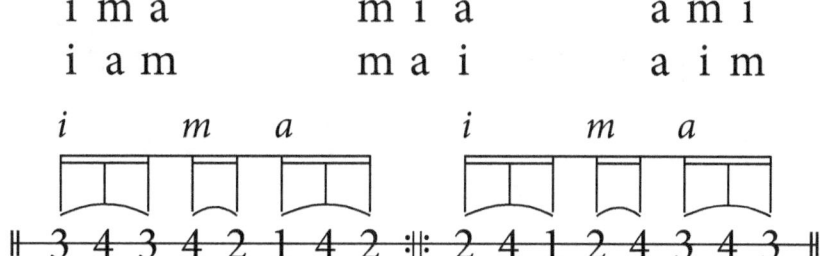

THUMB FINGERINGS
with index (i) only, or with middle finger (m) only, or with ring finger (a) only, with stroke of three strings

VARIATION 1

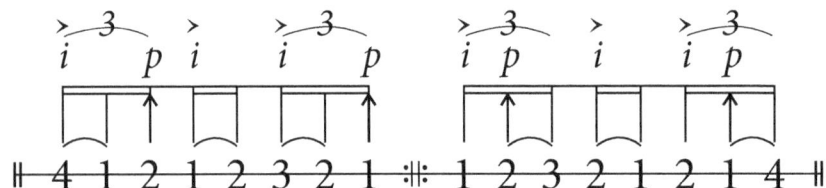

VARIATION 2

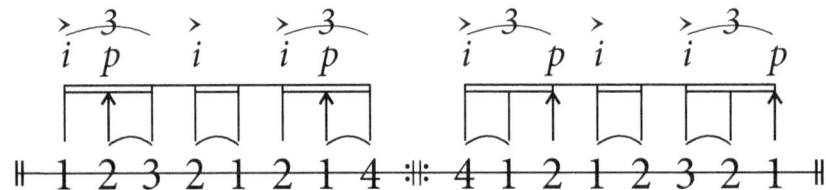

VARIATION 3

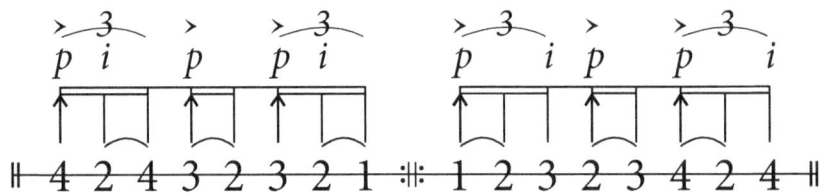

VARIATION 4

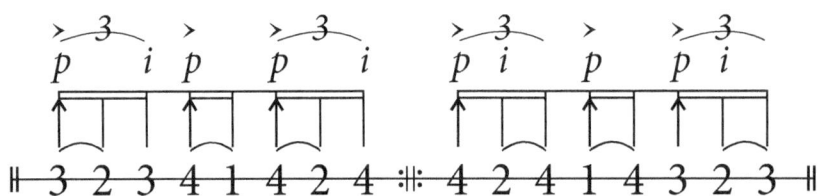

THUMB FINGERINGS
with fingers i, m and a

VARIATION 1

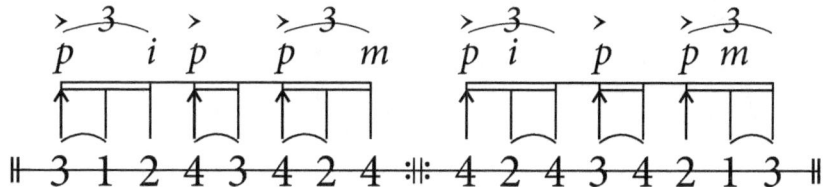

VARIATION 2

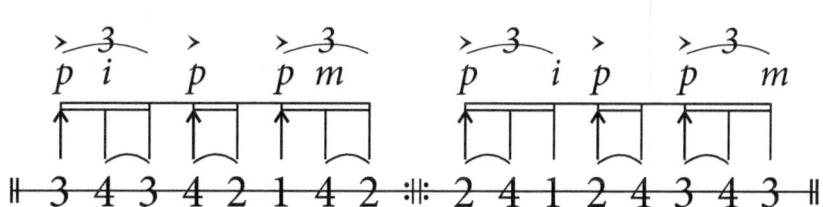

VARIATION 3

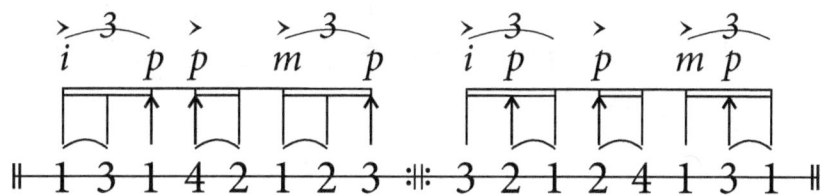

VARIATION 4

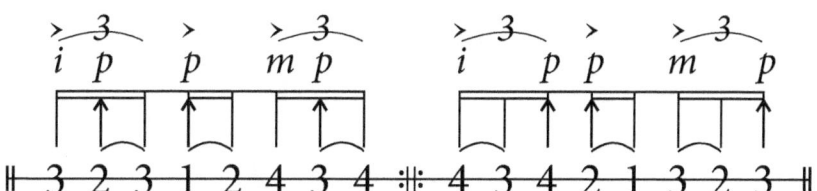

FINGERINGS ONLY WITH FINGERS i, m and a

VARIATION 1

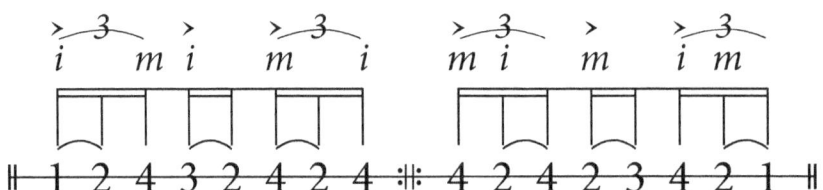

VARIATION 2

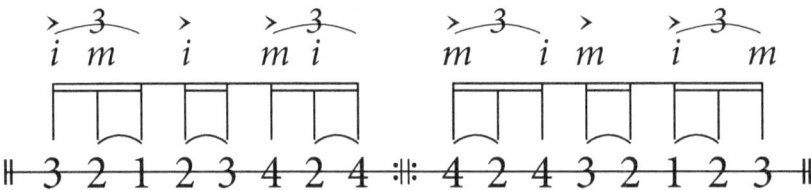

LIGADOS
UNIT 1

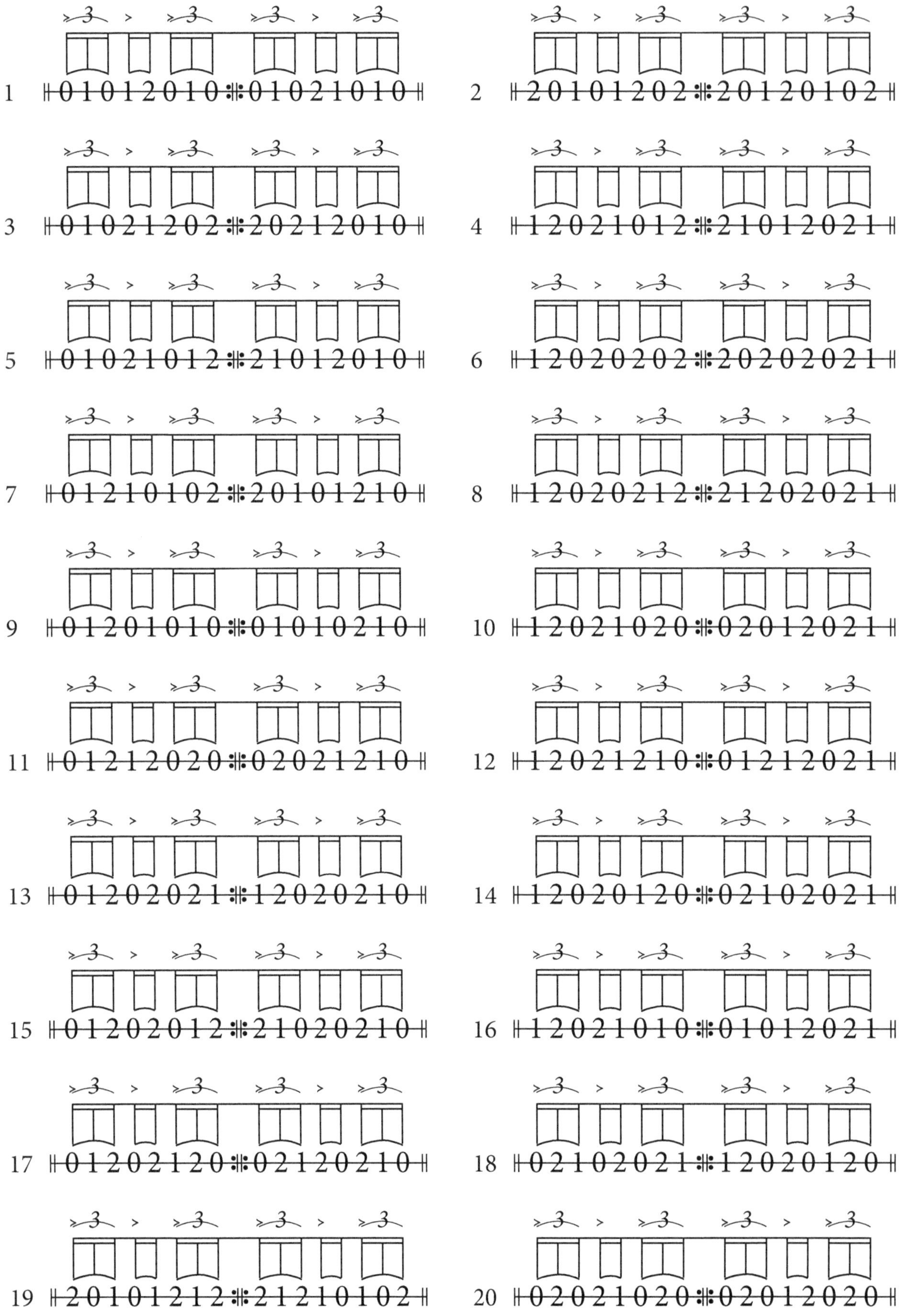

1. ‖: 0 1 0 1 2 0 1 0 :‖: 0 1 0 2 1 0 1 0 :‖
2. ‖: 2 0 1 0 1 2 0 2 :‖: 2 0 1 2 0 1 0 2 :‖
3. ‖: 0 1 0 2 1 2 0 2 :‖: 2 0 2 1 2 0 1 0 :‖
4. ‖: 1 2 0 2 1 0 1 2 :‖: 2 1 0 1 2 0 2 1 :‖
5. ‖: 0 1 0 2 1 0 1 2 :‖: 2 1 0 1 2 0 1 0 :‖
6. ‖: 1 2 0 2 0 2 0 2 :‖: 2 0 2 0 2 0 2 1 :‖
7. ‖: 0 1 2 1 0 1 0 2 :‖: 2 0 1 0 1 2 1 0 :‖
8. ‖: 1 2 0 2 0 2 1 2 :‖: 2 1 2 0 2 0 2 1 :‖
9. ‖: 0 1 2 0 1 0 1 0 :‖: 0 1 0 1 0 2 1 0 :‖
10. ‖: 1 2 0 2 1 0 2 0 :‖: 0 2 0 1 2 0 2 1 :‖
11. ‖: 0 1 2 1 2 0 2 0 :‖: 0 2 0 2 1 2 1 0 :‖
12. ‖: 1 2 0 2 1 2 1 0 :‖: 0 1 2 1 2 0 2 1 :‖
13. ‖: 0 1 2 0 2 0 2 1 :‖: 1 2 0 2 0 2 1 0 :‖
14. ‖: 1 2 0 2 0 1 2 0 :‖: 0 2 1 0 2 0 2 1 :‖
15. ‖: 0 1 2 0 2 0 1 2 :‖: 2 1 0 2 0 2 1 0 :‖
16. ‖: 1 2 0 2 1 0 1 0 :‖: 0 1 0 1 2 0 2 1 :‖
17. ‖: 0 1 2 0 2 1 2 0 :‖: 0 2 1 2 0 2 1 0 :‖
18. ‖: 0 2 1 0 2 0 2 1 :‖: 1 2 0 2 0 1 2 0 :‖
19. ‖: 2 0 1 0 1 2 1 2 :‖: 2 1 2 1 0 1 0 2 :‖
20. ‖: 0 2 0 2 1 0 2 0 :‖: 0 2 0 1 2 0 2 0 :‖

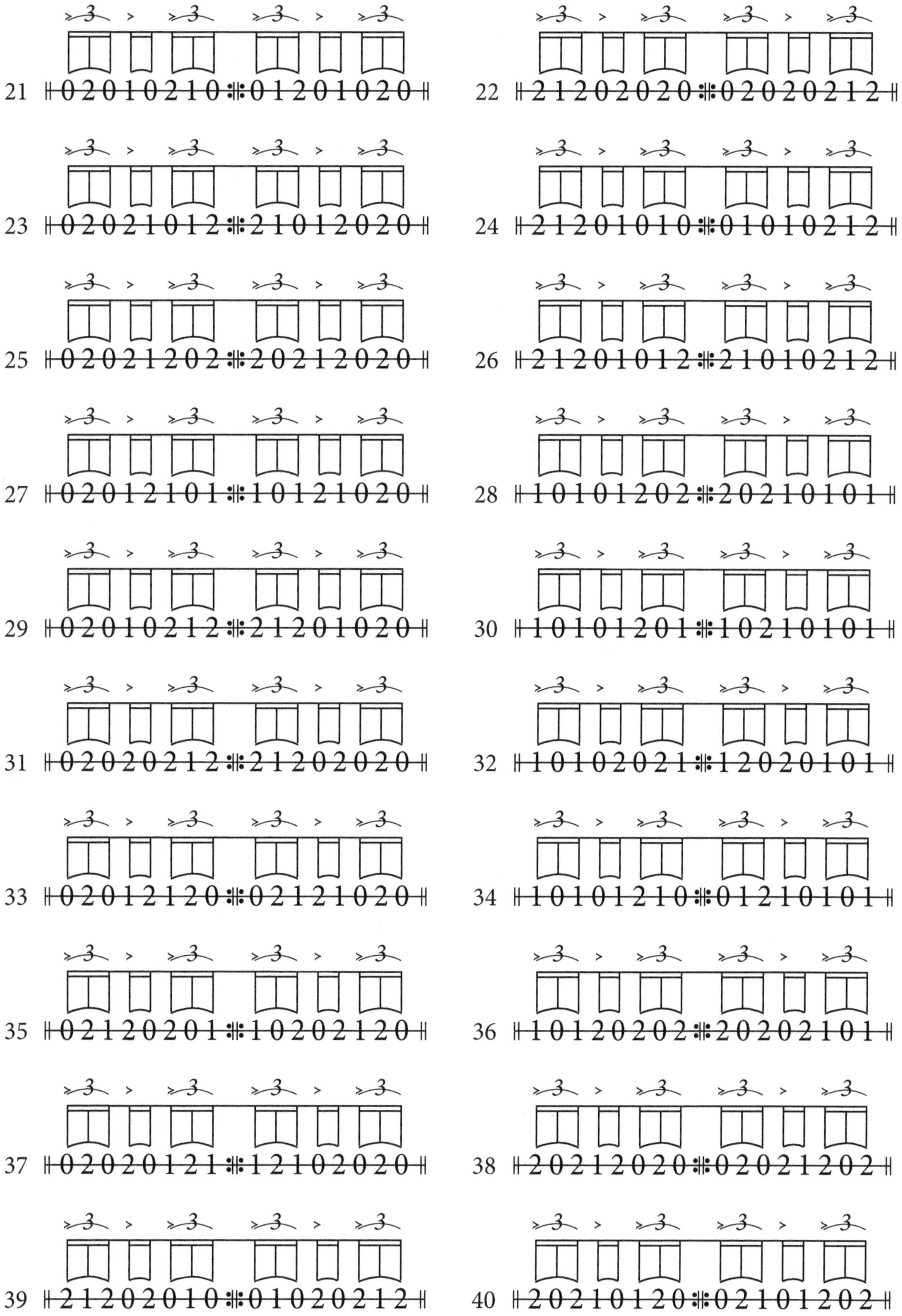

21 ‖ 02010210 :‖: 01201020 ‖   22 ‖ 21202020 :‖: 02020212 ‖

23 ‖ 02021012 :‖: 21012020 ‖   24 ‖ 21201010 :‖: 01010212 ‖

25 ‖ 02021202 :‖: 20212020 ‖   26 ‖ 21201012 :‖: 21010212 ‖

27 ‖ 02012101 :‖: 10121020 ‖   28 ‖ 10101202 :‖: 20210101 ‖

29 ‖ 02010212 :‖: 21201020 ‖   30 ‖ 10101201 :‖: 10210101 ‖

31 ‖ 02020212 :‖: 21202020 ‖   32 ‖ 10102021 :‖: 12020101 ‖

33 ‖ 02012120 :‖: 02121020 ‖   34 ‖ 10101210 :‖: 01210101 ‖

35 ‖ 02120201 :‖: 10202120 ‖   36 ‖ 10120202 :‖: 20202101 ‖

37 ‖ 02020121 :‖: 12102020 ‖   38 ‖ 20212020 :‖: 02021202 ‖

39 ‖ 21202010 :‖: 01020212 ‖   40 ‖ 20210120 :‖: 02101202 ‖

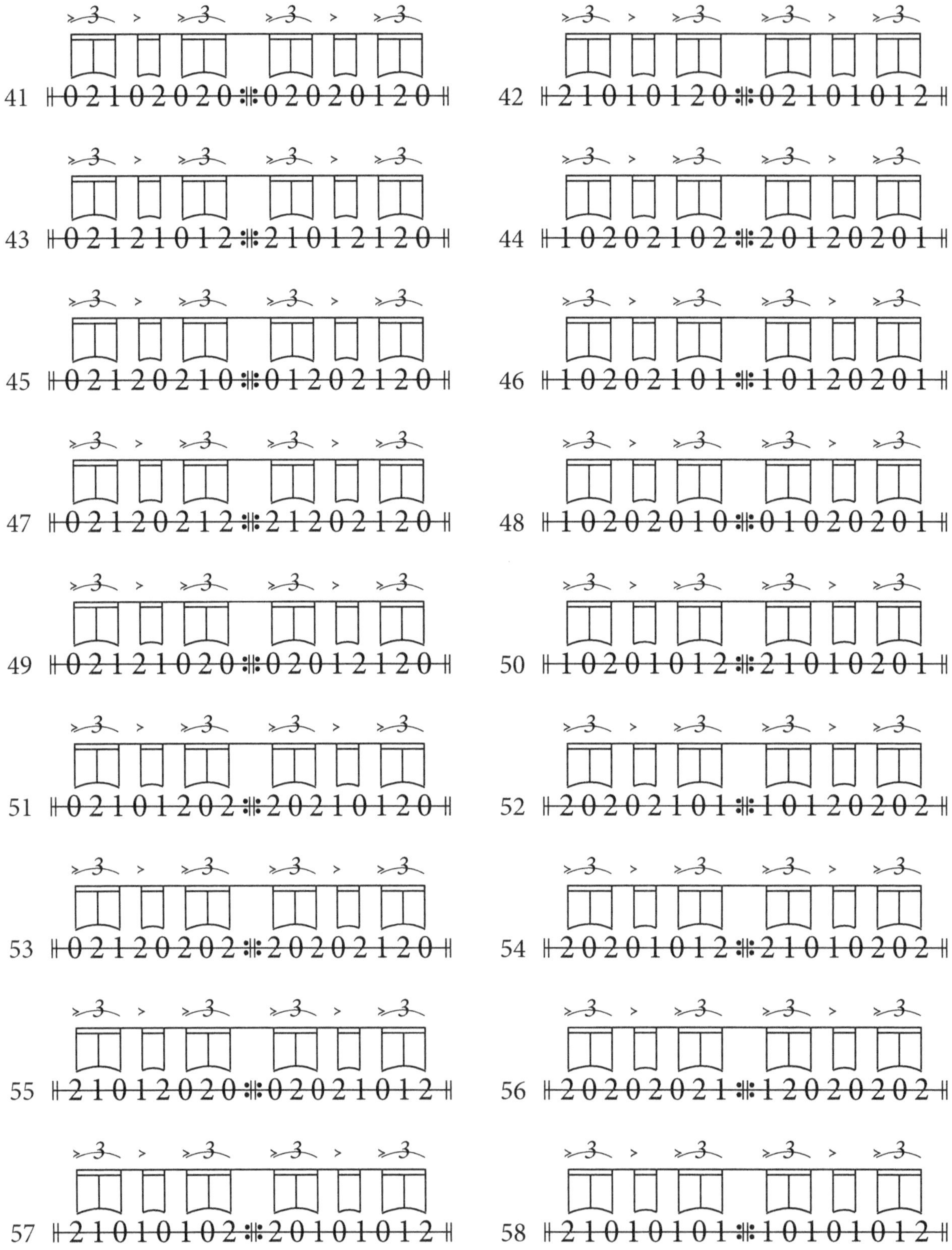

41. ‖: 0 2 1 0 2 0 2 0 :‖ 0 2 0 2 0 1 2 0 ‖
42. ‖: 2 1 0 1 0 1 2 0 :‖ 0 2 1 0 1 0 1 2 ‖
43. ‖: 0 2 1 2 1 0 1 2 :‖ 2 1 0 1 2 1 2 0 ‖
44. ‖: 1 0 2 0 2 1 0 2 :‖ 2 0 1 2 0 2 0 1 ‖
45. ‖: 0 2 1 2 0 2 1 0 :‖ 0 1 2 0 2 1 2 0 ‖
46. ‖: 1 0 2 0 2 1 0 1 :‖ 1 0 1 2 0 2 0 1 ‖
47. ‖: 0 2 1 2 0 2 1 2 :‖ 2 1 2 0 2 1 2 0 ‖
48. ‖: 1 0 2 0 2 0 1 0 :‖ 0 1 0 2 0 2 0 1 ‖
49. ‖: 0 2 1 2 1 0 2 0 :‖ 0 2 0 1 2 1 2 0 ‖
50. ‖: 1 0 2 0 1 0 1 2 :‖ 2 1 0 1 0 2 0 1 ‖
51. ‖: 0 2 1 0 1 2 0 2 :‖ 2 0 2 1 0 1 2 0 ‖
52. ‖: 2 0 2 0 2 1 0 1 :‖ 1 0 1 2 0 2 0 2 ‖
53. ‖: 0 2 1 2 0 2 0 2 :‖ 2 0 2 0 2 1 2 0 ‖
54. ‖: 2 0 2 0 1 0 1 2 :‖ 2 1 0 1 0 2 0 2 ‖
55. ‖: 2 1 0 1 2 0 2 0 :‖ 0 2 0 2 1 0 1 2 ‖
56. ‖: 2 0 2 0 2 0 2 1 :‖ 1 2 0 2 0 2 0 2 ‖
57. ‖: 2 1 0 1 0 1 0 2 :‖ 2 0 1 0 1 0 1 2 ‖
58. ‖: 2 1 0 1 0 1 0 1 :‖ 1 0 1 0 1 0 1 2 ‖

LIGADOS
UNIT 2

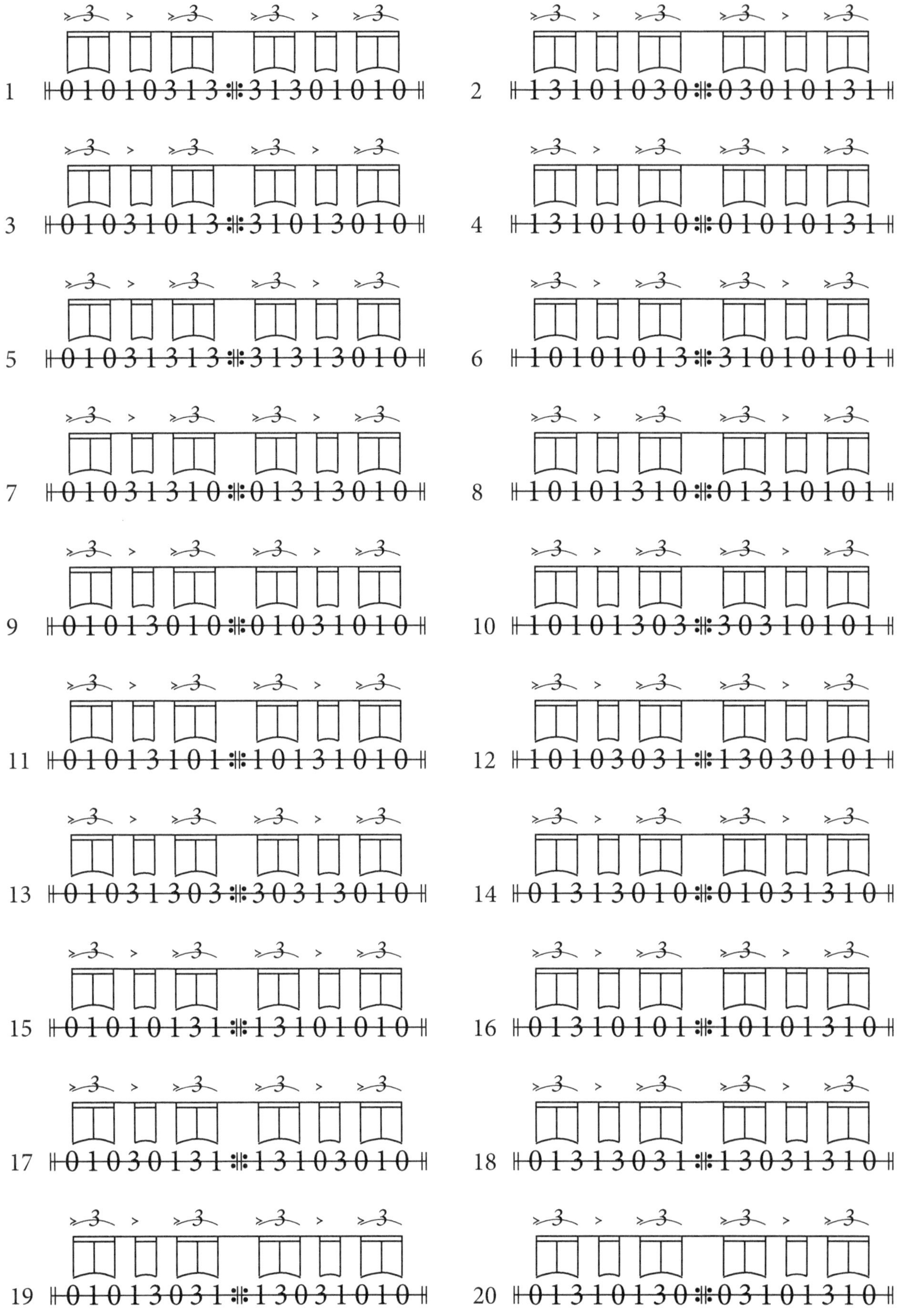

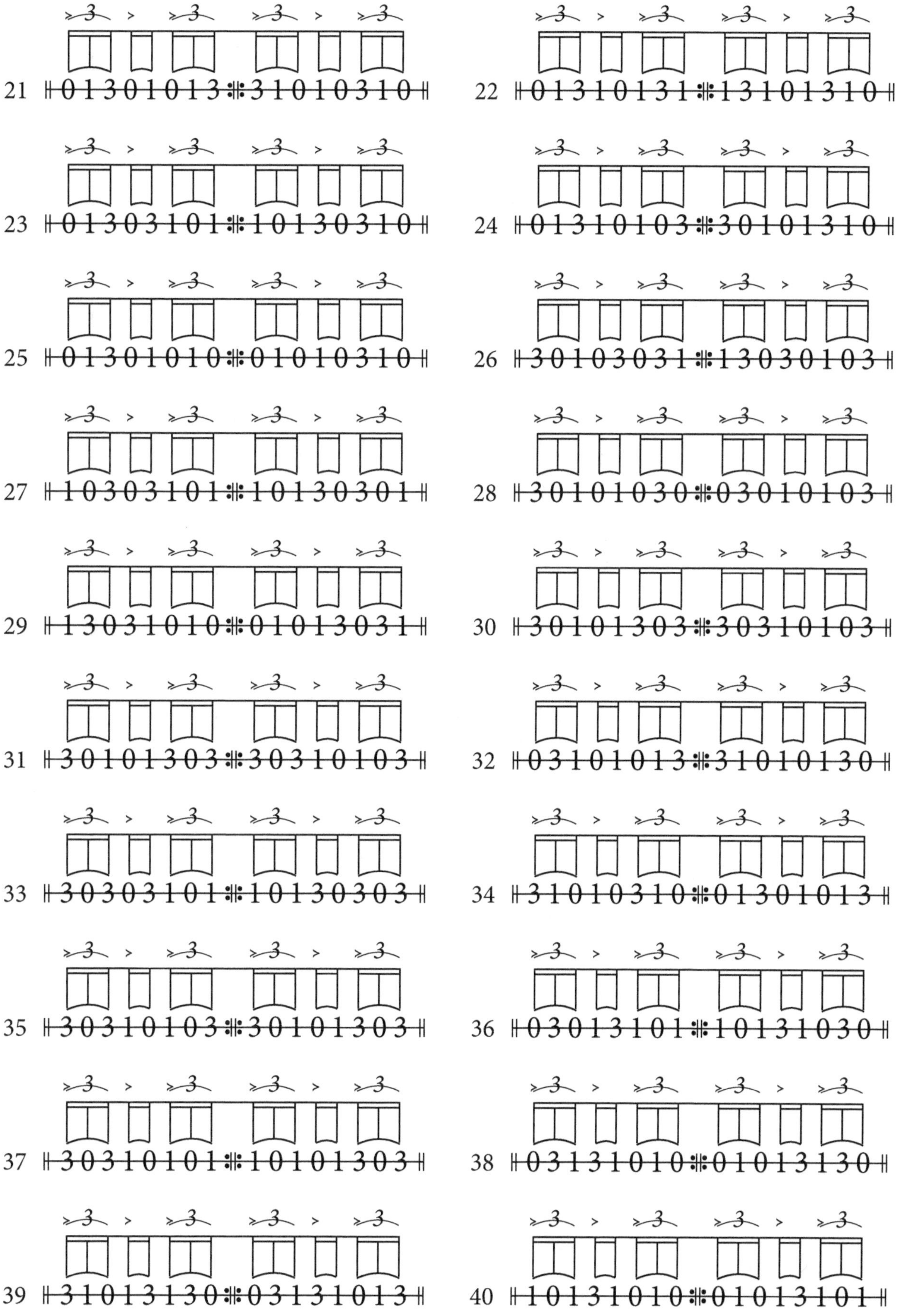

21. ‖: 0 1 3 0 1 0 1 3 :‖: 3 1 0 1 0 3 1 0 :‖
22. ‖: 0 1 3 1 0 1 3 1 :‖: 1 3 1 0 1 3 1 0 :‖
23. ‖: 0 1 3 0 3 1 0 1 :‖: 1 0 1 3 0 3 1 0 :‖
24. ‖: 0 1 3 1 0 1 0 3 :‖: 3 0 1 0 1 3 1 0 :‖
25. ‖: 0 1 3 0 1 0 1 0 :‖: 0 1 0 1 0 3 1 0 :‖
26. ‖: 3 0 1 0 3 0 3 1 :‖: 1 3 0 3 0 1 0 3 :‖
27. ‖: 1 0 3 0 3 1 0 1 :‖: 1 0 1 3 0 3 0 1 :‖
28. ‖: 3 0 1 0 1 0 3 0 :‖: 0 3 0 1 0 1 0 3 :‖
29. ‖: 1 3 0 3 1 0 1 0 :‖: 0 1 0 1 3 0 3 1 :‖
30. ‖: 3 0 1 0 1 3 0 3 :‖: 3 0 3 1 0 1 0 3 :‖
31. ‖: 3 0 1 0 1 3 0 3 :‖: 3 0 3 1 0 1 0 3 :‖
32. ‖: 0 3 1 0 1 0 1 3 :‖: 3 1 0 1 0 1 3 0 :‖
33. ‖: 3 0 3 0 3 1 0 1 :‖: 1 0 1 3 0 3 0 3 :‖
34. ‖: 3 1 0 1 0 3 1 0 :‖: 0 1 3 0 1 0 1 3 :‖
35. ‖: 3 0 3 1 0 1 0 3 :‖: 3 0 1 0 1 3 0 3 :‖
36. ‖: 0 3 0 1 3 1 0 1 :‖: 1 0 1 3 1 0 3 0 :‖
37. ‖: 3 0 3 1 0 1 0 1 :‖: 1 0 1 0 1 3 0 3 :‖
38. ‖: 0 3 1 3 1 0 1 0 :‖: 0 1 0 1 3 1 3 0 :‖
39. ‖: 3 1 0 1 3 1 3 0 :‖: 0 3 1 3 1 0 1 3 :‖
40. ‖: 1 0 1 3 1 0 1 0 :‖: 0 1 0 1 3 1 0 1 :‖

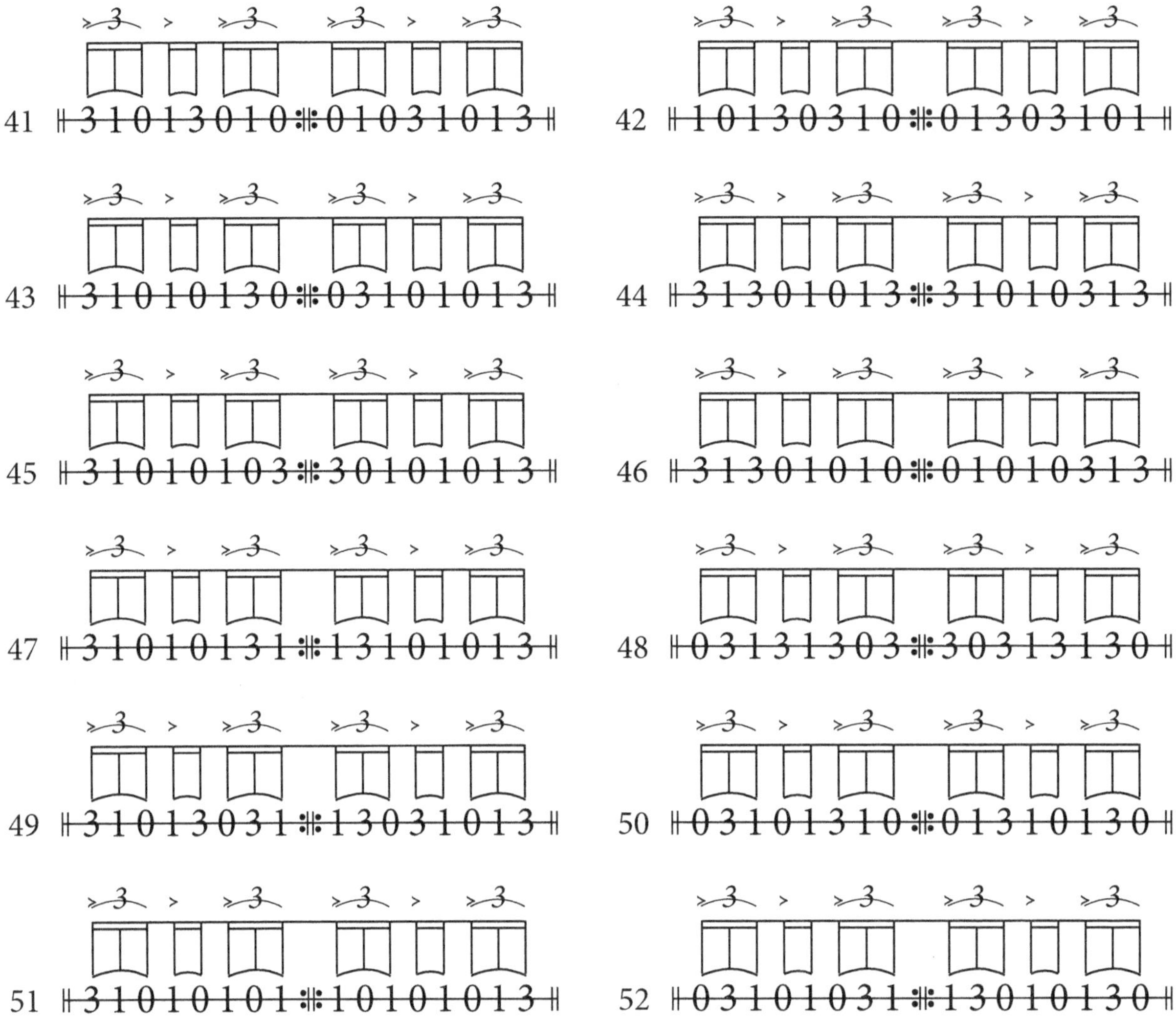

41 ‖: 3 1 0 1 3 0 1 0 :‖: 0 1 0 3 1 0 1 3 :‖
42 ‖: 1 0 1 3 0 3 1 0 :‖: 0 1 3 0 3 1 0 1 :‖
43 ‖: 3 1 0 1 0 1 3 0 :‖: 0 3 1 0 1 0 1 3 :‖
44 ‖: 3 1 3 0 1 0 1 3 :‖: 3 1 0 1 0 3 1 3 :‖
45 ‖: 3 1 0 1 0 1 0 3 :‖: 3 0 1 0 1 0 1 3 :‖
46 ‖: 3 1 3 0 1 0 1 0 :‖: 0 1 0 1 0 1 3 1 3 :‖
47 ‖: 3 1 0 1 0 1 3 1 :‖: 1 3 1 0 1 0 1 3 :‖
48 ‖: 0 1 3 1 3 0 3 :‖: 3 0 3 1 3 1 3 0 :‖
49 ‖: 3 1 0 1 3 0 3 1 :‖: 1 3 0 3 1 0 1 3 :‖
50 ‖: 0 3 1 0 1 3 1 0 :‖: 0 1 3 1 0 1 3 0 :‖
51 ‖: 3 1 0 1 0 1 0 1 :‖: 1 0 1 0 1 0 1 3 :‖
52 ‖: 0 3 1 0 1 0 3 1 :‖: 1 3 0 1 0 1 3 0 :‖

LIGADOS
UNIT 3

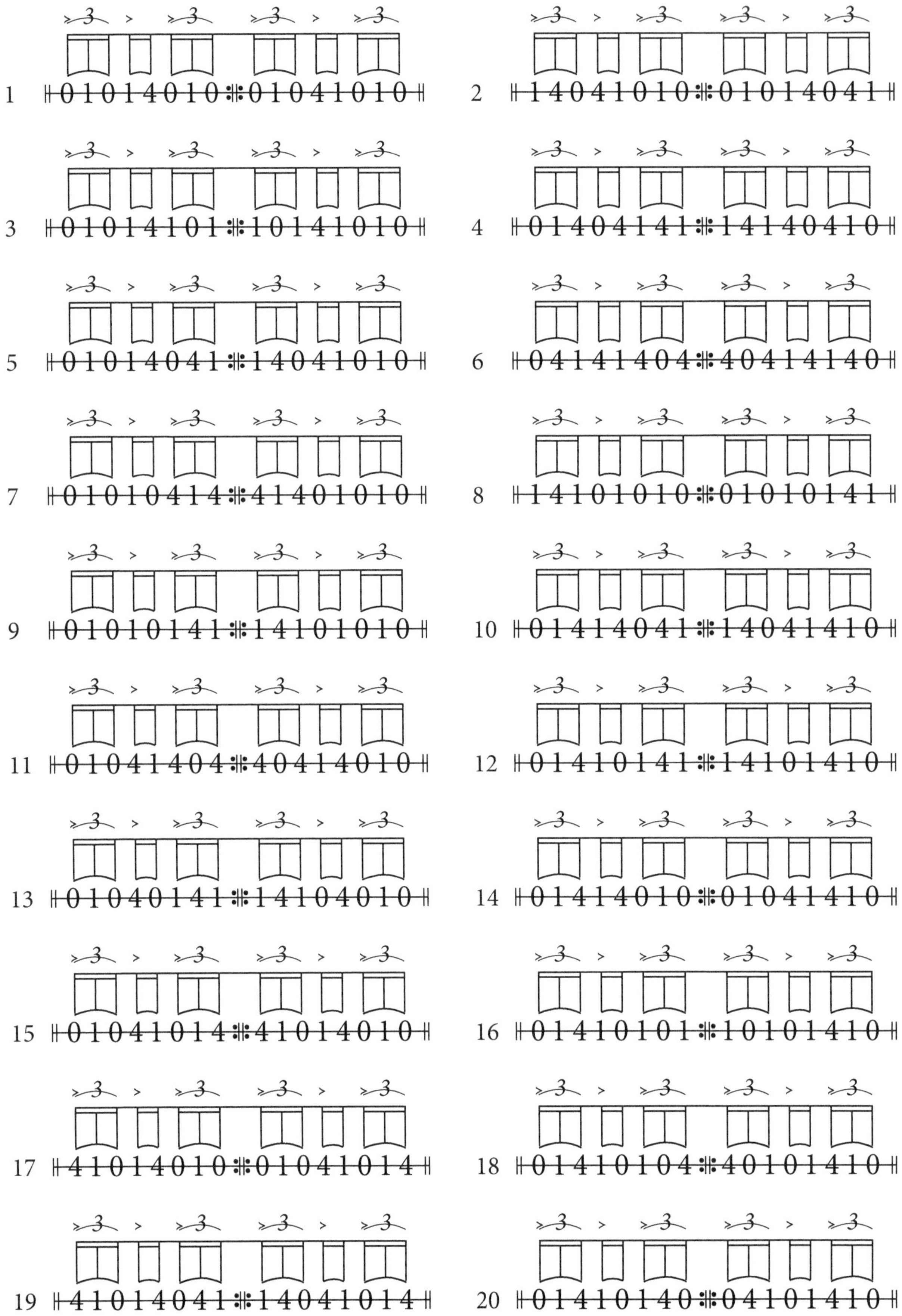

1 ‖: 0 1 0 1 4 0 1 0 :‖: 0 1 0 4 1 0 1 0 :‖
2 ‖: 1 4 0 4 1 0 1 0 :‖: 0 1 0 1 4 0 4 1 :‖
3 ‖: 0 1 0 1 4 1 0 1 :‖: 1 0 1 4 1 0 1 0 :‖
4 ‖: 0 1 4 0 4 1 4 1 :‖: 1 4 1 4 0 4 1 0 :‖
5 ‖: 0 1 0 1 4 0 4 1 :‖: 1 4 0 4 1 0 1 0 :‖
6 ‖: 0 4 1 4 1 4 0 4 :‖: 4 0 4 1 4 1 4 0 :‖
7 ‖: 0 1 0 1 0 4 1 4 :‖: 4 1 4 0 1 0 1 0 :‖
8 ‖: 1 4 1 0 1 0 1 0 :‖: 0 1 0 1 0 1 4 1 :‖
9 ‖: 0 1 0 1 0 1 4 1 :‖: 1 4 1 0 1 0 1 0 :‖
10 ‖: 0 1 4 1 4 0 4 1 :‖: 1 4 0 4 1 4 1 0 :‖
11 ‖: 0 1 0 4 1 4 0 4 :‖: 4 0 4 1 4 0 1 0 :‖
12 ‖: 0 1 4 1 0 1 4 1 :‖: 1 4 1 0 1 4 1 0 :‖
13 ‖: 0 1 0 4 0 1 4 1 :‖: 1 4 1 0 4 0 1 0 :‖
14 ‖: 0 1 4 1 4 0 1 0 :‖: 0 1 0 4 1 4 1 0 :‖
15 ‖: 0 1 0 4 1 0 1 4 :‖: 4 1 0 1 4 0 1 0 :‖
16 ‖: 0 1 4 1 0 1 0 1 :‖: 1 0 1 0 1 4 1 0 :‖
17 ‖: 4 1 0 1 4 0 1 0 :‖: 0 1 0 4 1 0 1 4 :‖
18 ‖: 0 1 4 1 0 1 0 4 :‖: 4 0 1 0 1 4 1 0 :‖
19 ‖: 4 1 0 1 4 0 4 1 :‖: 1 4 0 4 1 0 1 4 :‖
20 ‖: 0 1 4 1 0 1 4 0 :‖: 0 4 1 0 1 4 1 0 :‖

21 ‖: 1 0 1 0 1 4 0 4 :‖: 4 0 4 1 0 1 0 1 :‖
22 ‖: 4 1 0 1 0 1 0 4 :‖: 4 0 1 0 1 0 1 4 :‖
23 ‖: 1 0 1 0 1 4 1 0 :‖: 0 1 4 1 0 1 0 1 :‖
24 ‖: 4 1 0 1 0 1 0 1 :‖: 1 0 1 0 1 0 1 4 :‖
25 ‖: 1 0 1 0 1 0 1 4 :‖: 4 1 0 1 0 1 0 1 :‖
26 ‖: 4 1 0 1 0 1 4 1 :‖: 1 4 1 0 1 0 1 4 :‖
27 ‖: 1 0 1 0 4 0 4 1 :‖: 1 4 0 4 0 1 0 1 :‖
28 ‖: 4 1 0 1 0 1 4 0 :‖: 0 4 1 0 1 0 1 4 :‖
29 ‖: 0 1 0 4 0 1 4 1 :‖: 1 4 1 0 4 0 1 0 :‖
30 ‖: 0 1 0 4 1 4 1 0 :‖: 0 1 4 1 4 0 1 0 :‖
31 ‖: 0 1 0 4 0 1 0 4 :‖: 4 0 1 0 4 0 1 0 :‖
32 ‖: 4 1 0 1 4 1 4 0 :‖: 0 4 1 4 1 0 1 4 :‖
33 ‖: 0 1 0 4 1 4 1 0 :‖: 0 1 4 1 4 0 1 0 :‖
34 ‖: 4 1 0 1 0 4 1 0 :‖: 0 1 4 0 1 0 1 4 :‖
35 ‖: 0 1 0 4 1 0 4 1 :‖: 1 4 0 1 4 0 1 0 :‖
36 ‖: 4 0 4 0 4 1 0 1 :‖: 1 0 1 4 0 4 0 4 :‖
37 ‖: 1 4 1 0 1 0 4 0 :‖: 0 4 0 1 0 1 4 1 :‖
38 ‖: 4 0 1 0 4 0 4 1 :‖: 1 4 0 4 0 1 0 4 :‖
39 ‖: 0 4 1 0 1 4 1 0 :‖: 0 1 4 1 0 1 4 0 :‖
40 ‖: 4 0 4 1 0 1 0 4 :‖: 4 0 1 0 1 4 0 4 :‖

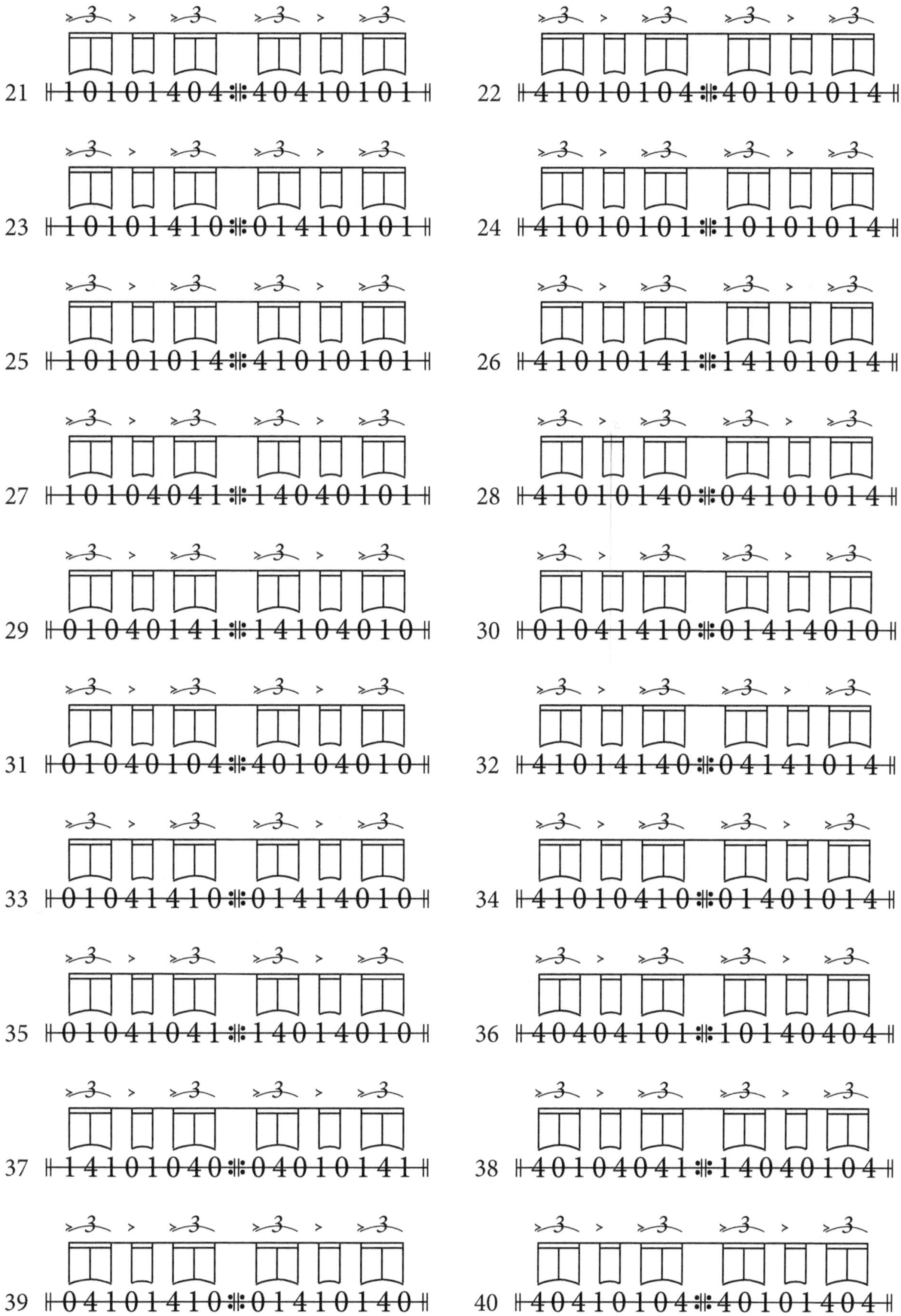

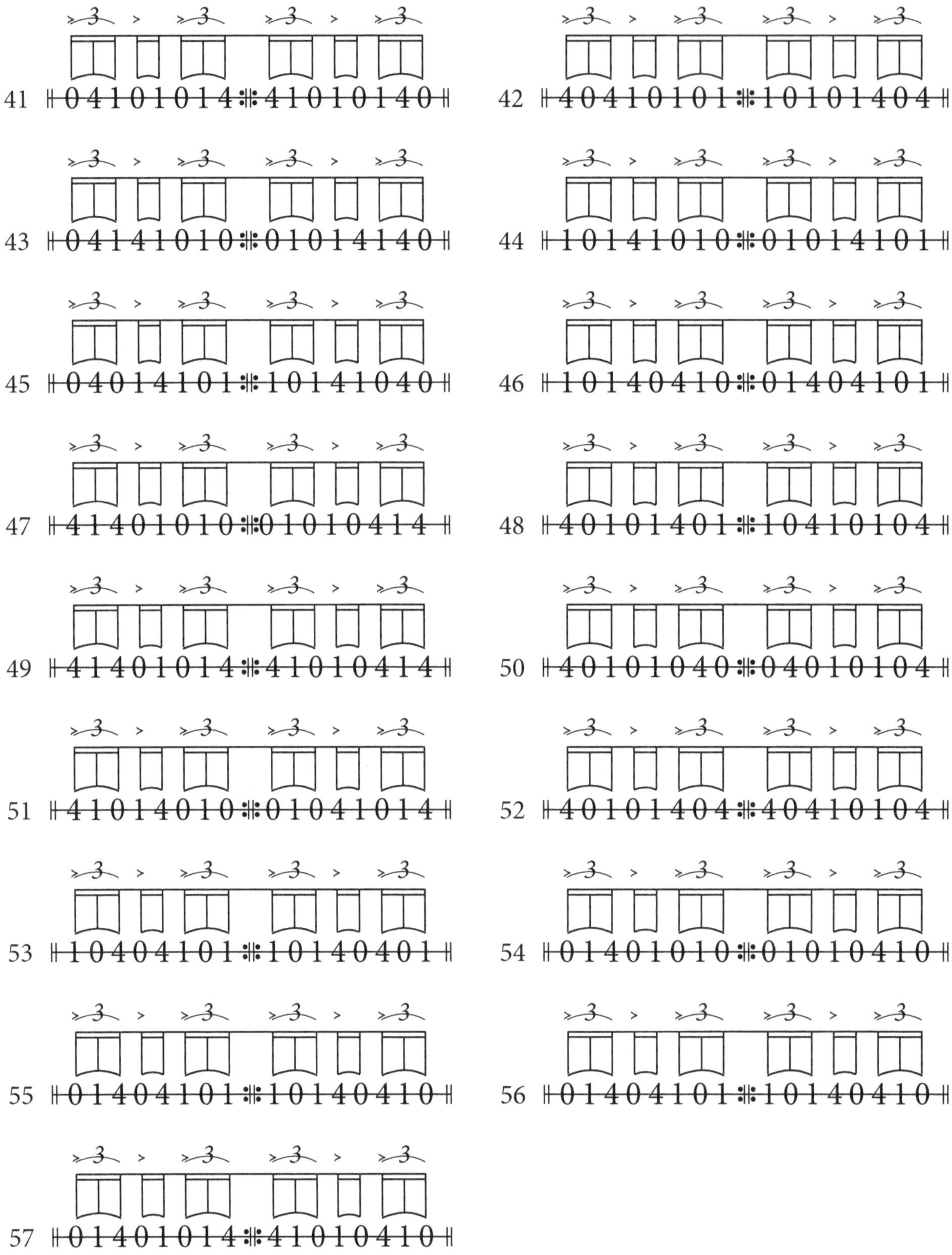

41. ‖: 0 4 1 0 1 0 1 4 :‖: 4 1 0 1 0 1 4 0 :‖
42. ‖: 4 0 4 1 0 1 0 1 :‖: 1 0 1 0 1 4 0 4 :‖
43. ‖: 0 4 1 4 1 0 1 0 :‖: 0 1 0 1 4 1 4 0 :‖
44. ‖: 1 0 1 4 1 0 1 0 :‖: 0 1 0 1 4 1 0 1 :‖
45. ‖: 0 4 0 1 4 1 0 1 :‖: 1 0 1 4 1 0 4 0 :‖
46. ‖: 1 0 1 4 0 4 1 0 :‖: 0 1 4 0 4 1 0 1 :‖
47. ‖: 4 1 4 0 1 0 1 0 :‖: 0 1 0 1 0 4 1 4 :‖
48. ‖: 4 0 1 0 1 4 0 1 :‖: 1 0 4 1 0 1 0 4 :‖
49. ‖: 4 1 4 0 1 0 1 4 :‖: 4 1 0 1 0 4 1 4 :‖
50. ‖: 4 0 1 0 1 0 4 0 :‖: 0 4 0 1 0 1 0 4 :‖
51. ‖: 4 1 0 1 4 0 1 0 :‖: 0 1 0 4 1 0 1 4 :‖
52. ‖: 4 0 1 0 1 4 0 4 :‖: 4 0 4 1 0 1 0 4 :‖
53. ‖: 1 0 4 0 4 1 0 1 :‖: 1 0 1 4 0 4 0 1 :‖
54. ‖: 0 1 4 0 1 0 1 0 :‖: 0 1 0 1 0 4 1 0 :‖
55. ‖: 0 1 4 0 4 1 0 1 :‖: 1 0 1 4 0 4 1 0 :‖
56. ‖: 0 1 4 0 4 1 0 1 :‖: 1 0 1 4 0 4 1 0 :‖
57. ‖: 0 1 4 0 1 0 1 4 :‖: 4 1 0 1 0 4 1 0 :‖

LIGADOS
UNIT 4

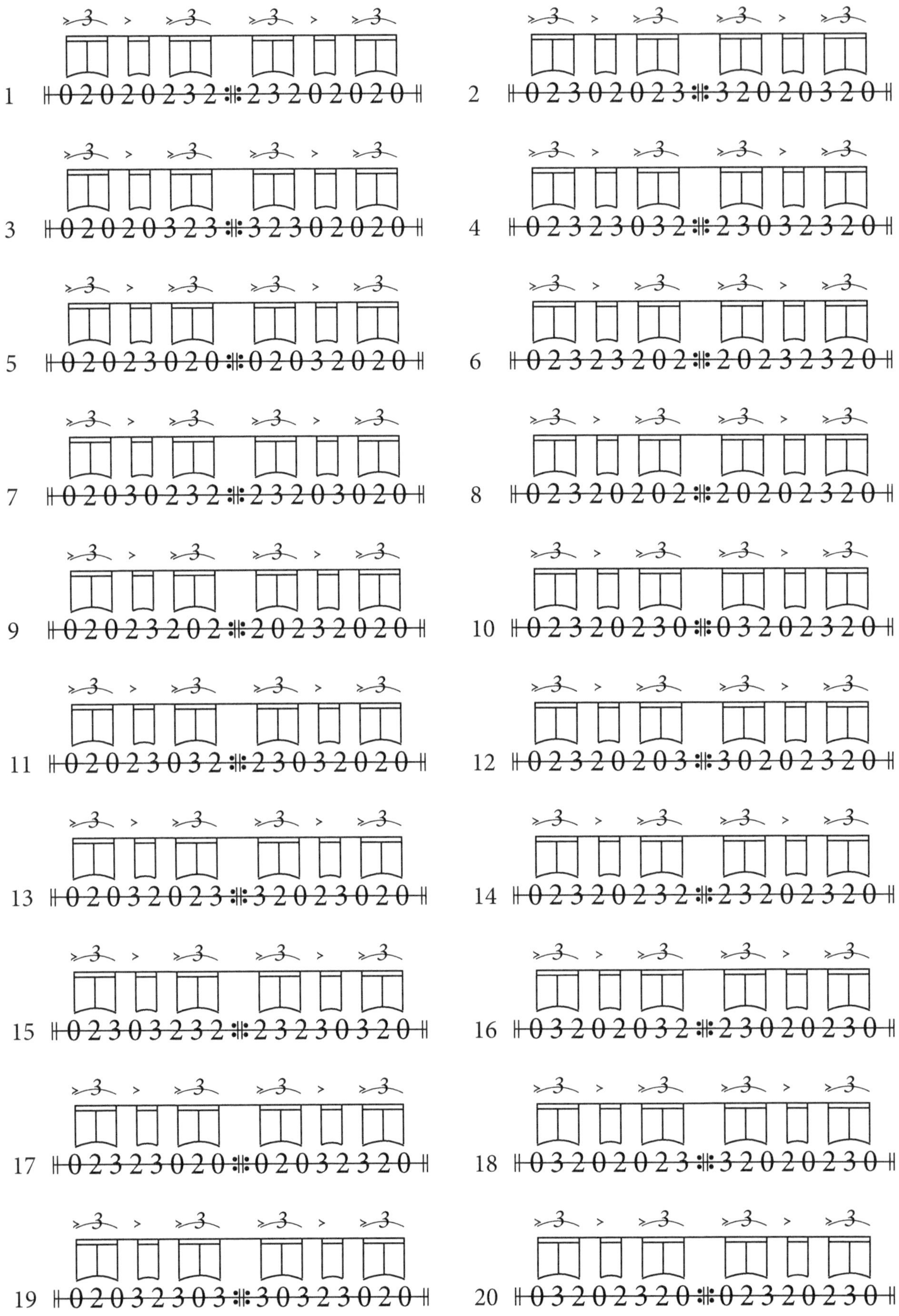

1. ‖: 0 2 0 2 0 2 3 2 :‖: 2 3 2 0 2 0 2 0 :‖
2. ‖: 0 2 3 0 2 0 2 3 :‖: 3 2 0 2 0 3 2 0 :‖
3. ‖: 0 2 0 2 0 3 2 3 :‖: 3 2 3 0 2 0 2 0 :‖
4. ‖: 0 2 3 2 3 0 3 2 :‖: 2 3 0 3 2 3 2 0 :‖
5. ‖: 0 2 0 2 3 0 2 0 :‖: 0 2 0 3 2 0 2 0 :‖
6. ‖: 0 2 3 2 3 2 0 2 :‖: 2 0 2 3 2 3 2 0 :‖
7. ‖: 0 2 0 3 0 2 3 2 :‖: 2 3 2 0 3 0 2 0 :‖
8. ‖: 0 2 3 2 0 2 0 2 :‖: 2 0 2 0 2 3 2 0 :‖
9. ‖: 0 2 0 2 3 2 0 2 :‖: 2 0 2 3 2 0 2 0 :‖
10. ‖: 0 2 3 2 0 2 3 0 :‖: 0 3 2 0 2 3 2 0 :‖
11. ‖: 0 2 0 2 3 0 3 2 :‖: 2 3 0 3 2 0 2 0 :‖
12. ‖: 0 2 3 2 0 2 0 3 :‖: 3 0 2 0 2 3 2 0 :‖
13. ‖: 0 2 0 3 2 0 2 3 :‖: 3 2 0 2 3 0 2 0 :‖
14. ‖: 0 2 3 2 0 2 3 2 :‖: 2 3 2 0 2 3 2 0 :‖
15. ‖: 0 2 3 0 3 2 3 2 :‖: 2 3 2 3 0 3 2 0 :‖
16. ‖: 0 3 2 0 2 0 3 2 :‖: 2 3 0 2 0 2 3 0 :‖
17. ‖: 0 2 3 2 3 0 2 0 :‖: 0 2 0 3 2 3 2 0 :‖
18. ‖: 0 3 2 0 2 0 2 3 :‖: 3 2 0 2 0 2 3 0 :‖
19. ‖: 0 2 0 3 2 3 0 3 :‖: 3 0 3 2 3 0 2 0 :‖
20. ‖: 0 3 2 0 2 3 2 0 :‖: 0 2 3 2 0 2 3 0 :‖

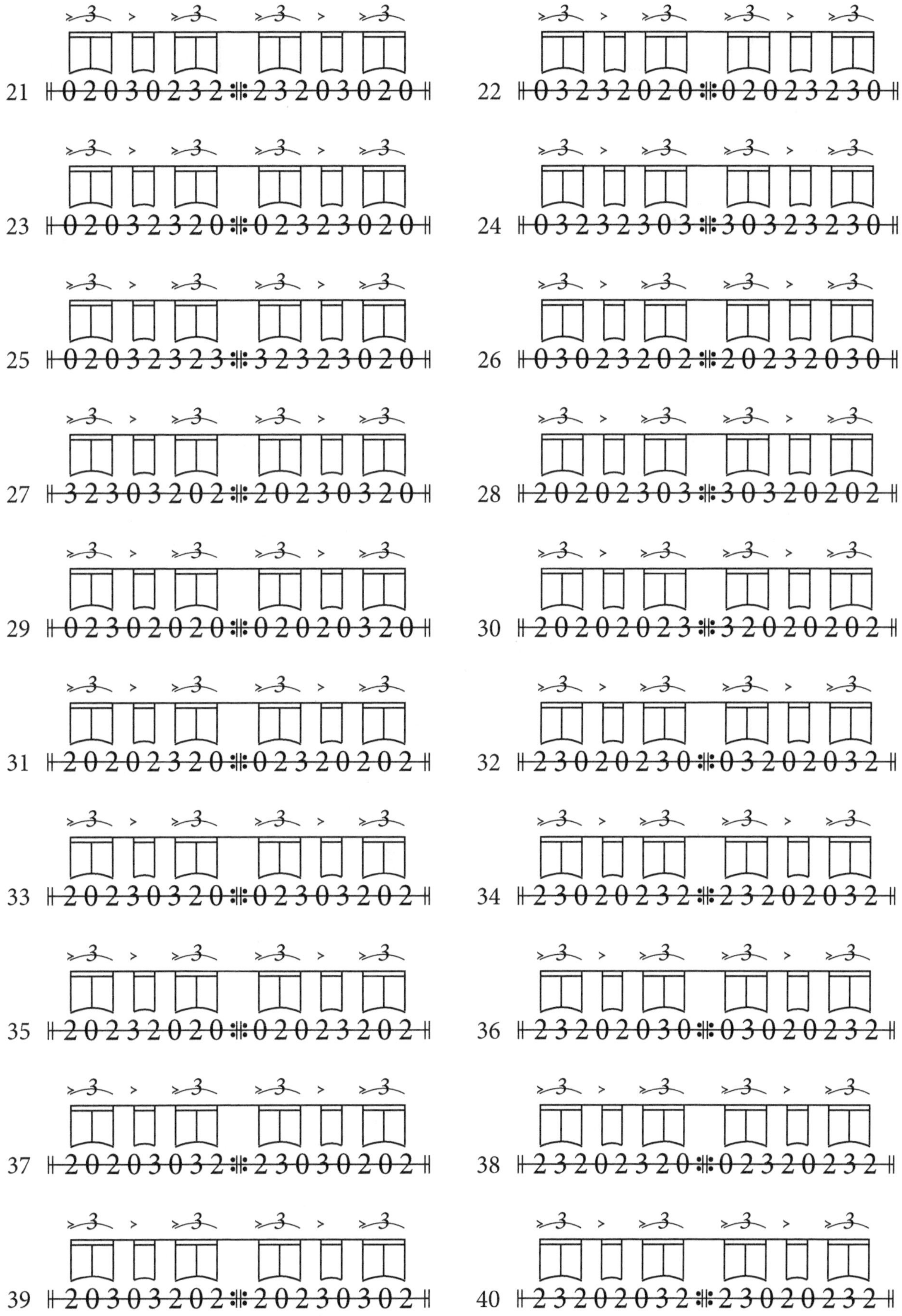

21 ‖: 0 2 0 3 0 2 3 2 :‖: 2 3 2 0 3 0 2 0 :‖
22 ‖: 0 3 2 3 2 0 2 0 :‖: 0 2 0 2 3 2 3 0 :‖
23 ‖: 0 2 0 3 2 3 2 0 :‖: 0 2 3 2 3 0 2 0 :‖
24 ‖: 0 3 2 3 2 3 0 3 :‖: 3 0 3 2 3 2 3 0 :‖
25 ‖: 0 2 0 3 2 3 2 3 :‖: 3 2 3 2 3 0 2 0 :‖
26 ‖: 0 3 0 2 3 2 0 2 :‖: 2 0 2 3 2 0 3 0 :‖
27 ‖: 3 2 3 0 3 2 0 2 :‖: 2 0 2 3 0 3 2 0 :‖
28 ‖: 2 0 2 0 2 3 0 3 :‖: 3 0 3 2 0 2 0 2 :‖
29 ‖: 0 2 3 0 2 0 2 0 :‖: 0 2 0 2 0 3 2 0 :‖
30 ‖: 2 0 2 0 2 0 2 3 :‖: 3 2 0 2 0 2 0 2 :‖
31 ‖: 2 0 2 0 2 3 2 0 :‖: 0 2 3 2 0 2 0 2 :‖
32 ‖: 2 3 0 2 0 2 3 0 :‖: 0 3 2 0 2 0 3 2 :‖
33 ‖: 2 0 2 3 0 3 2 0 :‖: 0 2 3 0 3 2 0 2 :‖
34 ‖: 2 3 0 2 0 2 3 2 :‖: 2 3 2 0 2 0 3 2 :‖
35 ‖: 2 0 2 3 2 0 2 0 :‖: 0 2 0 2 3 2 0 2 :‖
36 ‖: 2 3 2 0 2 0 3 0 :‖: 0 3 0 2 0 2 3 2 :‖
37 ‖: 2 0 2 0 3 0 3 2 :‖: 2 3 0 3 0 2 0 2 :‖
38 ‖: 2 3 2 0 2 3 2 0 :‖: 0 2 3 2 0 2 3 2 :‖
39 ‖: 2 0 3 0 3 2 0 2 :‖: 2 0 2 3 0 3 0 2 :‖
40 ‖: 2 3 2 0 2 0 3 2 :‖: 2 3 0 2 0 2 3 2 :‖

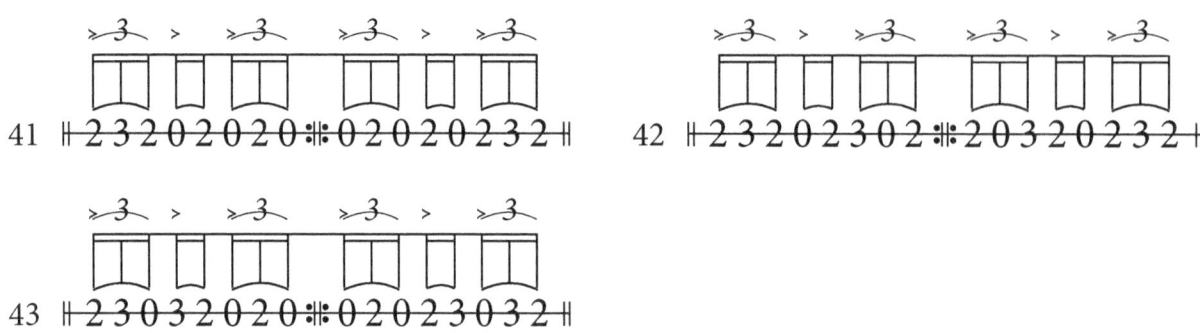

LIGADOS

UNIT 5

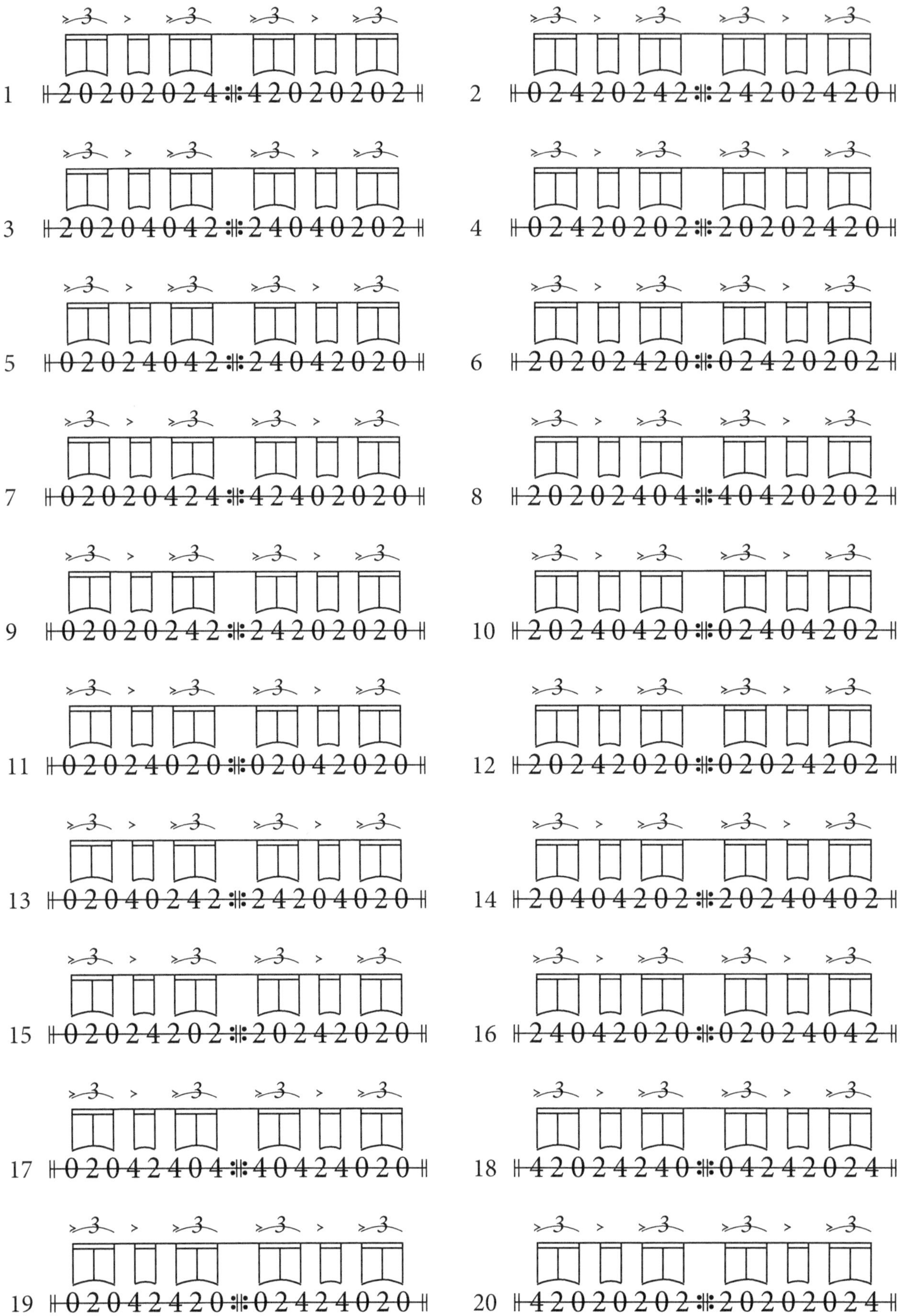

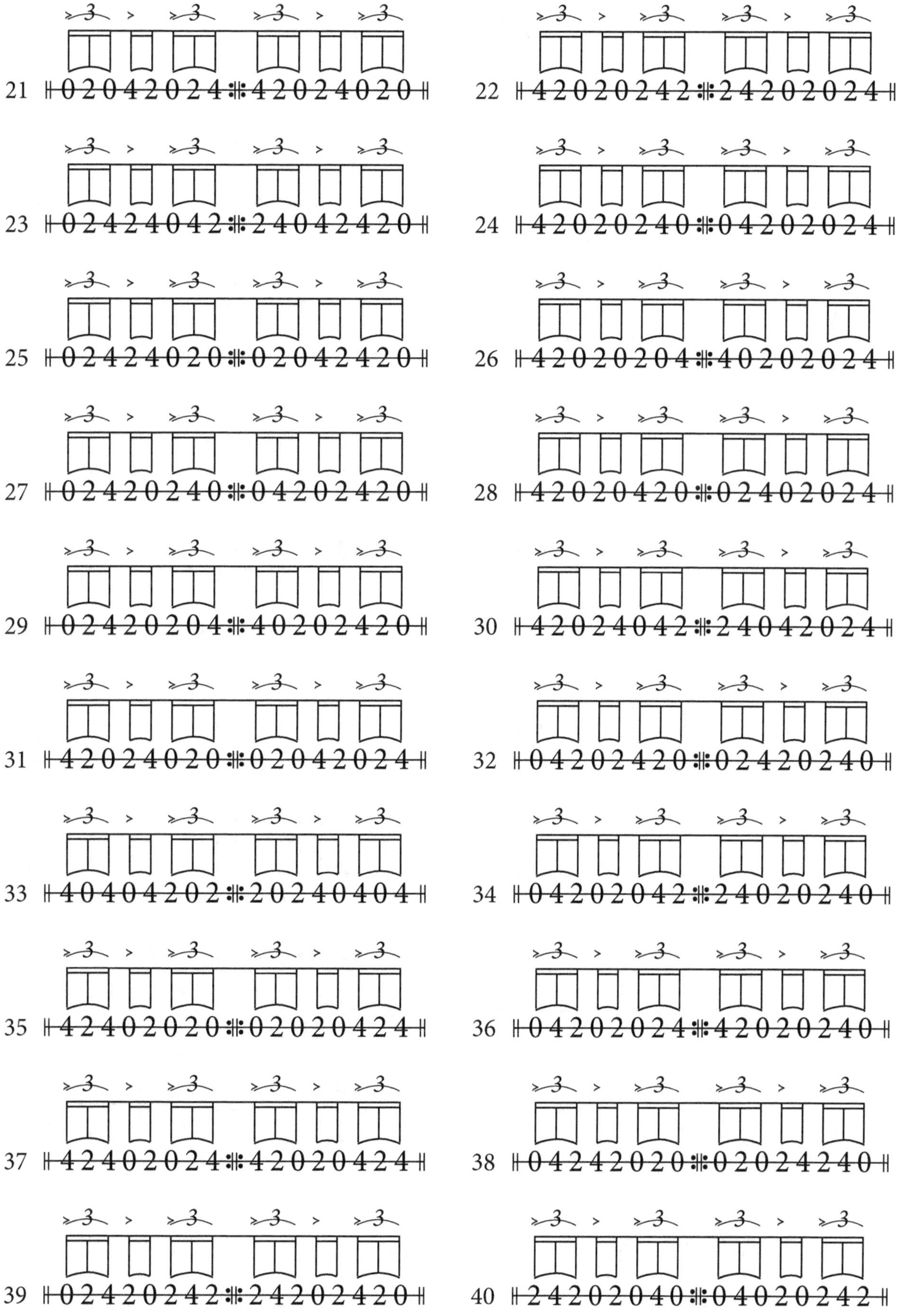

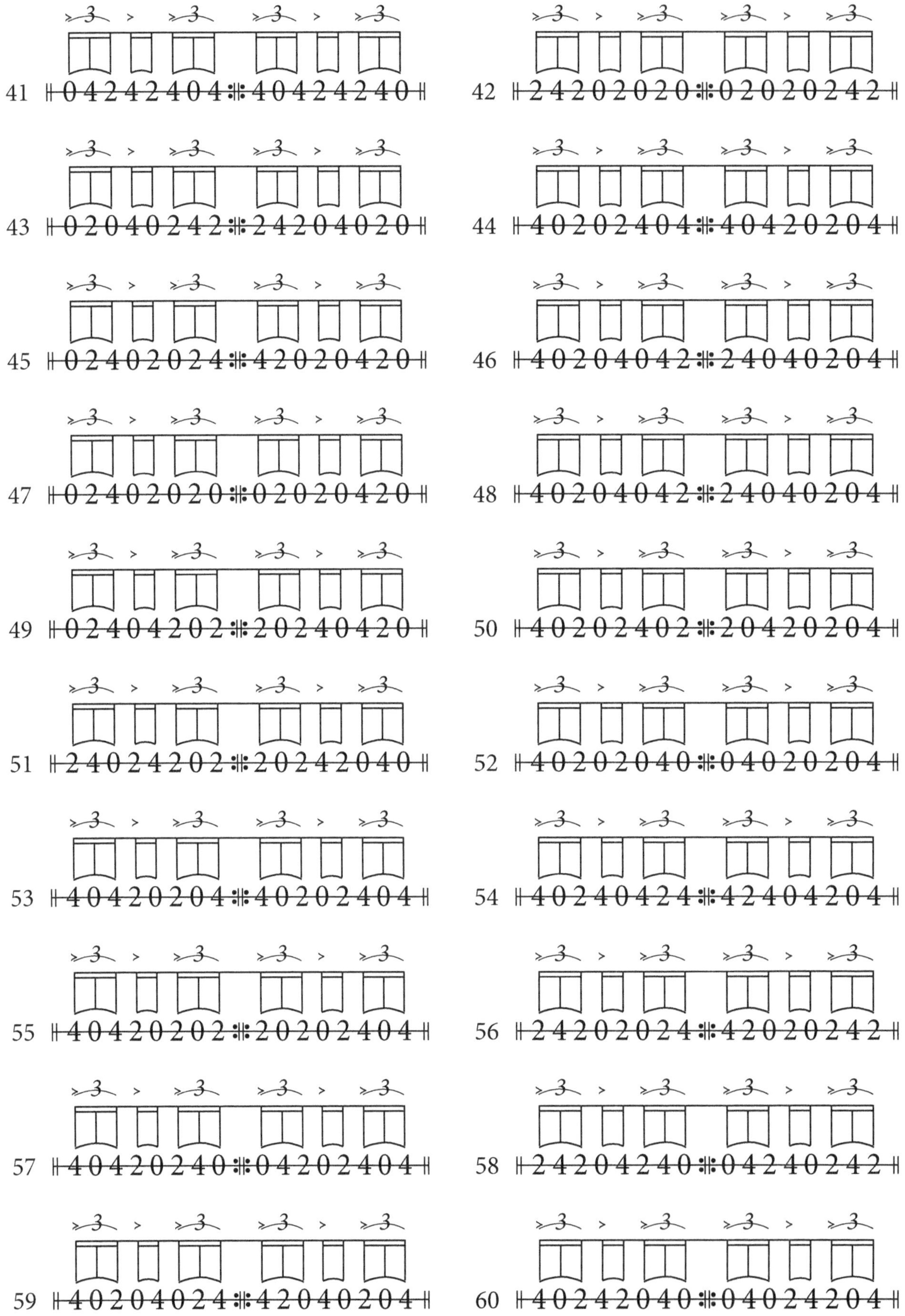

41 ‖: 0 4 2 4 2 4 0 4 :‖: 4 0 4 2 4 2 4 0 :‖
42 ‖: 2 4 2 0 2 0 2 0 :‖: 0 2 0 2 0 2 4 2 :‖
43 ‖: 0 2 0 4 0 2 4 2 :‖: 2 4 2 0 4 0 2 0 :‖
44 ‖: 4 0 2 0 2 4 0 4 :‖: 4 0 4 2 0 2 0 4 :‖
45 ‖: 0 2 4 0 2 0 2 4 :‖: 4 2 0 2 0 4 2 0 :‖
46 ‖: 4 0 2 0 4 0 4 2 :‖: 2 4 0 4 0 2 0 4 :‖
47 ‖: 0 2 4 0 2 0 2 0 :‖: 0 2 0 2 0 4 2 0 :‖
48 ‖: 4 0 2 0 4 0 4 2 :‖: 2 4 0 4 0 2 0 4 :‖
49 ‖: 0 2 4 0 4 2 0 2 :‖: 2 0 2 4 0 4 2 0 :‖
50 ‖: 4 0 2 0 2 4 0 2 :‖: 2 0 4 2 0 2 0 4 :‖
51 ‖: 2 4 0 2 4 2 0 2 :‖: 2 0 2 4 2 0 4 0 :‖
52 ‖: 4 0 2 0 2 0 4 0 :‖: 0 4 0 2 0 2 0 4 :‖
53 ‖: 4 0 4 2 0 2 0 4 :‖: 4 0 2 0 2 4 0 4 :‖
54 ‖: 4 0 2 4 0 4 2 4 :‖: 4 2 4 0 4 2 0 4 :‖
55 ‖: 4 0 4 2 0 2 0 2 :‖: 2 0 2 0 2 4 0 4 :‖
56 ‖: 2 4 2 0 2 0 2 4 :‖: 4 2 0 2 0 2 4 2 :‖
57 ‖: 4 0 4 2 0 2 4 0 :‖: 0 4 2 0 2 4 0 4 :‖
58 ‖: 2 4 2 0 4 2 4 0 :‖: 0 4 2 4 0 2 4 2 :‖
59 ‖: 4 0 2 0 4 0 2 4 :‖: 4 2 0 4 0 2 0 4 :‖
60 ‖: 4 0 2 4 2 0 4 0 :‖: 0 4 0 2 4 2 0 4 :‖

196

LIGADOS
UNIT 6

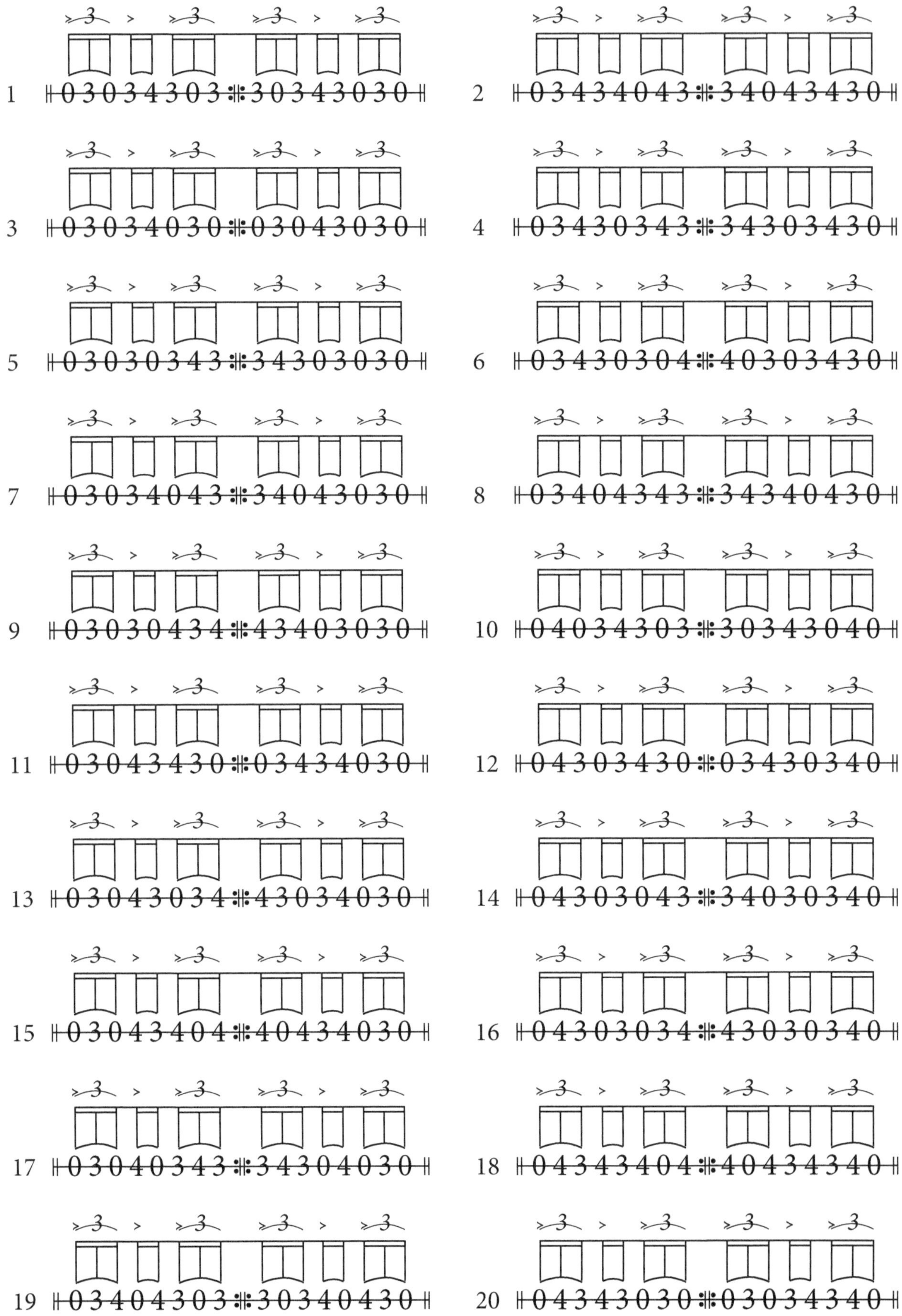

1. ‖: 0 3 0 3 4 3 0 3 :‖: 3 0 3 4 3 0 3 0 :‖
2. ‖: 0 3 4 3 4 0 4 3 :‖: 3 4 0 4 3 4 3 0 :‖
3. ‖: 0 3 0 3 4 0 3 0 :‖: 0 3 0 4 3 0 3 0 :‖
4. ‖: 0 3 4 3 0 3 4 3 :‖: 3 4 3 0 3 4 3 0 :‖
5. ‖: 0 3 0 3 0 3 4 3 :‖: 3 4 3 0 3 0 3 0 :‖
6. ‖: 0 3 4 3 0 3 0 4 :‖: 4 0 3 0 3 4 3 0 :‖
7. ‖: 0 3 0 3 4 0 4 3 :‖: 3 4 0 4 3 0 3 0 :‖
8. ‖: 0 3 4 0 4 3 4 3 :‖: 3 4 3 4 0 4 3 0 :‖
9. ‖: 0 3 0 3 0 4 3 4 :‖: 4 3 4 0 3 0 3 0 :‖
10. ‖: 0 4 0 3 4 3 0 3 :‖: 3 0 3 4 3 0 4 0 :‖
11. ‖: 0 3 0 4 3 4 3 0 :‖: 0 3 4 3 4 0 3 0 :‖
12. ‖: 0 4 3 0 3 4 3 0 :‖: 0 3 4 3 0 3 4 0 :‖
13. ‖: 0 3 0 4 3 0 3 4 :‖: 4 3 0 3 4 0 3 0 :‖
14. ‖: 0 4 3 0 3 0 4 3 :‖: 3 4 0 3 0 3 4 0 :‖
15. ‖: 0 3 0 4 3 4 0 4 :‖: 4 0 4 3 4 0 3 0 :‖
16. ‖: 0 4 3 0 3 0 3 4 :‖: 4 3 0 3 0 3 4 0 :‖
17. ‖: 0 3 0 4 0 3 4 3 :‖: 3 4 3 0 4 0 3 0 :‖
18. ‖: 0 4 3 4 3 4 0 4 :‖: 4 0 4 3 4 3 4 0 :‖
19. ‖: 0 3 4 0 4 3 0 3 :‖: 3 0 3 4 0 4 3 0 :‖
20. ‖: 0 4 3 4 3 0 3 0 :‖: 0 3 0 3 4 3 4 0 :‖

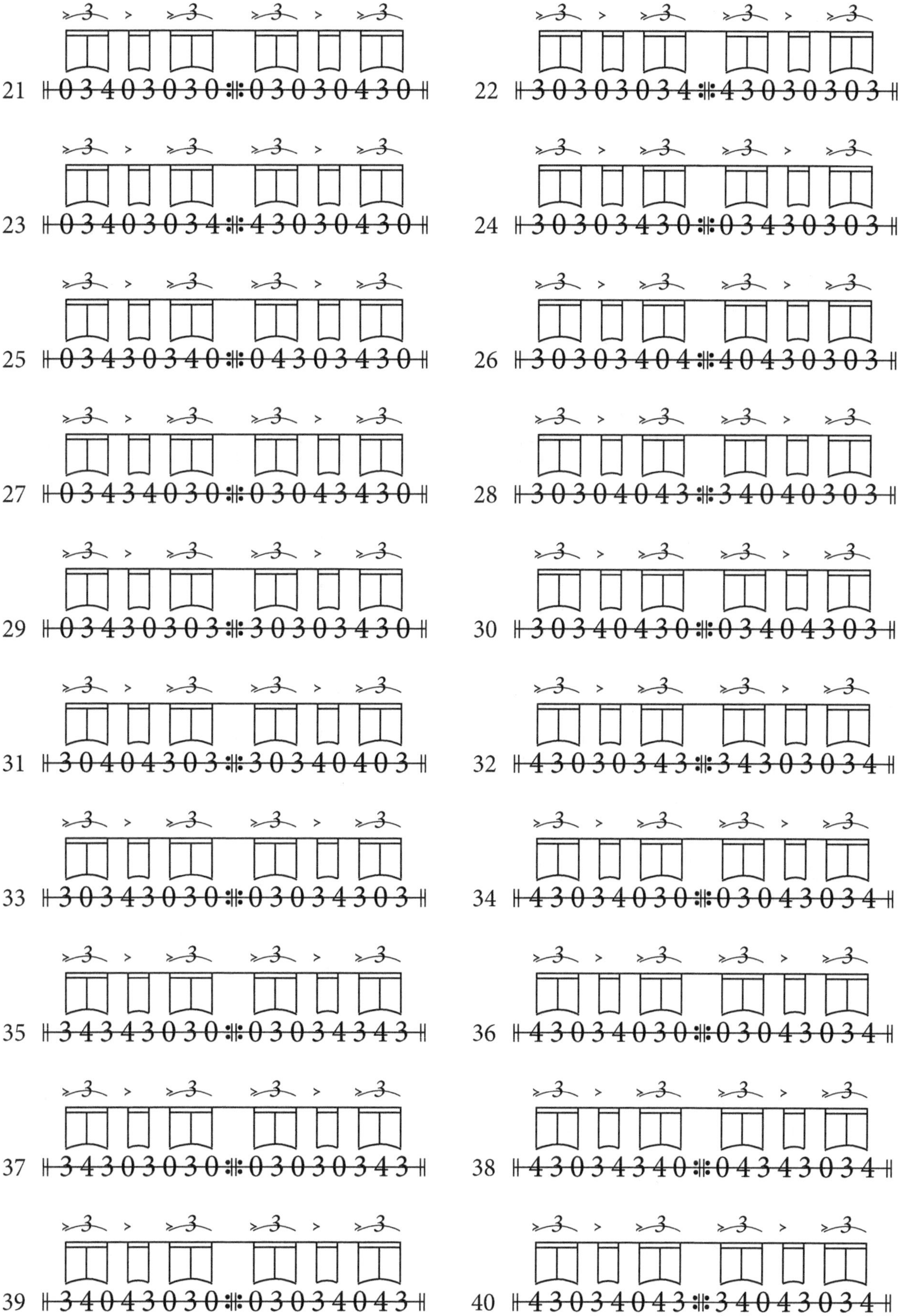

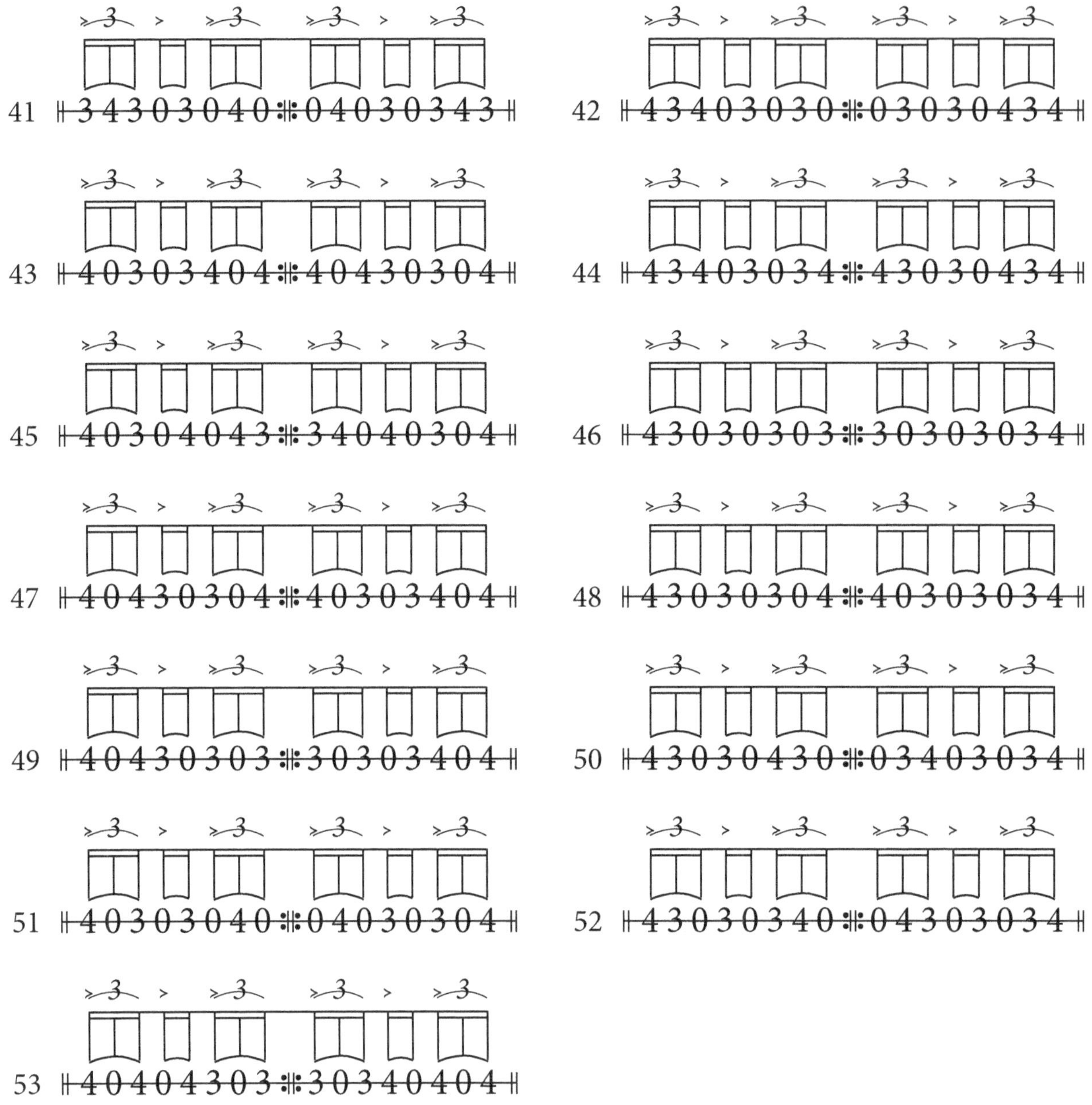

41 ‖: 3 4 3 0 3 0 4 0 :‖: 0 4 0 3 0 3 4 3 :‖
42 ‖: 4 3 4 0 3 0 3 0 :‖: 0 3 0 3 0 4 3 4 :‖
43 ‖: 4 0 3 0 3 4 0 4 :‖: 4 0 4 3 0 3 0 4 :‖
44 ‖: 4 3 4 0 3 0 3 4 :‖: 4 3 0 3 0 4 3 4 :‖
45 ‖: 4 0 3 0 4 0 4 3 :‖: 3 4 0 4 0 3 0 4 :‖
46 ‖: 4 3 0 3 0 3 0 3 :‖: 3 0 3 0 3 0 3 4 :‖
47 ‖: 4 0 4 3 0 3 0 4 :‖: 4 0 3 0 3 4 0 4 :‖
48 ‖: 4 3 0 3 0 3 0 4 :‖: 4 0 3 0 3 0 3 4 :‖
49 ‖: 4 0 4 3 0 3 0 3 :‖: 3 0 3 0 3 4 0 4 :‖
50 ‖: 4 3 0 3 0 4 3 0 :‖: 0 3 4 0 3 0 3 4 :‖
51 ‖: 4 0 3 0 3 0 4 0 :‖: 0 4 0 3 0 3 0 4 :‖
52 ‖: 4 3 0 3 0 3 4 0 :‖: 0 4 3 0 3 0 3 4 :‖
53 ‖: 4 0 4 0 4 3 0 3 :‖: 3 0 3 4 0 4 0 4 :‖

LIGADOS

UNIT 7

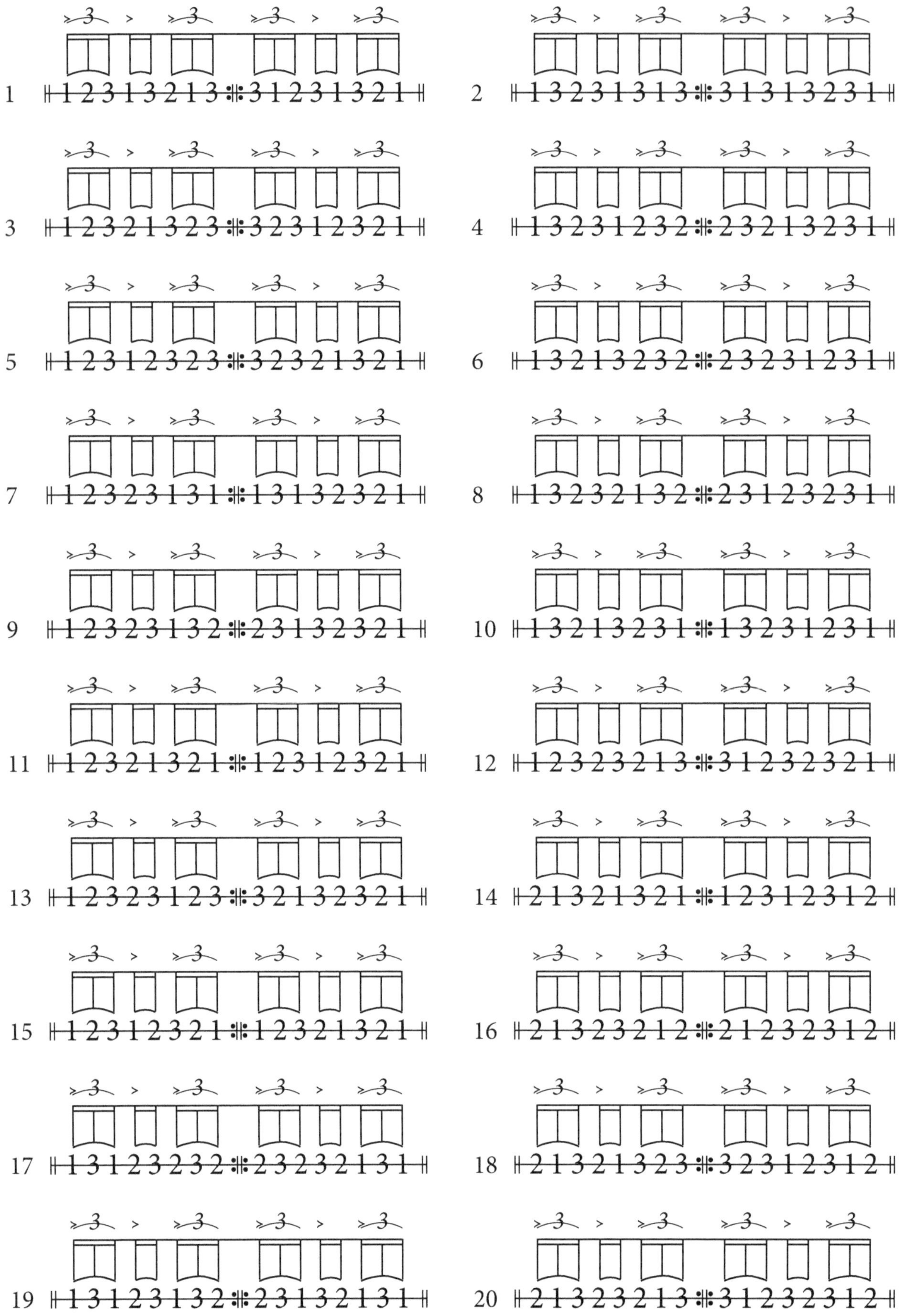

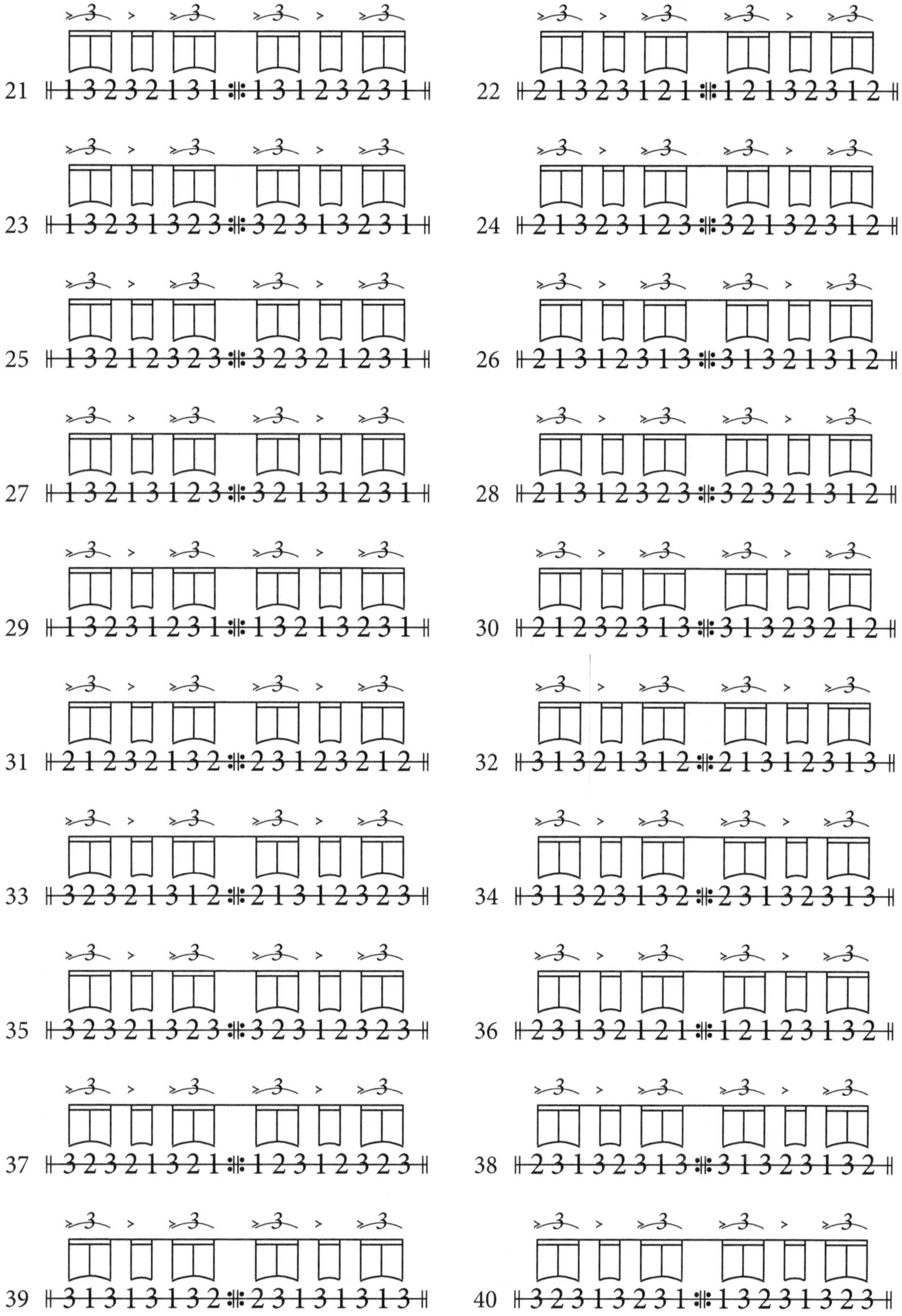

21 ‖: 1 3 2 3 2 1 3 1 :‖: 1 3 1 2 3 2 3 1 :‖
22 ‖: 2 1 3 2 3 1 2 1 :‖: 1 2 1 3 2 3 1 2 :‖

23 ‖: 1 3 2 3 1 3 2 3 :‖: 3 2 3 1 3 2 3 1 :‖
24 ‖: 2 1 3 2 3 1 2 3 :‖: 3 2 1 3 2 3 1 2 :‖

25 ‖: 1 3 2 1 2 3 2 3 :‖: 3 2 3 2 1 2 3 1 :‖
26 ‖: 2 1 3 1 2 3 1 3 :‖: 3 1 3 2 1 3 1 2 :‖

27 ‖: 1 3 2 1 3 1 2 3 :‖: 3 2 1 3 1 1 2 3 1 :‖
28 ‖: 2 1 3 1 2 3 2 3 :‖: 3 2 3 2 1 3 1 2 :‖

29 ‖: 1 3 2 3 1 2 3 1 :‖: 1 3 2 1 3 2 3 1 :‖
30 ‖: 2 1 2 3 2 3 1 3 :‖: 3 1 3 2 3 2 1 2 :‖

31 ‖: 2 1 2 3 2 1 3 2 :‖: 2 3 1 2 3 2 1 2 :‖
32 ‖: 3 1 3 2 1 3 1 2 :‖: 2 1 3 1 2 3 1 3 :‖

33 ‖: 3 2 3 2 1 3 1 2 :‖: 2 1 3 1 2 3 2 3 :‖
34 ‖: 3 1 3 2 3 1 3 2 :‖: 2 3 1 3 2 3 1 3 :‖

35 ‖: 3 2 3 2 1 3 2 3 :‖: 3 2 3 1 2 3 2 3 :‖
36 ‖: 2 3 1 3 2 1 2 1 :‖: 1 2 1 2 3 1 3 2 :‖

37 ‖: 3 2 3 2 1 3 2 1 :‖: 1 2 3 1 2 3 2 3 :‖
38 ‖: 2 3 1 3 2 3 1 3 :‖: 3 1 3 2 3 1 3 2 :‖

39 ‖: 3 1 3 1 3 1 3 2 :‖: 2 3 1 3 1 3 1 3 :‖
40 ‖: 3 2 3 1 3 2 3 1 :‖: 1 3 2 3 1 3 2 3 :‖

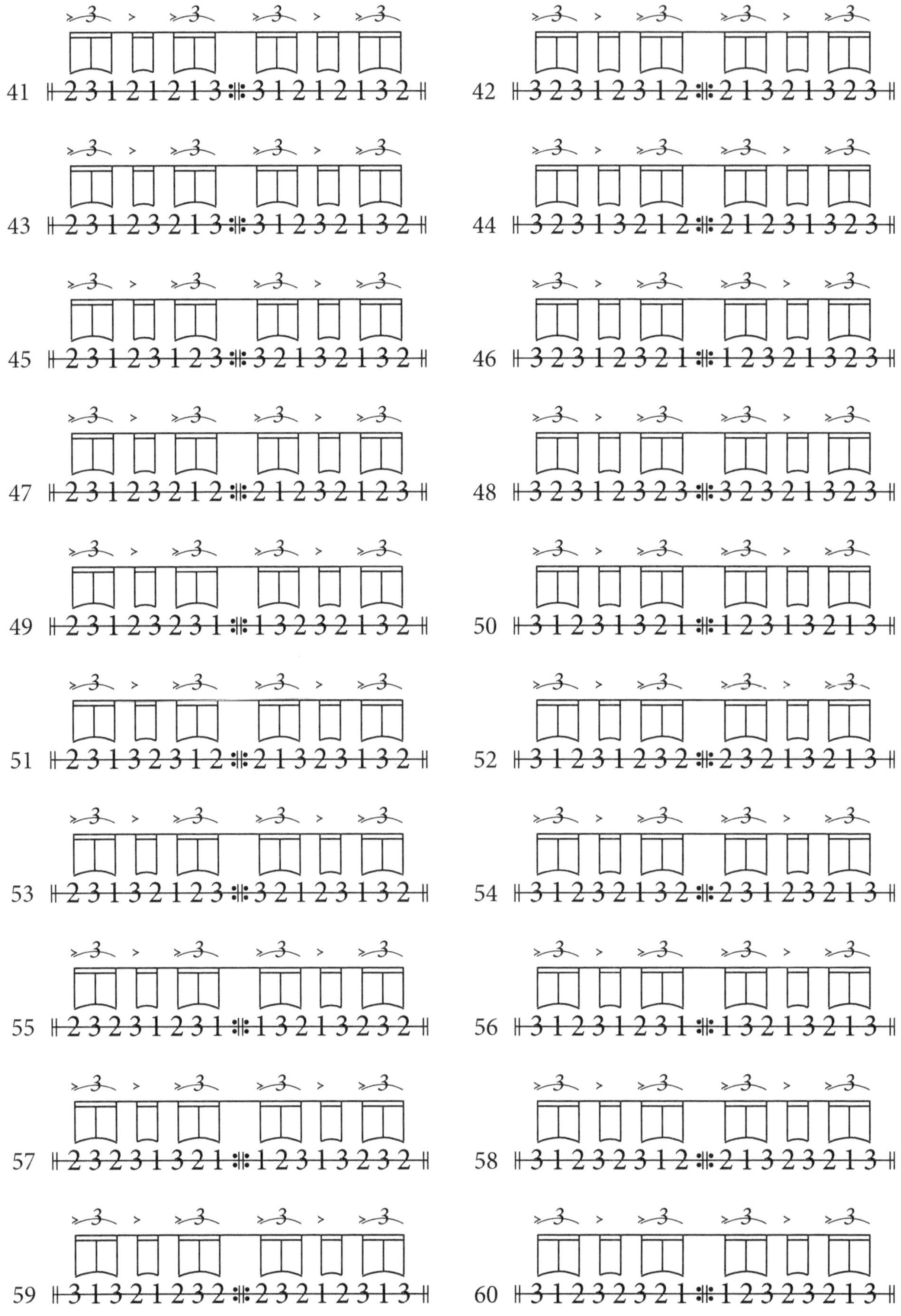

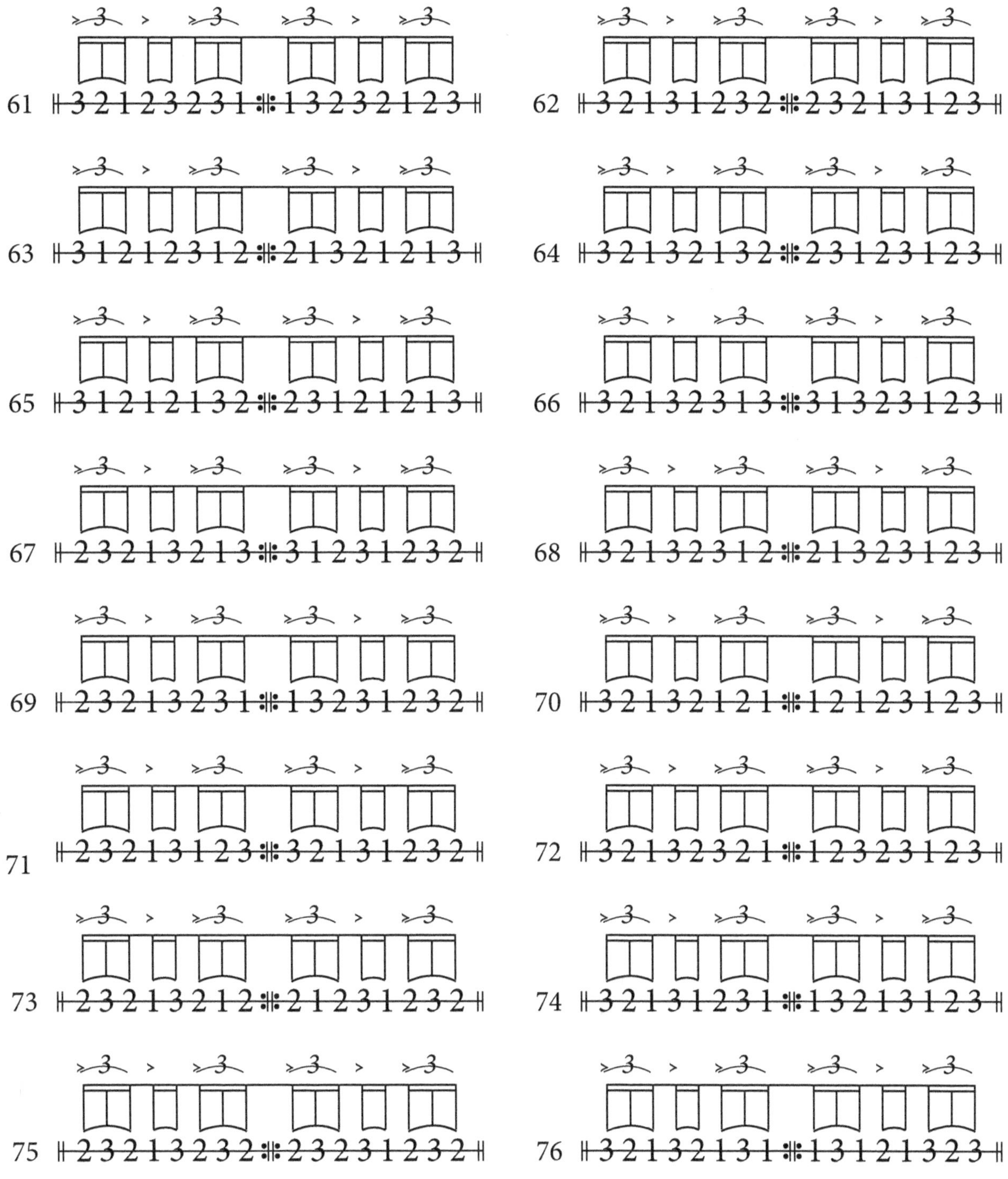

61 ‖ 321232 31 :‖: 132 32 123 ‖

62 ‖ 321312 32 :‖: 232 13 123 ‖

63 ‖ 312123 12 :‖: 213 21 213 ‖

64 ‖ 321321 32 :‖: 231 23 123 ‖

65 ‖ 312121 32 :‖: 231 21 213 ‖

66 ‖ 321231 32 :‖: 313 23 123 ‖

67 ‖ 232132 13 :‖: 312 31 232 ‖

68 ‖ 321323 12 :‖: 213 23 123 ‖

69 ‖ 232132 31 :‖: 132 31 232 ‖

70 ‖ 321321 21 :‖: 121 23 123 ‖

71 ‖ 232131 23 :‖: 321 31 232 ‖

72 ‖ 321323 21 :‖: 123 23 123 ‖

73 ‖ 232132 12 :‖: 212 31 232 ‖

74 ‖ 321312 31 :‖: 132 13 123 ‖

75 ‖ 232132 32 :‖: 232 31 232 ‖

76 ‖ 321321 31 :‖: 131 21 323 ‖

LIGADOS
UNIT 8

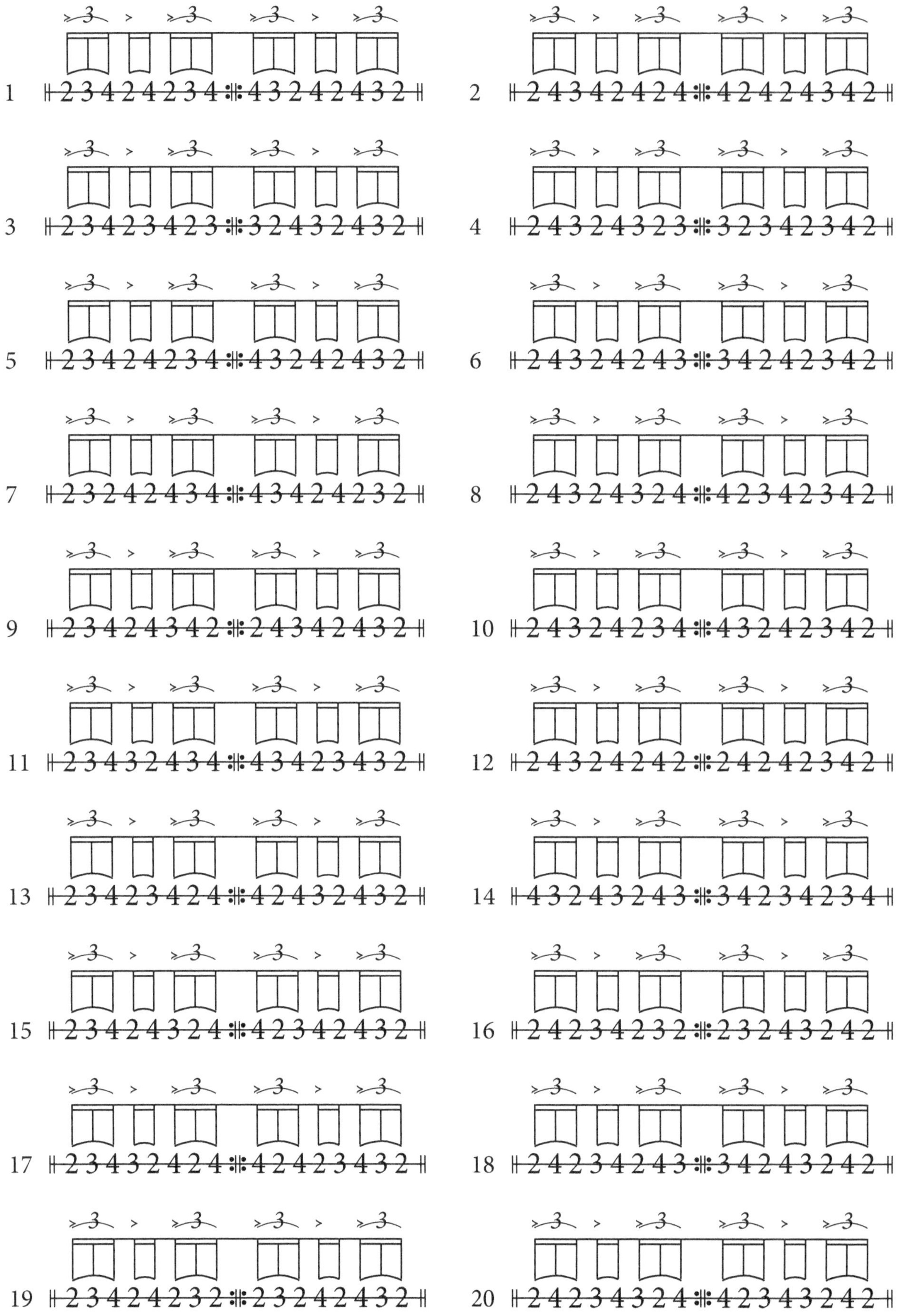

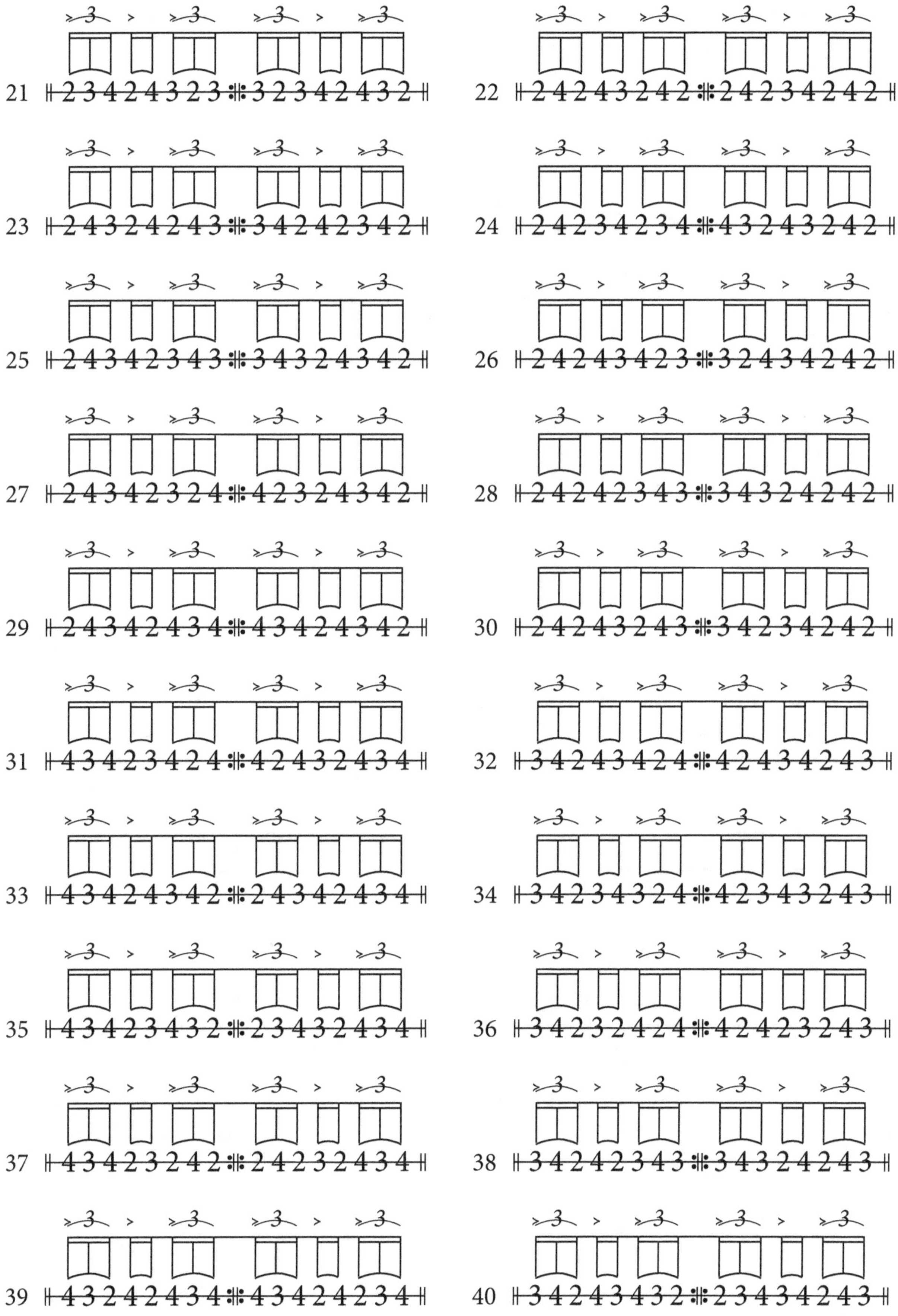

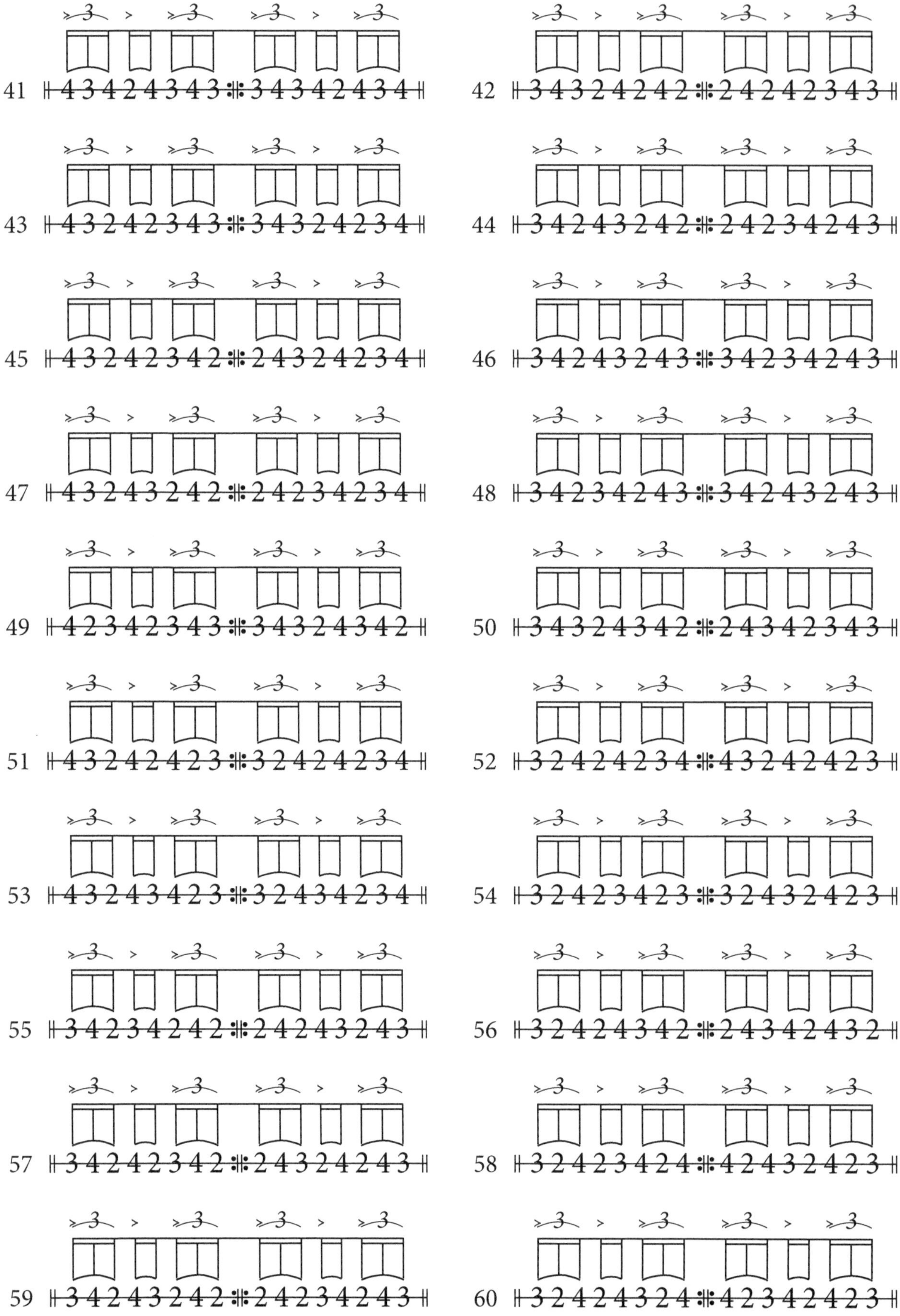

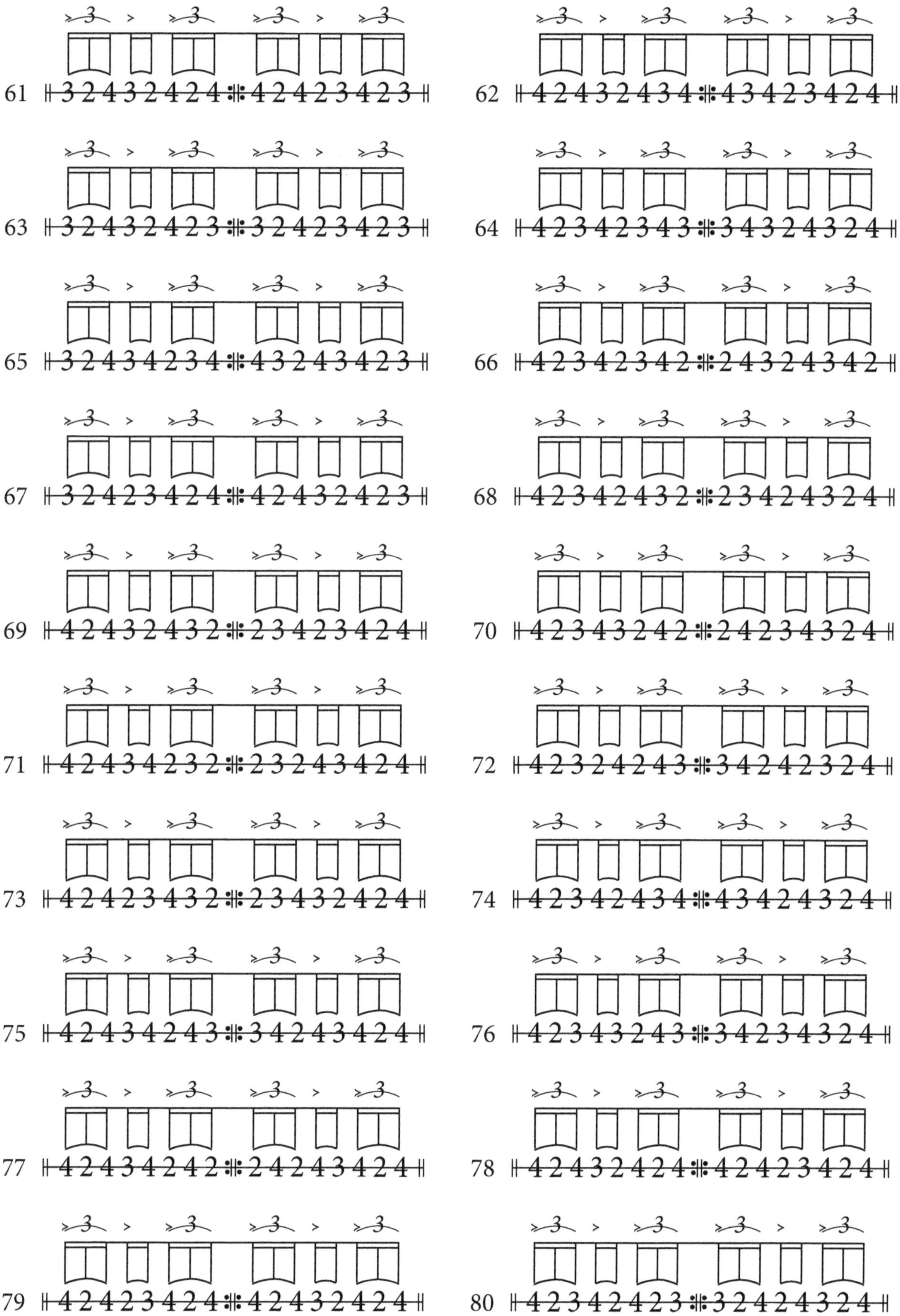

61 ‖ 3 2 4 3 2 4 2 4 :‖: 4 2 4 2 3 4 2 3 ‖
62 ‖ 4 2 4 3 2 4 3 4 :‖: 4 3 4 2 3 4 2 4 ‖
63 ‖ 3 2 4 3 2 4 2 3 :‖: 3 2 4 2 3 4 2 3 ‖
64 ‖ 4 2 3 4 2 3 4 3 :‖: 3 4 3 2 4 3 2 4 ‖
65 ‖ 3 2 4 3 4 2 3 4 :‖: 4 3 2 4 3 4 2 3 ‖
66 ‖ 4 2 3 4 2 3 4 2 :‖: 2 4 3 2 4 3 4 2 ‖
67 ‖ 3 2 4 2 3 4 2 4 :‖: 4 2 4 3 2 4 2 3 ‖
68 ‖ 4 2 3 4 2 4 3 2 :‖: 2 3 4 2 4 3 2 4 ‖
69 ‖ 4 2 4 3 2 4 3 2 :‖: 2 3 4 2 3 4 2 4 ‖
70 ‖ 4 2 3 4 3 2 4 2 :‖: 2 4 2 3 4 3 2 4 ‖
71 ‖ 4 2 4 3 4 2 3 2 :‖: 2 3 2 4 3 4 2 4 ‖
72 ‖ 4 2 3 2 4 2 4 3 :‖: 3 4 2 4 2 3 2 4 ‖
73 ‖ 4 2 4 2 3 4 3 2 :‖: 2 3 4 3 2 4 2 4 ‖
74 ‖ 4 2 3 4 2 4 3 4 :‖: 4 3 4 2 4 3 2 4 ‖
75 ‖ 4 2 4 3 4 2 4 3 :‖: 3 4 2 4 3 4 2 4 ‖
76 ‖ 4 2 3 4 3 2 4 3 :‖: 3 4 2 3 4 3 2 4 ‖
77 ‖ 4 2 4 3 4 2 4 2 :‖: 2 4 2 4 3 4 2 4 ‖
78 ‖ 4 2 4 3 2 4 2 4 :‖: 4 2 4 2 3 4 2 4 ‖
79 ‖ 4 2 4 2 3 4 2 4 :‖: 4 2 4 3 2 4 2 4 ‖
80 ‖ 4 2 3 4 2 4 2 3 :‖: 3 2 4 2 4 3 2 4 ‖

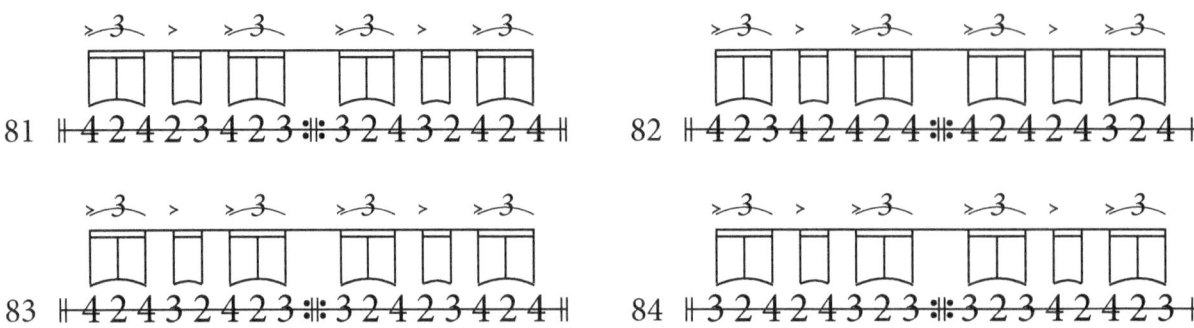

LIGADOS

UNIT 9

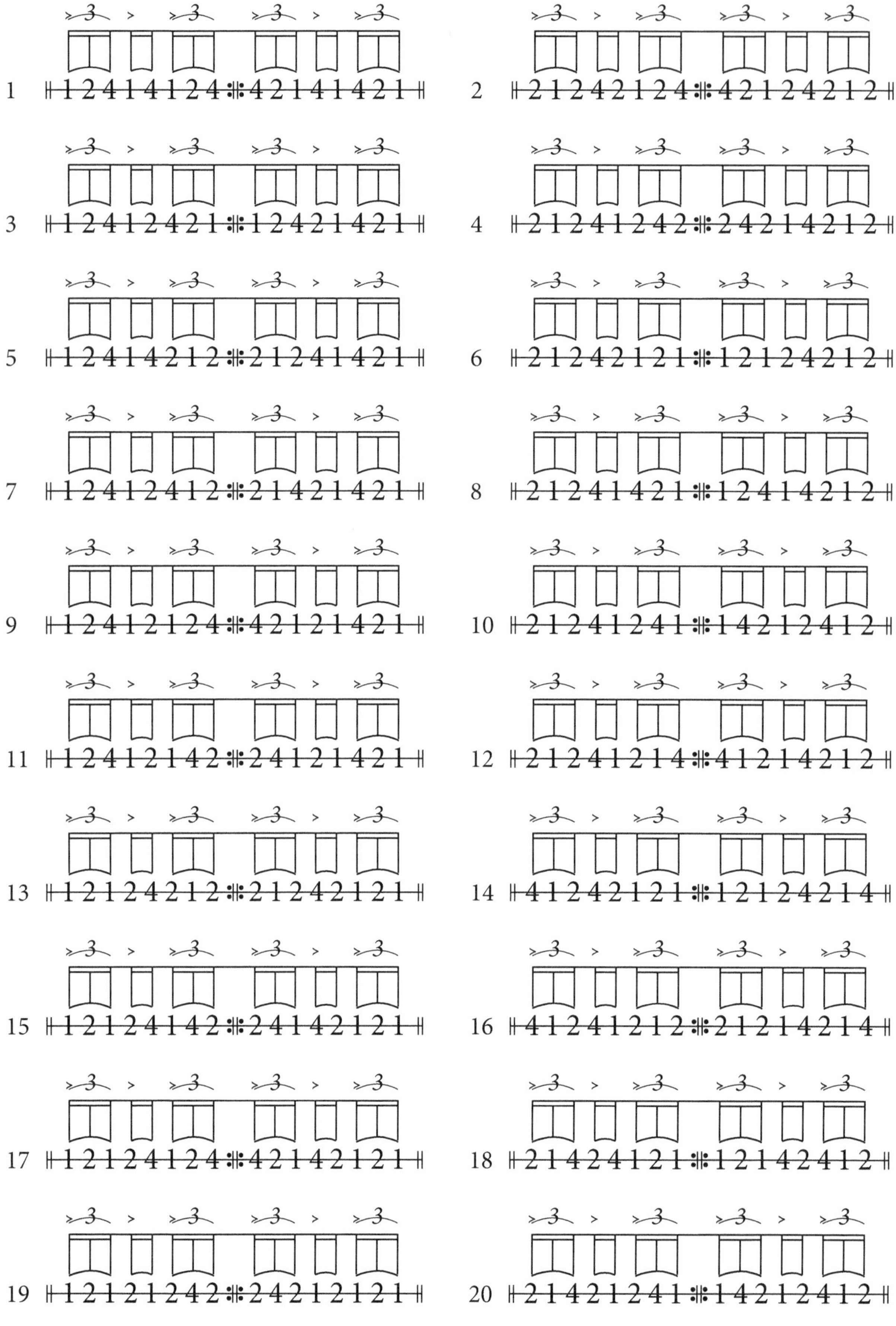

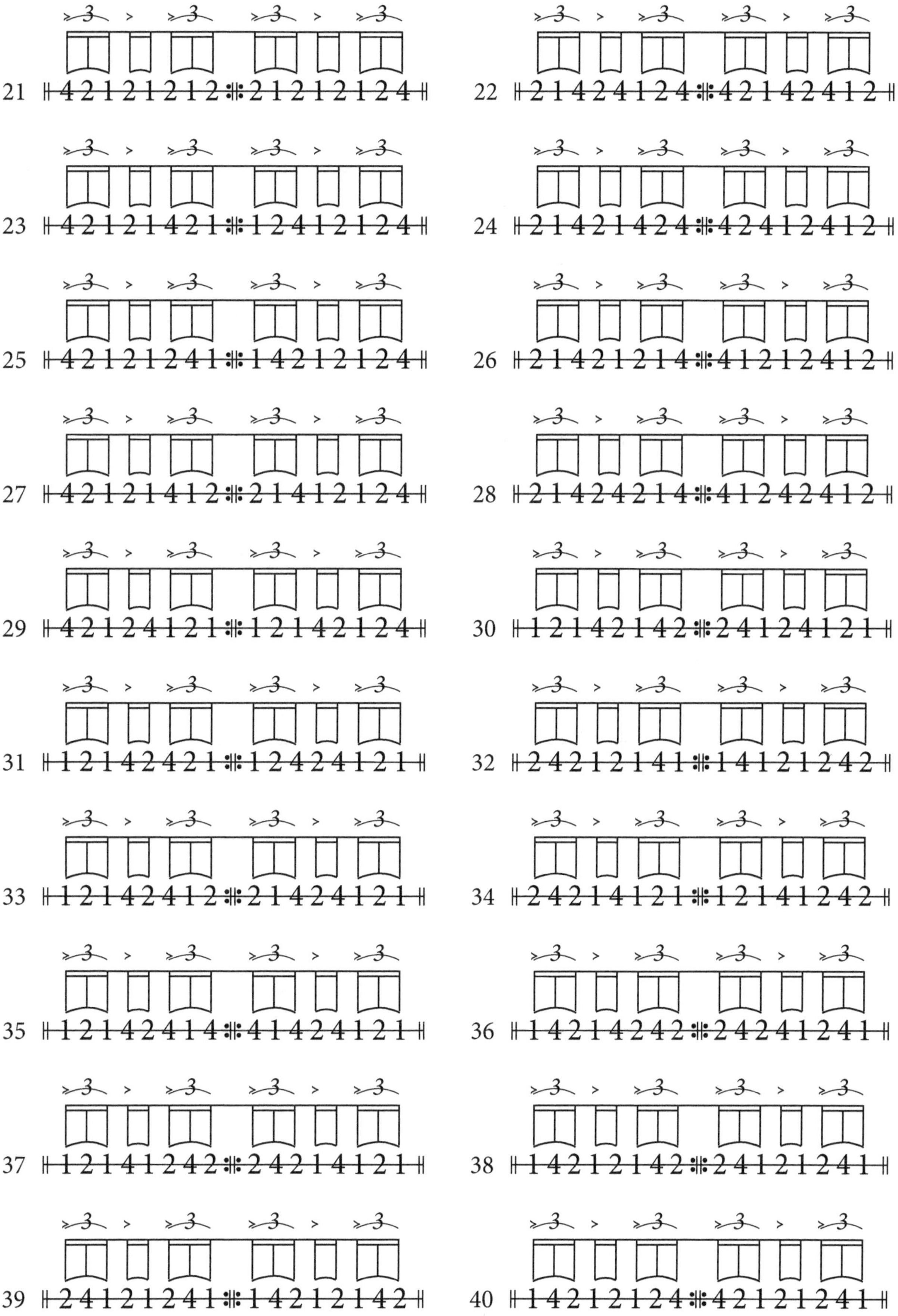

21 ‖ 4 2 1 2 1 2 :‖: 2 1 2 1 2 1 2 4 ‖
22 ‖ 2 1 4 2 4 1 2 4 :‖: 4 2 1 4 2 4 1 2 ‖
23 ‖ 4 2 1 2 1 4 2 1 :‖: 1 2 4 1 2 1 2 4 ‖
24 ‖ 2 1 4 2 1 4 2 4 :‖: 4 2 4 1 2 1 2 ‖
25 ‖ 4 2 1 2 1 2 4 1 :‖: 1 4 2 1 2 1 2 4 ‖
26 ‖ 2 1 4 2 1 2 1 4 :‖: 4 1 2 1 2 4 1 2 ‖
27 ‖ 4 2 1 2 1 4 1 2 :‖: 2 1 4 1 2 1 2 4 ‖
28 ‖ 2 1 4 2 4 2 1 4 :‖: 4 1 2 4 2 4 1 2 ‖
29 ‖ 4 2 1 2 4 1 2 1 :‖: 1 2 1 4 2 1 2 4 ‖
30 ‖ 1 2 1 4 2 1 4 2 :‖: 2 4 1 2 4 1 2 1 ‖
31 ‖ 1 2 1 4 2 4 2 1 :‖: 1 2 4 2 4 1 2 1 ‖
32 ‖ 2 4 2 1 2 1 4 1 :‖: 1 4 1 2 1 2 4 2 ‖
33 ‖ 1 2 1 4 2 4 1 2 :‖: 2 1 4 2 4 1 2 1 ‖
34 ‖ 2 4 2 1 4 1 2 1 :‖: 1 2 1 4 1 2 4 2 ‖
35 ‖ 1 2 1 4 2 4 1 4 :‖: 4 1 4 2 4 1 2 1 ‖
36 ‖ 1 4 2 1 4 2 4 2 :‖: 2 4 2 4 1 2 4 1 ‖
37 ‖ 1 2 1 4 1 2 4 2 :‖: 2 4 2 1 4 1 2 1 ‖
38 ‖ 1 4 2 1 2 1 4 2 :‖: 2 4 1 2 1 2 4 1 ‖
39 ‖ 2 4 1 2 1 2 4 1 :‖: 1 4 2 1 2 1 4 2 ‖
40 ‖ 1 4 2 1 2 1 2 4 :‖: 4 2 1 2 1 2 4 1 ‖

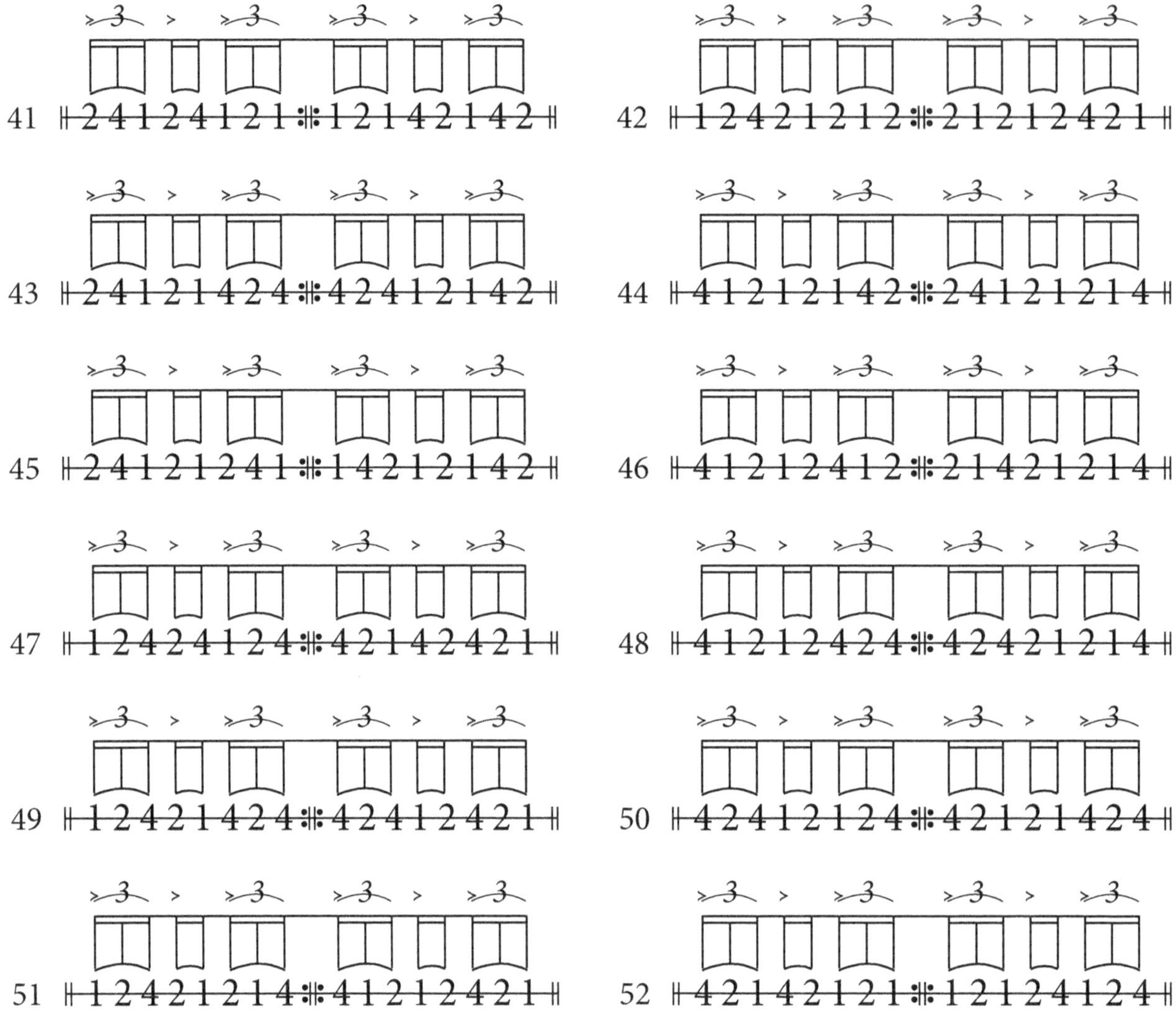

LIGADOS

UNIT 10

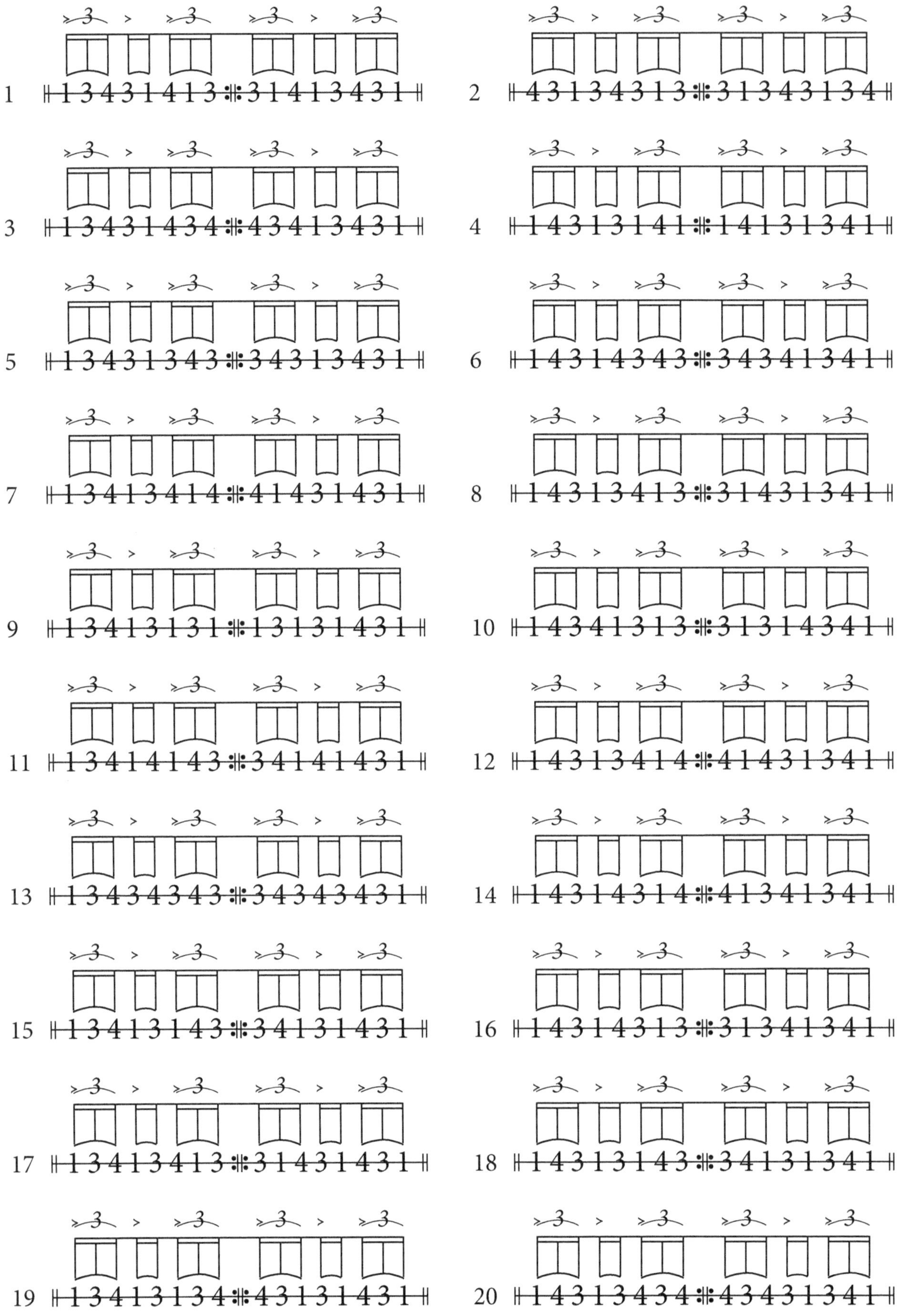

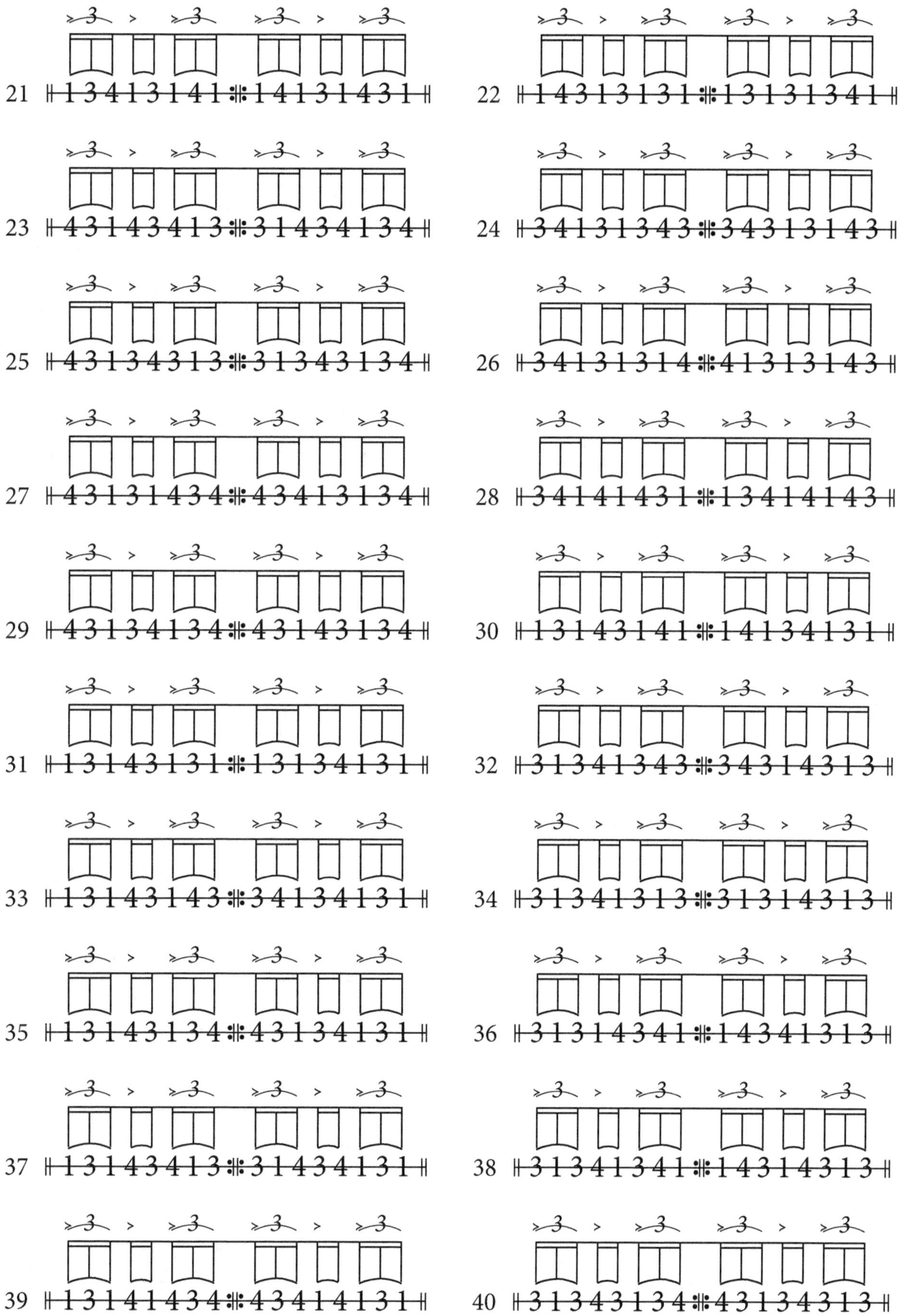

21 ‖ 1 3 4 1 3 1 4 1 :‖: 1 4 1 3 1 4 3 1 ‖
22 ‖ 1 4 3 1 3 1 3 1 :‖: 1 3 1 3 1 3 4 1 ‖
23 ‖ 4 3 1 4 3 4 1 3 :‖: 3 1 4 3 4 1 3 4 ‖
24 ‖ 3 4 1 3 1 3 4 3 :‖: 3 4 3 1 3 1 4 3 ‖
25 ‖ 4 3 1 3 4 3 1 3 :‖: 3 1 3 4 3 1 3 4 ‖
26 ‖ 3 4 1 3 1 3 1 4 :‖: 4 1 3 1 3 1 4 3 ‖
27 ‖ 4 3 1 3 1 4 3 4 :‖: 4 3 4 1 3 1 3 4 ‖
28 ‖ 3 4 1 4 1 4 3 1 :‖: 1 3 4 1 4 1 4 3 ‖
29 ‖ 4 3 1 3 4 1 3 4 :‖: 4 3 1 4 3 1 3 4 ‖
30 ‖ 1 3 1 4 3 1 4 1 :‖: 1 4 1 3 4 1 3 1 ‖
31 ‖ 1 3 1 4 3 1 3 1 :‖: 1 3 1 3 4 1 3 1 ‖
32 ‖ 3 1 3 4 1 3 4 3 :‖: 3 4 3 1 4 3 1 3 ‖
33 ‖ 1 3 1 4 3 1 4 3 :‖: 3 4 1 3 4 1 3 1 ‖
34 ‖ 3 1 3 4 1 3 1 3 :‖: 3 1 3 1 4 3 1 3 ‖
35 ‖ 1 3 1 4 3 1 3 4 :‖: 4 3 1 3 4 1 3 1 ‖
36 ‖ 3 1 3 1 4 3 4 1 :‖: 1 4 3 4 1 3 1 3 ‖
37 ‖ 1 3 1 4 3 4 1 3 :‖: 3 1 4 3 4 1 3 1 ‖
38 ‖ 3 1 3 4 1 3 4 1 :‖: 1 4 3 1 4 3 1 3 ‖
39 ‖ 1 3 1 4 1 4 3 4 :‖: 4 3 4 1 4 1 3 1 ‖
40 ‖ 3 1 3 4 3 1 3 4 :‖: 4 3 1 3 4 3 1 3 ‖

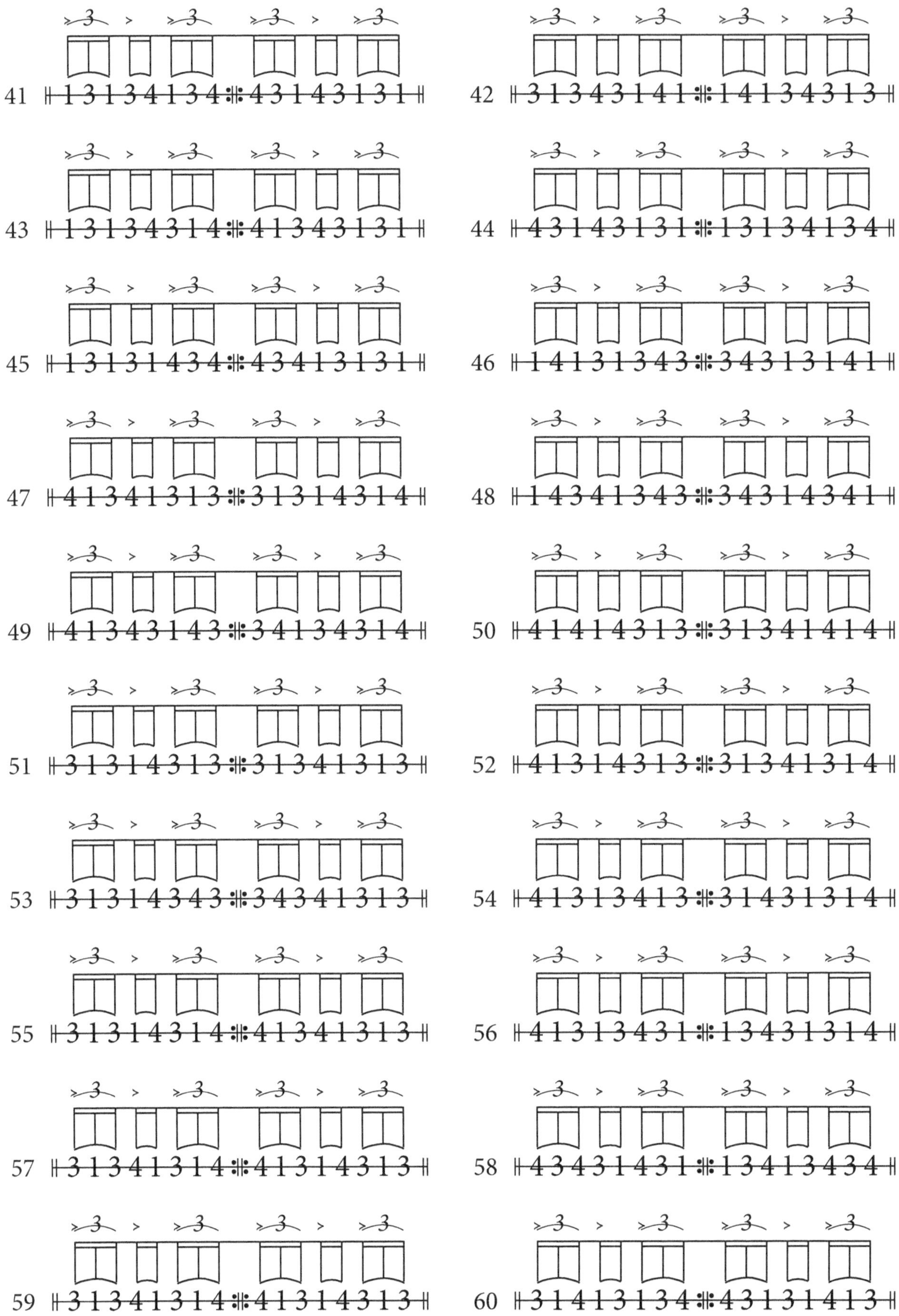

61. ‖: 3 1 4 3 1 3 1 4 :‖: 4 1 3 1 3 1 3 4 3 :‖
62. ‖: 3 4 3 1 4 1 3 1 :‖: 1 3 1 4 1 3 4 3 :‖
63. ‖: 3 1 4 3 1 4 3 4 :‖: 4 3 4 1 3 4 1 3 :‖
64. ‖: 3 4 3 1 3 4 3 1 :‖: 1 3 4 3 1 3 4 3 :‖
65. ‖: 3 1 4 3 1 4 1 4 :‖: 4 1 4 1 3 4 1 3 :‖
66. ‖: 3 4 3 1 3 4 3 4 :‖: 4 3 4 3 1 3 4 3 :‖
67. ‖: 3 1 4 3 1 4 3 1 :‖: 1 3 4 1 3 4 1 3 :‖
68. ‖: 4 1 3 1 3 4 1 4 :‖: 4 1 4 3 1 3 1 4 :‖
69. ‖: 3 1 4 3 1 3 4 1 :‖: 1 4 3 1 3 4 1 3 :‖
70. ‖: 4 1 3 1 4 3 4 3 :‖: 3 4 3 4 1 3 1 4 :‖
71. ‖: 3 1 4 3 4 1 3 1 :‖: 1 3 1 4 3 4 3 1 3 :‖
72. ‖: 4 1 3 1 3 1 4 3 :‖: 3 4 1 3 1 3 1 4 :‖
73. ‖: 3 1 4 3 4 1 3 4 :‖: 4 3 1 4 3 4 1 3 :‖
74. ‖: 4 3 1 3 1 4 1 4 :‖: 4 1 4 1 3 1 3 4 :‖
75. ‖: 3 4 1 3 1 4 3 4 :‖: 4 3 4 1 3 1 4 3 :‖
76. ‖: 4 3 1 3 1 4 3 1 :‖: 1 3 4 1 3 1 3 4 :‖
77. ‖: 3 4 1 3 4 1 3 4 :‖: 4 3 1 4 3 1 4 3 :‖
78. ‖: 4 3 1 3 4 1 3 1 :‖: 1 3 1 4 3 1 3 4 :‖
79. ‖: 3 4 1 3 4 3 1 4 :‖: 4 1 3 4 3 1 4 3 :‖
80. ‖: 4 3 1 4 1 3 1 3 :‖: 3 1 3 1 4 1 3 4 :‖

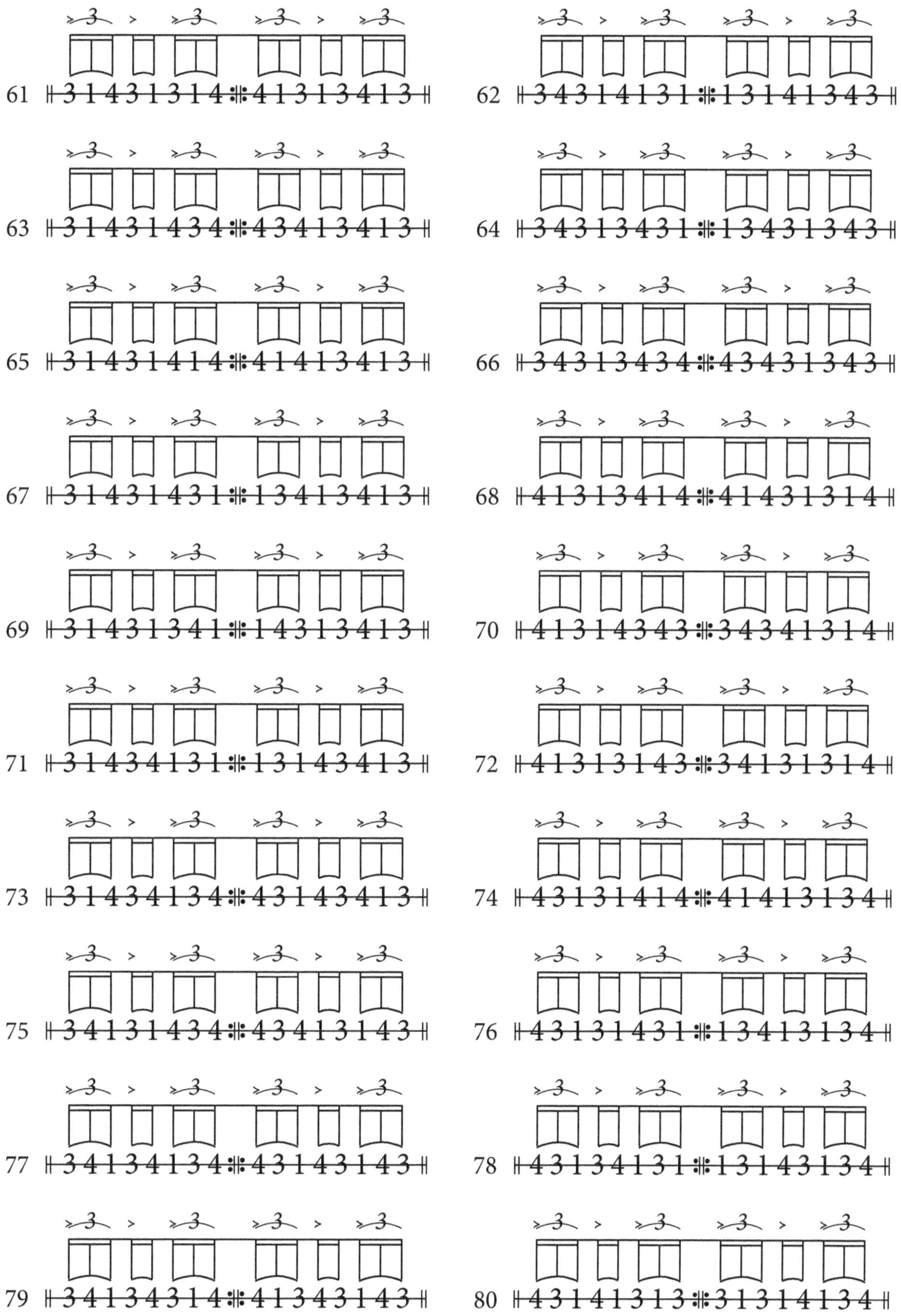

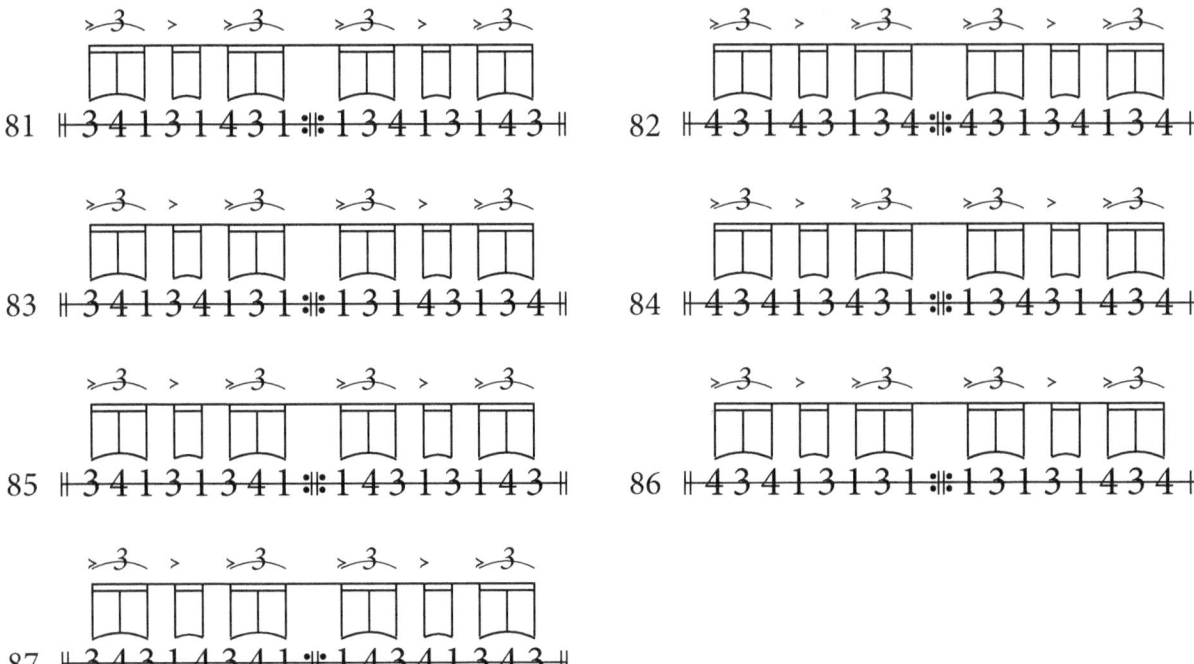

LIGADOS
UNIT 11

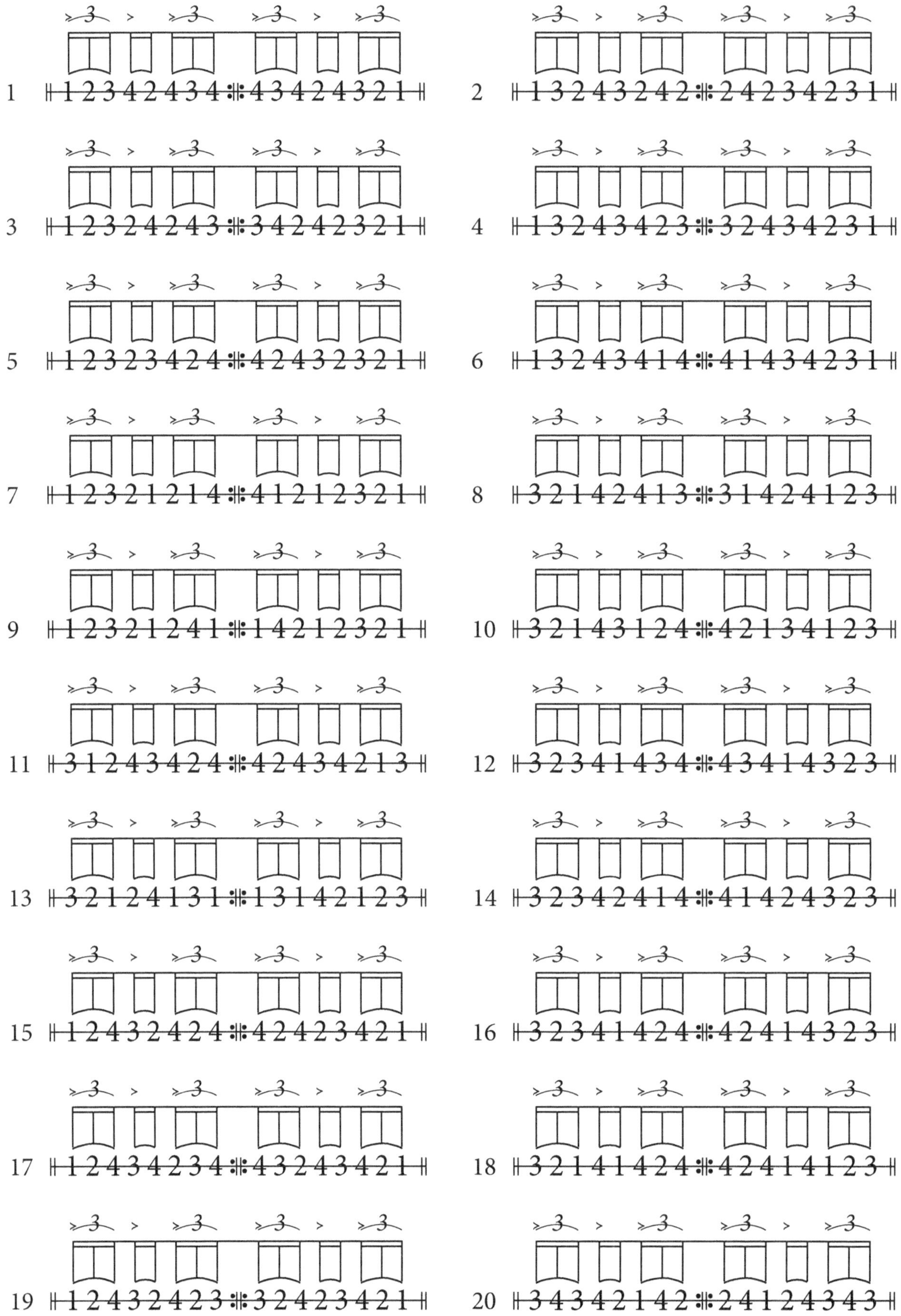

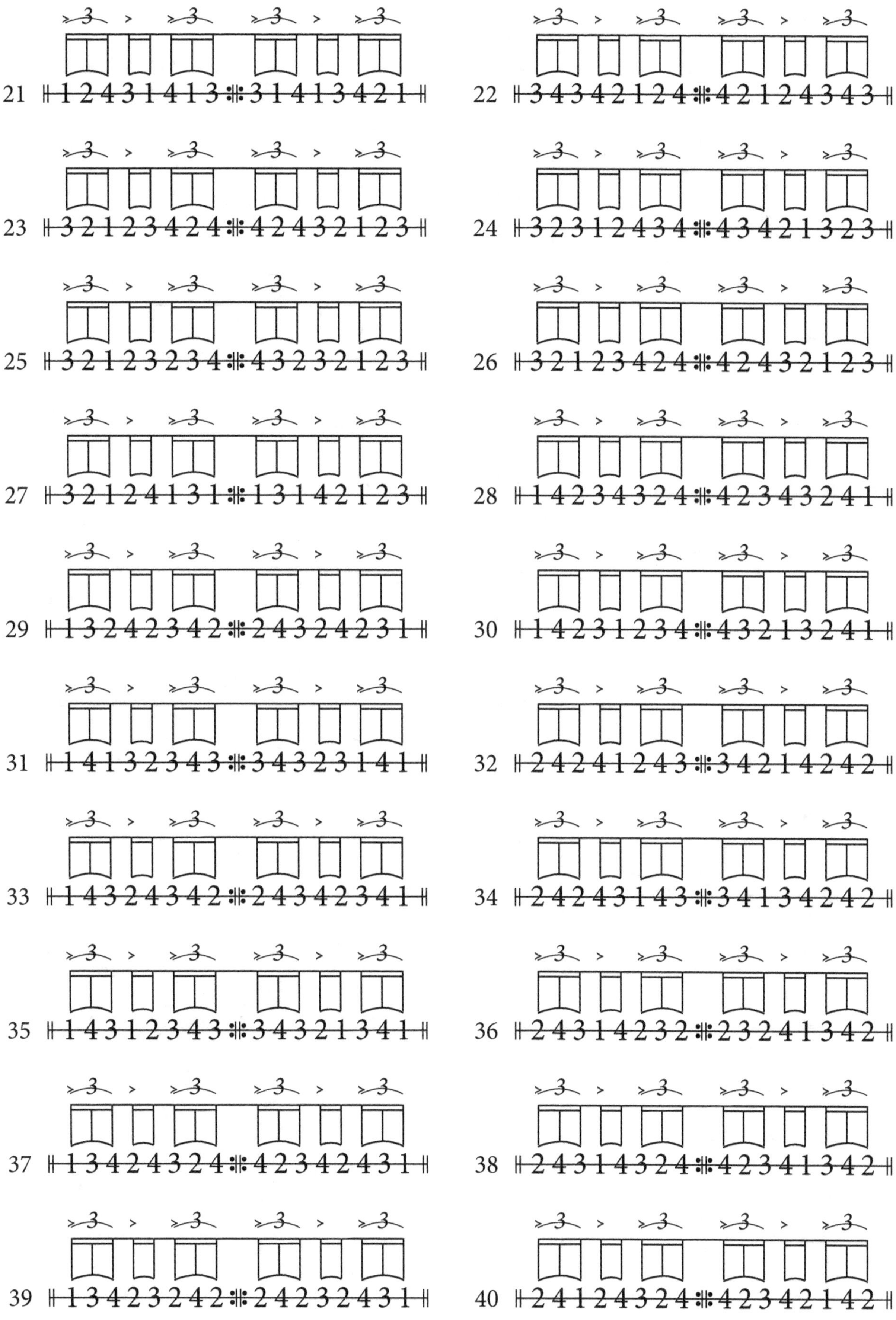

21 ‖: 1 2 4 3 1 4 1 3 :‖: 3 1 4 1 3 4 2 1 :‖
22 ‖: 3 4 3 4 2 1 2 4 :‖: 4 2 1 2 4 3 4 3 :‖
23 ‖: 3 2 1 2 3 4 2 4 :‖: 4 2 4 3 2 1 2 3 :‖
24 ‖: 3 2 3 1 2 4 3 4 :‖: 4 3 4 2 1 3 2 3 :‖
25 ‖: 3 2 1 2 3 2 3 4 :‖: 4 3 2 3 2 1 2 3 :‖
26 ‖: 3 2 1 2 3 4 2 4 :‖: 4 2 4 3 2 1 2 3 :‖
27 ‖: 3 2 1 2 4 1 3 1 :‖: 1 3 1 4 2 1 2 3 :‖
28 ‖: 1 4 2 3 4 3 2 4 :‖: 4 2 3 4 3 2 4 1 :‖
29 ‖: 1 3 2 4 2 3 4 2 :‖: 2 4 3 2 4 2 3 1 :‖
30 ‖: 1 4 2 3 1 2 3 4 :‖: 4 3 2 1 3 2 4 1 :‖
31 ‖: 1 4 1 3 2 3 4 3 :‖: 3 4 3 2 3 1 4 1 :‖
32 ‖: 2 4 2 4 1 2 4 3 :‖: 3 4 2 1 4 2 4 2 :‖
33 ‖: 1 4 3 2 4 3 4 2 :‖: 2 4 3 4 2 3 4 1 :‖
34 ‖: 2 4 2 4 3 1 4 3 :‖: 3 4 1 3 4 2 4 2 :‖
35 ‖: 1 4 3 1 2 3 4 3 :‖: 3 4 3 2 1 3 4 1 :‖
36 ‖: 2 4 3 1 4 2 3 2 :‖: 2 3 2 4 1 3 4 2 :‖
37 ‖: 1 3 4 2 4 3 2 4 :‖: 4 2 3 4 2 4 3 1 :‖
38 ‖: 2 4 3 1 4 3 2 4 :‖: 4 2 3 4 1 3 4 2 :‖
39 ‖: 1 3 4 2 3 2 4 2 :‖: 2 4 2 3 2 4 3 1 :‖
40 ‖: 2 4 1 2 4 3 2 4 :‖: 4 2 3 4 2 1 4 2 :‖

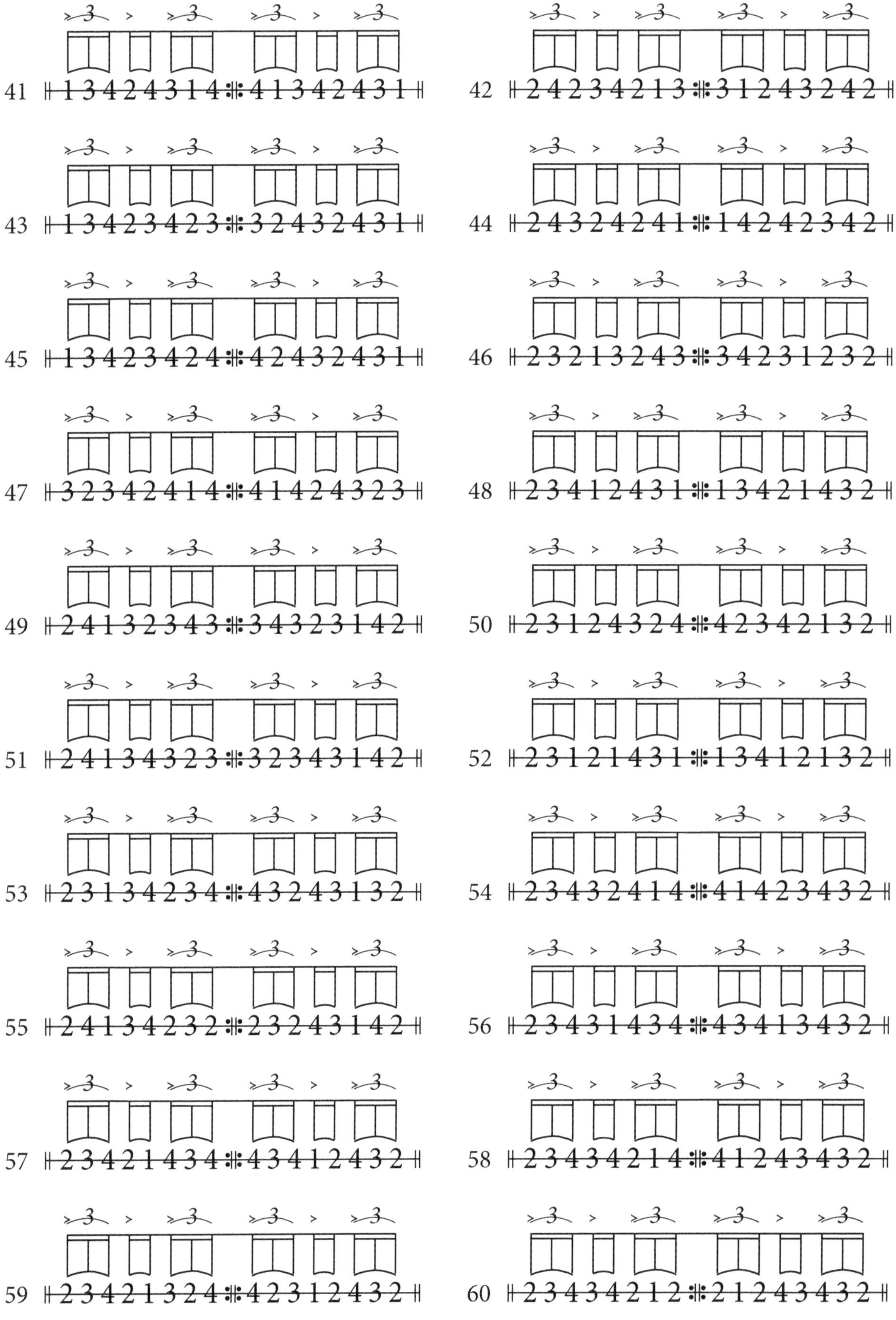

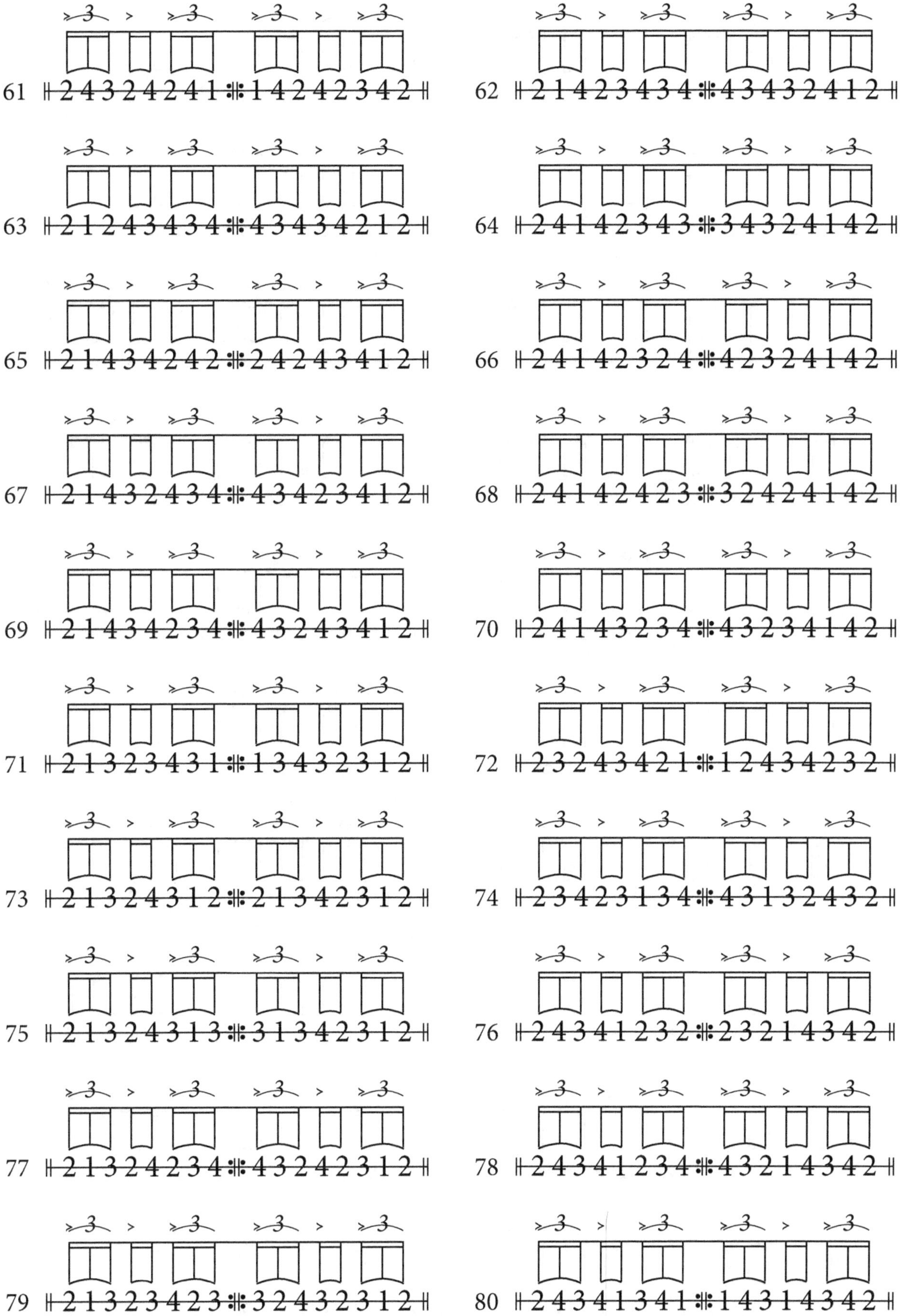

101 ‖ 3 4 2 3 1 3 2 4 :‖: 4 2 3 1 3 2 4 3 ‖
102 ‖ 3 4 2 1 3 2 4 2 :‖: 2 4 2 3 1 2 4 3 ‖
103 ‖ 3 4 2 3 1 4 2 4 :‖: 4 2 4 1 3 2 4 3 ‖
104 ‖ 3 4 2 1 4 2 3 4 :‖: 4 3 2 4 1 2 4 3 ‖
105 ‖ 3 4 2 3 4 2 1 4 :‖: 4 1 2 4 3 2 4 3 ‖
106 ‖ 3 4 2 1 4 2 3 1 :‖: 1 3 2 4 1 2 4 3 ‖
107 ‖ 3 4 2 3 4 1 3 4 :‖: 4 3 1 4 3 2 4 3 ‖
108 ‖ 3 2 4 2 3 4 2 1 :‖: 1 2 4 3 2 4 2 3 ‖
109 ‖ 3 4 2 3 4 3 1 4 :‖: 4 1 3 4 3 2 4 3 ‖
110 ‖ 3 2 4 2 4 1 2 4 :‖: 4 2 1 4 2 4 2 3 ‖
111 ‖ 3 4 2 3 4 3 4 1 :‖: 1 4 3 4 3 2 4 3 ‖
112 ‖ 3 2 4 2 1 4 3 4 :‖: 4 3 4 1 2 4 2 3 ‖
113 ‖ 3 4 2 3 4 2 3 1 :‖: 1 3 2 4 3 2 4 3 ‖
114 ‖ 3 2 4 2 1 4 2 4 :‖: 4 2 4 1 2 4 2 3 ‖
115 ‖ 3 4 2 3 1 3 4 2 :‖: 2 4 3 1 3 2 4 3 ‖
116 ‖ 3 2 4 2 3 1 4 3 :‖: 3 4 1 3 2 4 2 3 ‖
117 ‖ 3 4 2 3 1 4 2 1 :‖: 1 2 4 1 3 2 4 3 ‖
118 ‖ 3 2 4 2 4 3 1 4 :‖: 4 1 3 4 2 4 2 3 ‖
119 ‖ 3 1 2 4 3 4 3 2 :‖: 2 3 4 3 4 2 1 3 ‖
120 ‖ 3 2 4 2 3 1 4 2 :‖: 2 4 1 3 2 4 2 3 ‖

229

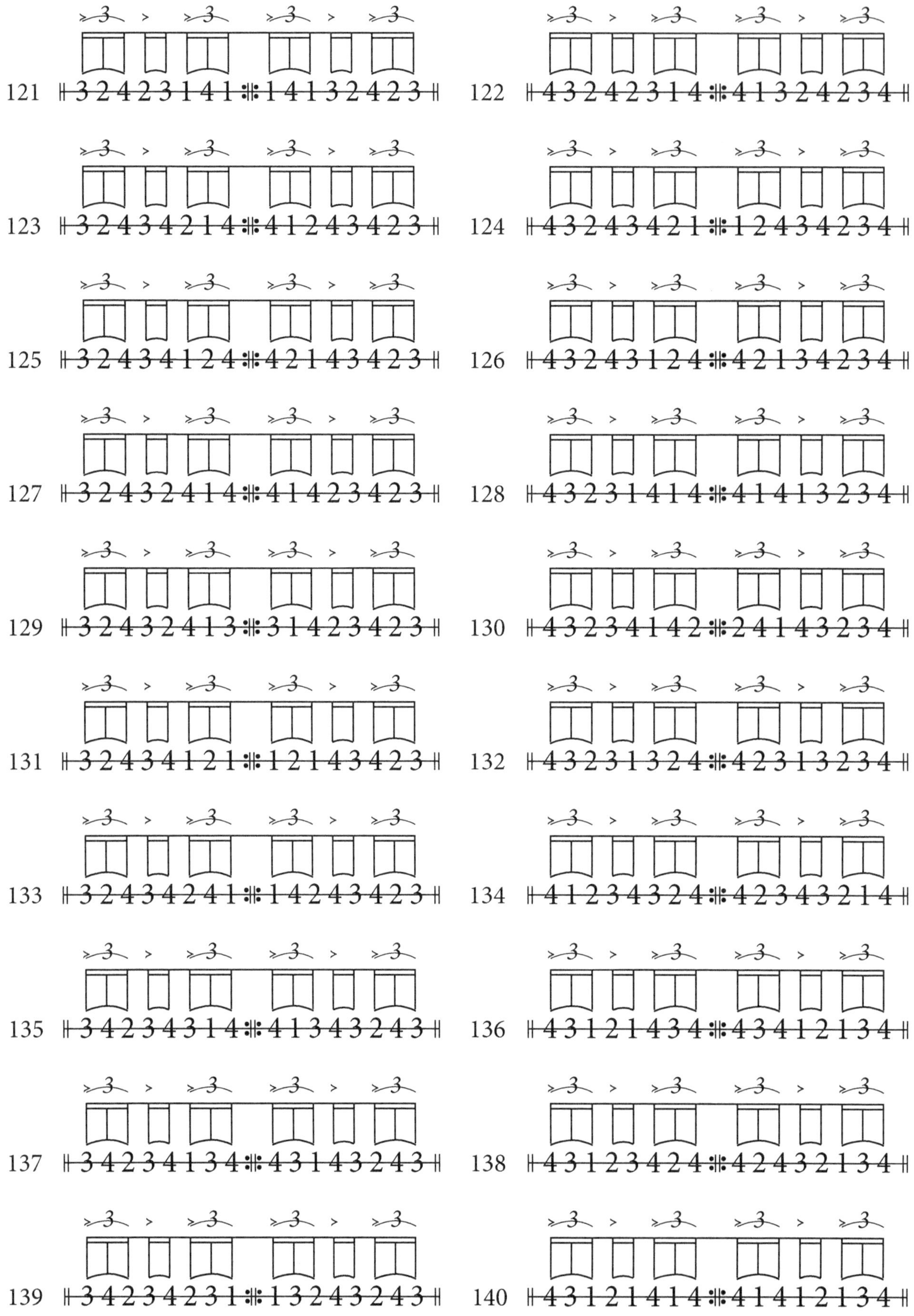

121. ‖: 3 2 4 2 3 1 4 1 :‖: 1 4 1 3 2 4 2 3 :‖
122. ‖: 4 3 2 4 2 3 1 4 :‖: 4 1 3 2 4 2 3 4 :‖
123. ‖: 3 2 4 3 4 2 1 4 :‖: 4 1 2 4 3 4 2 3 :‖
124. ‖: 4 3 2 4 3 4 2 1 :‖: 1 2 4 3 4 2 3 4 :‖
125. ‖: 3 2 4 3 4 1 2 4 :‖: 4 2 1 4 3 4 2 3 :‖
126. ‖: 4 3 2 4 3 1 2 4 :‖: 4 2 1 3 4 2 3 4 :‖
127. ‖: 3 2 4 3 2 4 1 4 :‖: 4 1 4 2 3 4 2 3 :‖
128. ‖: 4 3 2 3 1 4 1 4 :‖: 4 1 4 1 3 2 3 4 :‖
129. ‖: 3 2 4 3 2 4 1 3 :‖: 3 1 4 2 3 4 2 3 :‖
130. ‖: 4 3 2 3 4 1 4 2 :‖: 2 4 1 4 3 2 3 4 :‖
131. ‖: 3 2 4 3 4 1 2 1 :‖: 1 2 1 4 3 4 2 3 :‖
132. ‖: 4 3 2 3 1 3 2 4 :‖: 4 2 3 1 3 2 3 4 :‖
133. ‖: 3 2 4 3 4 2 4 1 :‖: 1 4 2 4 3 4 2 3 :‖
134. ‖: 4 1 2 3 4 3 2 4 :‖: 4 2 3 4 3 2 1 4 :‖
135. ‖: 3 4 2 3 4 3 1 4 :‖: 4 1 3 4 3 2 4 3 :‖
136. ‖: 4 3 1 2 1 4 3 4 :‖: 4 3 4 1 2 1 3 4 :‖
137. ‖: 3 4 2 3 4 1 3 4 :‖: 4 3 1 4 3 2 4 3 :‖
138. ‖: 4 3 1 2 3 4 2 4 :‖: 4 2 4 3 2 1 3 4 :‖
139. ‖: 3 4 2 3 4 2 3 1 :‖: 1 3 2 4 3 2 4 3 :‖
140. ‖: 4 3 1 2 1 4 1 4 :‖: 4 1 4 1 2 1 3 4 :‖

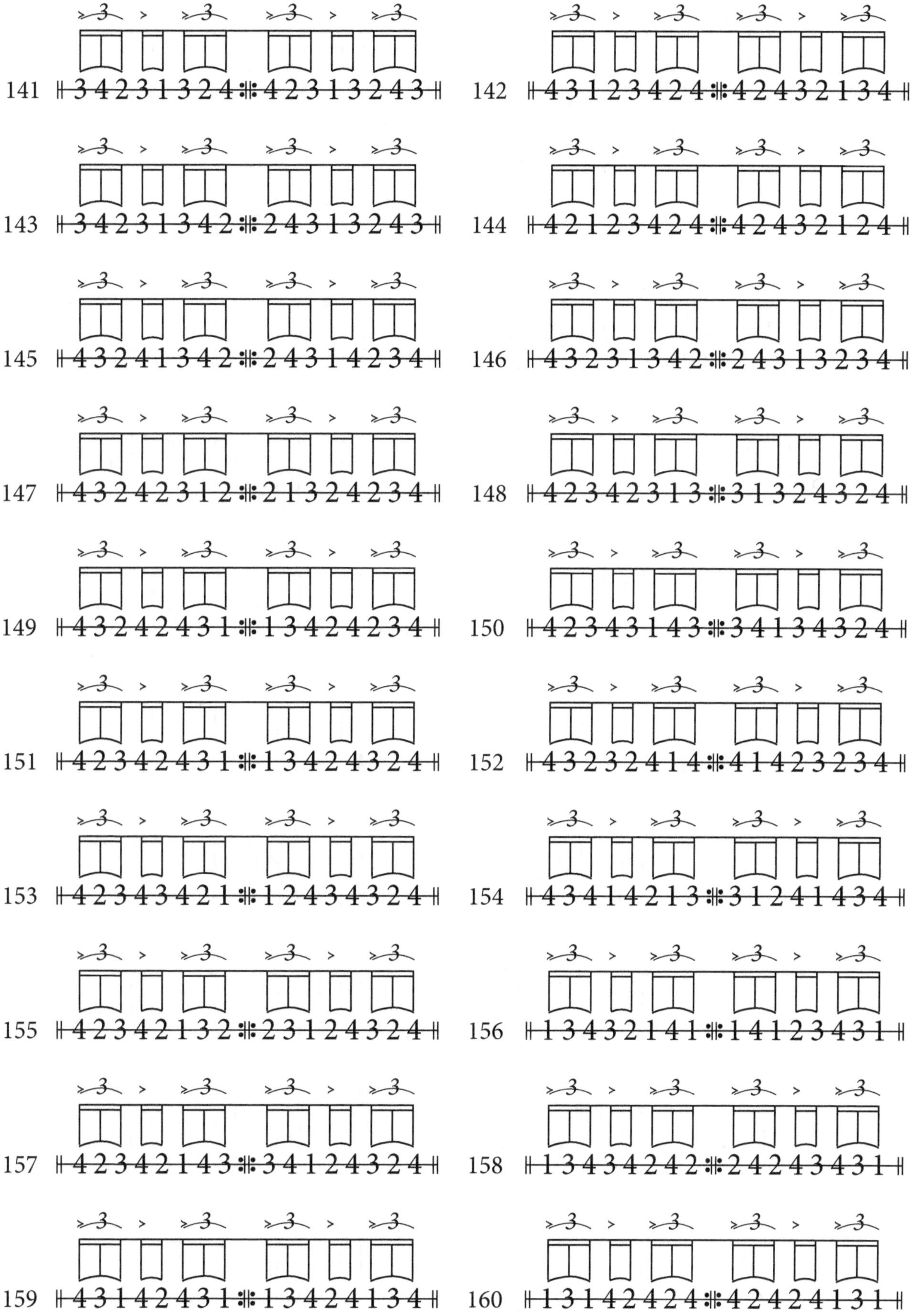

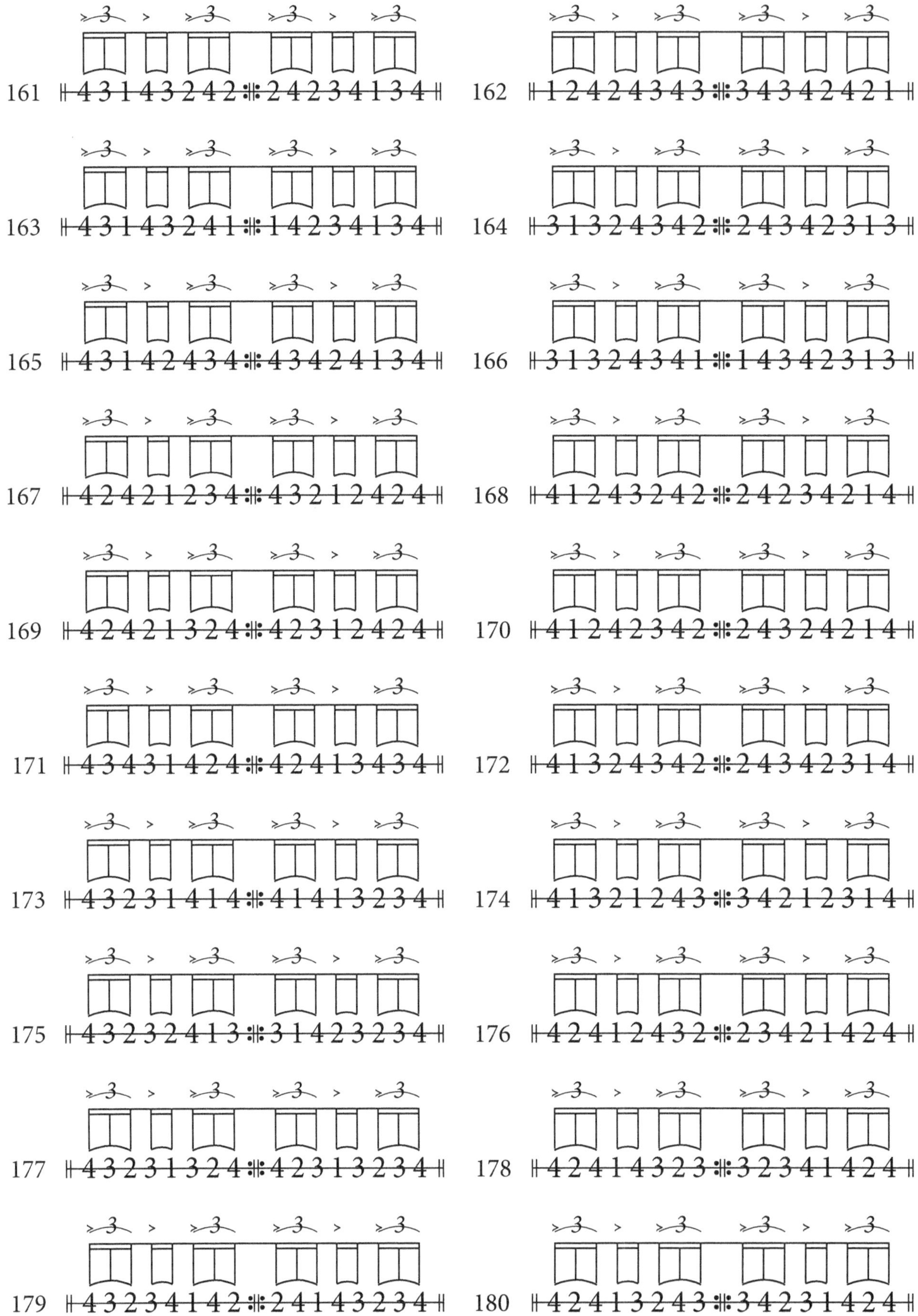

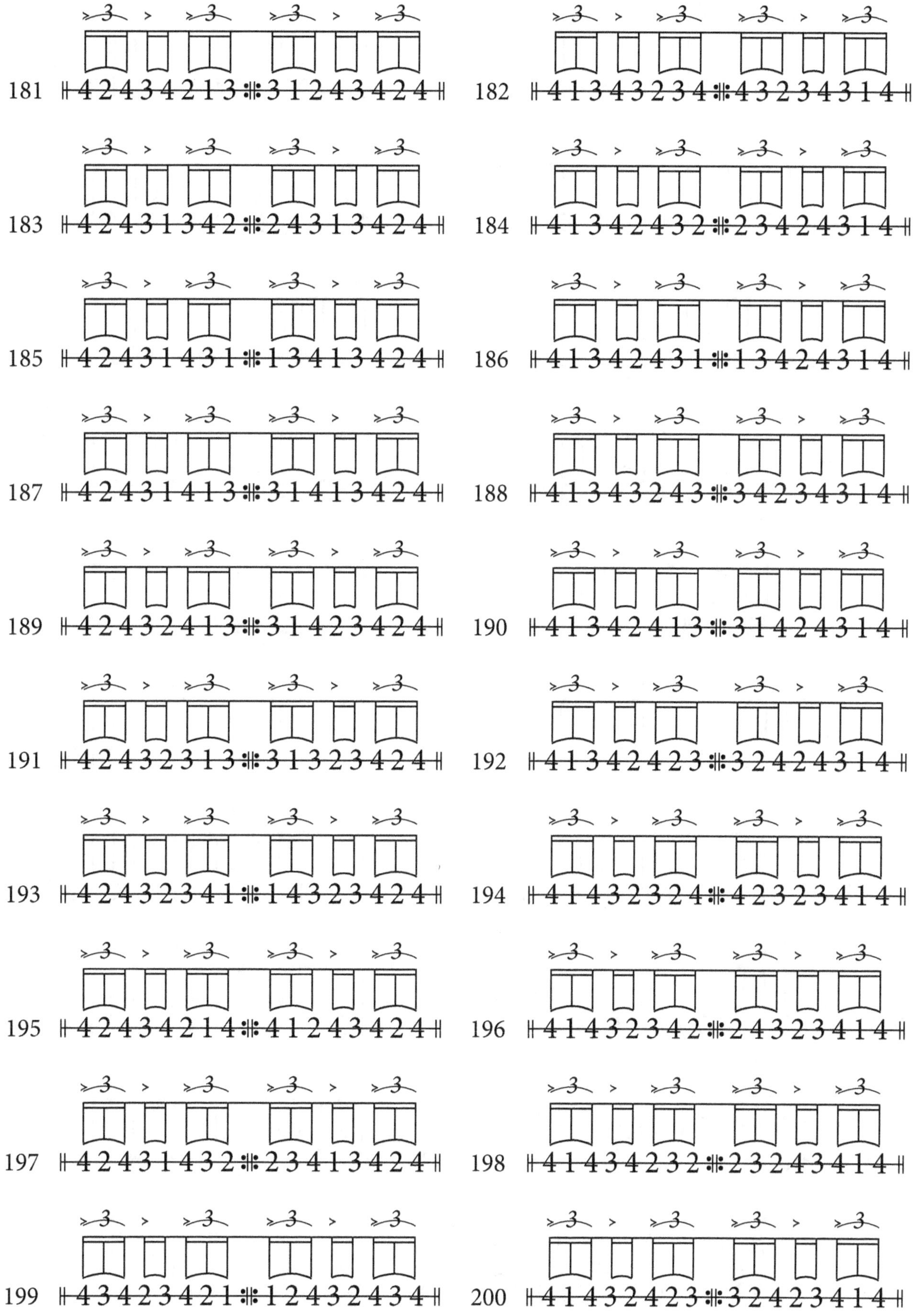

181. 4 2 4 3 4 2 1 3 :‖: 3 1 2 4 3 4 2 4 ‖
182. 4 1 3 4 3 2 3 4 :‖: 4 3 2 3 4 3 1 4 ‖
183. 4 2 4 3 1 3 4 2 :‖: 2 4 3 1 3 4 2 4 ‖
184. 4 1 3 4 2 4 3 2 :‖: 2 3 4 2 4 3 1 4 ‖
185. 4 2 4 3 1 4 3 1 :‖: 1 3 4 1 3 4 2 4 ‖
186. 4 1 3 4 2 4 3 1 :‖: 1 3 4 2 4 3 1 4 ‖
187. 4 2 4 3 1 4 1 3 :‖: 3 1 4 1 3 4 2 4 ‖
188. 4 1 3 4 3 2 4 3 :‖: 3 4 2 3 4 3 1 4 ‖
189. 4 2 4 3 2 4 1 3 :‖: 3 1 4 2 3 4 2 4 ‖
190. 4 1 3 4 2 4 1 3 :‖: 3 1 4 2 4 3 1 4 ‖
191. 4 2 4 3 2 3 1 3 :‖: 3 1 3 2 3 4 2 4 ‖
192. 4 1 3 4 2 4 2 3 :‖: 3 2 4 2 4 3 1 4 ‖
193. 4 2 4 3 2 3 4 1 :‖: 1 4 3 2 3 4 2 4 ‖
194. 4 1 4 3 2 3 2 4 :‖: 4 2 3 2 3 4 1 4 ‖
195. 4 2 4 3 4 2 1 4 :‖: 4 1 2 4 3 4 2 4 ‖
196. 4 1 4 3 2 3 4 2 :‖: 2 4 3 2 3 4 1 4 ‖
197. 4 2 4 3 1 4 3 2 :‖: 2 3 4 1 3 4 2 4 ‖
198. 4 1 4 3 4 2 3 2 :‖: 2 3 2 4 3 4 1 4 ‖
199. 4 3 4 2 3 4 2 1 :‖: 1 2 4 3 2 4 3 4 ‖
200. 4 1 4 3 2 4 2 3 :‖: 3 2 4 2 3 4 1 4 ‖

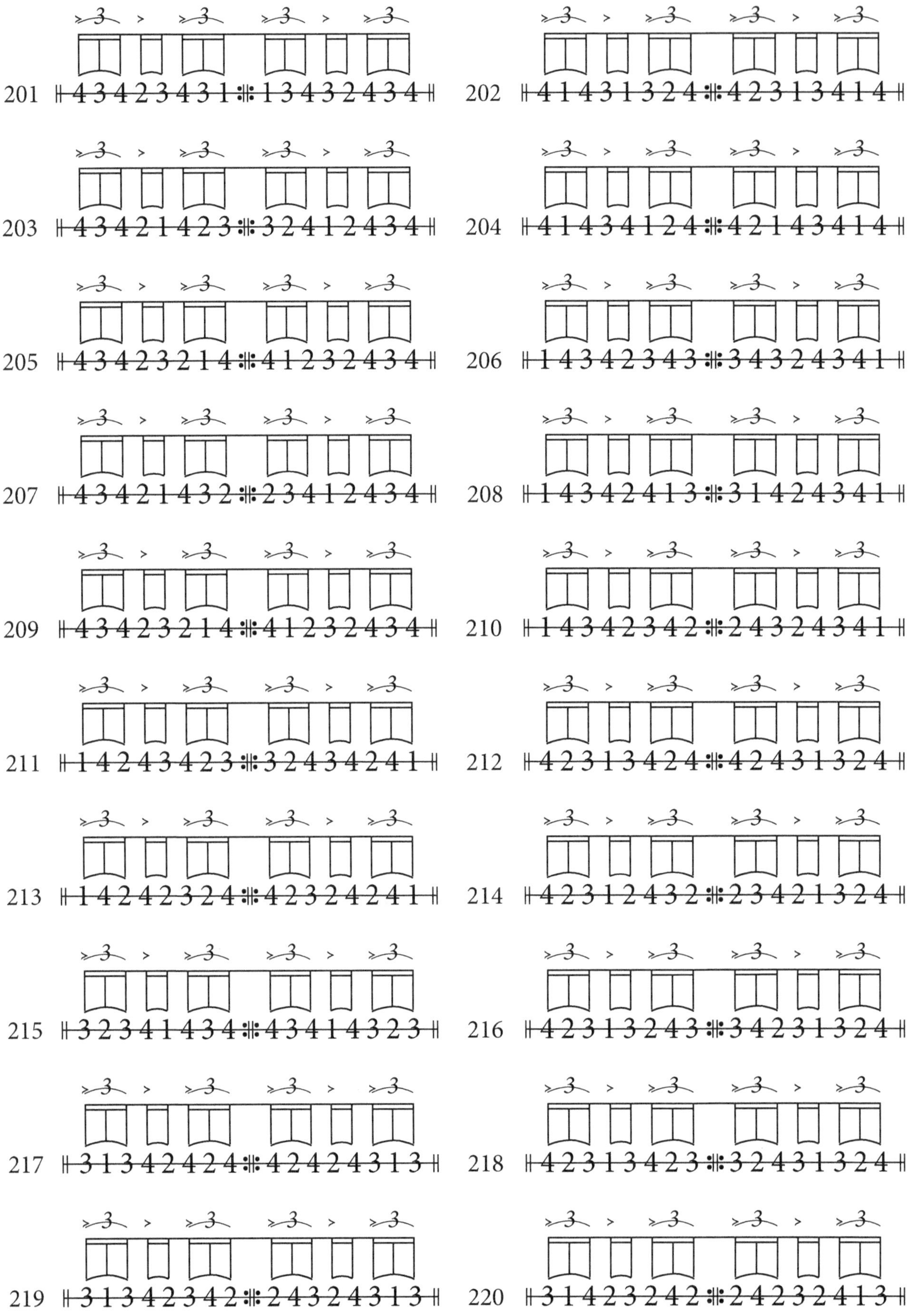

201. ‖ 4 3 4 2 3 4 3 1 :‖: 1 3 4 3 2 4 3 4 ‖
202. ‖ 4 1 4 3 1 3 2 4 :‖: 4 2 3 1 3 4 1 4 ‖
203. ‖ 4 3 4 2 1 4 2 3 :‖: 3 2 4 1 2 4 3 4 ‖
204. ‖ 4 1 4 3 4 1 2 4 :‖: 4 2 1 4 3 4 1 4 ‖
205. ‖ 4 3 4 2 3 2 1 4 :‖: 4 1 2 3 2 4 3 4 ‖
206. ‖ 1 4 3 4 2 3 4 3 :‖: 3 4 3 2 4 3 4 1 ‖
207. ‖ 4 3 4 2 1 4 3 2 :‖: 2 3 4 1 2 4 3 4 ‖
208. ‖ 1 4 3 4 2 4 1 3 :‖: 3 1 4 2 4 3 4 1 ‖
209. ‖ 4 3 4 2 3 2 1 4 :‖: 4 1 2 3 2 4 3 4 ‖
210. ‖ 1 4 3 4 2 3 4 2 :‖: 2 4 3 2 4 3 4 1 ‖
211. ‖ 1 4 2 4 3 4 2 3 :‖: 3 2 4 3 4 2 4 1 ‖
212. ‖ 4 2 3 1 3 4 2 4 :‖: 4 2 4 3 1 3 2 4 ‖
213. ‖ 1 4 2 4 2 3 2 4 :‖: 4 2 3 2 4 2 4 1 ‖
214. ‖ 4 2 3 1 2 4 3 2 :‖: 2 3 4 2 1 3 2 4 ‖
215. ‖ 3 2 3 4 1 4 3 4 :‖: 4 3 4 1 4 3 2 3 ‖
216. ‖ 4 2 3 1 3 2 4 3 :‖: 3 4 2 3 1 3 2 4 ‖
217. ‖ 3 1 3 4 2 4 2 4 :‖: 4 2 4 2 4 3 1 3 ‖
218. ‖ 4 2 3 1 3 4 2 3 :‖: 3 2 4 3 1 3 2 4 ‖
219. ‖ 3 1 3 4 2 3 4 2 :‖: 2 4 3 2 4 3 1 3 ‖
220. ‖ 3 1 4 2 3 2 4 2 :‖: 2 4 2 3 2 4 1 3 ‖

234

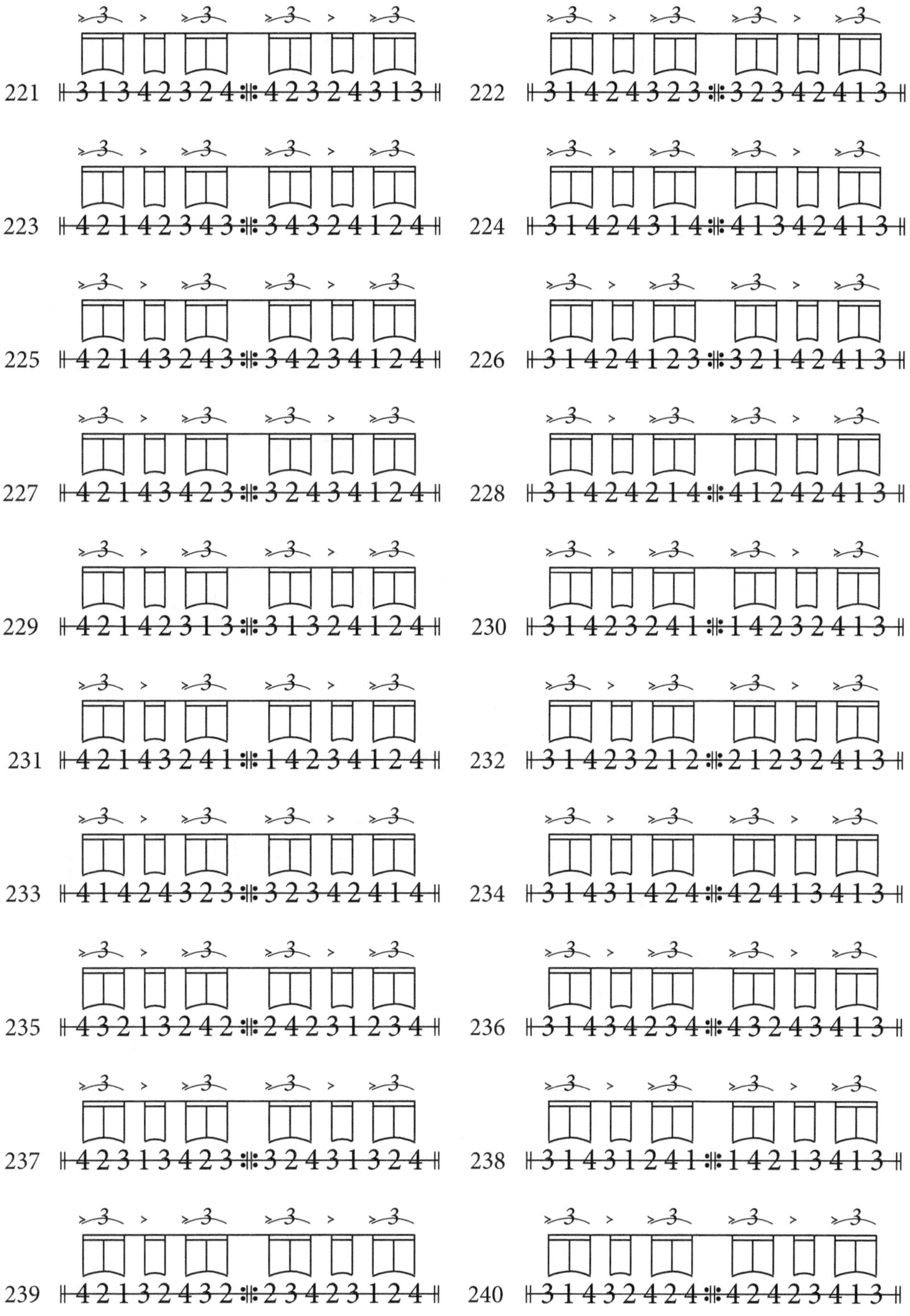

221 ‖: 3 1 3 4 2 3 2 4 :‖: 4 2 3 2 4 3 1 3 :‖
222 ‖: 3 1 4 2 4 3 2 3 :‖: 3 2 3 4 2 4 1 3 :‖
223 ‖: 4 2 1 4 2 3 4 3 :‖: 3 4 3 2 4 1 2 4 :‖
224 ‖: 3 1 4 2 4 3 1 4 :‖: 4 1 3 4 2 4 1 3 :‖
225 ‖: 4 2 1 4 3 2 4 3 :‖: 3 4 2 3 4 1 2 4 :‖
226 ‖: 3 1 4 2 4 1 2 3 :‖: 3 2 1 4 2 4 1 3 :‖
227 ‖: 4 2 1 4 3 4 2 3 :‖: 3 2 4 3 4 1 2 4 :‖
228 ‖: 3 1 4 2 4 2 1 4 :‖: 4 1 2 4 2 4 1 3 :‖
229 ‖: 4 2 1 4 2 3 1 3 :‖: 3 1 3 2 4 1 2 4 :‖
230 ‖: 3 1 4 2 3 2 4 1 :‖: 1 4 2 3 2 4 1 3 :‖
231 ‖: 4 2 1 4 3 2 4 1 :‖: 1 4 2 3 4 1 2 4 :‖
232 ‖: 3 1 4 2 3 2 1 2 :‖: 2 1 2 3 2 4 1 3 :‖
233 ‖: 4 1 4 2 4 3 2 3 :‖: 3 2 3 4 2 4 1 4 :‖
234 ‖: 3 1 4 3 1 4 2 4 :‖: 4 2 4 1 3 4 1 3 :‖
235 ‖: 4 3 2 1 3 2 4 2 :‖: 2 4 2 3 1 2 3 4 :‖
236 ‖: 3 1 4 3 4 2 3 4 :‖: 4 3 2 4 3 4 1 3 :‖
237 ‖: 4 2 3 1 3 4 2 3 :‖: 3 2 4 3 1 3 2 4 :‖
238 ‖: 3 1 4 3 1 2 4 1 :‖: 1 4 2 1 3 4 1 3 :‖
239 ‖: 4 2 1 3 2 4 3 2 :‖: 2 3 4 2 3 1 2 4 :‖
240 ‖: 3 1 4 3 2 4 2 4 :‖: 4 2 4 2 3 4 1 3 :‖

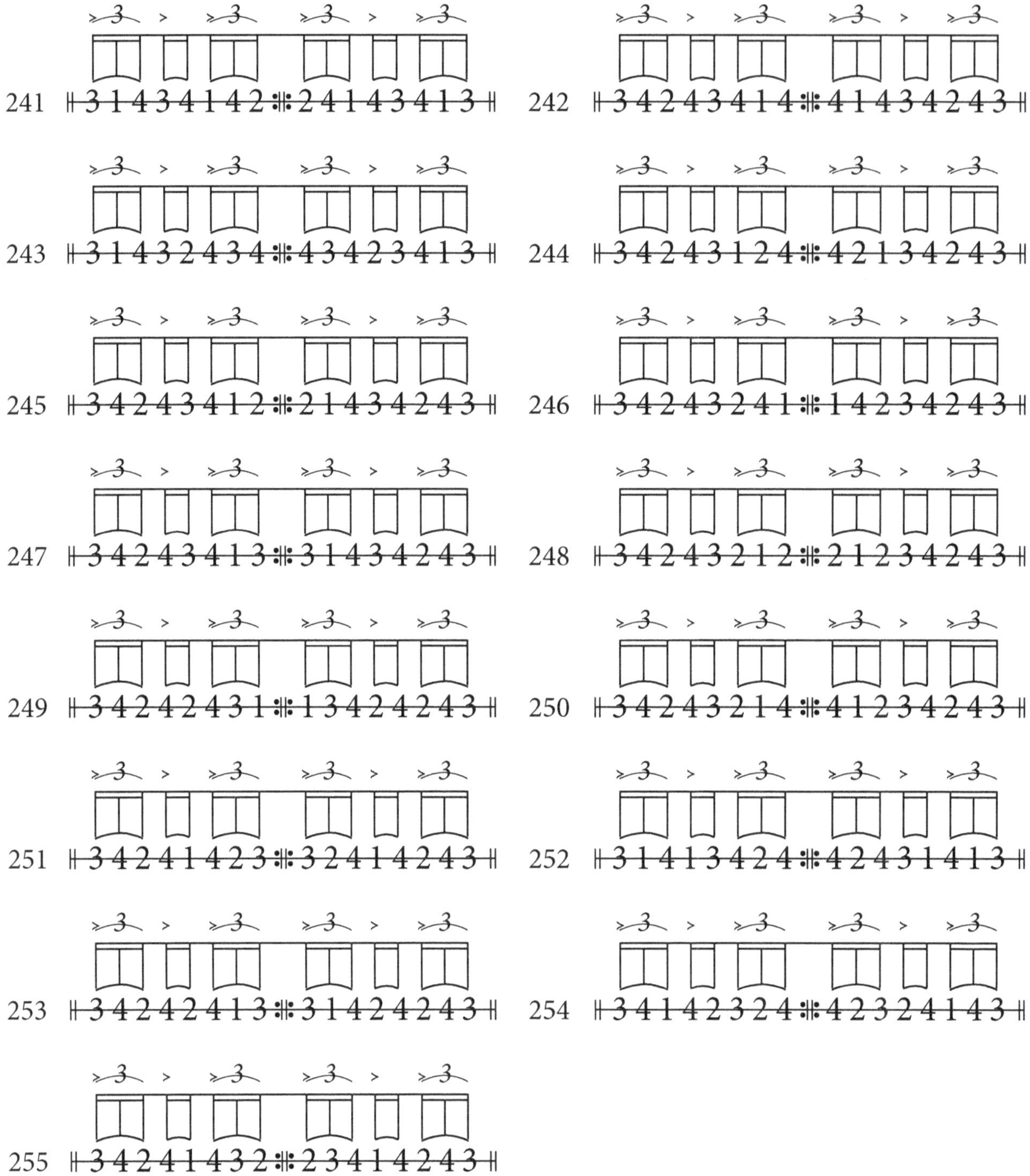

241 ‖ 3 1 4 3 4 1 4 2 :‖: 2 4 1 4 3 4 1 3 ‖
242 ‖ 3 4 2 4 3 4 1 4 :‖: 4 1 4 3 4 2 4 3 ‖

243 ‖ 3 1 4 3 2 4 3 4 :‖: 4 3 4 2 3 4 1 3 ‖
244 ‖ 3 4 2 4 3 1 2 4 :‖: 4 2 1 3 4 2 4 3 ‖

245 ‖ 3 4 2 4 3 4 1 2 :‖: 2 1 4 3 4 2 4 3 ‖
246 ‖ 3 4 2 4 3 2 4 1 :‖: 1 4 2 3 4 2 4 3 ‖

247 ‖ 3 4 2 4 3 4 1 3 :‖: 3 1 4 3 4 2 4 3 ‖
248 ‖ 3 4 2 4 3 2 1 2 :‖: 2 1 2 3 4 2 4 3 ‖

249 ‖ 3 4 2 4 2 4 3 1 :‖: 1 3 4 2 4 2 4 3 ‖
250 ‖ 3 4 2 4 3 2 1 4 :‖: 4 1 2 3 4 2 4 3 ‖

251 ‖ 3 4 2 4 1 4 2 3 :‖: 3 2 4 1 4 2 4 3 ‖
252 ‖ 3 1 4 1 3 4 2 4 :‖: 4 2 4 3 1 4 1 3 ‖

253 ‖ 3 4 2 4 2 4 1 3 :‖: 3 1 4 2 4 2 4 3 ‖
254 ‖ 3 4 1 4 2 3 2 4 :‖: 4 2 3 2 4 1 4 3 ‖

255 ‖ 3 4 2 4 1 4 3 2 :‖: 2 3 4 1 4 2 4 3 ‖

VARIATION 3

COMPLEX - COMPLEX - SIMPLE LIGADO

LEVEL OF DIFFICULTY 2
11 UNITS
SIMPLE - COMPLEX - COMPLEX LIGADO

UNIT 1
Practicing fingers 1 and 2 - Stable fingers 3 and 4

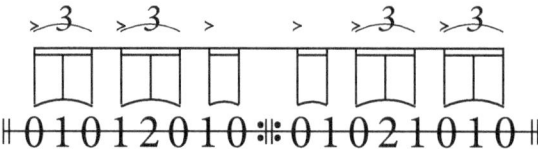

UNIT 2
Practicing fingers 1 and 3 - Stable fingers 2 and 4

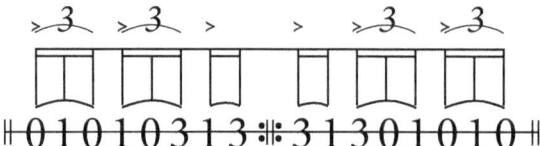

UNIT 3
Practicing fingers 1 and 4 - Stable fingers 2 and 3

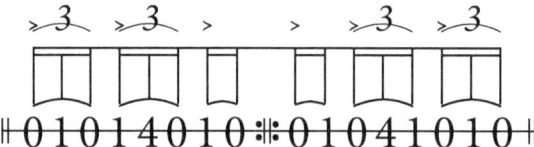

UNIT 4
Practicing fingers 2 and 3 - Stable fingers 1 and 4

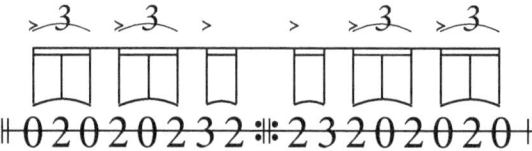

UNIT 5
Practicing fingers 2 and 4 - Stable fingers 1 and 3

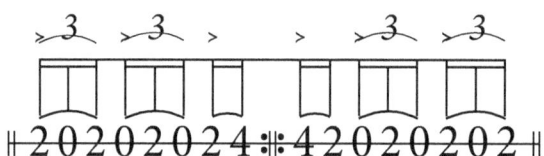

UNIT 6
Practicing fingers 3 and 4 - Stable fingers 1 and 2

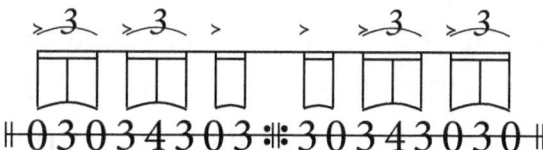

UNIT 7
Practicing fingers 1, 2 and 3 - Stable finger 4

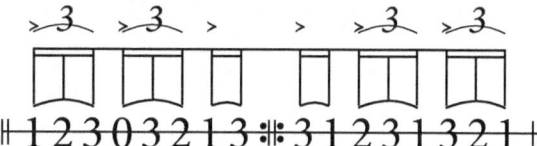

UNIT 8
Practicing fingers 2, 3 and 4 - Stable finger 1

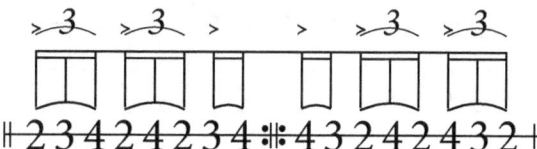

UNIT 9
Practicing fingers 1, 2 and 4 - Stable finger 3

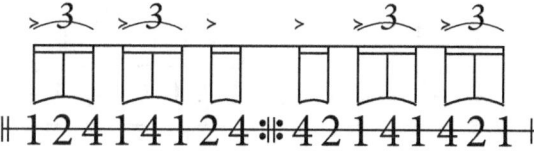

UNIT 10
Practicing fingers 1, 3 and 4 - Stable finger 2

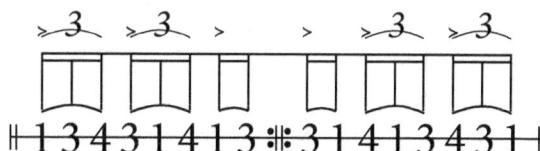

UNIT 11
Practicing fingers 1, 2, 3 and 4

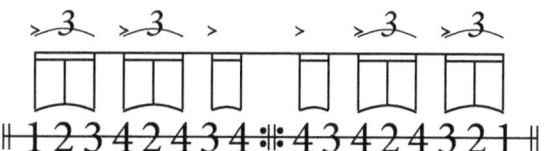

COMPLEX - SIMPLE - COMPLEX LIGADO

Right hand fingerings applied to the eleven Ligatos units of 2nd level of difficulty. Examples from Unit 11 will be given. The fingerings mentioned in Unit 11 can be applied to all other units. This depends on the individual learner.

THUMB ONLY STROKE

1/ STROKE OF ONE STRING

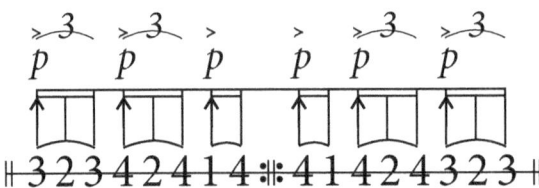

2/ STROKE OF TWO STRINGS

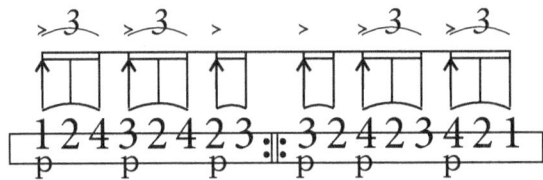

3/ STROKE OF THREE STRINGS

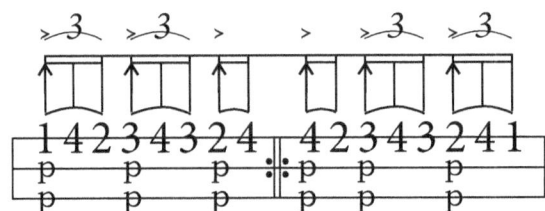

COMBINATION OF SIMPLE AND COMPLEX LIGADOS
FINGERINGS ONLY WITH FINGERS i, m and a

VARIATION 1

FINGERINGS

i m i m i m
m i m i m i
m a m a m a
a m a m a m
i a i a i a
a i a i a i

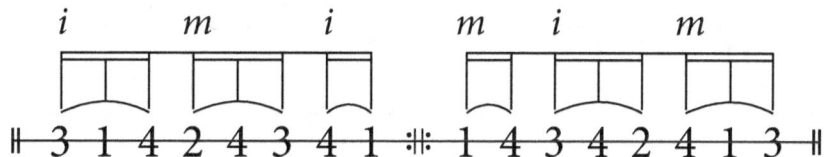

VARIATION 2

FINGERINGS

i m a   m i a   a m i
i a m   m a i   a i m

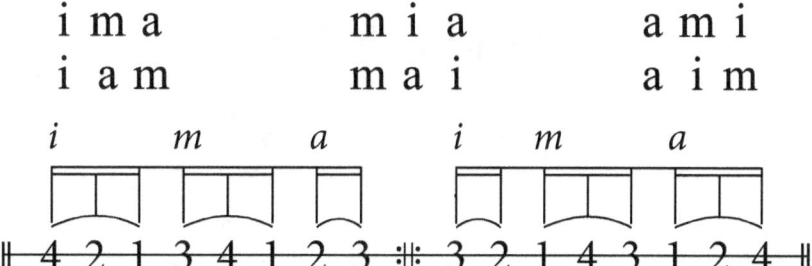

SIMPLE FINGERINGS - THUMB ONLY

STROKE TOWARDS ONE DIRECTION

VARIATION 1

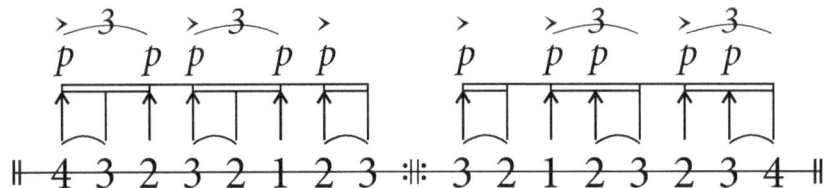

VARIATION 2

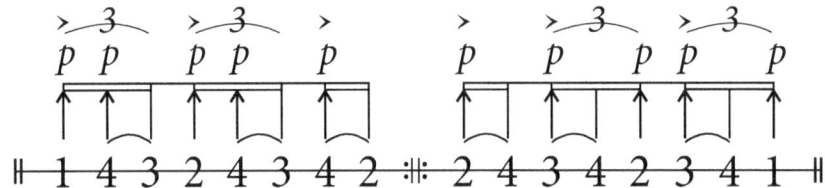

STROKE TOWARDS TWO DIRECTIONS

VARIATION 1

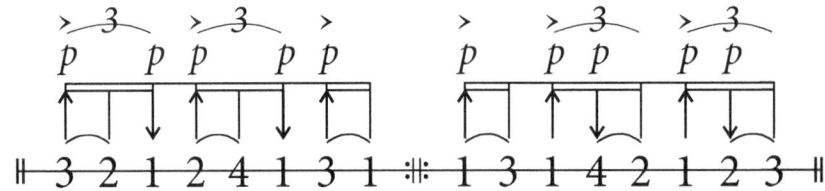

VARIATION 2

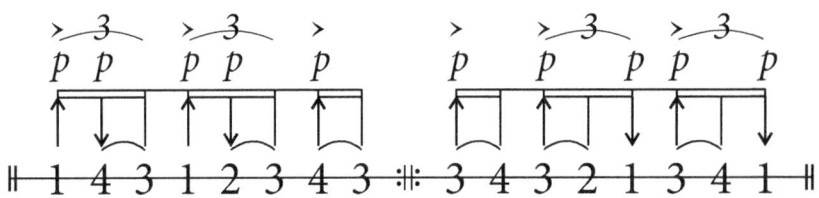

THUMB FINGERINGS
with index (i) only, or with middle finger (m) only, or with ring finger (a) only, with stroke of three strings

VARIATION 1

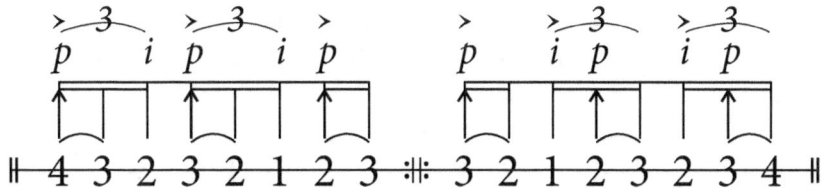

VARIATION 2

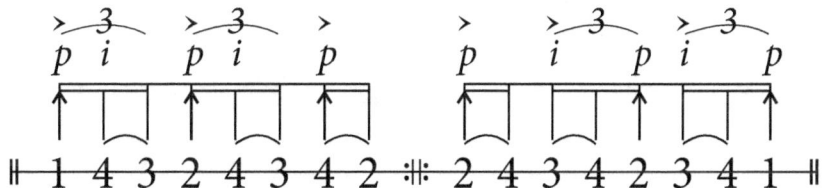

VARIATION 3

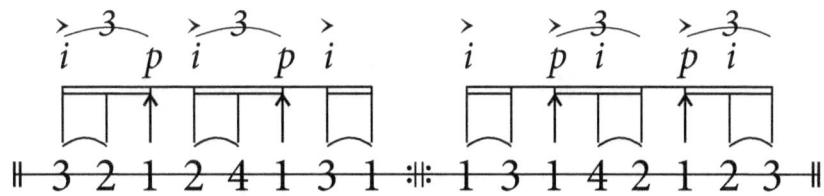

VARIATION 4

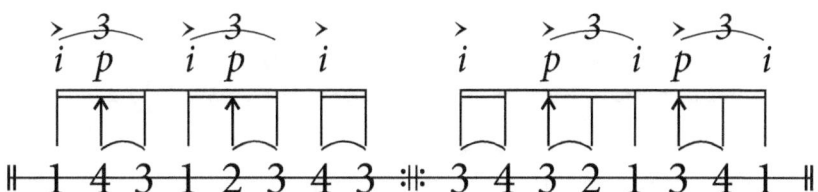

THUMB FINGERINGS
with fingers i, m and a

VARIATION 1
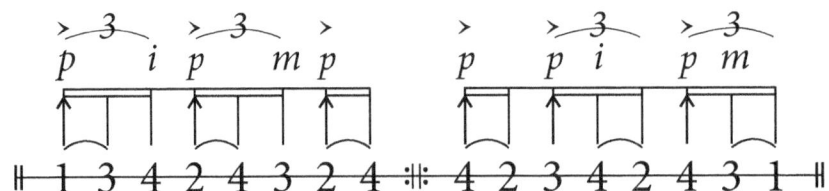

VARIATION 2
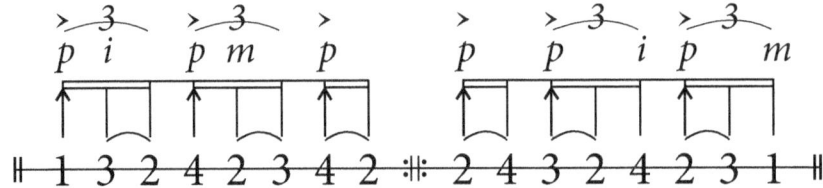

VARIATION 3
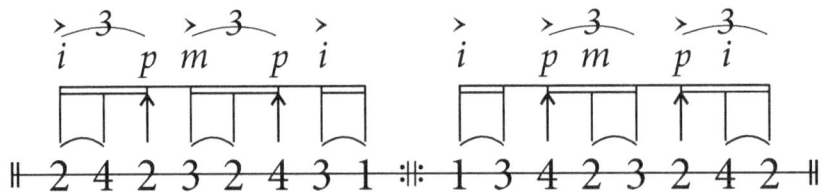

VARIATION 4
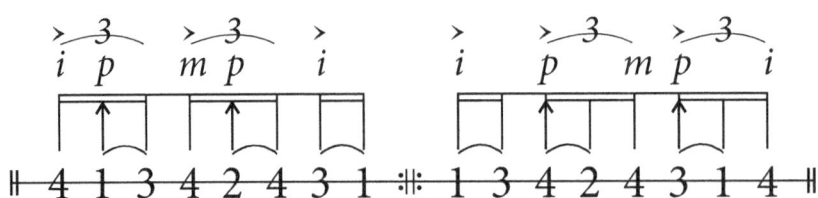

FINGERINGS ONLY WITH FINGERS i, m and a

VARIATION 1

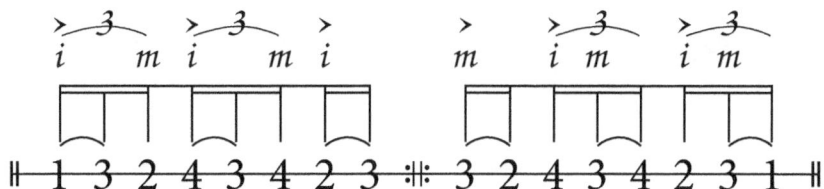

VARIATION 2

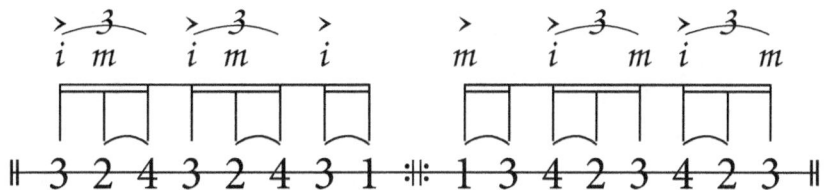

LIGADOS
UNIT 1

1 ‖: 0 1 0 1 2 0 1 0 :‖ 0 1 0 2 1 0 1 0 ‖
2 ‖: 2 0 1 0 1 2 0 2 :‖ 2 0 1 2 0 1 0 2 ‖
3 ‖: 0 1 0 2 1 2 0 2 :‖ 2 0 2 1 2 0 1 0 ‖
4 ‖: 1 2 0 2 1 0 1 2 :‖ 2 1 0 1 2 0 2 1 ‖
5 ‖: 0 1 0 2 1 0 1 2 :‖ 2 1 0 1 2 0 1 0 ‖
6 ‖: 1 2 0 2 0 2 0 2 :‖ 2 0 2 0 2 0 2 1 ‖
7 ‖: 0 1 2 1 0 1 0 2 :‖ 2 0 1 0 1 2 1 0 ‖
8 ‖: 1 2 0 2 0 2 1 2 :‖ 2 1 2 0 2 0 2 1 ‖
9 ‖: 0 1 2 0 1 0 1 0 :‖ 0 1 0 1 0 2 1 0 ‖
10 ‖: 1 2 0 2 1 0 2 0 :‖ 0 2 0 1 2 0 2 1 ‖
11 ‖: 0 1 2 1 2 0 2 0 :‖ 0 2 0 2 1 2 1 0 ‖
12 ‖: 1 2 0 2 1 2 1 0 :‖ 0 1 2 1 2 0 2 1 ‖
13 ‖: 0 1 2 0 2 0 2 1 :‖ 1 2 0 2 0 2 1 0 ‖
14 ‖: 1 2 0 2 0 1 2 0 :‖ 0 2 1 0 2 0 2 1 ‖
15 ‖: 0 1 2 0 2 0 1 2 :‖ 2 1 0 2 0 2 1 0 ‖
16 ‖: 1 2 0 2 1 0 1 0 :‖ 0 1 0 1 2 0 2 1 ‖
17 ‖: 0 1 2 0 2 1 2 0 :‖ 0 2 1 2 0 2 1 0 ‖
18 ‖: 0 2 1 0 2 0 2 1 :‖ 1 2 0 2 0 1 2 0 ‖
19 ‖: 2 0 1 0 1 2 1 2 :‖ 2 1 2 1 0 1 0 2 ‖
20 ‖: 0 2 0 2 1 0 2 0 :‖ 0 2 0 1 2 0 2 0 ‖

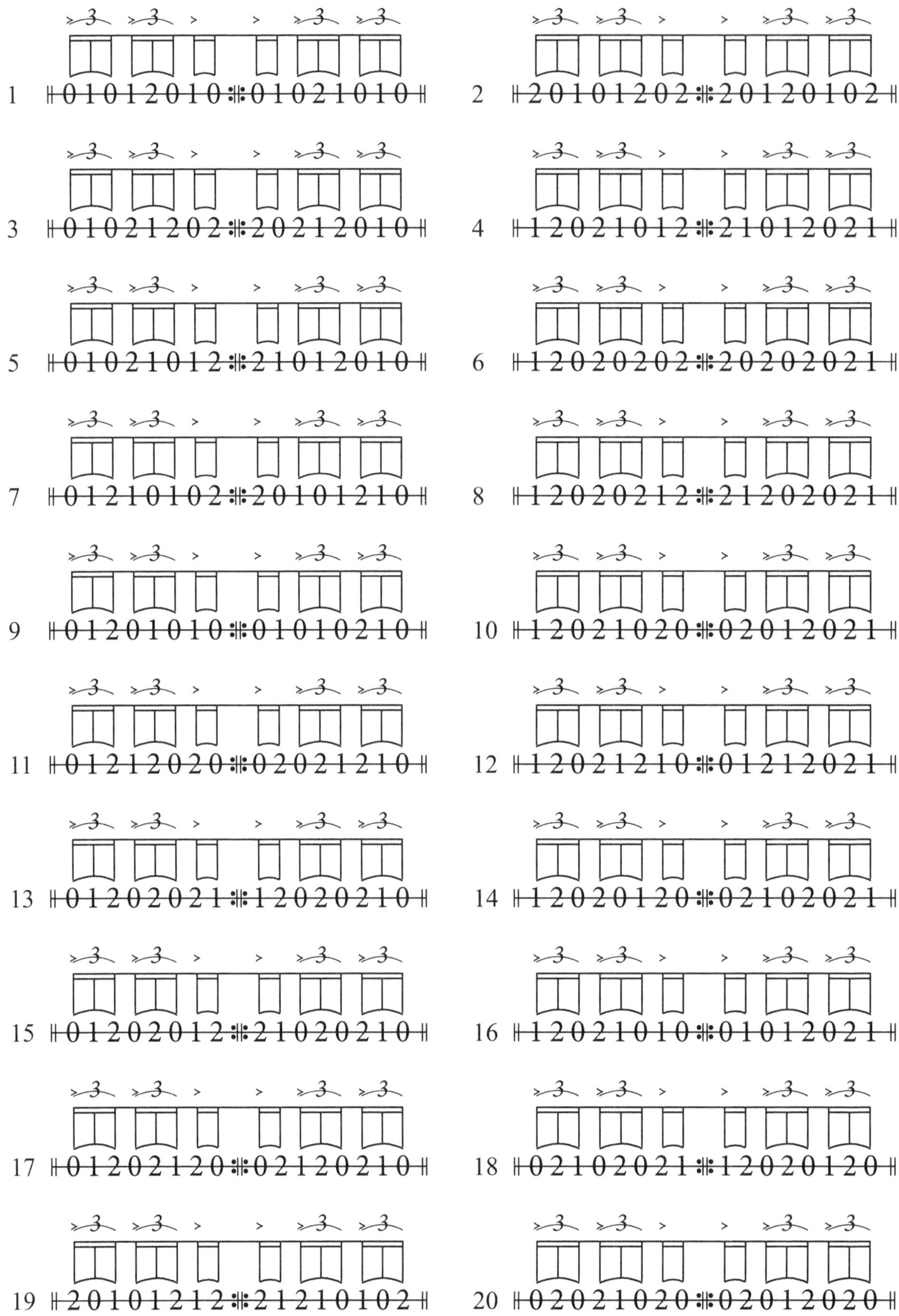

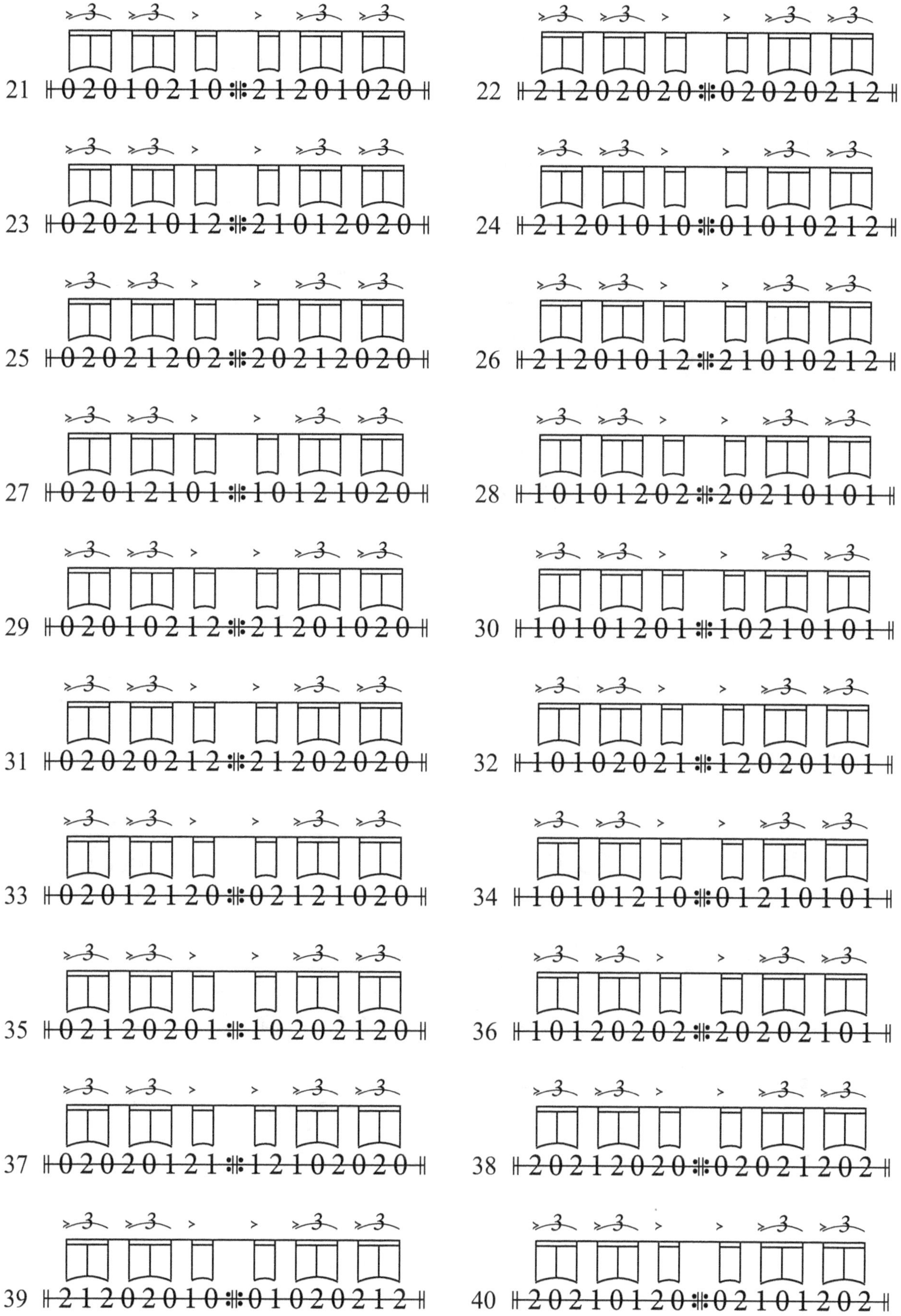

21. ‖: 0 2 0 1 0 2 1 0 :‖ 2 1 2 0 1 0 2 0 ‖
22. ‖: 2 1 2 0 2 0 2 0 :‖ 0 2 0 2 0 2 1 2 ‖
23. ‖: 0 2 0 2 1 0 1 2 :‖ 2 1 0 1 2 0 2 0 ‖
24. ‖: 2 1 2 0 1 0 1 0 :‖ 0 1 0 1 0 2 1 2 ‖
25. ‖: 0 2 0 2 1 2 0 2 :‖ 2 0 2 1 2 0 2 0 ‖
26. ‖: 2 1 2 0 1 0 1 2 :‖ 2 1 0 1 0 2 1 2 ‖
27. ‖: 0 2 0 1 2 1 0 1 :‖ 1 0 1 2 1 0 2 0 ‖
28. ‖: 1 0 1 0 1 2 0 2 :‖ 2 0 2 1 0 1 0 1 ‖
29. ‖: 0 2 0 1 0 2 1 2 :‖ 2 1 2 0 1 0 2 0 ‖
30. ‖: 1 0 1 0 1 2 0 1 :‖ 1 0 2 1 0 1 0 1 ‖
31. ‖: 0 2 0 2 0 2 1 2 :‖ 2 1 2 0 2 0 2 0 ‖
32. ‖: 1 0 1 0 2 0 2 1 :‖ 1 2 0 2 0 1 0 1 ‖
33. ‖: 0 2 0 1 2 1 2 0 :‖ 0 2 1 2 1 0 2 0 ‖
34. ‖: 1 0 1 0 1 2 1 0 :‖ 0 1 2 1 0 1 0 1 ‖
35. ‖: 0 2 1 2 0 2 0 1 :‖ 1 0 2 0 0 2 1 2 0 ‖
36. ‖: 1 0 1 2 0 2 0 2 :‖ 2 0 2 0 2 1 0 1 ‖
37. ‖: 0 2 0 2 0 1 2 1 :‖ 1 2 1 0 2 0 2 0 ‖
38. ‖: 2 0 2 1 2 0 2 0 :‖ 0 2 0 2 1 2 0 2 ‖
39. ‖: 2 1 2 0 2 0 1 0 :‖ 0 1 0 2 0 2 1 2 ‖
40. ‖: 2 0 2 1 0 1 2 0 :‖ 0 2 1 0 1 2 0 2 ‖

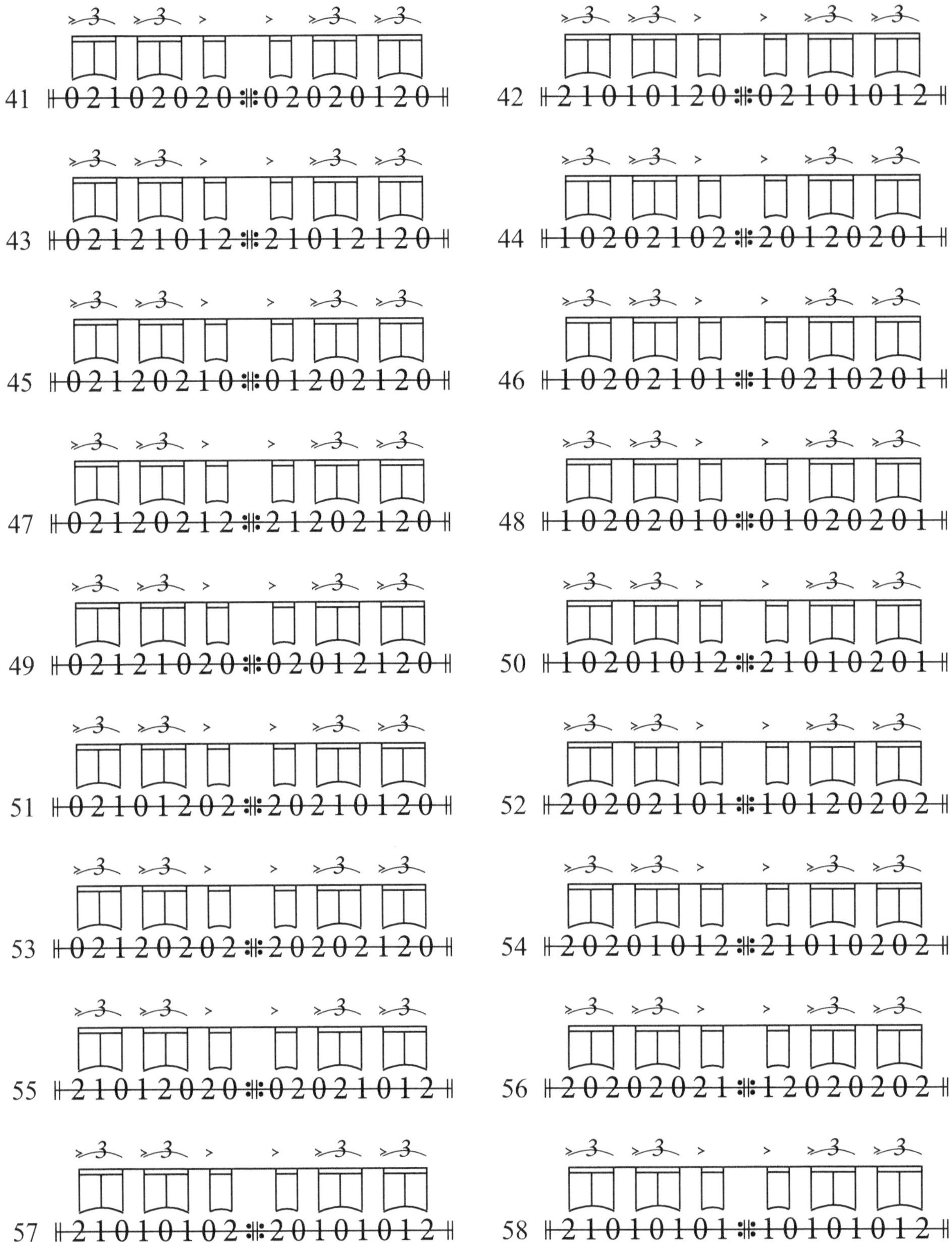

41 ‖: 0 2 1 0 2 0 2 0 :‖: 0 2 0 2 0 1 2 0 :‖
42 ‖: 2 1 0 1 0 1 2 0 :‖: 0 2 1 0 1 0 1 2 :‖
43 ‖: 0 2 1 2 1 0 1 2 :‖: 2 1 0 1 2 1 2 0 :‖
44 ‖: 1 0 2 0 2 1 0 2 :‖: 2 0 1 2 0 2 0 1 :‖
45 ‖: 0 2 1 2 0 2 1 0 :‖: 0 1 2 0 2 1 2 0 :‖
46 ‖: 1 0 2 0 2 1 0 1 :‖: 1 0 2 1 0 2 0 1 :‖
47 ‖: 0 2 1 2 0 2 1 2 :‖: 2 1 2 0 2 1 2 0 :‖
48 ‖: 1 0 2 0 2 0 1 0 :‖: 0 1 0 2 0 2 0 1 :‖
49 ‖: 0 2 1 2 1 0 2 0 :‖: 0 2 0 1 2 1 2 0 :‖
50 ‖: 1 0 2 0 1 0 1 2 :‖: 2 1 0 1 0 2 0 1 :‖
51 ‖: 0 2 1 0 1 2 0 2 :‖: 2 0 2 1 0 1 2 0 :‖
52 ‖: 2 0 2 0 2 1 0 1 :‖: 1 0 1 2 0 2 0 2 :‖
53 ‖: 0 2 1 2 0 2 0 2 :‖: 2 0 2 0 2 1 2 0 :‖
54 ‖: 2 0 2 0 1 0 1 2 :‖: 2 1 0 1 0 2 0 2 :‖
55 ‖: 2 1 0 1 2 0 2 0 :‖: 0 2 0 2 1 0 1 2 :‖
56 ‖: 2 0 2 0 2 0 2 1 :‖: 1 2 0 2 0 2 0 2 :‖
57 ‖: 2 1 0 1 0 1 0 2 :‖: 2 0 1 0 1 0 1 2 :‖
58 ‖: 2 1 0 1 0 1 0 1 :‖: 1 0 1 0 1 0 1 2 :‖

LIGADOS

UNIT 2

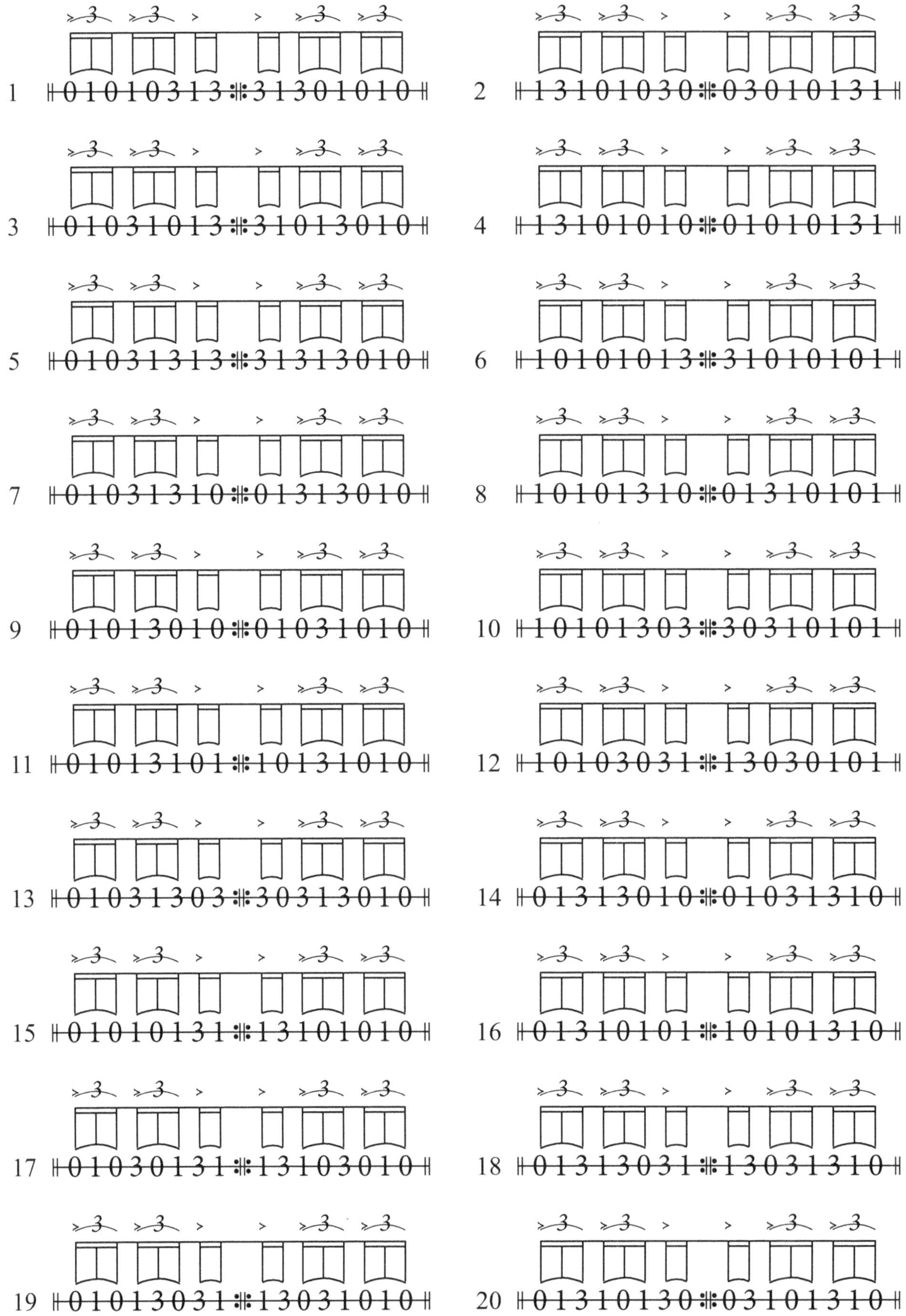

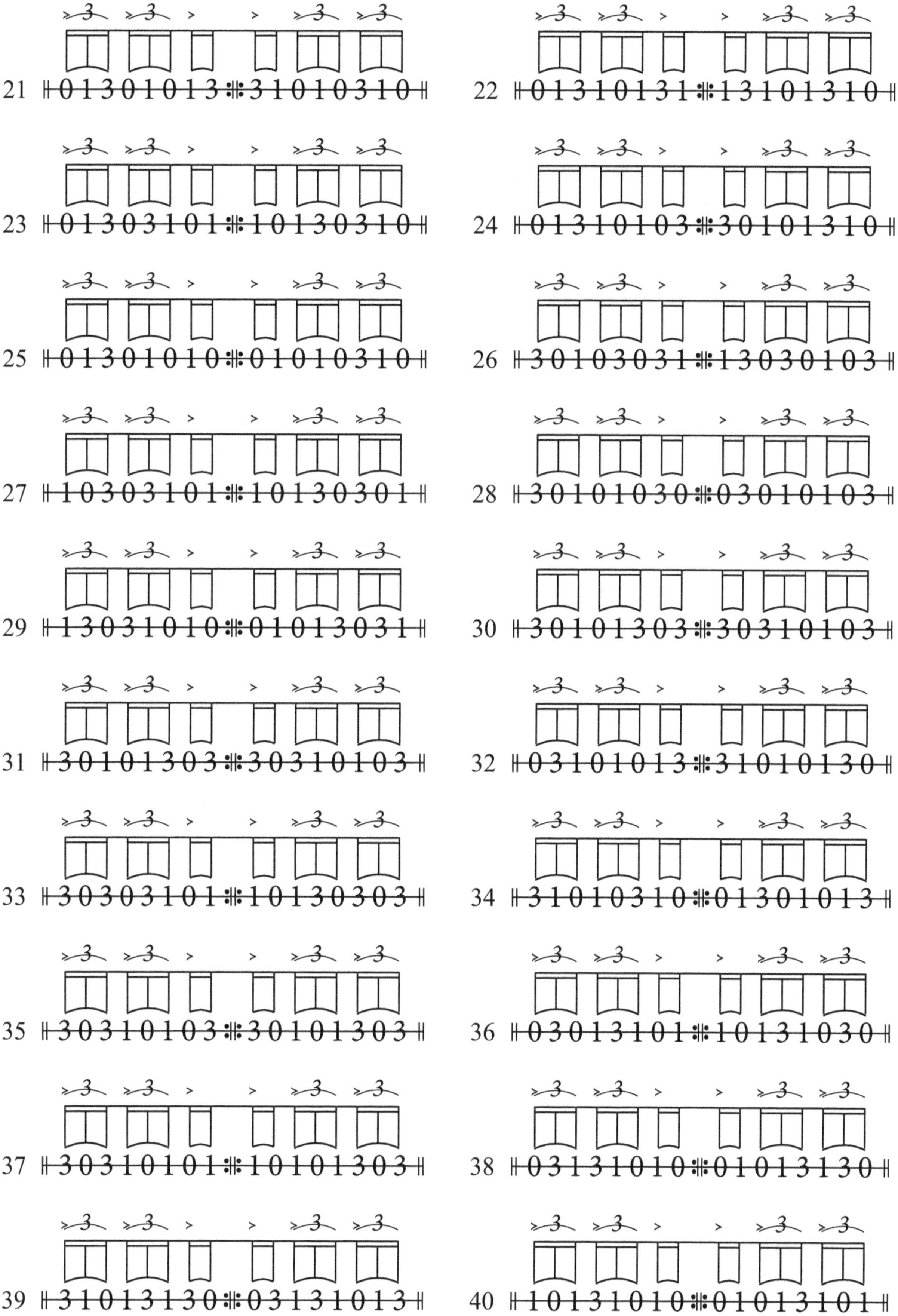

21 ‖: 0 1 3 0 1 0 1 3 :‖: 3 1 0 1 0 3 1 0 :‖
22 ‖: 0 1 3 1 0 1 3 1 :‖: 1 3 1 0 1 3 1 0 :‖
23 ‖: 0 1 3 0 3 1 0 1 :‖: 1 0 1 3 0 3 1 0 :‖
24 ‖: 0 1 3 1 0 1 0 3 :‖: 3 0 1 0 1 3 1 0 :‖
25 ‖: 0 1 3 0 1 0 1 0 :‖: 0 1 0 1 0 3 1 0 :‖
26 ‖: 3 0 1 0 3 0 3 1 :‖: 1 3 0 3 0 1 0 3 :‖
27 ‖: 1 0 3 0 3 1 0 1 :‖: 1 0 1 3 0 3 0 1 :‖
28 ‖: 3 0 1 0 1 0 3 0 :‖: 0 3 0 1 0 1 0 3 :‖
29 ‖: 1 3 0 3 1 0 1 0 :‖: 0 1 0 1 3 0 3 1 :‖
30 ‖: 3 0 1 0 1 3 0 3 :‖: 3 0 3 1 0 1 0 3 :‖
31 ‖: 3 0 1 0 1 3 0 3 :‖: 3 0 3 1 0 1 0 3 :‖
32 ‖: 0 3 1 0 1 0 1 3 :‖: 3 1 0 1 0 1 3 0 :‖
33 ‖: 3 0 3 0 3 1 0 1 :‖: 1 0 1 3 0 3 0 3 :‖
34 ‖: 3 1 0 1 0 3 1 0 :‖: 0 1 3 0 1 0 1 3 :‖
35 ‖: 3 0 3 1 0 1 0 3 :‖: 3 0 1 0 1 3 0 3 :‖
36 ‖: 0 3 0 1 3 1 0 1 :‖: 1 0 1 3 1 0 3 0 :‖
37 ‖: 3 0 3 1 0 1 0 1 :‖: 1 0 1 0 1 3 0 3 :‖
38 ‖: 0 3 1 3 1 0 1 0 :‖: 0 1 0 1 3 1 3 0 :‖
39 ‖: 3 1 0 1 3 1 3 0 :‖: 0 3 1 3 1 0 1 3 :‖
40 ‖: 1 0 1 3 1 0 1 0 :‖: 0 1 0 1 3 1 0 1 :‖

253

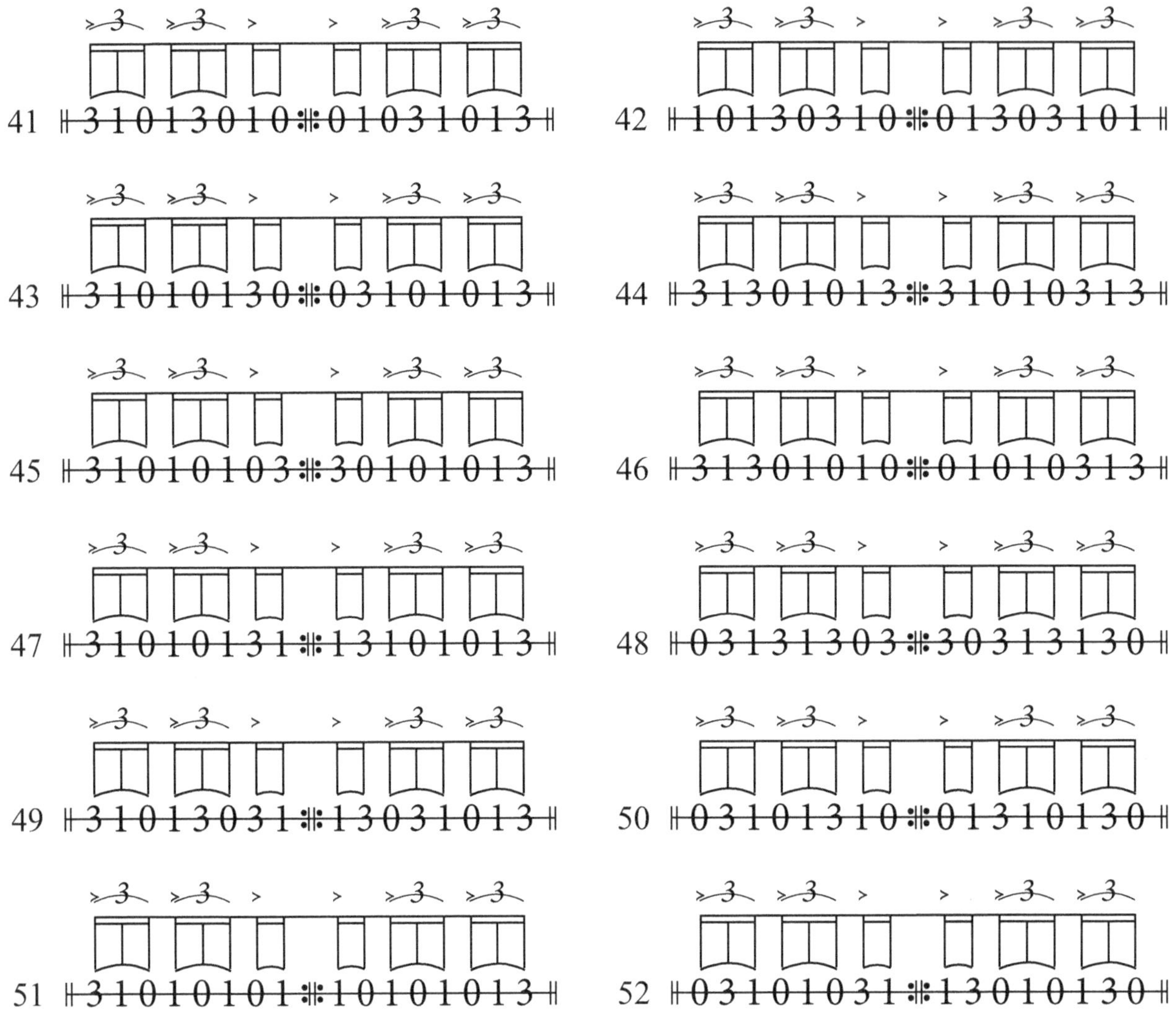

41 ‖: 3 1 0 1 3 0 1 0 :‖: 0 1 0 3 1 0 1 3 :‖
42 ‖: 1 0 1 3 0 3 1 0 :‖: 0 1 3 0 3 1 0 1 :‖
43 ‖: 3 1 0 1 0 1 3 0 :‖: 0 3 1 0 1 0 1 3 :‖
44 ‖: 3 1 3 0 1 0 1 3 :‖: 3 1 0 1 0 3 1 3 :‖
45 ‖: 3 1 0 1 0 1 0 3 :‖: 3 0 1 0 1 0 1 3 :‖
46 ‖: 3 1 3 0 1 0 1 0 :‖: 0 1 0 1 0 3 1 3 :‖
47 ‖: 3 1 0 1 0 1 3 1 :‖: 1 3 1 0 1 0 1 3 :‖
48 ‖: 0 3 1 3 1 3 0 3 :‖: 3 0 3 1 3 1 3 0 :‖
49 ‖: 3 1 0 1 3 0 3 1 :‖: 1 3 0 3 1 0 1 3 :‖
50 ‖: 0 3 1 0 1 3 1 0 :‖: 0 1 3 1 0 1 3 0 :‖
51 ‖: 3 1 0 1 0 1 0 1 :‖: 1 0 1 0 1 0 1 3 :‖
52 ‖: 0 3 1 0 1 0 3 1 :‖: 1 3 0 1 0 1 3 0 :‖

LIGADOS
UNIT 3

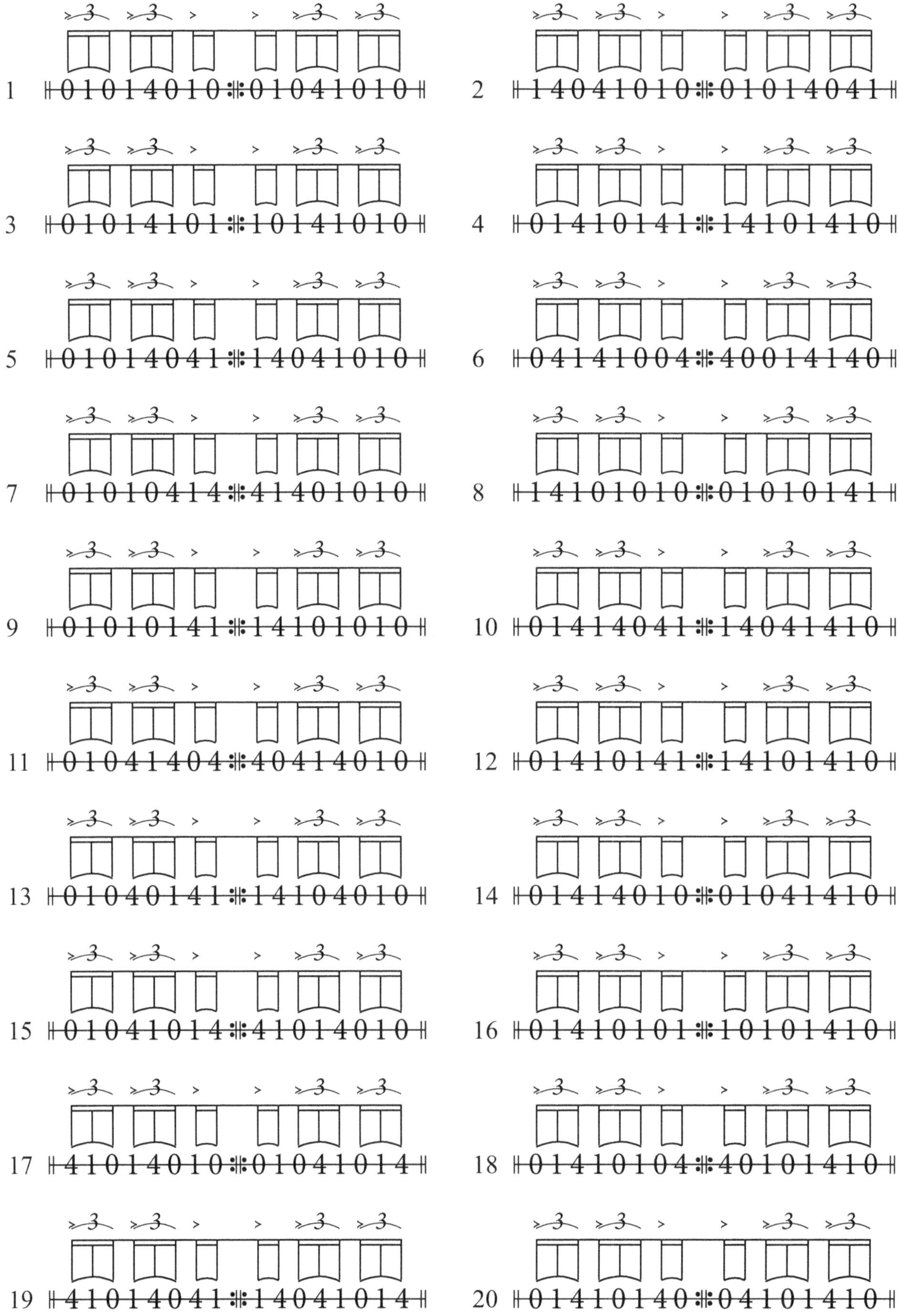

1 ‖: 0 1 0 1 4 0 1 0 :‖ 0 1 0 4 1 0 1 0 ‖
2 ‖: 1 4 0 4 1 0 1 0 :‖ 0 1 0 1 4 0 4 1 ‖
3 ‖: 0 1 0 1 4 1 0 1 :‖ 1 0 1 4 1 0 1 0 ‖
4 ‖: 0 1 4 1 0 1 4 1 :‖ 1 4 1 0 1 4 1 0 ‖
5 ‖: 0 1 0 1 4 0 4 1 :‖ 1 4 0 4 1 0 1 0 ‖
6 ‖: 0 4 1 4 1 0 0 4 :‖ 4 0 0 1 4 1 4 0 ‖
7 ‖: 0 1 0 1 0 4 1 4 :‖ 4 1 4 0 1 0 1 0 ‖
8 ‖: 1 4 1 0 1 0 1 0 :‖ 0 1 0 1 0 1 4 1 ‖
9 ‖: 0 1 0 1 0 1 4 1 :‖ 1 4 1 0 1 0 1 0 ‖
10 ‖: 0 1 4 1 4 0 4 1 :‖ 1 4 0 4 1 4 1 0 ‖
11 ‖: 0 1 0 4 1 4 0 4 :‖ 4 0 4 1 4 0 1 0 ‖
12 ‖: 0 1 4 1 0 1 4 1 :‖ 1 4 1 0 1 4 1 0 ‖
13 ‖: 0 1 0 4 0 1 4 1 :‖ 1 4 1 0 4 0 1 0 ‖
14 ‖: 0 1 4 1 4 0 1 0 :‖ 0 1 0 4 1 4 1 0 ‖
15 ‖: 0 1 0 4 1 0 1 4 :‖ 4 1 0 1 4 0 1 0 ‖
16 ‖: 0 1 4 1 0 1 0 1 :‖ 1 0 1 0 1 4 1 0 ‖
17 ‖: 4 1 0 1 4 0 1 0 :‖ 0 1 0 4 1 0 1 4 ‖
18 ‖: 0 1 4 1 0 1 0 4 :‖ 4 0 1 0 1 4 1 0 ‖
19 ‖: 4 1 0 1 4 0 4 1 :‖ 1 4 0 4 1 0 1 4 ‖
20 ‖: 0 1 4 1 0 1 4 0 :‖ 0 4 1 0 1 4 1 0 ‖

256

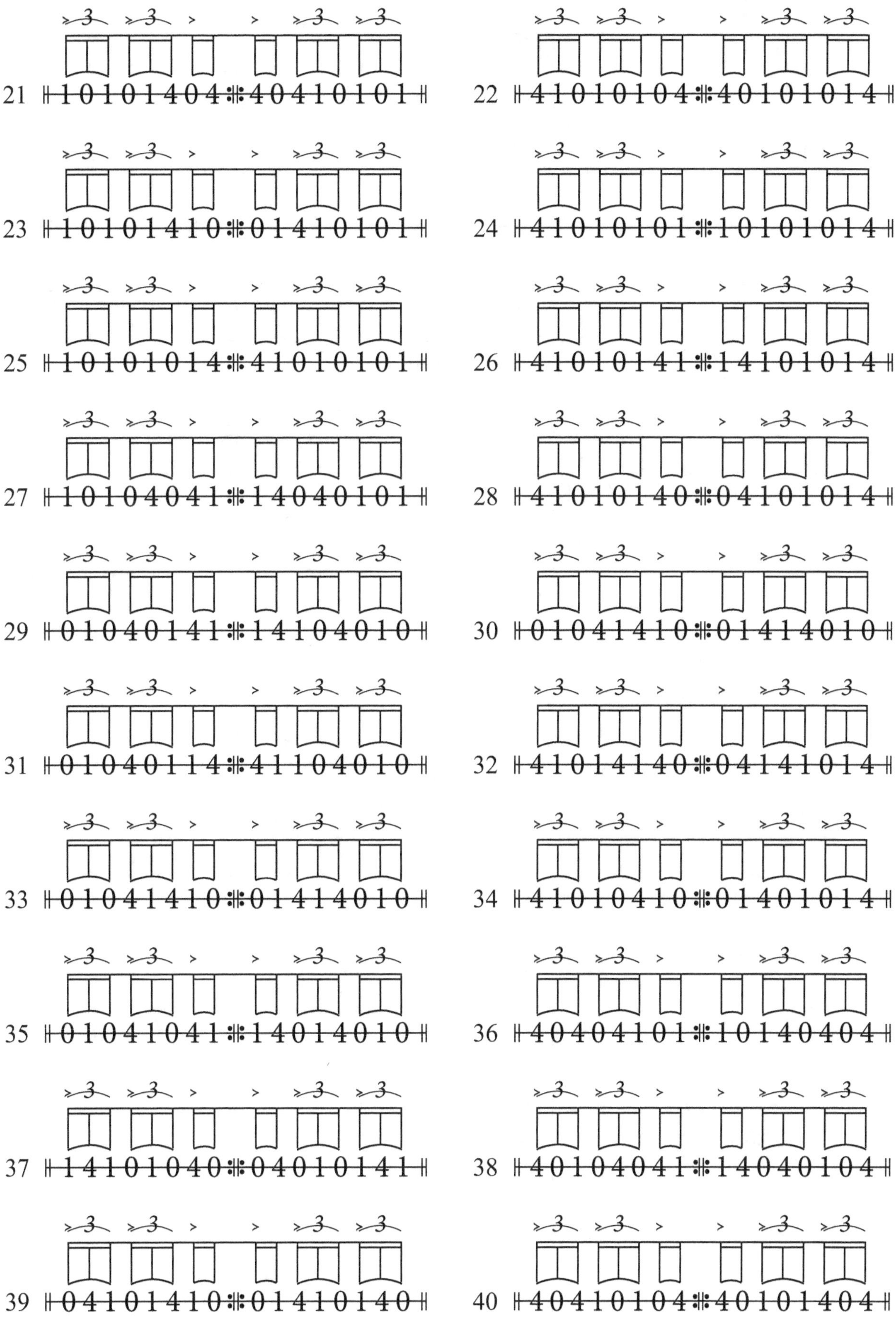

21 ‖ 10101404 :‖: 40410101 ‖   22 ‖ 41010104 :‖: 40101014 ‖

23 ‖ 10101410 :‖: 01410101 ‖   24 ‖ 41010101 :‖: 10101014 ‖

25 ‖ 10101014 :‖: 41010101 ‖   26 ‖ 41010141 :‖: 14101014 ‖

27 ‖ 10104041 :‖: 14040101 ‖   28 ‖ 41010140 :‖: 04101014 ‖

29 ‖ 01040141 :‖: 14104010 ‖   30 ‖ 01041410 :‖: 01414010 ‖

31 ‖ 01040114 :‖: 41104010 ‖   32 ‖ 41014140 :‖: 04141014 ‖

33 ‖ 01041410 :‖: 01414010 ‖   34 ‖ 41010410 :‖: 01401014 ‖

35 ‖ 01041041 :‖: 14014010 ‖   36 ‖ 40404101 :‖: 10140404 ‖

37 ‖ 14101040 :‖: 04010141 ‖   38 ‖ 40104041 :‖: 14040104 ‖

39 ‖ 04101410 :‖: 01410140 ‖   40 ‖ 40410104 :‖: 40101404 ‖

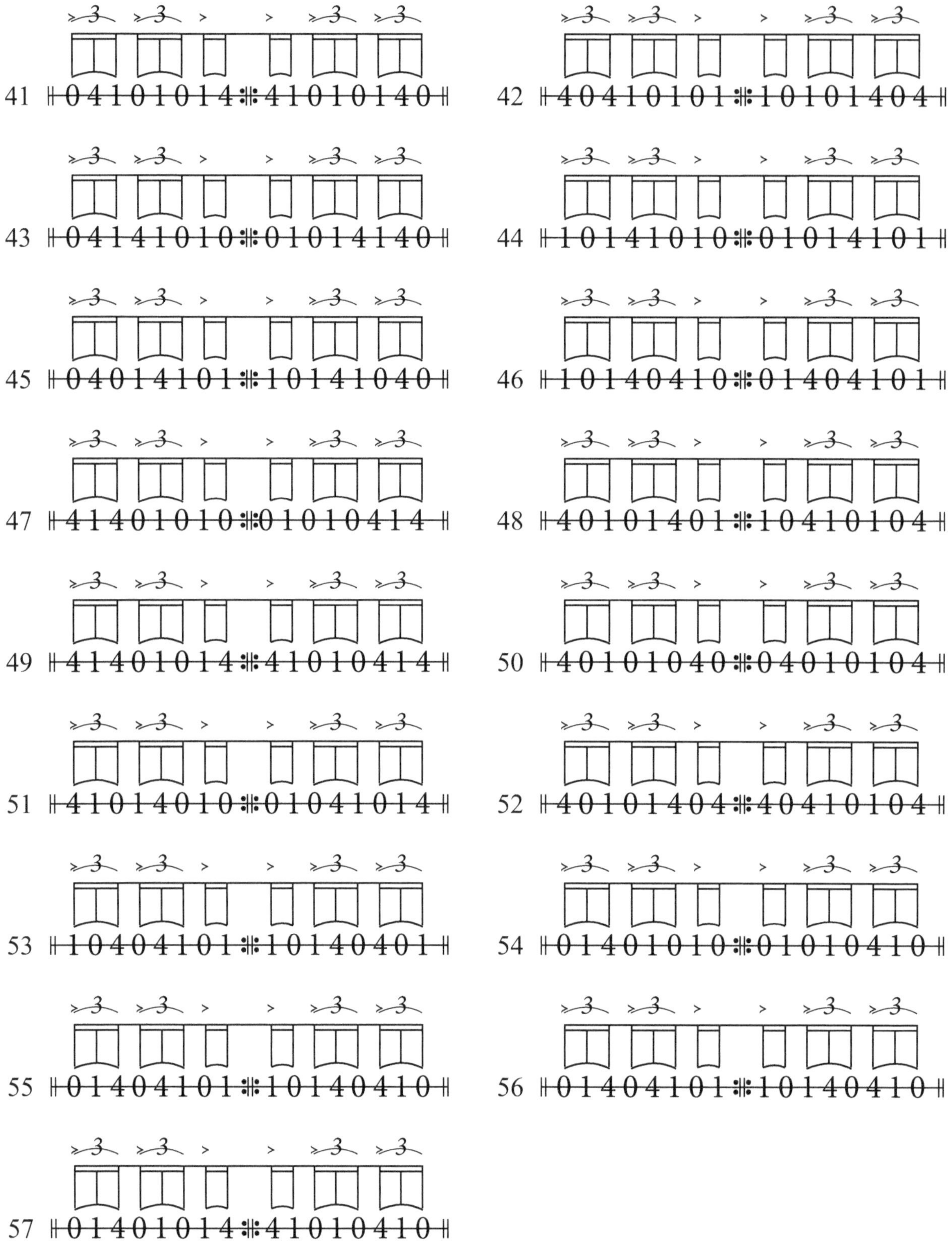

41. ‖: 0 4 1 0 1 0 1 4 :‖: 4 1 0 1 0 1 4 0 :‖
42. ‖: 4 0 4 1 0 1 0 1 :‖: 1 0 1 0 1 4 0 4 :‖
43. ‖: 0 4 1 4 1 0 1 0 :‖: 0 1 0 1 4 1 4 0 :‖
44. ‖: 1 0 1 4 1 0 1 0 :‖: 0 1 0 1 4 1 0 1 :‖
45. ‖: 0 4 0 1 4 1 0 1 :‖: 1 0 1 4 1 0 4 0 :‖
46. ‖: 1 0 1 4 0 4 1 0 :‖: 0 1 4 0 4 1 0 1 :‖
47. ‖: 4 1 4 0 1 0 1 0 :‖: 0 1 0 1 0 4 1 4 :‖
48. ‖: 4 0 1 0 1 4 0 1 :‖: 1 0 4 1 0 1 0 4 :‖
49. ‖: 4 1 4 0 1 0 1 4 :‖: 4 1 0 1 0 4 1 4 :‖
50. ‖: 4 0 1 0 1 0 4 0 :‖: 0 4 0 1 0 1 0 4 :‖
51. ‖: 4 1 0 1 4 0 1 0 :‖: 0 1 0 4 1 0 1 4 :‖
52. ‖: 4 0 1 0 1 4 0 4 :‖: 4 0 4 1 0 1 0 4 :‖
53. ‖: 1 0 4 0 4 1 0 1 :‖: 1 0 1 4 0 4 0 1 :‖
54. ‖: 0 1 4 0 1 0 1 0 :‖: 0 1 0 1 0 4 1 0 :‖
55. ‖: 0 1 4 0 4 1 0 1 :‖: 1 0 1 4 0 4 1 0 :‖
56. ‖: 0 1 4 0 4 1 0 1 :‖: 1 0 1 4 0 4 1 0 :‖
57. ‖: 0 1 4 0 1 0 1 4 :‖: 4 1 0 1 0 4 1 0 :‖

LIGADOS
UNIT 4

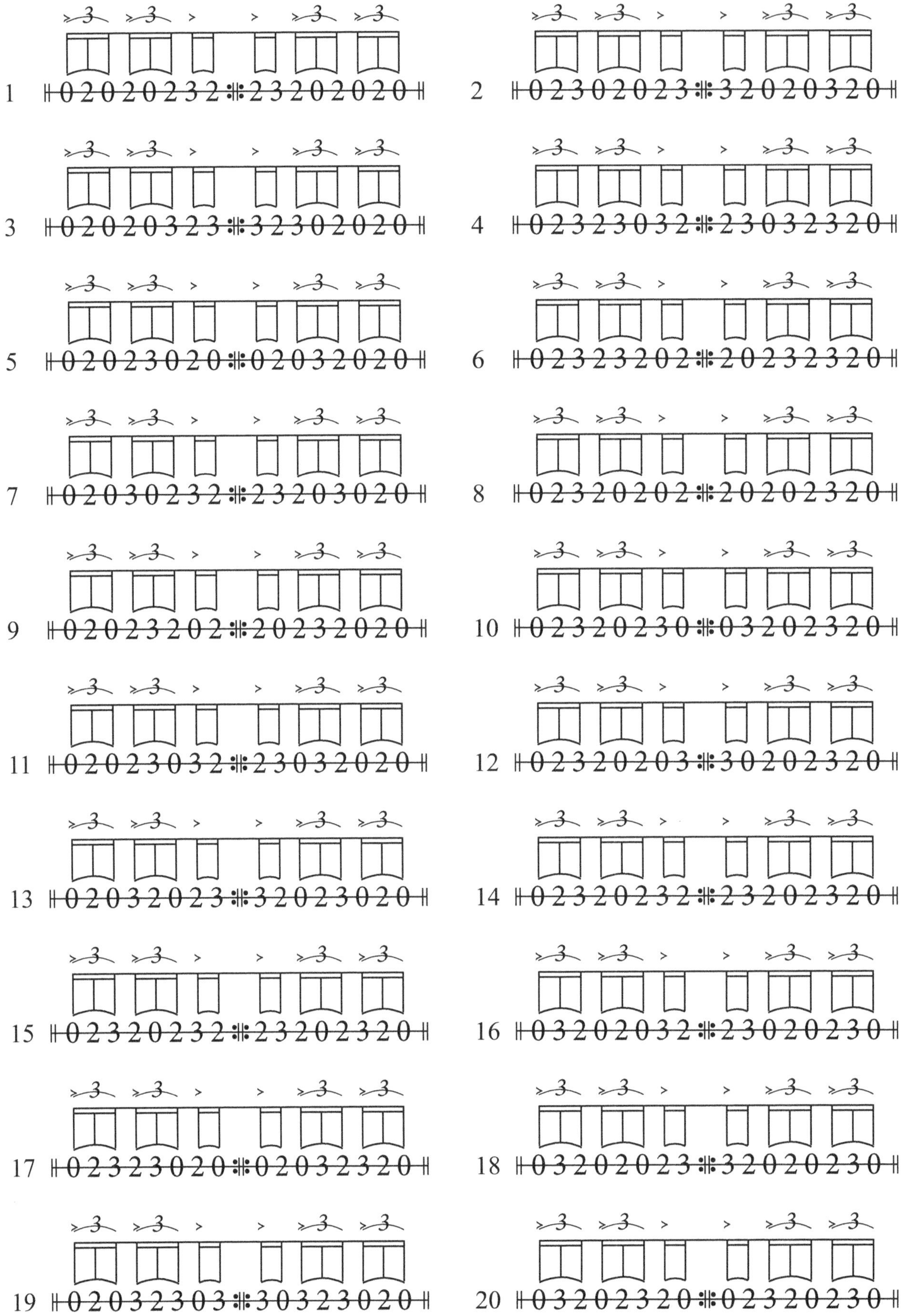

1. ‖: 0 2 0 2 0 2 3 2 :‖: 2 3 2 0 2 0 2 0 :‖
2. ‖: 0 2 3 0 2 0 2 3 :‖: 3 2 0 2 0 3 2 0 :‖
3. ‖: 0 2 0 2 0 3 2 3 :‖: 3 2 3 0 2 0 2 0 :‖
4. ‖: 0 2 3 2 3 0 3 2 :‖: 2 3 0 3 2 3 2 0 :‖
5. ‖: 0 2 0 2 3 0 2 0 :‖: 0 2 0 3 2 0 2 0 :‖
6. ‖: 0 2 3 2 3 2 0 2 :‖: 2 0 2 3 2 3 2 0 :‖
7. ‖: 0 2 0 3 0 2 3 2 :‖: 2 3 2 0 3 0 2 0 :‖
8. ‖: 0 2 3 2 0 2 0 2 :‖: 2 0 2 0 2 3 2 0 :‖
9. ‖: 0 2 0 2 3 2 0 2 :‖: 2 0 2 3 2 0 2 0 :‖
10. ‖: 0 2 3 2 0 2 3 0 :‖: 0 3 2 0 2 3 2 0 :‖
11. ‖: 0 2 0 2 3 0 3 2 :‖: 2 3 0 3 2 0 2 0 :‖
12. ‖: 0 2 3 2 0 2 0 3 :‖: 3 0 2 0 2 3 2 0 :‖
13. ‖: 0 2 0 3 2 0 2 3 :‖: 3 2 0 2 3 0 2 0 :‖
14. ‖: 0 2 3 2 0 2 3 2 :‖: 2 3 2 0 2 3 2 0 :‖
15. ‖: 0 2 3 2 0 2 3 2 :‖: 2 3 2 0 2 3 2 0 :‖
16. ‖: 0 3 2 0 2 0 3 2 :‖: 2 3 0 2 0 2 3 0 :‖
17. ‖: 0 2 3 2 3 0 2 0 :‖: 0 2 0 3 2 3 2 0 :‖
18. ‖: 0 3 2 0 2 0 2 3 :‖: 3 2 0 2 0 2 3 0 :‖
19. ‖: 0 2 0 3 2 3 0 3 :‖: 3 0 3 2 3 0 2 0 :‖
20. ‖: 0 3 2 0 2 3 2 0 :‖: 0 2 3 2 0 2 3 0 :‖

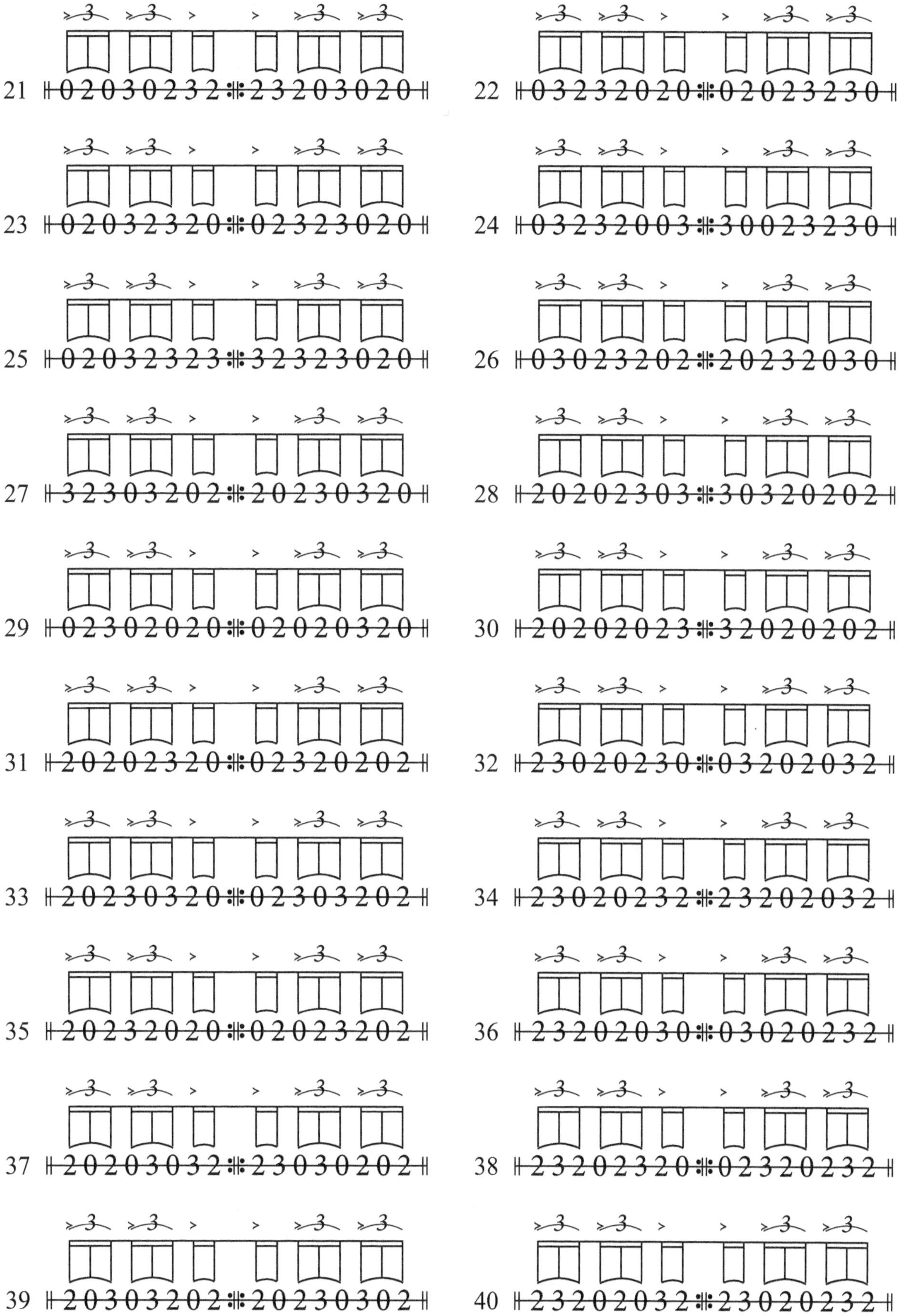

21 ‖: 0 2 0 3 0 2 3 2 :‖: 2 3 2 0 3 0 2 0 :‖
22 ‖: 0 3 2 3 2 0 2 0 :‖: 0 2 0 2 3 2 3 0 :‖
23 ‖: 0 2 0 3 2 3 2 0 :‖: 0 2 3 2 3 0 2 0 :‖
24 ‖: 0 3 2 3 2 0 0 3 :‖: 3 0 0 2 3 2 3 0 :‖
25 ‖: 0 2 0 3 2 3 2 3 :‖: 3 2 3 2 3 0 2 0 :‖
26 ‖: 0 3 0 2 3 2 0 2 :‖: 2 0 2 3 2 0 3 0 :‖
27 ‖: 3 2 3 0 3 2 0 2 :‖: 2 0 2 3 0 3 2 0 :‖
28 ‖: 2 0 2 0 2 3 0 3 :‖: 3 0 3 2 0 2 0 2 :‖
29 ‖: 0 2 3 0 2 0 2 0 :‖: 0 2 0 2 0 3 2 0 :‖
30 ‖: 2 0 2 0 2 0 2 3 :‖: 3 2 0 2 0 2 0 2 :‖
31 ‖: 2 0 2 0 2 3 2 0 :‖: 0 2 3 2 0 2 0 2 :‖
32 ‖: 2 3 0 2 0 2 3 0 :‖: 0 3 2 0 2 0 3 2 :‖
33 ‖: 2 0 2 3 0 3 2 0 :‖: 0 2 3 0 3 2 0 2 :‖
34 ‖: 2 3 0 2 0 2 3 2 :‖: 2 3 2 0 2 0 3 2 :‖
35 ‖: 2 0 2 3 2 0 2 0 :‖: 0 2 0 2 3 2 0 2 :‖
36 ‖: 2 3 2 0 2 0 3 0 :‖: 0 3 0 2 0 2 3 2 :‖
37 ‖: 2 0 2 0 3 0 3 2 :‖: 2 3 0 3 0 2 0 2 :‖
38 ‖: 2 3 2 0 2 3 2 0 :‖: 0 2 3 2 0 2 3 2 :‖
39 ‖: 2 0 3 0 3 2 0 2 :‖: 2 0 2 3 0 3 0 2 :‖
40 ‖: 2 3 2 0 2 0 3 2 :‖: 2 3 0 2 0 2 3 2 :‖

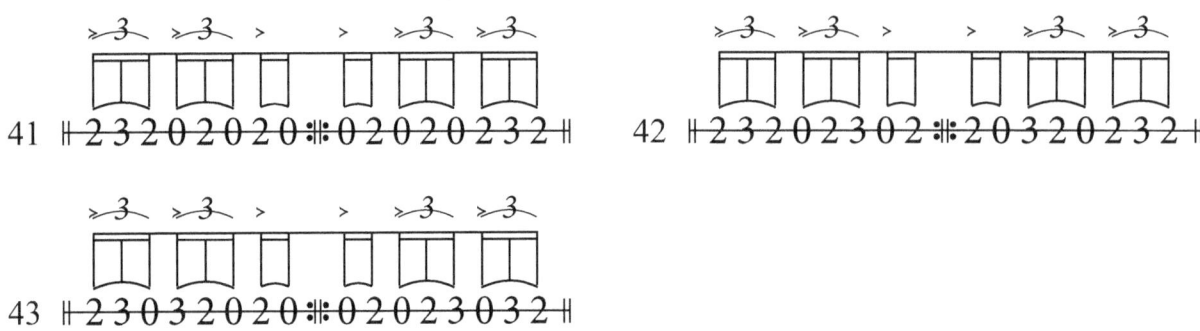

LIGADOS
UNIT 5

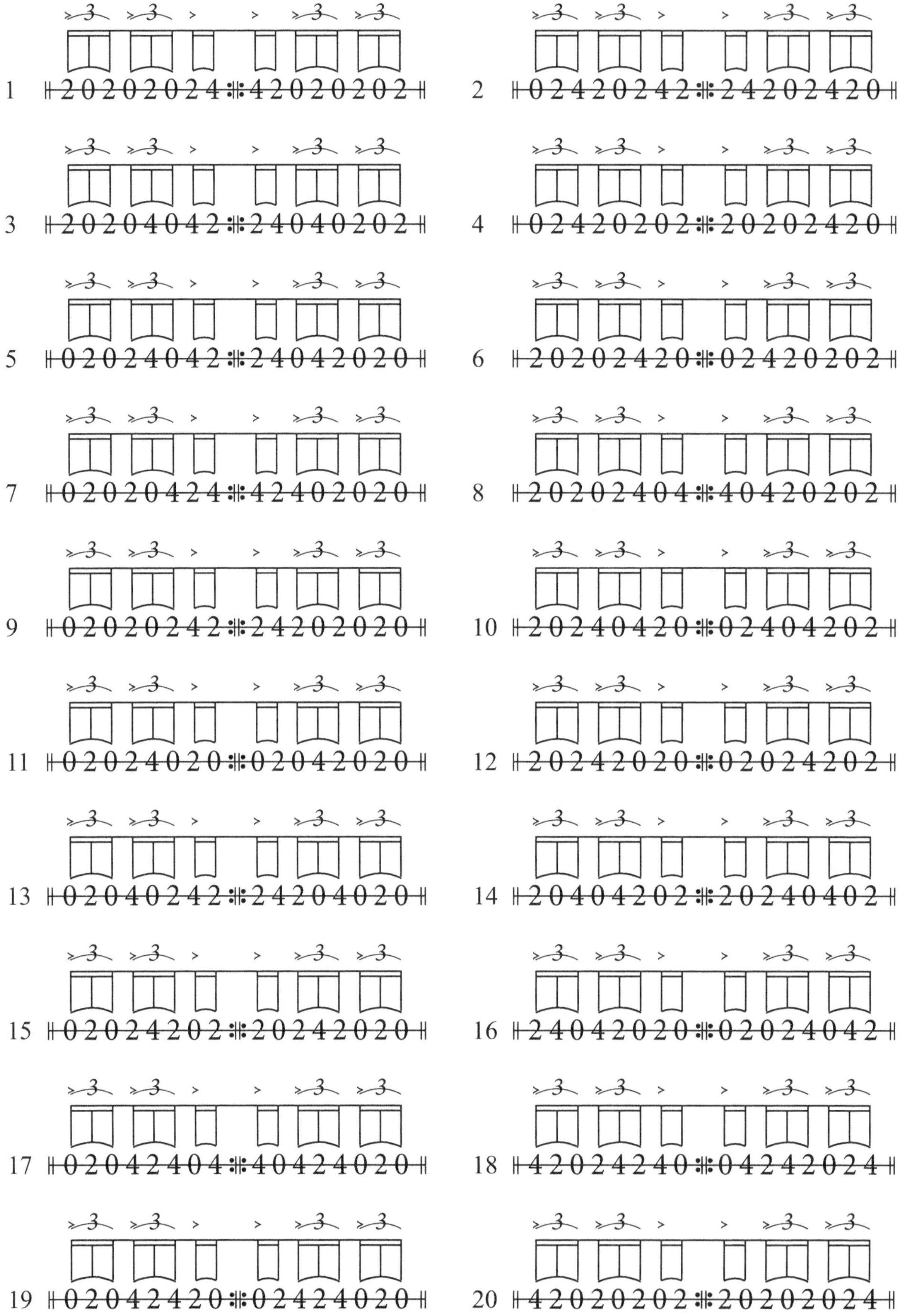

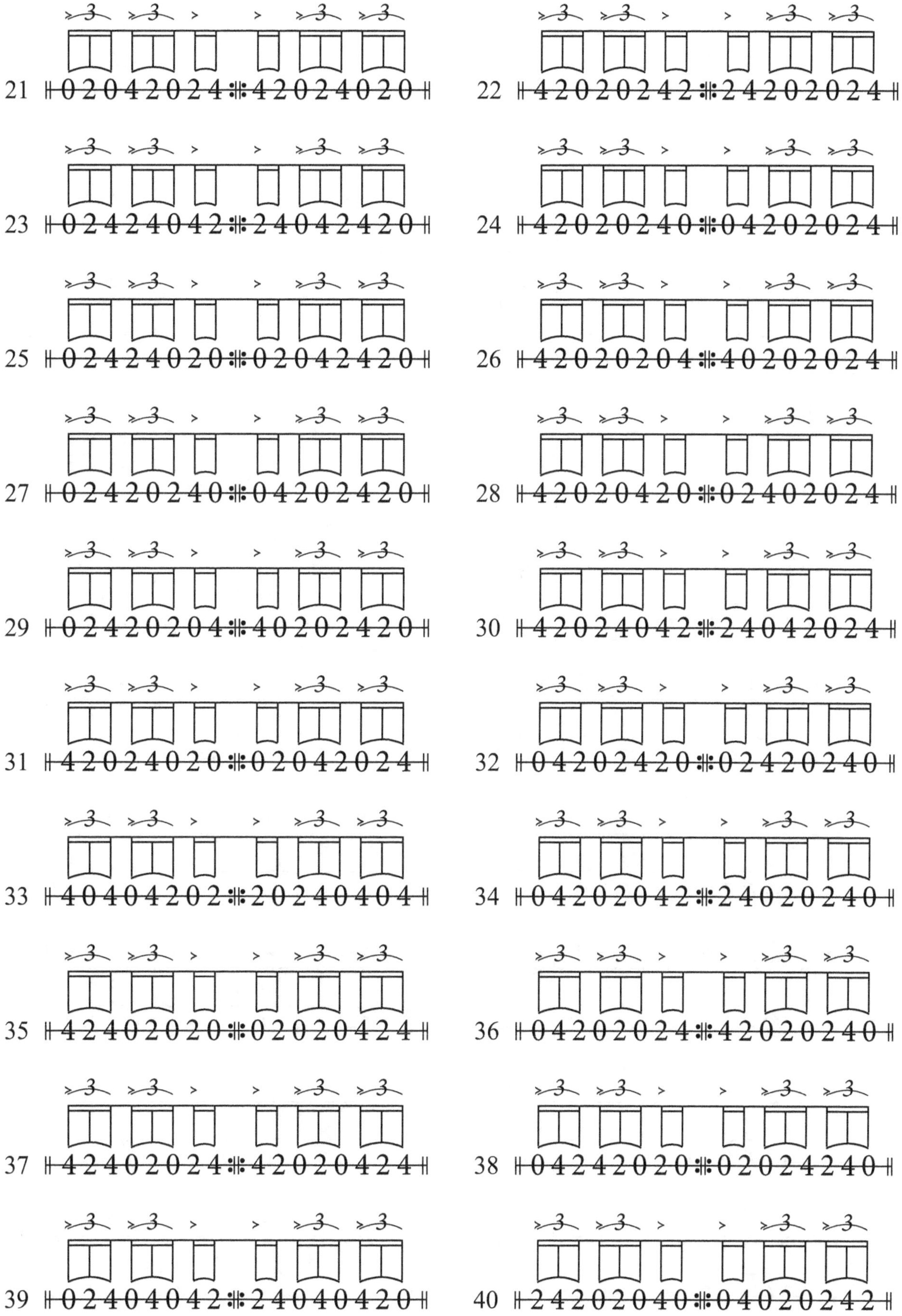

21 ‖: 0 2 0 4 2 0 2 4 :‖: 4 2 0 2 4 0 2 0 :‖

22 ‖: 4 2 0 2 0 2 4 2 :‖: 2 4 2 0 2 0 2 4 :‖

23 ‖: 0 2 4 2 4 0 4 2 :‖: 2 4 0 4 2 4 2 0 :‖

24 ‖: 4 2 0 2 0 2 4 0 :‖: 0 4 2 0 2 0 2 4 :‖

25 ‖: 0 2 4 2 4 0 2 0 :‖: 0 2 0 4 2 4 2 0 :‖

26 ‖: 4 2 0 2 0 2 0 4 :‖: 4 0 2 0 2 0 2 4 :‖

27 ‖: 0 2 4 2 0 2 4 0 :‖: 0 4 2 0 2 4 2 0 :‖

28 ‖: 4 2 0 2 0 4 2 0 :‖: 0 2 4 0 2 0 2 4 :‖

29 ‖: 0 2 4 2 0 2 0 4 :‖: 4 0 2 0 2 4 2 0 :‖

30 ‖: 4 2 0 2 4 0 4 2 :‖: 2 4 0 4 2 0 2 4 :‖

31 ‖: 4 2 0 2 4 0 2 0 :‖: 0 2 0 4 2 0 2 4 :‖

32 ‖: 0 4 2 0 2 4 2 0 :‖: 0 2 4 2 0 2 4 0 :‖

33 ‖: 4 0 4 0 4 2 0 2 :‖: 2 0 2 4 0 4 0 4 :‖

34 ‖: 0 4 2 0 2 0 4 2 :‖: 2 4 0 2 0 2 4 0 :‖

35 ‖: 4 2 4 0 2 0 2 0 :‖: 0 2 0 2 0 4 2 4 :‖

36 ‖: 0 4 2 0 2 0 2 4 :‖: 4 2 0 2 0 2 4 0 :‖

37 ‖: 4 2 4 0 2 0 2 4 :‖: 4 2 0 2 0 4 2 4 :‖

38 ‖: 0 4 2 4 2 0 2 0 :‖: 0 2 0 2 4 2 4 0 :‖

39 ‖: 0 2 4 0 4 0 4 2 :‖: 2 4 0 4 0 4 2 0 :‖

40 ‖: 2 4 2 0 2 0 4 0 :‖: 0 4 0 2 0 2 4 2 :‖

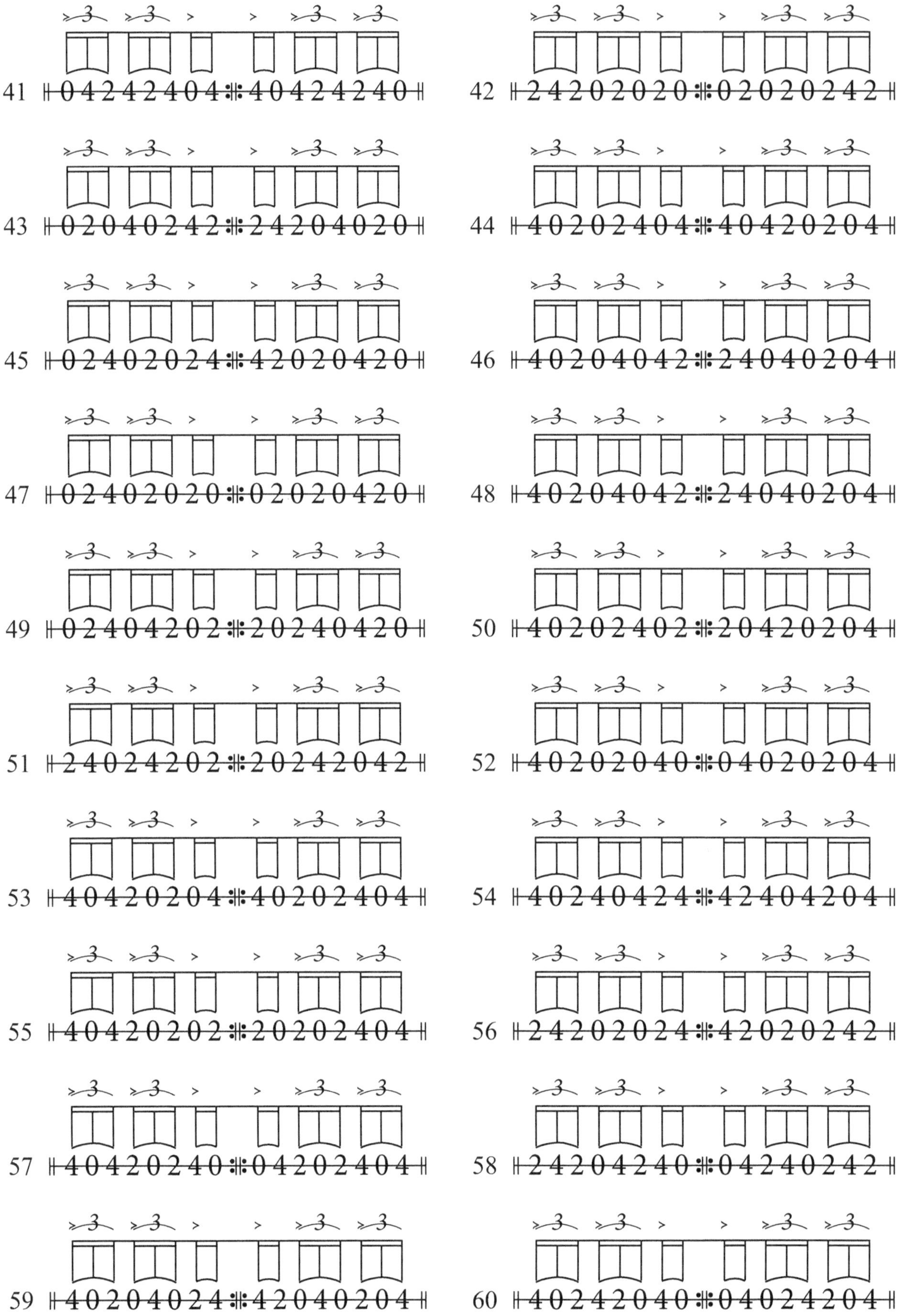

41 ‖: 0 4 2 4 2 4 0 4 :‖: 4 0 4 2 4 2 4 0 :‖
42 ‖: 2 4 2 0 2 0 2 0 :‖: 0 2 0 2 0 2 4 2 :‖
43 ‖: 0 2 0 4 0 2 4 2 :‖: 2 4 2 0 4 0 2 0 :‖
44 ‖: 4 0 2 0 2 4 0 4 :‖: 4 0 4 2 0 2 0 4 :‖
45 ‖: 0 2 4 0 2 0 2 4 :‖: 4 2 0 2 0 4 2 0 :‖
46 ‖: 4 0 2 0 4 0 4 2 :‖: 2 4 0 4 0 2 0 4 :‖
47 ‖: 0 2 4 0 2 0 2 0 :‖: 0 2 0 2 0 4 2 0 :‖
48 ‖: 4 0 2 0 4 0 4 2 :‖: 2 4 0 4 0 2 0 4 :‖
49 ‖: 0 2 4 0 4 2 0 2 :‖: 2 0 2 4 0 4 2 0 :‖
50 ‖: 4 0 2 0 2 4 0 2 :‖: 2 0 4 2 0 2 0 4 :‖
51 ‖: 2 4 0 2 4 2 0 2 :‖: 2 0 2 4 2 0 4 2 :‖
52 ‖: 4 0 2 0 2 0 4 0 :‖: 0 4 0 2 0 2 0 4 :‖
53 ‖: 4 0 4 2 0 2 0 4 :‖: 4 0 2 0 2 4 0 4 :‖
54 ‖: 4 0 2 4 0 4 2 4 :‖: 4 2 4 0 4 2 0 4 :‖
55 ‖: 4 0 4 2 0 2 0 2 :‖: 2 0 2 0 2 4 0 4 :‖
56 ‖: 2 4 2 0 2 0 2 4 :‖: 4 2 0 2 0 2 4 2 :‖
57 ‖: 4 0 4 2 0 2 4 0 :‖: 0 4 2 0 2 4 0 4 :‖
58 ‖: 2 4 2 0 4 2 4 0 :‖: 0 4 2 4 0 2 4 2 :‖
59 ‖: 4 0 2 0 4 0 2 4 :‖: 4 2 0 4 0 2 0 4 :‖
60 ‖: 4 0 2 4 2 0 4 0 :‖: 0 4 0 2 4 2 0 4 :‖

LIGADOS
UNIT 6

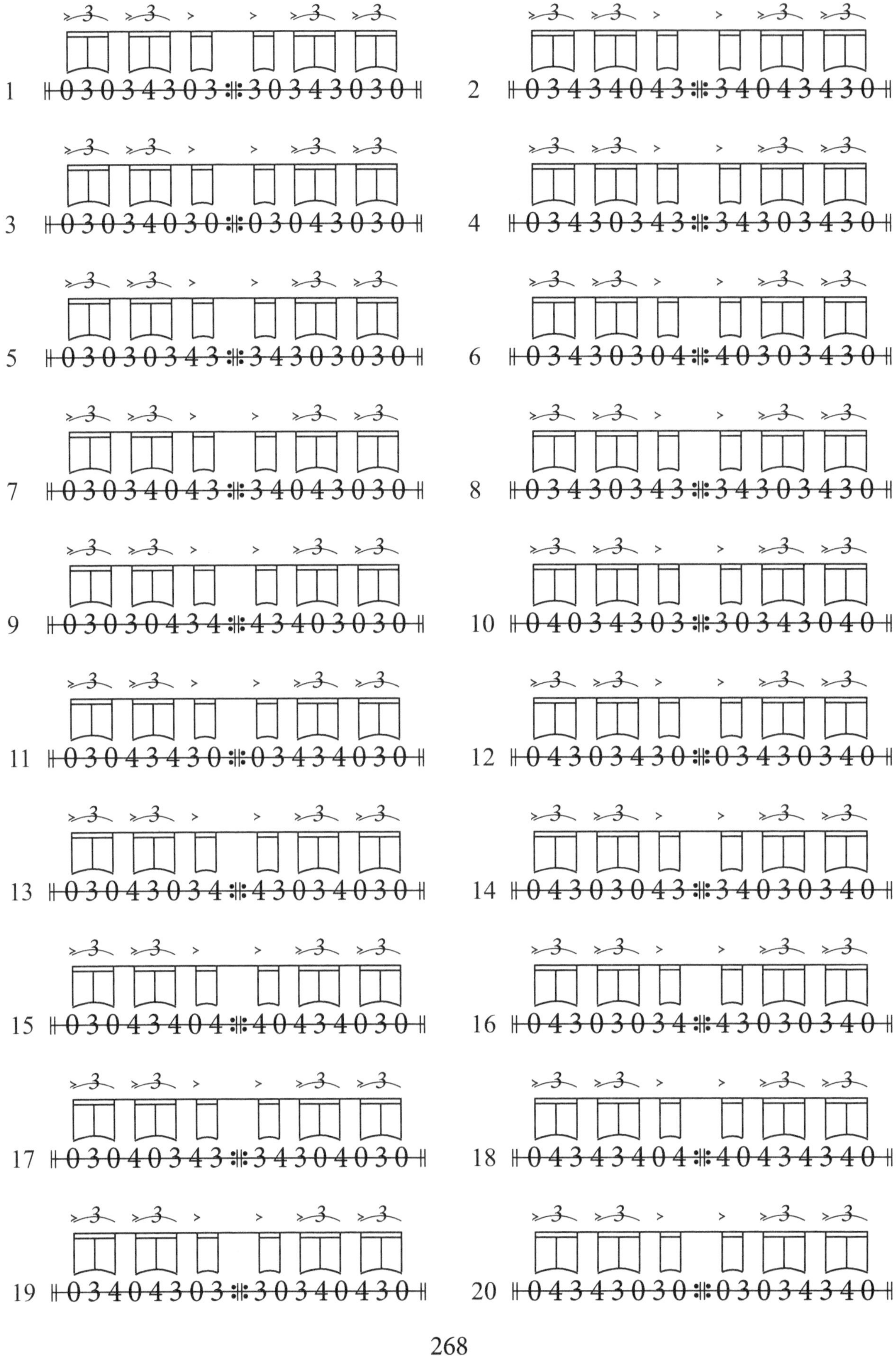

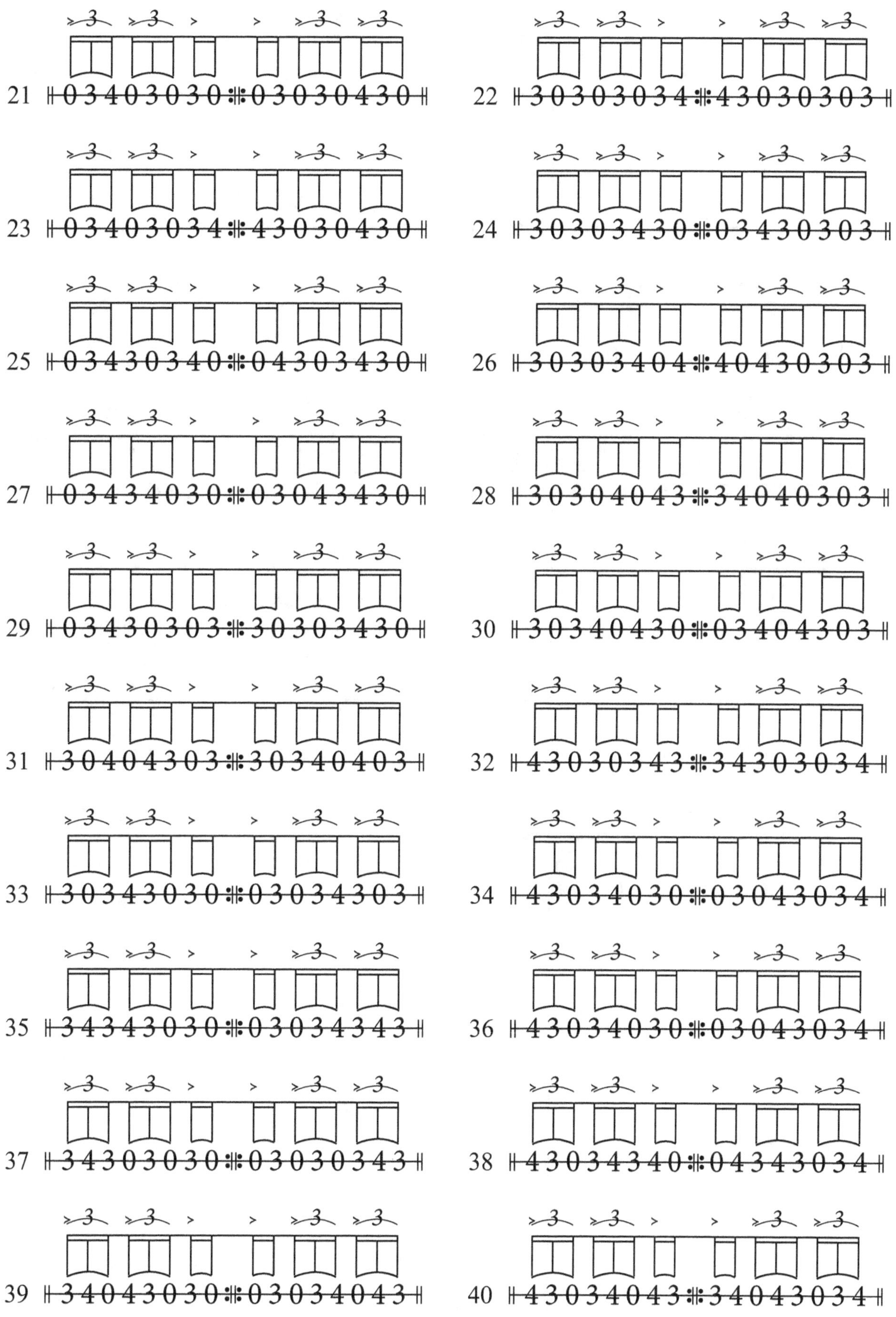

21. ‖: 0 3 4 0 3 0 3 0 :‖: 0 3 0 3 0 4 3 0 :‖
22. ‖: 3 0 3 0 3 0 3 4 :‖: 4 3 0 3 0 3 0 3 :‖
23. ‖: 0 3 4 0 3 0 3 4 :‖: 4 3 0 3 0 4 3 0 :‖
24. ‖: 3 0 3 0 3 4 3 0 :‖: 0 3 4 3 0 3 0 3 :‖
25. ‖: 0 3 4 3 0 3 4 0 :‖: 0 4 3 0 3 4 3 0 :‖
26. ‖: 3 0 3 0 3 4 0 4 :‖: 4 0 4 3 0 3 0 3 :‖
27. ‖: 0 3 4 3 4 0 3 0 :‖: 0 3 0 4 3 4 3 0 :‖
28. ‖: 3 0 3 0 4 0 4 3 :‖: 3 4 0 4 0 3 0 3 :‖
29. ‖: 0 3 4 3 0 3 0 3 :‖: 3 0 3 0 3 4 3 0 :‖
30. ‖: 3 0 3 4 0 4 3 0 :‖: 0 3 4 0 4 3 0 3 :‖
31. ‖: 3 0 4 0 4 3 0 3 :‖: 3 0 3 4 0 4 0 3 :‖
32. ‖: 4 3 0 3 0 3 4 3 :‖: 3 4 3 0 3 0 3 4 :‖
33. ‖: 3 0 3 4 3 0 3 0 :‖: 0 3 0 3 4 3 0 3 :‖
34. ‖: 4 3 0 3 4 0 3 0 :‖: 0 3 0 4 3 0 3 4 :‖
35. ‖: 3 4 3 4 3 0 3 0 :‖: 0 3 0 3 4 3 4 3 :‖
36. ‖: 4 3 0 3 4 0 3 0 :‖: 0 3 0 4 3 0 3 4 :‖
37. ‖: 3 4 3 0 3 0 3 0 :‖: 0 3 0 3 0 3 4 3 :‖
38. ‖: 4 3 0 3 4 3 4 0 :‖: 0 4 3 4 3 0 3 4 :‖
39. ‖: 3 4 0 4 3 0 3 0 :‖: 0 3 0 3 4 0 4 3 :‖
40. ‖: 4 3 0 3 4 0 4 3 :‖: 3 4 0 4 3 0 3 4 :‖

269

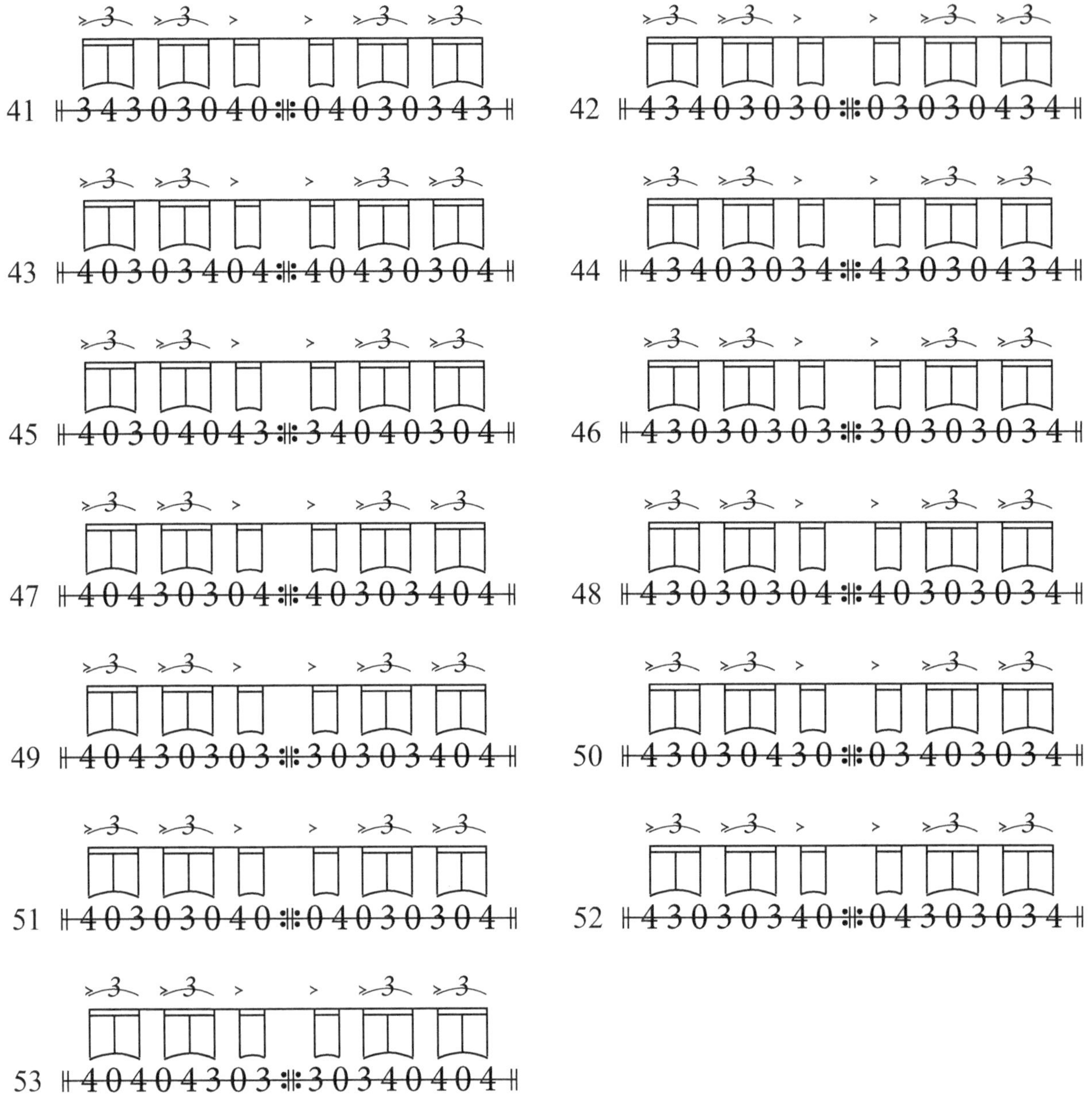

41. ‖: 3 4 3 0 3 0 4 0 :‖: 0 4 0 3 0 3 4 3 :‖
42. ‖: 4 3 4 0 3 0 3 0 :‖: 0 3 0 3 0 4 3 4 :‖
43. ‖: 4 0 3 0 3 4 0 4 :‖: 4 0 4 3 0 3 0 4 :‖
44. ‖: 4 3 4 0 3 0 3 4 :‖: 4 3 0 3 0 4 3 4 :‖
45. ‖: 4 0 3 0 4 0 4 3 :‖: 3 4 0 4 0 3 0 4 :‖
46. ‖: 4 3 0 3 0 3 0 3 :‖: 3 0 3 0 3 0 3 4 :‖
47. ‖: 4 0 4 3 0 3 0 4 :‖: 4 0 3 0 3 4 0 4 :‖
48. ‖: 4 3 0 3 0 3 0 4 :‖: 4 0 3 0 3 0 3 4 :‖
49. ‖: 4 0 4 3 0 3 0 3 :‖: 3 0 3 0 3 4 0 4 :‖
50. ‖: 4 3 0 3 0 4 3 0 :‖: 0 3 4 0 3 0 3 4 :‖
51. ‖: 4 0 3 0 3 0 4 0 :‖: 0 4 0 3 0 3 0 4 :‖
52. ‖: 4 3 0 3 0 3 4 0 :‖: 0 4 3 0 3 0 3 4 :‖
53. ‖: 4 0 4 0 4 3 0 3 :‖: 3 0 3 4 0 4 0 4 :‖

LIGADOS
UNIT 7

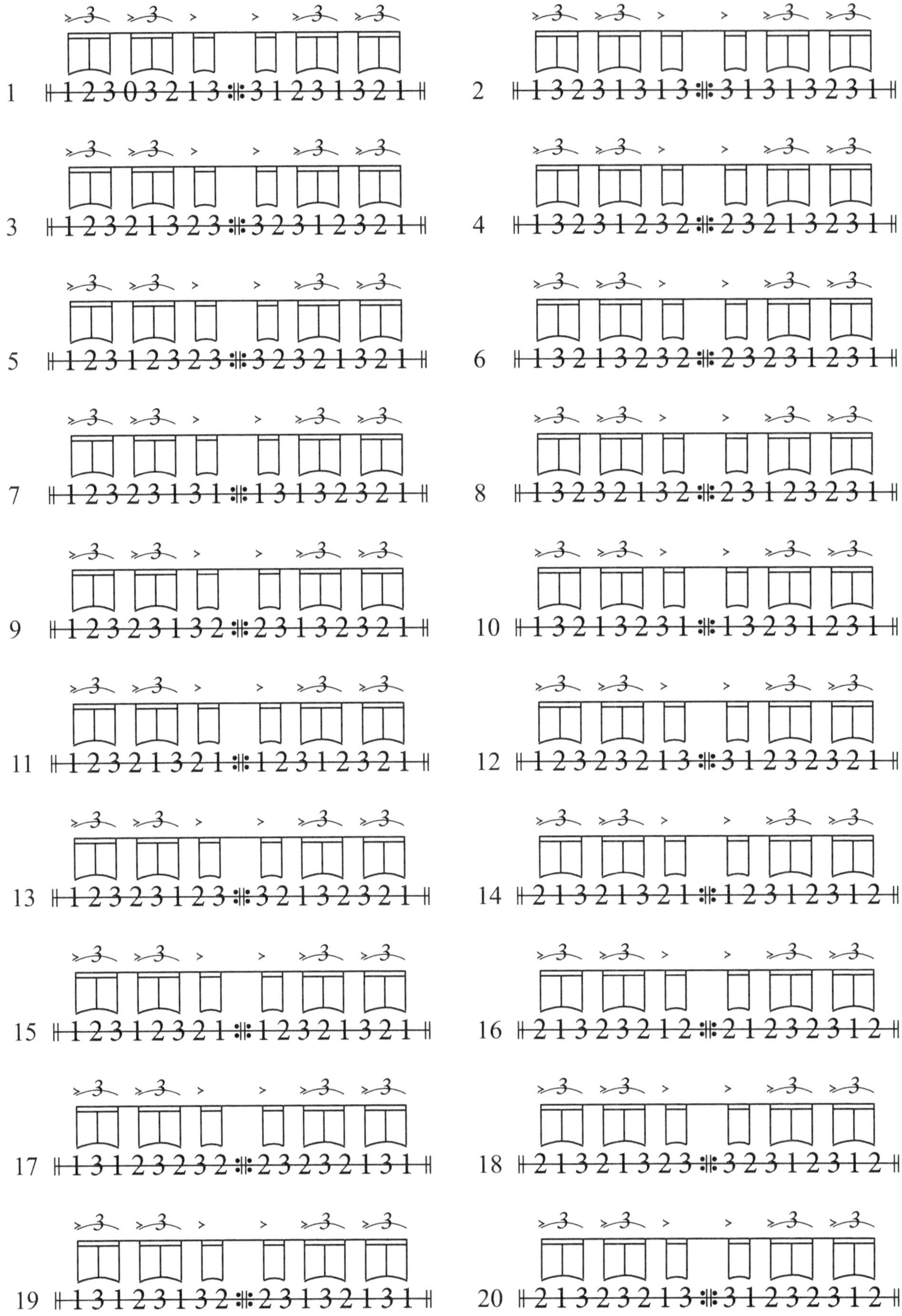

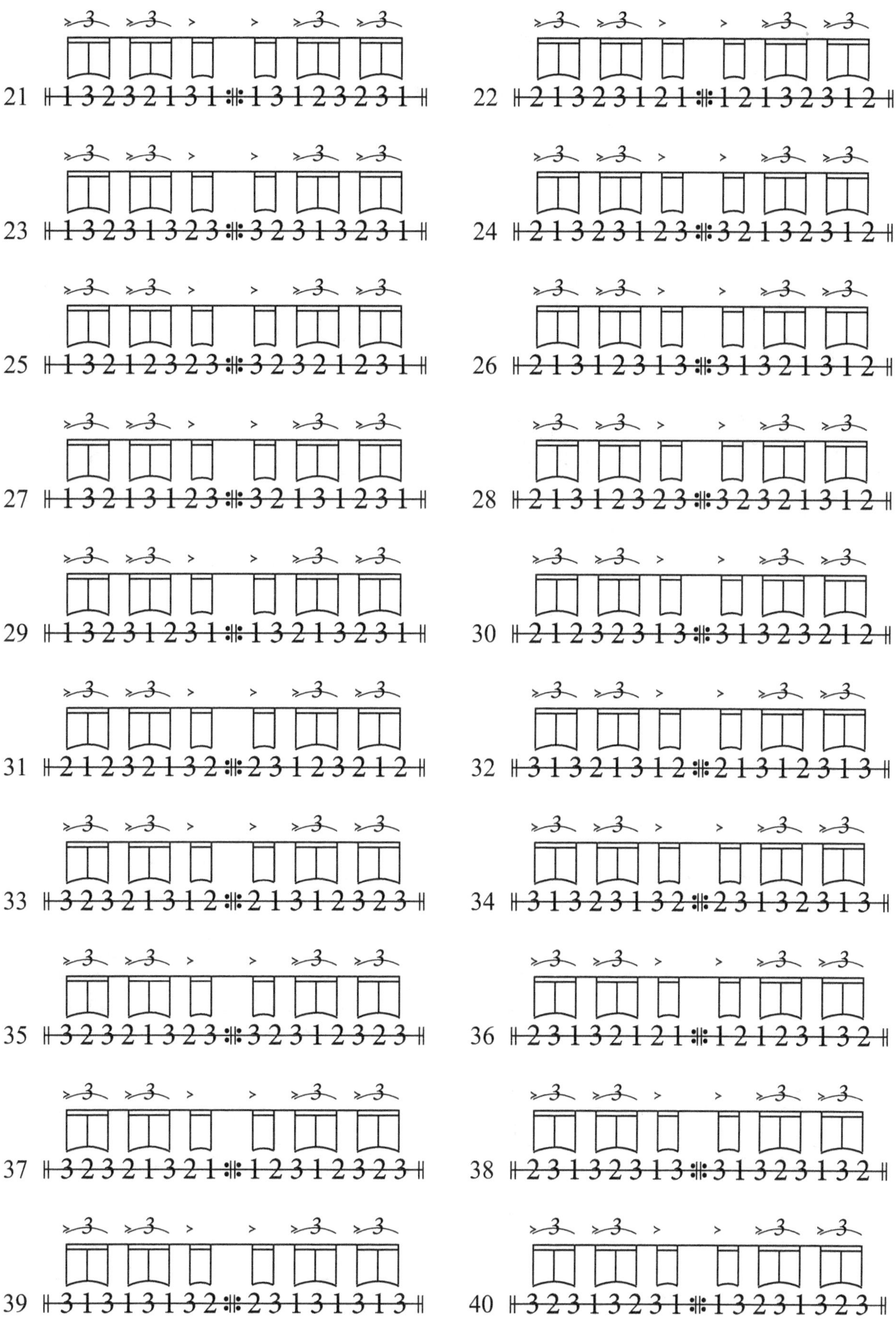

21 ‖ 1 3 2 3 2 1 3 1 :‖: 1 3 1 2 3 2 3 1 ‖
22 ‖ 2 1 3 2 3 1 2 1 :‖: 1 2 1 3 2 3 1 2 ‖
23 ‖ 1 3 2 3 1 3 2 3 :‖: 3 2 3 1 3 2 3 1 ‖
24 ‖ 2 1 3 2 3 1 2 3 :‖: 3 2 3 1 3 2 1 2 ‖
25 ‖ 1 3 2 1 2 3 2 3 :‖: 3 2 3 2 1 2 3 1 ‖
26 ‖ 2 1 3 1 2 3 1 3 :‖: 3 1 3 2 1 3 1 2 ‖
27 ‖ 1 3 2 1 3 1 2 3 :‖: 3 2 1 3 1 2 3 1 ‖
28 ‖ 2 1 3 1 2 3 2 3 :‖: 3 2 3 2 1 3 1 2 ‖
29 ‖ 1 3 2 3 1 2 3 1 :‖: 1 3 2 1 3 2 3 1 ‖
30 ‖ 2 1 2 3 2 3 1 3 :‖: 3 1 3 2 3 2 1 2 ‖
31 ‖ 2 1 2 3 2 1 3 2 :‖: 2 3 1 2 3 2 1 2 ‖
32 ‖ 3 1 3 2 1 3 1 2 :‖: 2 1 3 1 2 1 3 1 3 ‖
33 ‖ 3 2 3 2 1 3 1 2 :‖: 2 1 3 1 1 2 3 2 3 ‖
34 ‖ 3 1 3 2 3 1 3 2 :‖: 2 3 1 3 2 3 1 3 ‖
35 ‖ 3 2 3 2 1 3 2 3 :‖: 3 2 3 1 2 3 2 3 ‖
36 ‖ 2 3 1 3 2 1 2 1 :‖: 1 2 1 2 3 1 3 2 ‖
37 ‖ 3 2 3 2 1 3 2 1 :‖: 1 2 3 1 2 3 2 3 ‖
38 ‖ 2 3 1 3 2 3 1 3 :‖: 3 1 3 2 3 1 3 2 ‖
39 ‖ 3 1 3 1 3 1 3 2 :‖: 2 3 1 3 1 3 1 3 ‖
40 ‖ 3 2 3 1 3 2 3 1 :‖: 1 3 2 3 1 3 2 3 ‖

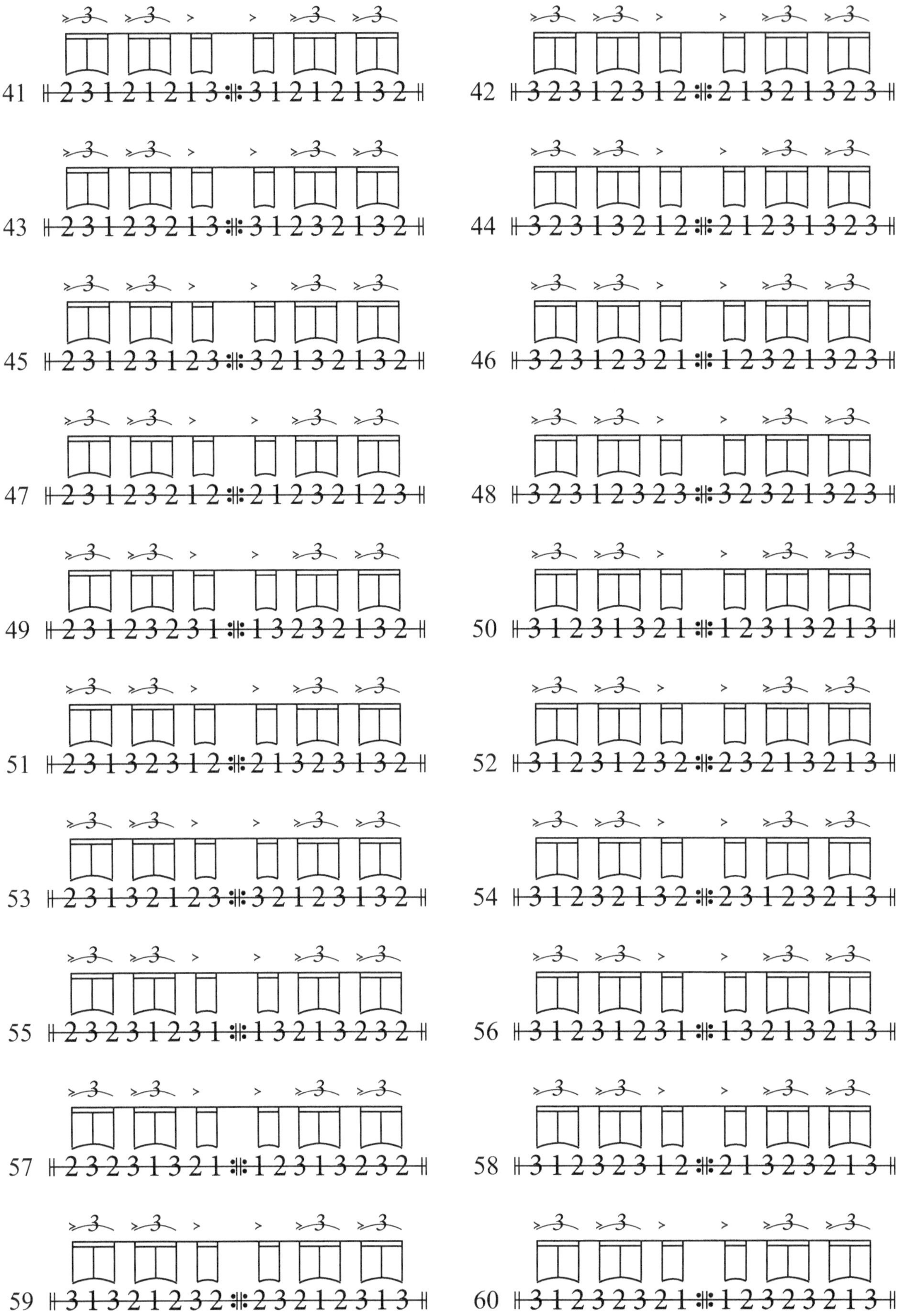

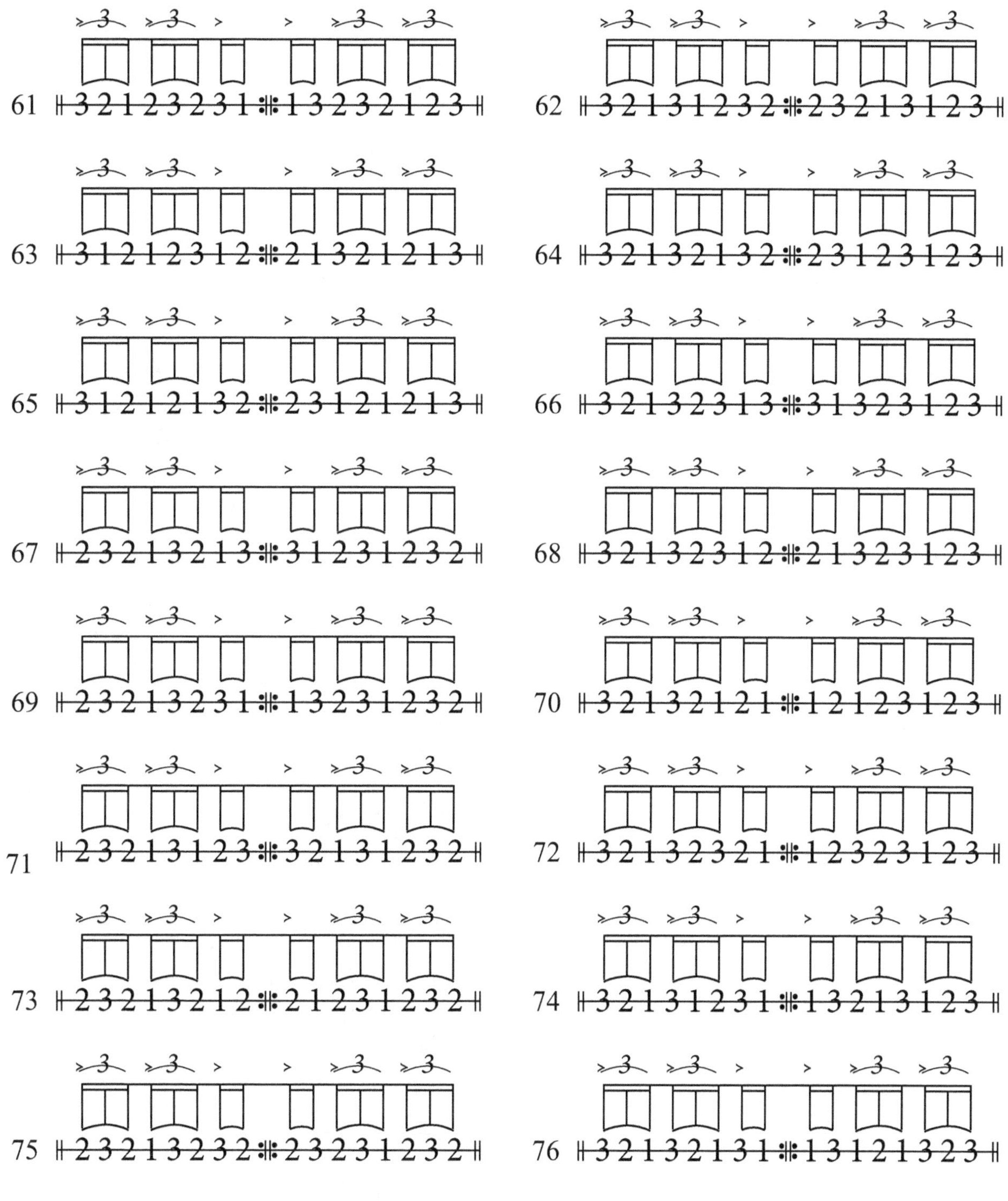

61 ‖ 3 2 1 2 3 2 3 1 :‖: 1 3 2 3 2 1 2 3 ‖
62 ‖ 3 2 1 2 1 3 2 :‖: 2 3 2 1 3 1 2 3 ‖
63 ‖ 3 1 2 1 2 3 1 2 :‖: 2 1 3 2 1 2 1 3 ‖
64 ‖ 3 2 1 3 2 1 3 2 :‖: 2 3 1 2 1 2 3 ‖
65 ‖ 3 1 2 1 2 1 3 2 :‖: 2 3 1 2 1 2 1 3 ‖
66 ‖ 3 2 1 3 2 3 1 3 :‖: 3 1 3 2 3 1 2 3 ‖
67 ‖ 2 3 2 1 3 2 1 3 :‖: 3 1 2 3 1 2 3 2 ‖
68 ‖ 3 2 1 3 2 3 1 2 :‖: 2 1 3 2 3 1 2 3 ‖
69 ‖ 2 3 2 1 3 2 3 1 :‖: 1 3 2 3 1 2 3 2 ‖
70 ‖ 3 2 1 3 2 1 2 1 :‖: 1 2 1 2 3 1 2 3 ‖
71 ‖ 2 3 2 1 3 1 2 3 :‖: 3 2 1 3 1 2 3 2 ‖
72 ‖ 3 2 1 3 2 3 2 1 :‖: 1 2 3 2 3 1 2 3 ‖
73 ‖ 2 3 2 1 3 2 1 2 :‖: 2 1 2 3 1 2 3 2 ‖
74 ‖ 3 2 1 3 1 2 3 1 :‖: 1 3 2 1 3 1 2 3 ‖
75 ‖ 2 3 2 1 3 2 3 2 :‖: 2 3 2 3 1 2 3 2 ‖
76 ‖ 3 2 1 3 2 1 3 1 :‖: 1 3 1 2 1 3 2 3 ‖

LIGADOS
UNIT 8

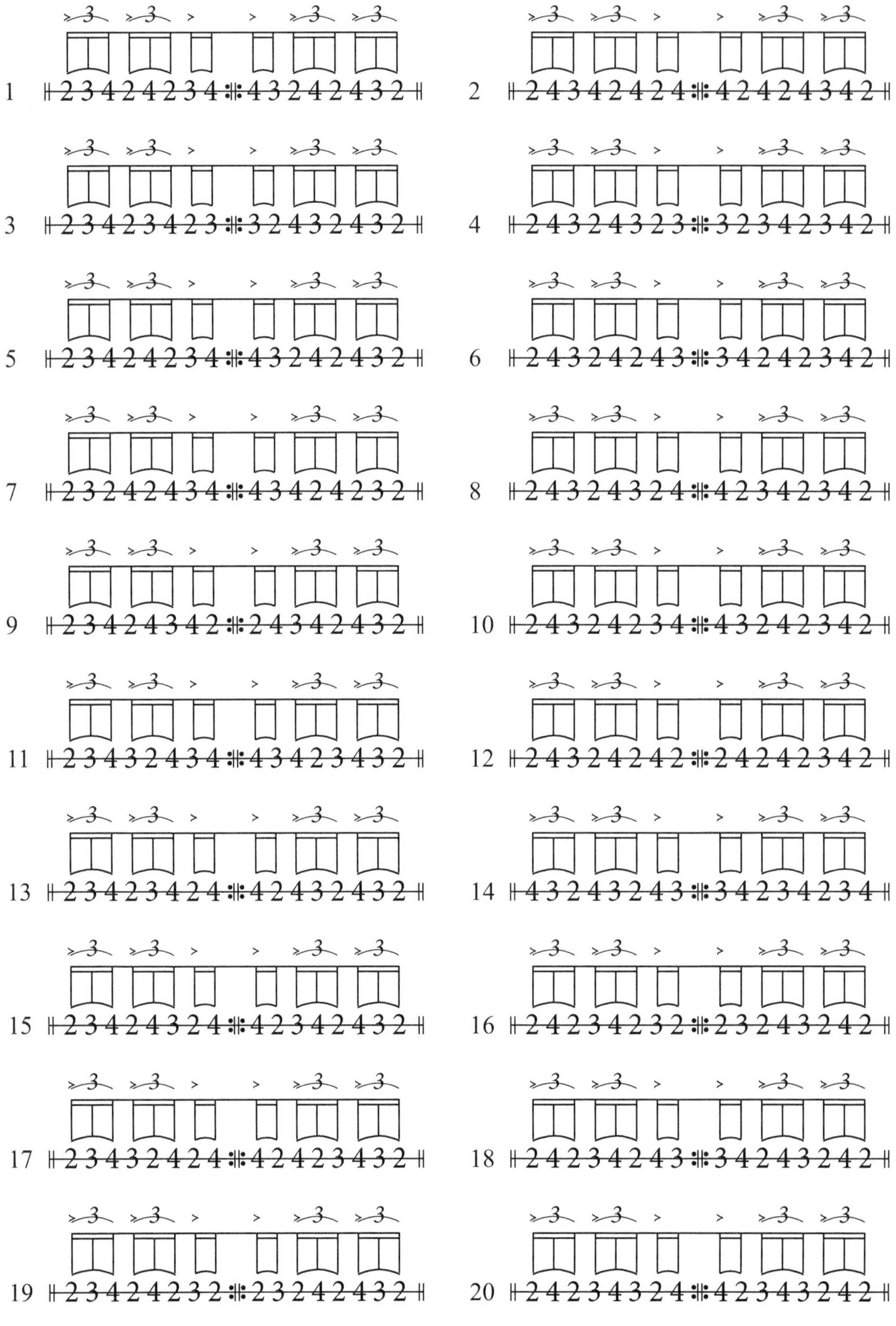

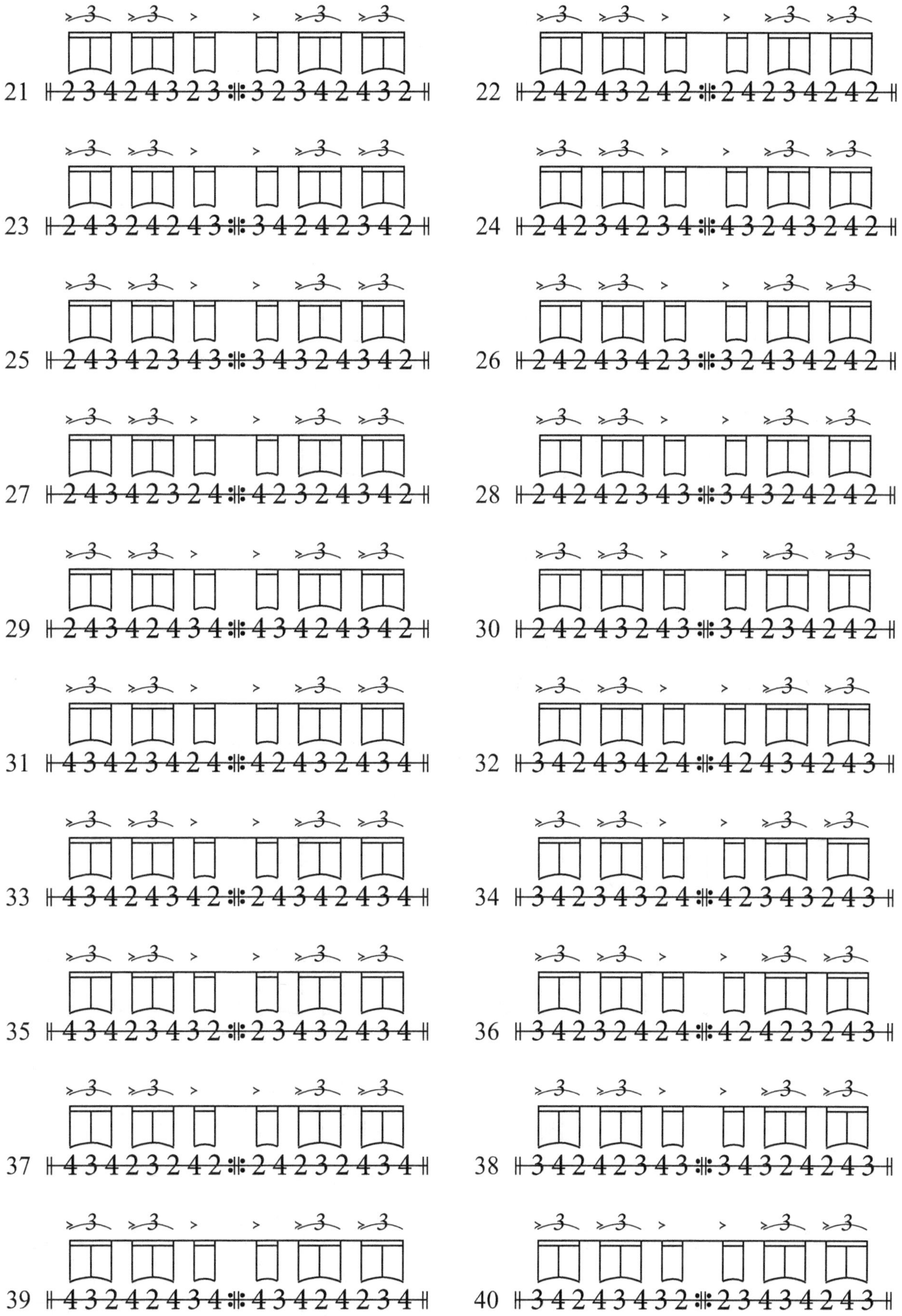

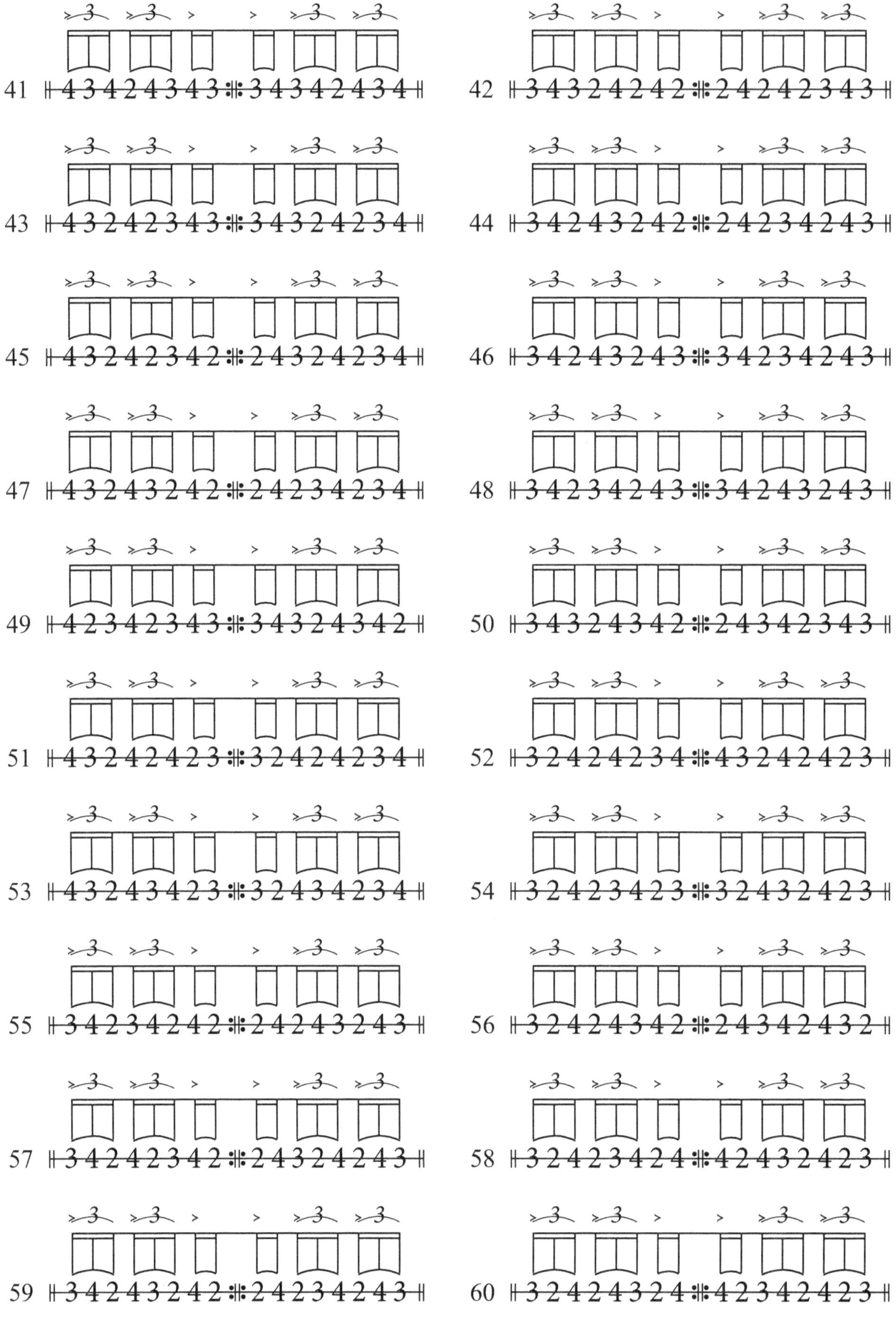

41 ‖ 4 3 4 2 4 3 4 3 :‖: 3 4 3 4 2 4 3 4 ‖

42 ‖ 3 4 3 2 4 2 4 2 :‖: 2 4 2 4 2 3 4 3 ‖

43 ‖ 4 3 2 4 2 3 4 3 :‖: 3 4 3 2 4 2 3 4 ‖

44 ‖ 3 4 2 4 3 2 4 2 :‖: 2 4 2 3 4 2 4 3 ‖

45 ‖ 4 3 2 4 2 3 4 2 :‖: 2 4 3 2 4 2 3 4 ‖

46 ‖ 3 4 2 3 2 4 3 :‖: 3 4 2 3 4 2 4 3 ‖

47 ‖ 4 3 2 4 3 2 4 2 :‖: 2 4 3 2 4 2 3 4 ‖

48 ‖ 3 4 2 3 4 2 4 3 :‖: 3 4 2 4 3 2 4 3 ‖

49 ‖ 4 2 3 4 2 3 4 3 :‖: 3 4 3 2 4 3 4 2 ‖

50 ‖ 3 4 3 2 4 3 4 2 :‖: 2 4 3 4 2 3 4 3 ‖

51 ‖ 4 3 2 4 2 4 2 3 :‖: 3 2 4 2 4 2 3 4 ‖

52 ‖ 3 2 4 2 4 2 3 4 :‖: 4 3 2 4 2 4 2 3 ‖

53 ‖ 4 3 2 4 3 4 2 3 :‖: 3 2 4 3 4 2 3 4 ‖

54 ‖ 3 2 4 2 3 4 2 3 :‖: 3 2 4 3 2 4 2 3 ‖

55 ‖ 3 4 2 3 4 2 4 2 :‖: 2 4 2 4 4 3 4 3 ‖

56 ‖ 3 2 4 2 4 3 4 2 :‖: 2 4 3 4 2 4 3 2 ‖

57 ‖ 3 4 2 4 2 3 4 2 :‖: 2 4 3 2 4 2 4 3 ‖

58 ‖ 3 2 4 2 3 4 2 4 :‖: 4 2 4 3 2 4 2 3 ‖

59 ‖ 3 4 2 4 3 2 4 2 :‖: 2 4 2 3 4 2 4 3 ‖

60 ‖ 3 2 4 2 4 3 2 4 :‖: 4 2 3 4 2 4 2 3 ‖

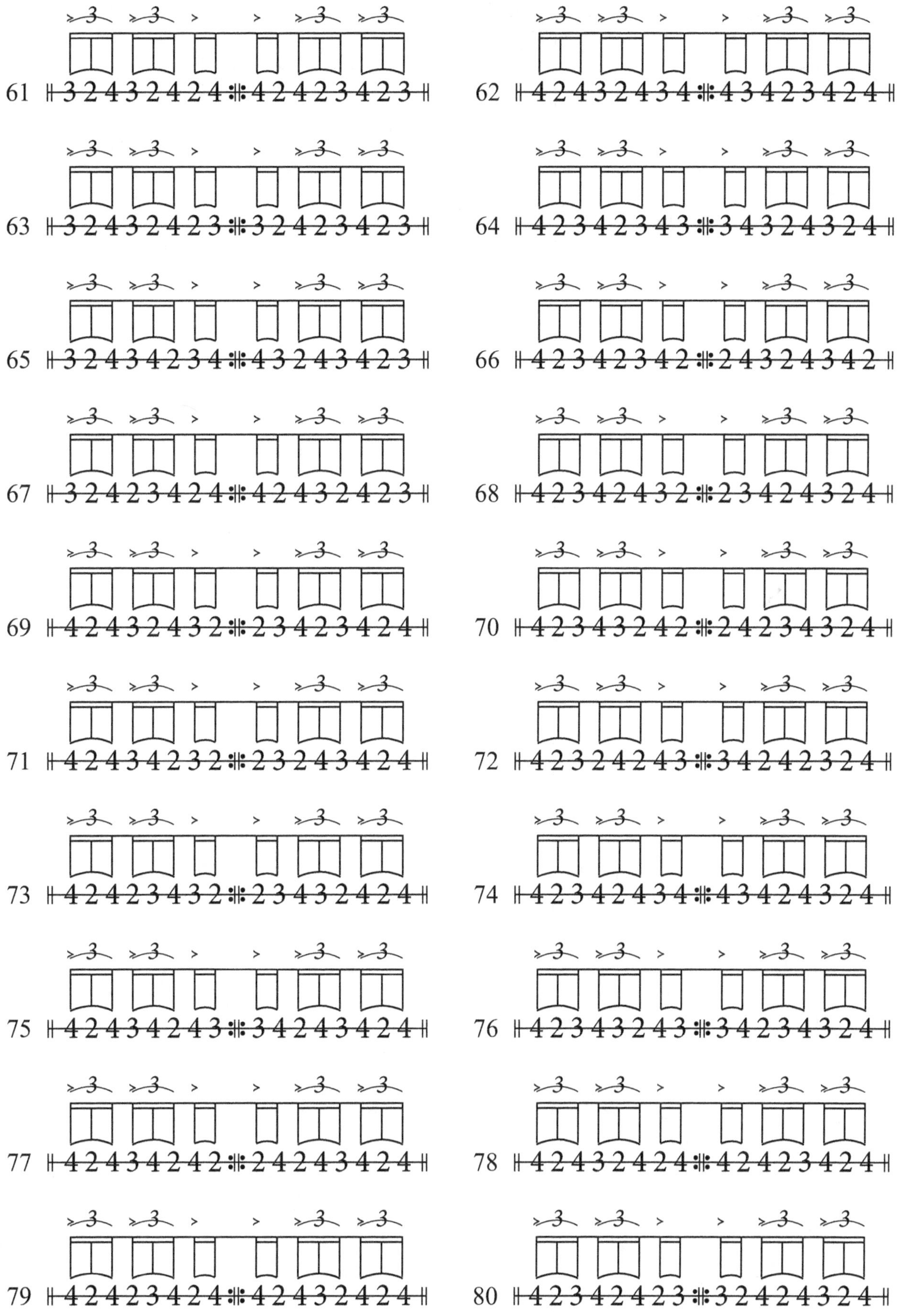

61. ‖: 3 2 4 3 2 4 2 4 :‖: 4 2 4 2 3 4 2 3 :‖
62. ‖: 4 2 4 3 2 4 3 4 :‖: 4 3 4 3 2 4 2 4 :‖
63. ‖: 3 2 4 3 2 4 2 3 :‖: 3 2 4 2 3 4 2 3 :‖
64. ‖: 4 2 3 4 2 3 4 3 :‖: 3 4 3 4 2 3 2 4 :‖
65. ‖: 3 2 4 3 4 2 3 4 :‖: 4 3 2 4 3 4 2 3 :‖
66. ‖: 4 2 3 4 2 3 4 2 :‖: 2 4 3 2 4 3 4 2 :‖
67. ‖: 3 2 4 2 3 4 2 4 :‖: 4 2 4 3 2 4 2 3 :‖
68. ‖: 4 2 3 4 2 4 3 2 :‖: 2 3 4 2 4 3 2 4 :‖
69. ‖: 4 2 4 3 2 4 3 2 :‖: 2 3 4 2 3 4 2 4 :‖
70. ‖: 4 2 3 4 3 2 4 2 :‖: 2 4 2 3 4 3 2 4 :‖
71. ‖: 4 2 4 3 4 2 3 2 :‖: 2 3 2 4 3 4 2 4 :‖
72. ‖: 4 2 3 2 4 2 4 3 :‖: 3 4 2 4 4 2 3 2 4 :‖
73. ‖: 4 2 4 2 3 4 3 2 :‖: 2 3 4 3 2 4 2 4 :‖
74. ‖: 4 2 3 4 2 4 3 4 :‖: 4 3 4 2 4 3 2 4 :‖
75. ‖: 4 2 4 3 4 2 4 3 :‖: 3 4 2 4 3 4 2 4 :‖
76. ‖: 4 2 3 4 3 2 4 3 :‖: 3 4 2 3 4 3 2 4 :‖
77. ‖: 4 2 4 3 4 2 4 2 :‖: 2 4 2 4 3 4 2 4 :‖
78. ‖: 4 2 4 3 2 4 2 4 :‖: 4 2 4 2 2 3 4 2 4 :‖
79. ‖: 4 2 4 2 3 4 2 4 :‖: 4 2 4 3 2 4 2 4 :‖
80. ‖: 4 2 3 4 2 4 2 3 :‖: 3 2 4 2 4 3 2 4 :‖

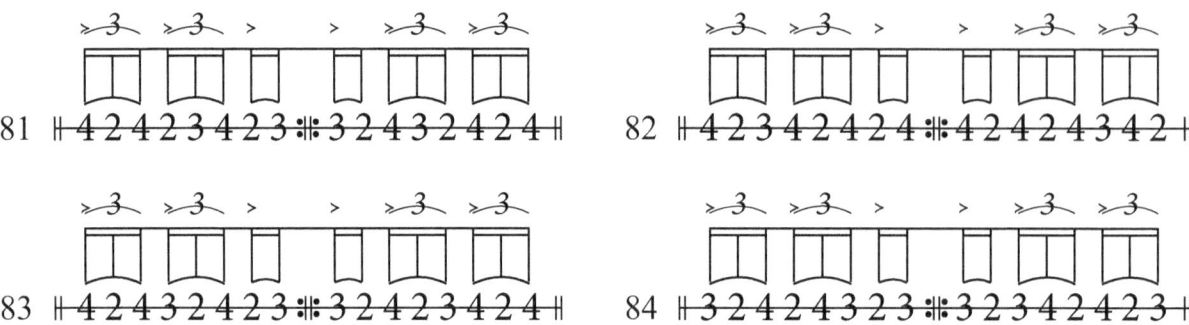

LIGADOS
UNIT 9

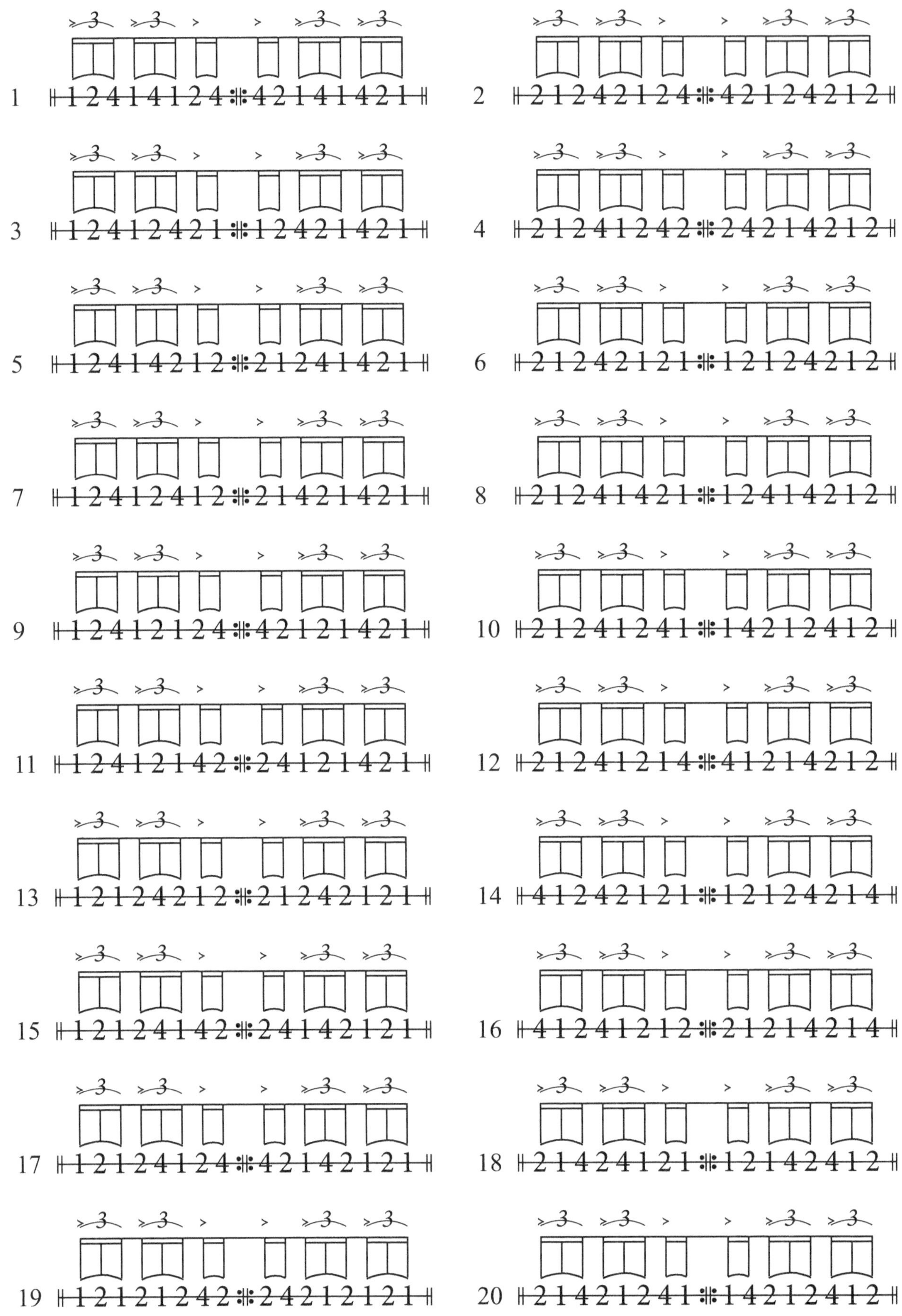

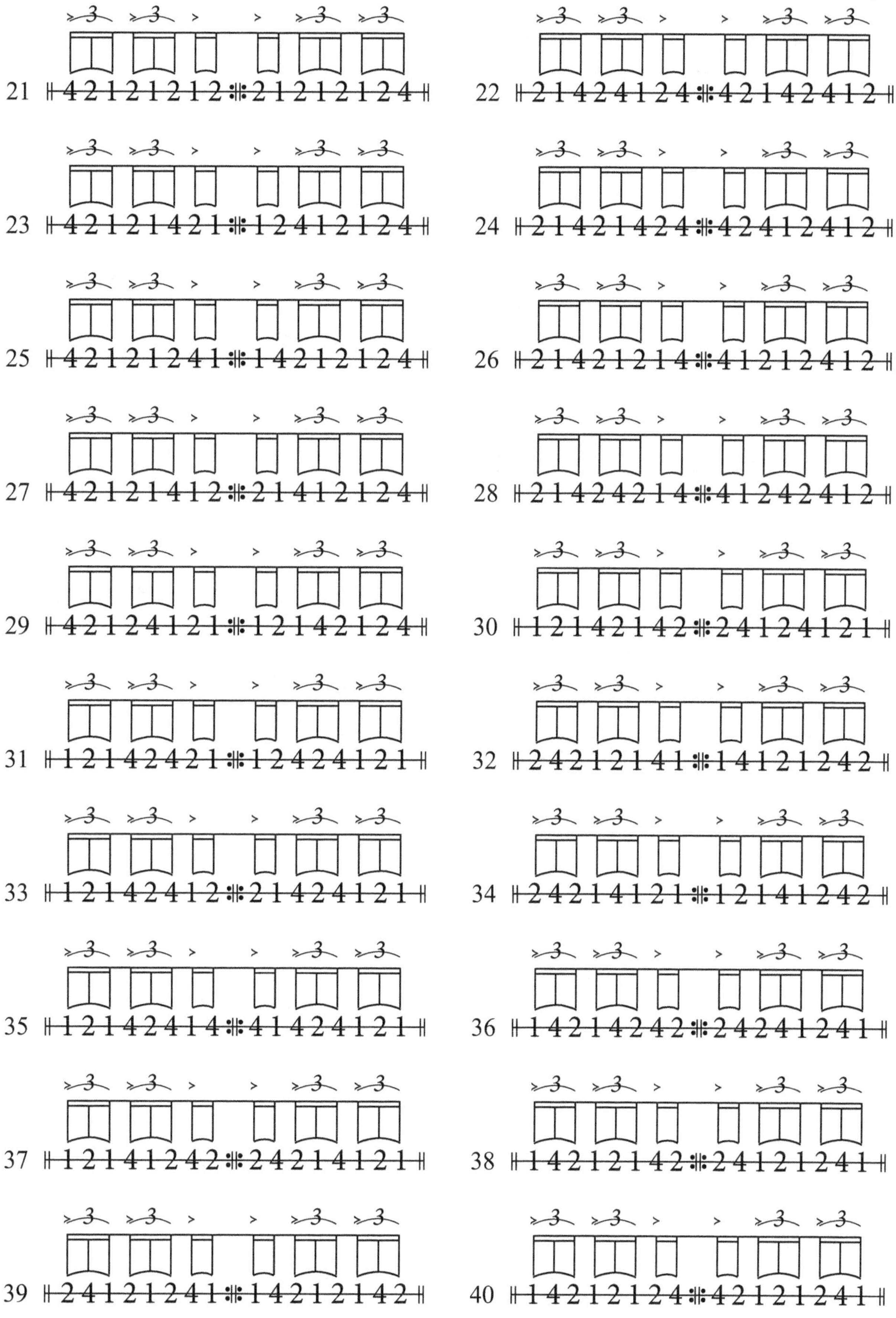

21 ‖: 4 2 1 2 1 2 1 2 :‖: 2 1 2 1 2 1 2 4 :‖
22 ‖: 2 1 4 2 4 1 2 4 :‖: 4 2 1 4 2 4 1 2 :‖
23 ‖: 4 2 1 2 1 4 2 1 :‖: 1 2 4 1 2 1 2 4 :‖
24 ‖: 2 1 4 2 1 4 2 4 :‖: 4 2 4 1 2 4 1 2 :‖
25 ‖: 4 2 1 2 1 2 4 1 :‖: 1 4 2 1 2 1 2 4 :‖
26 ‖: 2 1 4 2 1 2 1 4 :‖: 4 1 2 1 2 4 1 2 :‖
27 ‖: 4 2 1 2 1 4 1 2 :‖: 2 1 4 1 2 1 2 4 :‖
28 ‖: 2 1 4 2 4 2 1 4 :‖: 4 1 2 4 2 4 1 2 :‖
29 ‖: 4 2 1 2 4 1 2 1 :‖: 1 2 1 4 2 1 2 4 :‖
30 ‖: 1 2 1 4 2 1 4 2 :‖: 2 4 1 2 4 1 2 1 :‖
31 ‖: 1 2 1 4 2 4 2 1 :‖: 1 2 4 2 4 1 2 1 :‖
32 ‖: 2 4 2 1 2 1 4 1 :‖: 1 4 1 2 1 2 4 2 :‖
33 ‖: 1 2 1 4 2 4 1 2 :‖: 2 1 4 2 4 1 2 1 :‖
34 ‖: 2 4 2 1 4 1 2 1 :‖: 1 2 1 4 1 2 4 2 :‖
35 ‖: 1 2 1 4 2 4 1 4 :‖: 4 1 4 2 4 1 2 1 :‖
36 ‖: 1 4 2 1 4 2 4 2 :‖: 2 4 2 4 1 2 4 1 :‖
37 ‖: 1 2 1 4 1 2 4 2 :‖: 2 4 2 1 4 1 2 1 :‖
38 ‖: 1 4 2 1 2 1 4 2 :‖: 2 4 1 2 1 2 4 1 :‖
39 ‖: 2 4 1 2 1 2 4 1 :‖: 1 4 2 1 2 1 4 2 :‖
40 ‖: 1 4 2 1 2 1 2 4 :‖: 4 2 1 2 1 2 4 1 :‖

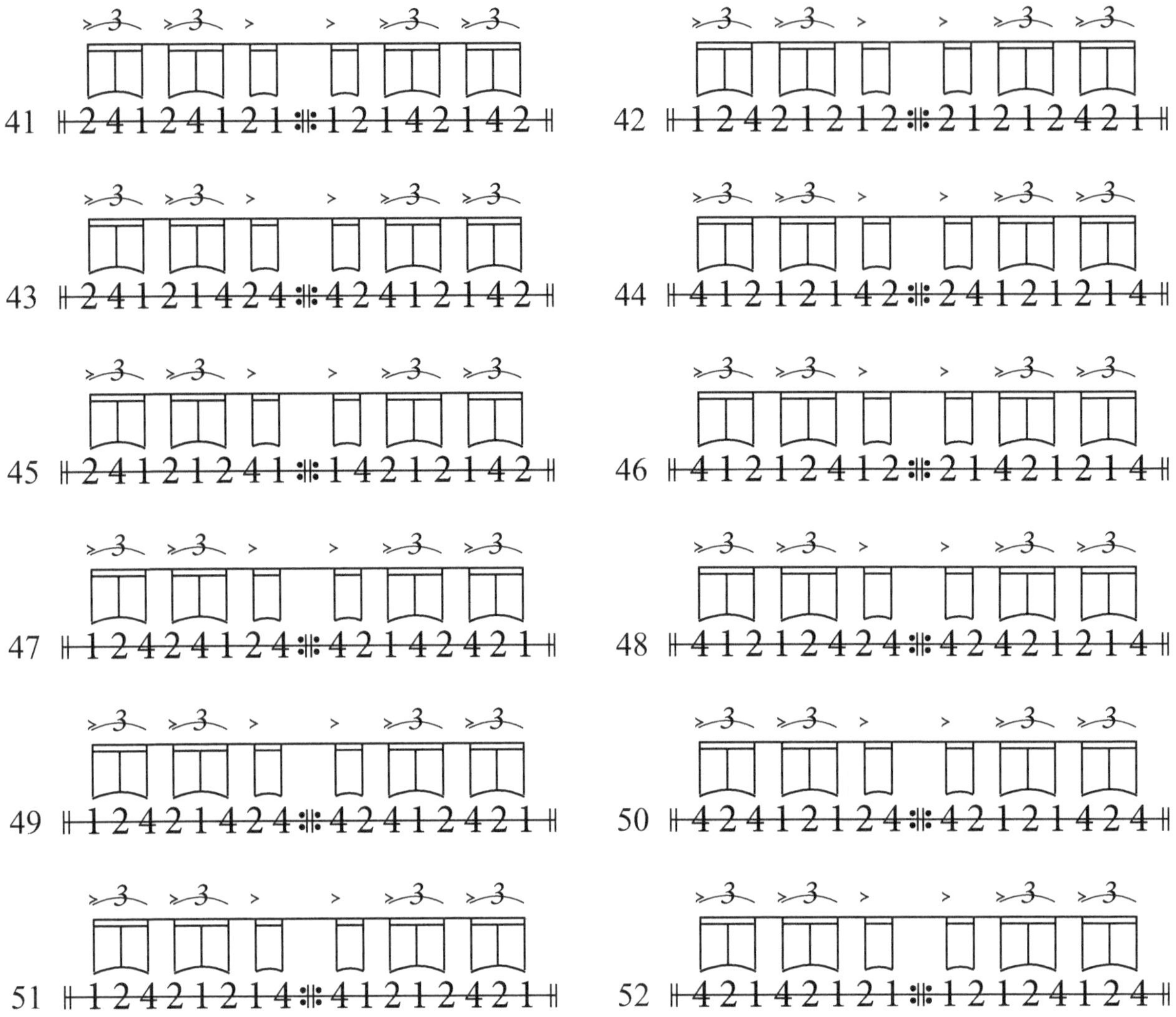

41 ‖ 2 4 1 2 4 1 2 1 :‖: 1 2 1 4 2 1 4 2 ‖   42 ‖ 1 2 4 2 1 2 1 2 :‖: 2 1 2 1 2 4 2 1 ‖

43 ‖ 2 4 1 2 1 4 2 4 :‖: 4 2 4 1 2 1 4 2 ‖   44 ‖ 4 1 2 1 2 1 4 2 :‖: 2 4 1 2 1 2 1 4 ‖

45 ‖ 2 4 1 2 1 2 4 1 :‖: 1 4 2 1 2 1 4 2 ‖   46 ‖ 4 1 2 1 2 4 1 2 :‖: 2 1 4 2 1 2 1 4 ‖

47 ‖ 1 2 4 2 4 1 2 4 :‖: 4 2 1 4 2 4 2 1 ‖   48 ‖ 4 1 2 1 2 4 2 4 :‖: 4 2 4 2 1 2 1 4 ‖

49 ‖ 1 2 4 2 1 4 2 4 :‖: 4 2 4 1 2 4 2 1 ‖   50 ‖ 4 2 4 1 2 1 2 4 :‖: 4 2 1 2 1 4 2 4 ‖

51 ‖ 1 2 4 2 1 2 1 4 :‖: 4 1 2 1 2 4 2 1 ‖   52 ‖ 4 2 1 4 2 1 2 1 :‖: 1 2 1 2 4 1 2 4 ‖

LIGADOS
UNIT 10

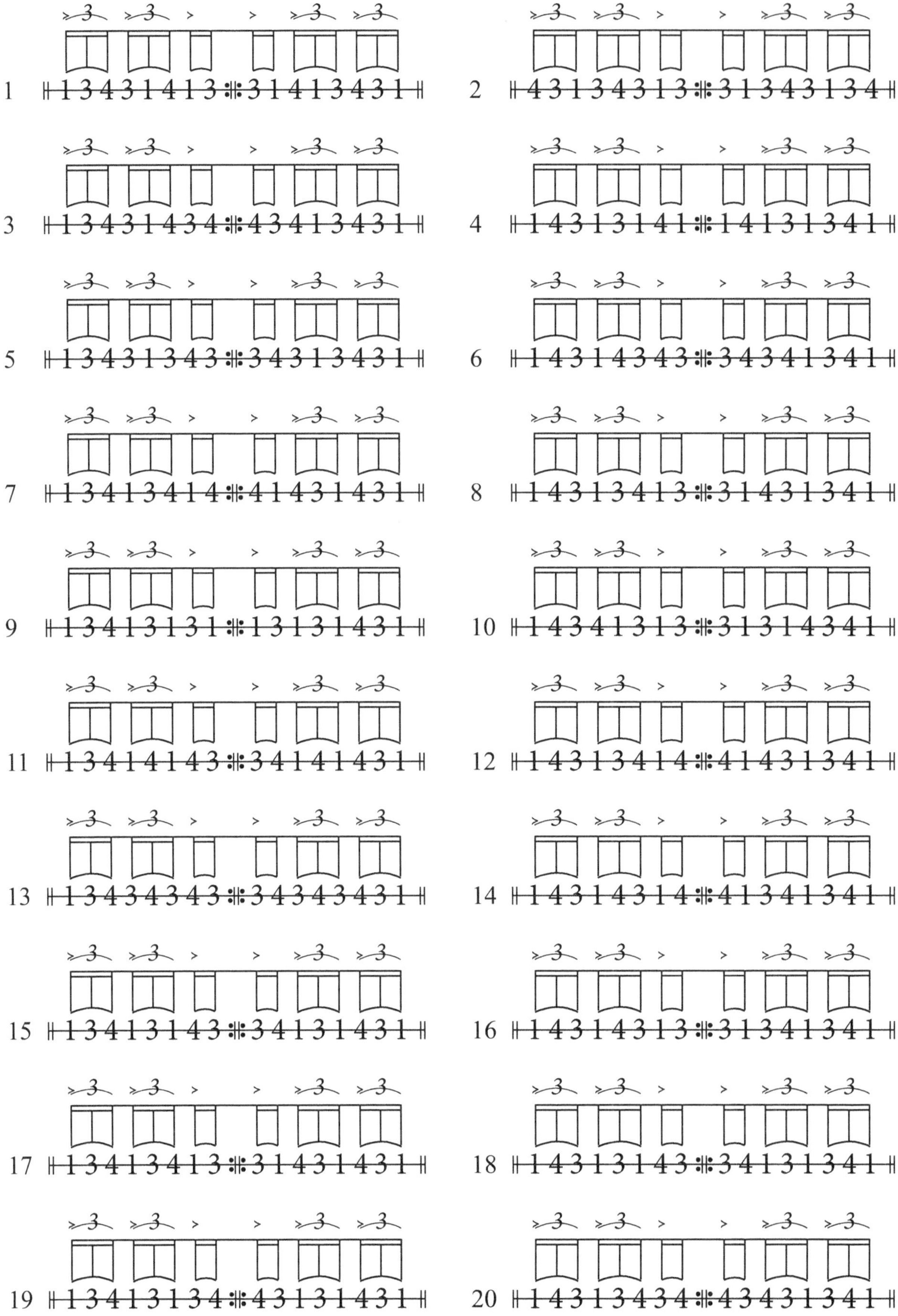

1 ‖ 1 3 4 3 1 4 1 3 :‖: 3 1 4 1 3 4 3 1 ‖
2 ‖ 4 3 1 3 4 3 1 3 :‖: 3 1 3 4 3 1 3 4 ‖
3 ‖ 1 3 4 3 1 4 3 4 :‖: 4 3 4 1 3 4 3 1 ‖
4 ‖ 1 4 3 1 3 1 4 1 :‖: 1 4 1 3 1 3 4 1 ‖
5 ‖ 1 3 4 3 1 3 4 3 :‖: 3 4 3 1 3 4 3 1 ‖
6 ‖ 1 4 3 1 4 3 4 3 :‖: 3 4 3 4 1 3 4 1 ‖
7 ‖ 1 3 4 1 3 4 1 4 :‖: 4 1 4 3 1 4 3 1 ‖
8 ‖ 1 4 3 1 3 4 1 3 :‖: 3 1 4 3 1 3 4 1 ‖
9 ‖ 1 3 4 1 3 1 3 1 :‖: 1 3 1 3 1 4 3 1 ‖
10 ‖ 1 4 3 4 1 3 1 3 :‖: 3 1 3 1 4 3 4 1 ‖
11 ‖ 1 3 4 1 4 1 4 3 :‖: 3 4 1 4 1 4 3 1 ‖
12 ‖ 1 4 3 1 3 4 1 4 :‖: 4 1 4 3 1 3 4 1 ‖
13 ‖ 1 3 4 3 4 3 4 3 :‖: 3 4 3 4 3 4 3 1 ‖
14 ‖ 1 4 3 1 4 3 1 4 :‖: 4 1 3 4 1 3 4 1 ‖
15 ‖ 1 3 4 1 4 3 1 4 3 :‖: 3 4 1 3 1 4 3 1 ‖
16 ‖ 1 4 3 1 4 3 4 3 :‖: 3 1 3 4 3 1 3 4 1 ‖
17 ‖ 1 3 4 1 3 4 1 3 :‖: 3 1 4 3 1 4 3 1 ‖
18 ‖ 1 4 3 1 3 1 4 3 :‖: 3 4 1 3 1 3 4 1 ‖
19 ‖ 1 3 4 1 3 1 3 4 :‖: 4 3 1 3 1 4 3 1 ‖
20 ‖ 1 4 3 1 3 4 3 4 :‖: 4 3 4 3 1 3 4 1 ‖

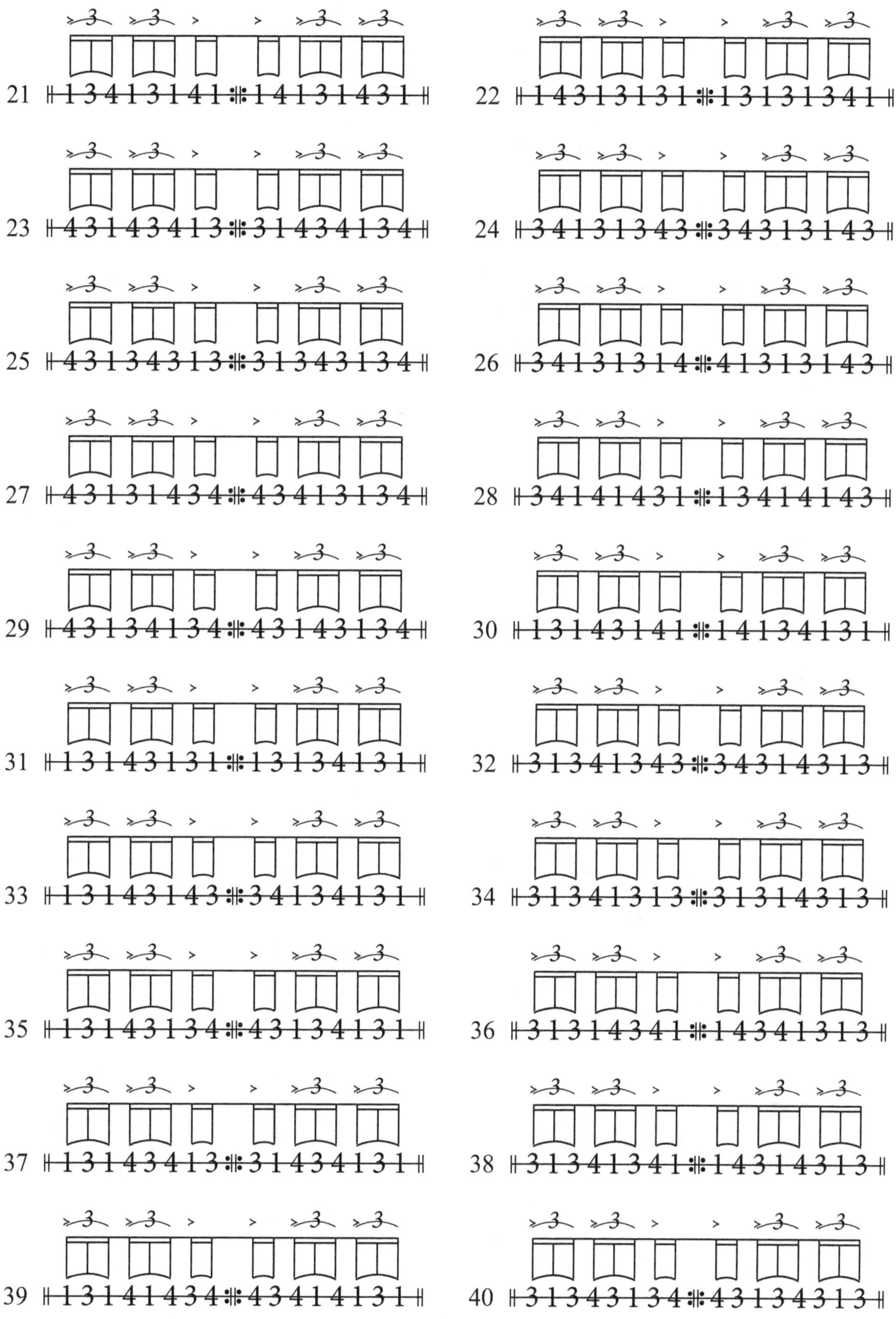

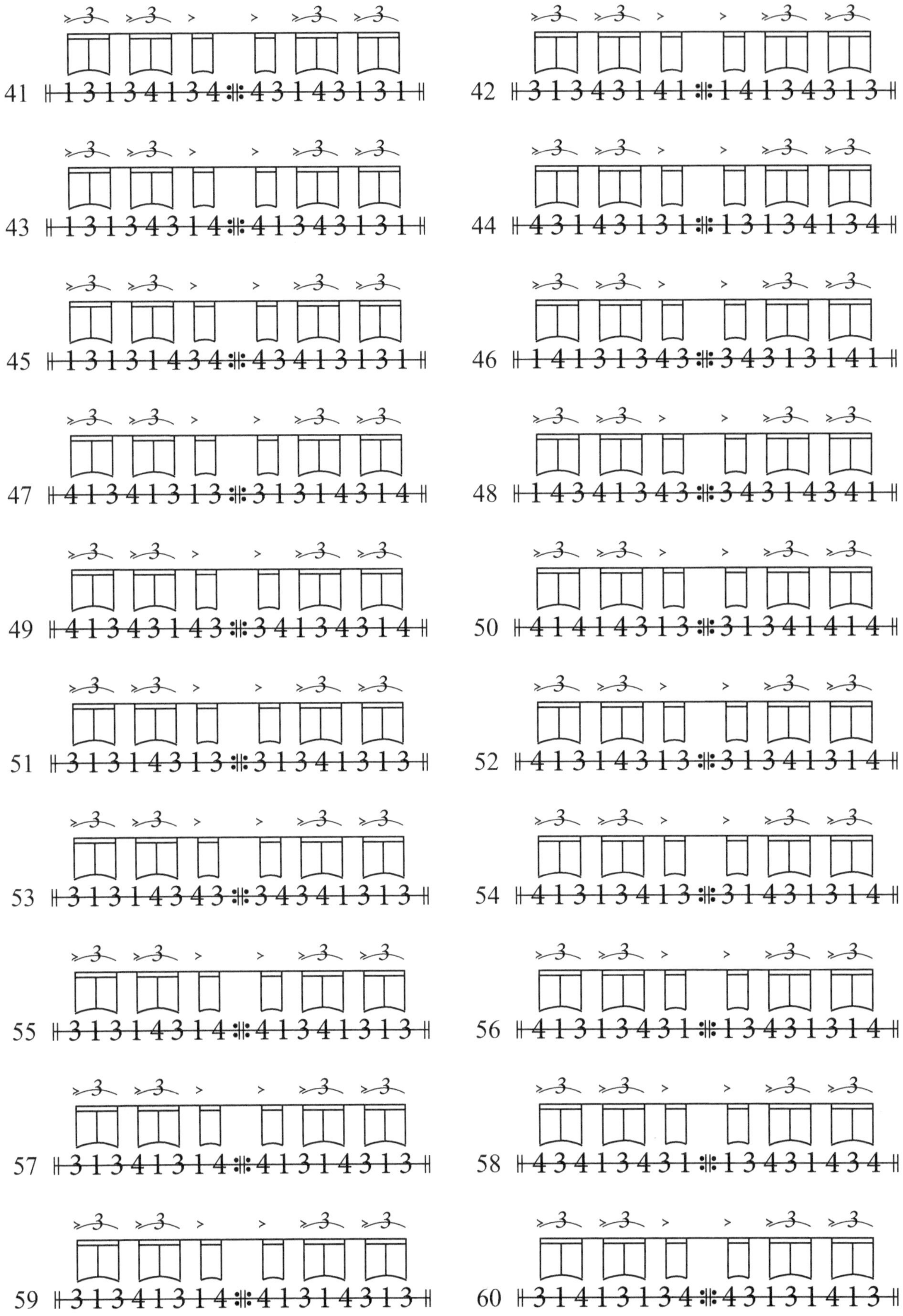

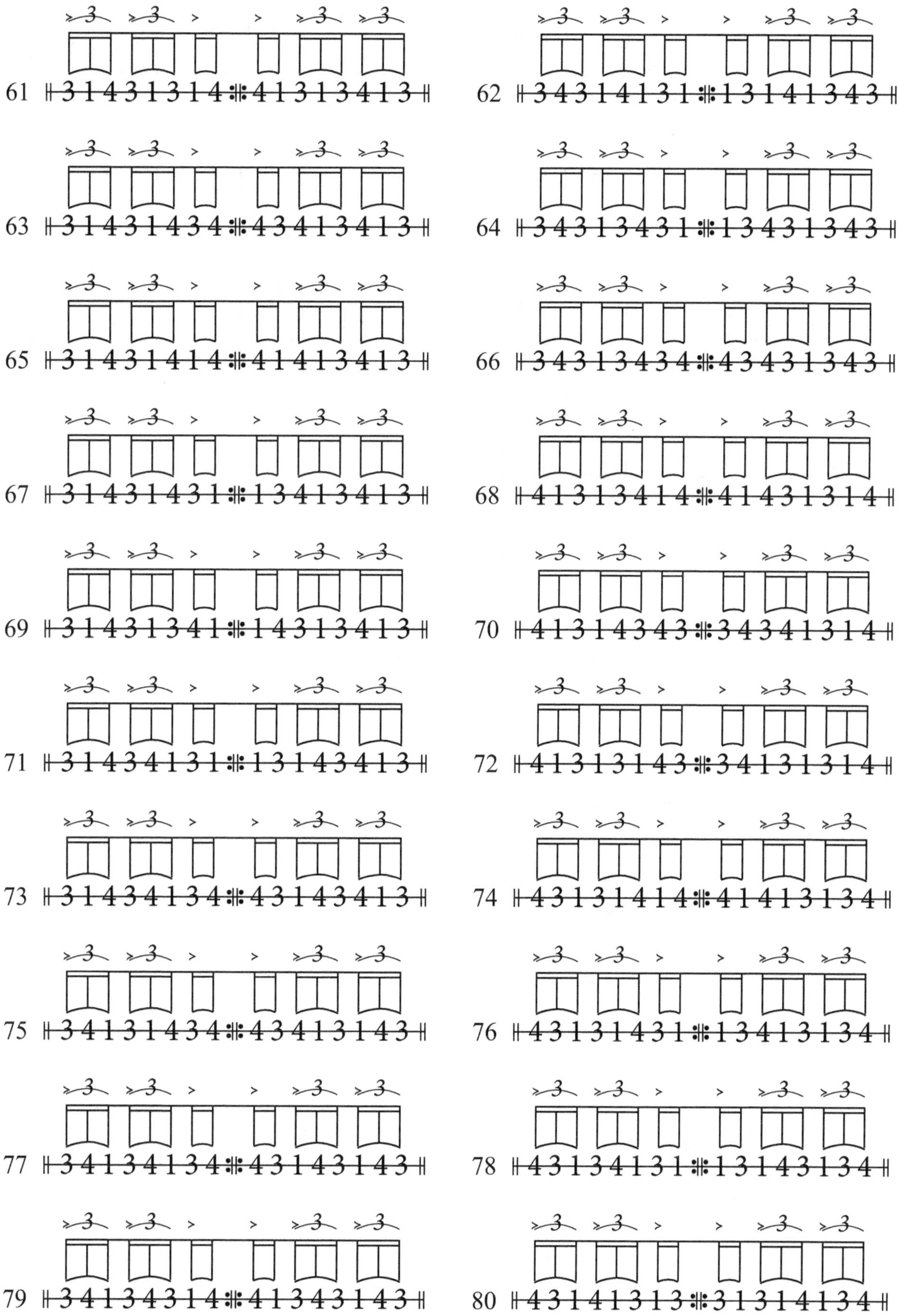

61. ‖: 3 1 4 3 1 3 1 4 :‖: 4 1 3 1 3 4 1 3 :‖
62. ‖: 3 4 3 1 4 1 3 1 :‖: 1 3 1 4 1 3 4 3 :‖
63. ‖: 3 1 4 3 1 4 3 4 :‖: 4 3 4 1 3 4 1 3 :‖
64. ‖: 3 4 3 1 3 4 3 1 :‖: 1 3 4 3 1 3 4 3 :‖
65. ‖: 3 1 4 3 1 4 1 4 :‖: 4 1 4 1 3 4 1 3 :‖
66. ‖: 3 4 3 1 3 4 3 4 :‖: 4 3 4 3 1 3 4 3 :‖
67. ‖: 3 1 4 3 1 4 3 1 :‖: 1 3 4 1 3 4 1 3 :‖
68. ‖: 4 1 3 1 3 4 1 4 :‖: 4 1 4 4 3 1 3 1 4 :‖
69. ‖: 3 1 4 3 1 3 4 1 :‖: 1 4 3 1 3 4 1 3 :‖
70. ‖: 4 1 3 1 4 3 4 3 :‖: 3 4 3 4 1 3 1 4 :‖
71. ‖: 3 1 4 3 4 1 3 1 :‖: 1 3 1 4 3 4 1 3 :‖
72. ‖: 4 1 3 1 3 1 4 3 :‖: 3 4 1 3 1 3 1 4 :‖
73. ‖: 3 1 4 3 4 1 3 4 :‖: 4 3 1 4 3 4 1 3 :‖
74. ‖: 4 3 1 3 1 4 1 4 :‖: 4 1 4 1 3 1 3 4 :‖
75. ‖: 3 4 1 3 1 4 3 4 :‖: 4 3 4 1 3 1 4 3 :‖
76. ‖: 4 3 1 3 1 4 3 1 :‖: 1 3 4 1 3 1 3 4 :‖
77. ‖: 3 4 1 3 4 1 3 4 :‖: 4 3 1 4 3 1 4 3 :‖
78. ‖: 4 3 1 3 4 1 3 1 :‖: 1 3 1 4 3 1 3 4 :‖
79. ‖: 3 4 1 3 4 3 1 4 :‖: 4 1 3 4 3 1 4 3 :‖
80. ‖: 4 3 1 4 1 3 1 3 :‖: 3 1 3 1 4 1 3 4 :‖

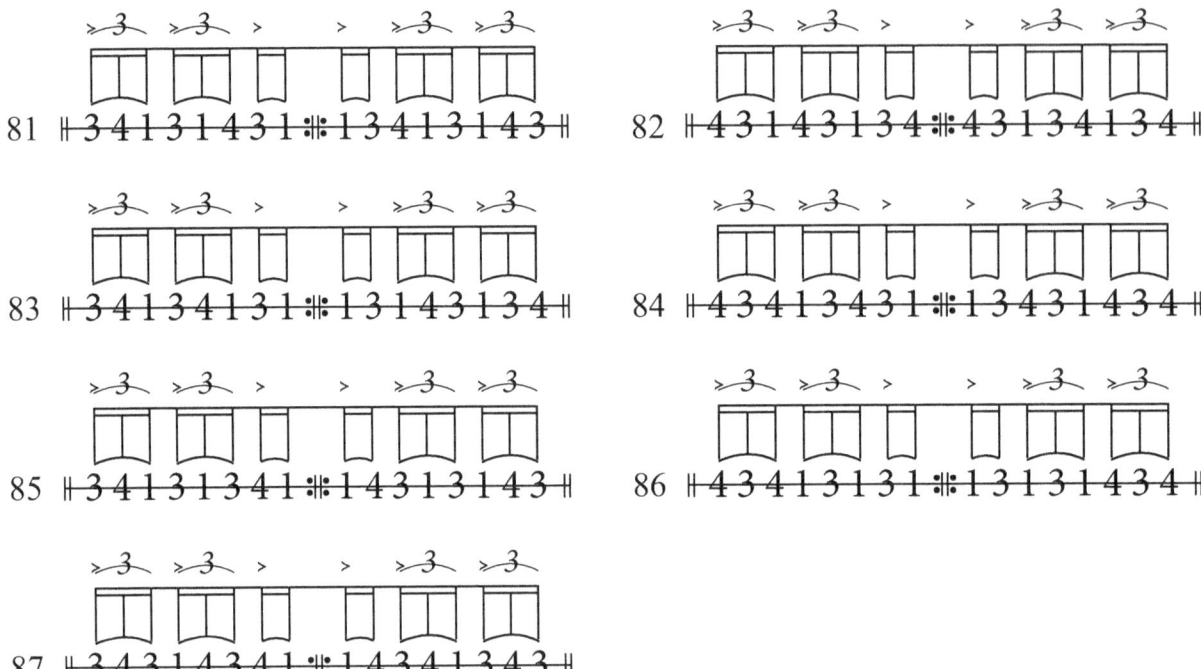

LIGADOS
UNIT 11

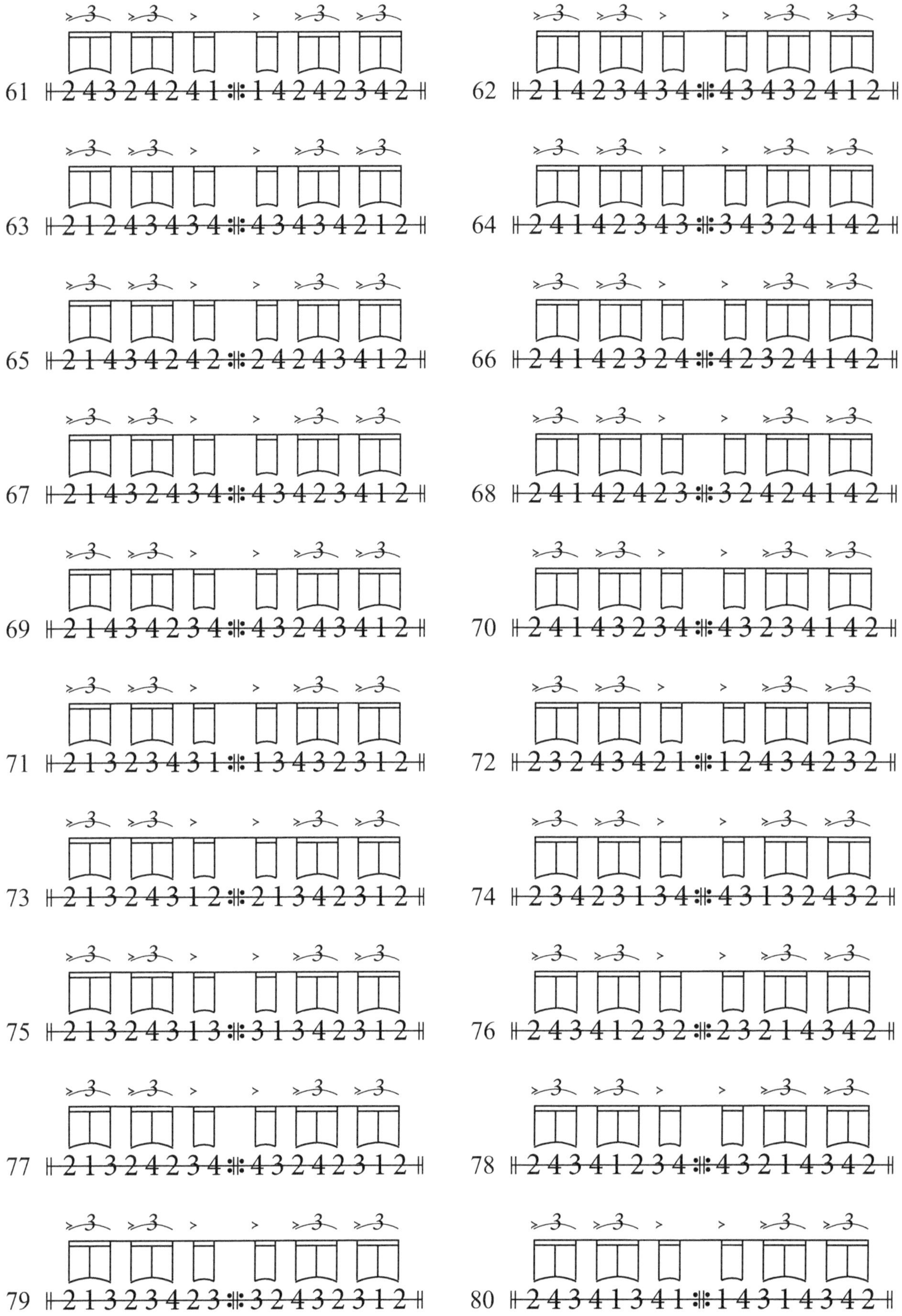

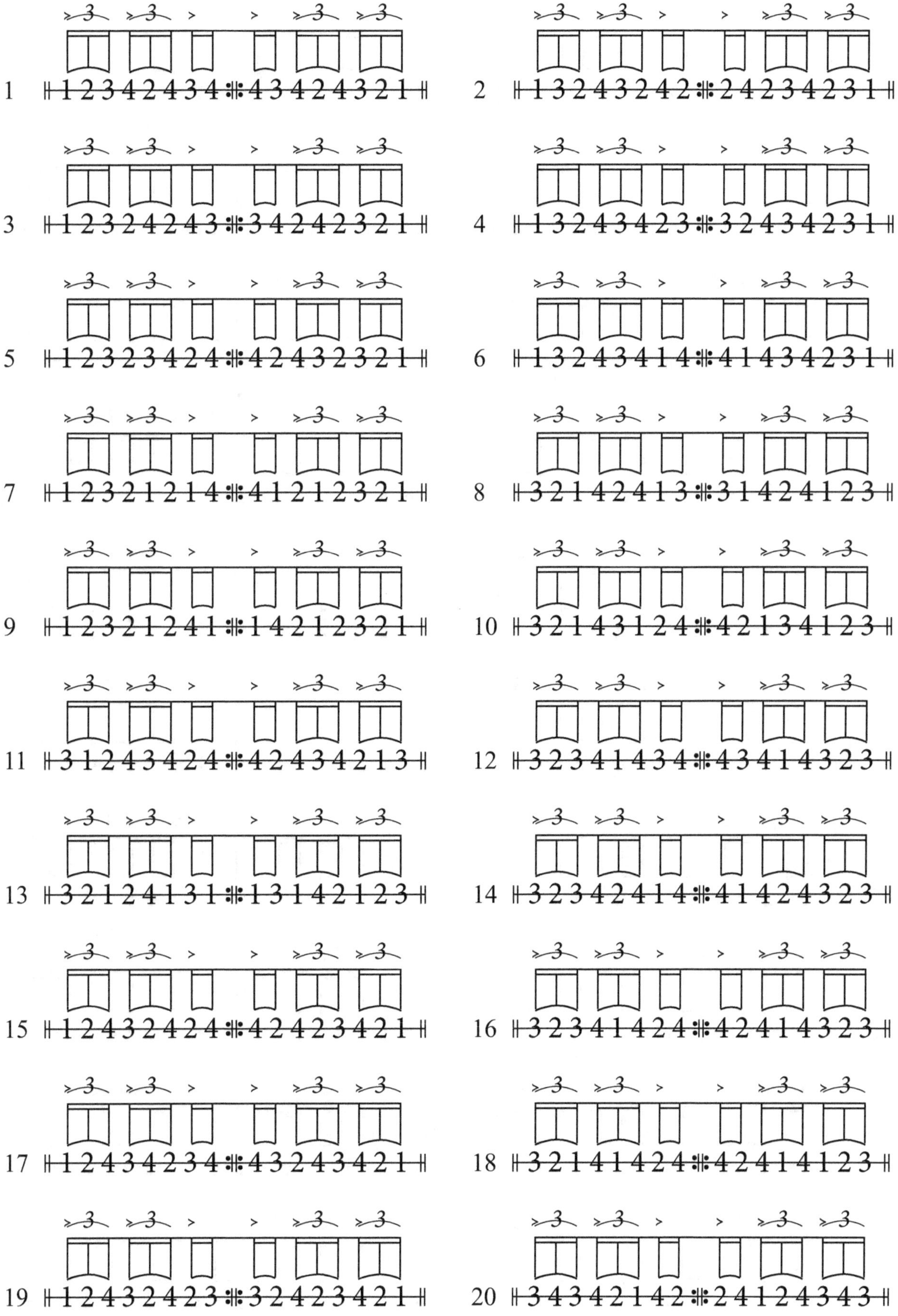

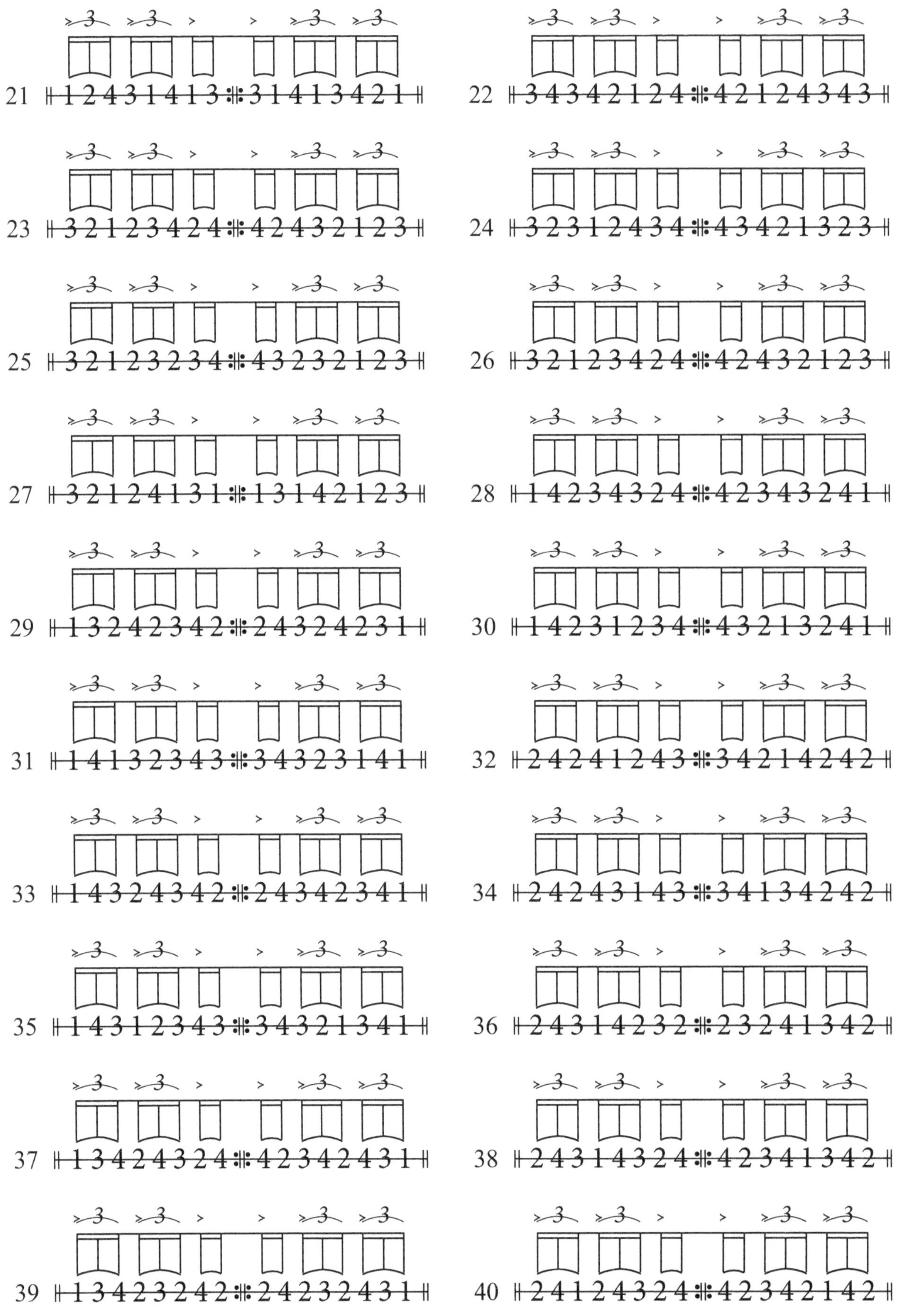

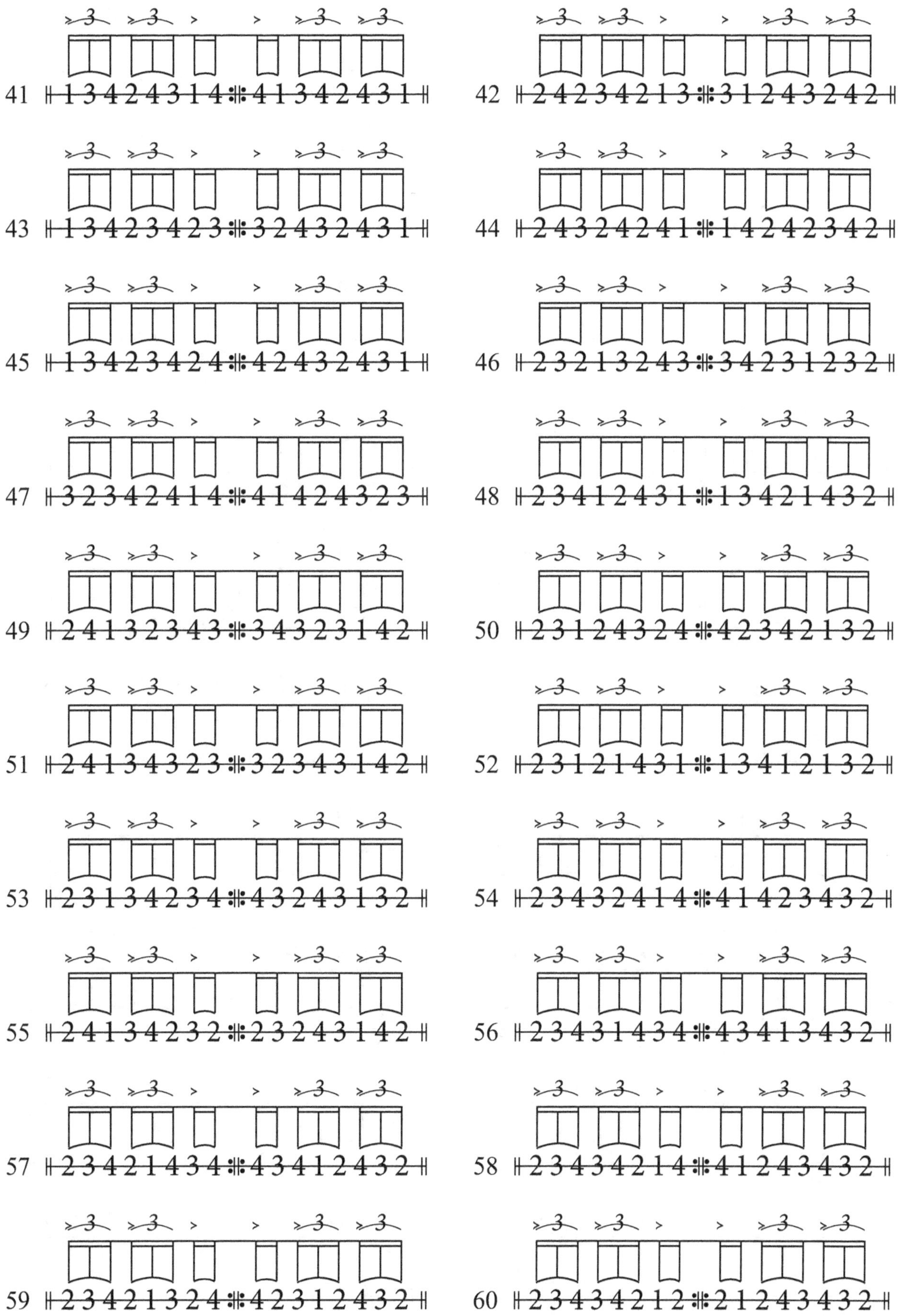

41. ‖ 1 3 4 2 4 3 1 4 :‖: 4 1 3 4 2 4 3 1 ‖
42. ‖ 2 4 2 3 4 2 1 3 :‖: 3 1 2 4 3 2 4 2 ‖
43. ‖ 1 3 4 2 3 4 2 3 :‖: 3 2 4 3 2 4 3 1 ‖
44. ‖ 2 4 3 2 4 2 4 1 :‖: 1 4 2 4 2 3 4 2 ‖
45. ‖ 1 3 4 2 3 4 2 4 :‖: 4 2 4 3 2 4 3 1 ‖
46. ‖ 2 3 2 1 3 2 4 3 :‖: 3 4 2 3 1 2 3 2 ‖
47. ‖ 3 2 3 4 2 4 1 4 :‖: 4 1 4 2 4 3 2 3 ‖
48. ‖ 2 3 4 1 2 4 3 1 :‖: 1 3 4 2 1 4 3 2 ‖
49. ‖ 2 4 1 3 2 3 4 3 :‖: 3 4 3 2 3 1 4 2 ‖
50. ‖ 2 3 1 2 4 3 2 4 :‖: 4 2 3 4 2 1 3 2 ‖
51. ‖ 2 4 1 3 4 3 2 3 :‖: 3 2 3 4 3 1 4 2 ‖
52. ‖ 2 3 1 2 1 4 3 1 :‖: 1 3 4 1 2 1 3 2 ‖
53. ‖ 2 3 1 3 4 2 3 4 :‖: 4 3 2 4 3 1 3 2 ‖
54. ‖ 2 3 4 3 2 4 1 4 :‖: 4 1 4 2 3 4 3 2 ‖
55. ‖ 2 4 1 3 4 2 3 2 :‖: 2 3 2 4 3 1 4 2 ‖
56. ‖ 2 3 4 3 1 4 3 4 :‖: 4 3 4 1 3 4 3 2 ‖
57. ‖ 2 3 4 2 1 4 3 4 :‖: 4 3 4 1 2 4 3 2 ‖
58. ‖ 2 3 4 3 4 2 1 4 :‖: 4 1 2 4 3 4 3 2 ‖
59. ‖ 2 3 4 2 1 3 2 4 :‖: 4 2 3 1 2 4 3 2 ‖
60. ‖ 2 3 4 3 4 2 1 2 :‖: 2 1 2 4 3 4 3 2 ‖

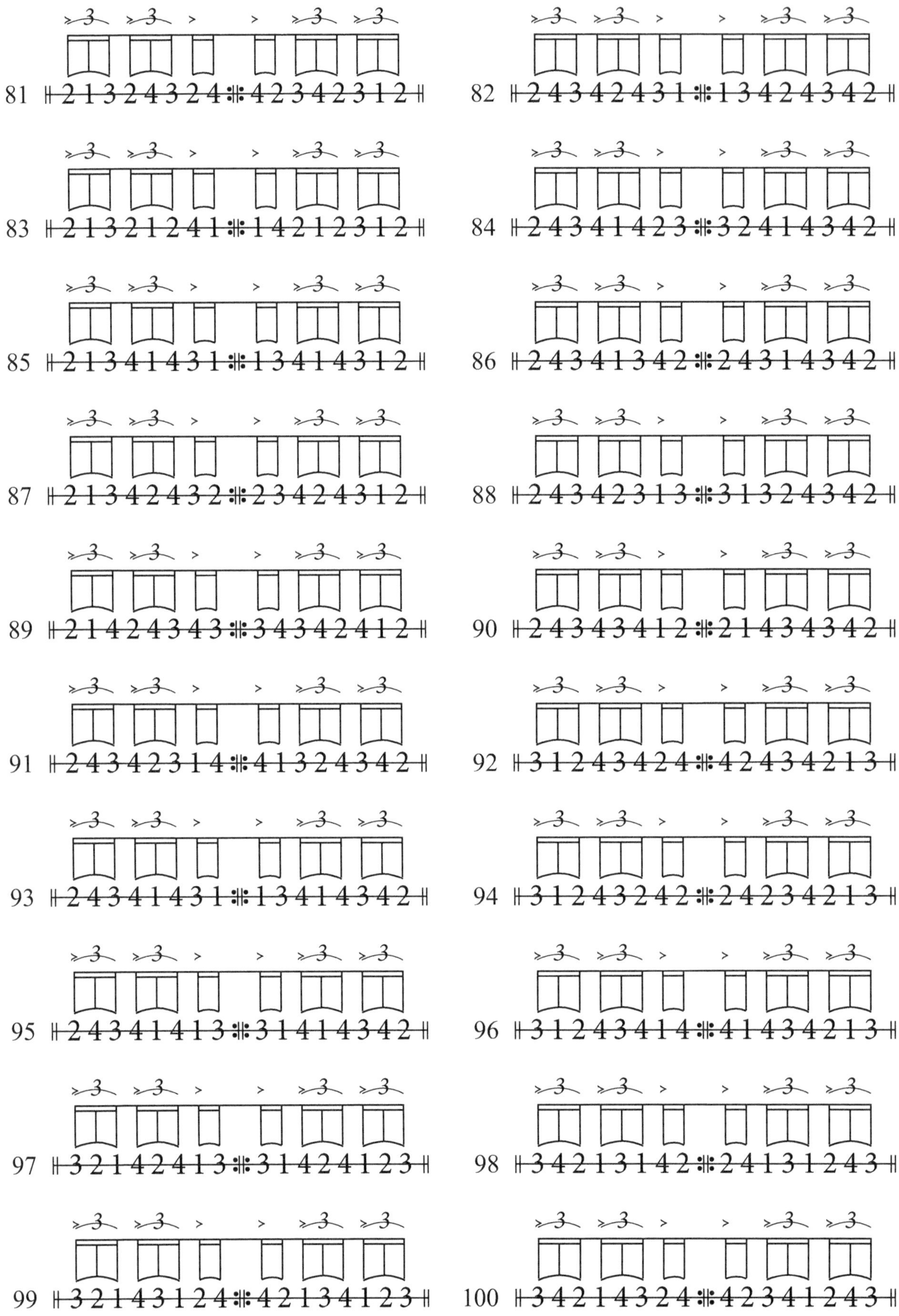

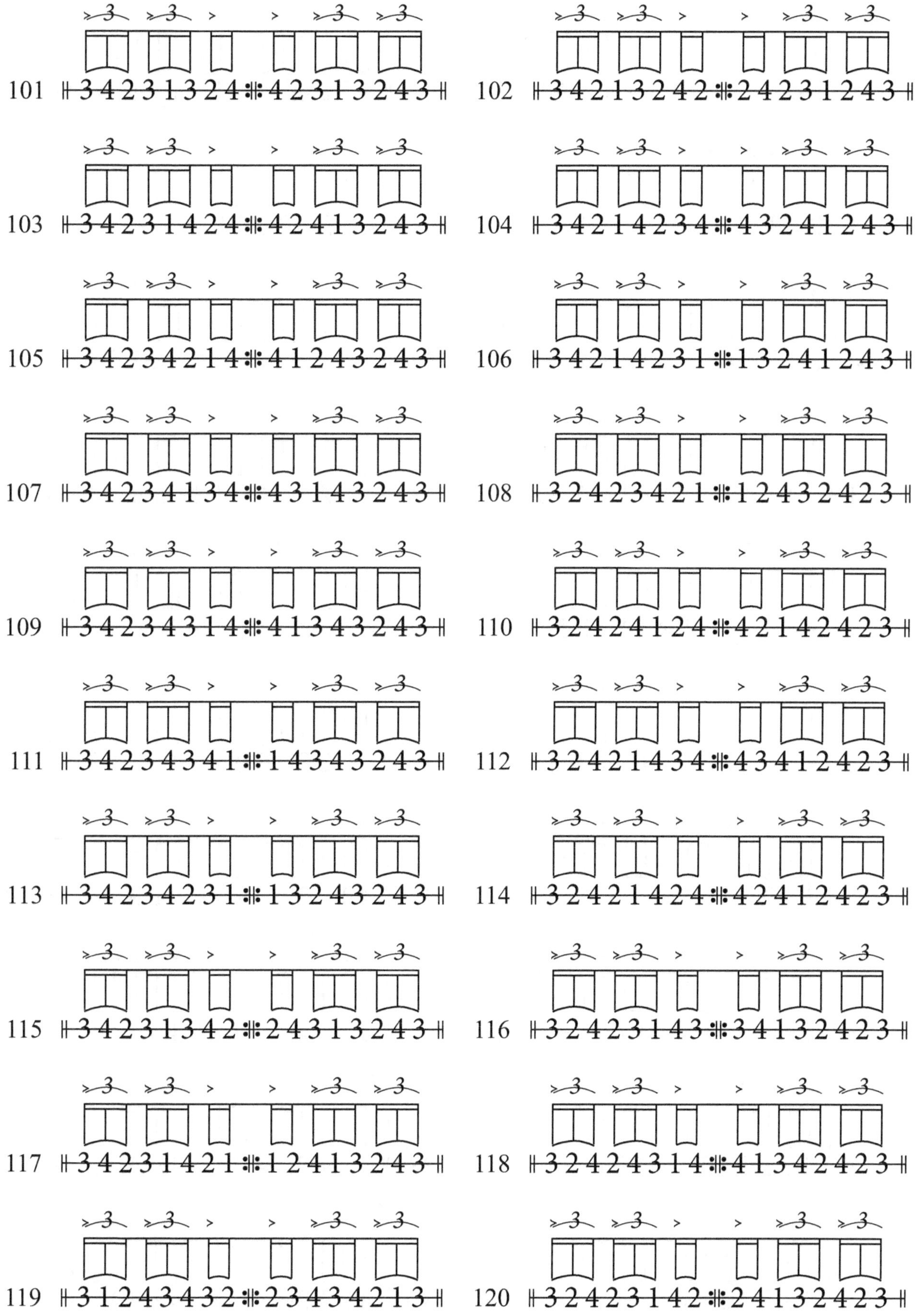

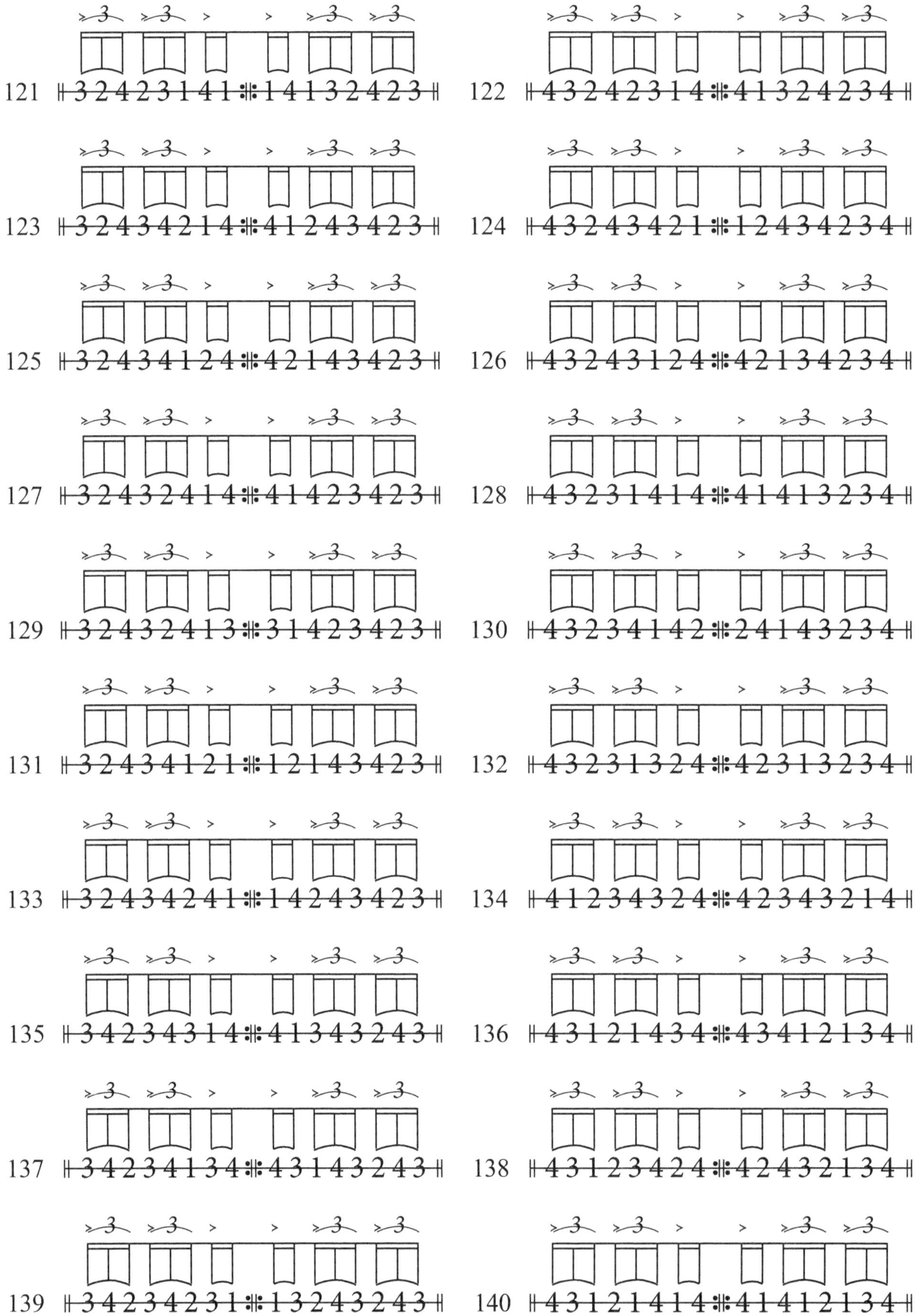

121. ‖: 3 2 4 2 3 1 4 1 :‖: 1 4 1 3 2 4 2 3 :‖
122. ‖: 4 3 2 4 2 3 1 4 :‖: 4 1 3 2 4 2 3 4 :‖
123. ‖: 3 2 4 3 4 2 1 4 :‖: 4 1 2 4 3 4 2 3 :‖
124. ‖: 4 3 2 4 3 4 2 1 :‖: 1 2 4 3 4 2 3 4 :‖
125. ‖: 3 2 4 3 4 1 2 4 :‖: 4 2 1 4 3 4 2 3 :‖
126. ‖: 4 3 2 4 3 1 2 4 :‖: 4 2 1 3 4 2 3 4 :‖
127. ‖: 3 2 4 3 2 4 1 4 :‖: 4 1 4 2 3 4 2 3 :‖
128. ‖: 4 3 2 3 1 4 1 4 :‖: 4 1 4 1 3 2 3 4 :‖
129. ‖: 3 2 4 3 2 4 1 3 :‖: 3 1 4 2 3 4 2 3 :‖
130. ‖: 4 3 2 3 4 1 4 2 :‖: 2 4 1 4 3 2 3 4 :‖
131. ‖: 3 2 4 3 4 1 2 1 :‖: 1 2 1 4 3 4 2 3 :‖
132. ‖: 4 3 2 3 1 3 2 4 :‖: 4 2 3 1 3 2 3 4 :‖
133. ‖: 3 2 4 3 4 2 4 1 :‖: 1 4 2 4 3 4 2 3 :‖
134. ‖: 4 1 2 3 4 3 2 4 :‖: 4 2 3 4 3 2 1 4 :‖
135. ‖: 3 4 2 3 4 3 1 4 :‖: 4 1 3 4 3 2 4 3 :‖
136. ‖: 4 3 1 2 1 4 3 4 :‖: 4 3 4 1 2 1 3 4 :‖
137. ‖: 3 4 2 3 4 1 3 4 :‖: 4 3 1 4 3 2 4 3 :‖
138. ‖: 4 3 1 2 3 4 2 4 :‖: 4 2 4 3 2 1 3 4 :‖
139. ‖: 3 4 2 3 4 2 3 1 :‖: 1 3 2 4 3 2 4 3 :‖
140. ‖: 4 3 1 2 1 4 1 4 :‖: 4 1 4 1 2 1 3 4 :‖

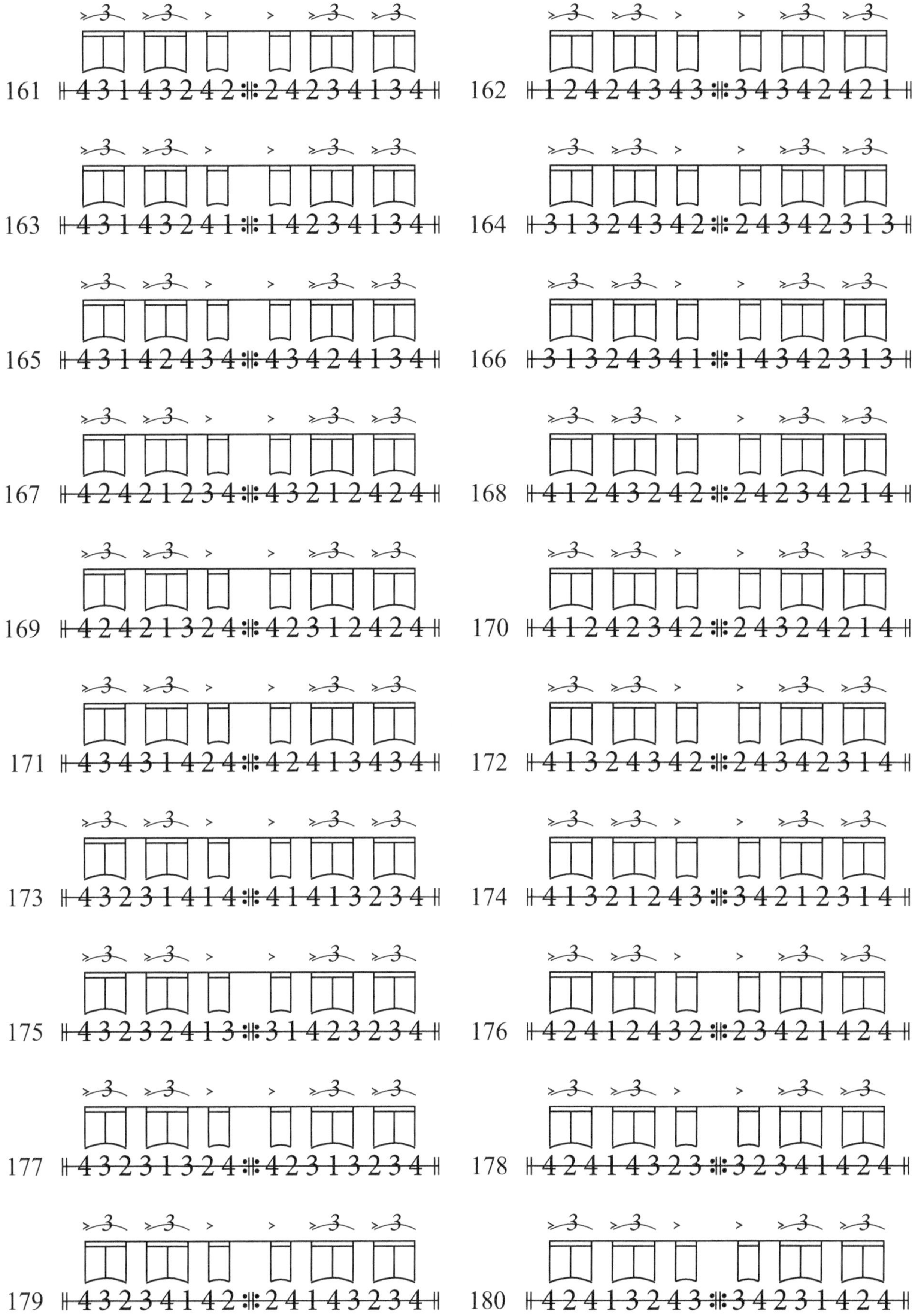

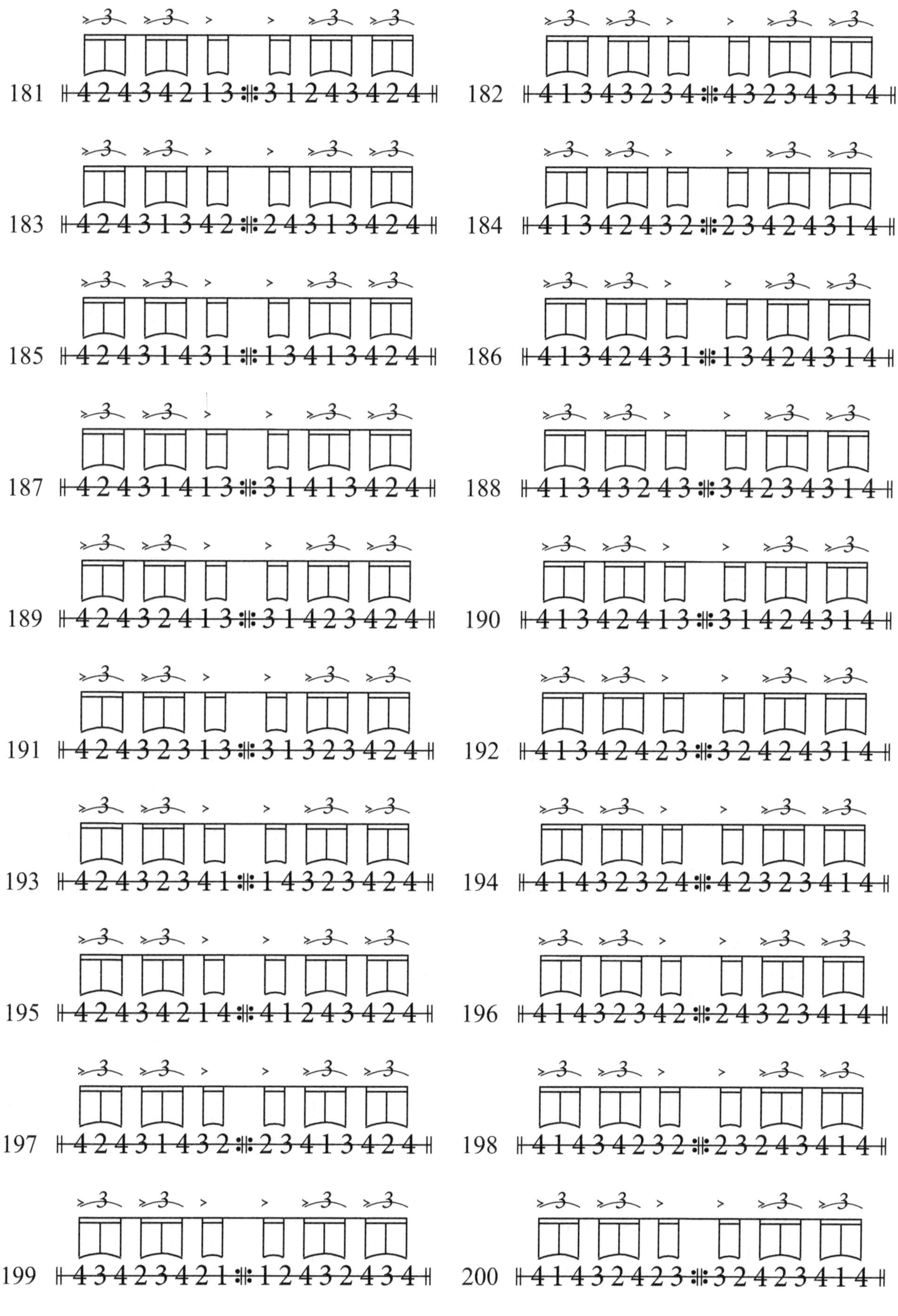

181 ‖ 4 2 4 3 4 2 1 3 :‖: 3 1 2 4 3 4 2 4 ‖   182 ‖ 4 1 3 4 3 2 3 4 :‖: 4 3 2 3 4 3 1 4 ‖

183 ‖ 4 2 4 3 1 3 4 2 :‖: 2 4 3 1 3 4 2 4 ‖   184 ‖ 4 1 3 4 2 4 3 2 :‖: 2 3 4 2 4 3 1 4 ‖

185 ‖ 4 2 4 3 1 4 3 1 :‖: 1 3 4 1 3 4 2 4 ‖   186 ‖ 4 1 3 4 2 4 3 1 :‖: 1 3 4 2 4 3 1 4 ‖

187 ‖ 4 2 4 3 1 4 1 3 :‖: 3 1 4 1 3 4 2 4 ‖   188 ‖ 4 1 3 4 3 2 4 3 :‖: 3 4 2 3 4 3 1 4 ‖

189 ‖ 4 2 4 3 2 4 1 3 :‖: 3 1 4 2 3 4 2 4 ‖   190 ‖ 4 1 3 4 2 4 1 3 :‖: 3 1 4 2 4 3 1 4 ‖

191 ‖ 4 2 4 3 2 3 1 3 :‖: 3 1 3 2 3 4 2 4 ‖   192 ‖ 4 1 3 4 2 4 2 3 :‖: 3 2 4 2 4 3 1 4 ‖

193 ‖ 4 2 4 3 2 3 4 1 :‖: 1 4 3 2 3 4 2 4 ‖   194 ‖ 4 1 4 3 2 3 2 4 :‖: 4 2 3 2 3 4 1 4 ‖

195 ‖ 4 2 4 3 4 2 1 4 :‖: 4 1 2 4 3 4 2 4 ‖   196 ‖ 4 1 4 3 2 3 4 2 :‖: 2 4 3 2 3 4 1 4 ‖

197 ‖ 4 2 4 3 1 4 3 2 :‖: 2 3 4 1 3 4 2 4 ‖   198 ‖ 4 1 4 3 4 2 3 2 :‖: 2 3 2 4 3 4 1 4 ‖

199 ‖ 4 3 4 2 3 4 2 1 :‖: 1 2 4 3 2 4 3 4 ‖   200 ‖ 4 1 4 3 2 4 2 3 :‖: 3 2 4 2 3 4 1 4 ‖

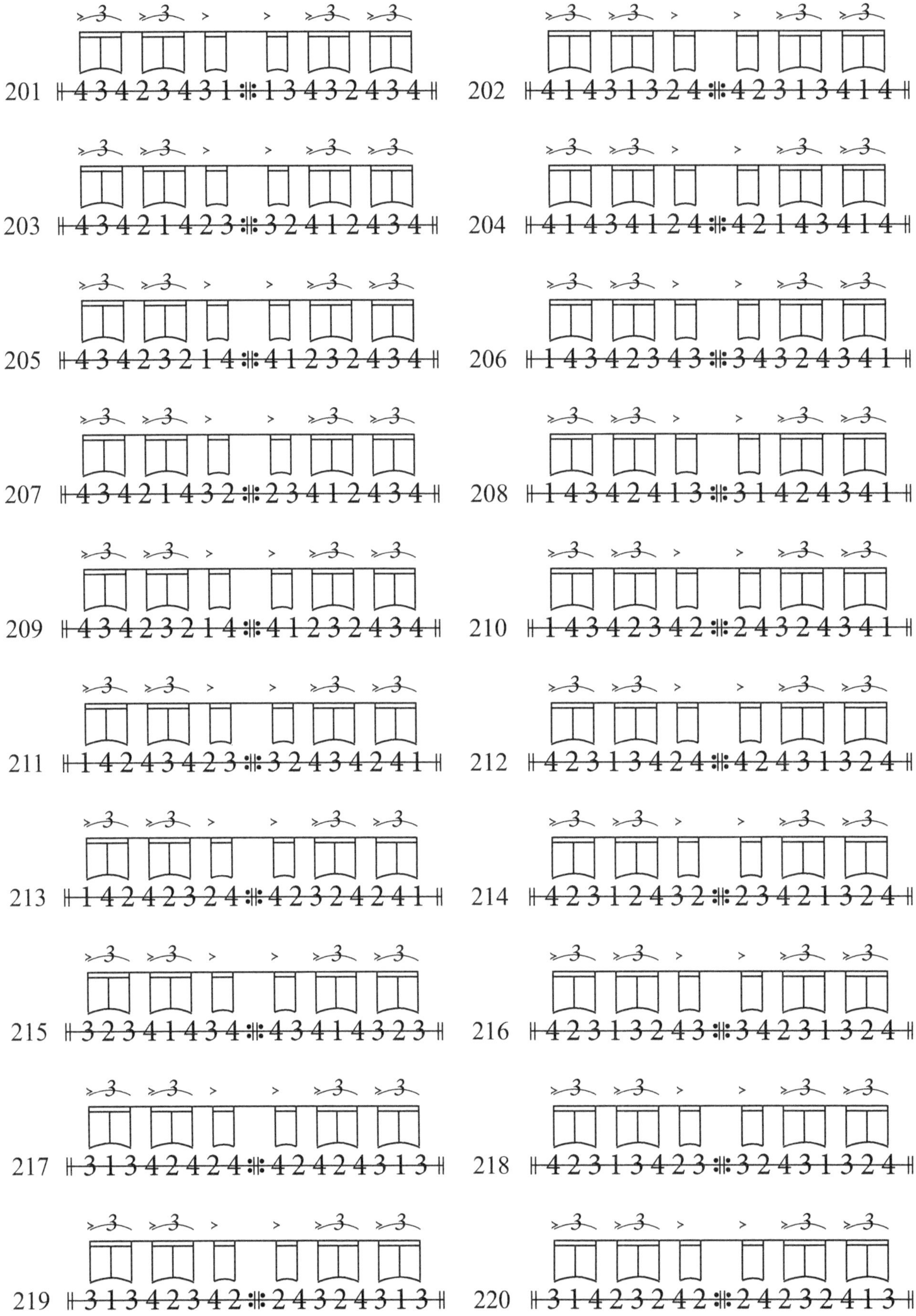

201 ‖ 4 3 4 2 3 4 3 1 :‖: 1 3 4 3 2 4 3 4 ‖
202 ‖ 4 1 4 3 1 3 2 4 :‖: 4 2 3 1 3 4 1 4 ‖
203 ‖ 4 3 4 2 1 4 2 3 :‖: 3 2 4 1 2 4 3 4 ‖
204 ‖ 4 1 4 3 4 1 2 4 :‖: 4 2 1 4 3 4 1 4 ‖
205 ‖ 4 3 4 2 3 2 1 4 :‖: 4 1 2 3 2 4 3 4 ‖
206 ‖ 1 4 3 4 2 3 4 3 :‖: 3 4 3 2 4 3 4 1 ‖
207 ‖ 4 3 4 2 1 4 3 2 :‖: 2 3 4 1 2 4 3 4 ‖
208 ‖ 1 4 3 4 2 4 1 3 :‖: 3 1 4 2 4 3 4 1 ‖
209 ‖ 4 3 4 2 3 2 1 4 :‖: 4 1 2 3 2 4 3 4 ‖
210 ‖ 1 4 3 4 2 3 4 2 :‖: 2 4 3 2 4 3 4 1 ‖
211 ‖ 1 4 2 4 3 4 2 3 :‖: 3 2 4 3 4 2 4 1 ‖
212 ‖ 4 2 3 1 3 4 2 4 :‖: 4 2 4 3 1 3 2 4 ‖
213 ‖ 1 4 2 4 2 3 2 4 :‖: 4 2 3 2 4 2 4 1 ‖
214 ‖ 4 2 3 1 2 4 3 2 :‖: 2 3 4 2 1 3 2 4 ‖
215 ‖ 3 2 3 4 1 4 3 4 :‖: 4 3 4 1 4 3 2 3 ‖
216 ‖ 4 2 3 1 3 4 2 3 :‖: 3 4 2 3 1 3 2 4 ‖
217 ‖ 3 1 3 4 2 4 2 4 :‖: 4 2 4 2 4 3 1 3 ‖
218 ‖ 4 2 3 1 3 4 2 3 :‖: 3 2 4 3 1 3 2 4 ‖
219 ‖ 3 1 3 4 2 3 4 2 :‖: 2 4 3 2 4 3 1 3 ‖
220 ‖ 3 1 4 2 3 2 4 2 :‖: 2 4 2 3 2 4 1 3 ‖

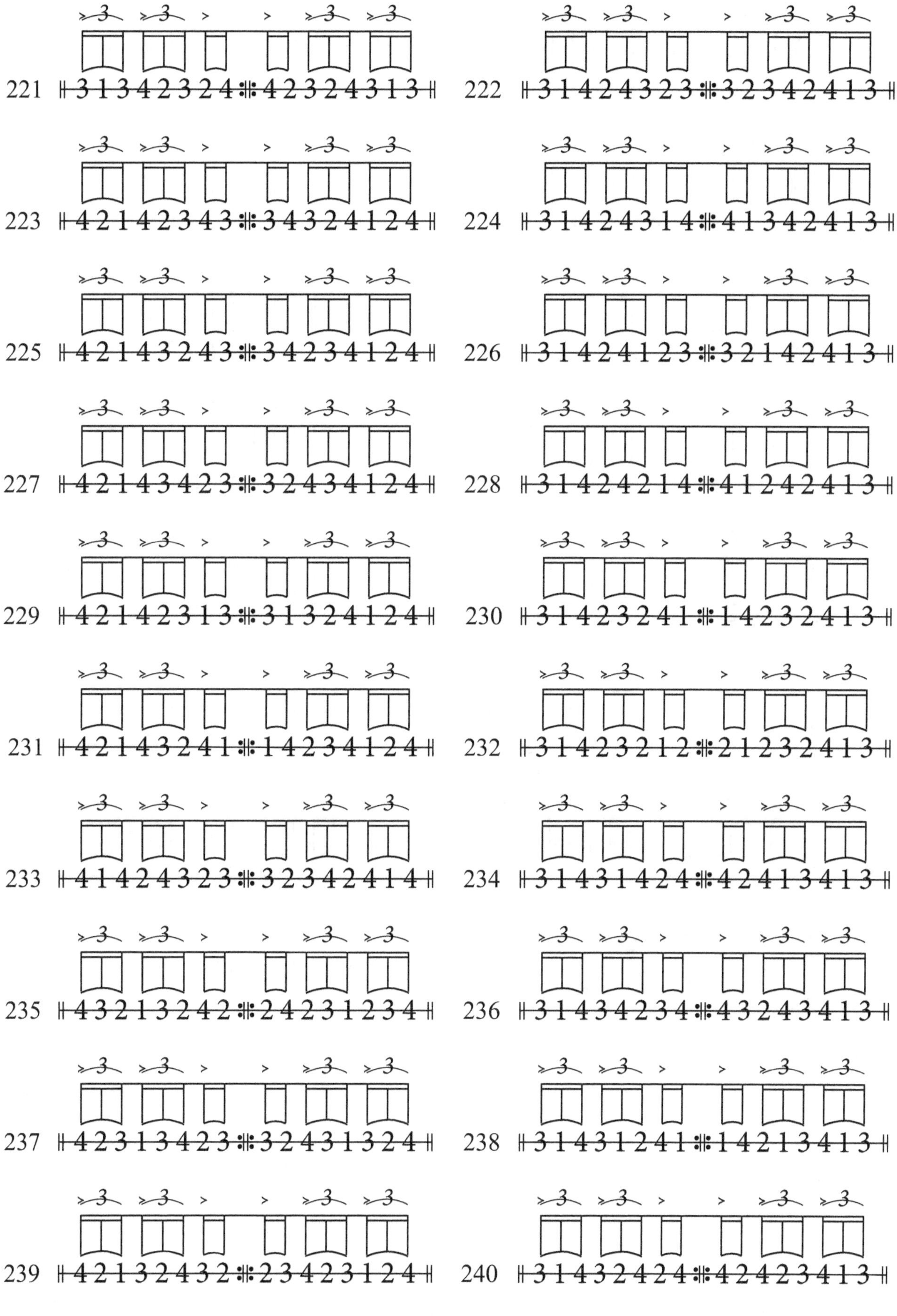

221 ‖: 3 1 3 4 2 3 2 4 :‖: 4 2 3 2 4 3 1 3 :‖
222 ‖: 3 1 4 2 4 3 2 3 :‖: 3 2 3 4 2 4 1 3 :‖
223 ‖: 4 2 1 4 2 3 4 3 :‖: 3 4 3 2 4 1 2 4 :‖
224 ‖: 3 1 4 2 4 3 1 4 :‖: 4 1 3 4 2 4 1 3 :‖
225 ‖: 4 2 1 4 3 2 4 3 :‖: 3 4 2 3 4 1 2 4 :‖
226 ‖: 3 1 4 2 4 1 2 3 :‖: 3 2 1 4 2 4 1 3 :‖
227 ‖: 4 2 1 4 3 4 2 3 :‖: 3 2 4 3 4 1 2 4 :‖
228 ‖: 3 1 4 2 4 2 1 4 :‖: 4 1 2 4 2 4 1 3 :‖
229 ‖: 4 2 1 4 2 3 1 3 :‖: 3 1 3 2 4 1 2 4 :‖
230 ‖: 3 1 4 2 3 2 4 1 :‖: 1 4 2 3 2 4 1 3 :‖
231 ‖: 4 2 1 4 3 2 4 1 :‖: 1 4 2 3 4 1 2 4 :‖
232 ‖: 3 1 4 2 3 2 1 2 :‖: 2 1 2 3 2 4 1 3 :‖
233 ‖: 4 1 4 2 4 3 2 3 :‖: 3 2 3 4 2 4 1 4 :‖
234 ‖: 3 1 4 3 1 4 2 4 :‖: 4 2 4 1 3 4 1 3 :‖
235 ‖: 4 3 2 1 3 2 4 2 :‖: 2 4 2 3 1 2 3 4 :‖
236 ‖: 3 1 4 3 4 2 3 4 :‖: 4 3 2 4 3 4 1 3 :‖
237 ‖: 4 2 3 1 3 4 2 3 :‖: 3 2 4 3 4 1 3 2 4 :‖
238 ‖: 3 1 4 3 1 2 4 1 :‖: 1 4 2 1 3 4 1 3 :‖
239 ‖: 4 2 1 3 2 4 3 2 :‖: 2 3 4 2 3 1 2 4 :‖
240 ‖: 3 1 4 3 2 4 2 4 :‖: 4 2 4 2 3 4 1 3 :‖

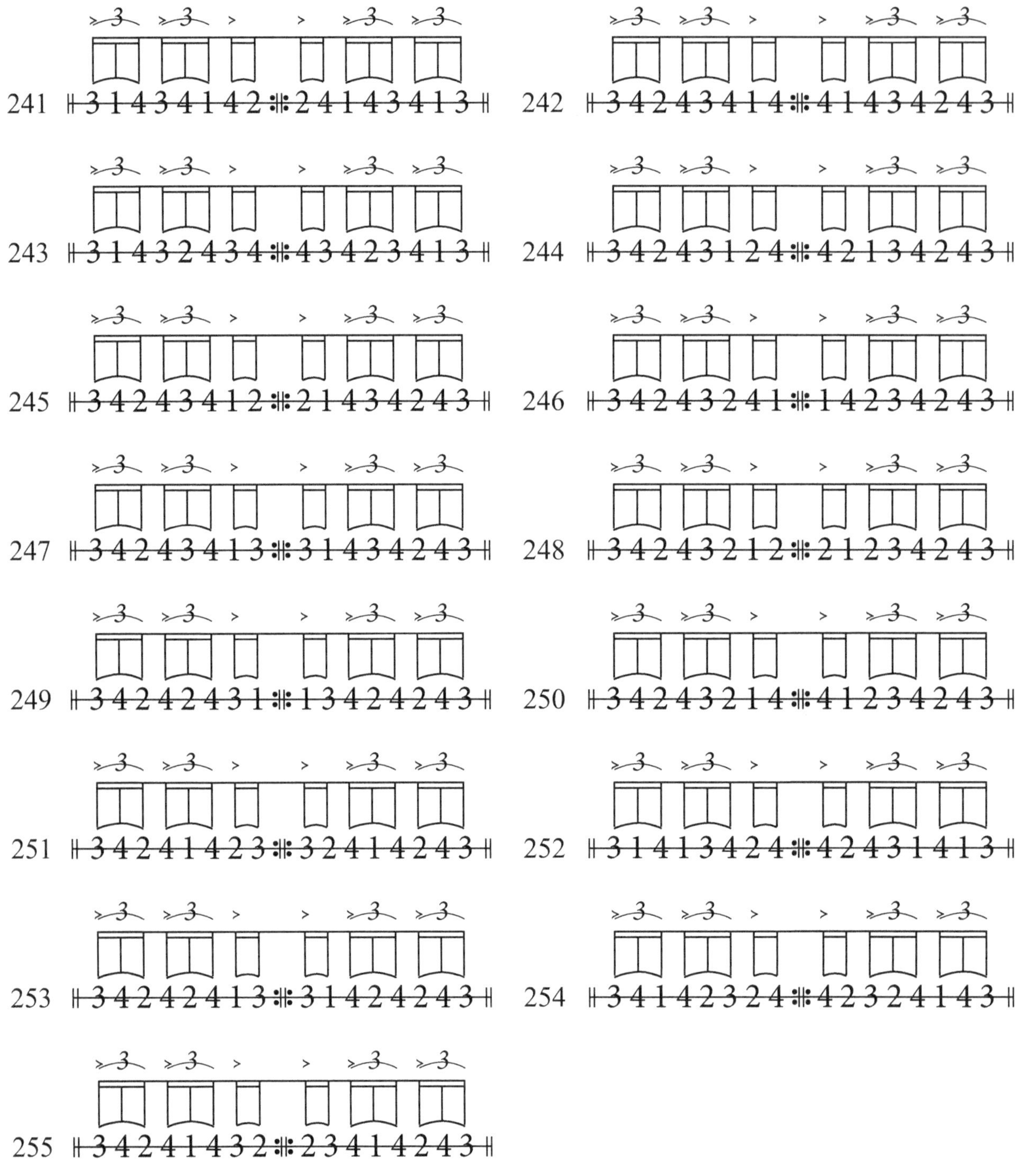

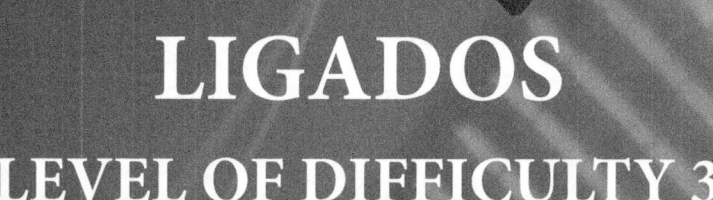

LIGADOS
LEVEL OF DIFFICULTY 3

LEVEL OF DIFFICULTY 3

LIGADOS ON TWO ADJACENT STRINGS

COMBINATION OF ONE SIMPLE AND TWO COMPLEX LIGADOS

VARIATION 1
SIMPLE - COMPLEX - COMPLEX LIGADO

VARIATION 2
COMPLEX - SIMPLE - COMPLEX LIGADO

VARIATION 3
COMPLEX - COMPLEX - SIMPLE LIGADO

COMPLEX LIGADO HAS THE SAME DURATION WITH SIMPLE LIGADO

VARIATION 1

SIMPLE - COMPLEX - COMPLEX LIGADO

LEVEL OF DIFFICULTY 2
11 UNITS
SIMPLE - COMPLEX - COMPLEX LIGADO

UNIT 1
Practicing fingers 1 and 2 - Stable fingers 3 and 4

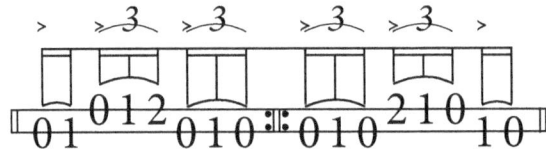

UNIT 2
Practicing fingers 1 and 3 - Stable fingers 2 and 4

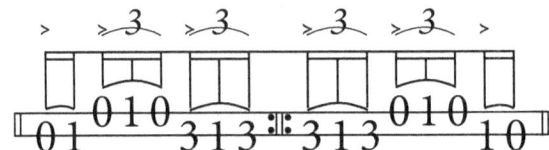

UNIT 3
Practicing fingers 1 and 4 - Stable fingers 2 and 3

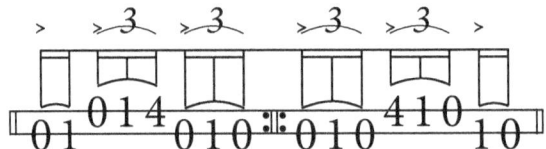

UNIT 4
Practicing fingers 2 and 3 - Stable fingers 1 and 4

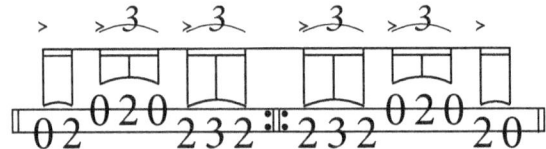

UNIT 5
Practicing fingers 2 and 4 - Stable fingers 1 and 3

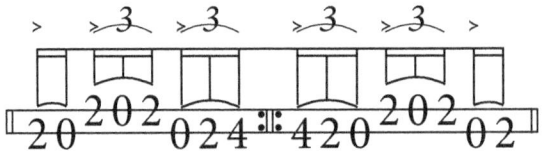

UNIT 6
Practicing fingers 3 and 4 - Stable fingers 1 and 2

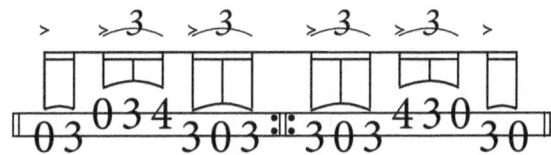

UNIT 7
Practicing fingers 1, 2 and 3 - Stable finger 4

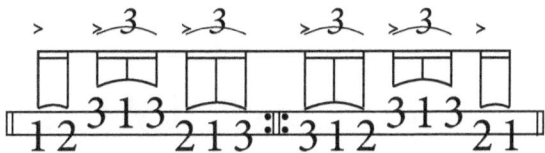

UNIT 8
Practicing fingers 2, 3 and 4 - Stable finger 1

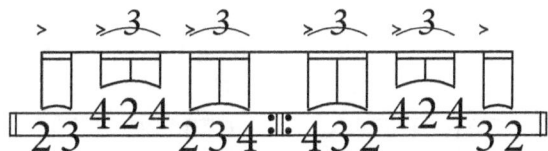

UNIT 9
Practicing fingers 1, 2 and 4 - Stable finger 3

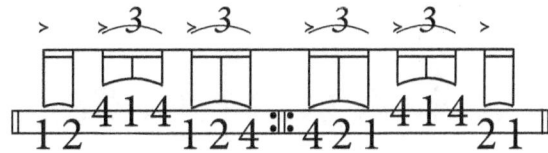

UNIT 10
Practicing fingers 1, 3 and 4 - Stable finger 2

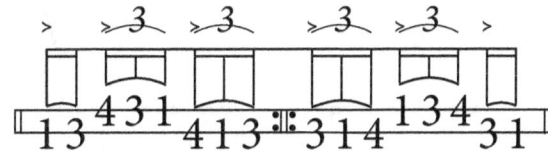

UNIT 11
Practicing fingers 1, 2, 3 and 4

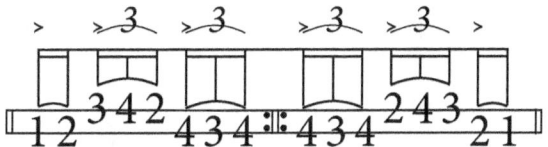

THUMB FINGERINGS

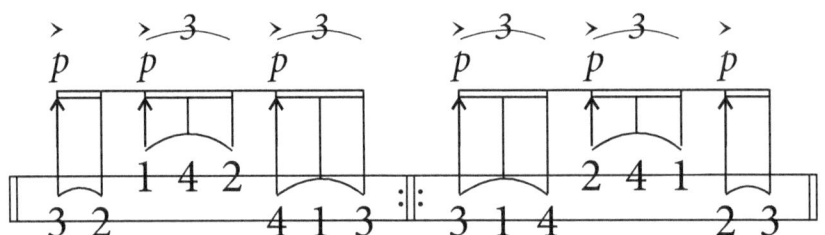

SIMPLE FINGERINGS (TWO FINGERS)

i m i m i m   m a m a m a   i a i a i a
m i m i m i   a m a m a m   a i a i a i

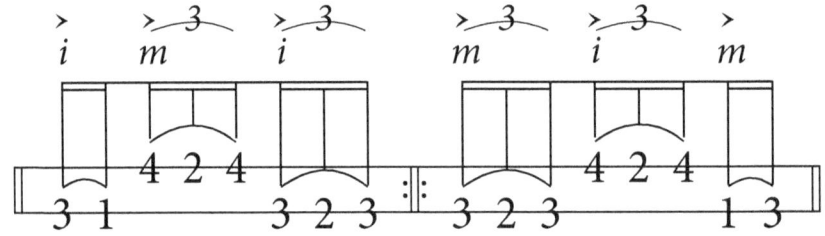

FINGERINGS WITH FINGERS i, m and a

i m a   m i a   a m i
i a m   m a i   a i m

SIMPLE FINGERINGS - THUMB ONLY

STROKE TOWARDS ONE DIRECTION

VARIATION 1

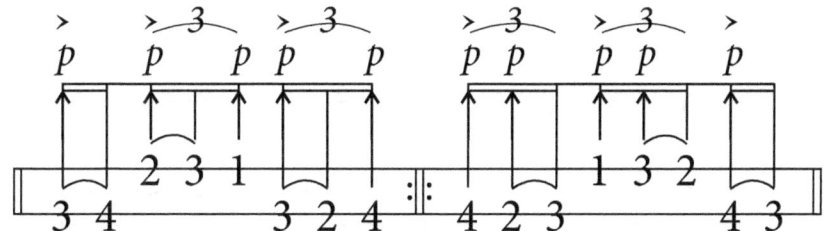

VARIATION 2

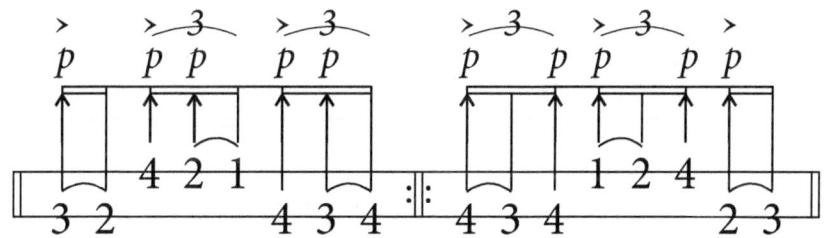

STROKE TOWARDS TWO DIRECTIONS

VARIATION 1

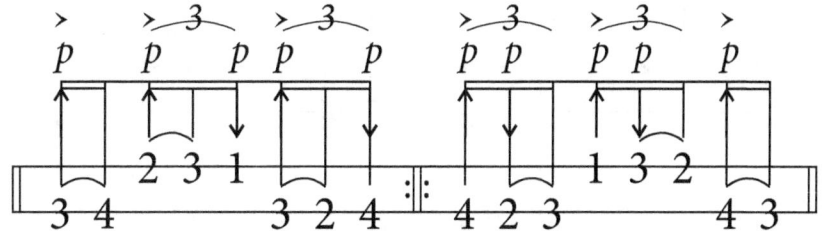

VARIATION 2

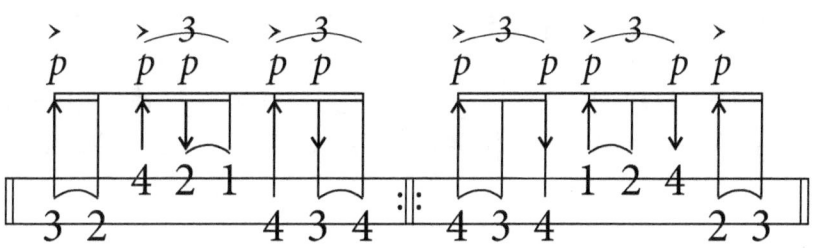

THUMB FINGERINGS
with index (i) only, or with middle finger (m) only,
or with ring finger (a) only

VARIATION 1
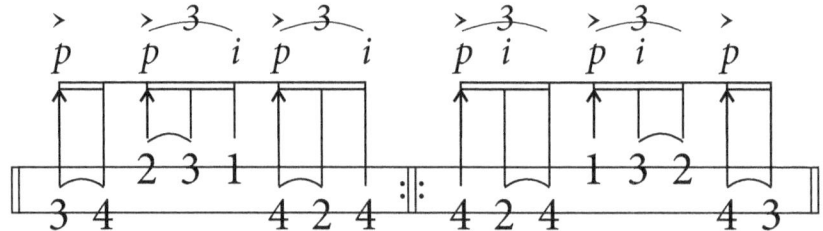

VARIATION 2
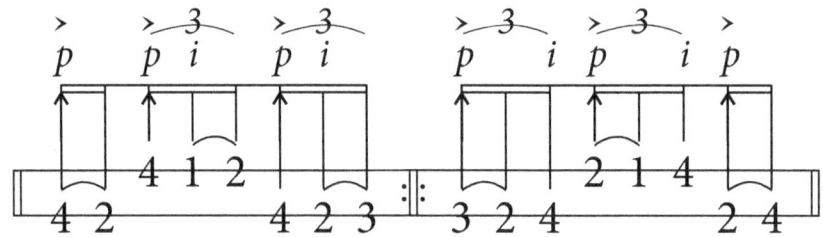

VARIATION 3
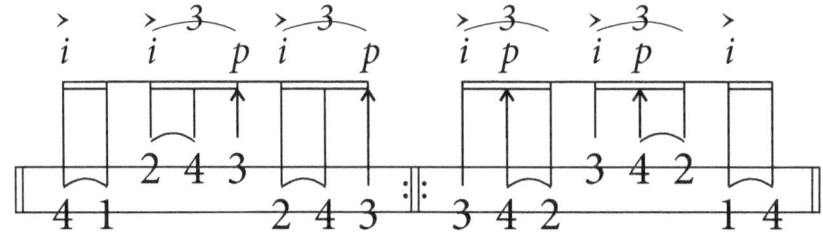

VARIATION 4
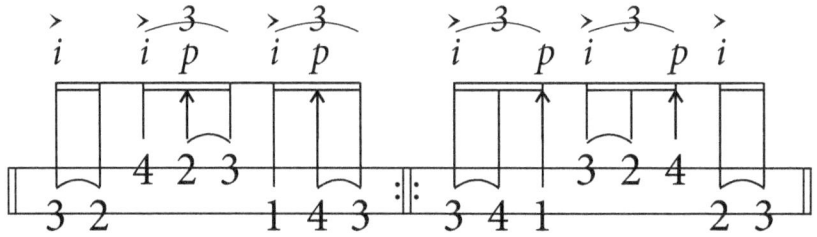

THUMB FINGERINGS
with fingers i, m and a

VARIATION 1

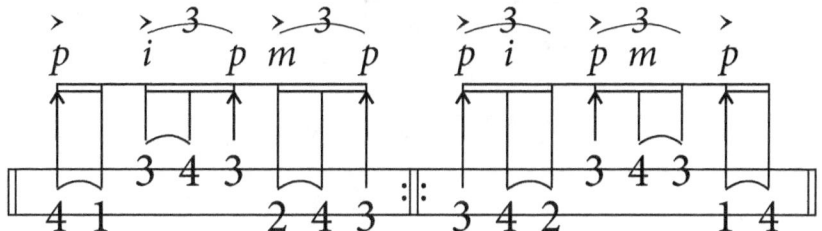

VARIATION 2

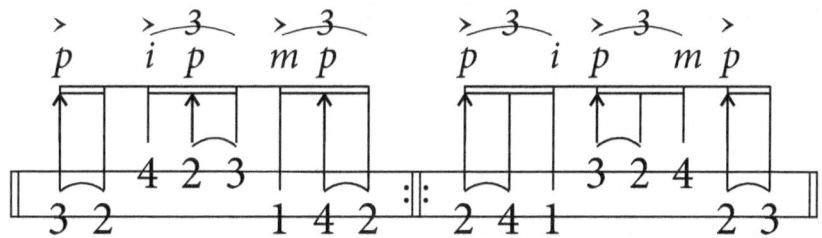

VARIATION 3

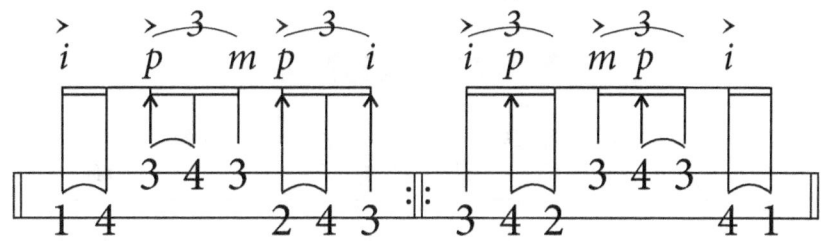

VARIATION 4

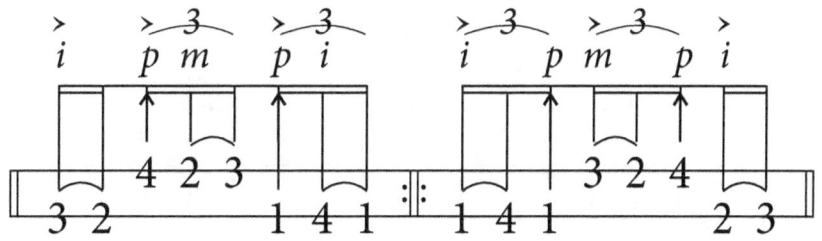

FINGERINGS ONLY WITH FINGERS i, m and a

VARIATION 1
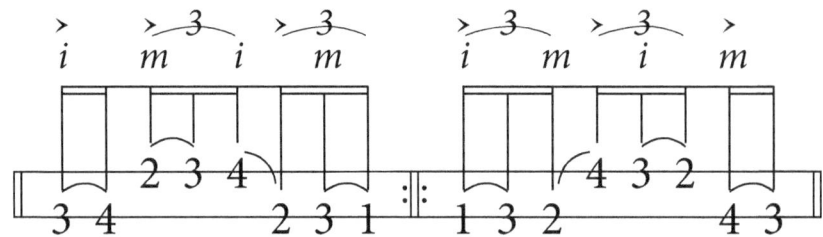

VARIATION 2
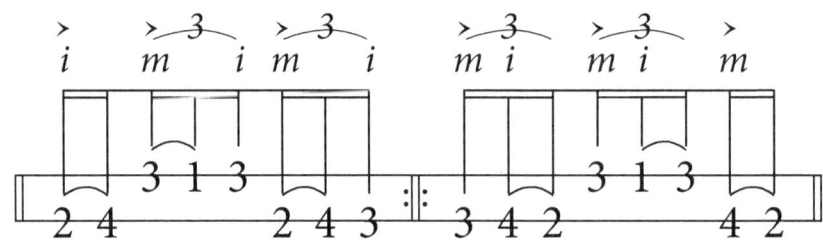

VARIATION 3
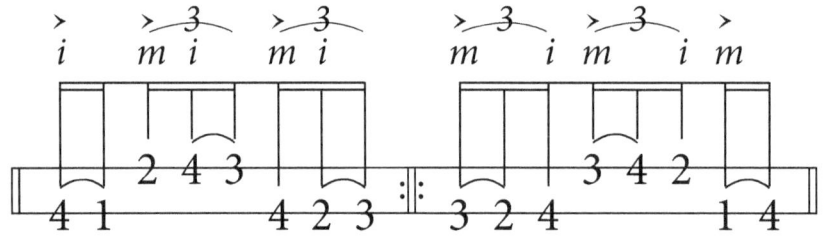

VARIATION 4
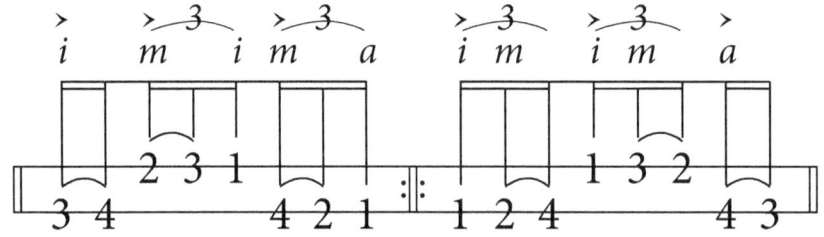

VARIATION 5
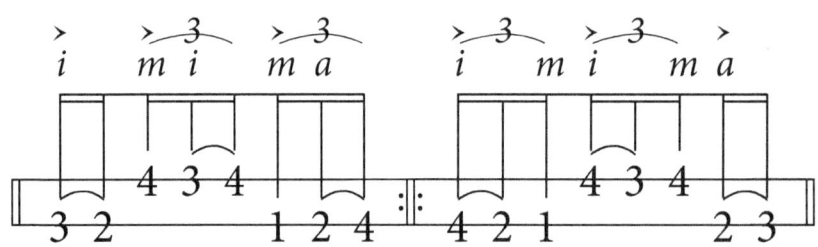

LIGADOS
UNIT 1

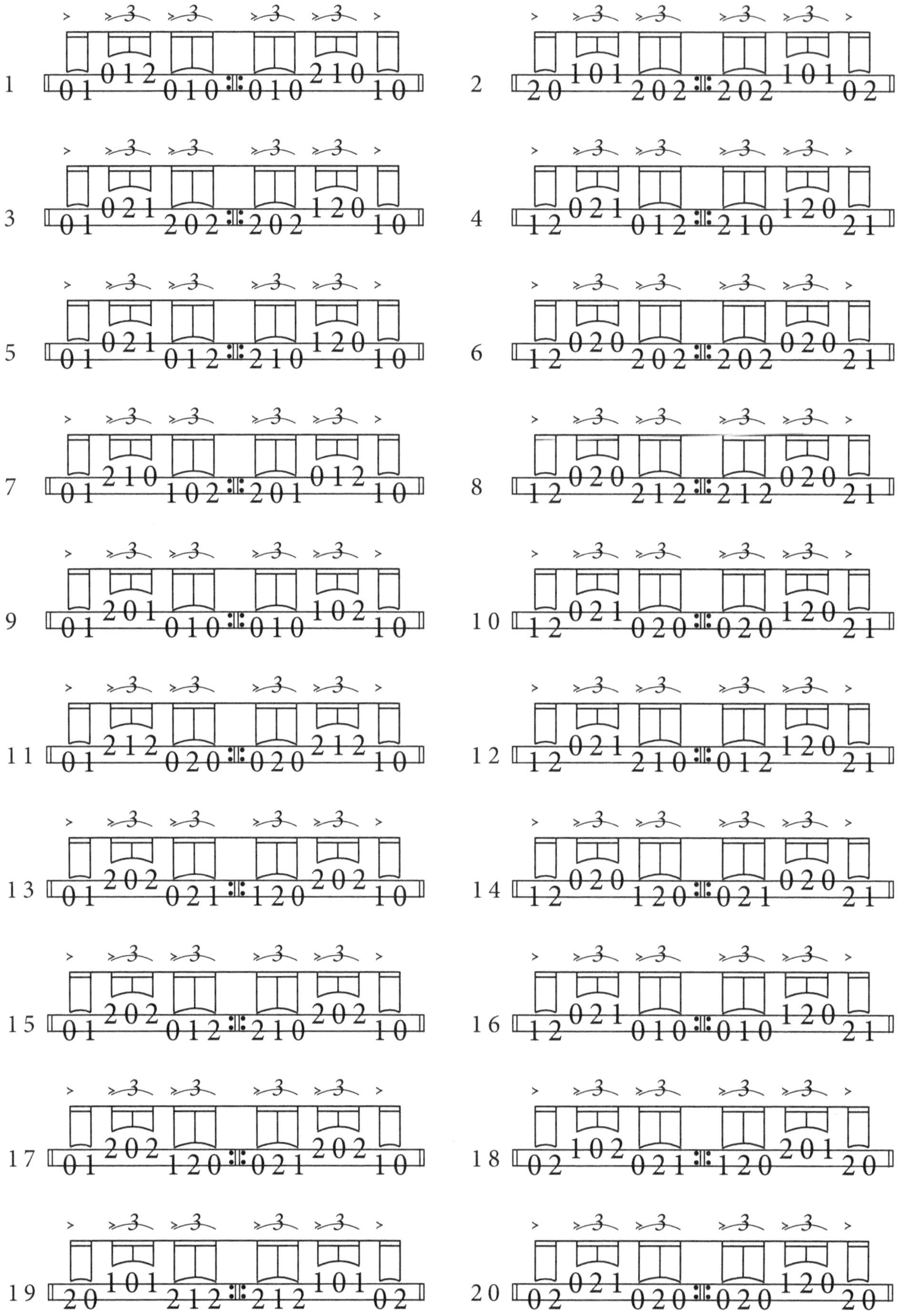

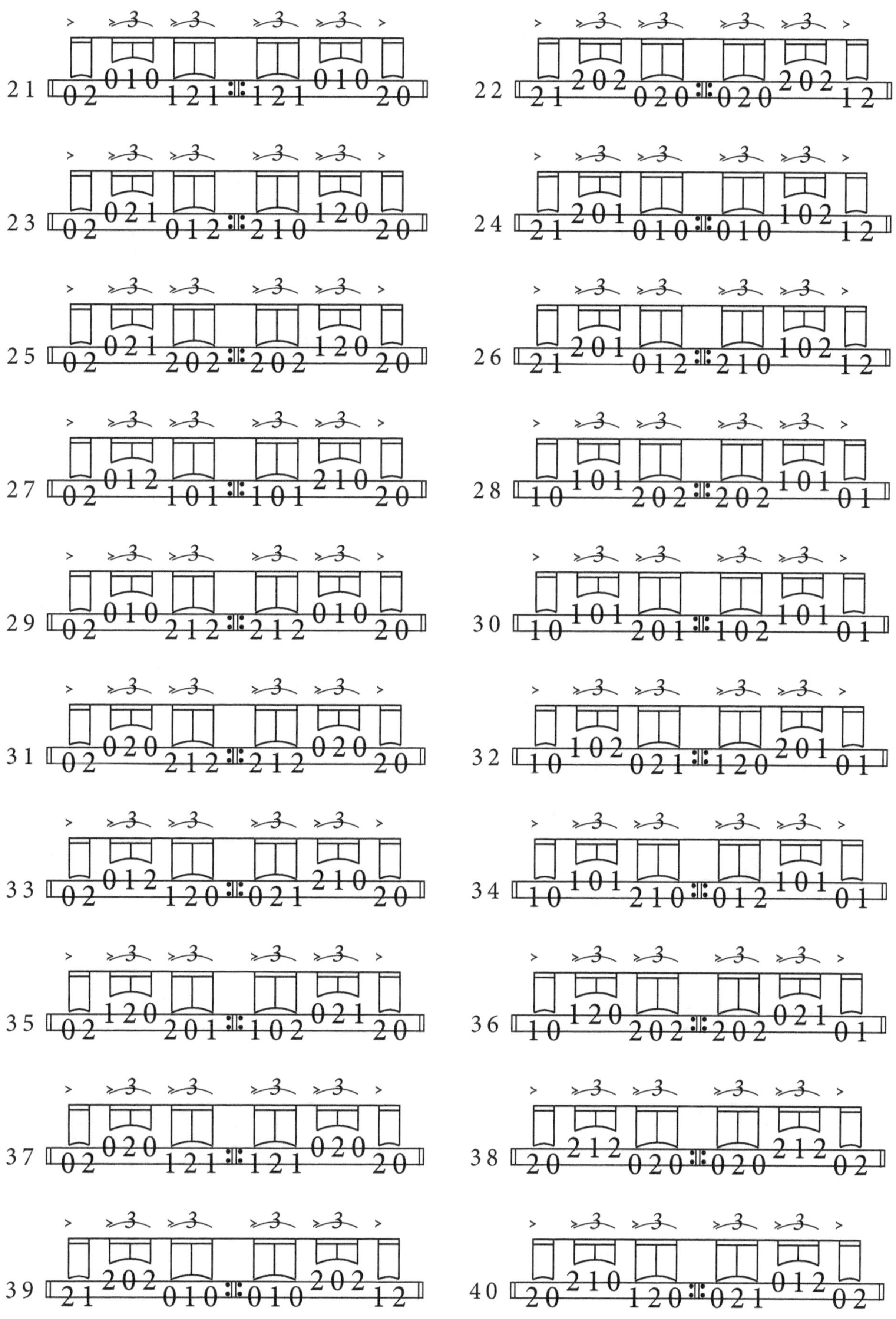

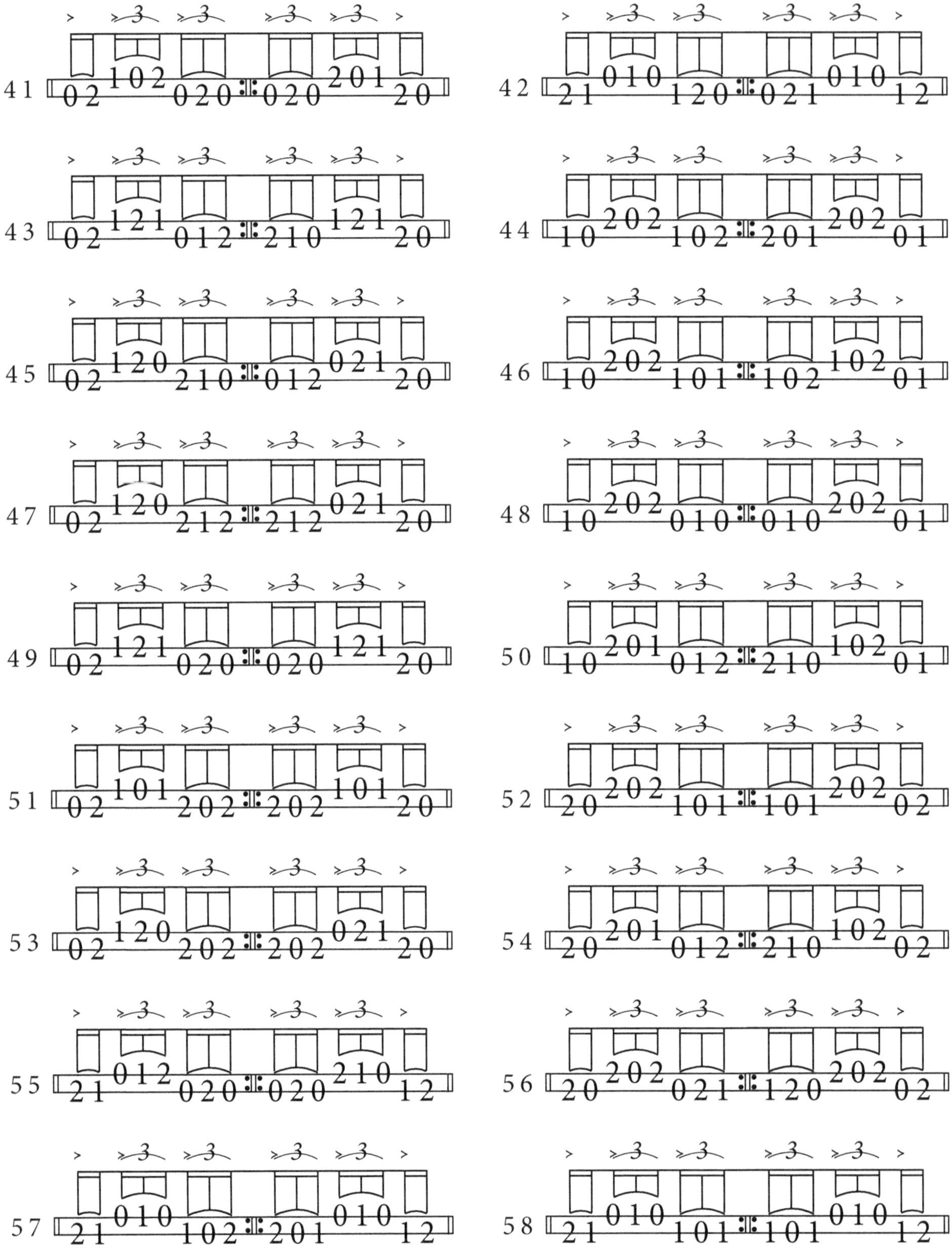

LIGADOS
UNIT 2

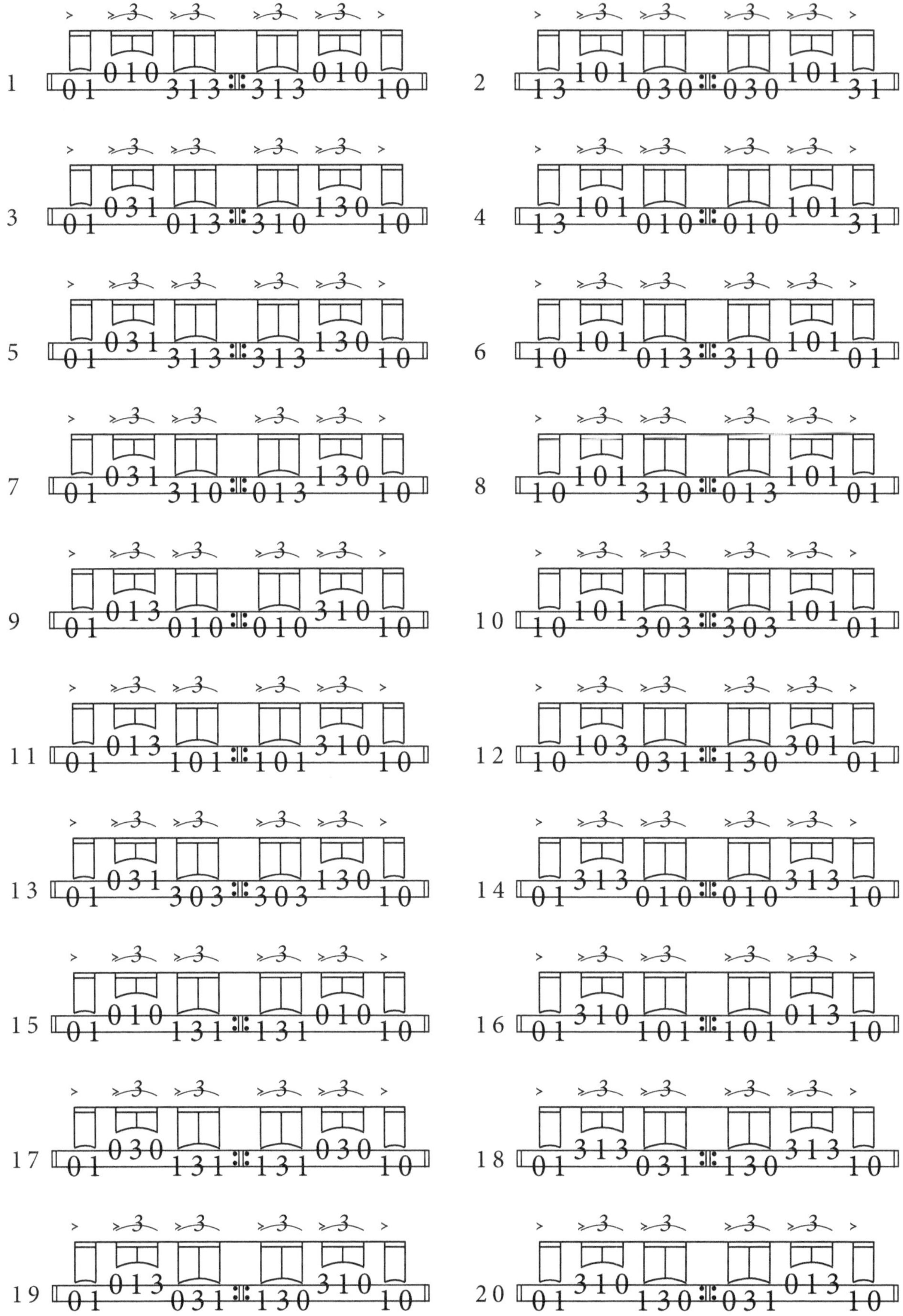

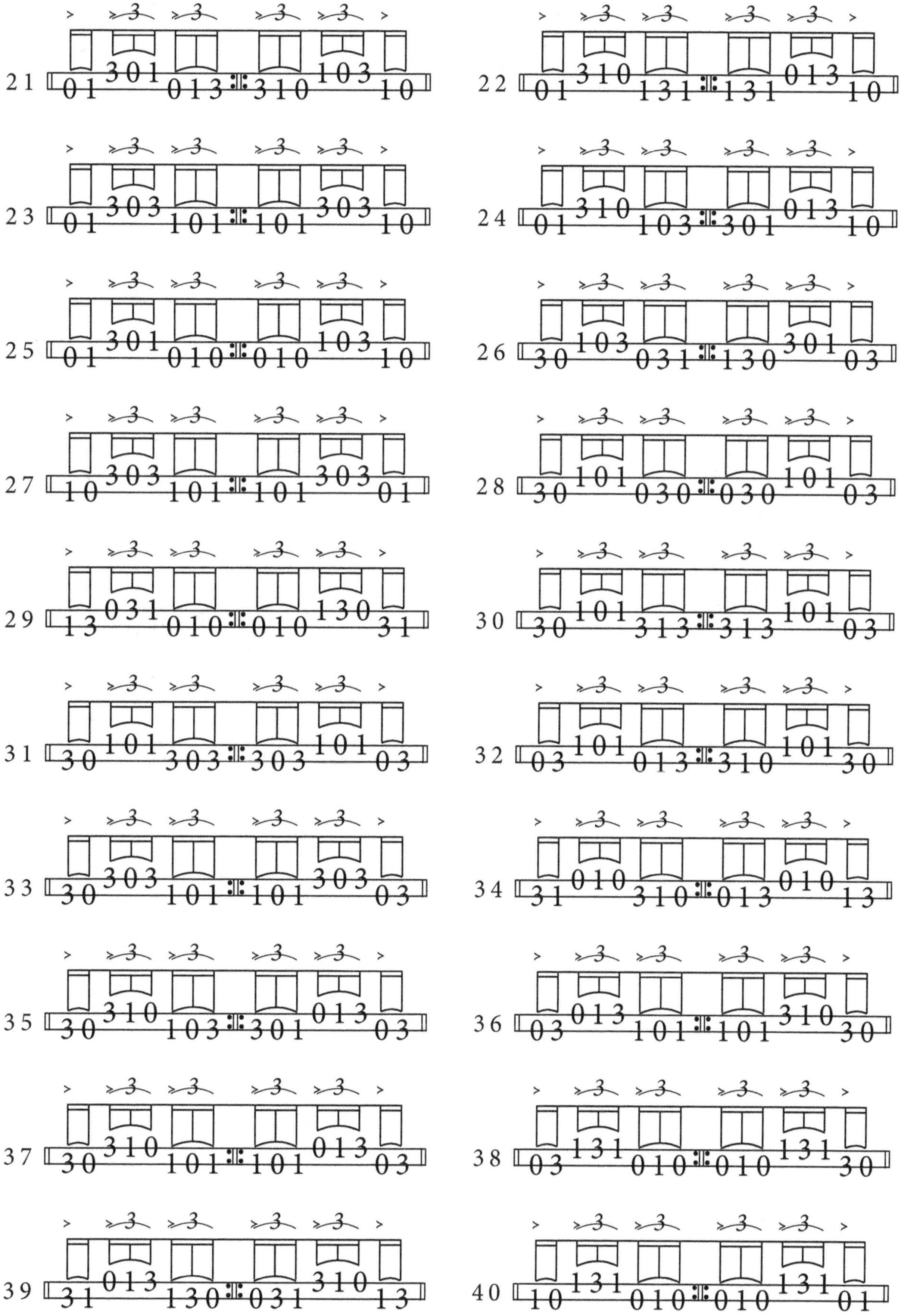

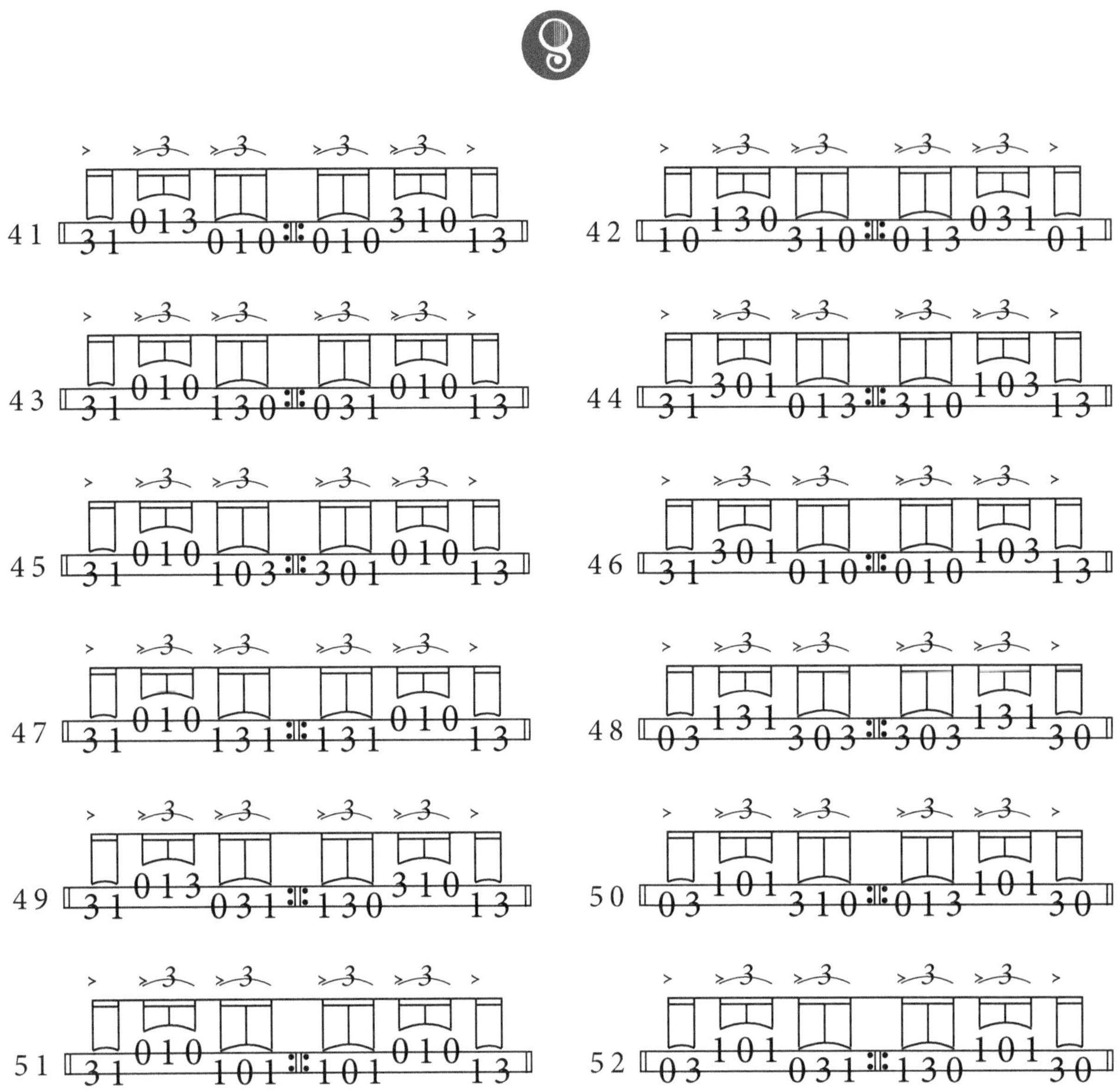

LIGADOS
UNIT 3

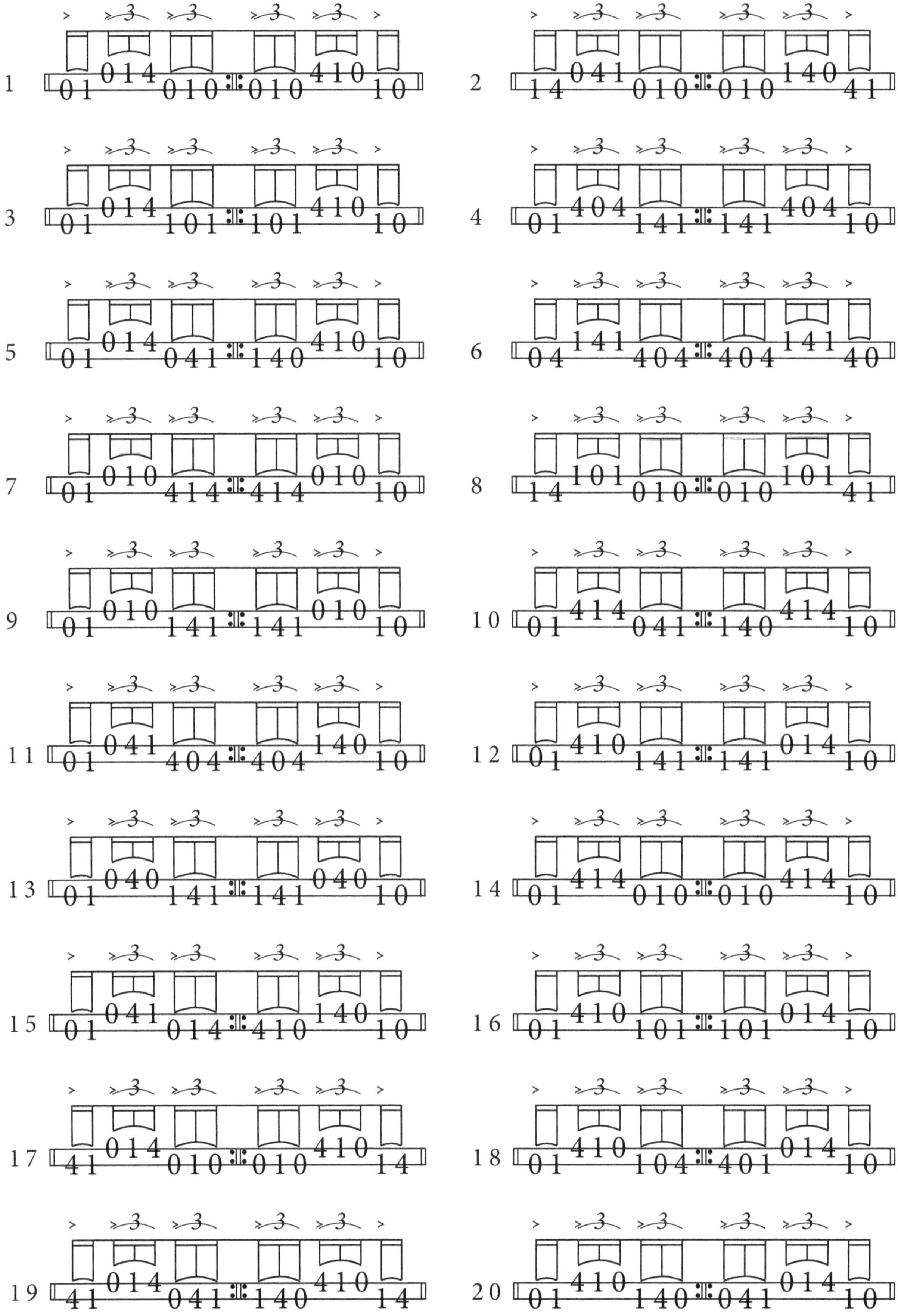

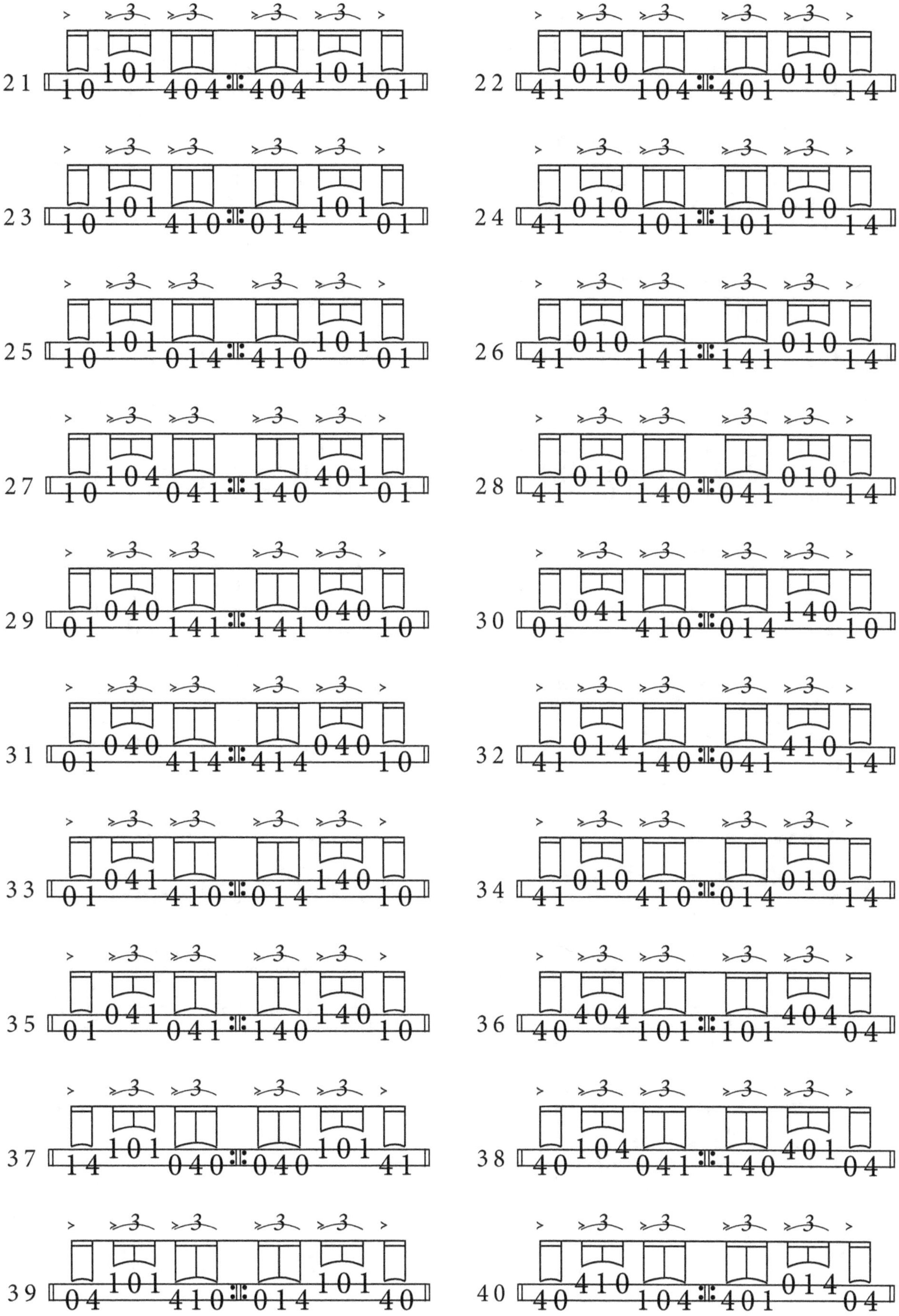

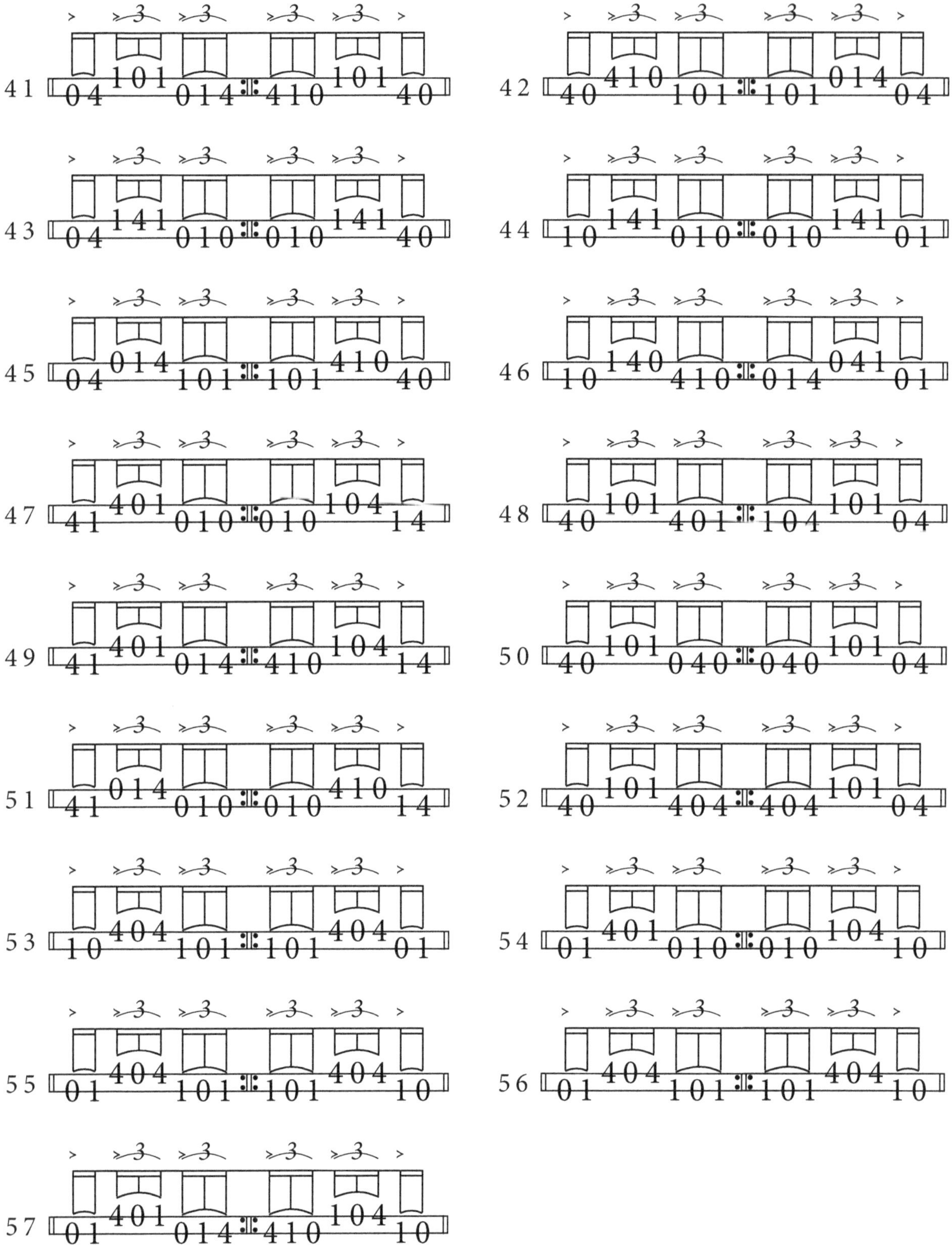

LIGADOS

UNIT 4

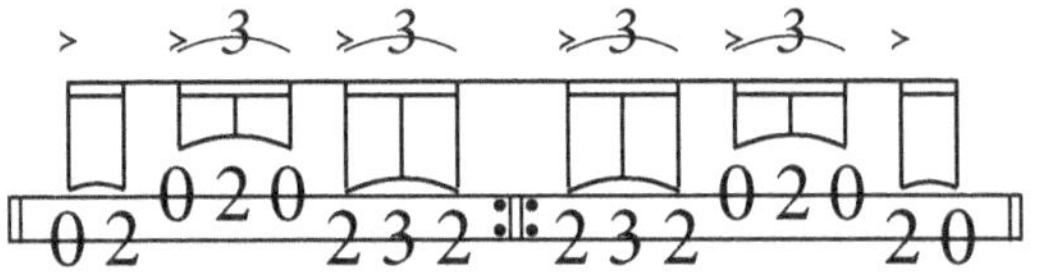

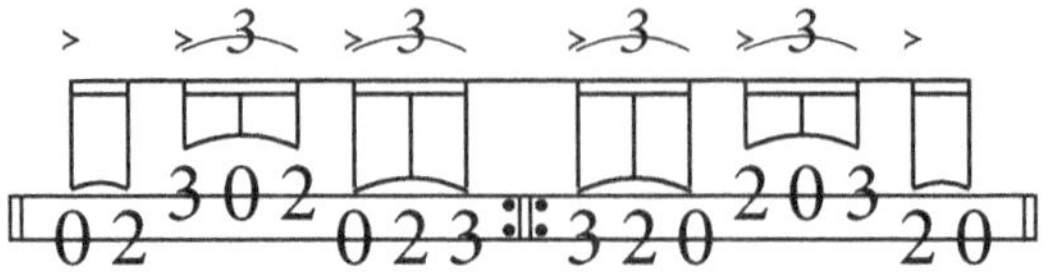

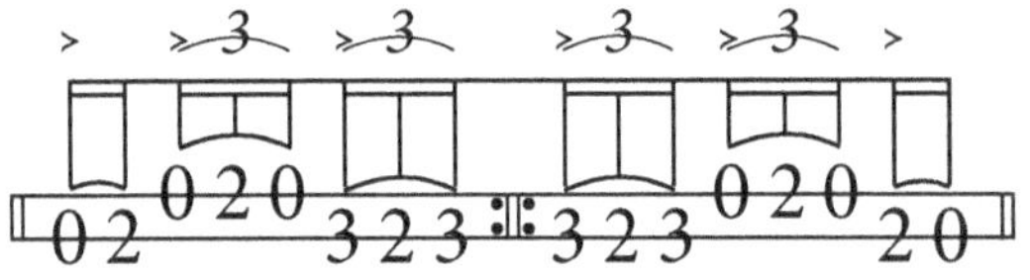

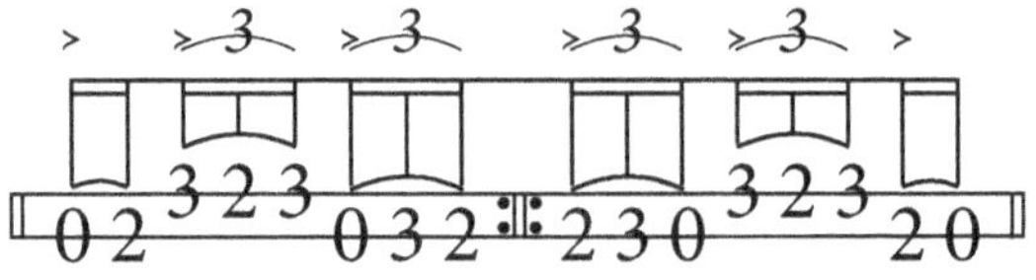

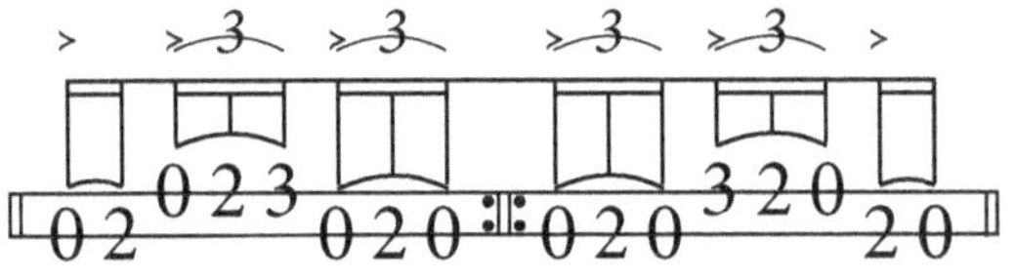

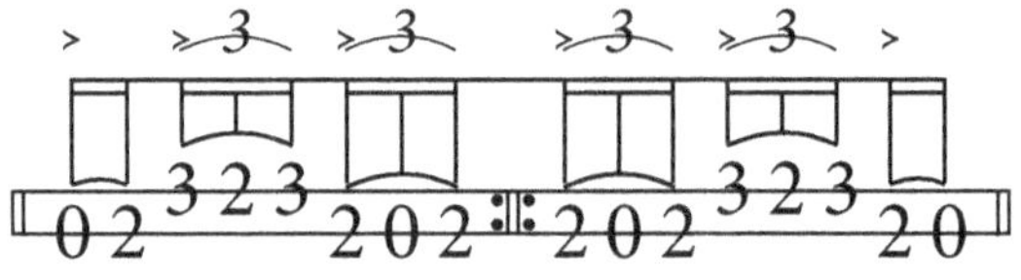

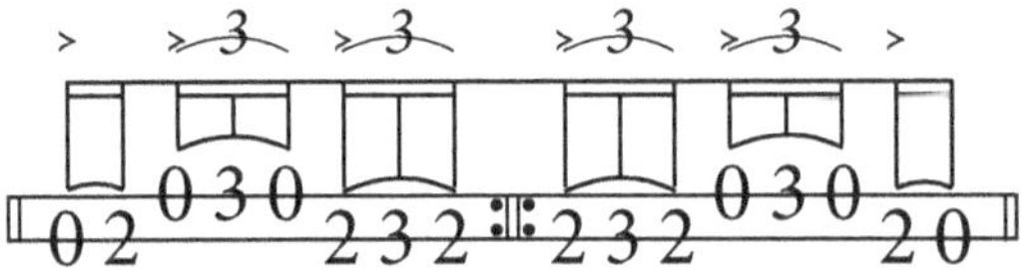

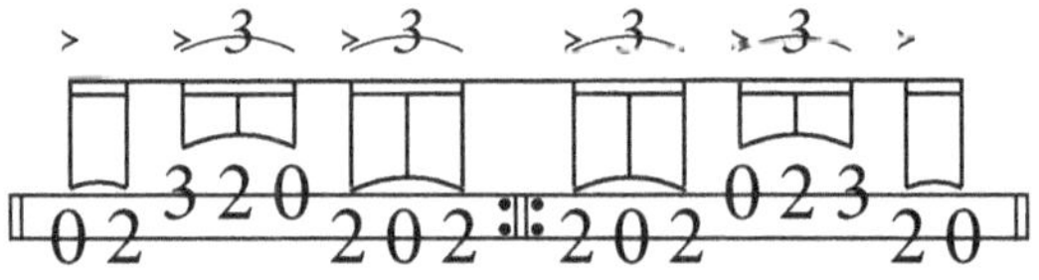

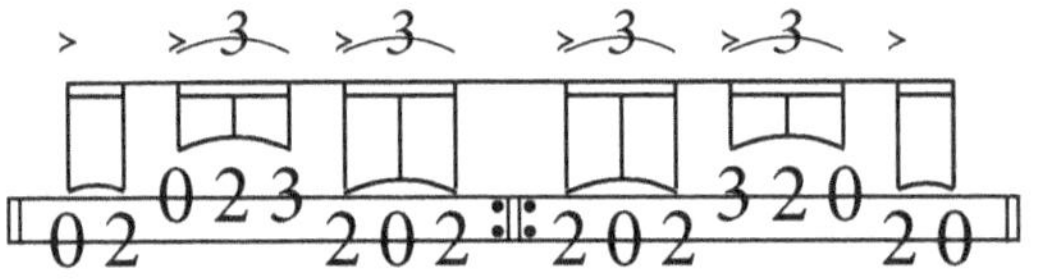

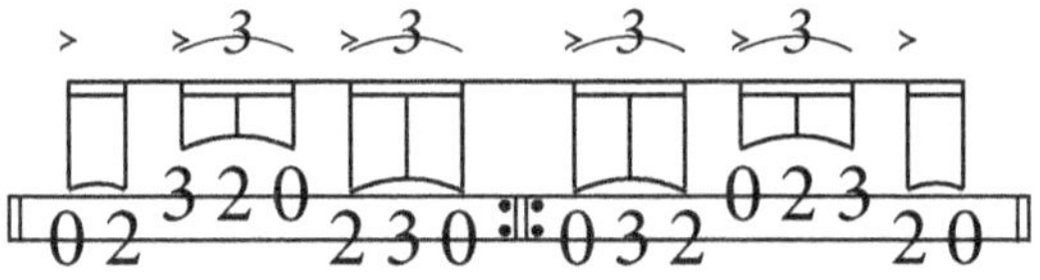

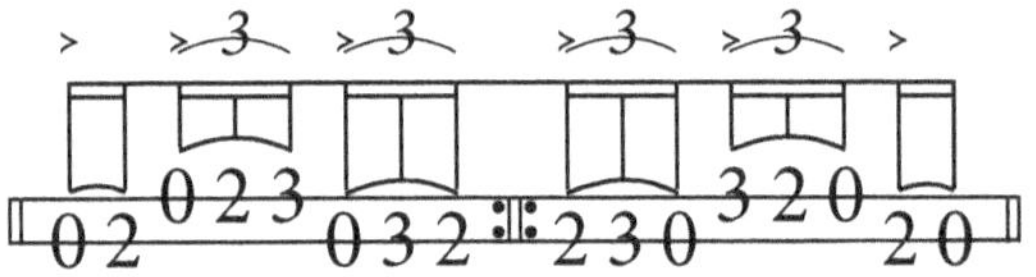

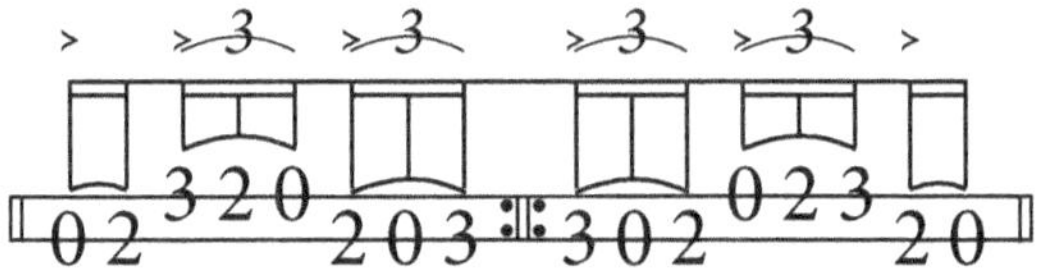

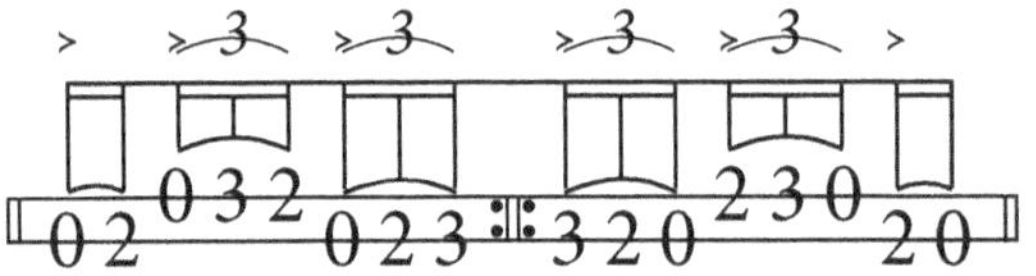

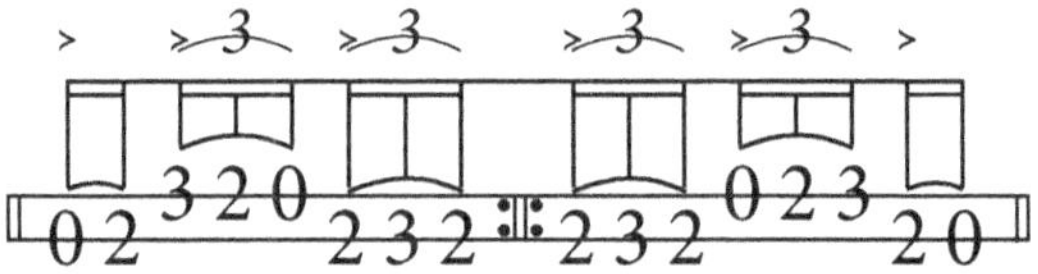

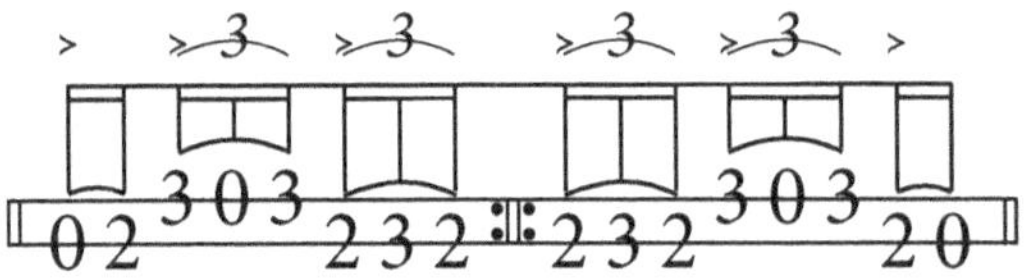

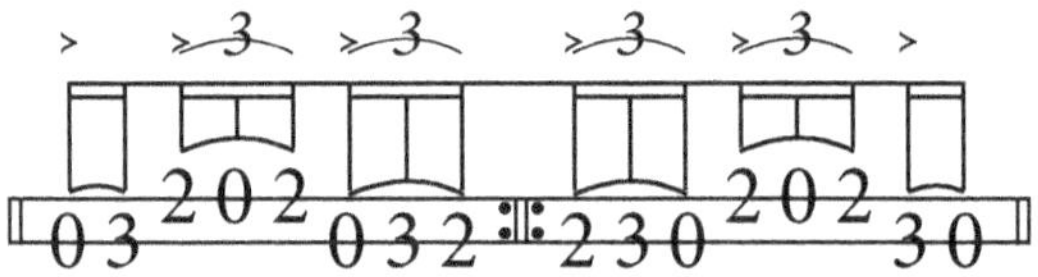

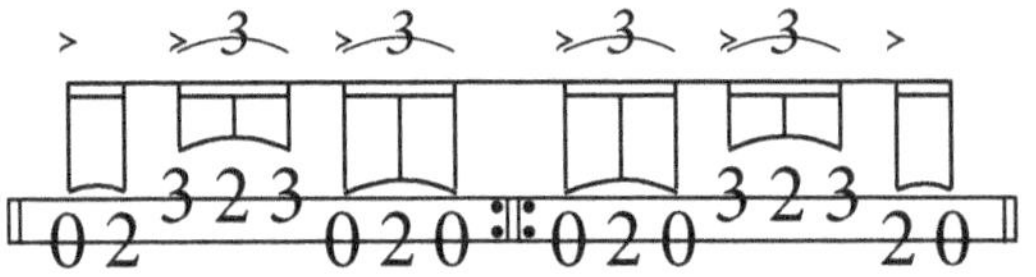

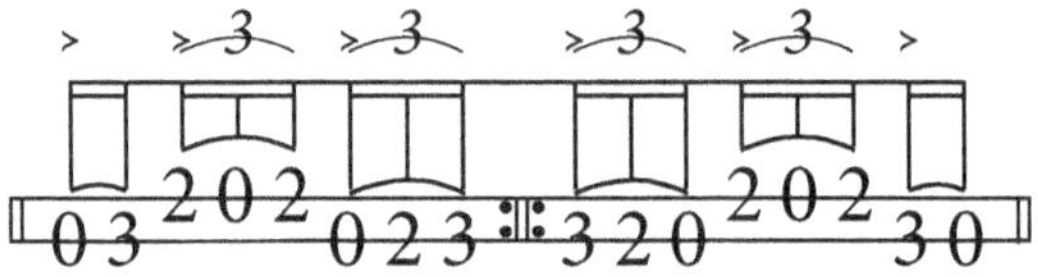

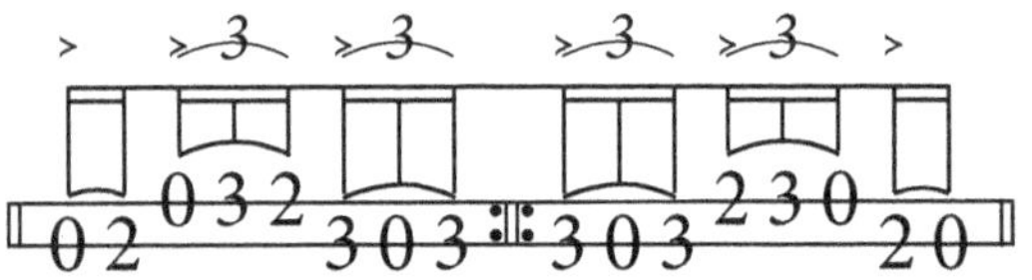

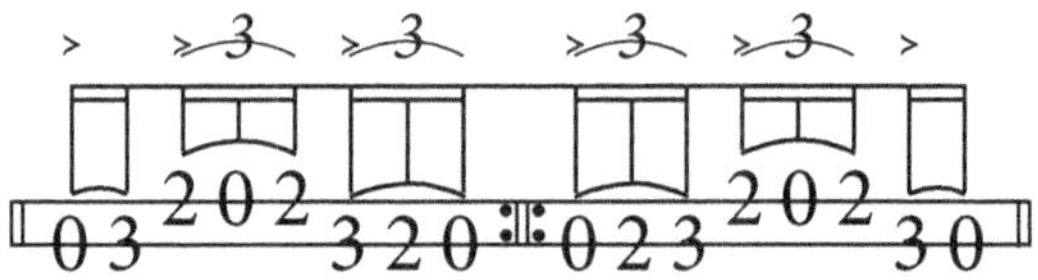

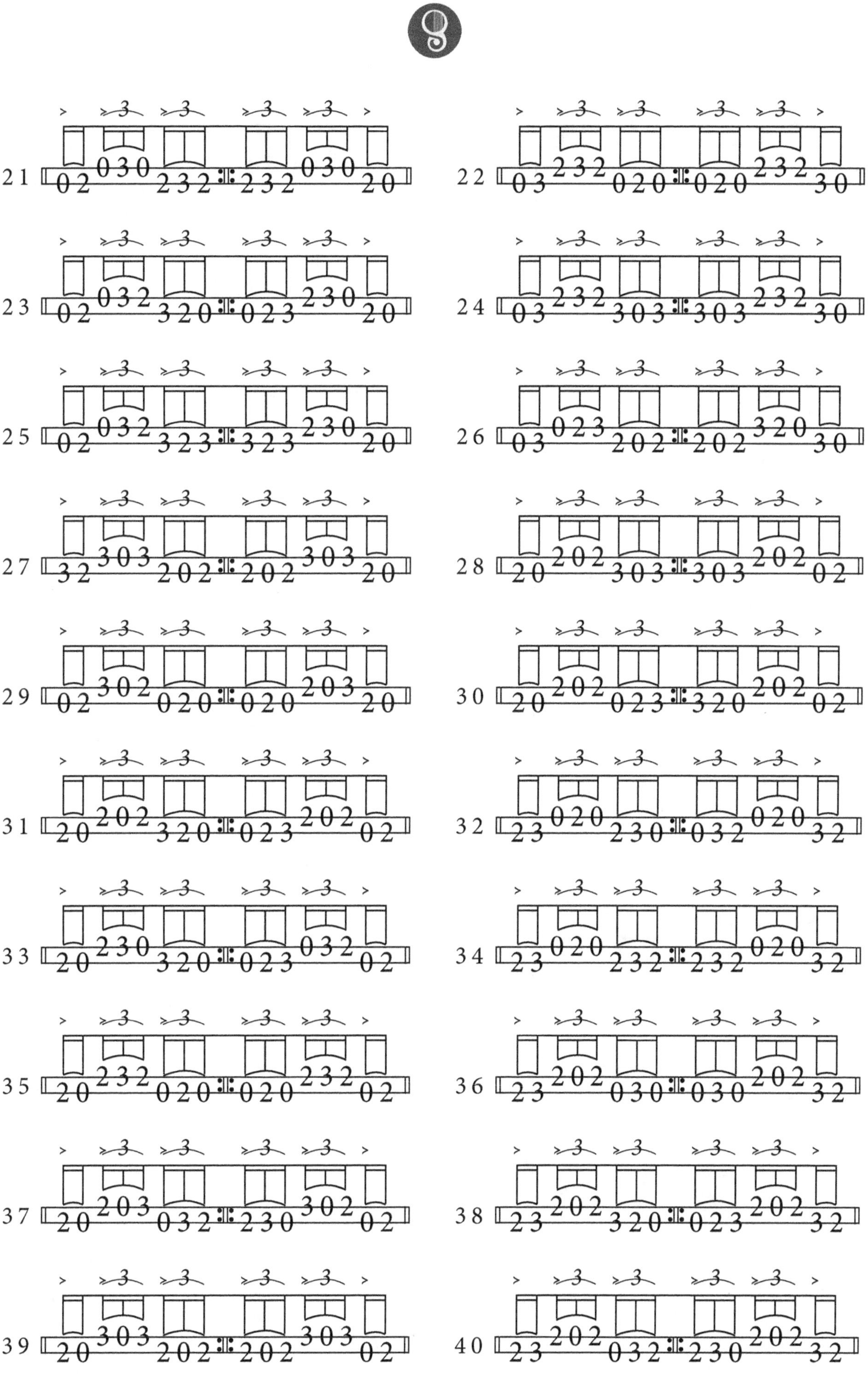

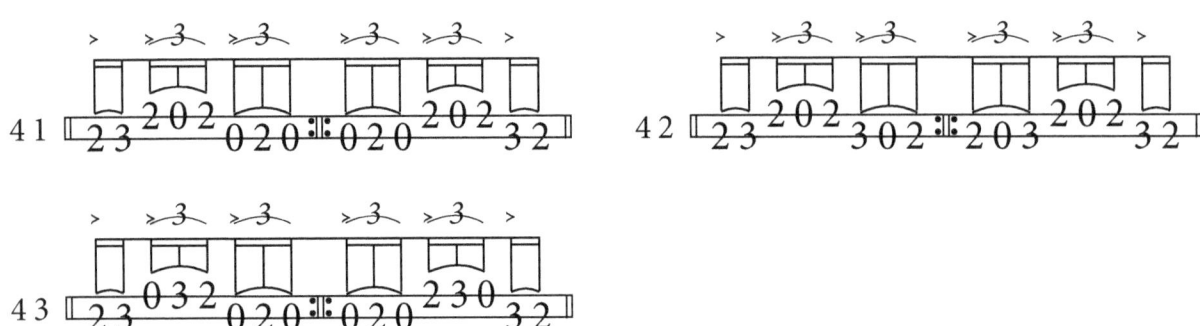

LIGADOS

UNIT 5

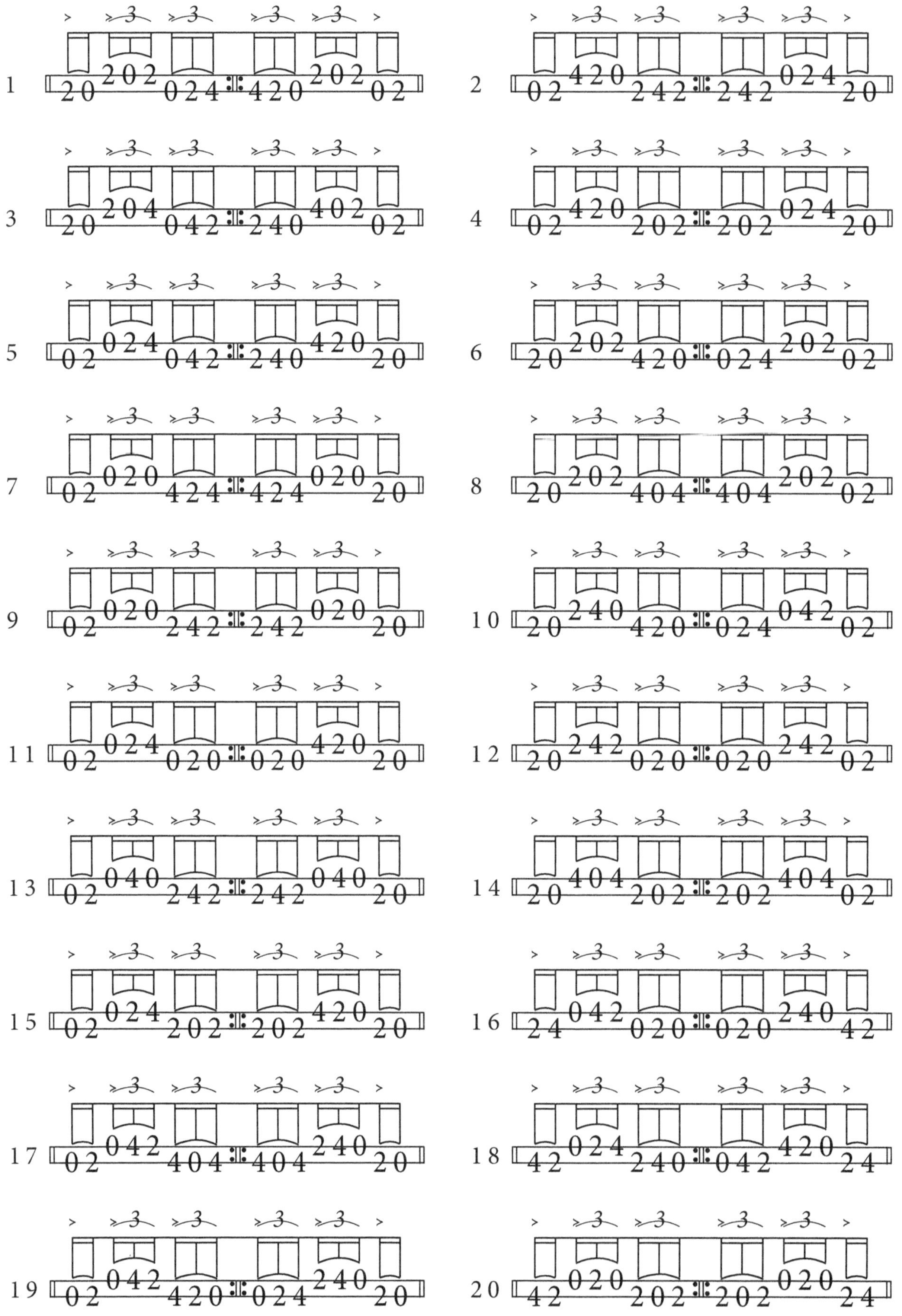

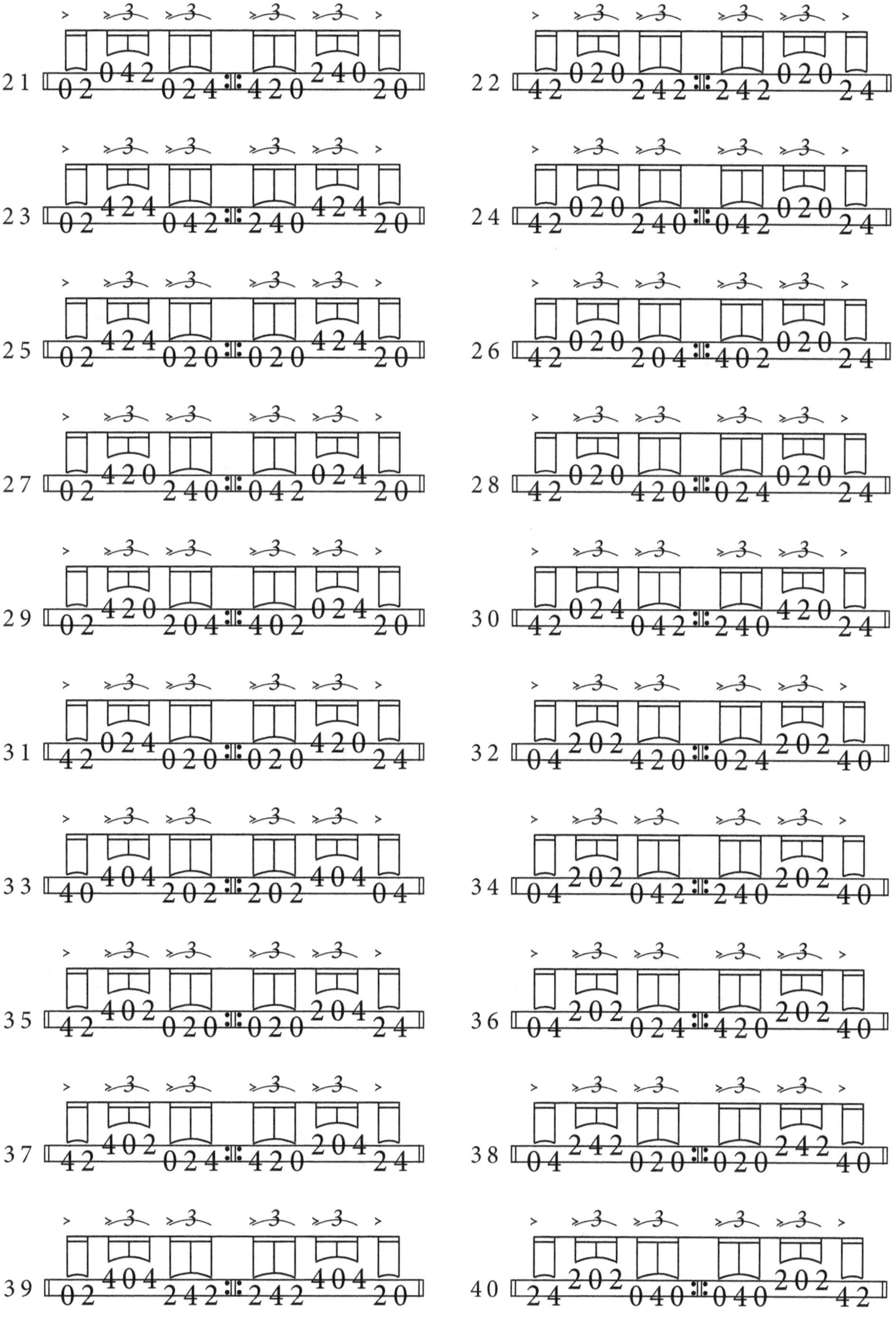

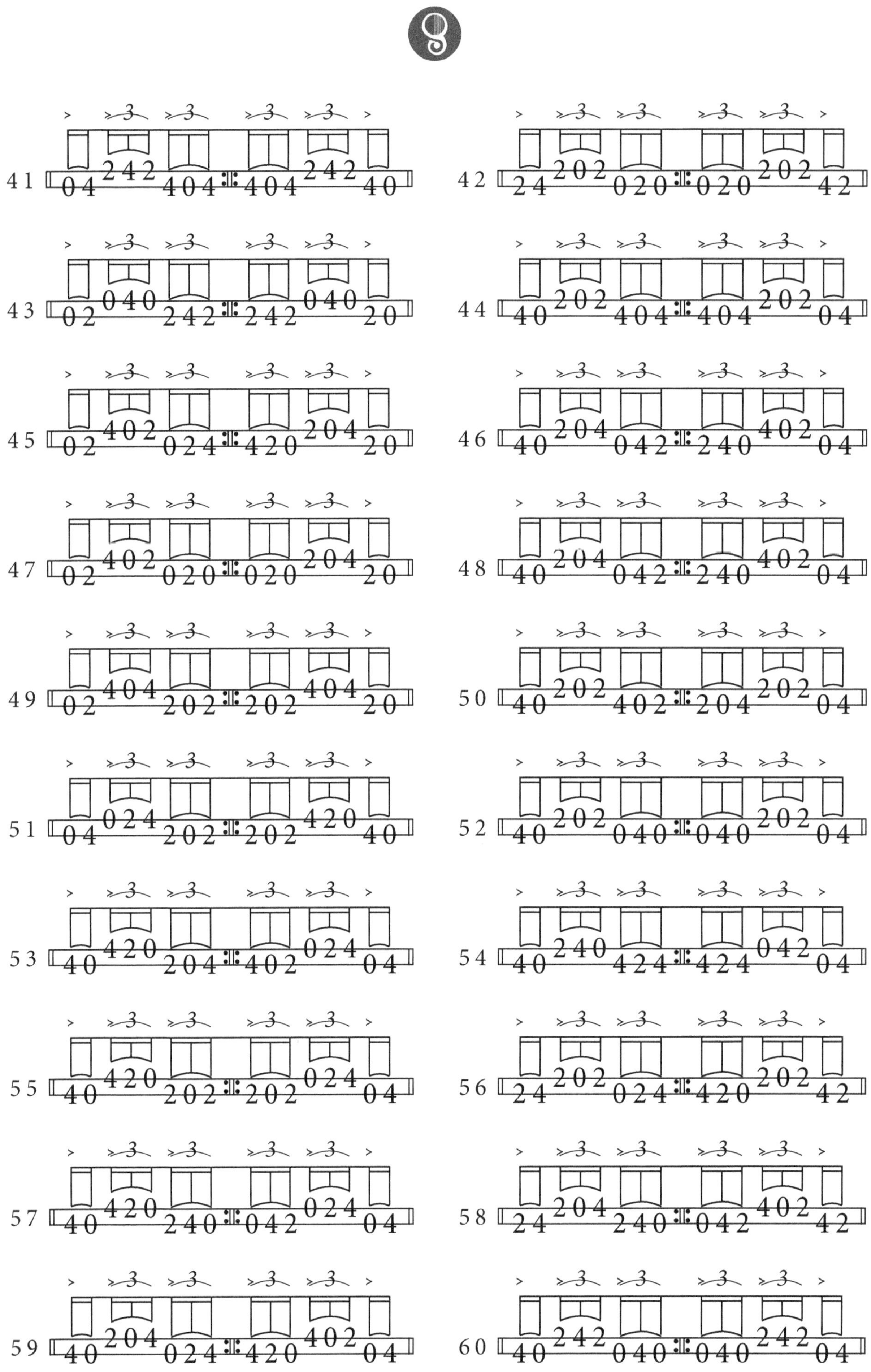

LIGADOS
UNIT 6

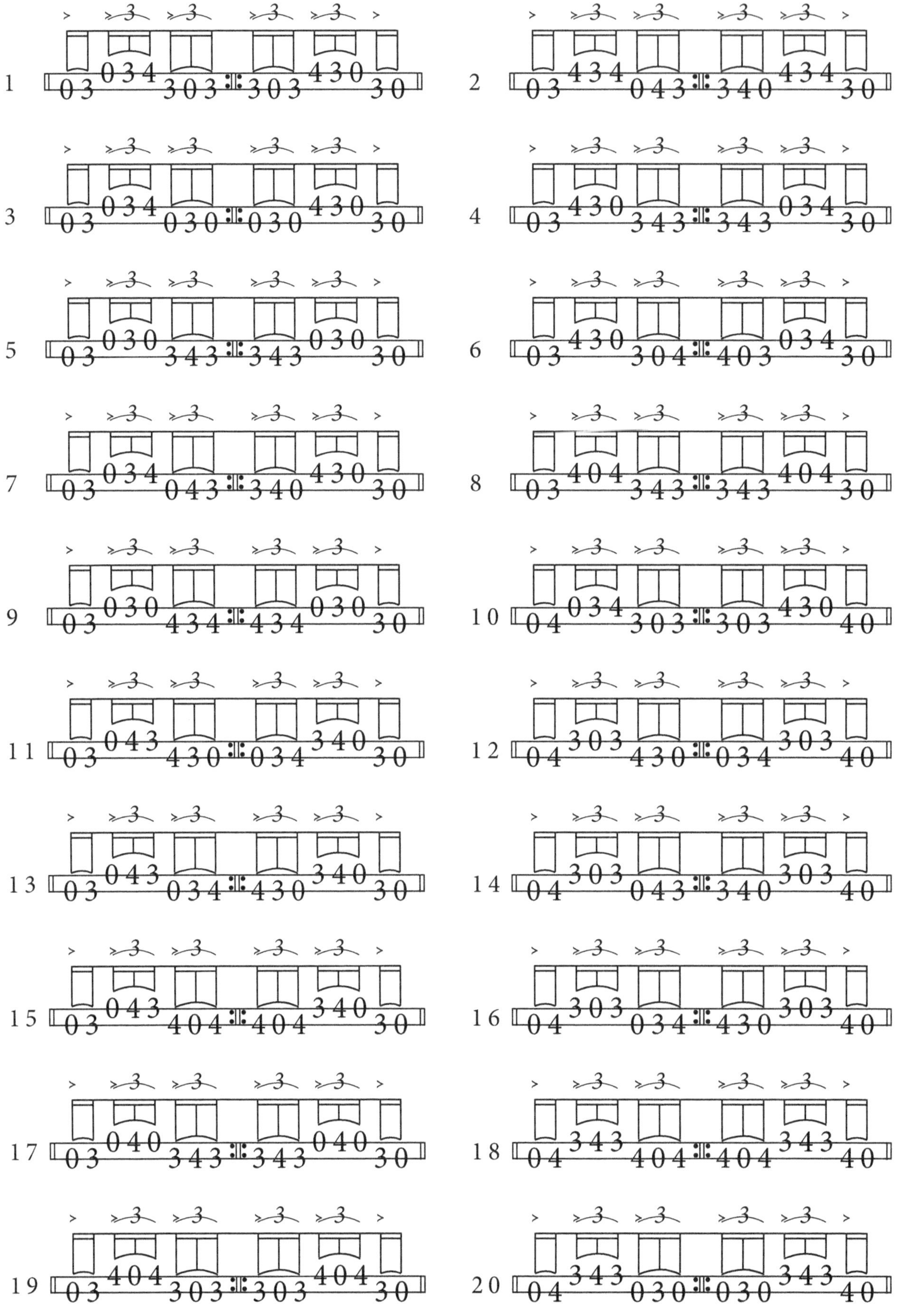

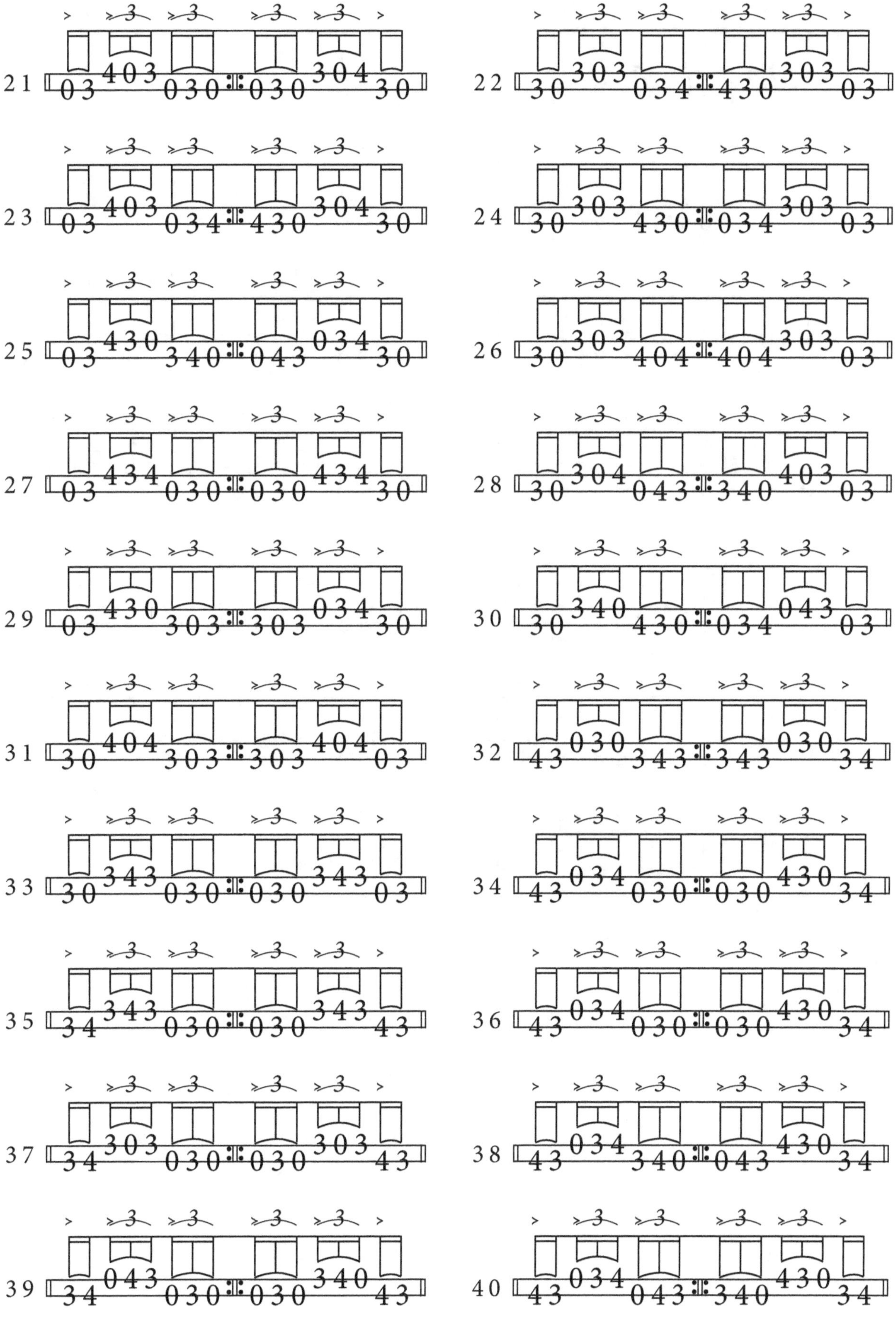

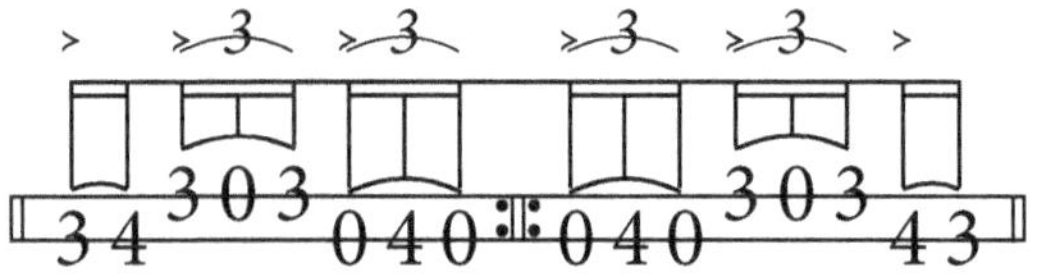

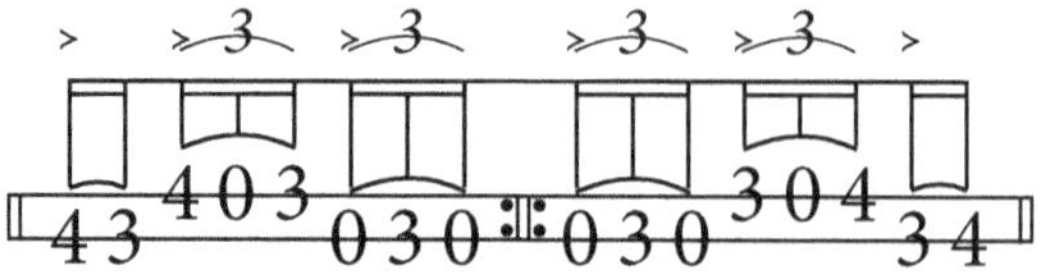

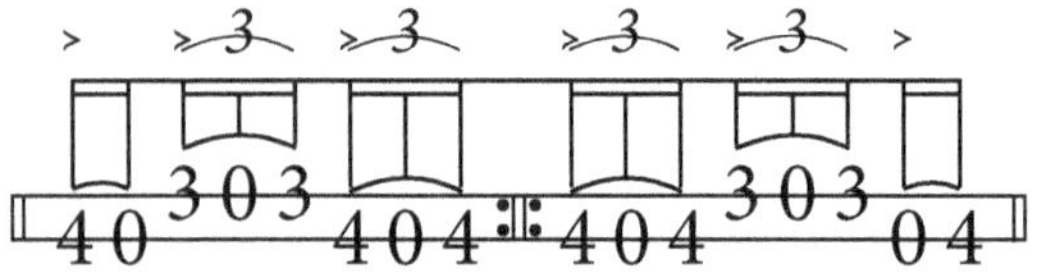

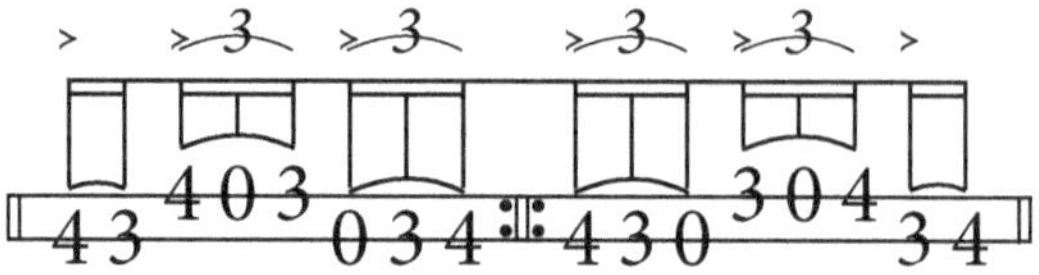

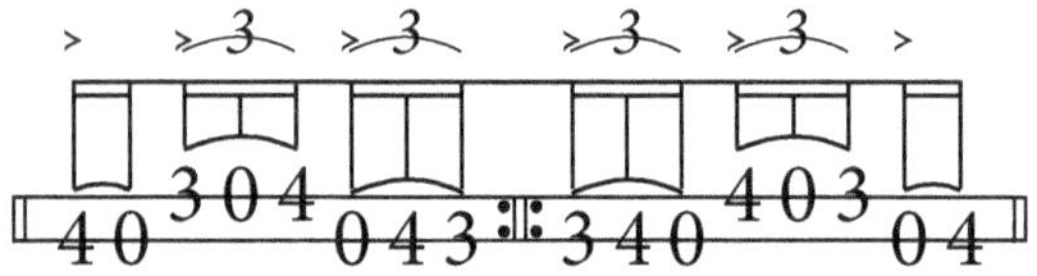

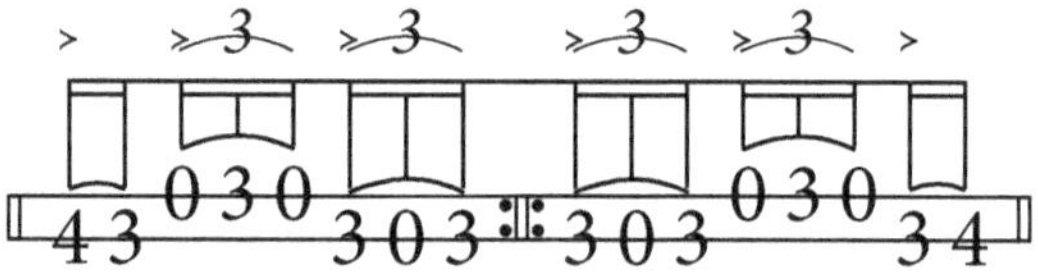

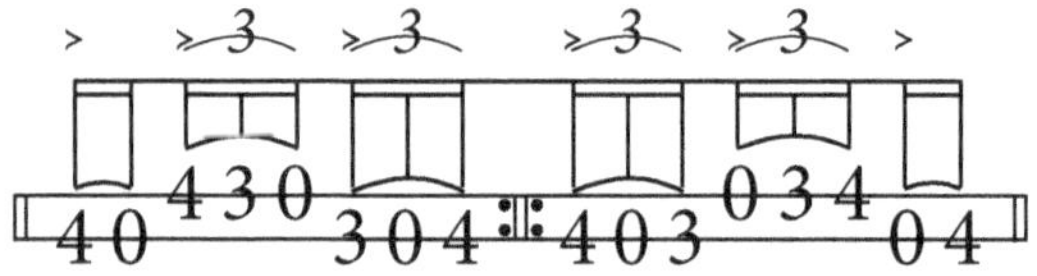

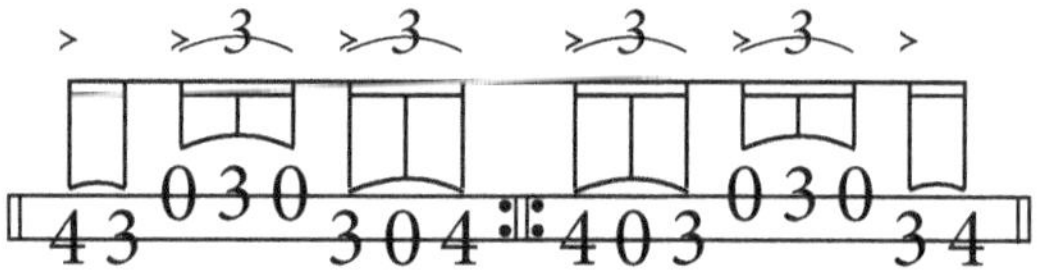

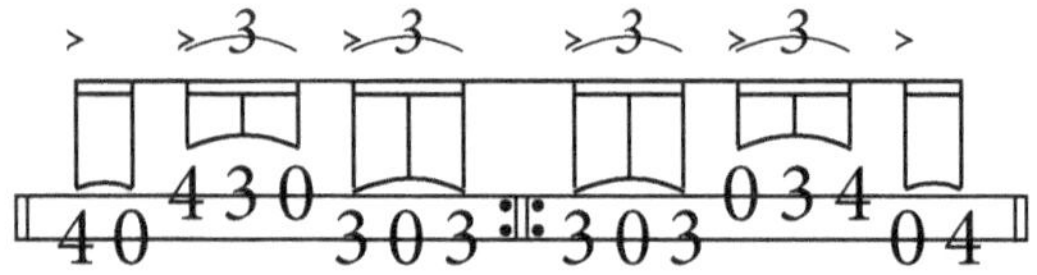

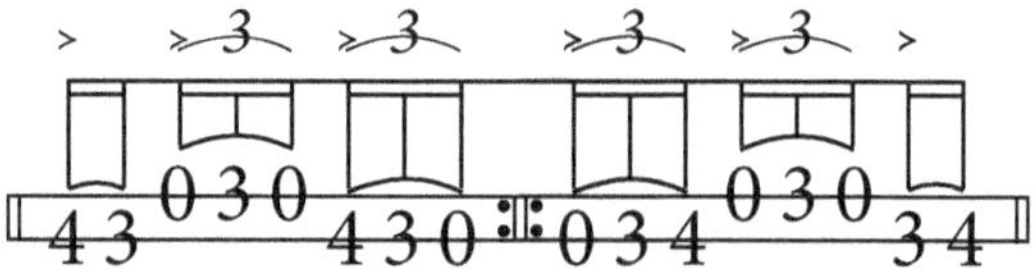

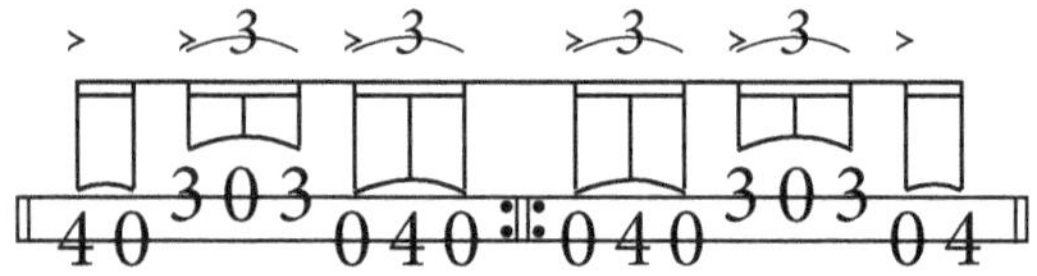

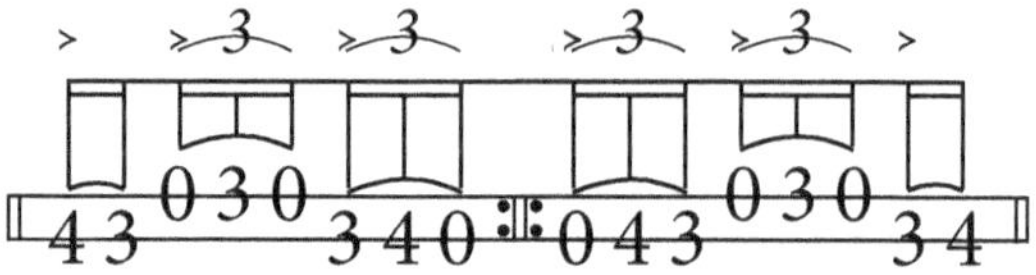

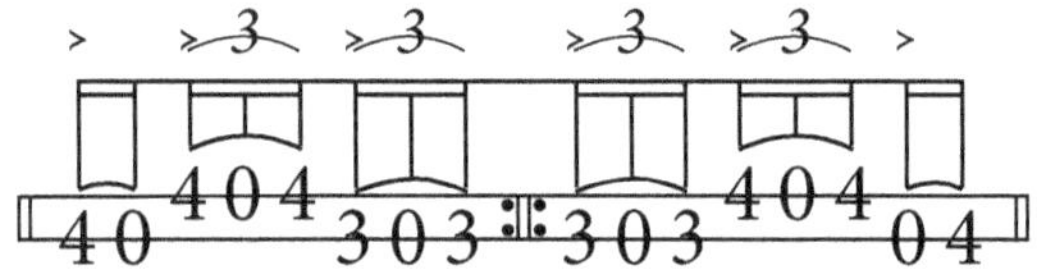

LIGADOS

UNIT 7

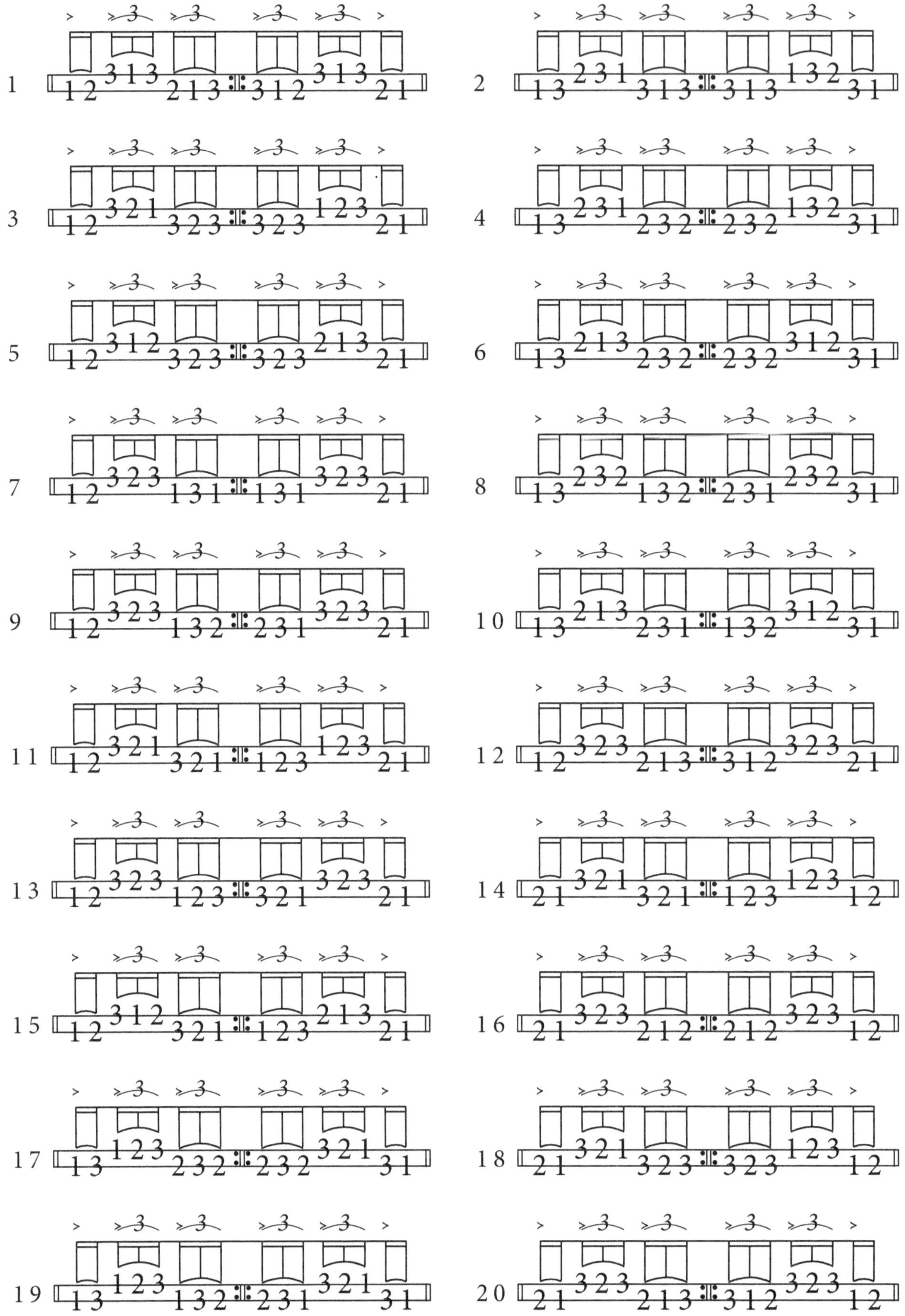

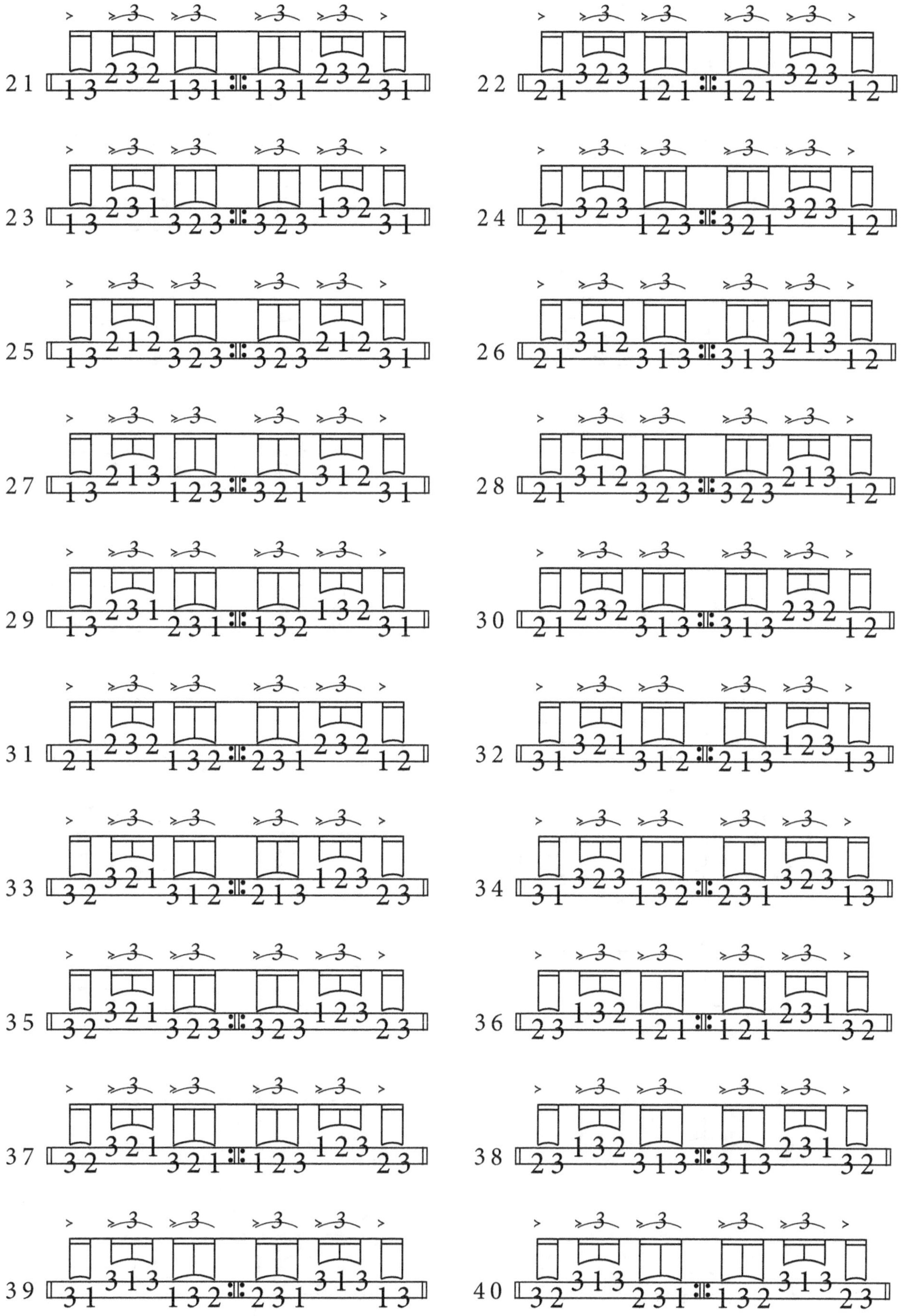

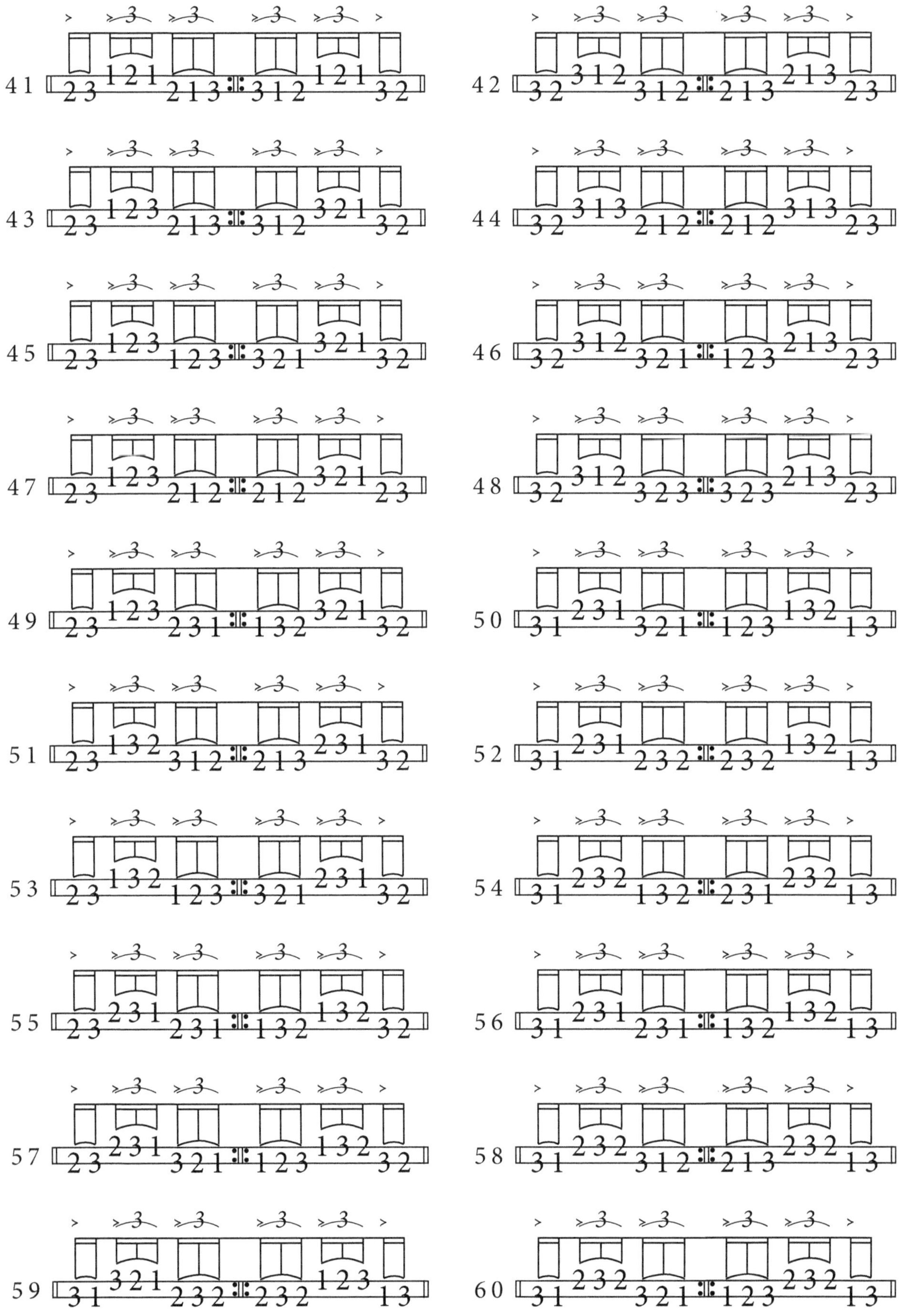

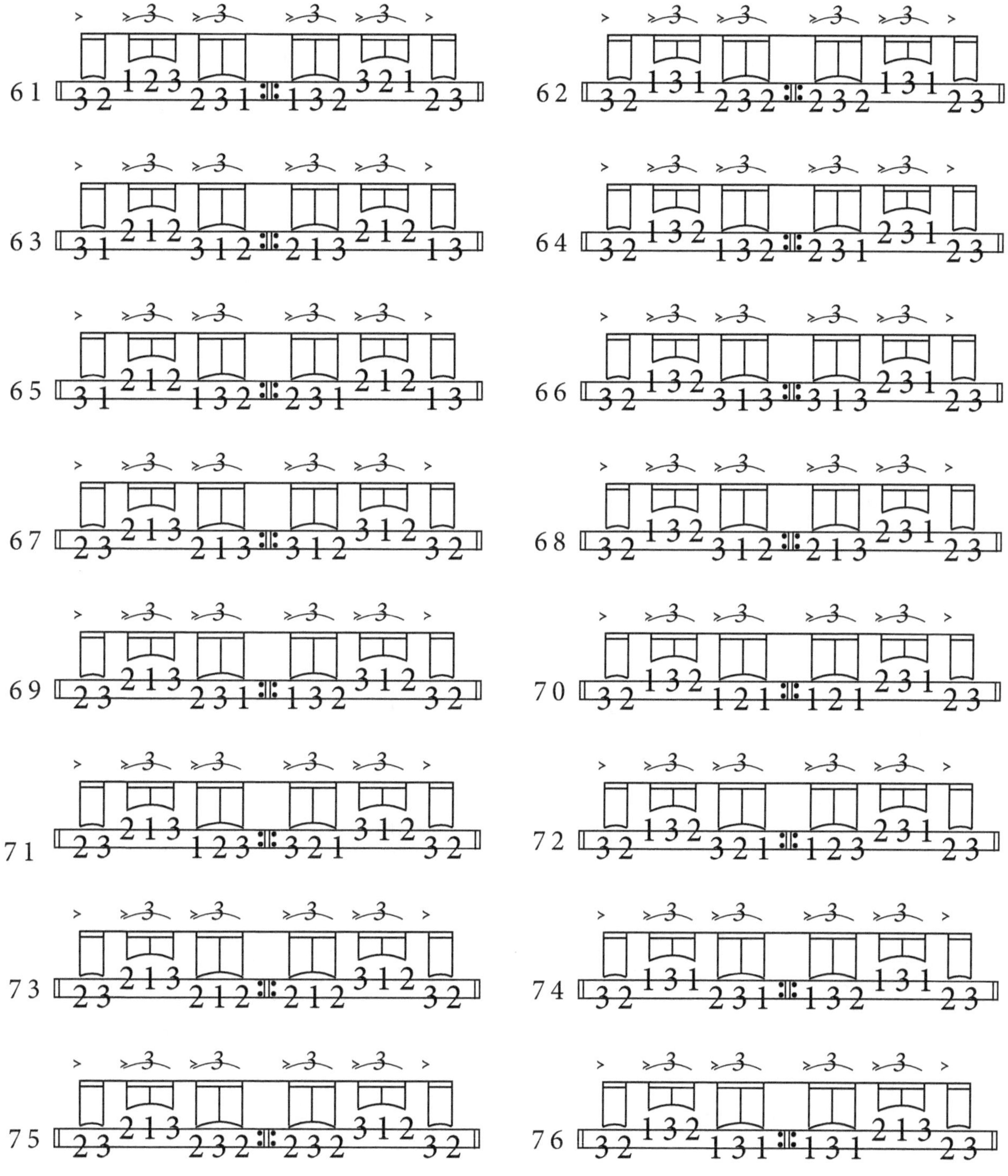

LIGADOS

UNIT 8

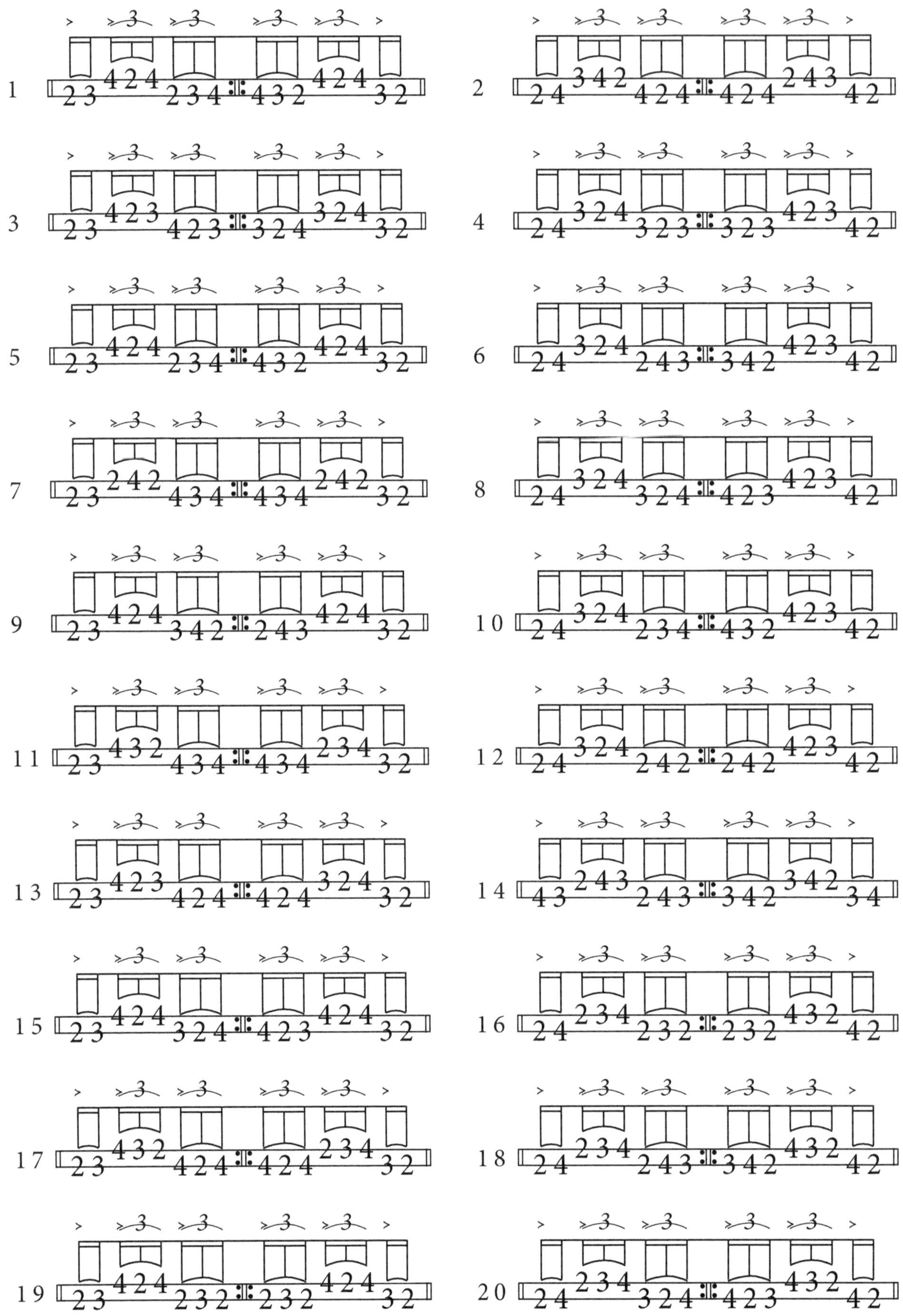

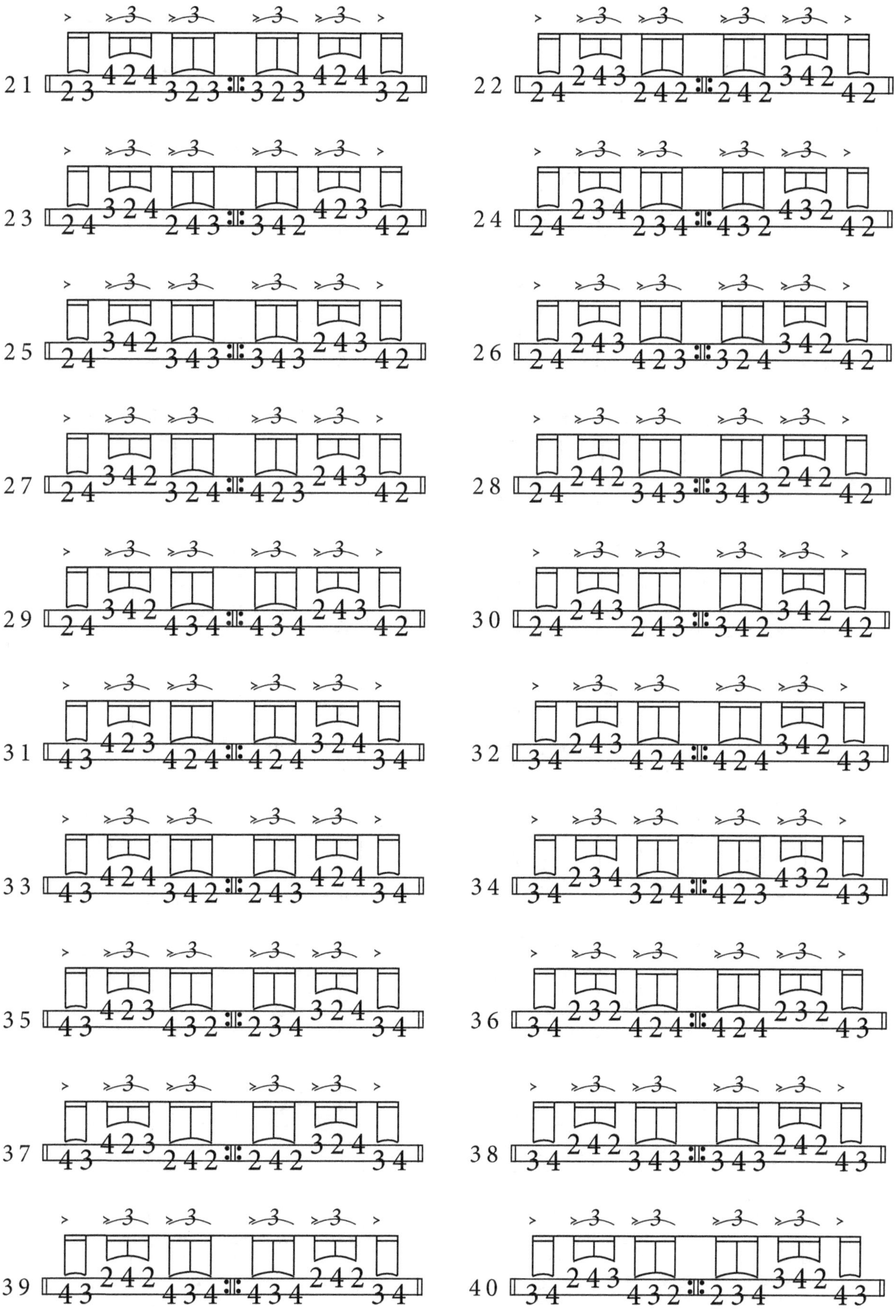

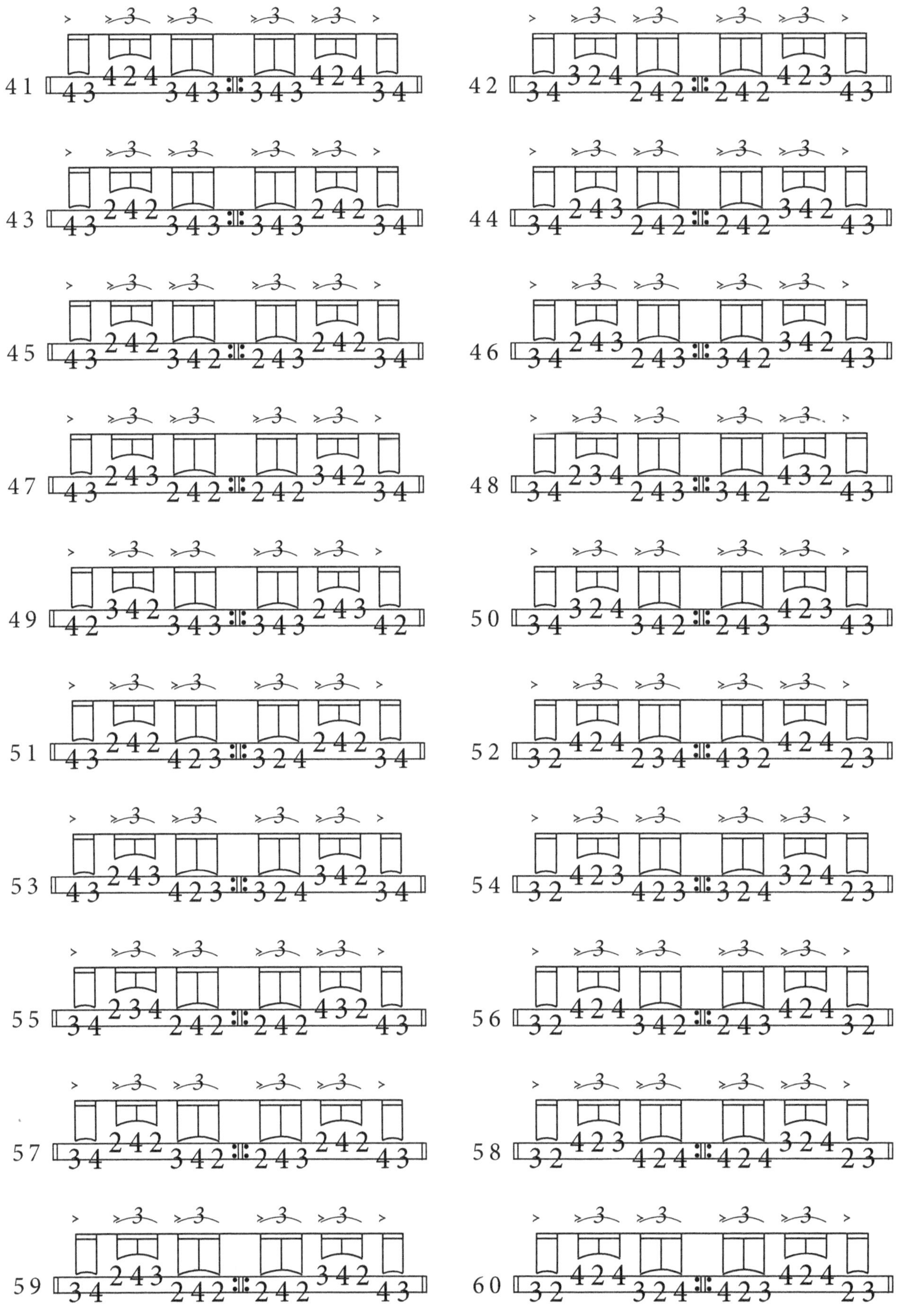

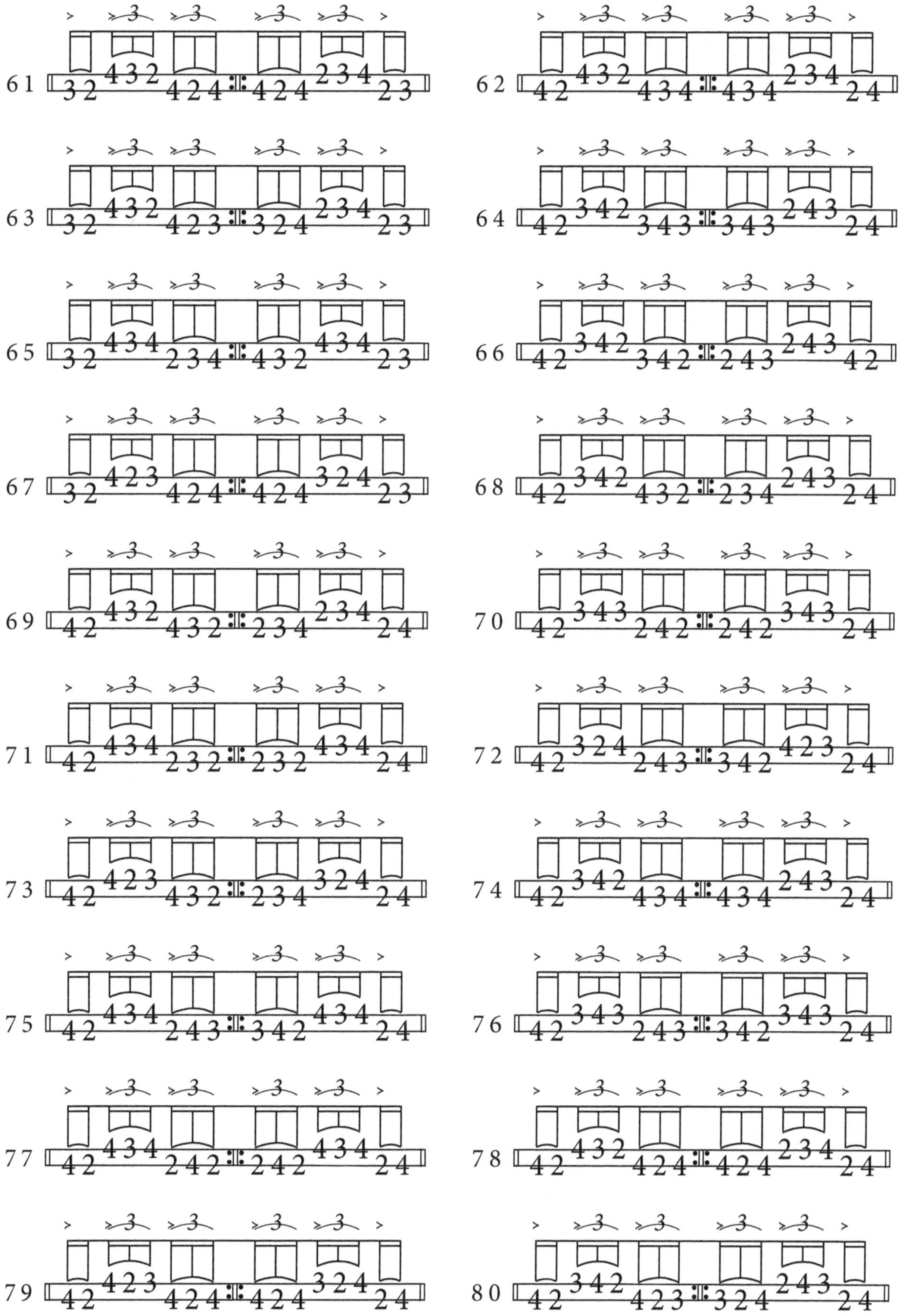

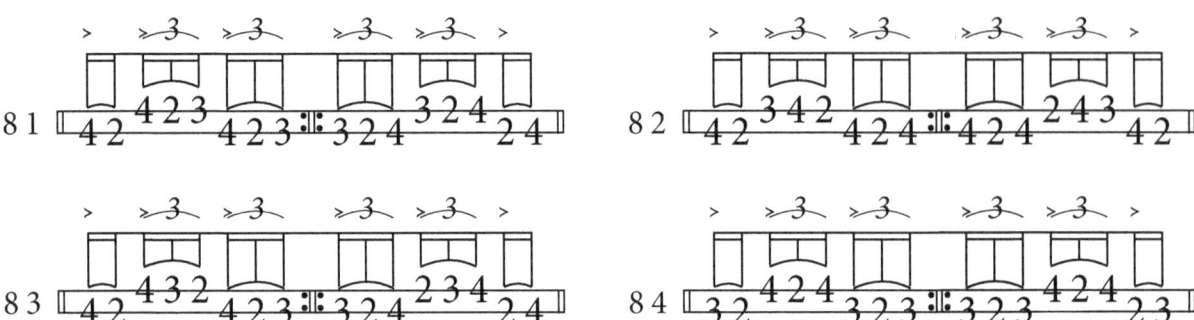

LIGADOS
UNIT 9

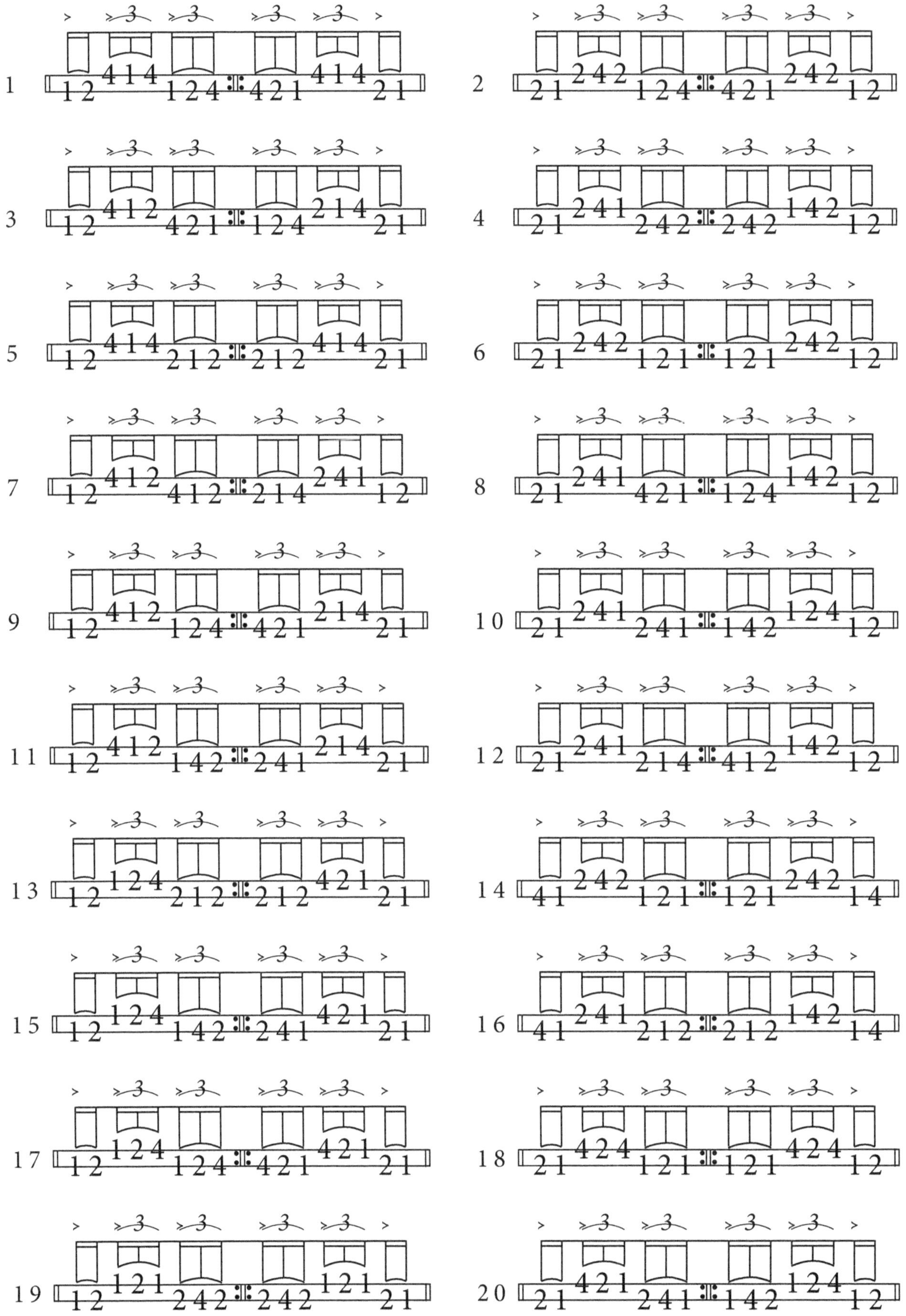

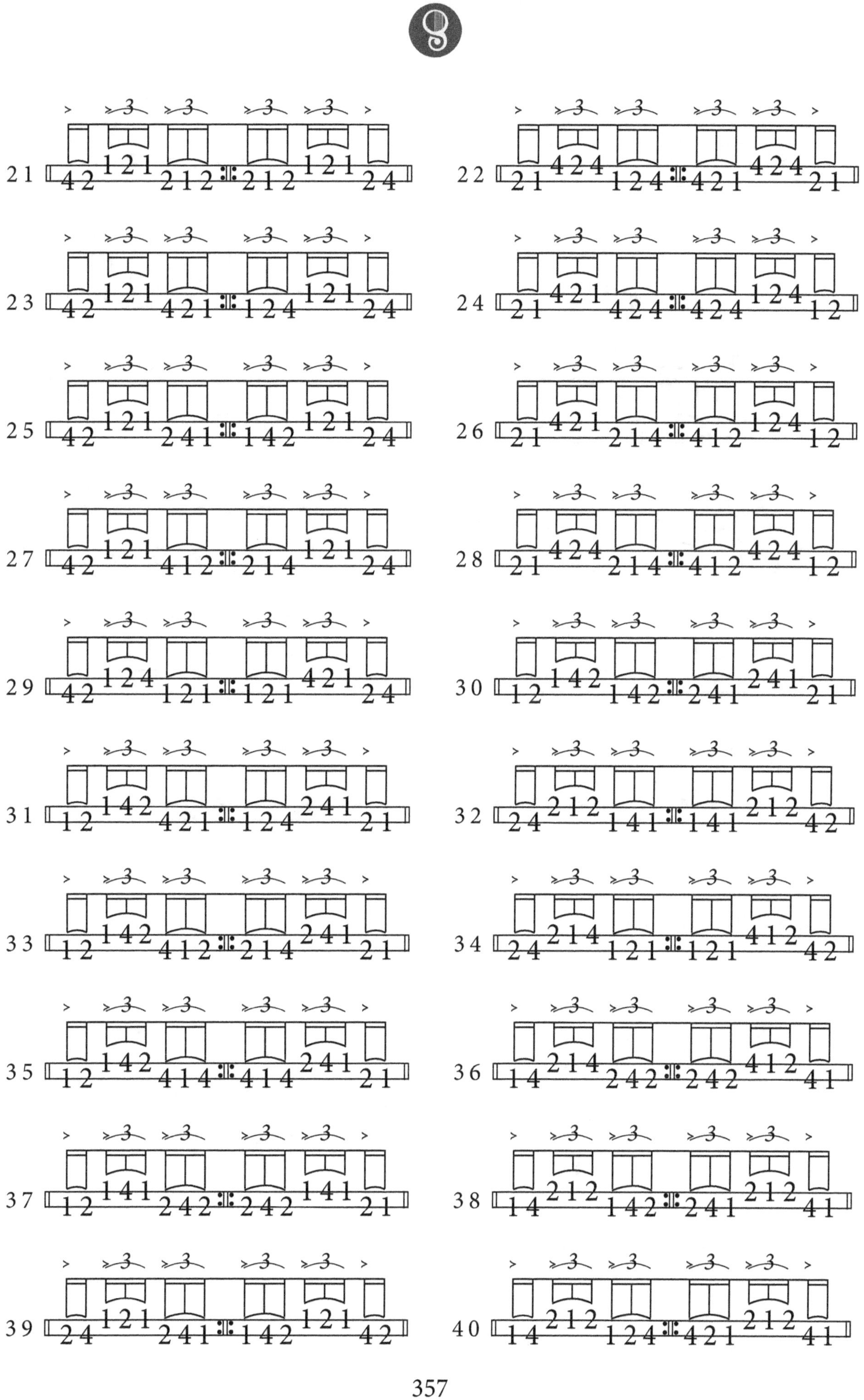

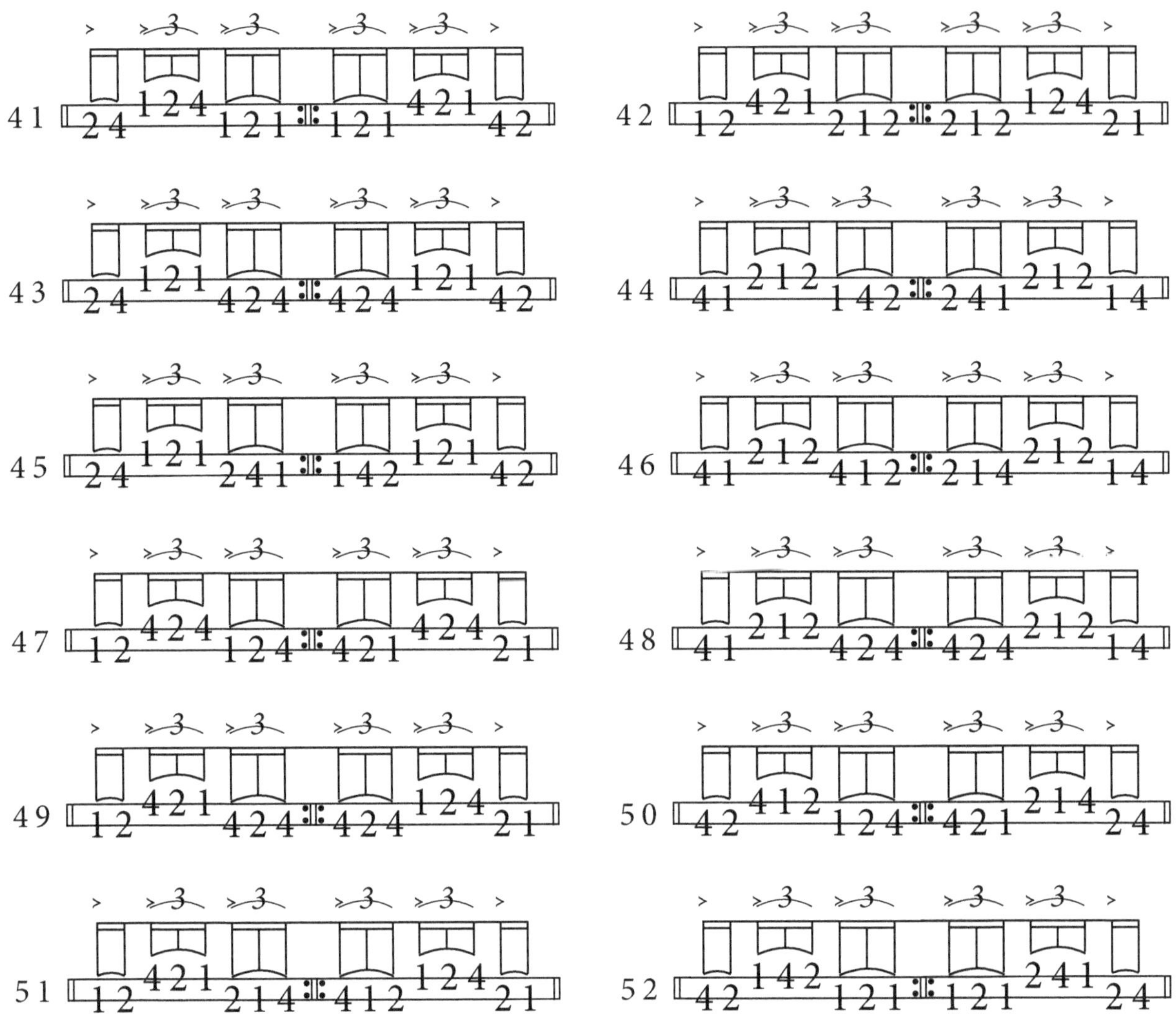

LIGADOS
UNIT 10

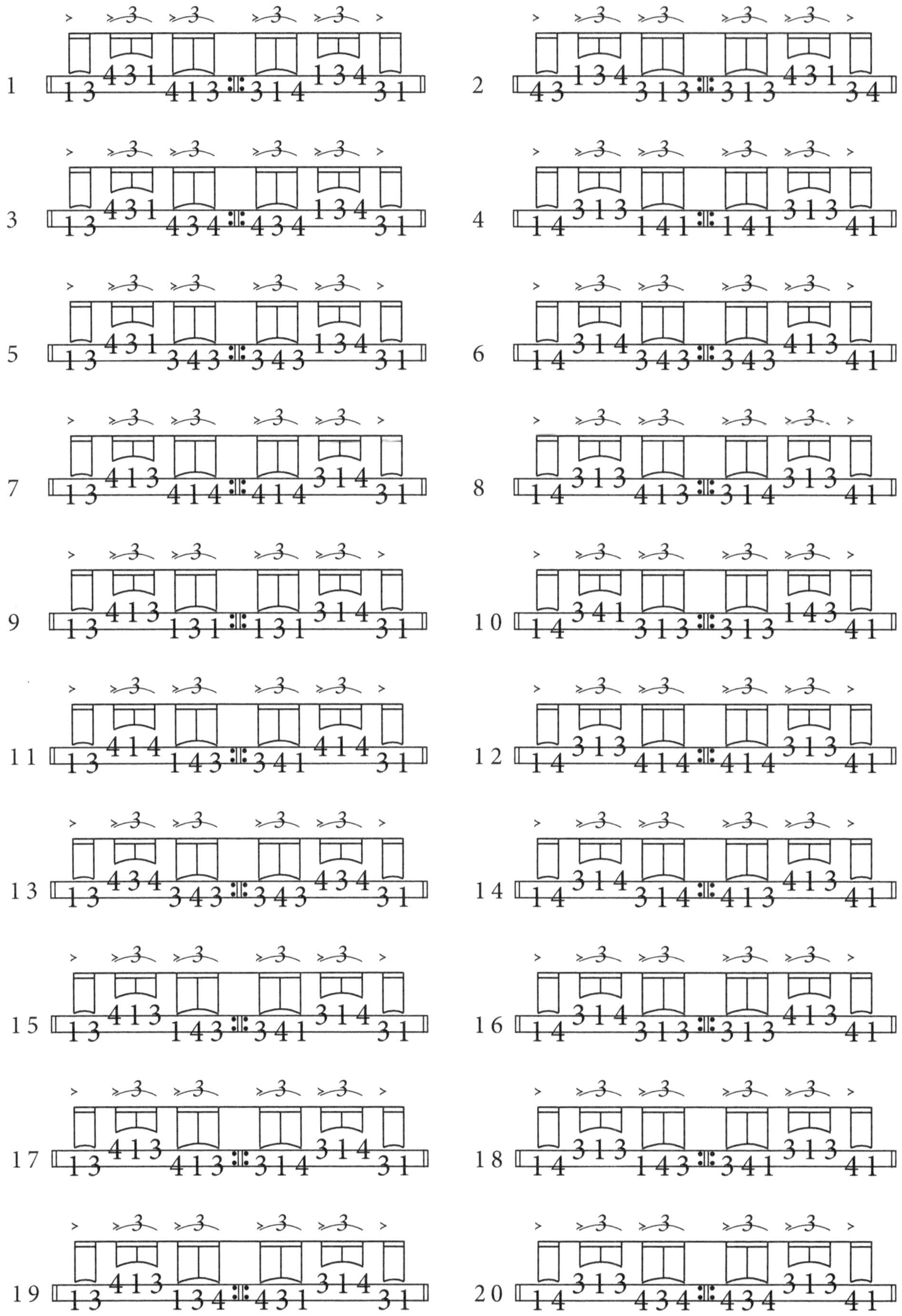

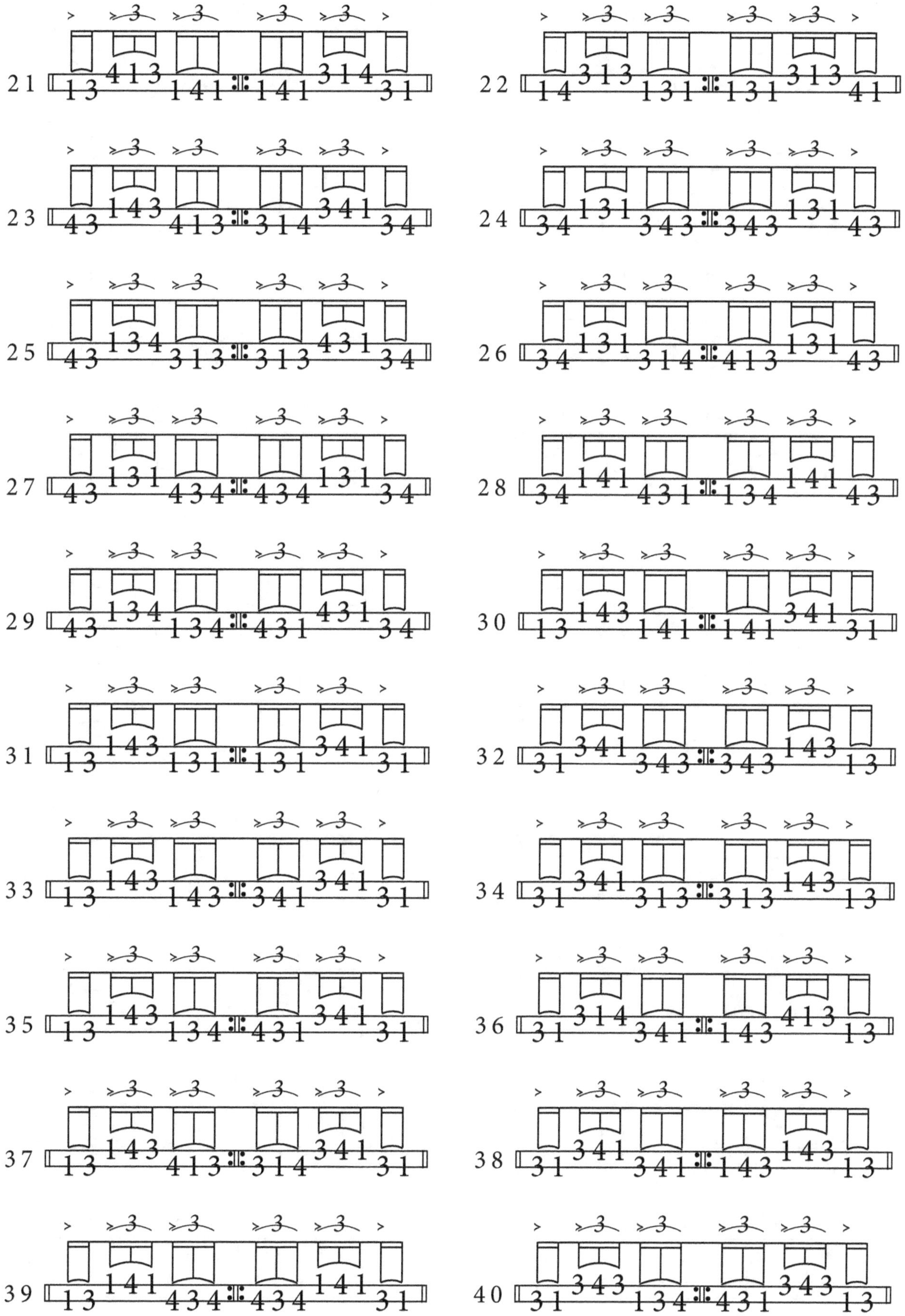

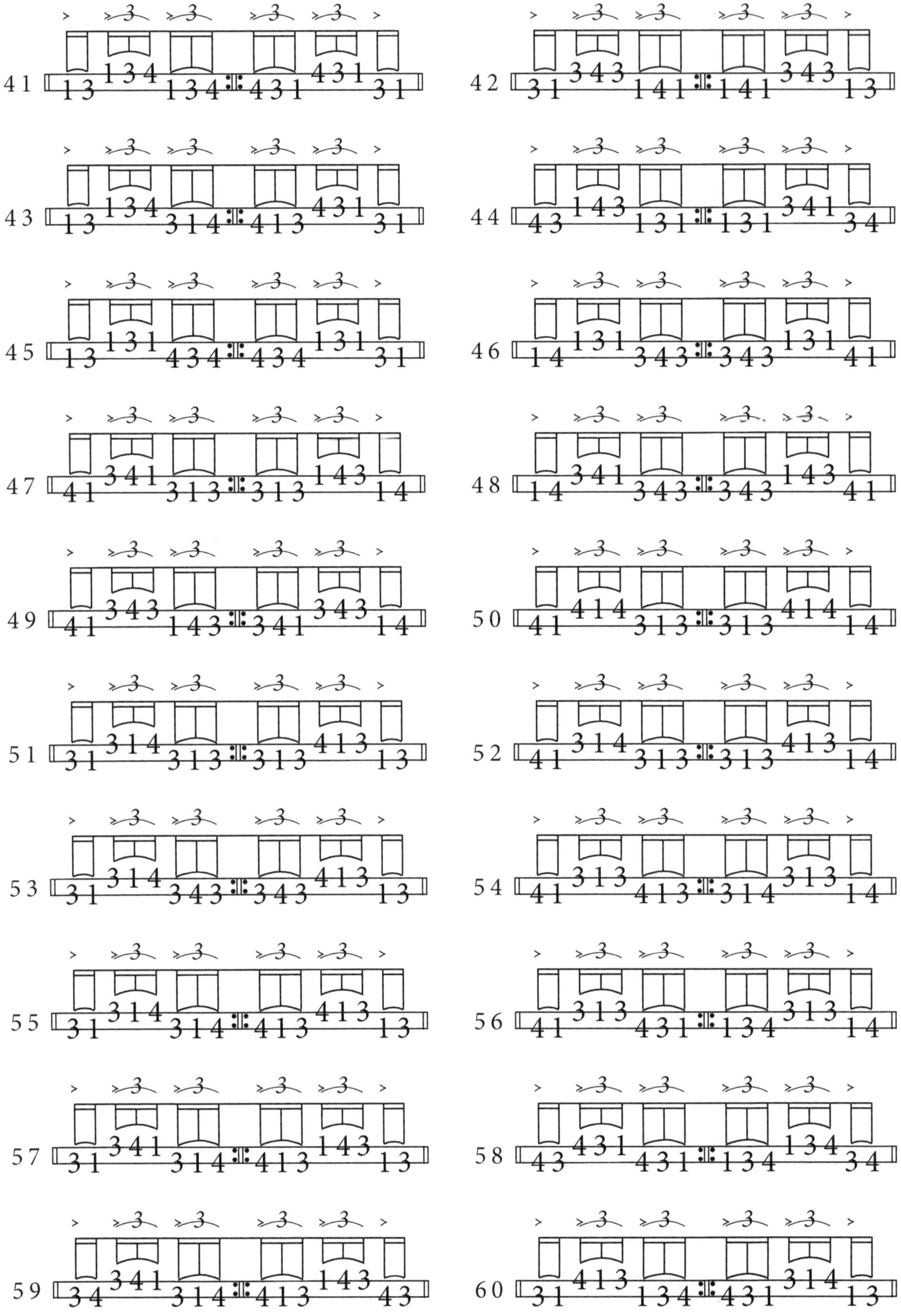

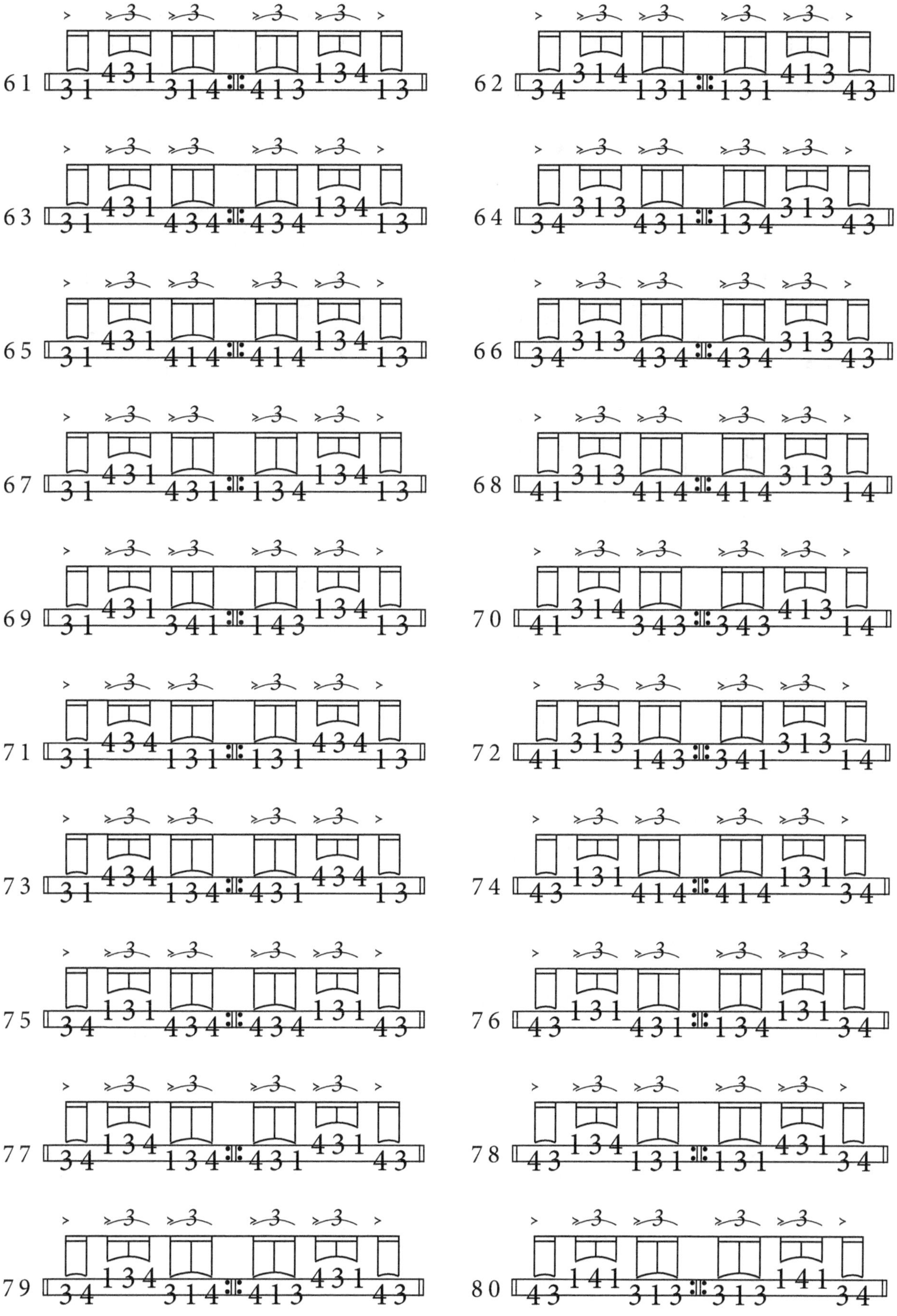

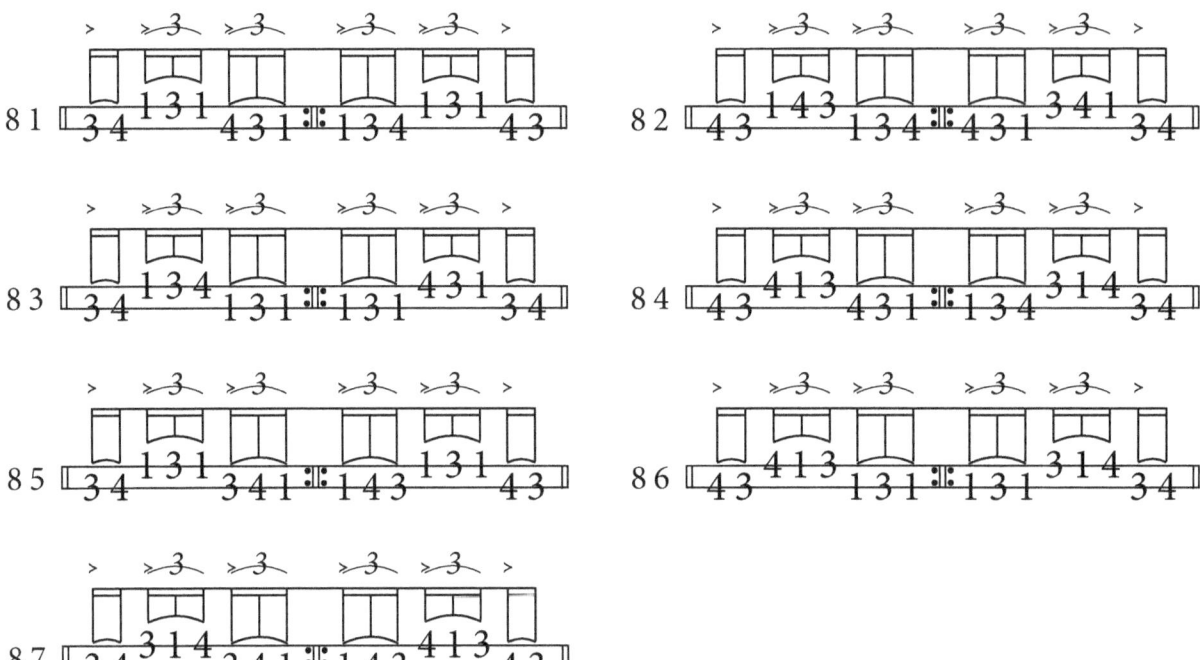

LIGADOS
UNIT 11

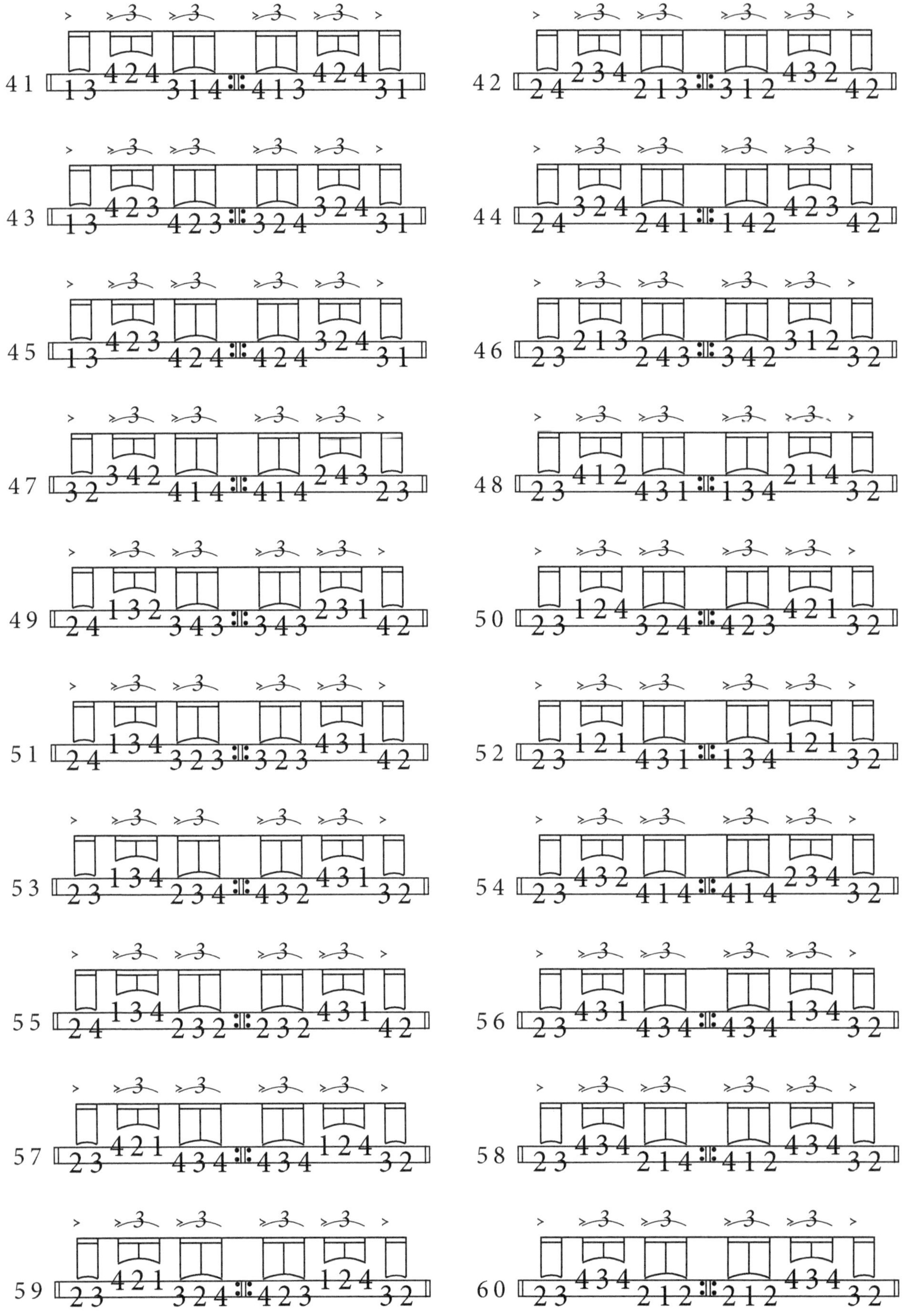

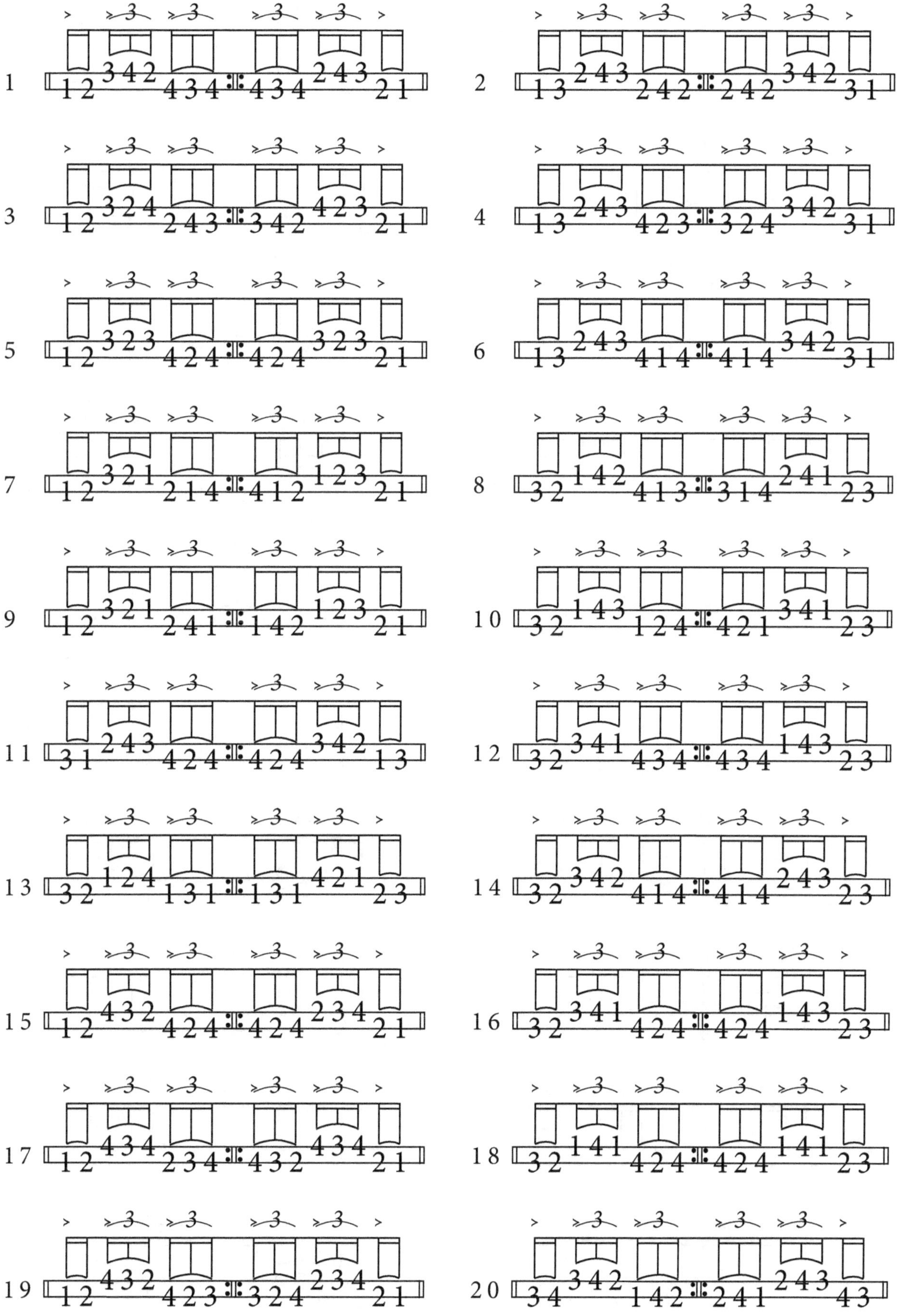

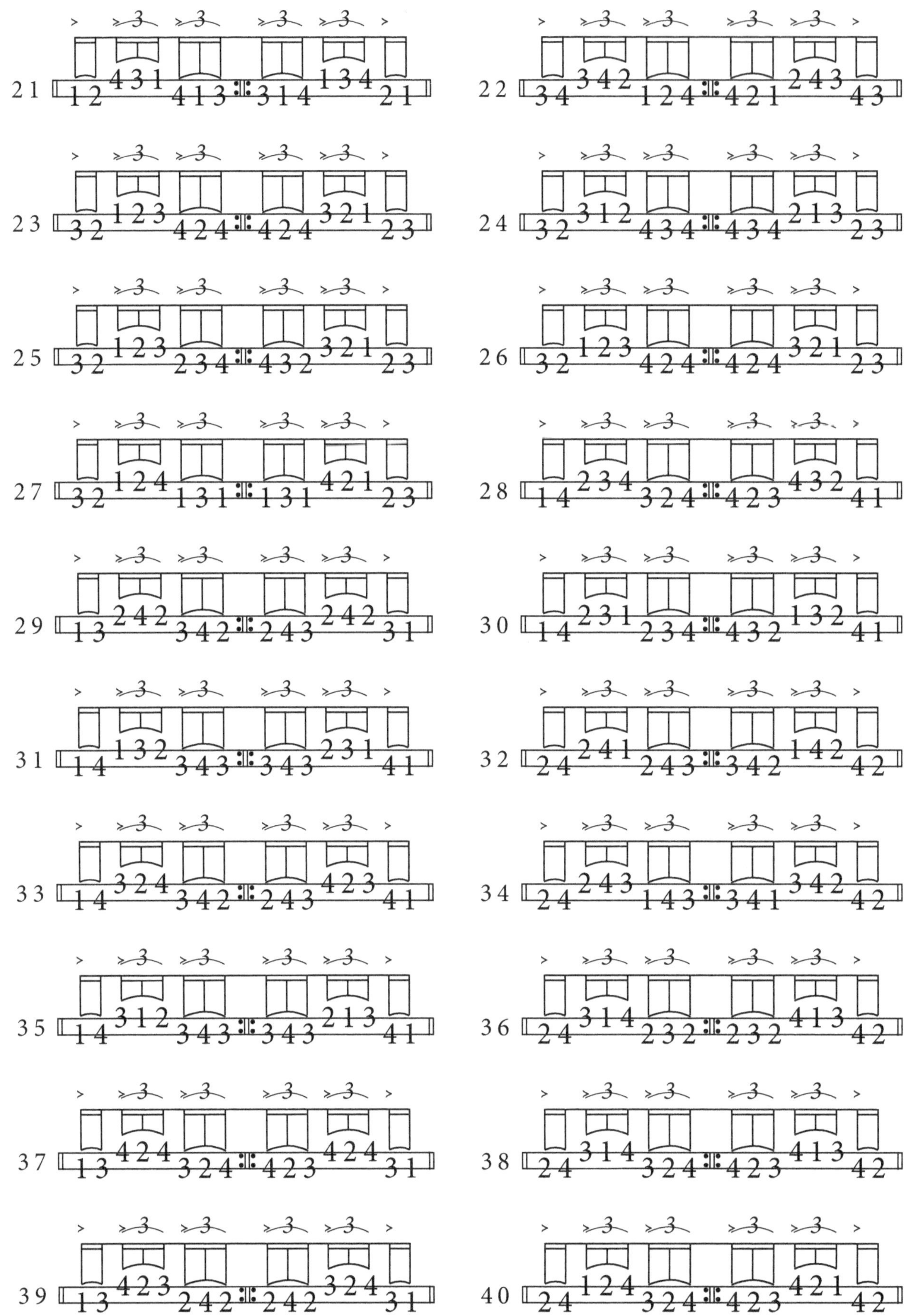

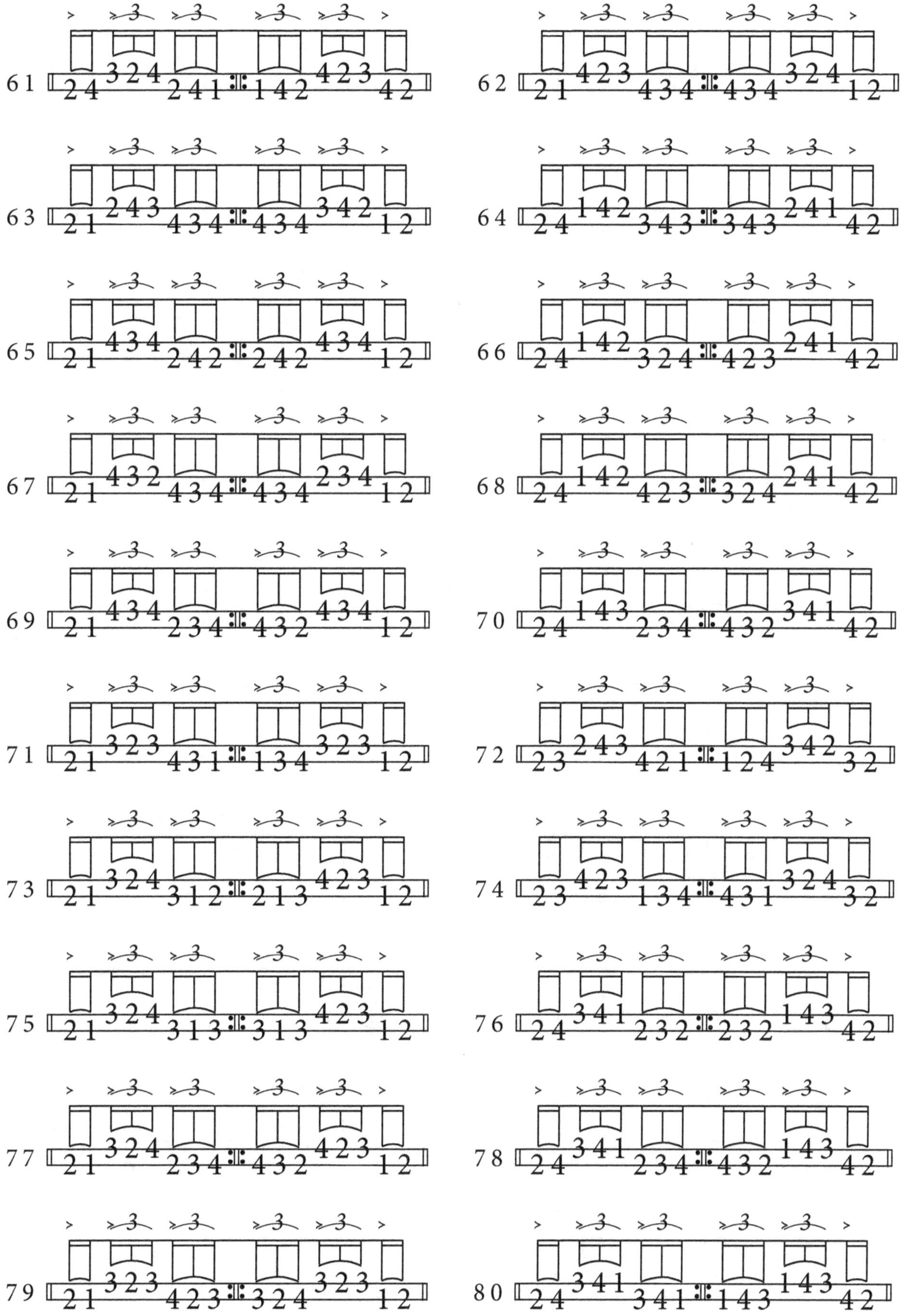

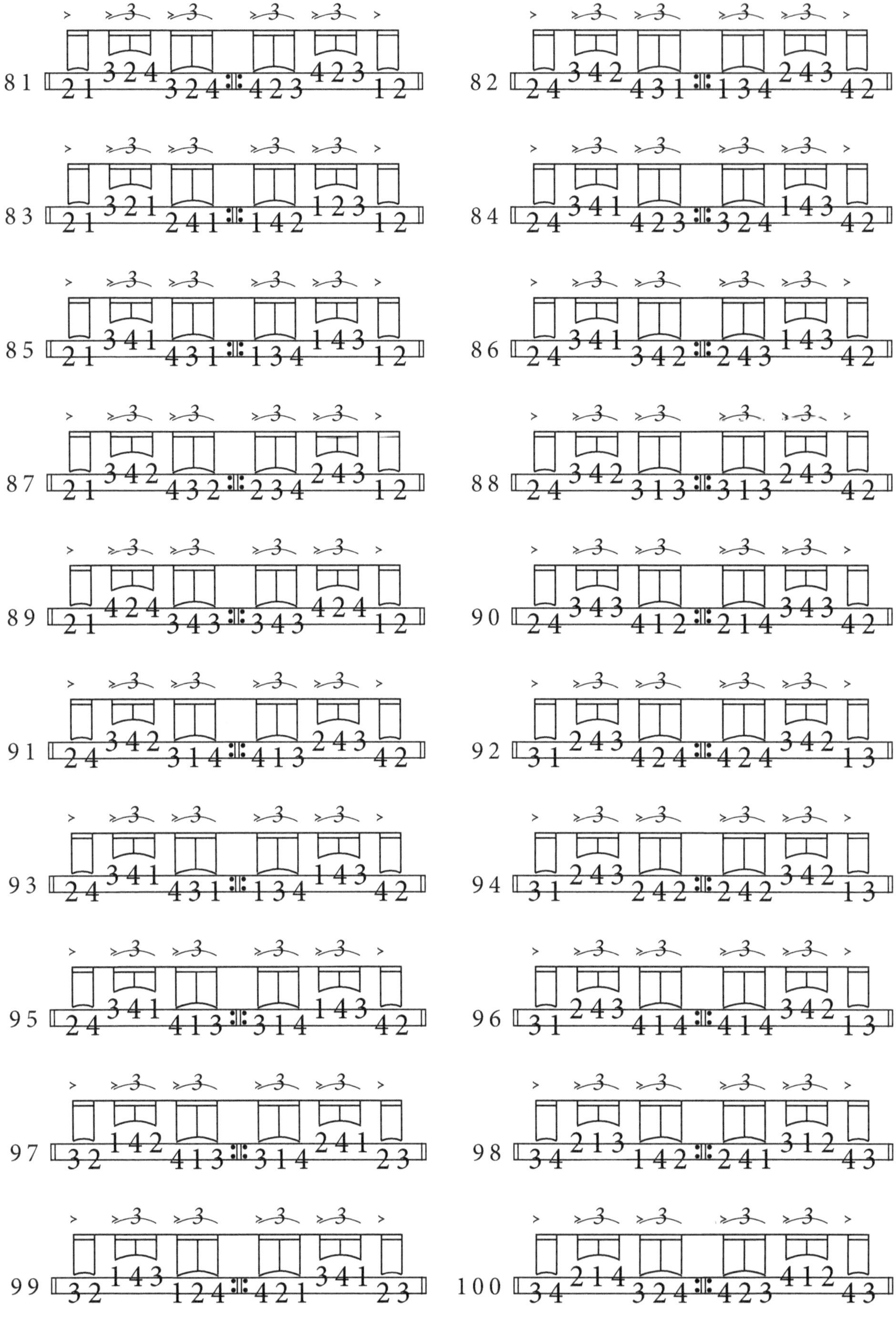

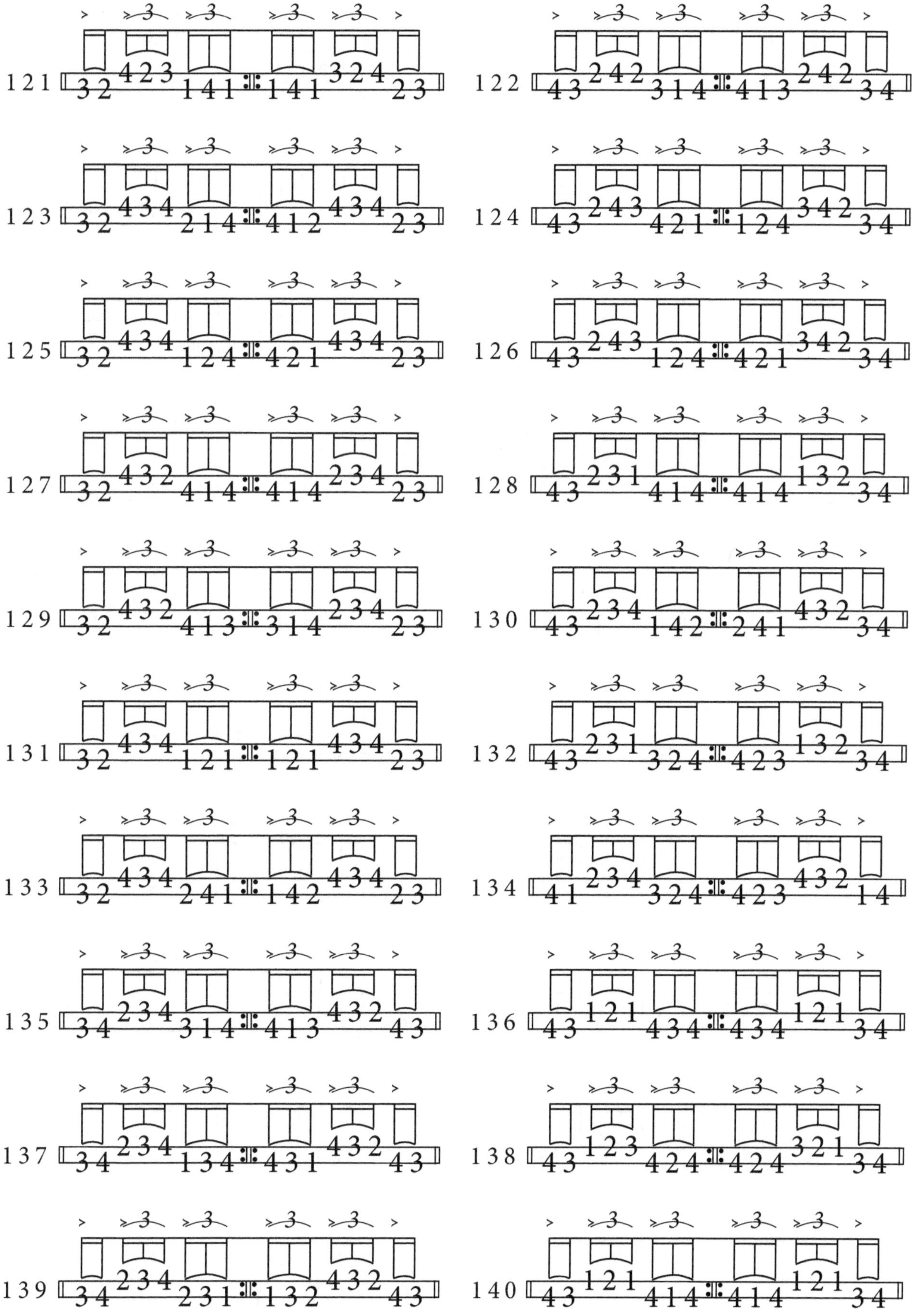

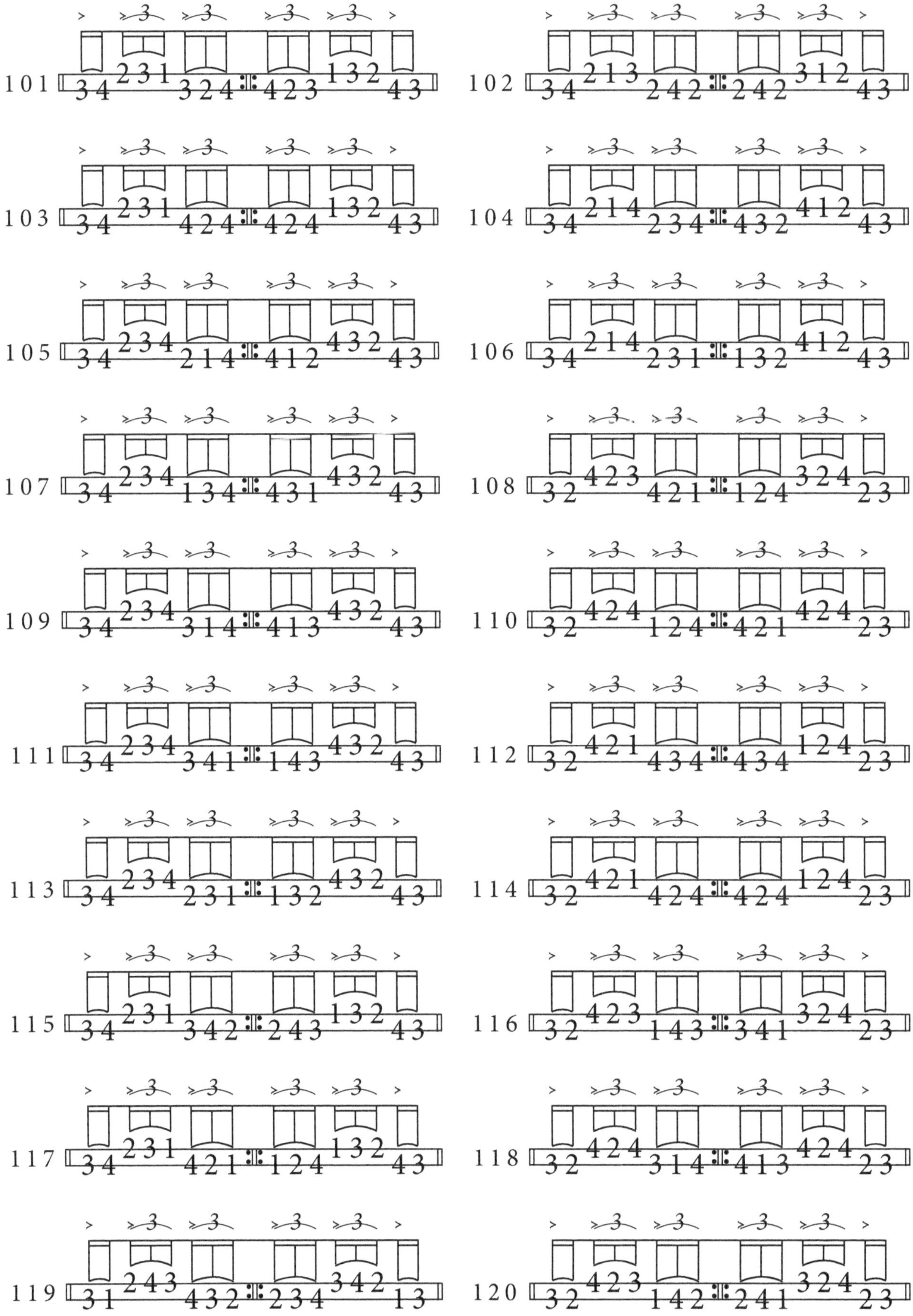

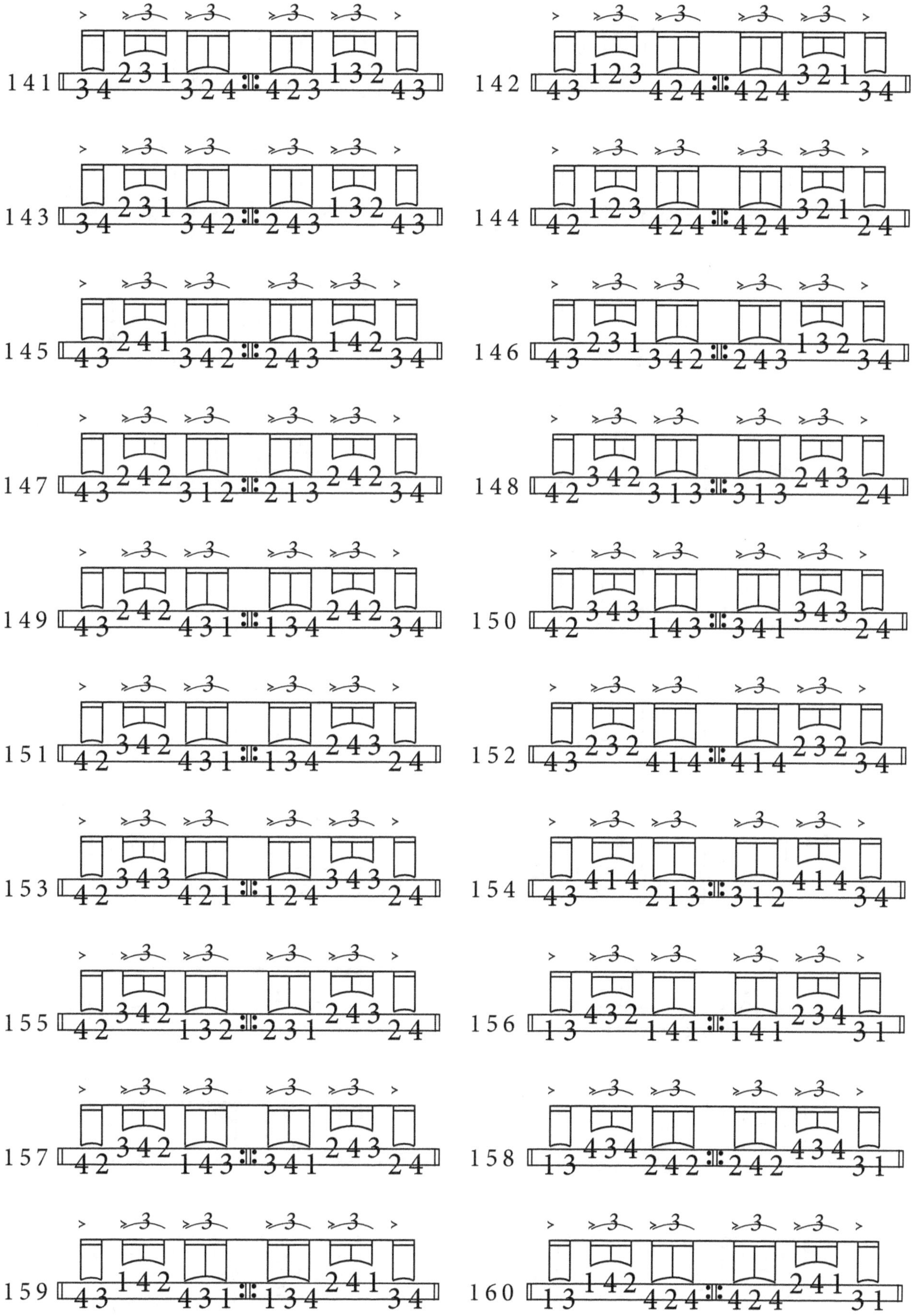

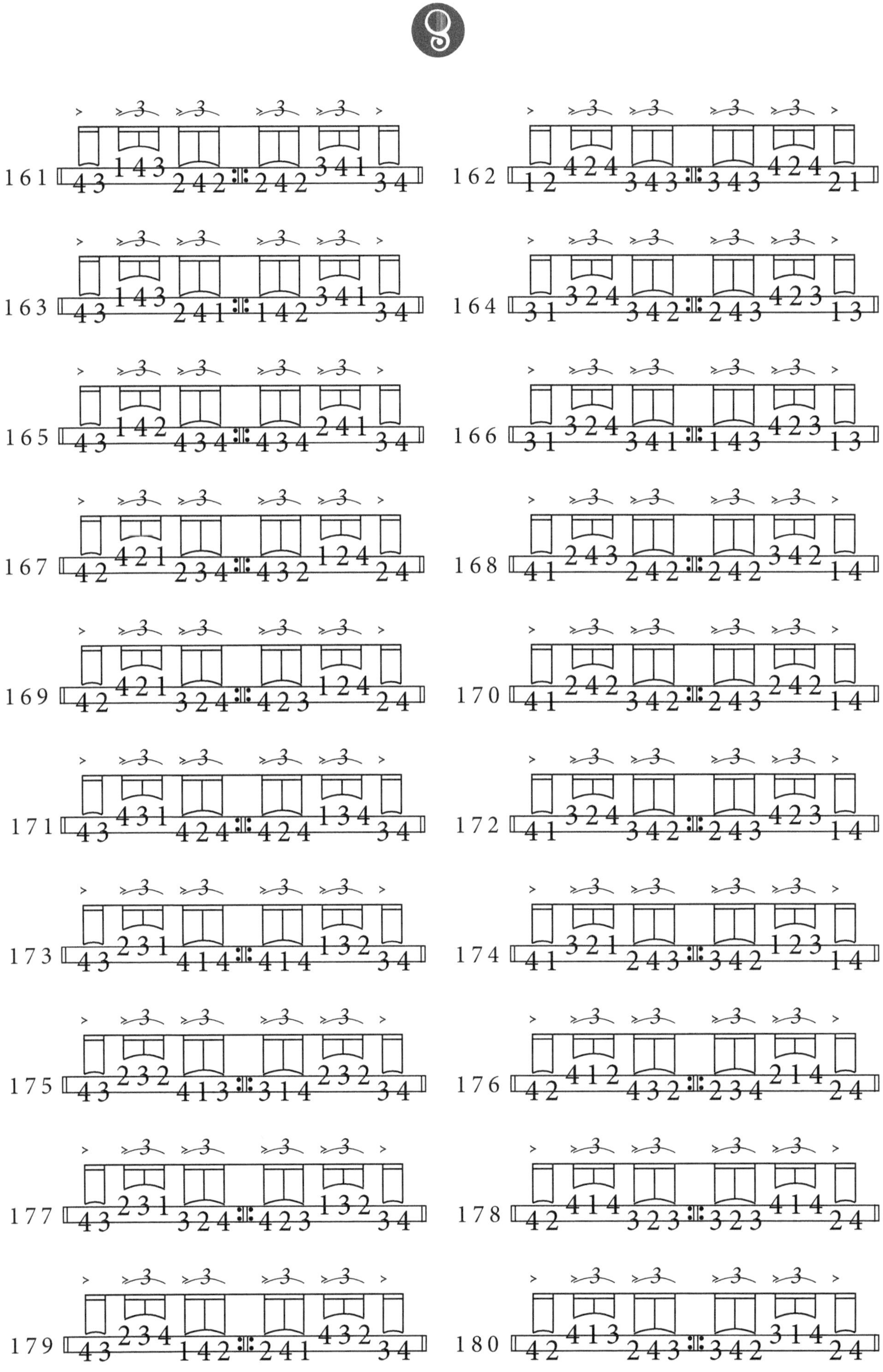

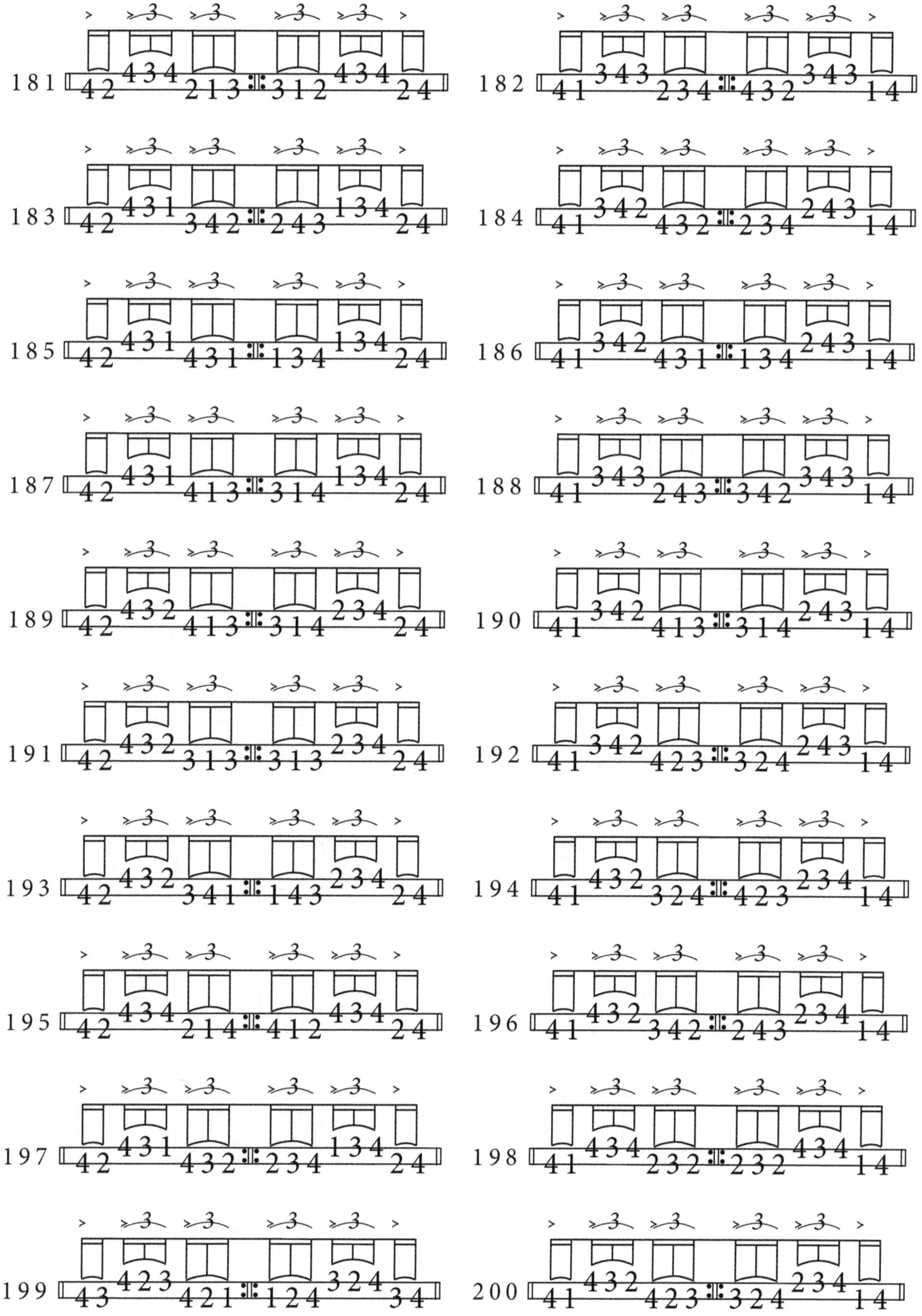

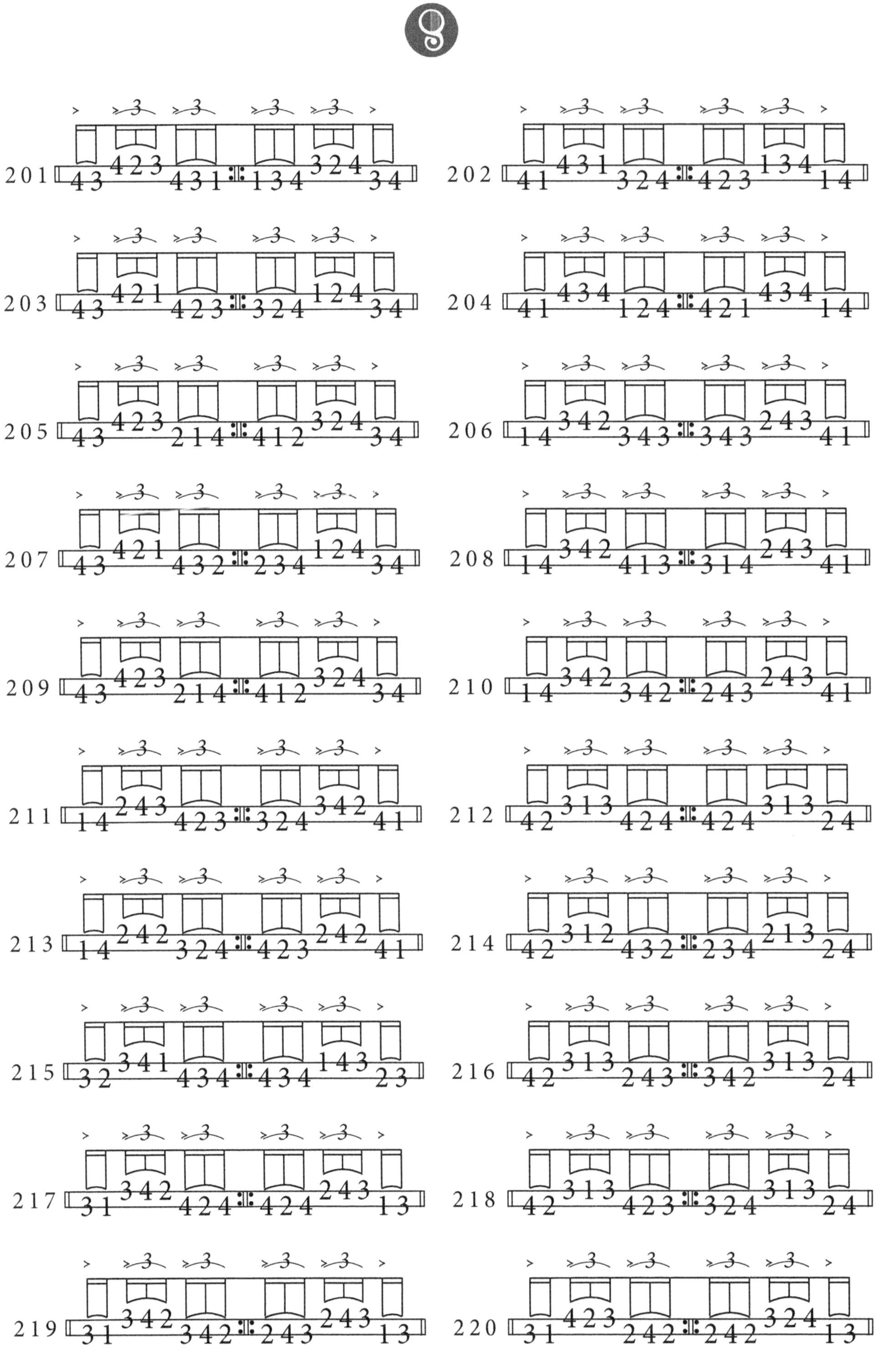

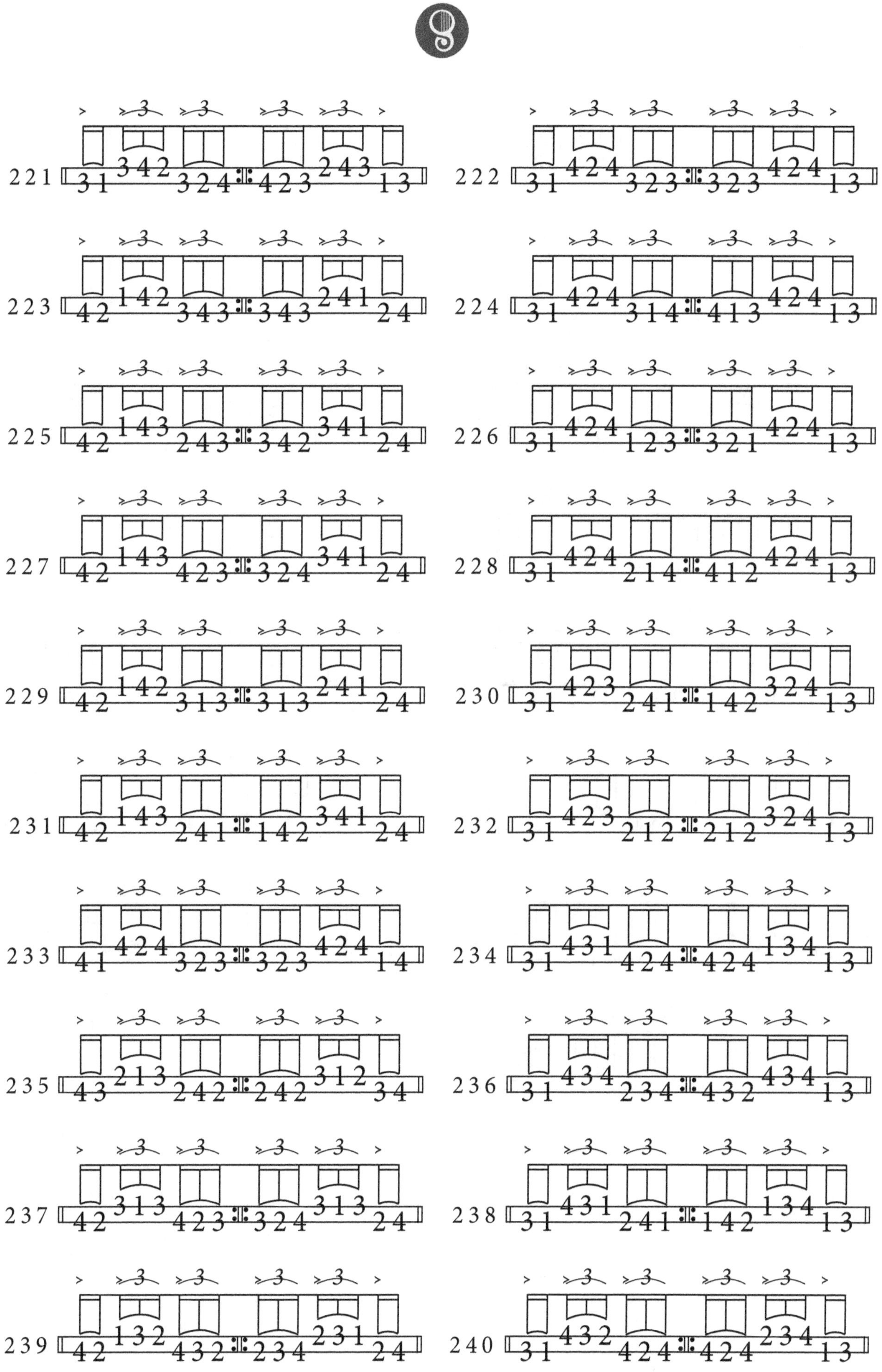

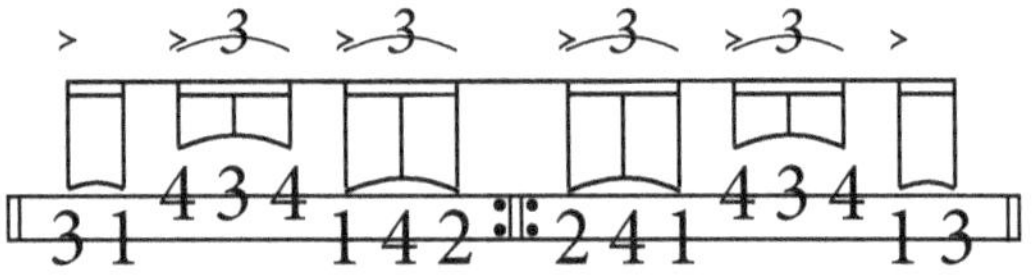

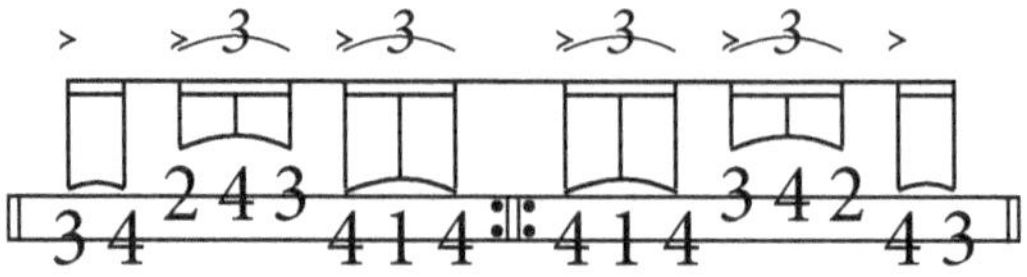

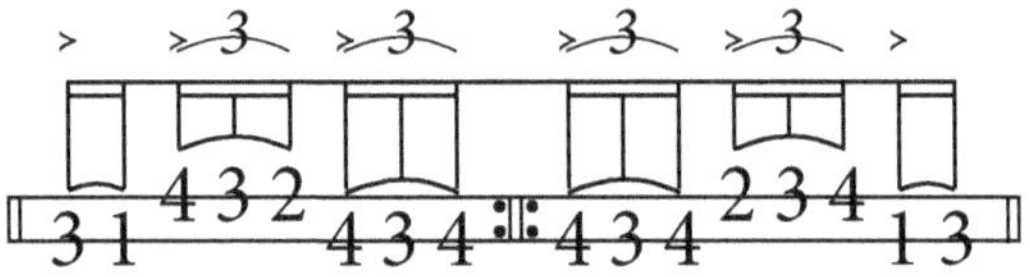

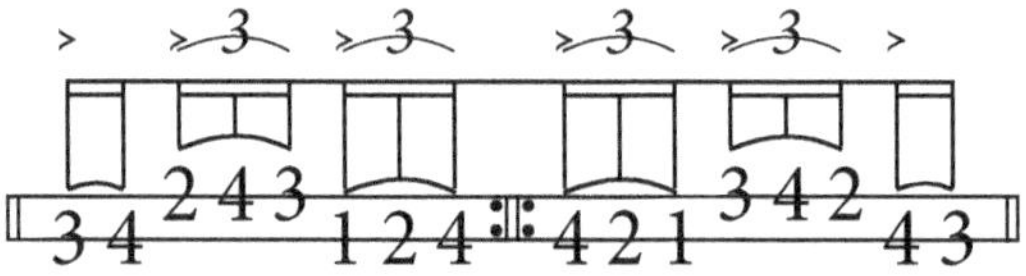

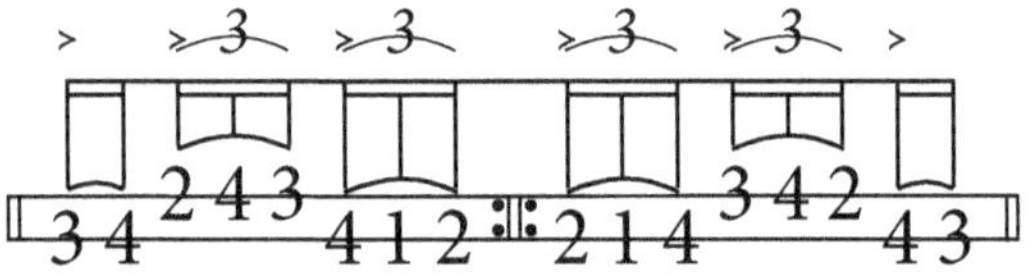

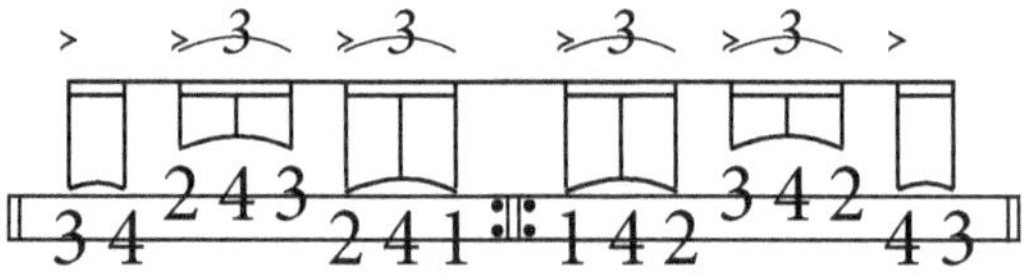

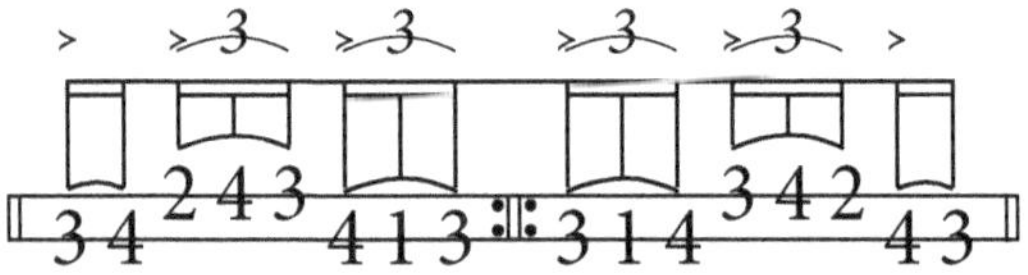

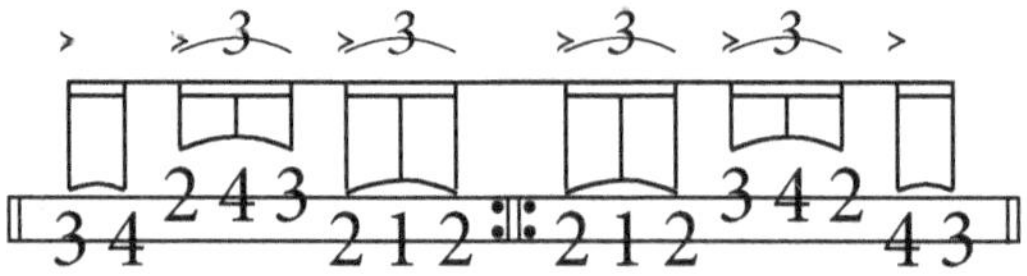

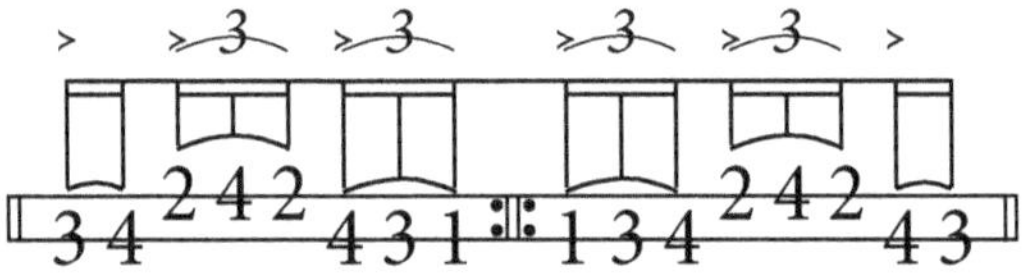

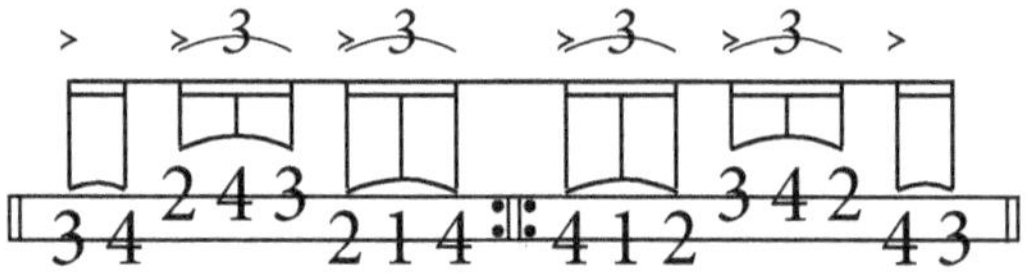

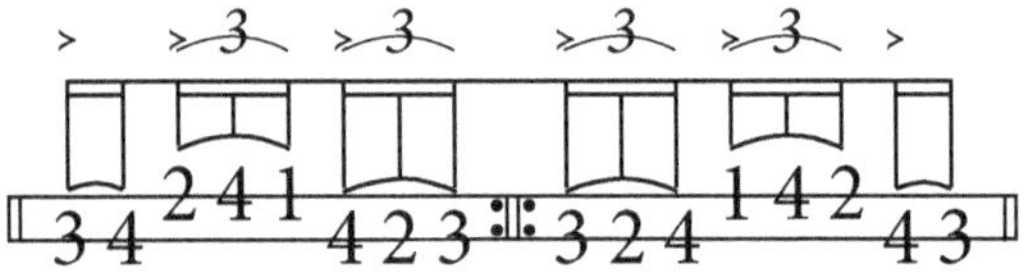

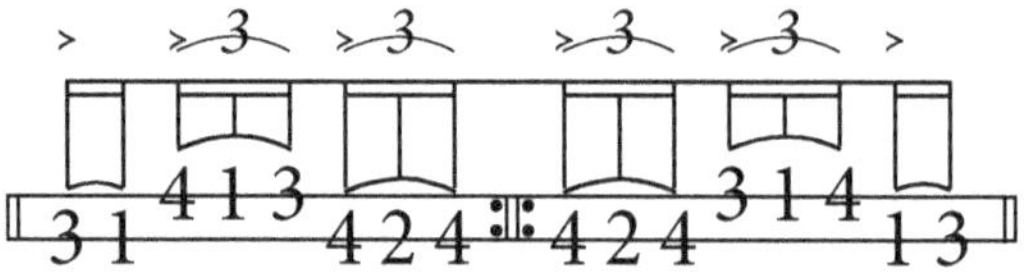

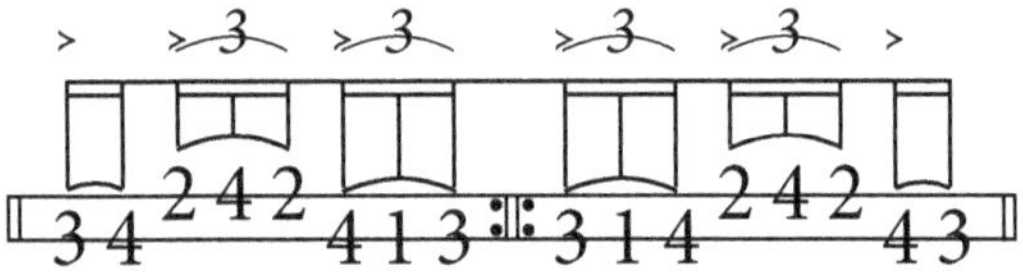

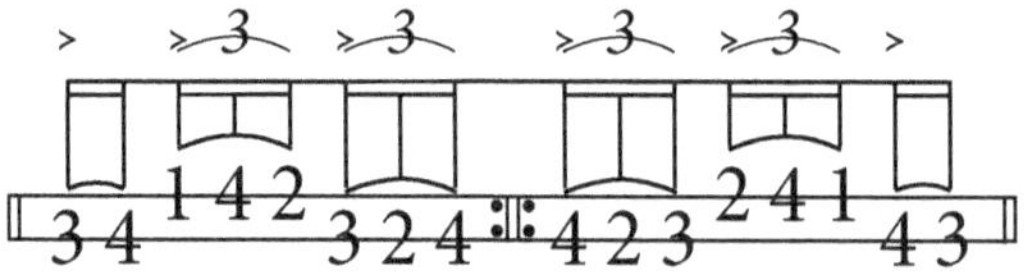

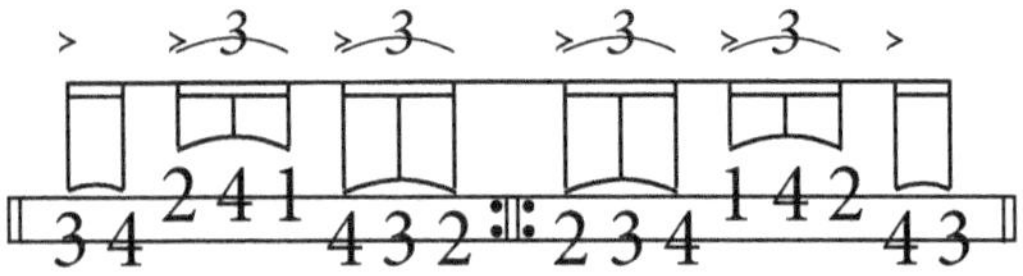

VARIATION 2

COMPLEX - SIMPLE - COMPLEX LIGADO

LEVEL OF DIFFICULTY 3
11 UNITS
COMPLEX - SIMPLE - COMPLEX LIGADO

UNIT 1
Practicing fingers 1 and 2 - Stable fingers 3 and 4

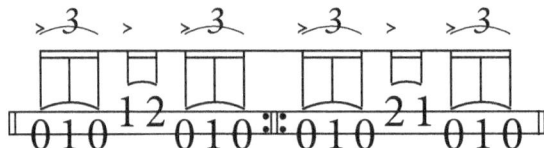

UNIT 2
Practicing fingers 1 and 3 - Stable fingers 2 and 4

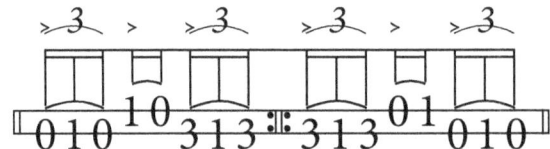

UNIT 3
Practicing fingers 1 and 4 - Stable fingers 2 and 3

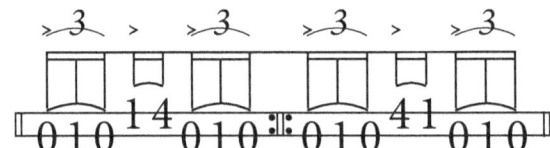

UNIT 4
Practicing fingers 2 and 3 - Stable fingers 1 and 4

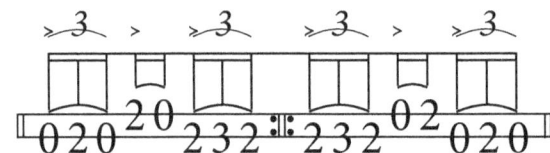

UNIT 5
Practicing fingers 2 and 4 - Stable fingers 1 and 3

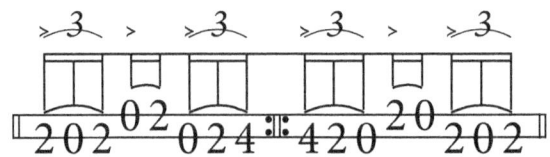

UNIT 6
Practicing fingers 3 and 4 - Stable fingers 1 and 2

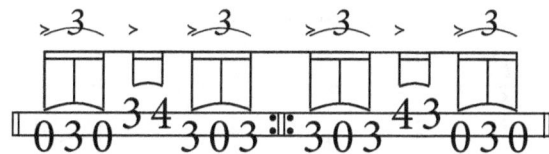

UNIT 7
Practicing fingers 1, 2 and 3 - Stable finger 4

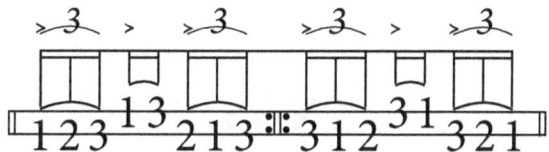

UNIT 8
Practicing fingers 2, 3 and 4 - Stable finger 1

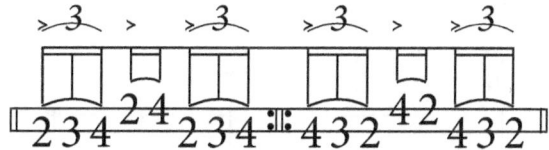

UNIT 9
Practicing fingers 1, 2 and 4 - Stable finger 3

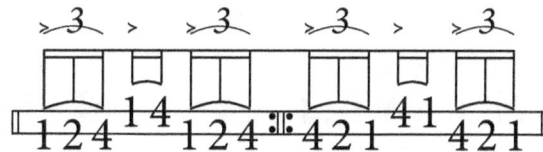

UNIT 10
Practicing fingers 1, 3 and 4 - Stable finger 2

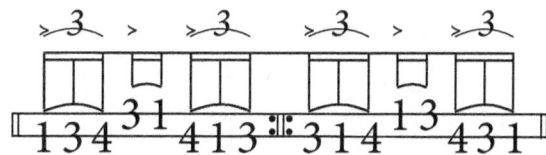

UNIT 11
Practicing fingers 1, 2, 3 and 4

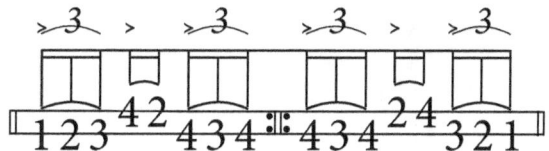

THUMB FINGERINGS

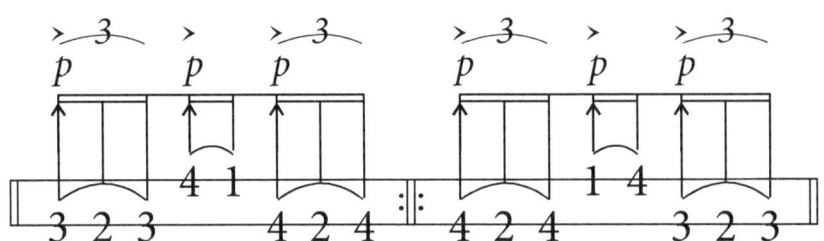

SIMPLE FINGERINGS (TWO FINGERS)

i m i m i m   m a m a m a   i a i a i a
m i m i m i   a m a m a m   a i a i a i

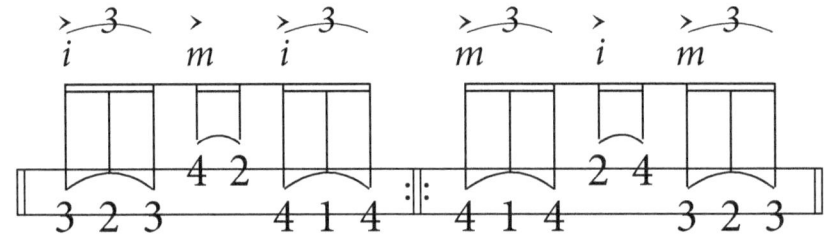

FINGERINGS WITH FINGERS i, m and a

i m a   m i a   a m i
i a m   m a i   a i m

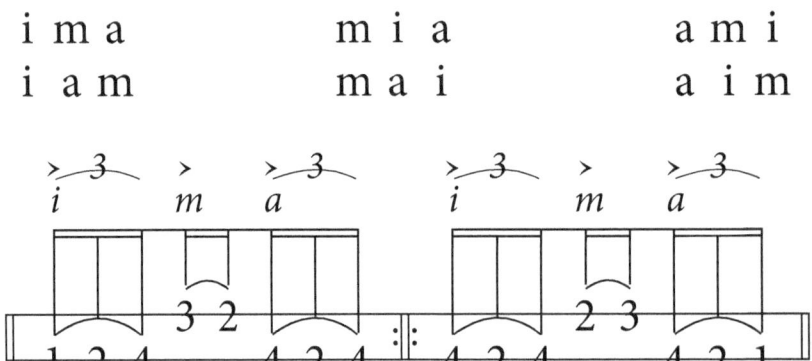

SIMPLE FINGERINGS - THUMB ONLY

STROKE TOWARDS ONE DIRECTION

VARIATION 1

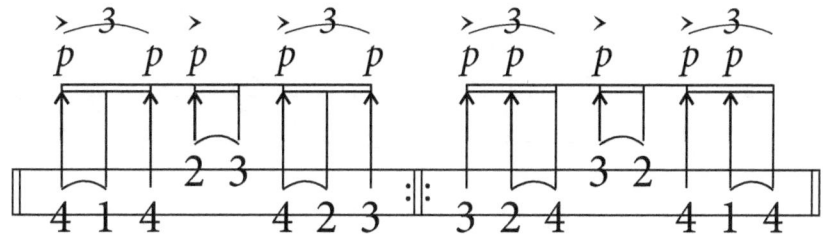

VARIATION 2

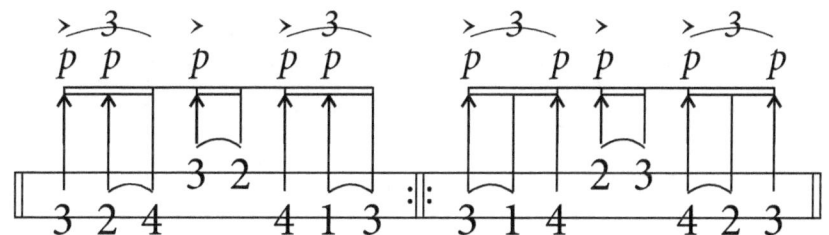

STROKE TOWARDS TWO DIRECTIONS

VARIATION 1

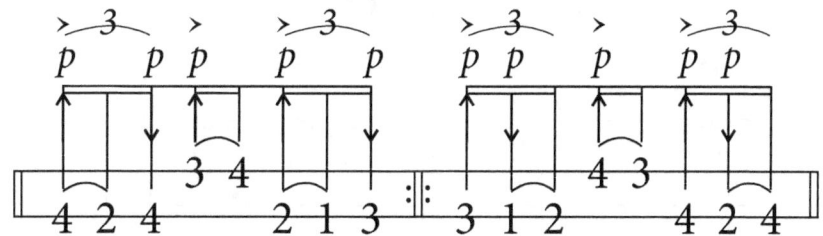

VARIATION 2

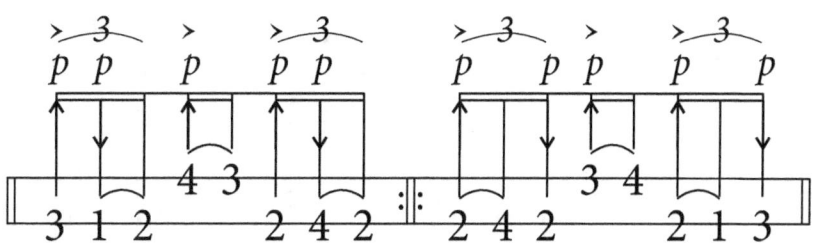

THUMB FINGERINGS
with index (i) only, or with middle finger (m) only, or with ring finger (a) only

VARIATION 1
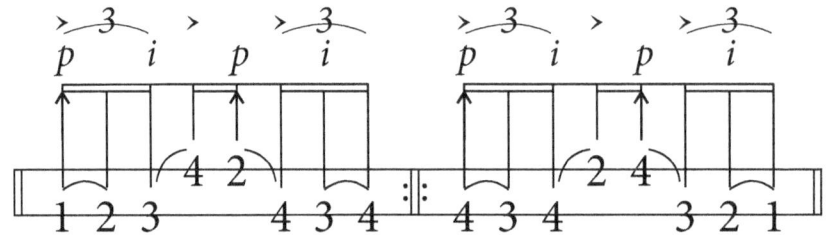

VARIATION 2
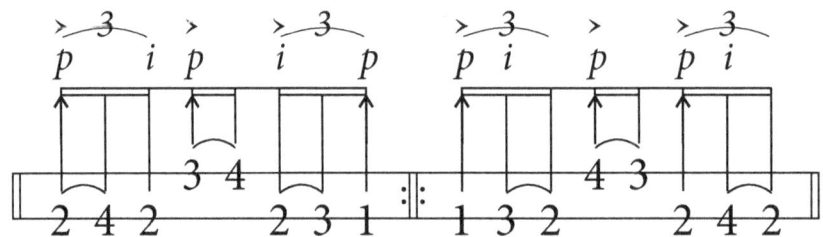

VARIATION 3
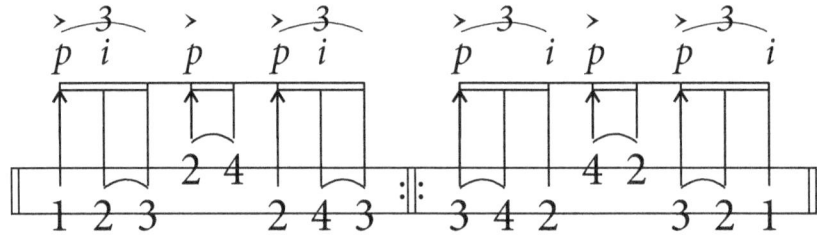

VARIATION 4
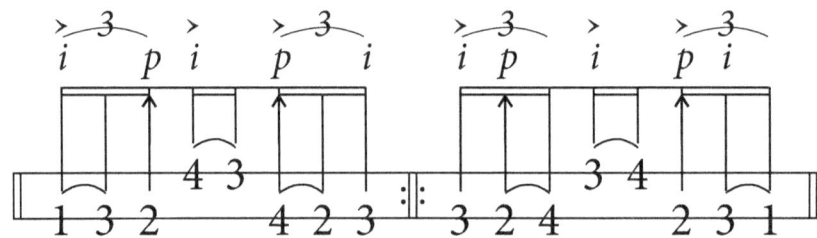

VARIATION 5
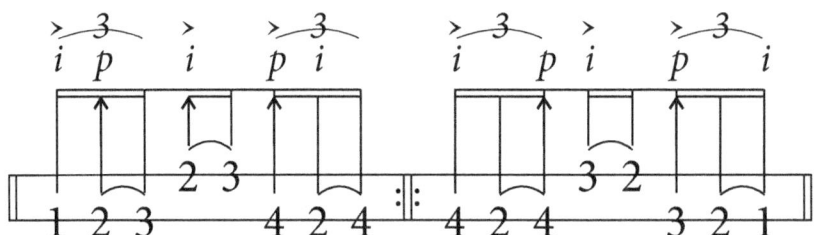

THUMB FINGERINGS
with fingers i, m and a

VARIATION 1
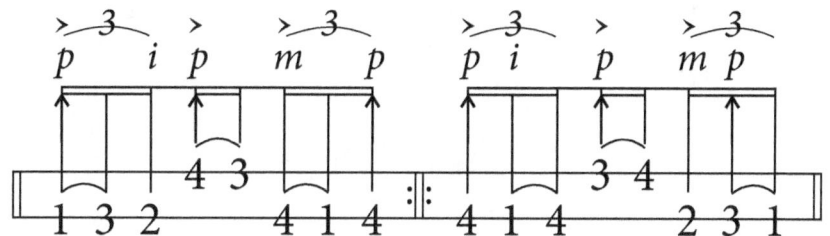

VARIATION 2
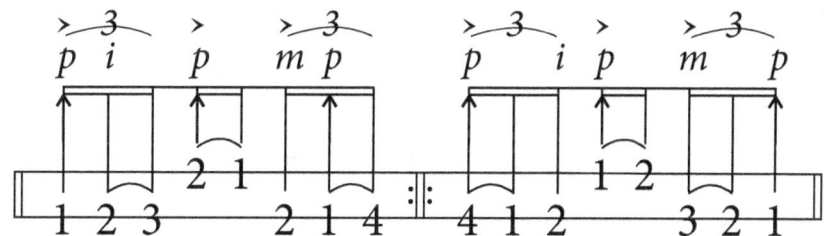

VARIATION 3
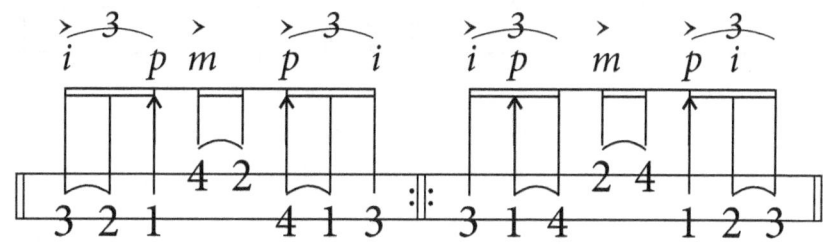

VARIATION 4
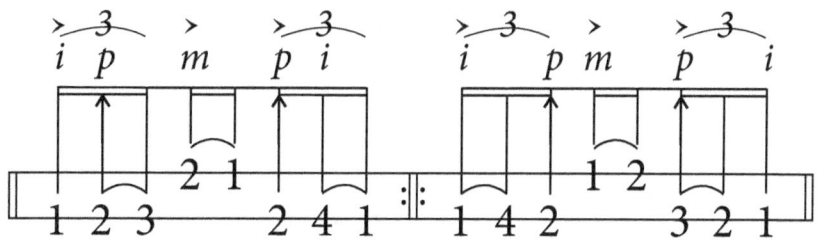

FINGERINGS ONLY WITH FINGERS i, m and a

A

SIMPLE FINGERINGS (2 FINGERS)

```
i m      m a      i a
m i      a m      a i
```

VARIATION 1

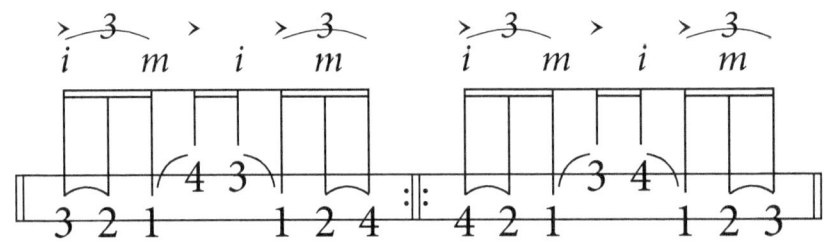

VARIATION 2

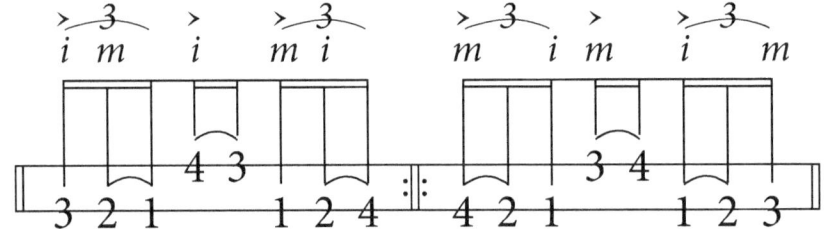

B

MORE COMPLEX FINGERINGS
(3 FINGERS i, m and a)

i m i m a	m i m i a	a m a m i
i a i a m	m a m a i	a i a i m

VARIATION 1

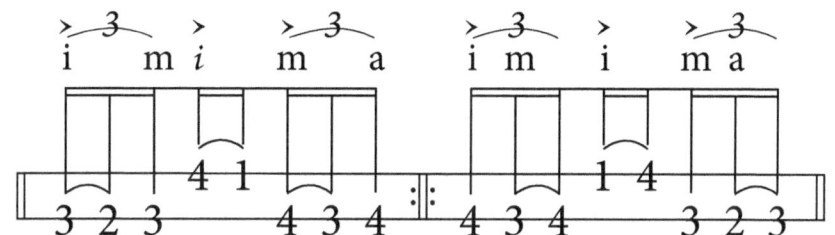

VARIATION 1

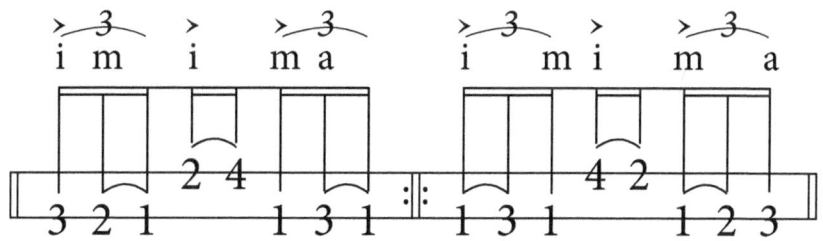

C

VARIATION 1

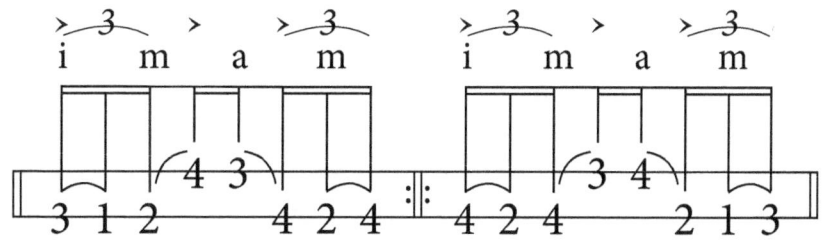

Practice on the above VARIATION with the 12 fingerings cited below:

i m a m	m i m a	a m i m
i m i a	m i a i	a m a i
i a m a	m a m i	a i m i
i a i m	m a i a	a i a m

LIGADOS
UNIT 1

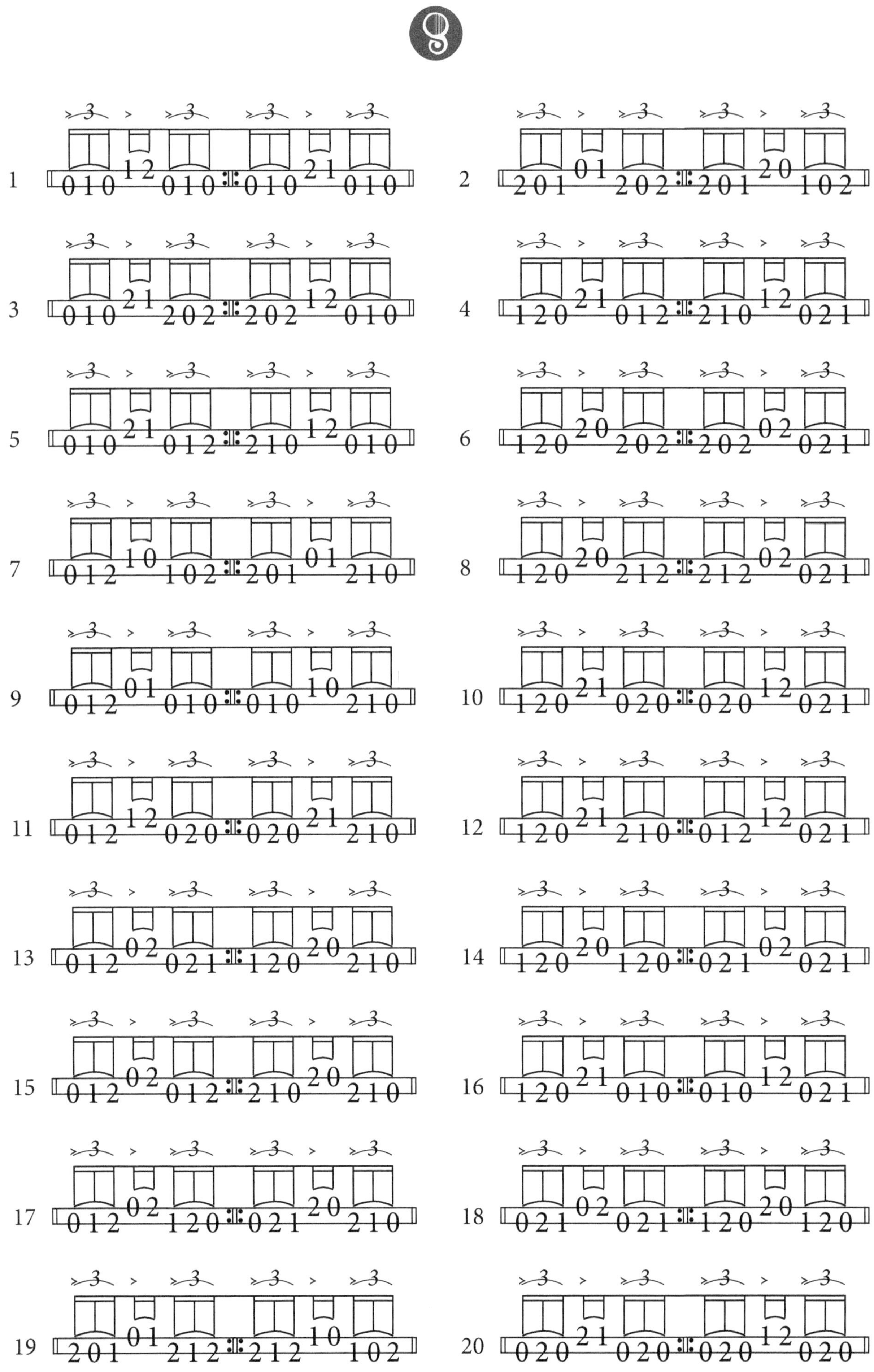

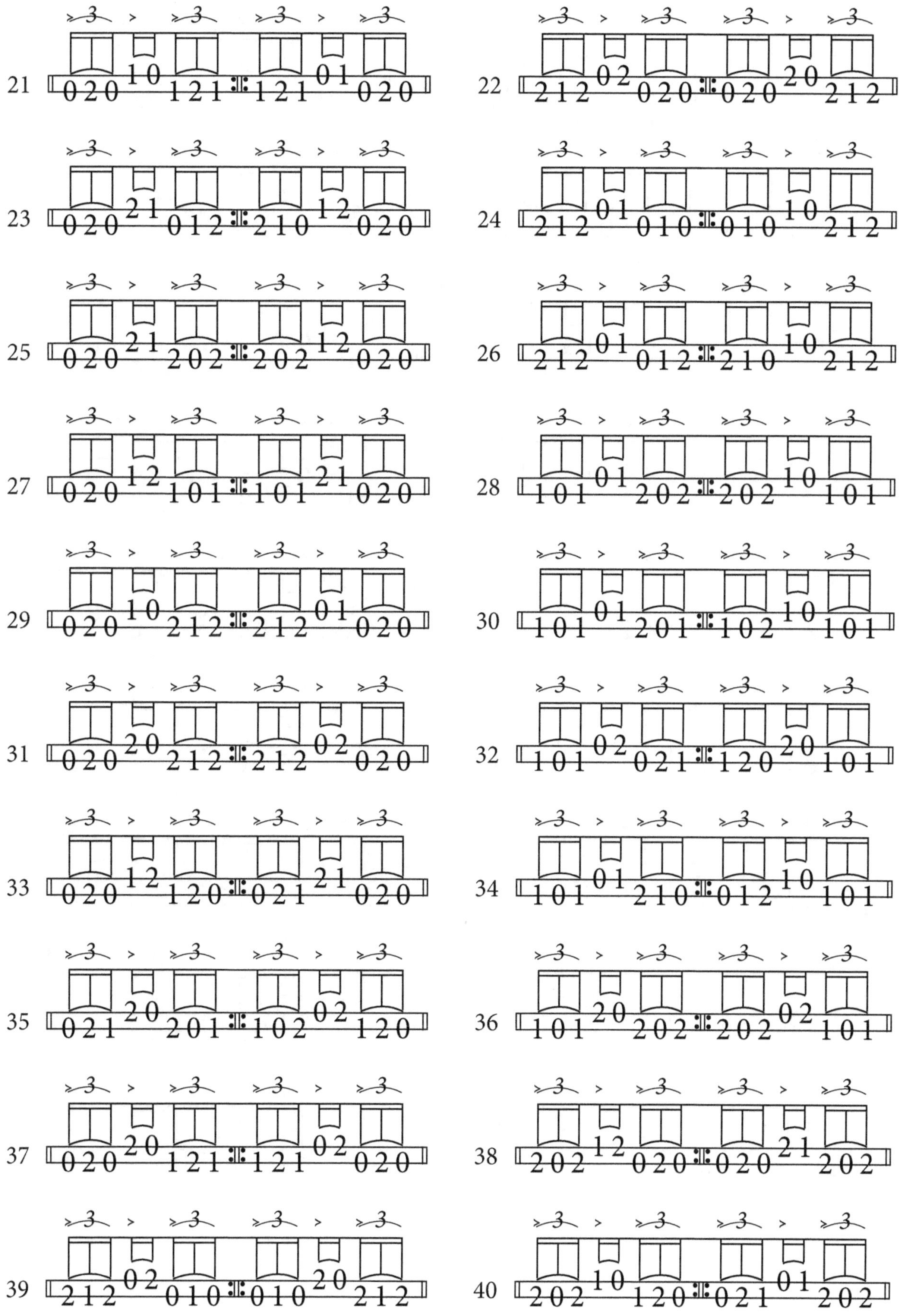

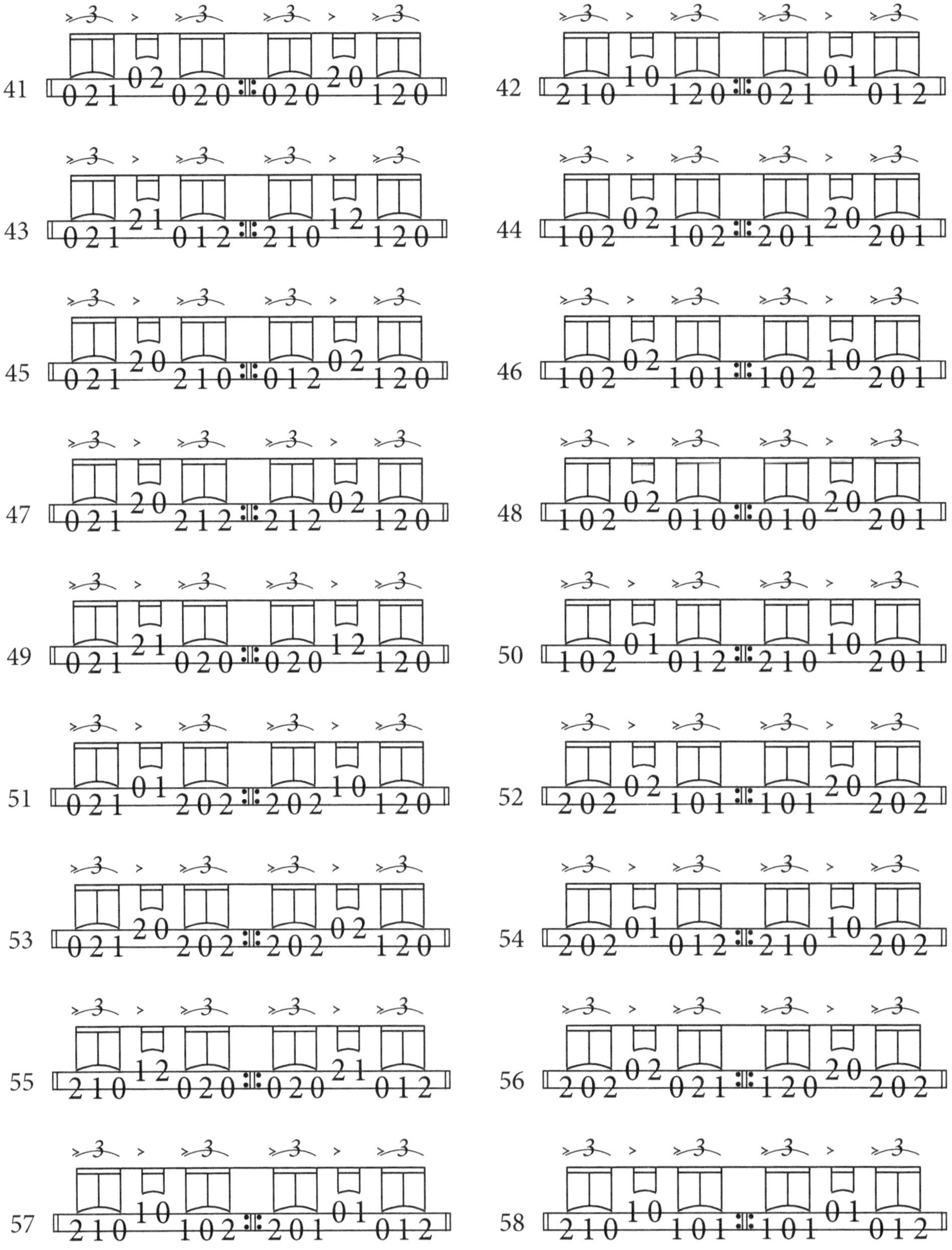

LIGADOS
UNIT 2

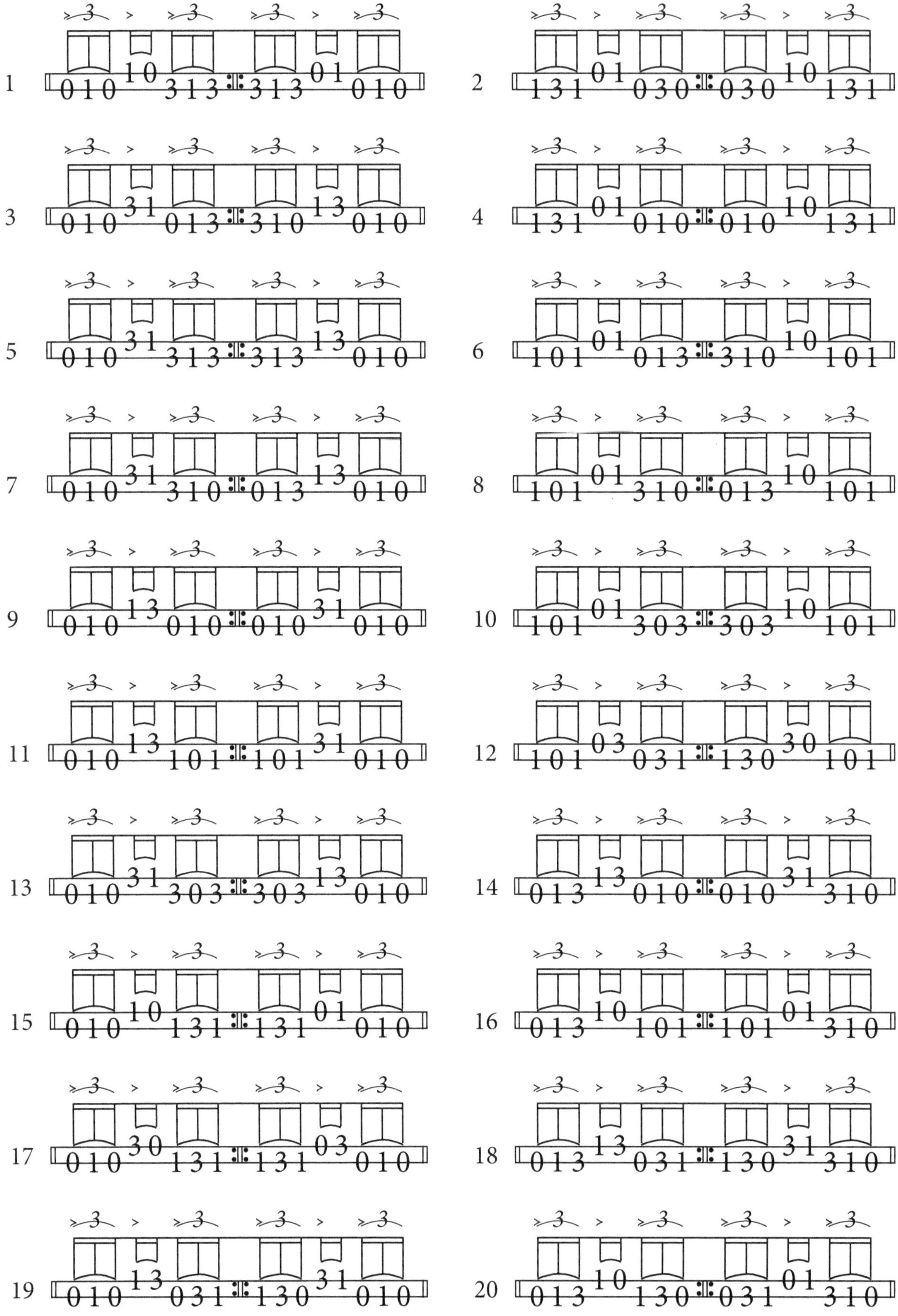

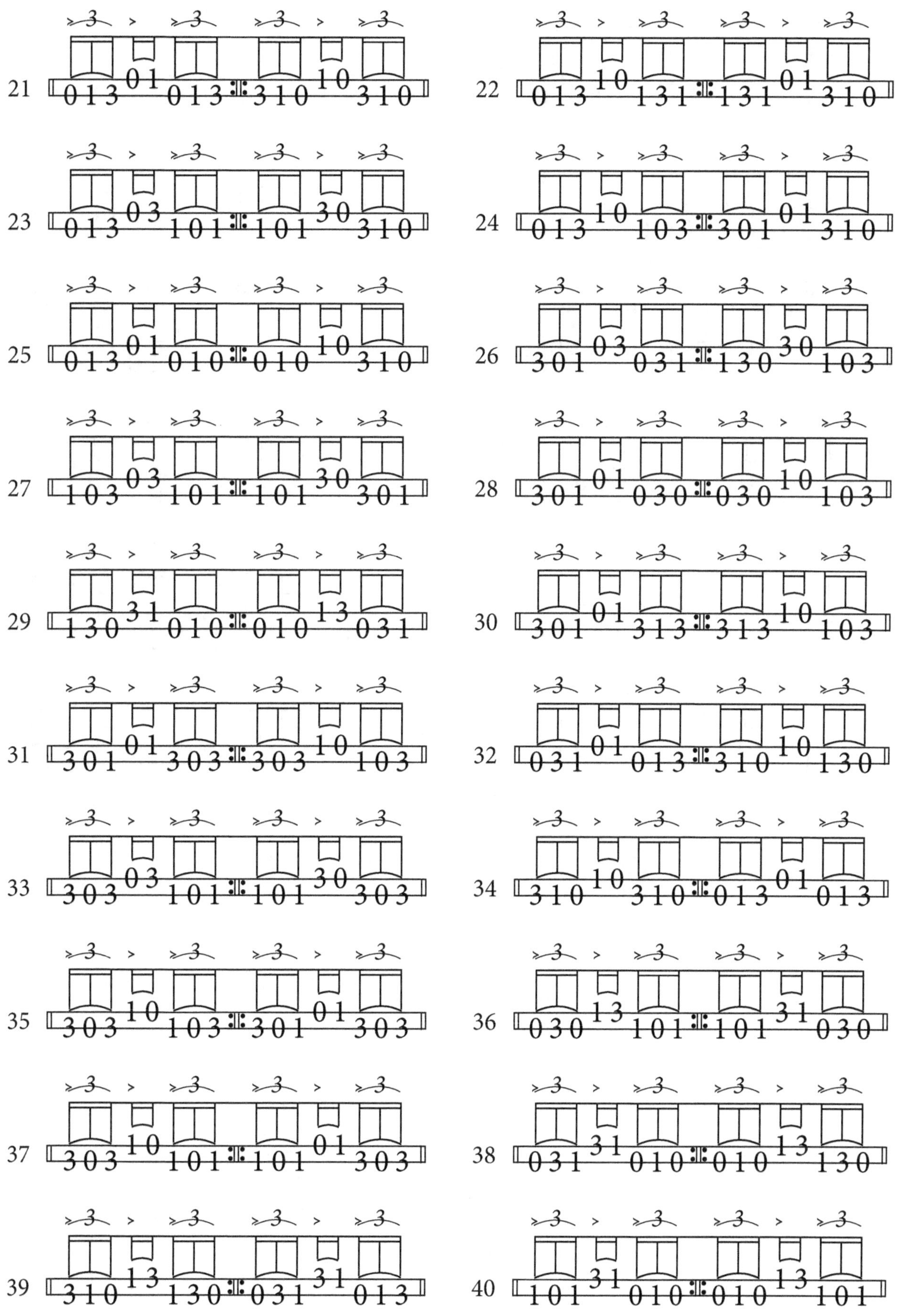

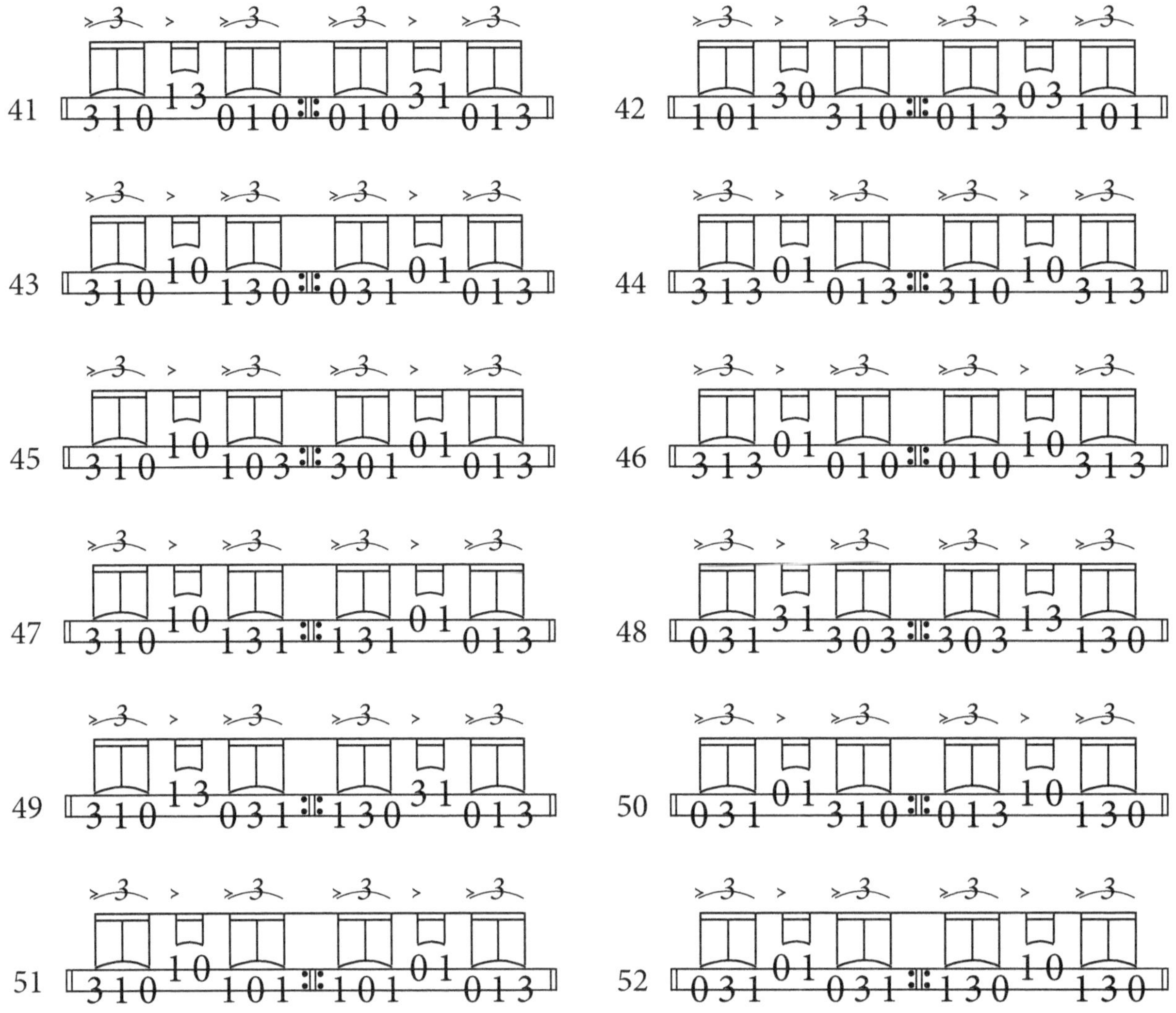

LIGADOS

UNIT 3

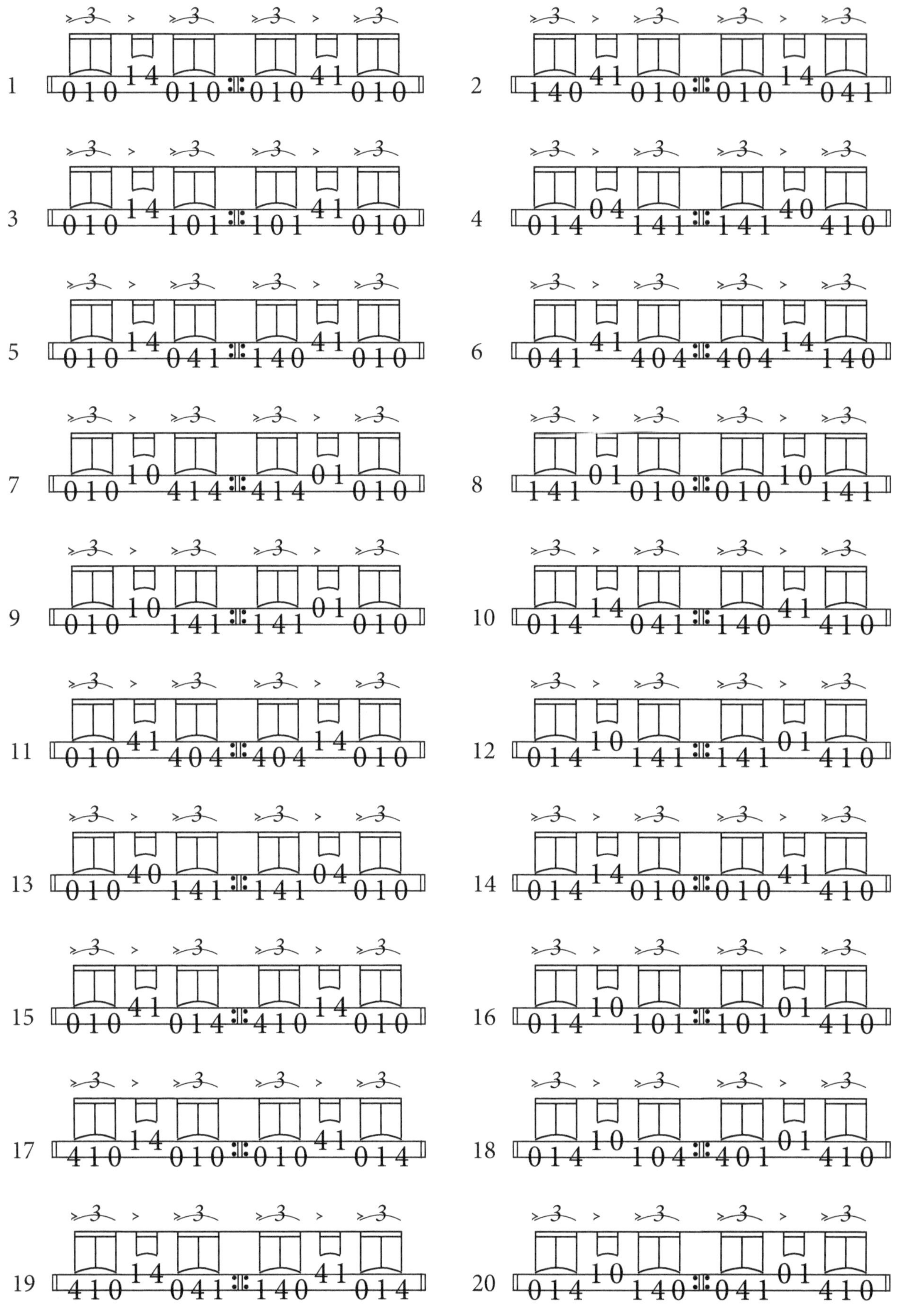

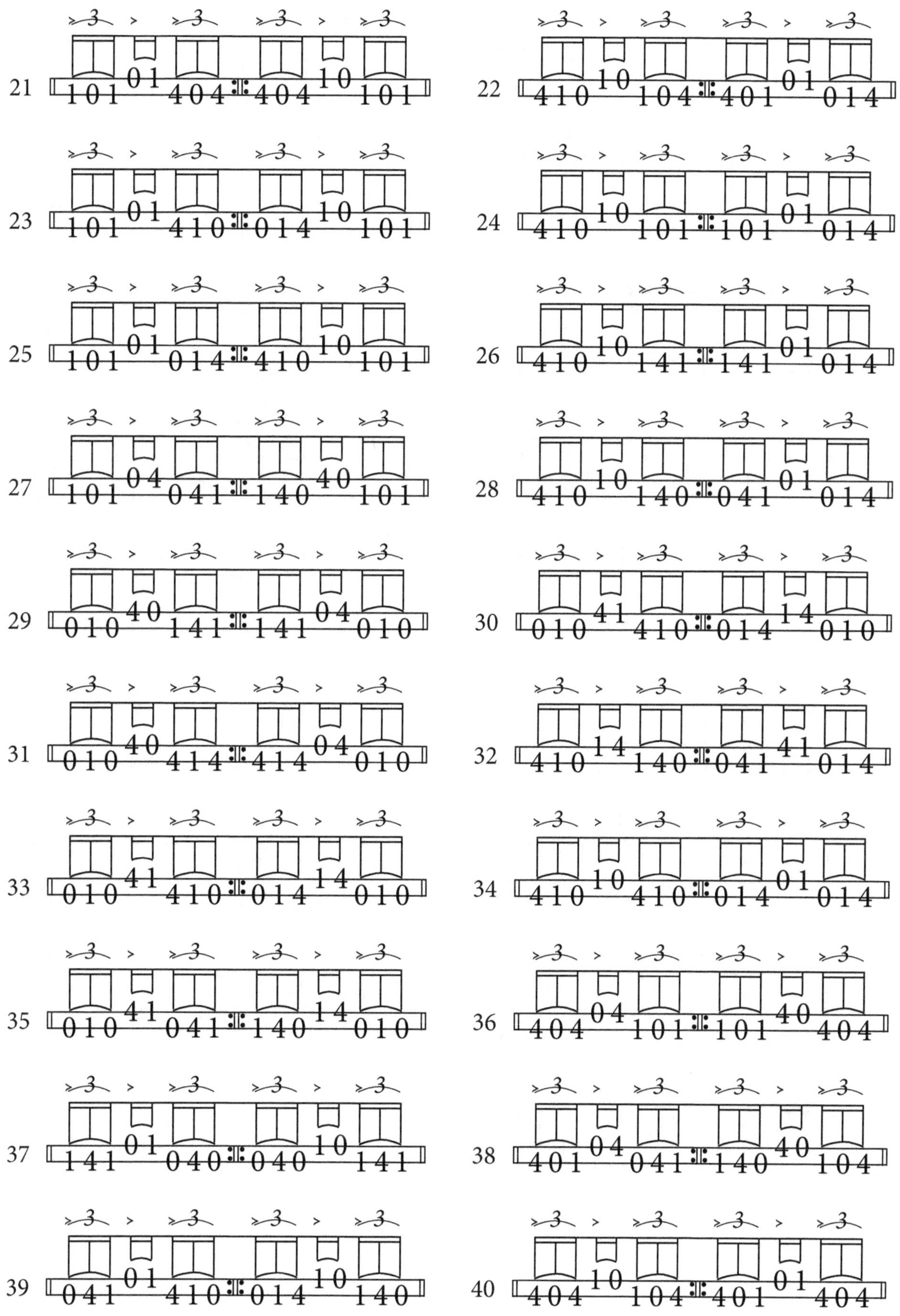

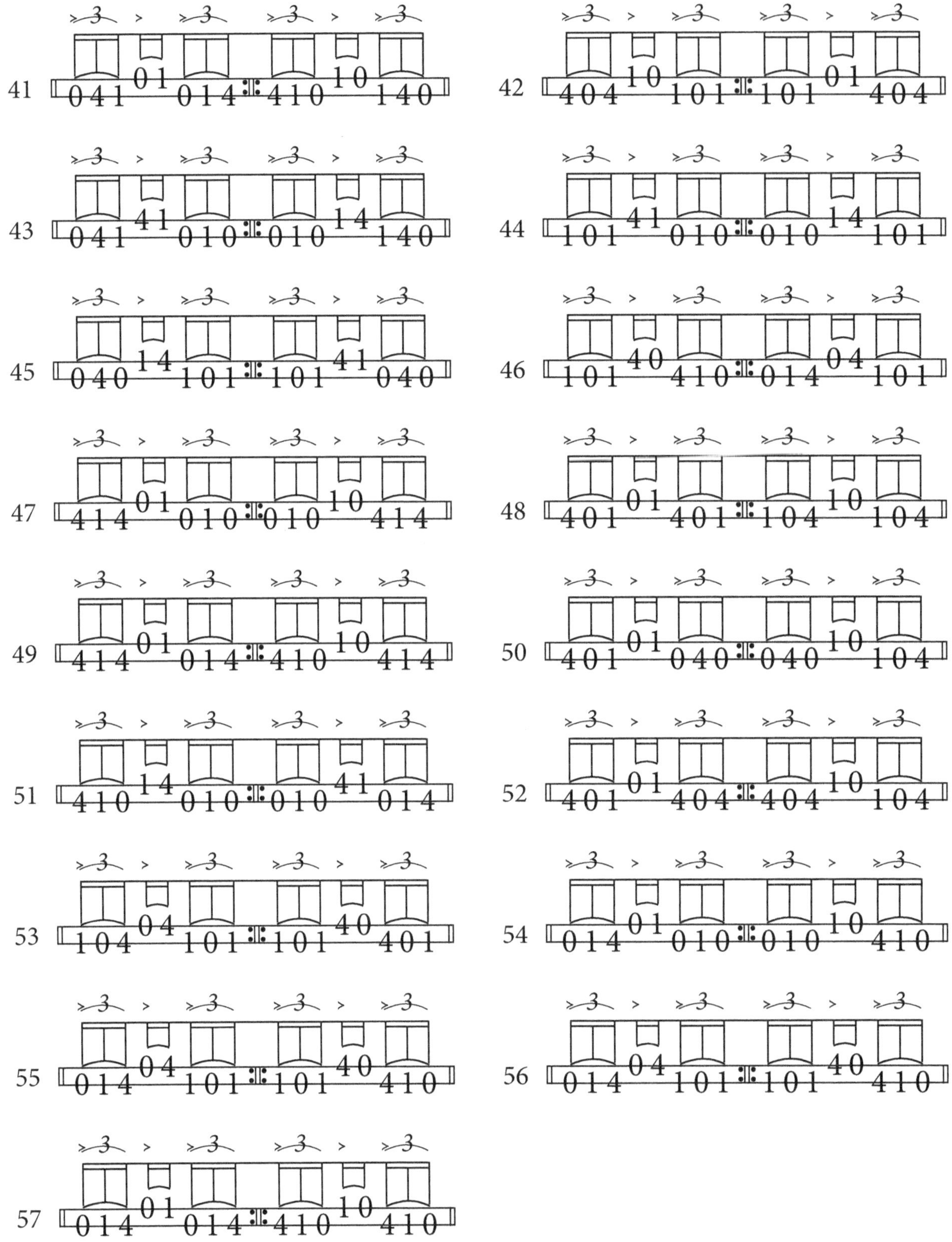

LIGADOS

UNIT 4

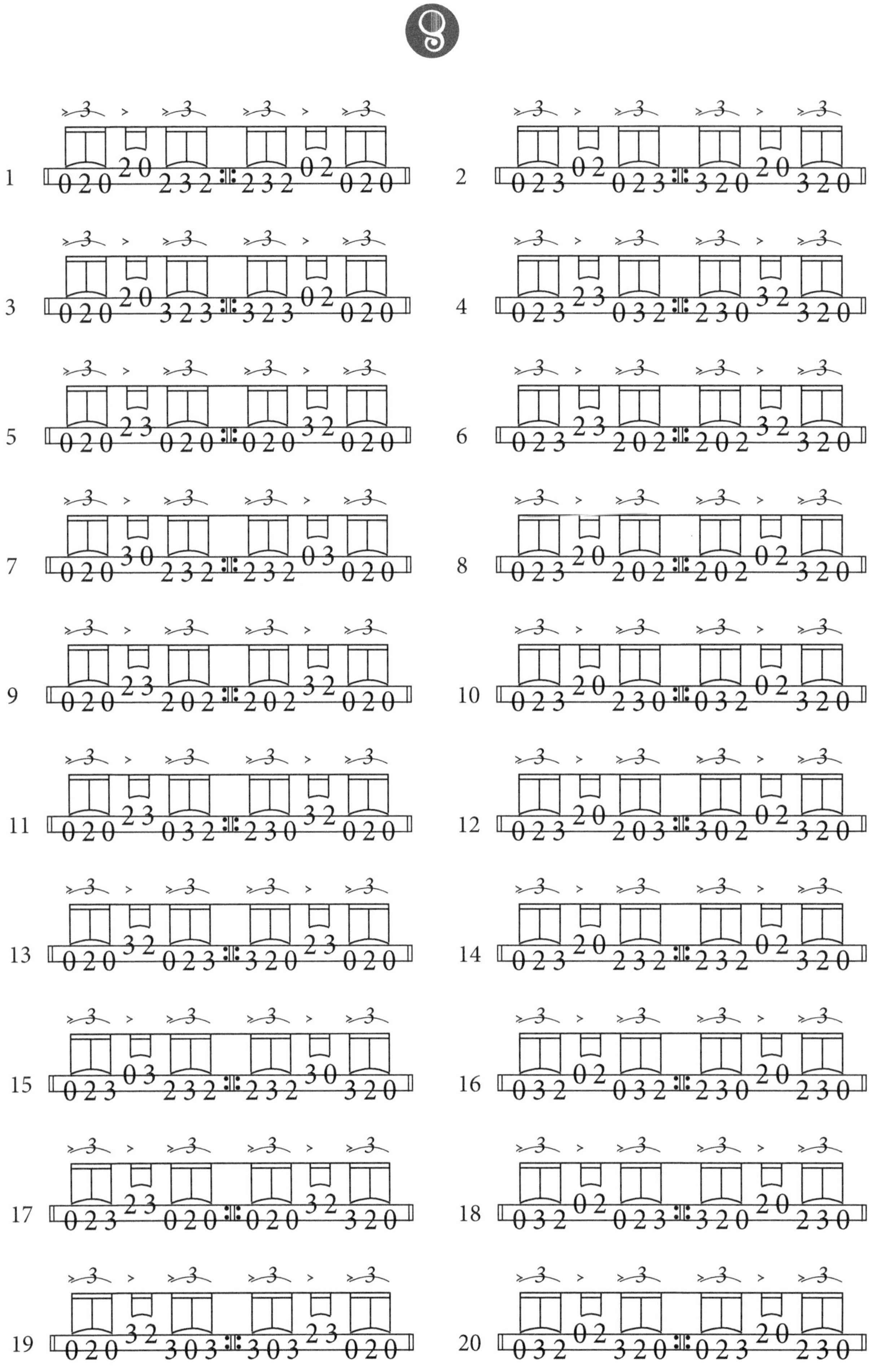

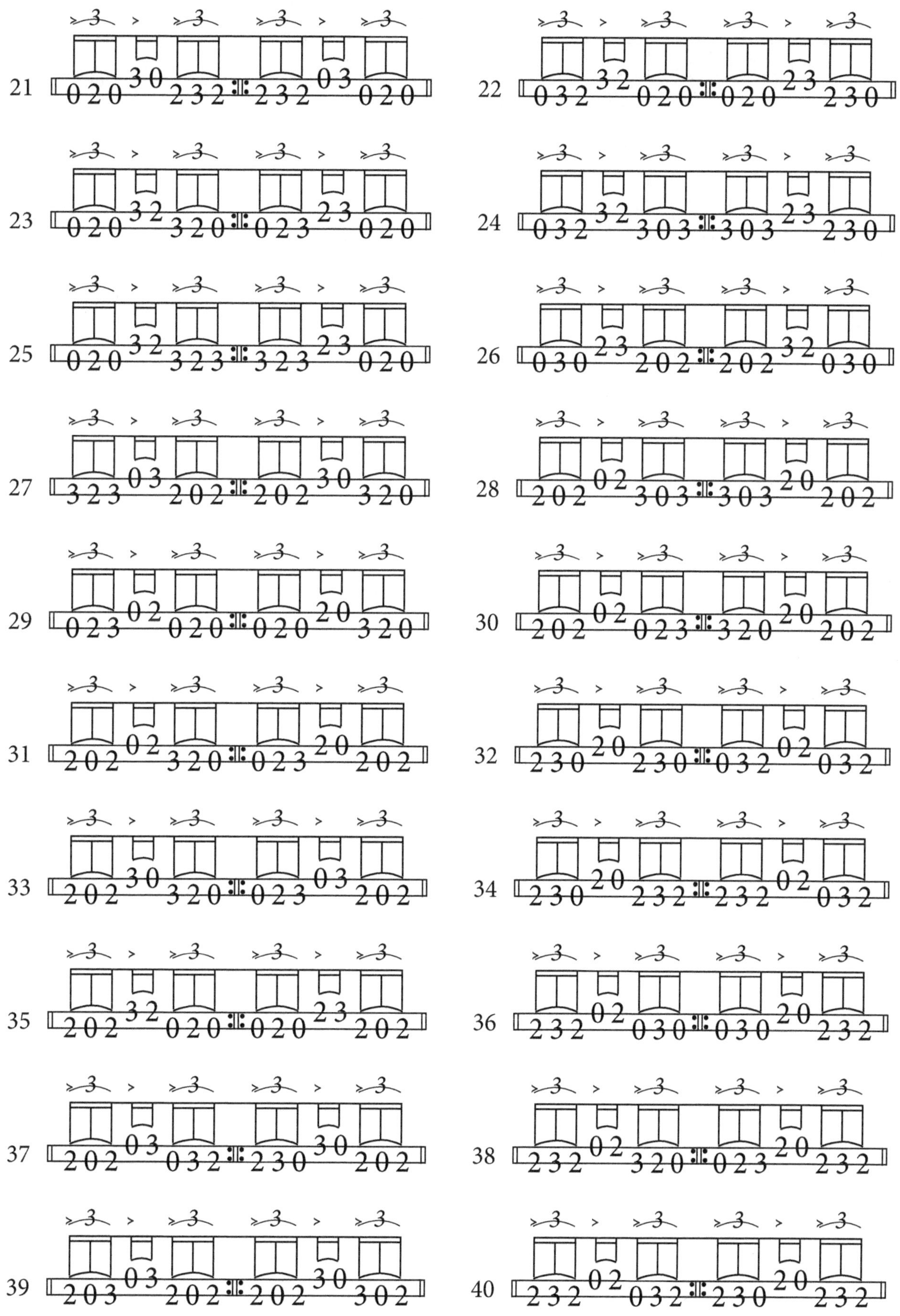

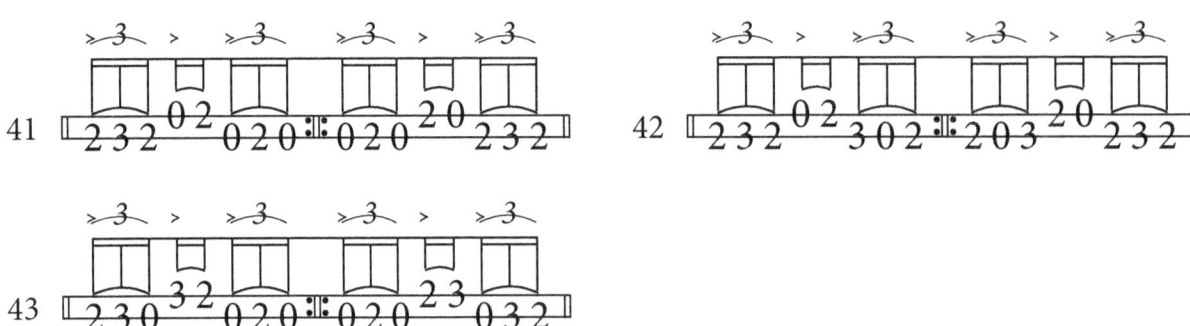

LIGADOS

UNIT 5

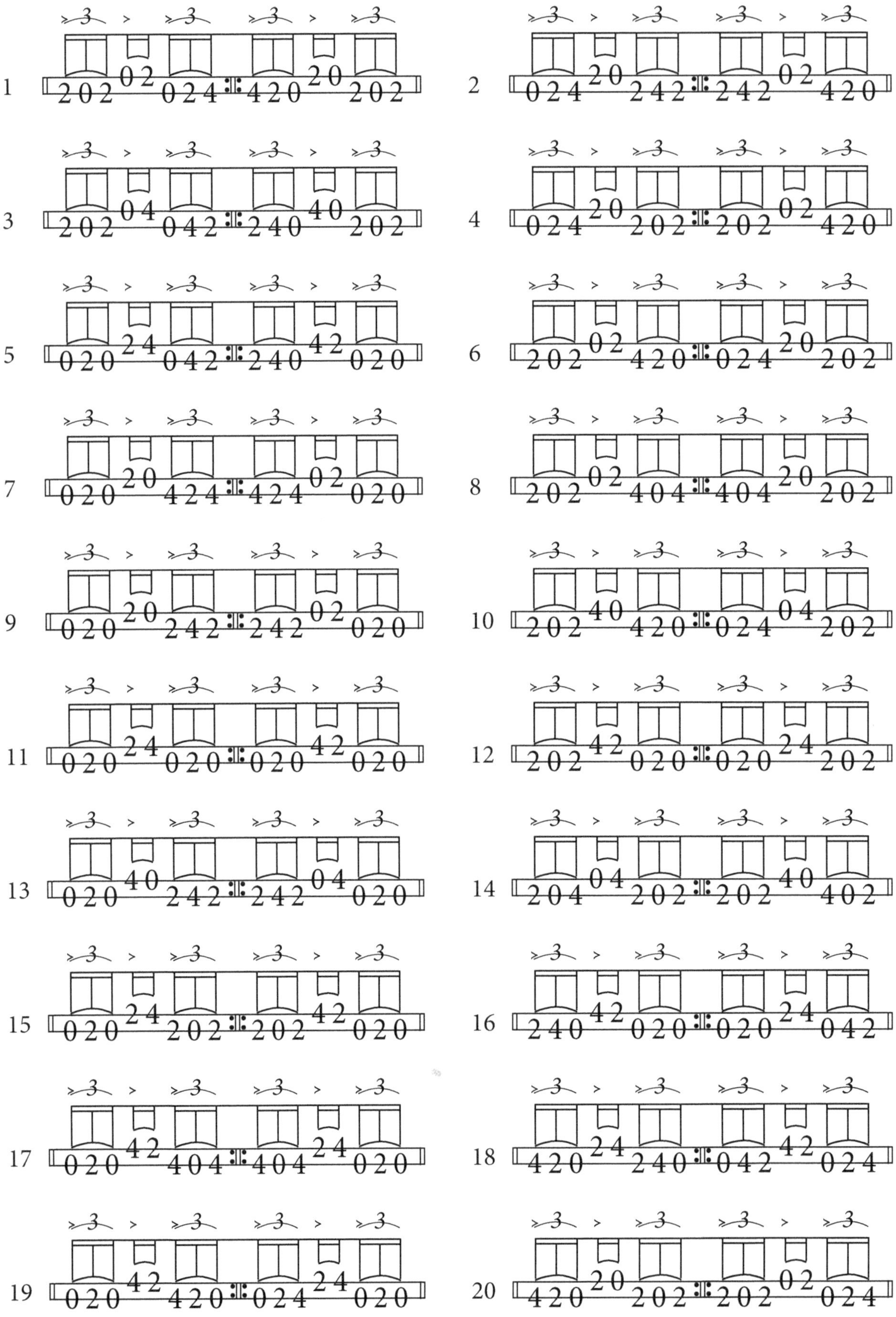

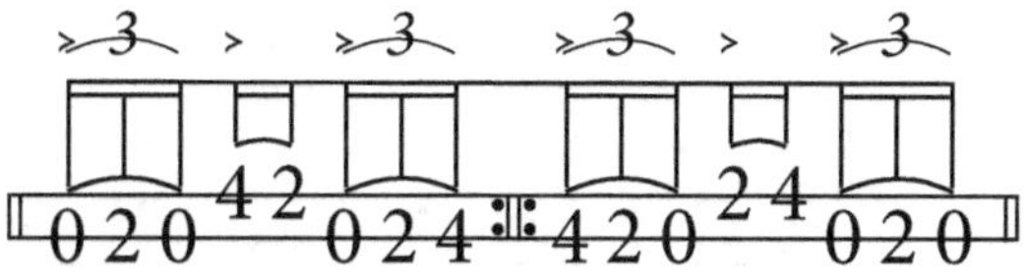

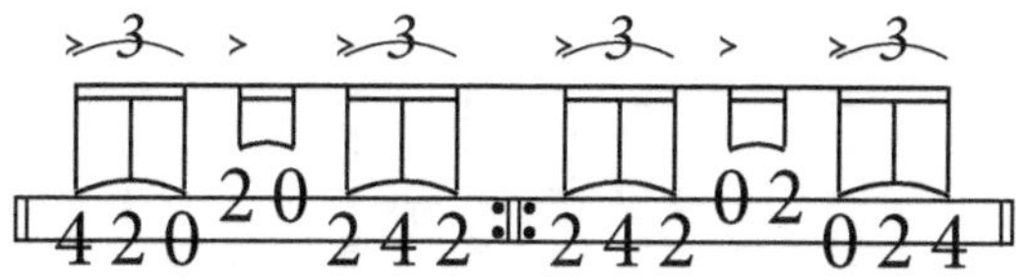

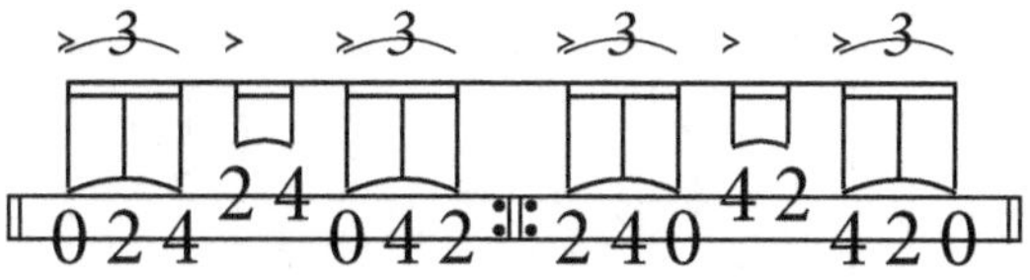

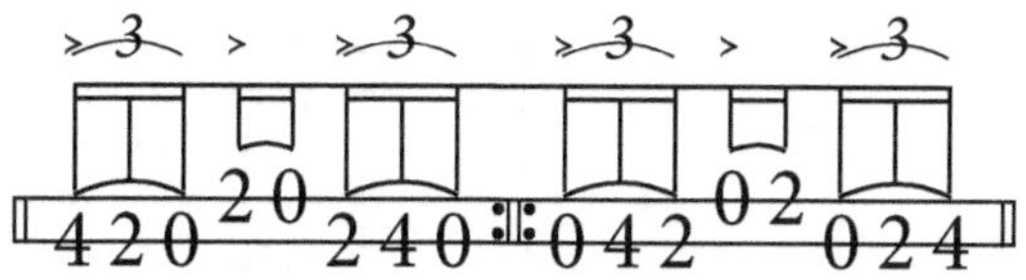

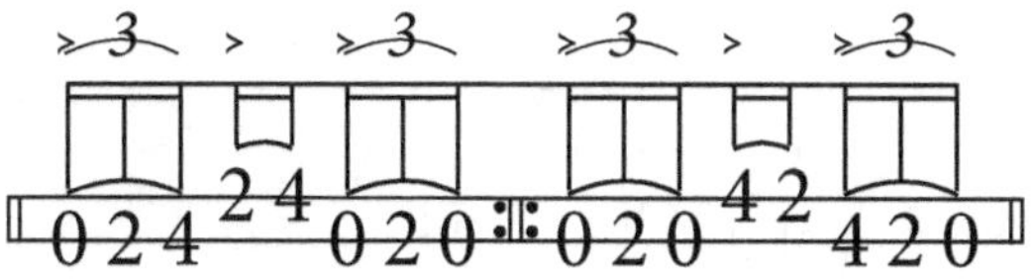

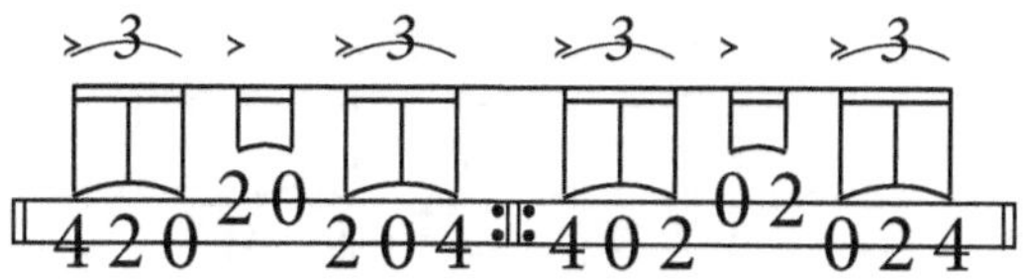

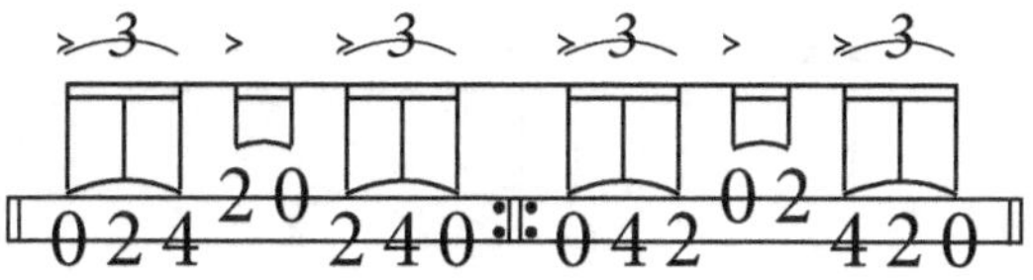

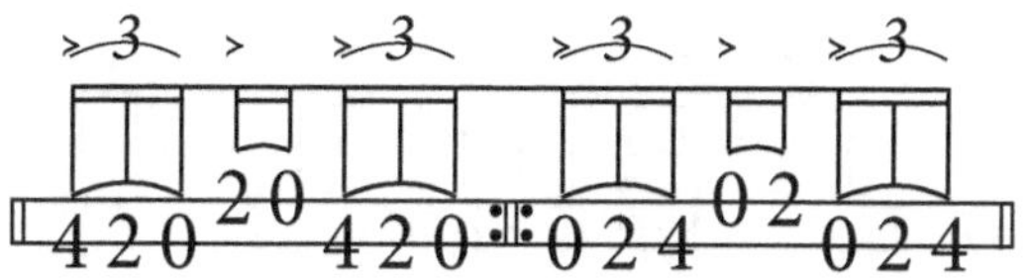

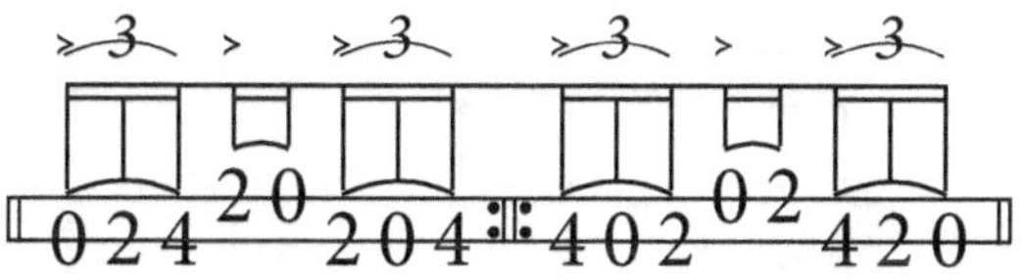

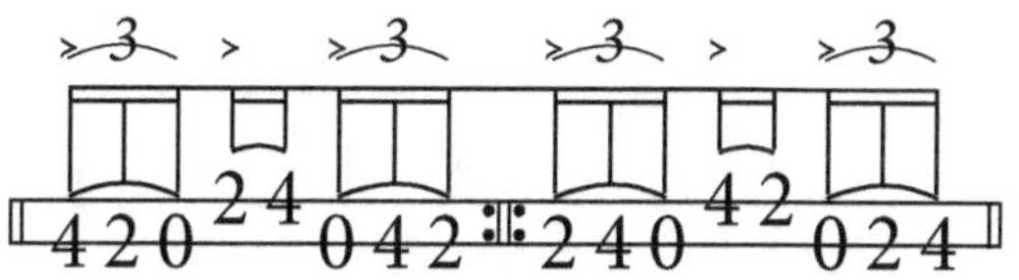

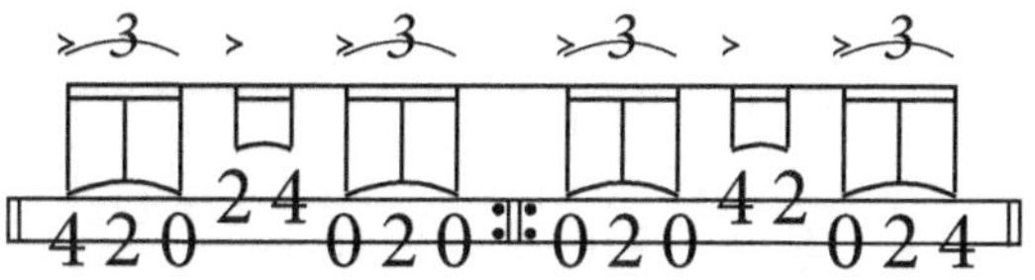

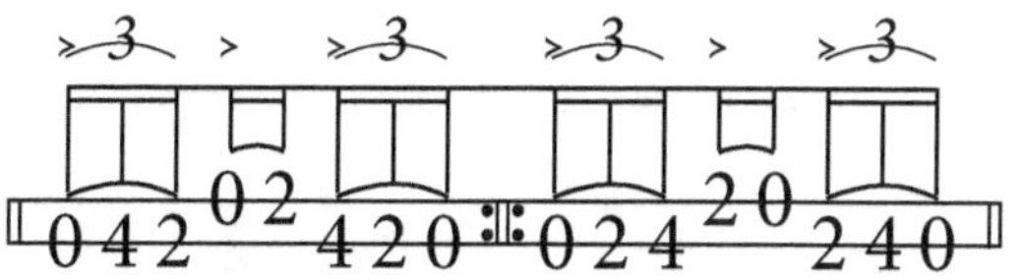

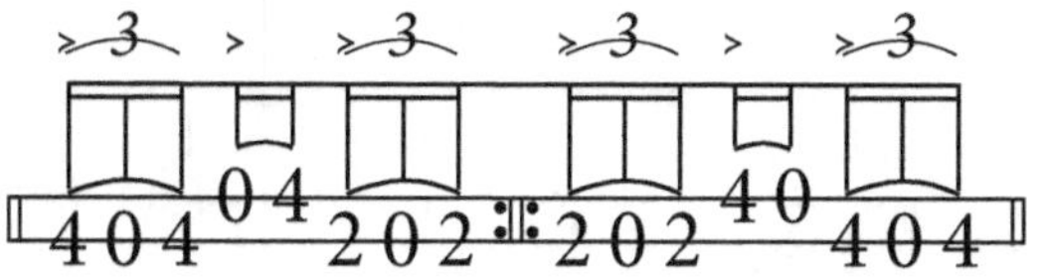

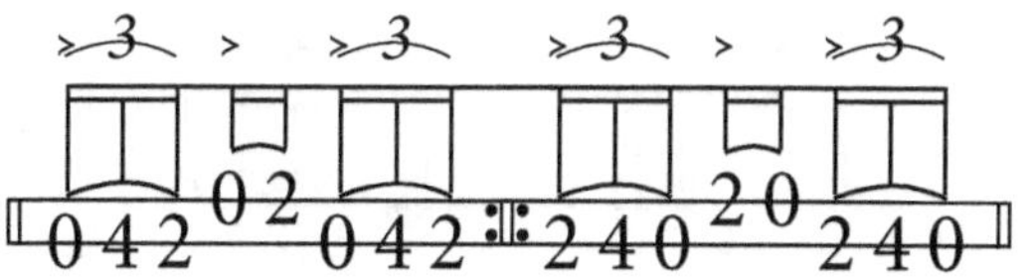

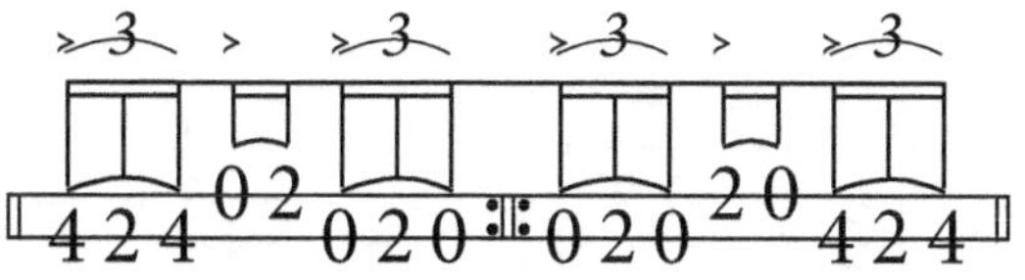

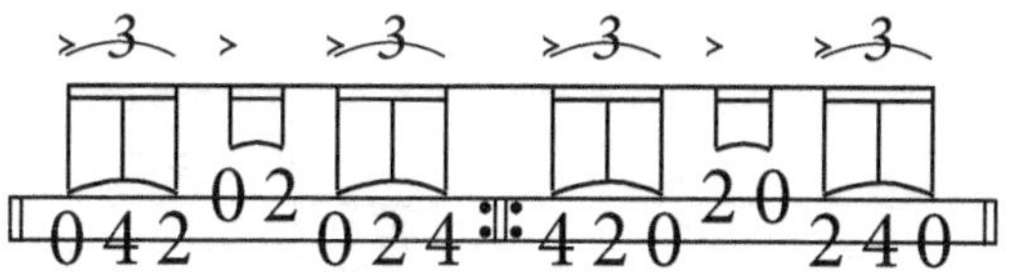

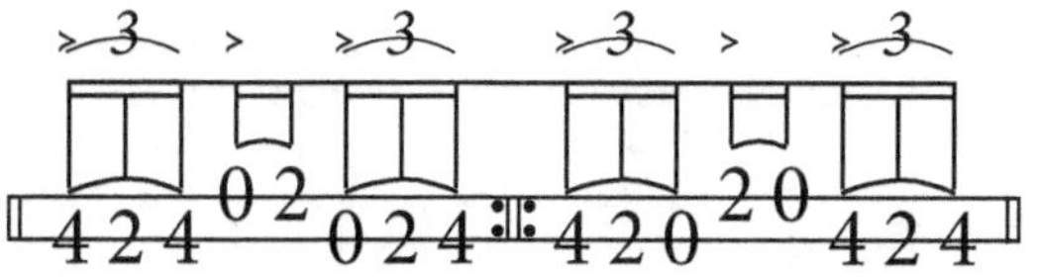

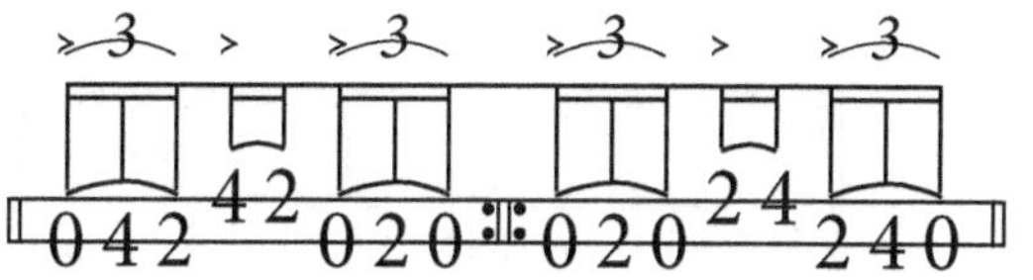

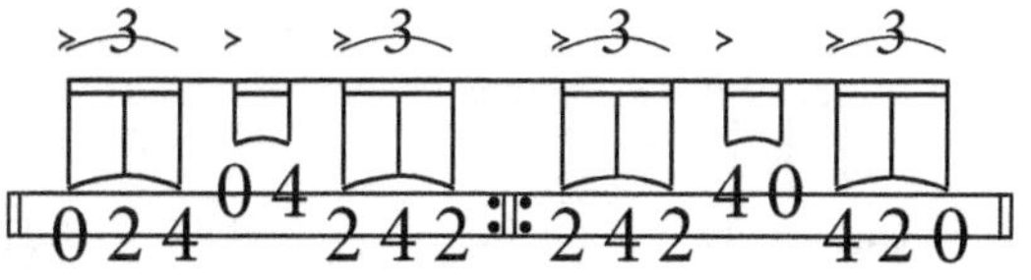

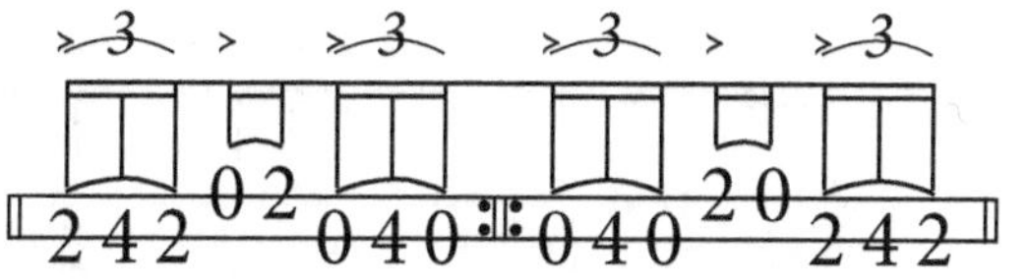

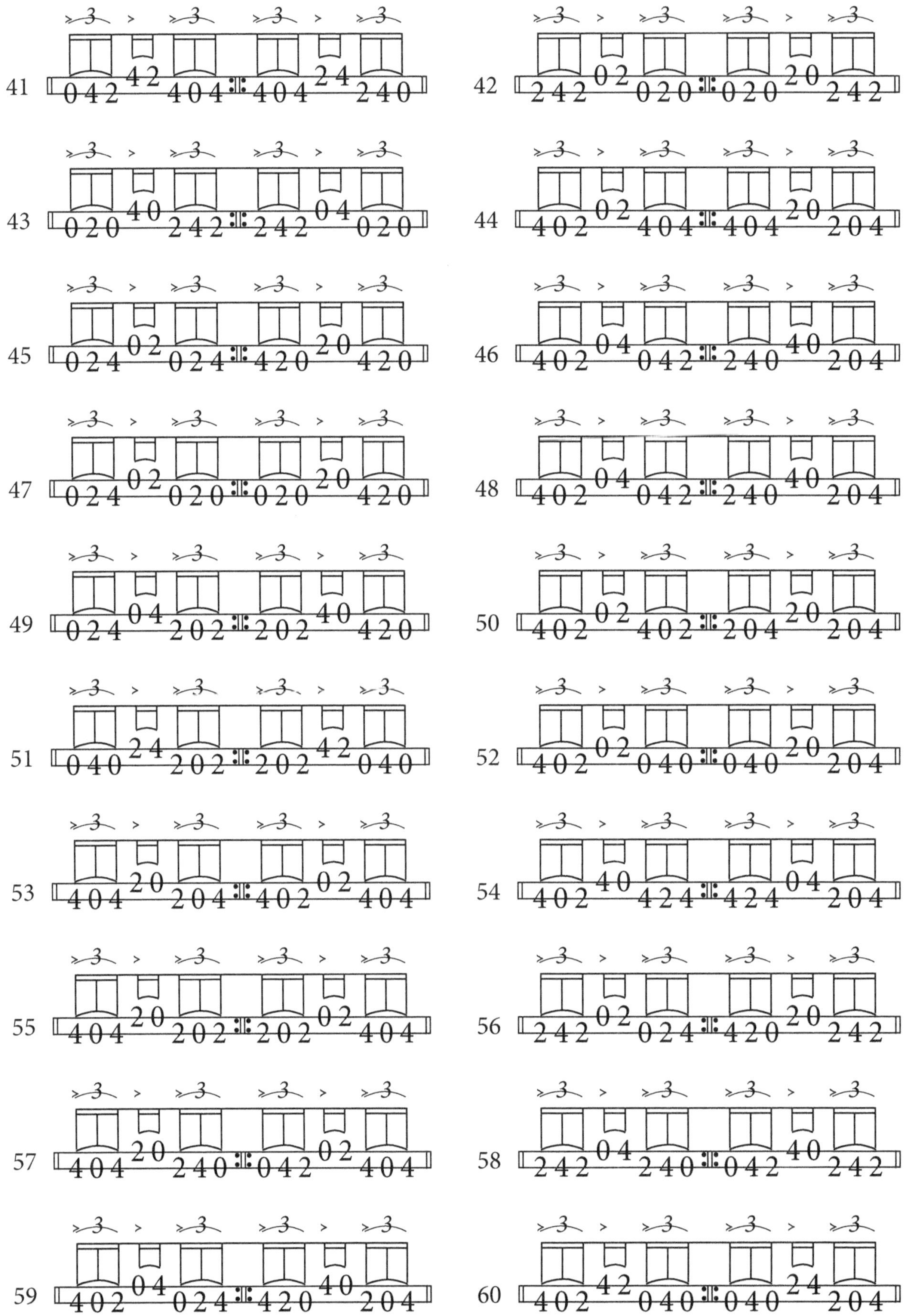

LIGADOS
UNIT 6

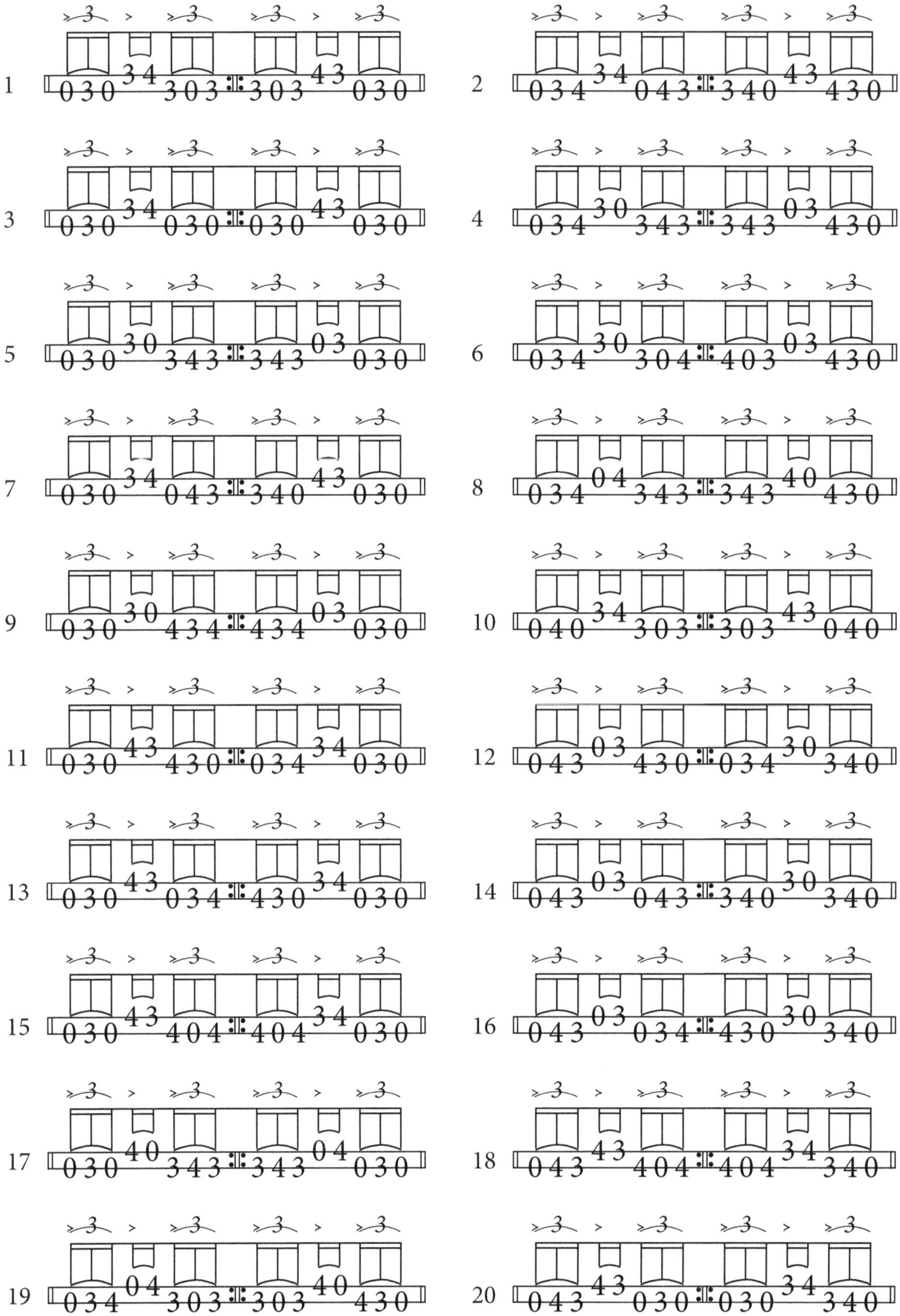

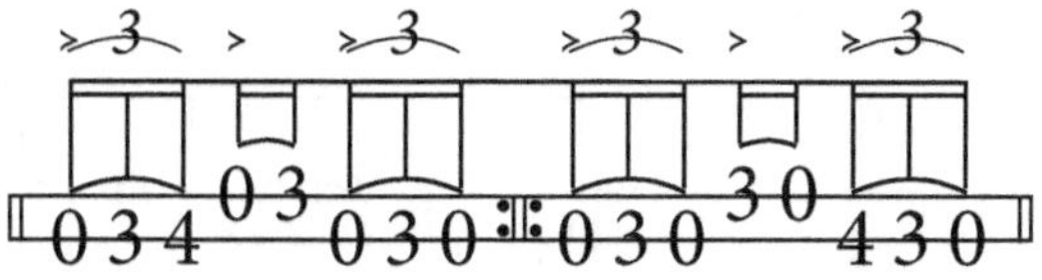

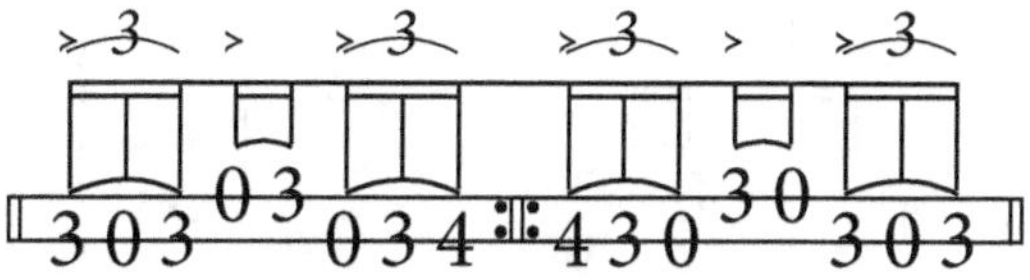

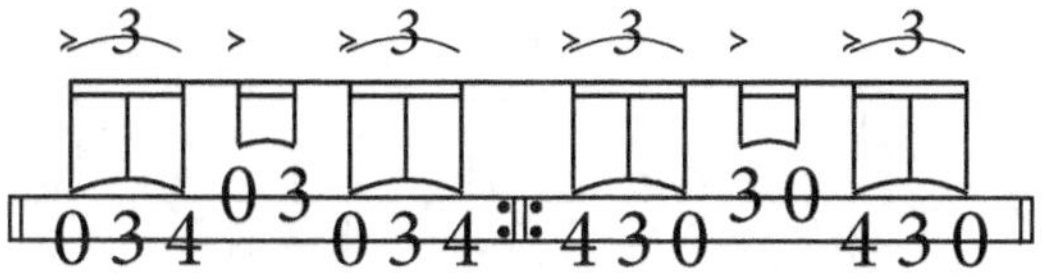

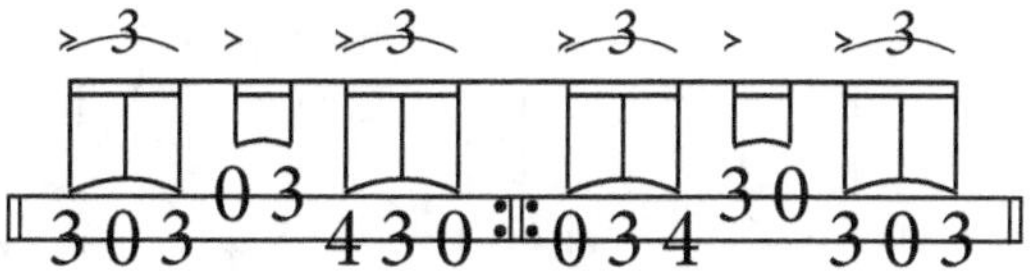

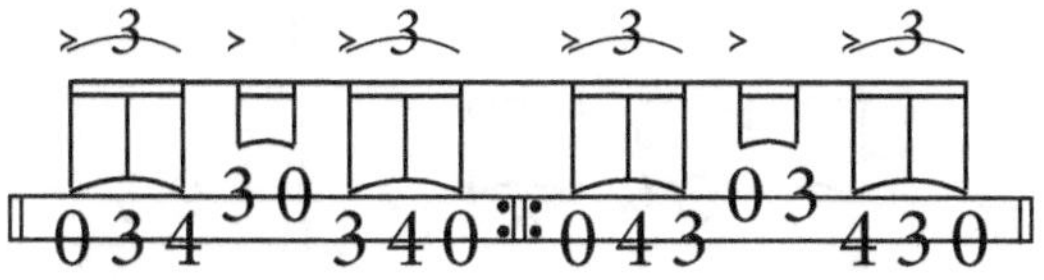

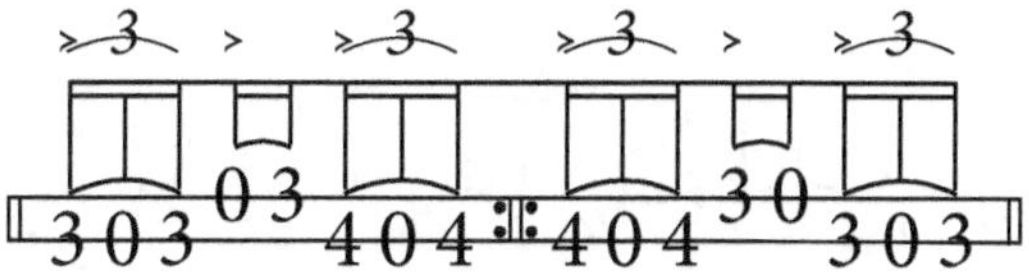

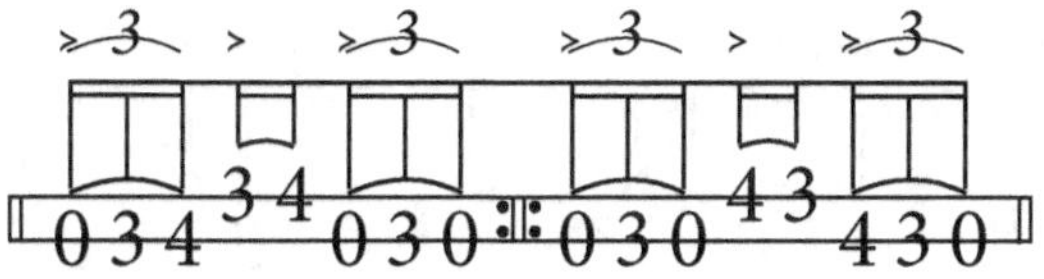

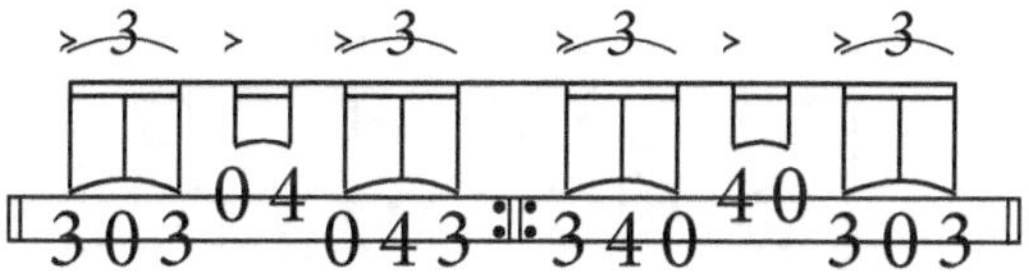

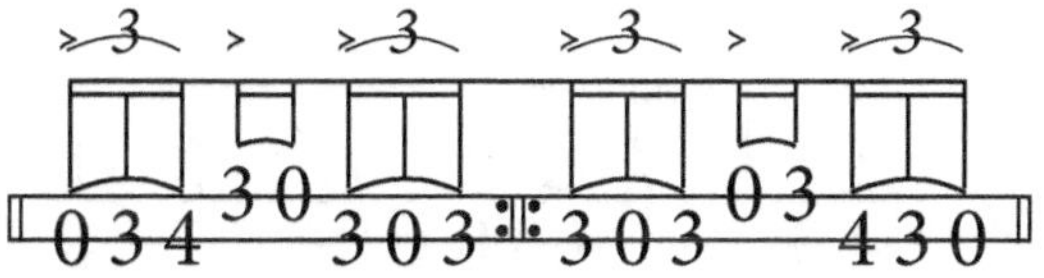

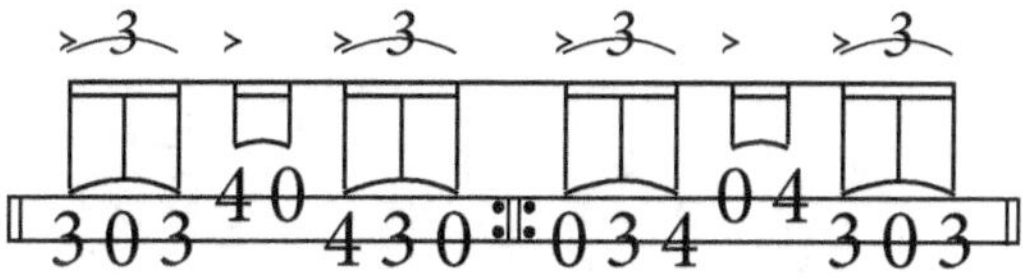

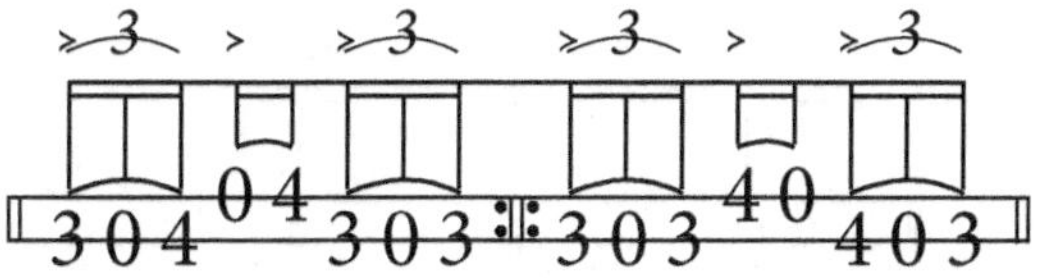

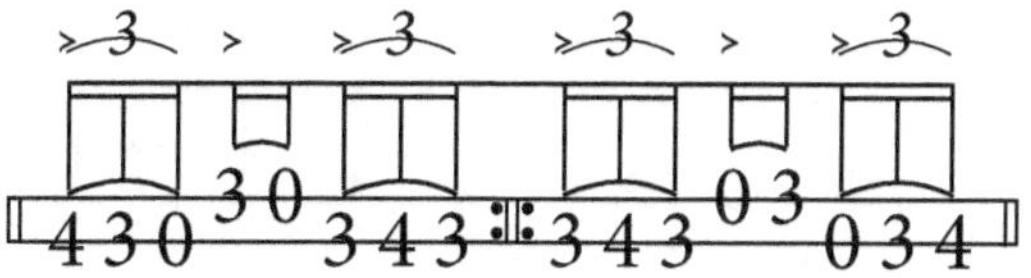

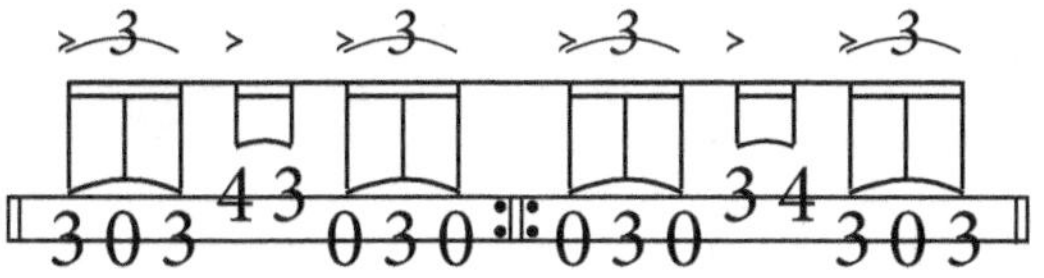

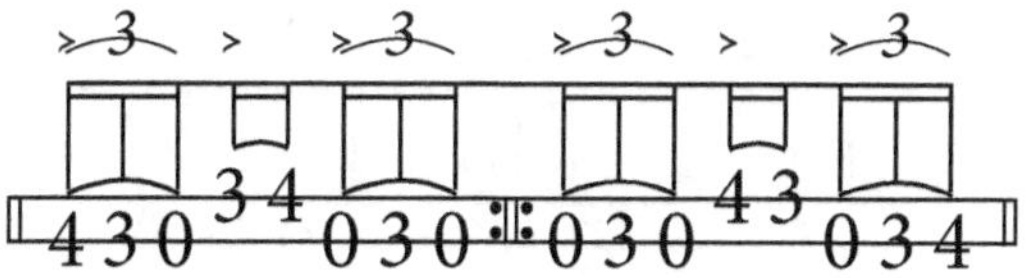

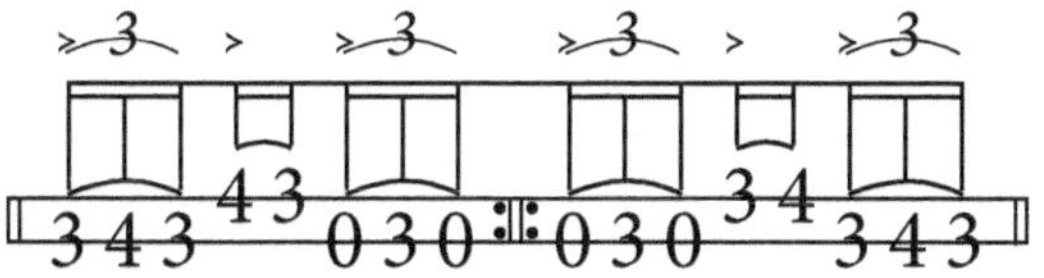

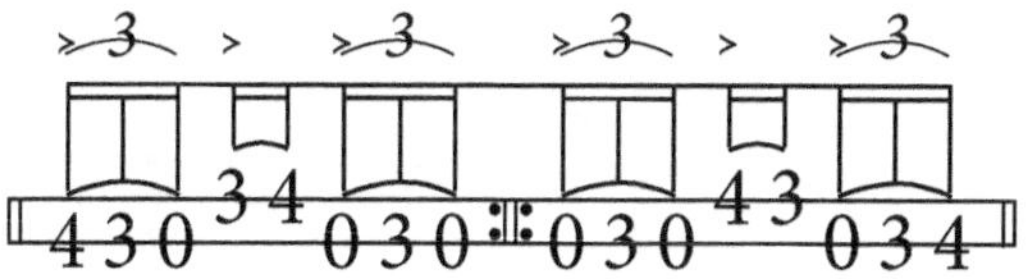

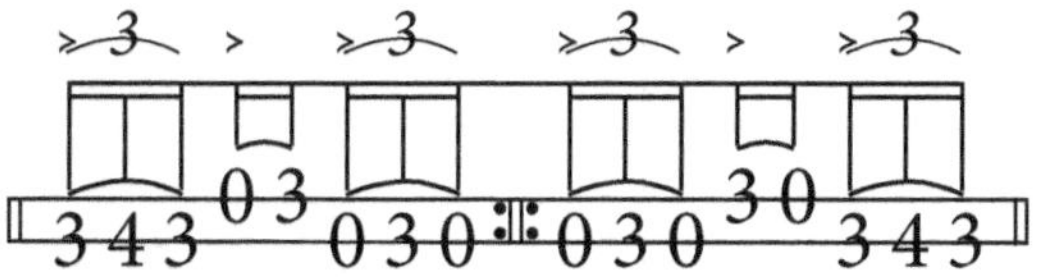

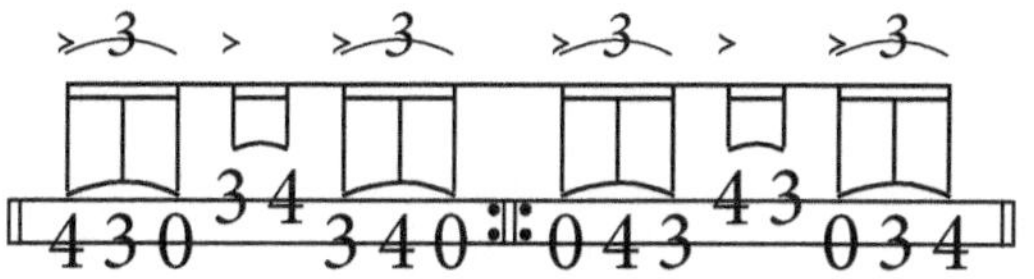

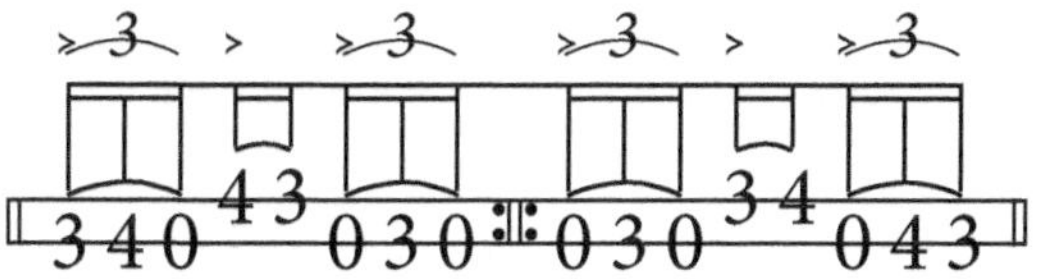

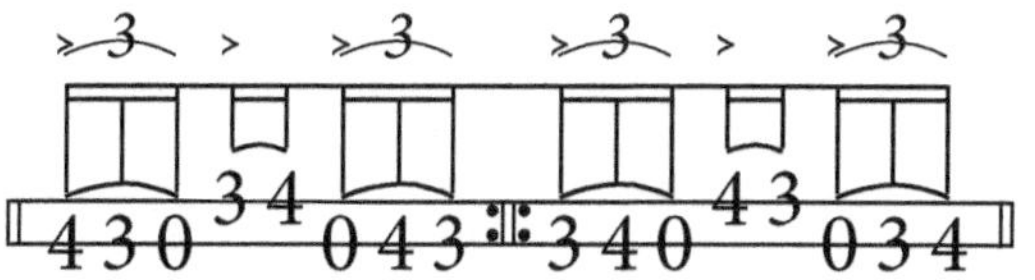

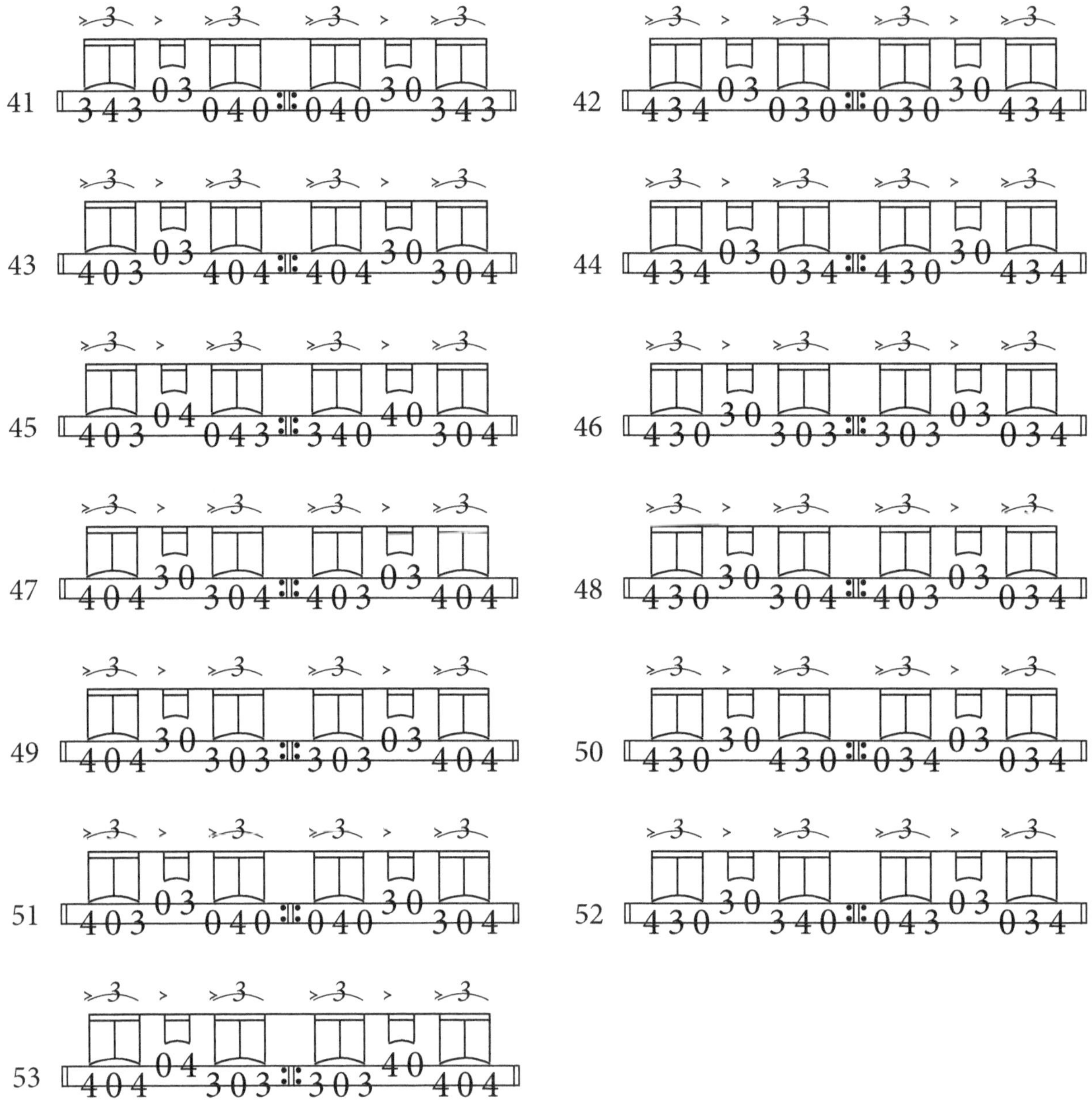

LIGADOS
UNIT 7

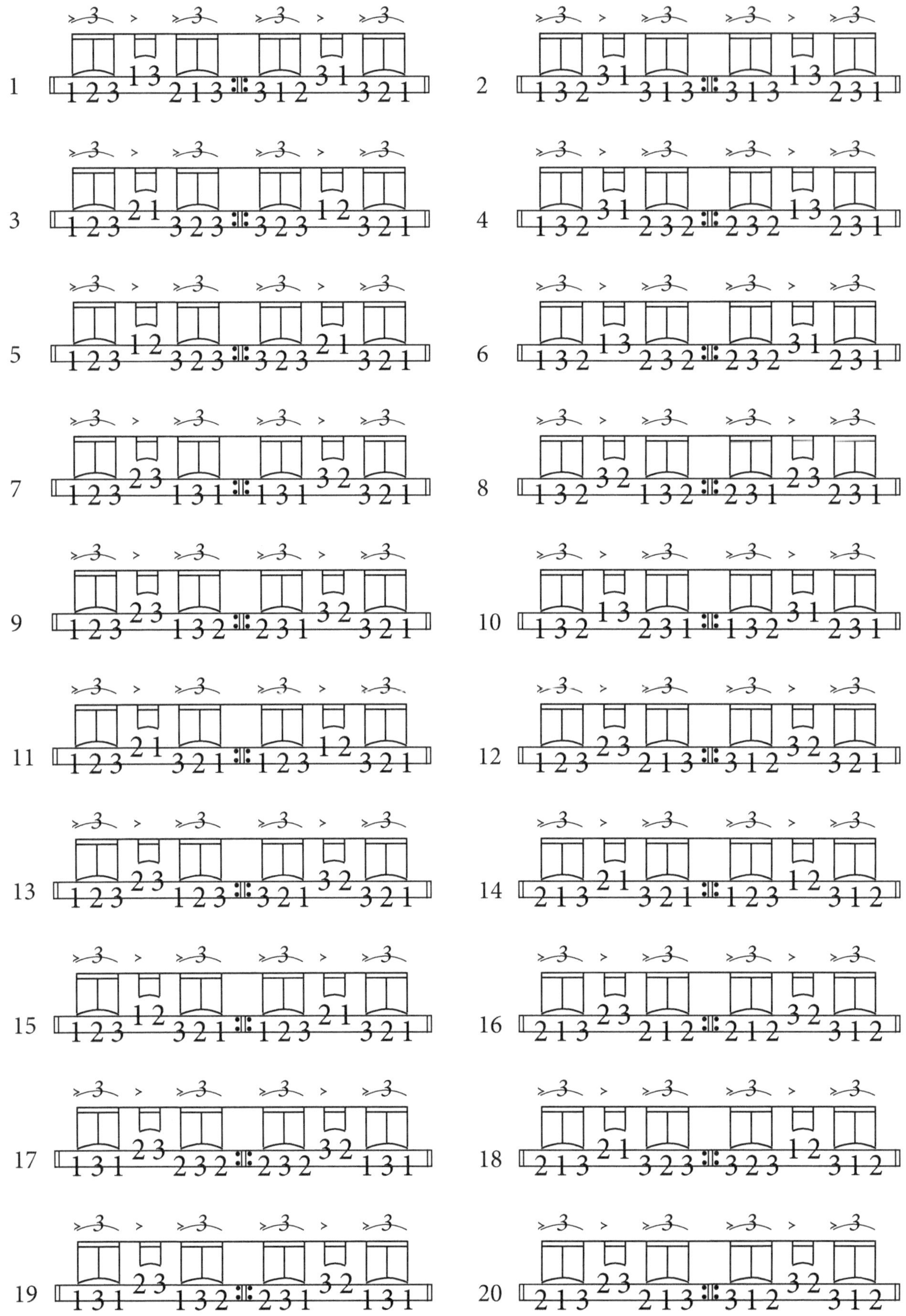

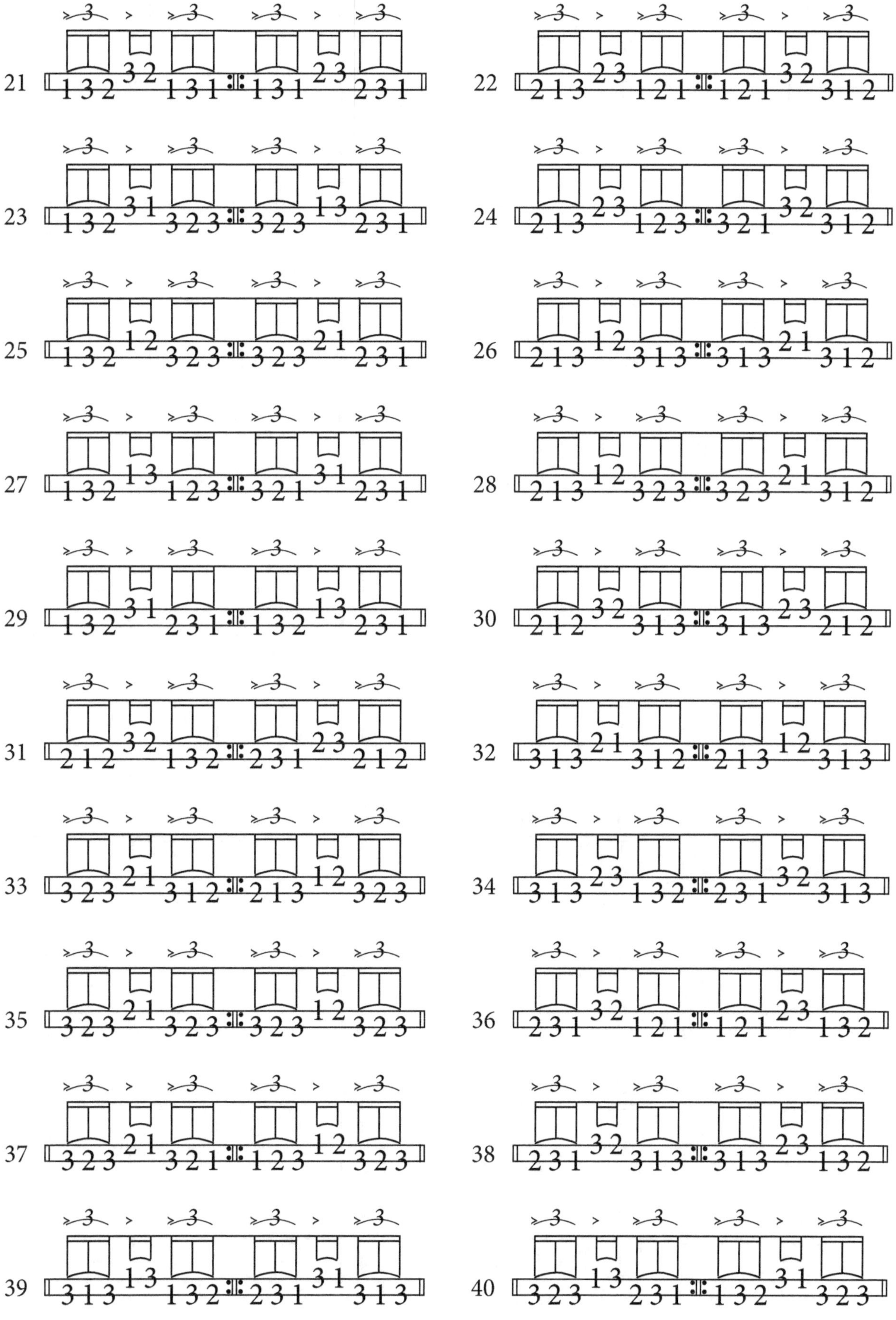

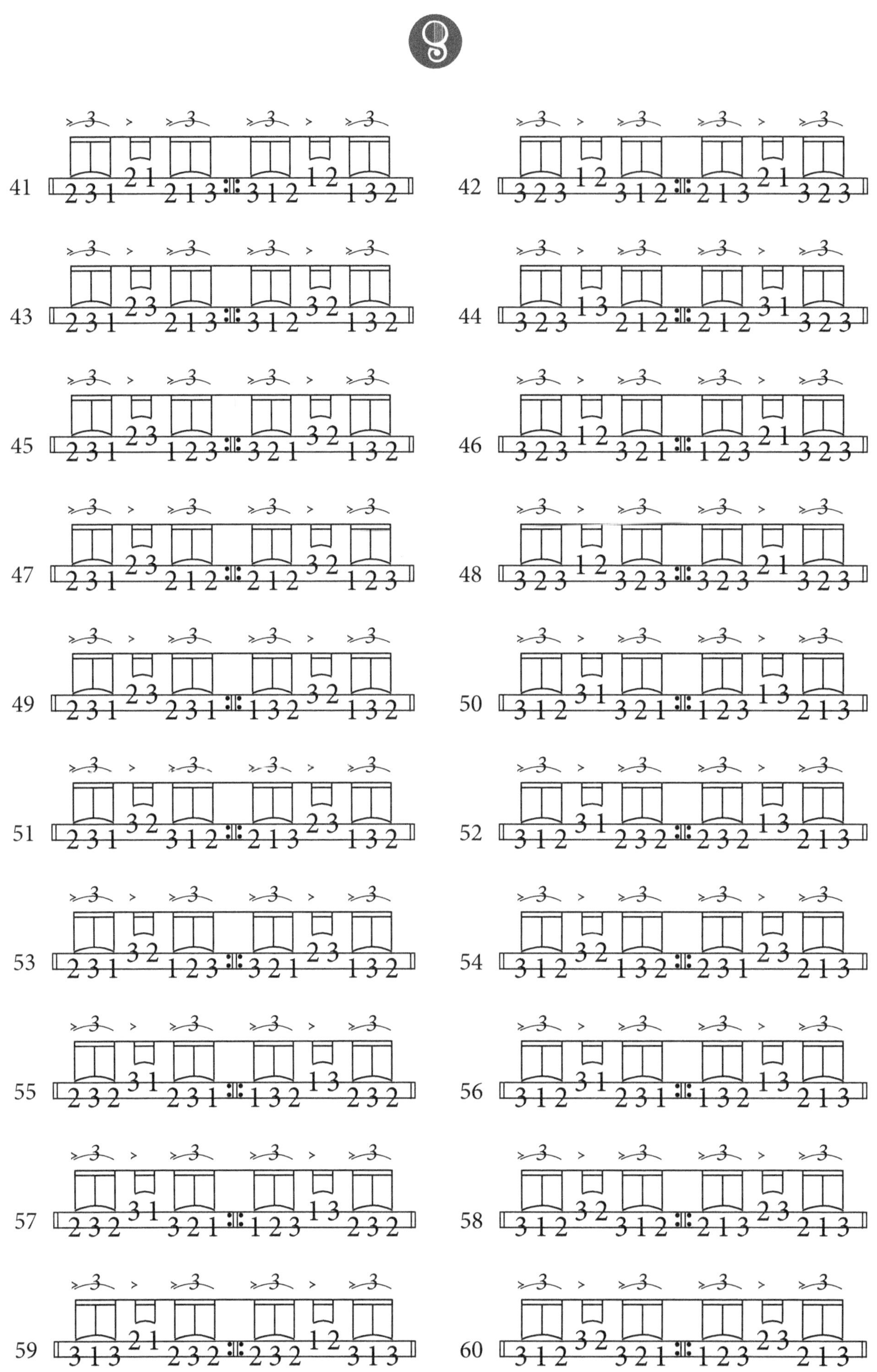

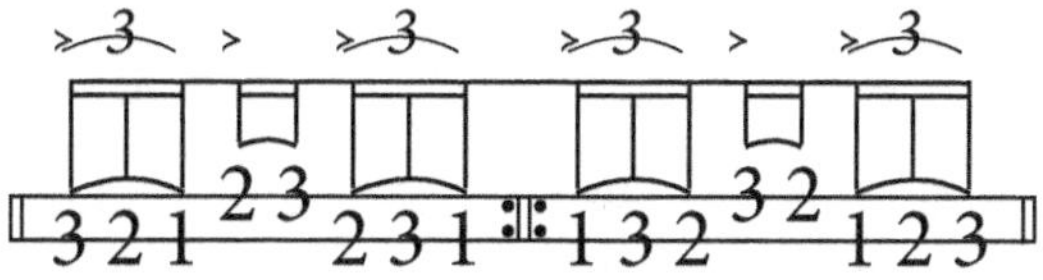

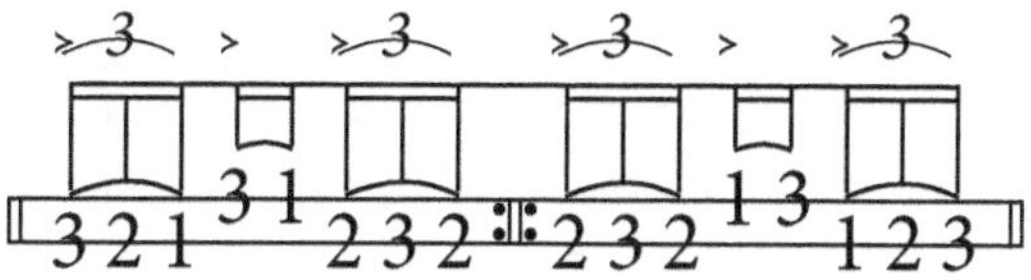

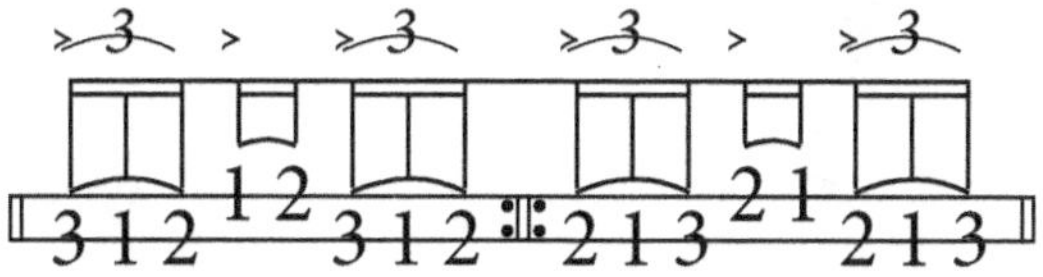

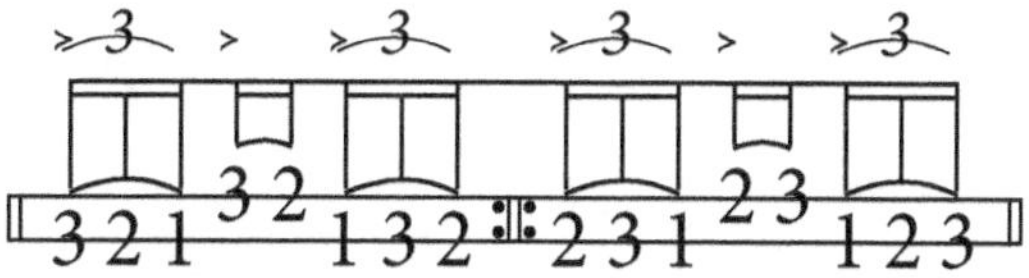

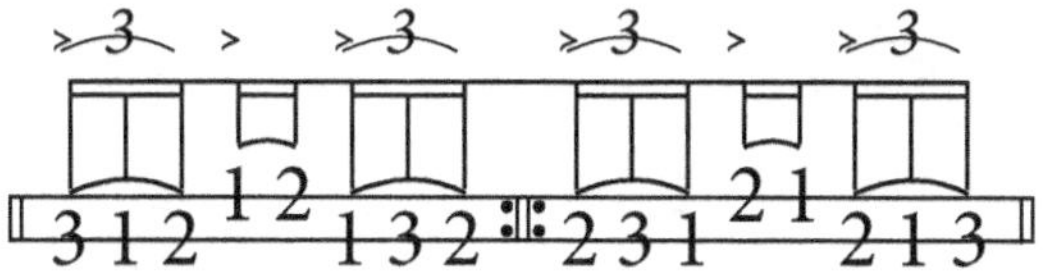

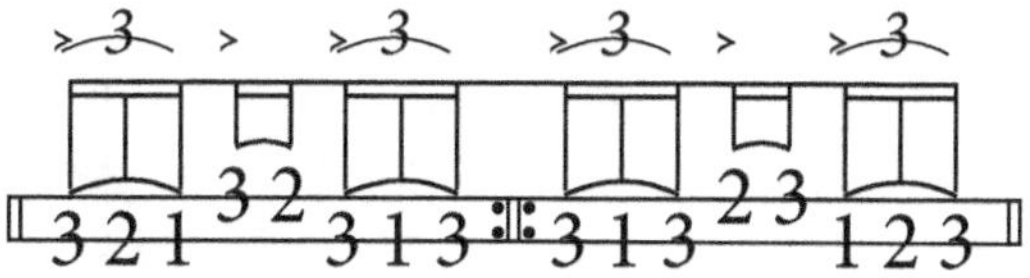

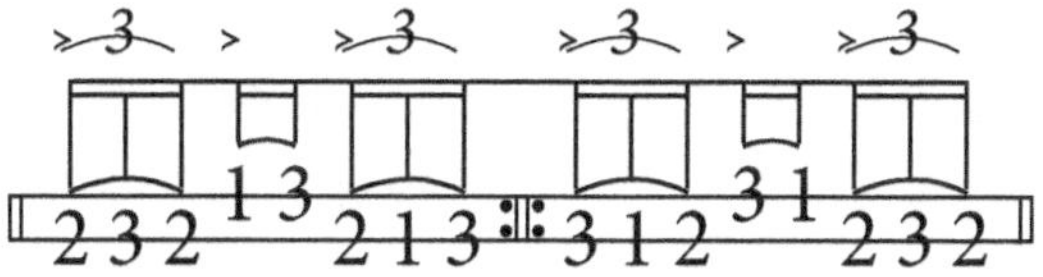

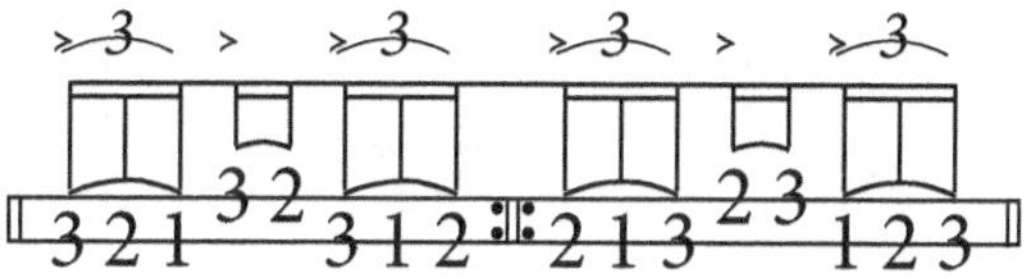

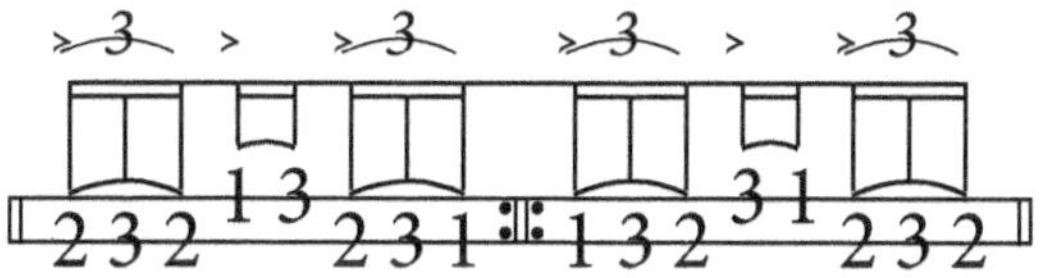

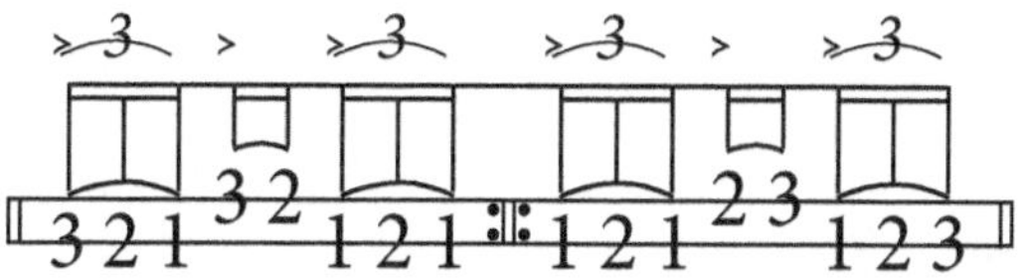

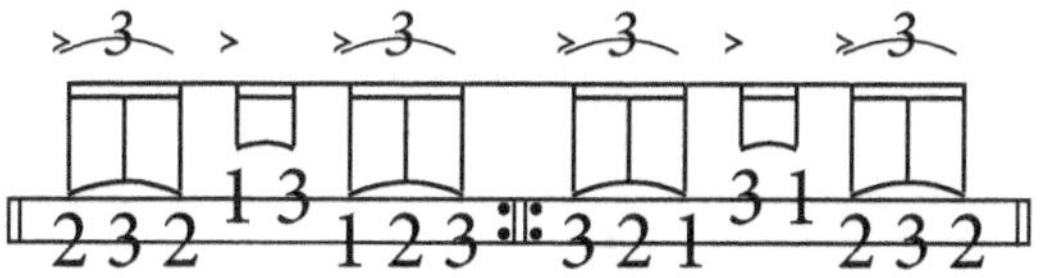

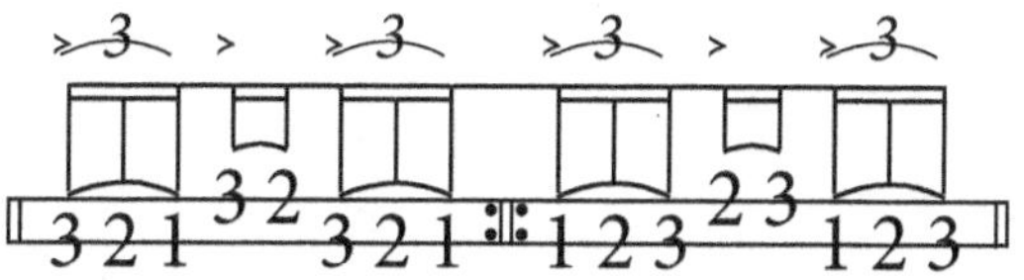

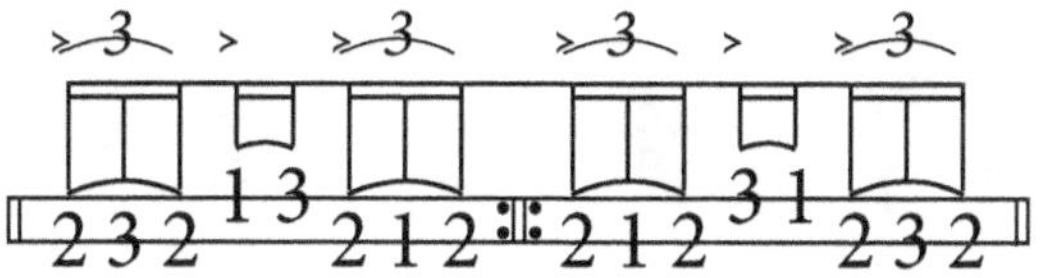

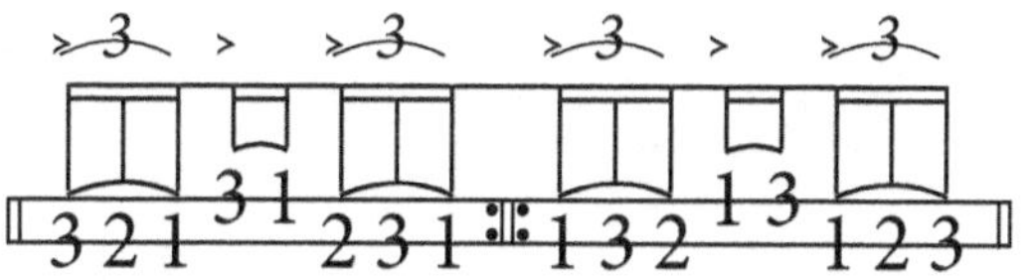

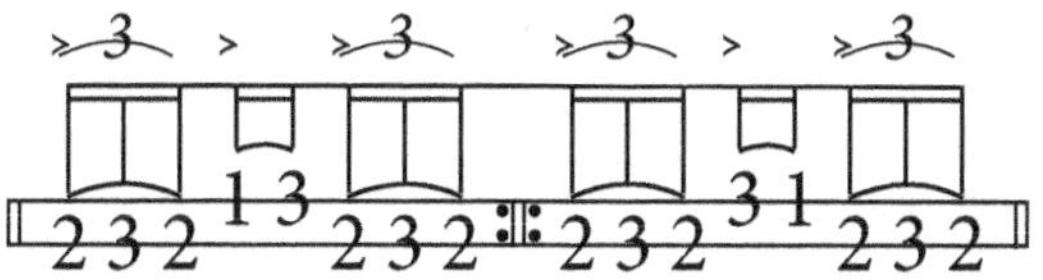

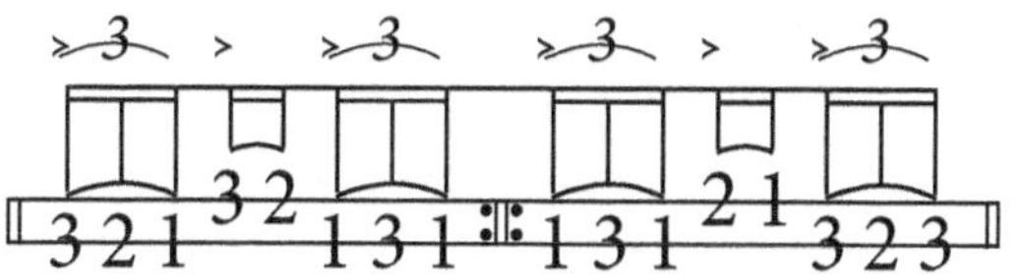

LIGADOS
UNIT 8

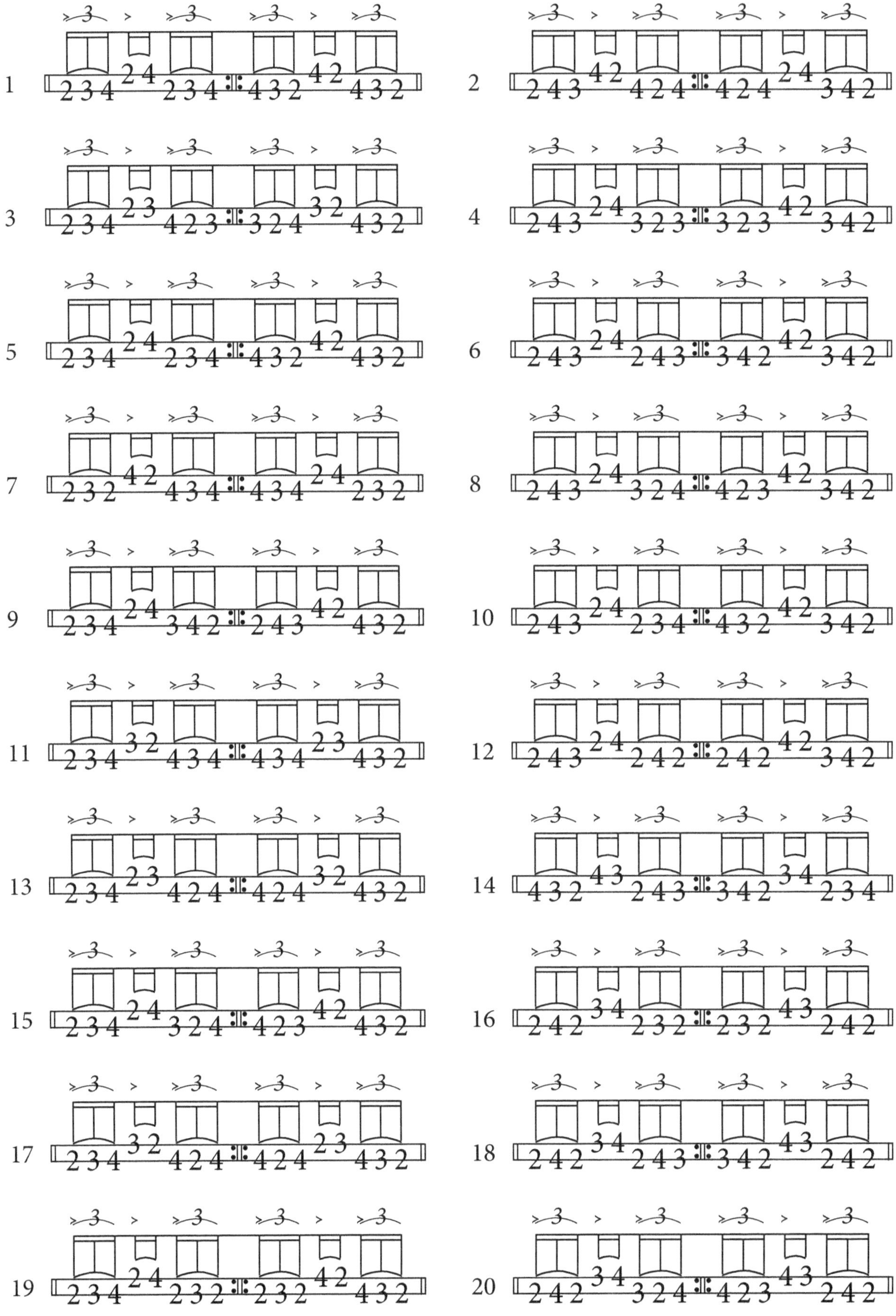

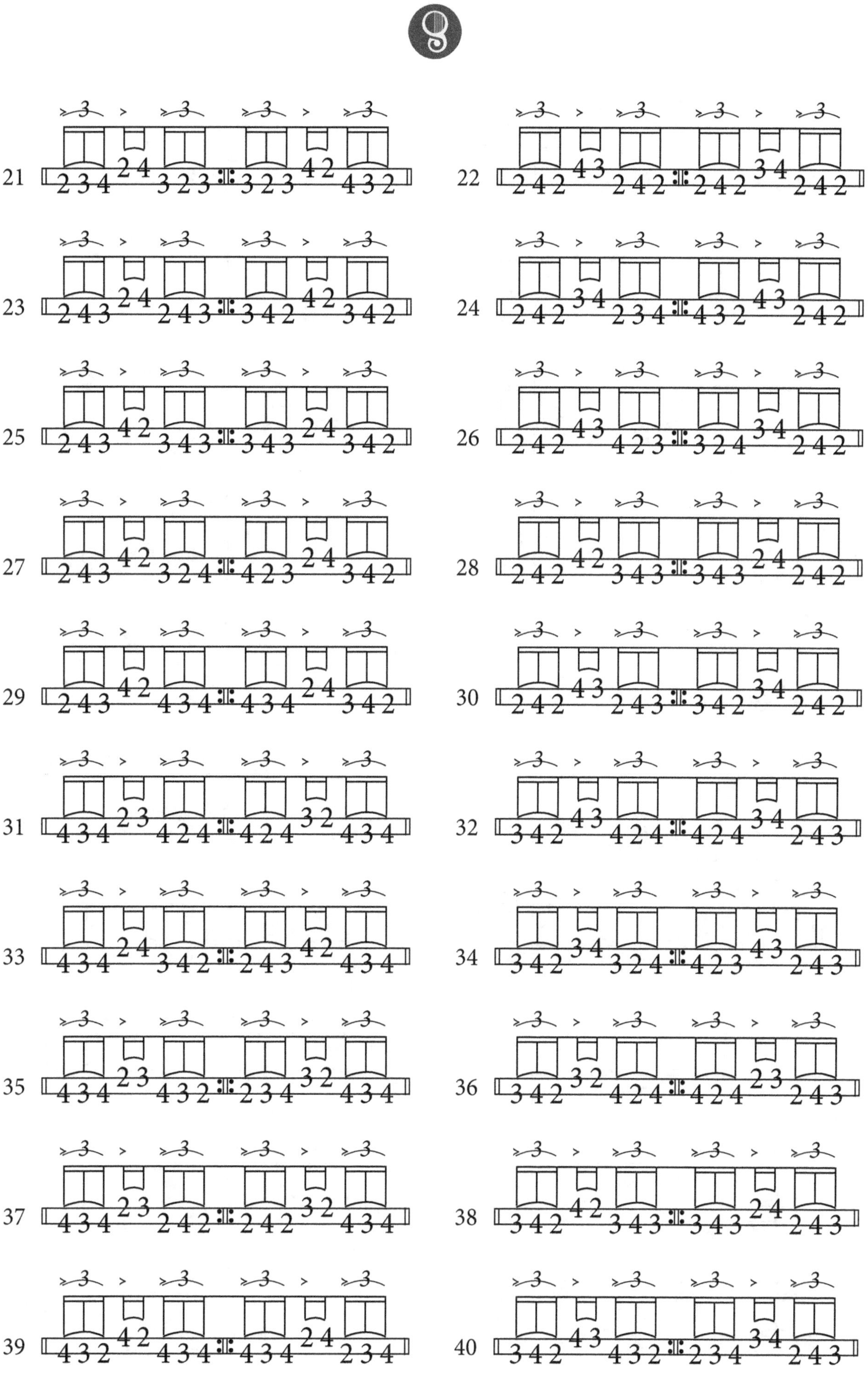

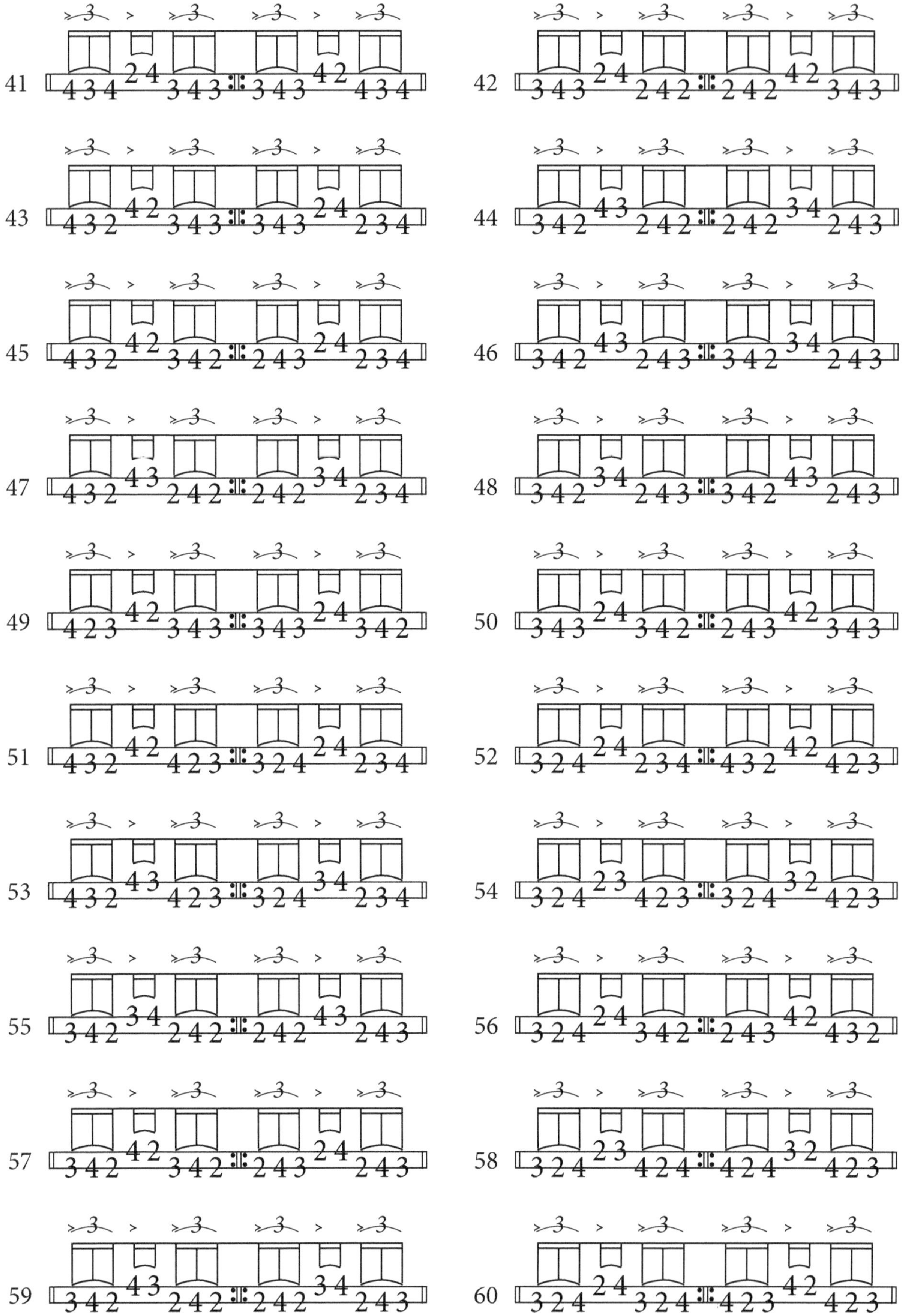

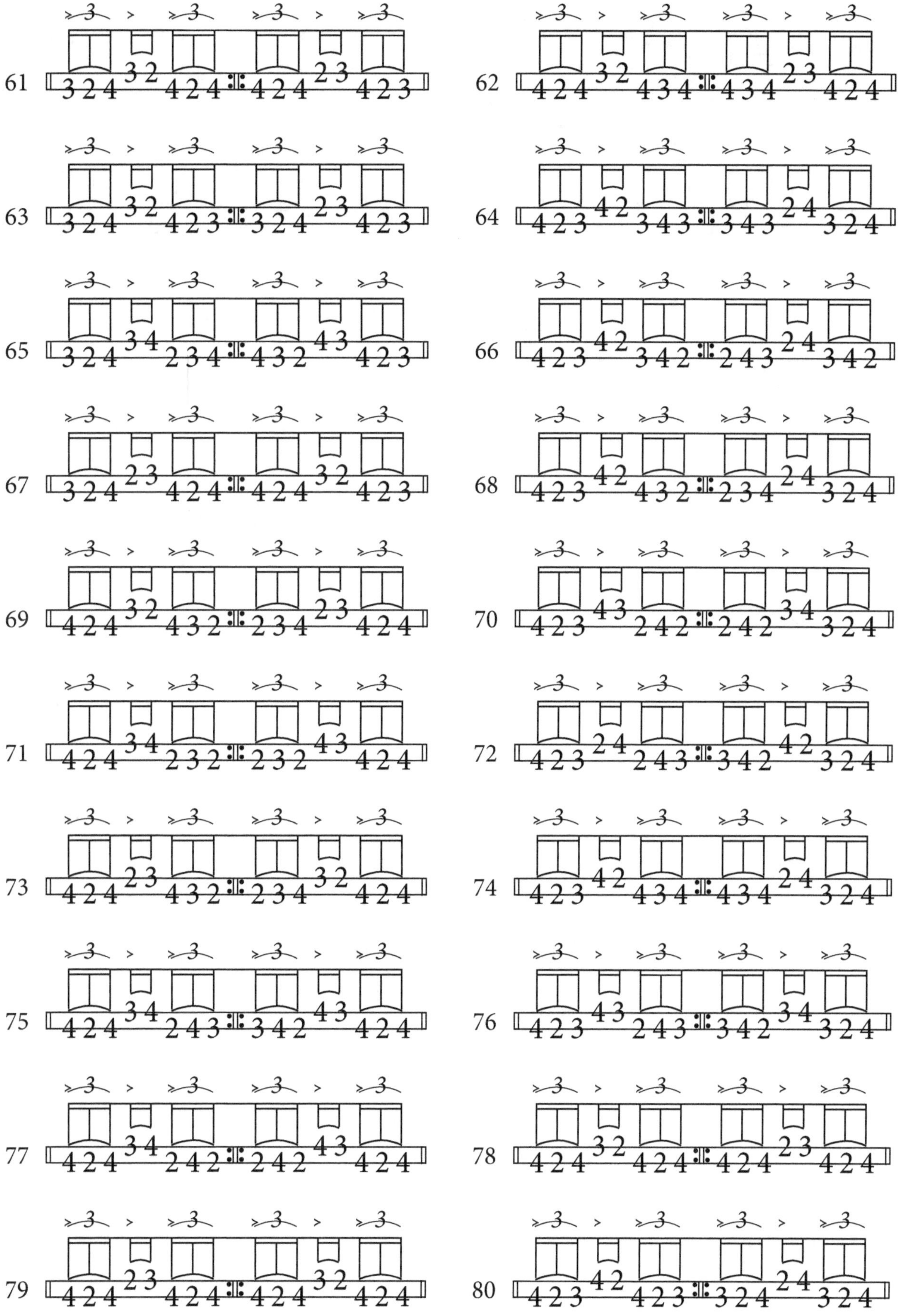

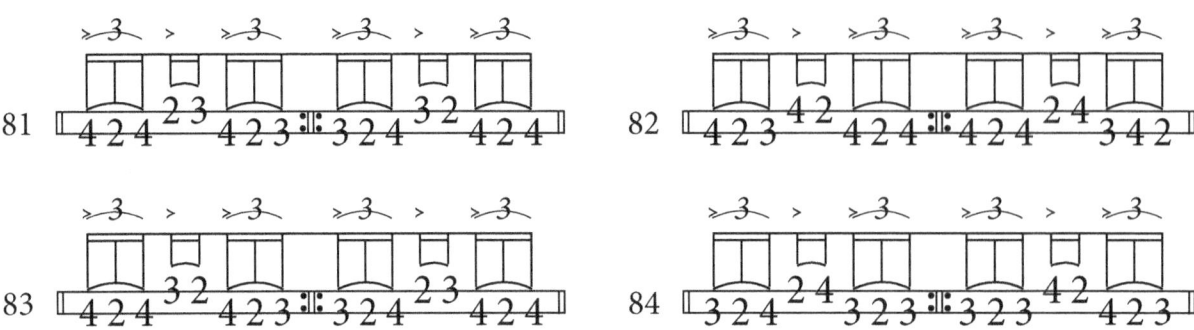

LIGADOS
UNIT 9

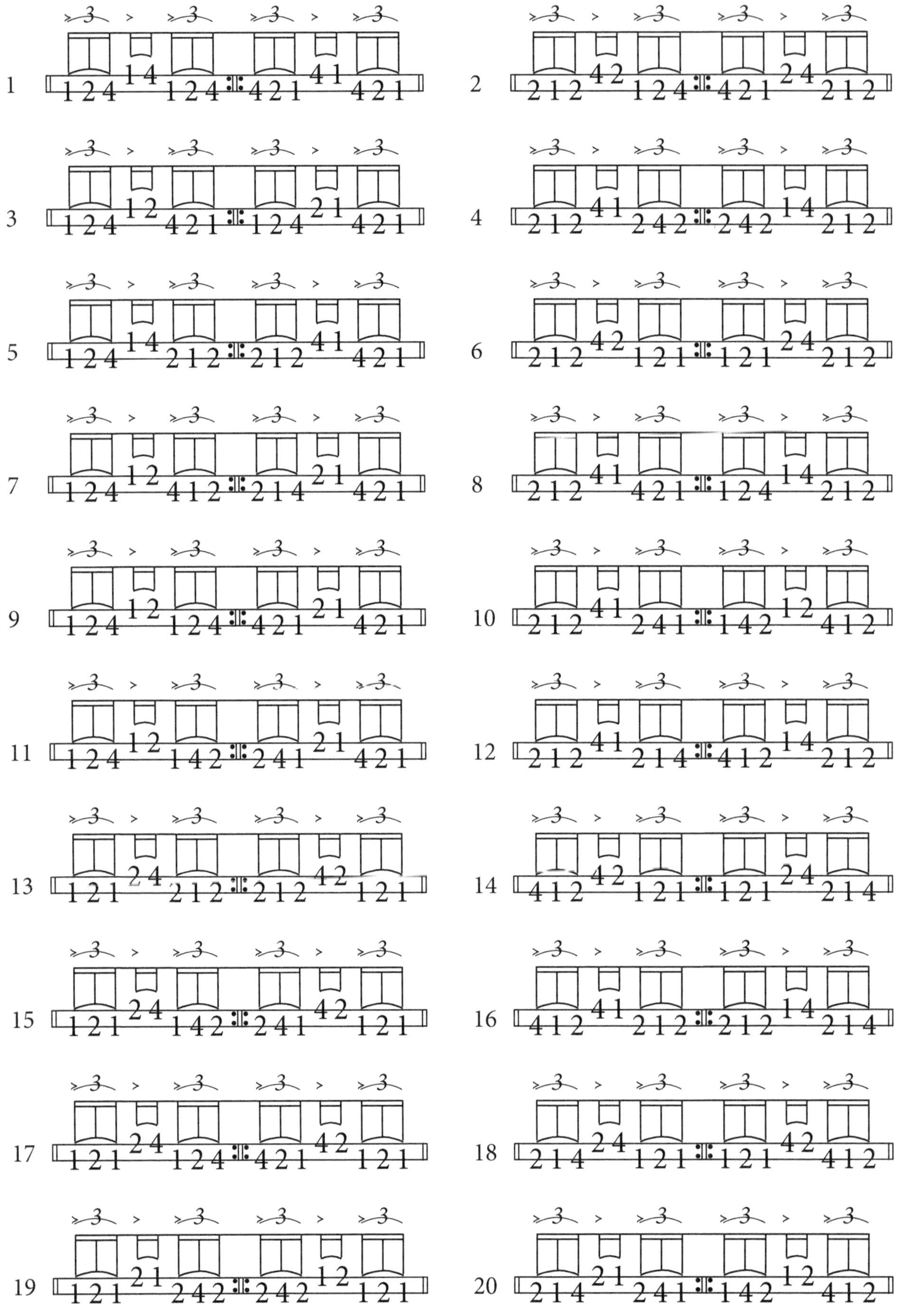

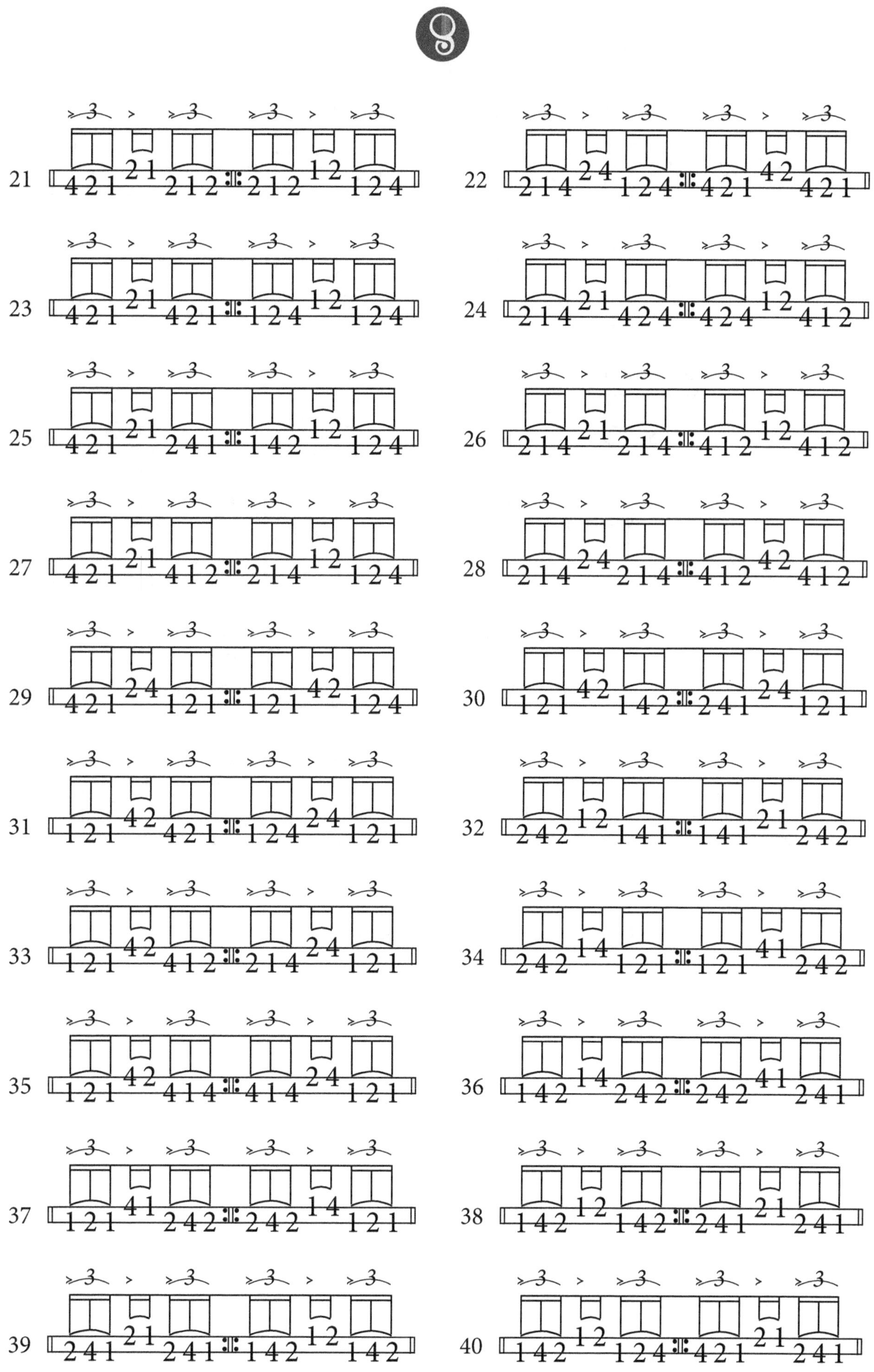

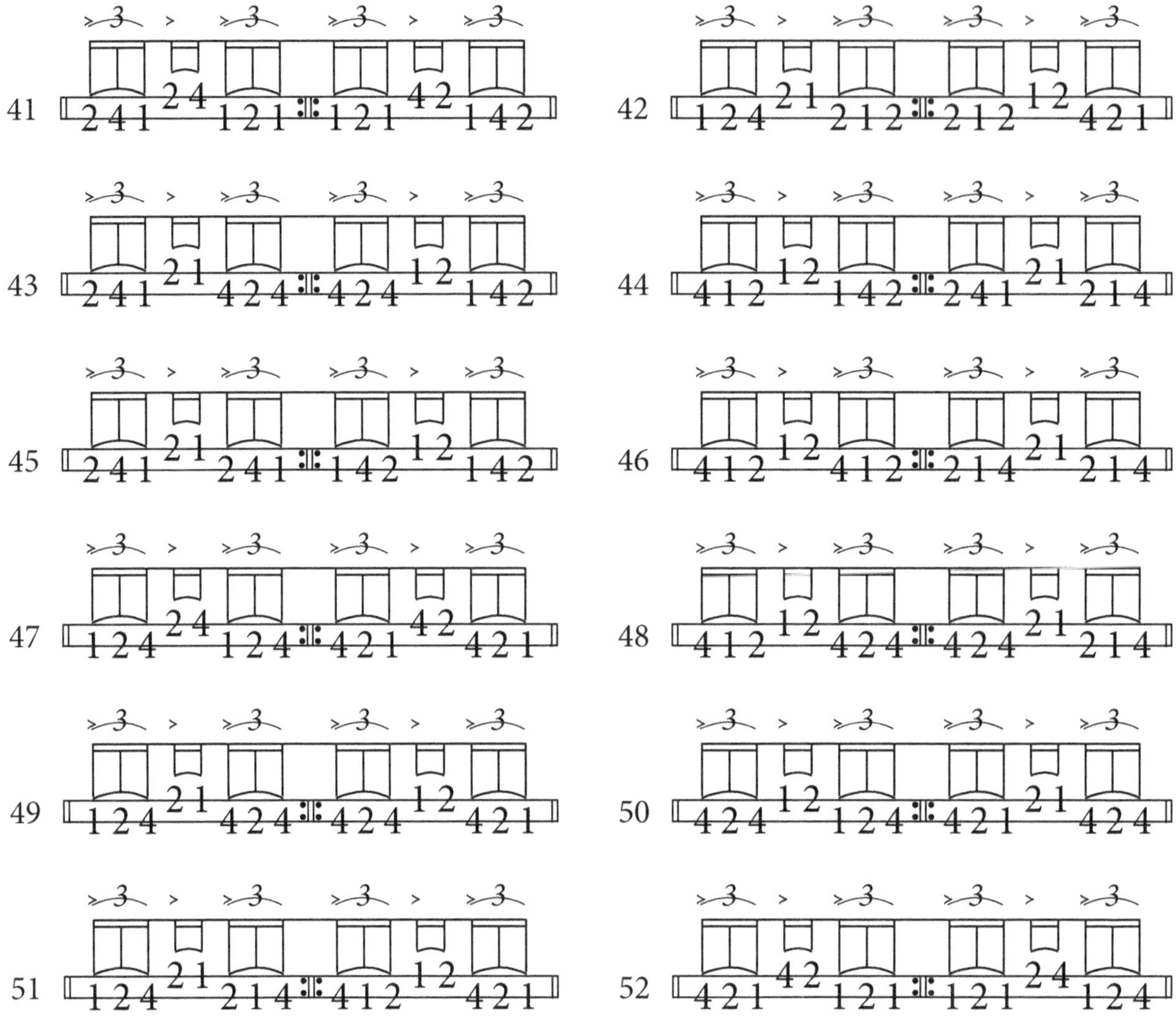

LIGADOS
UNIT 10

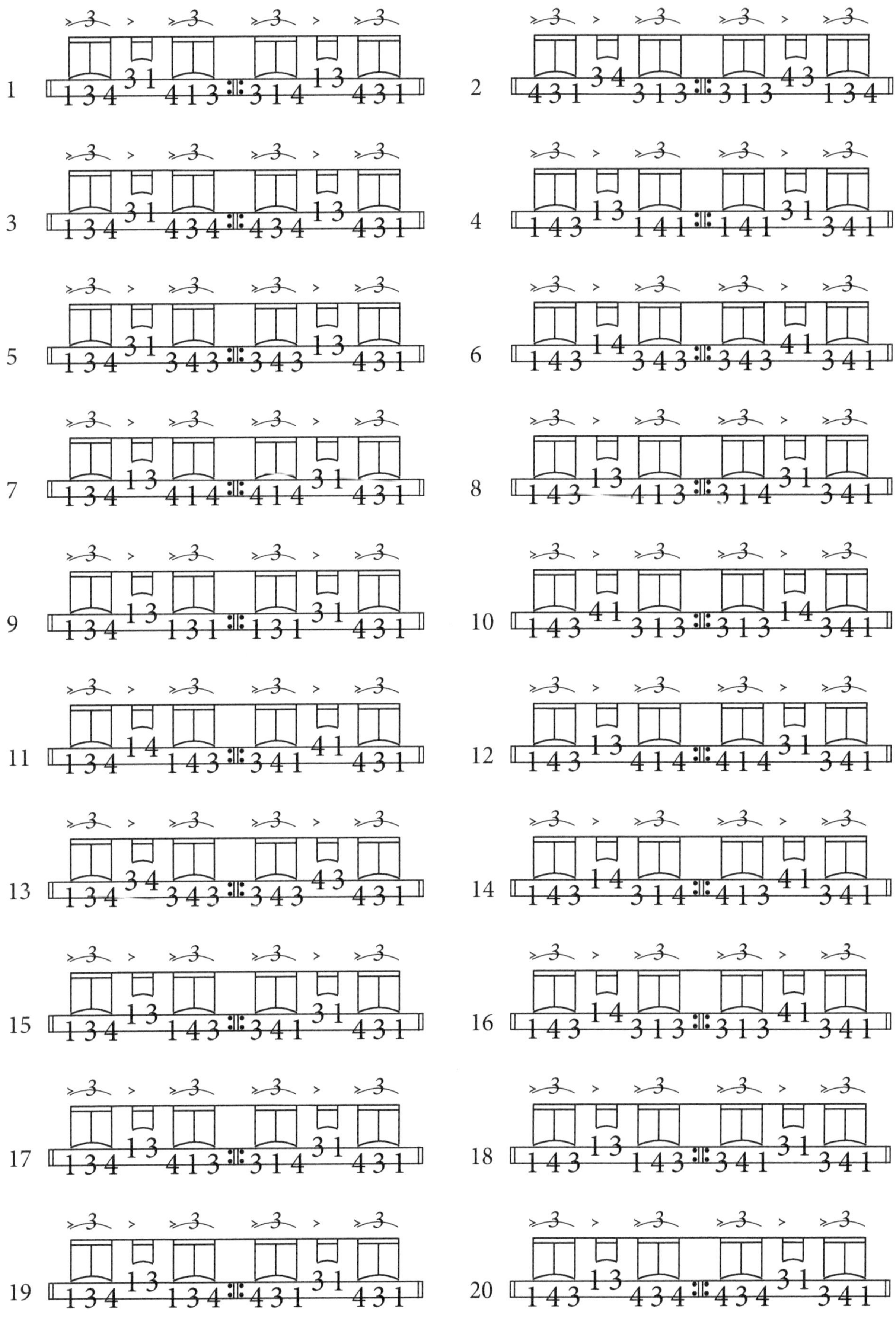

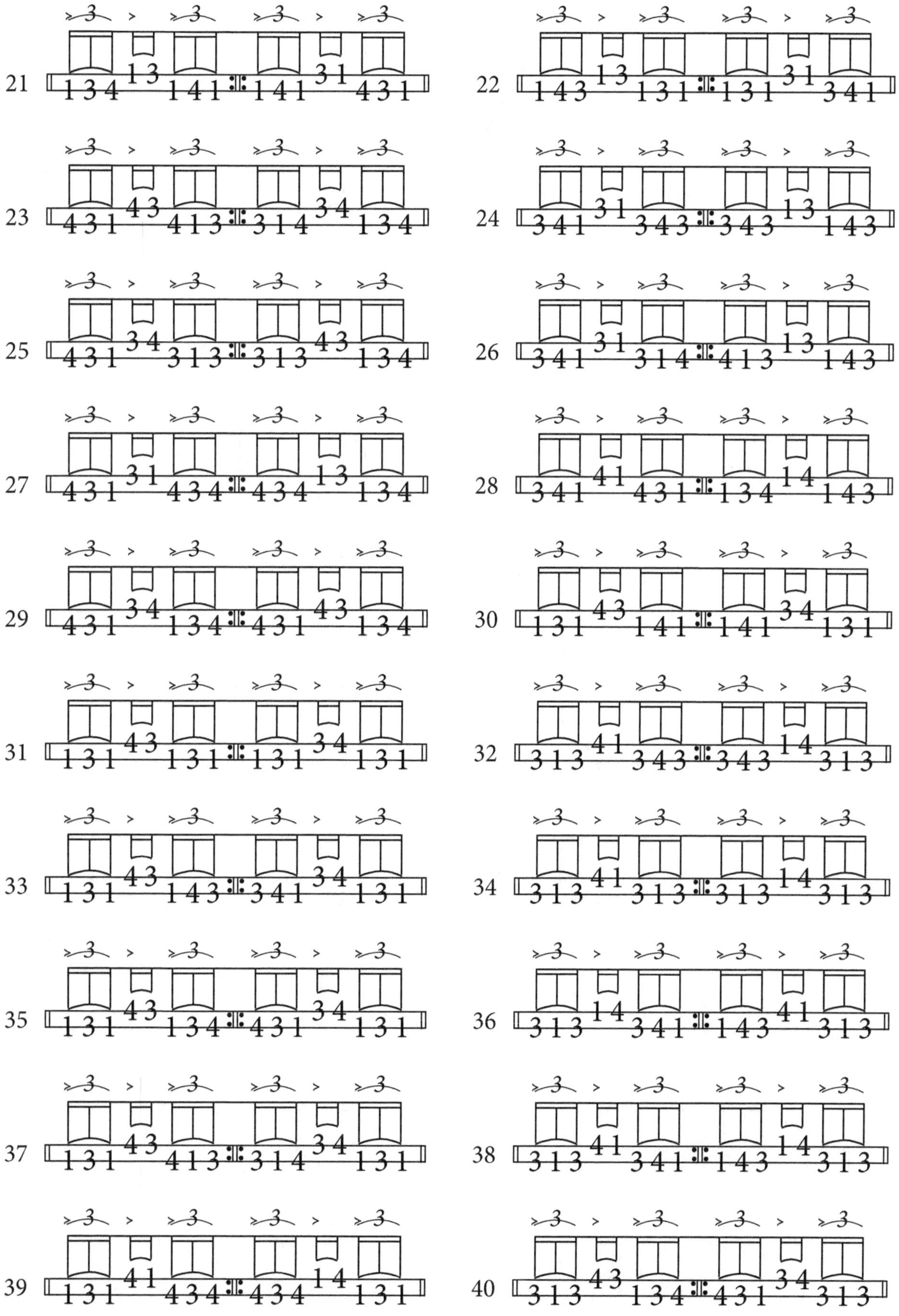

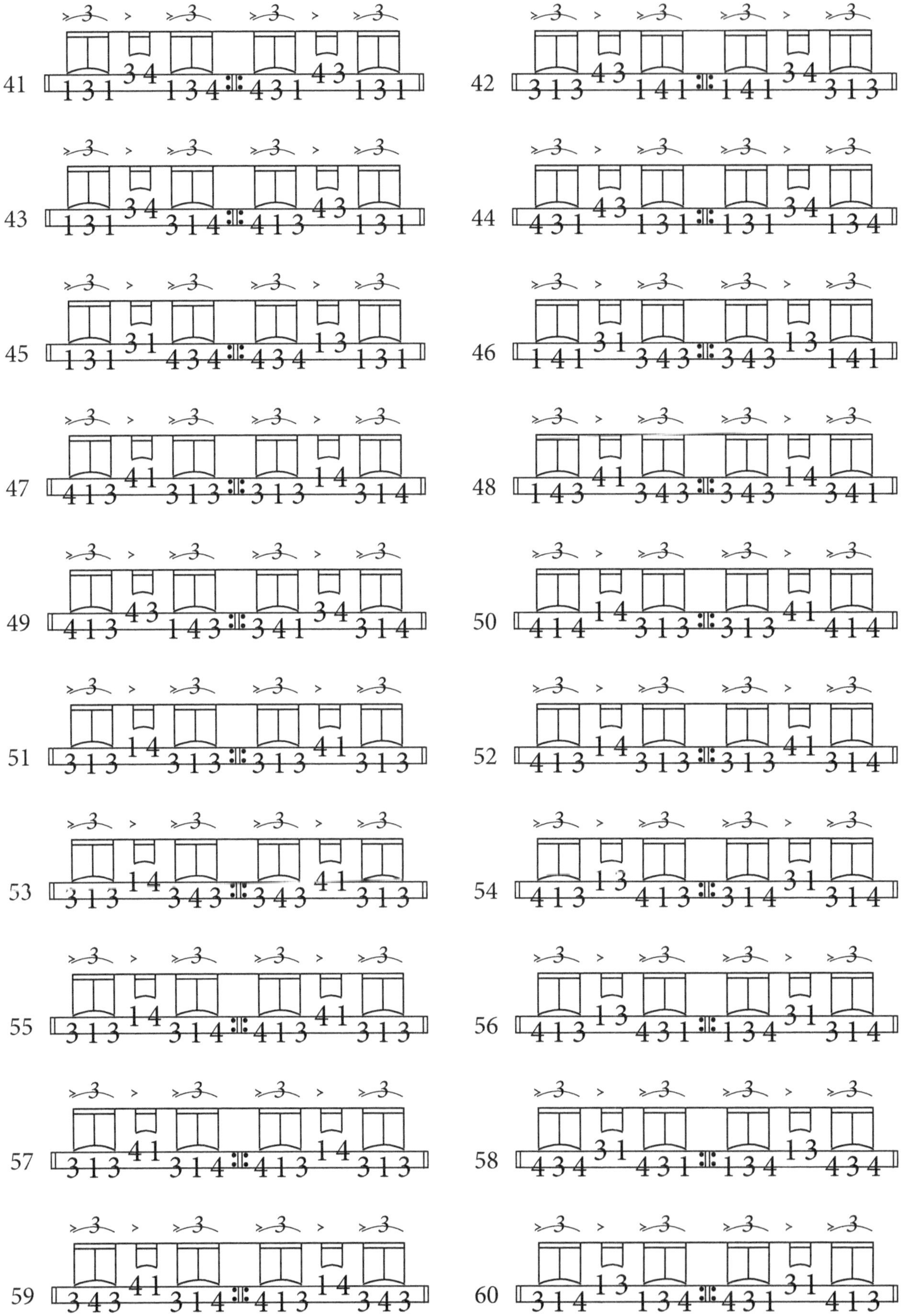

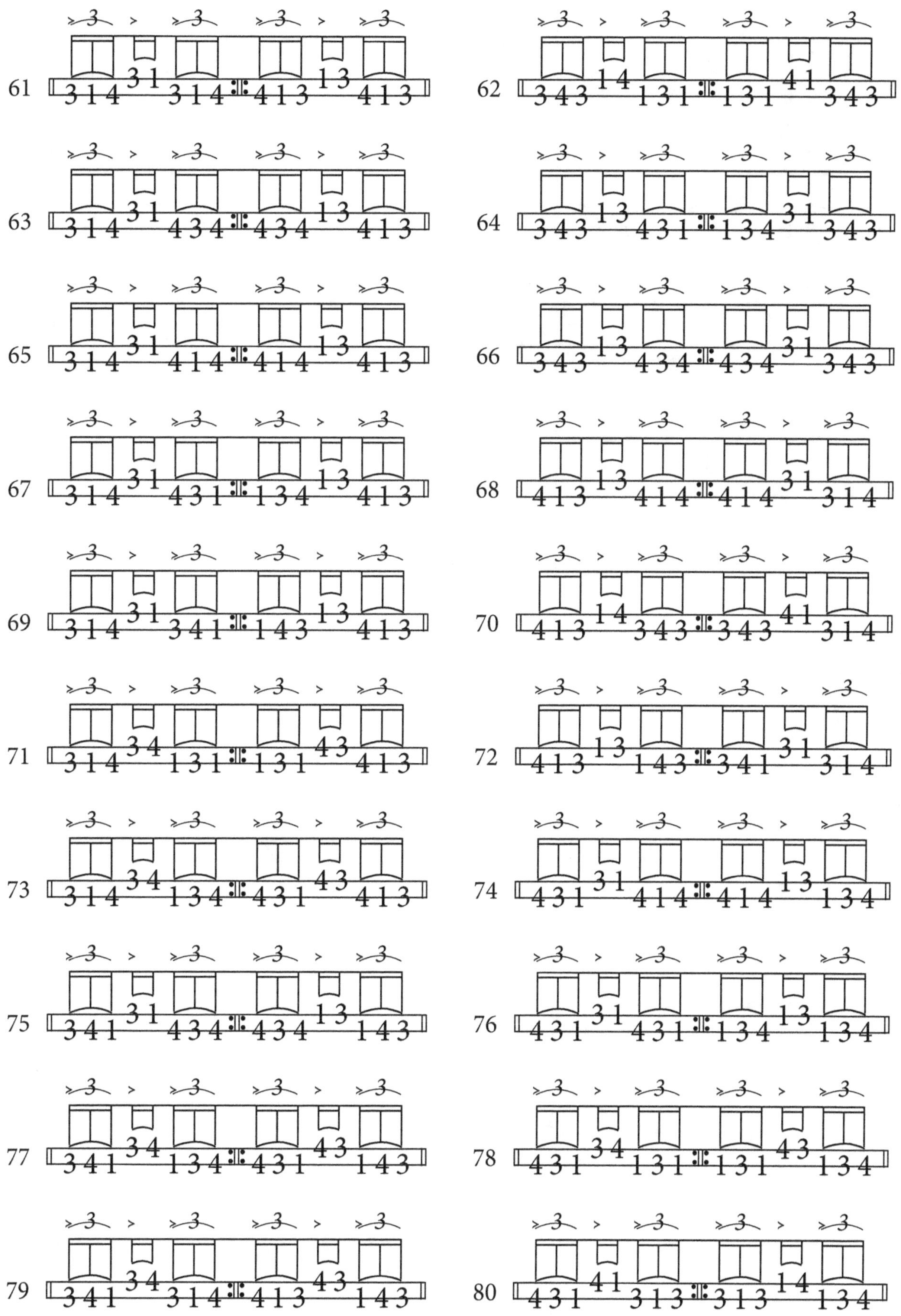

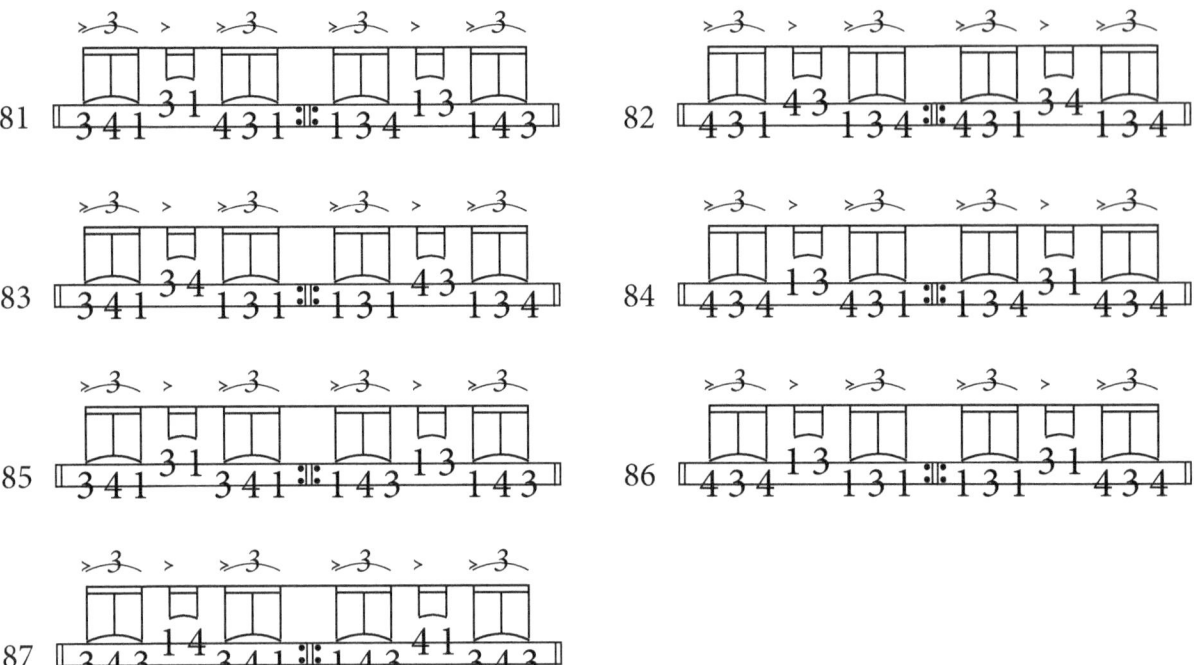

LIGADOS
UNIT 11

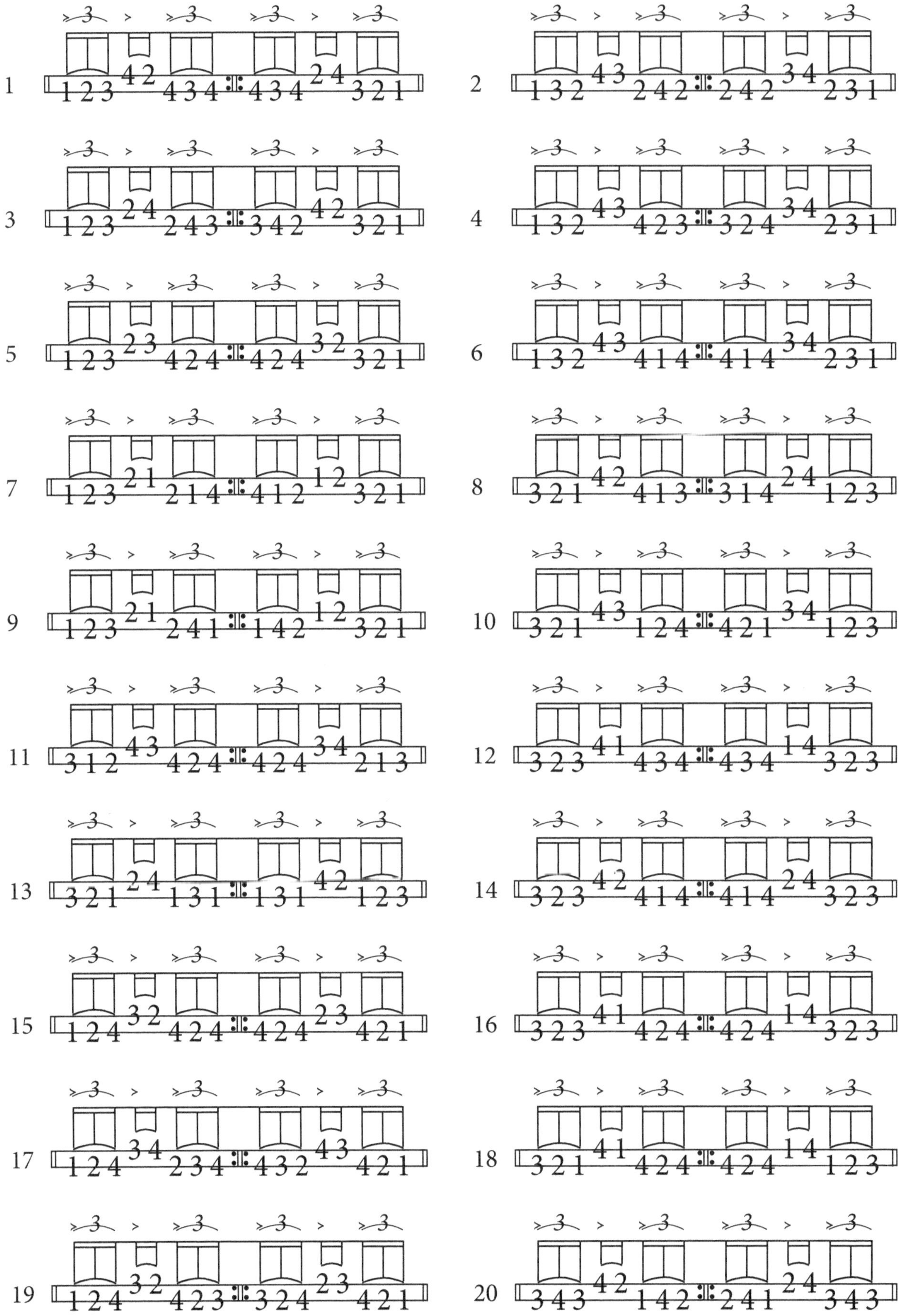

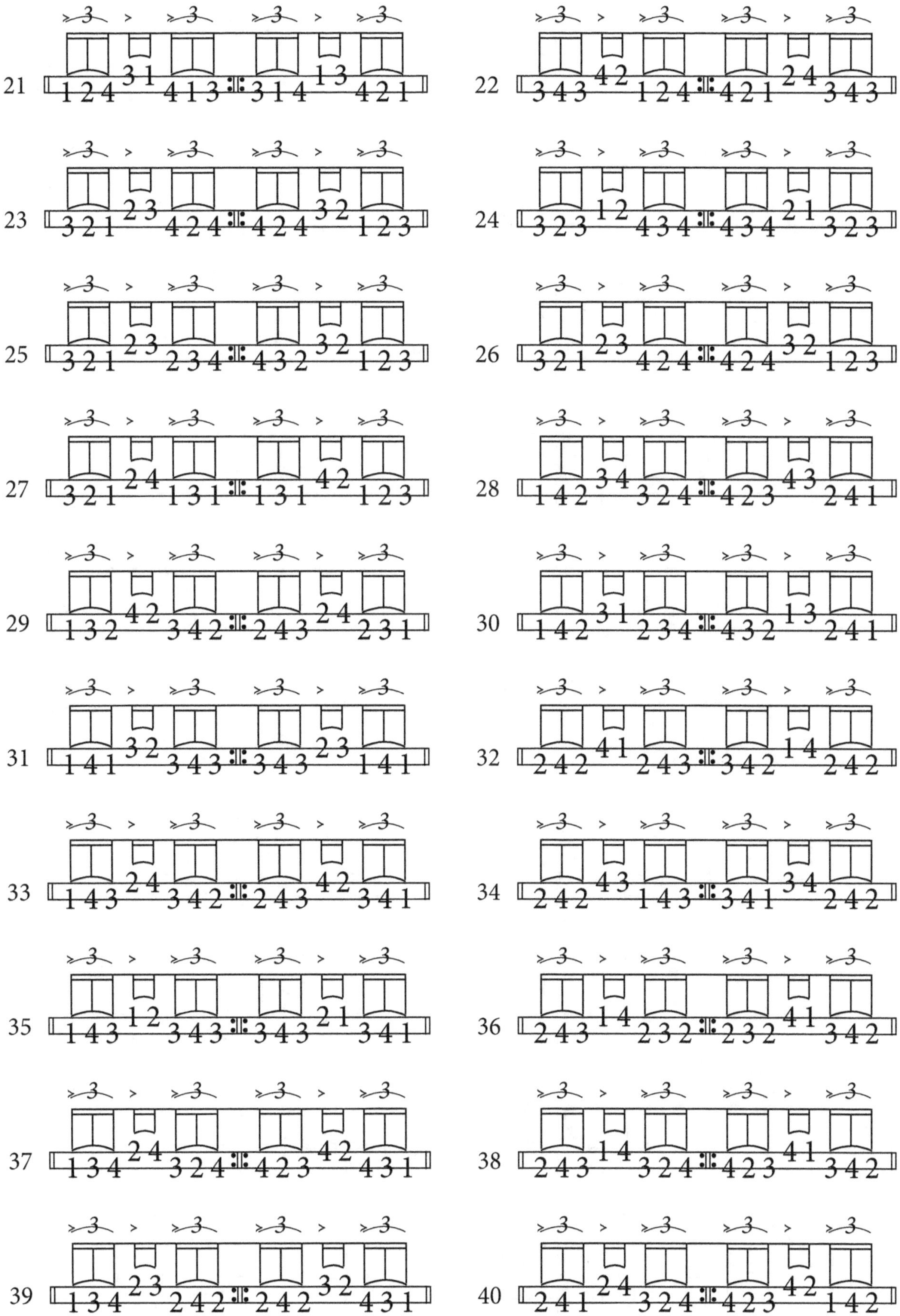

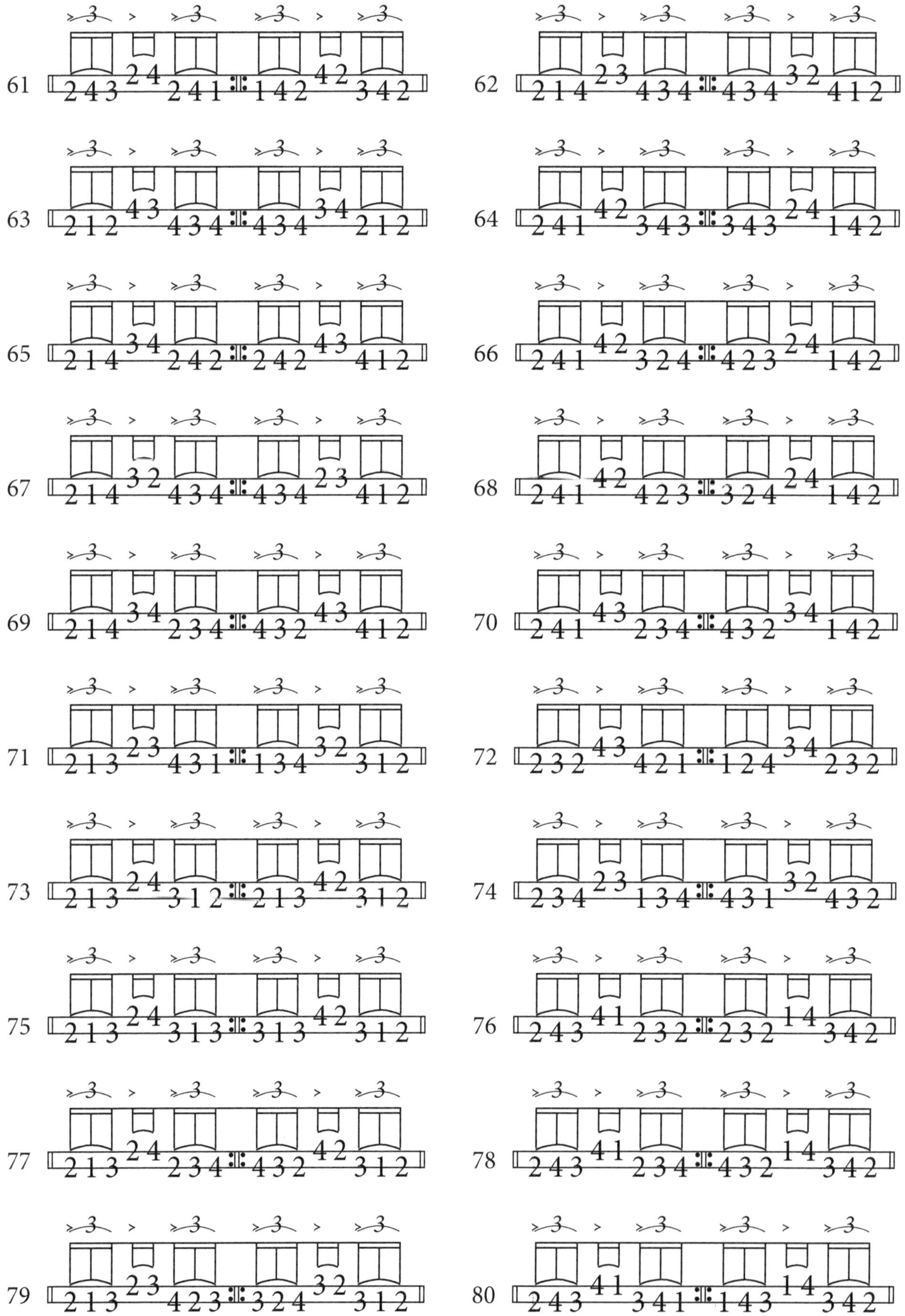

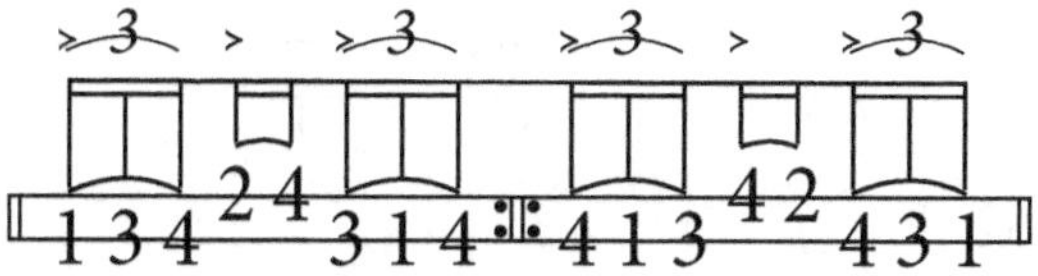

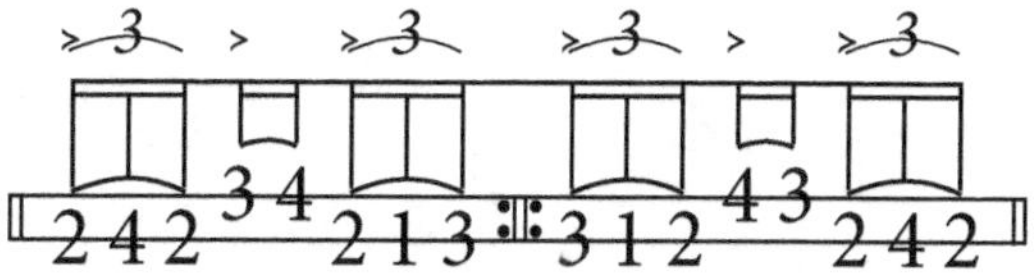

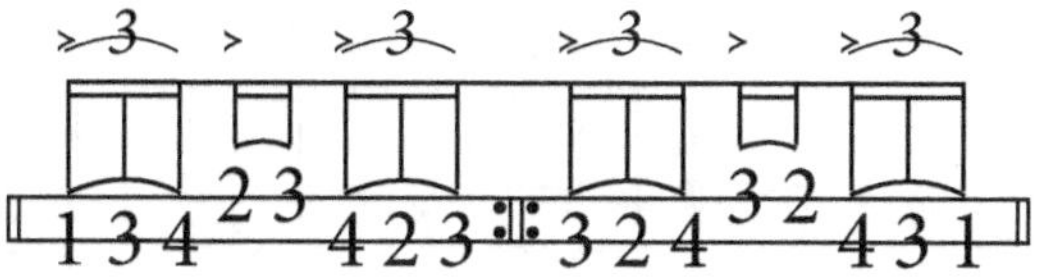

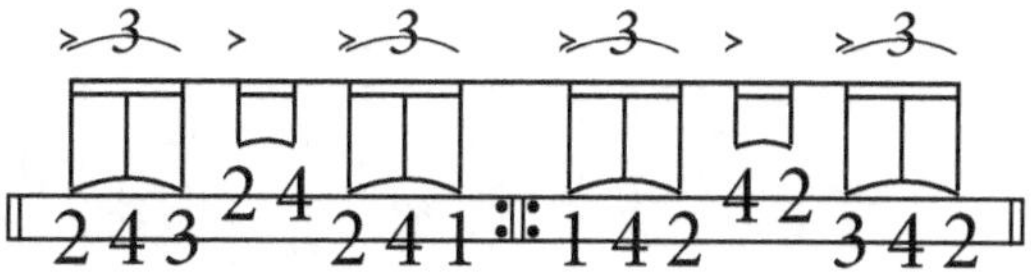

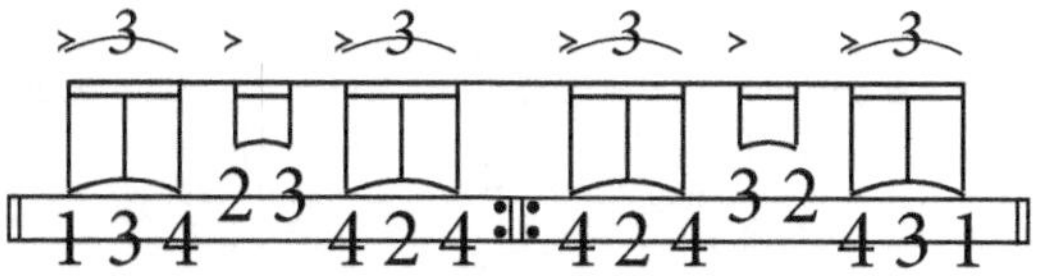

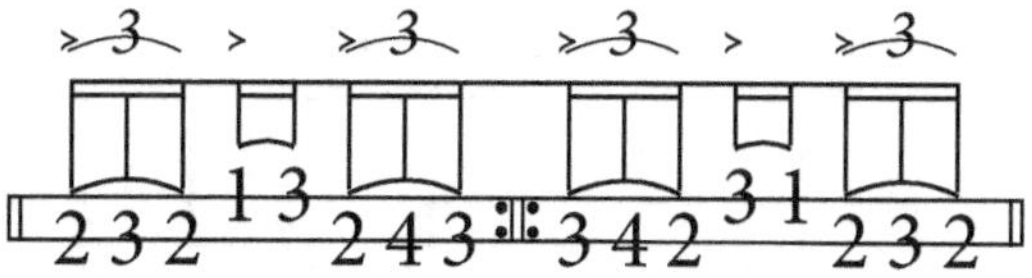

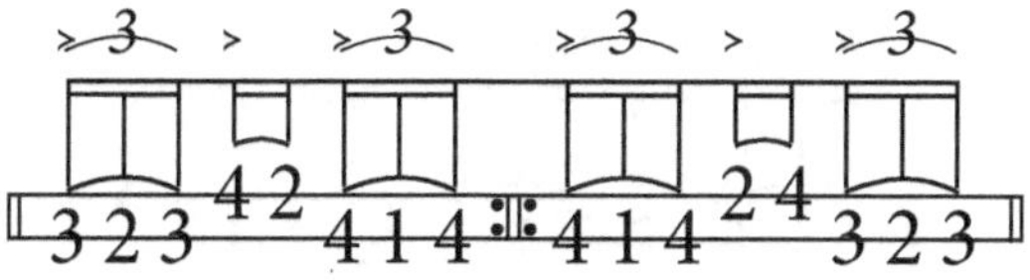

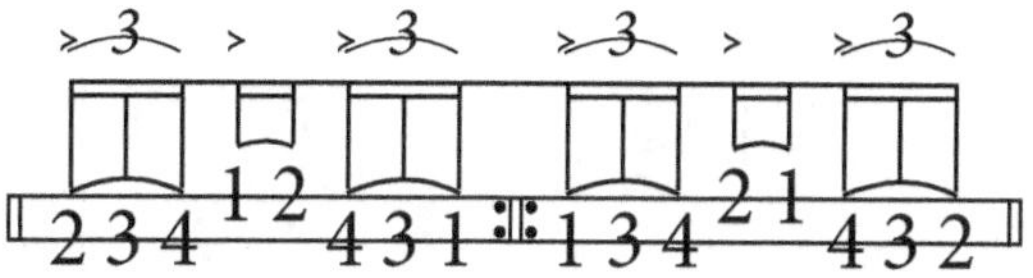

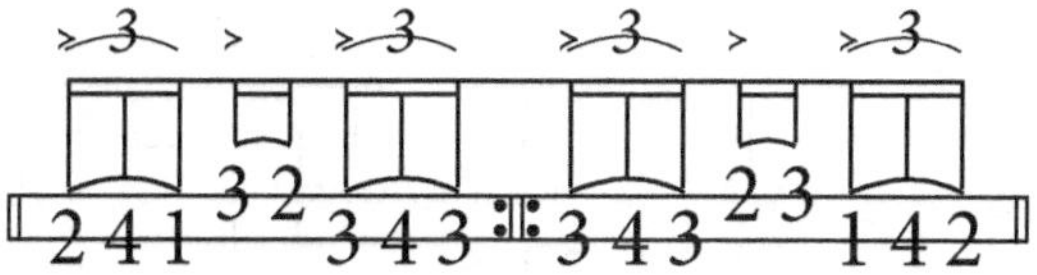

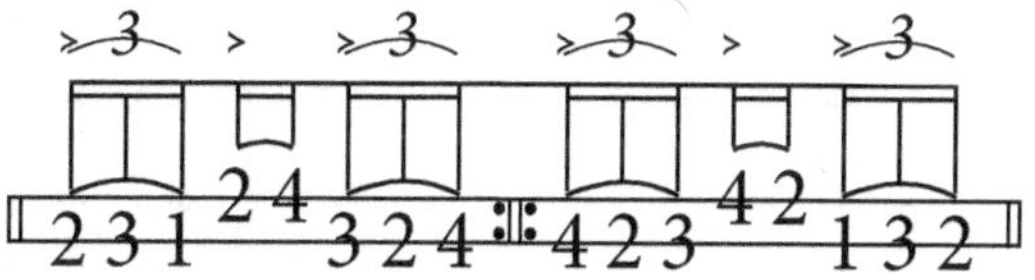

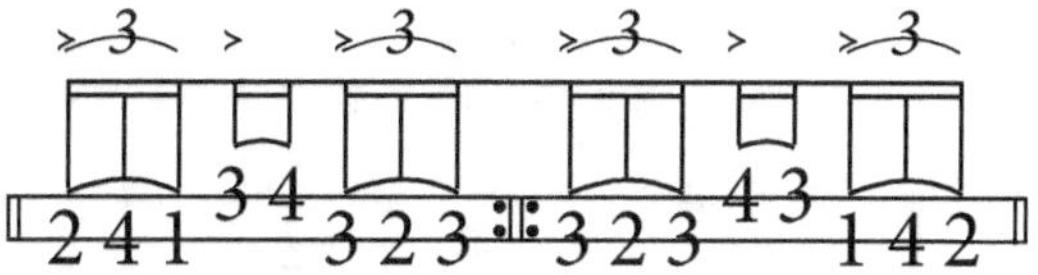

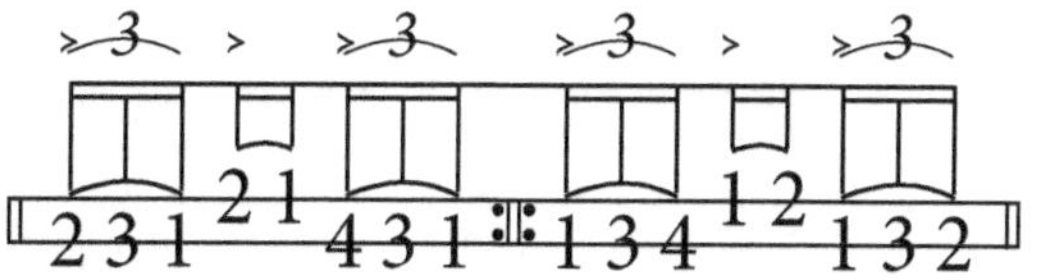

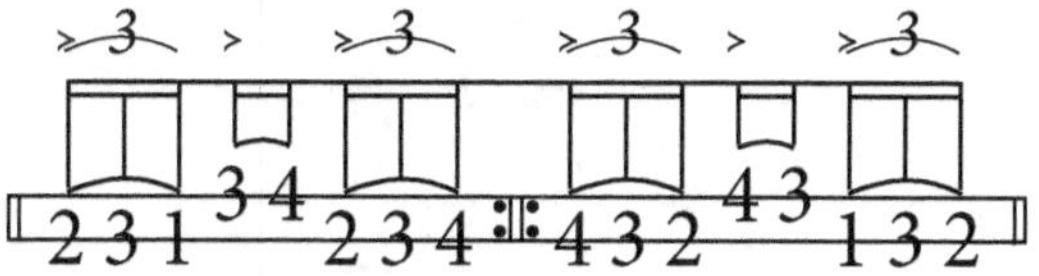

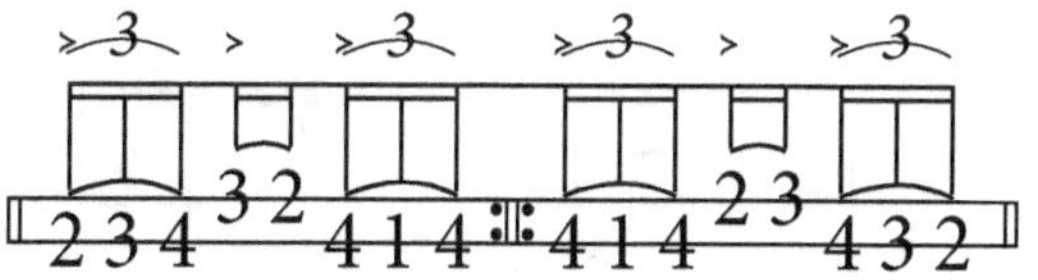

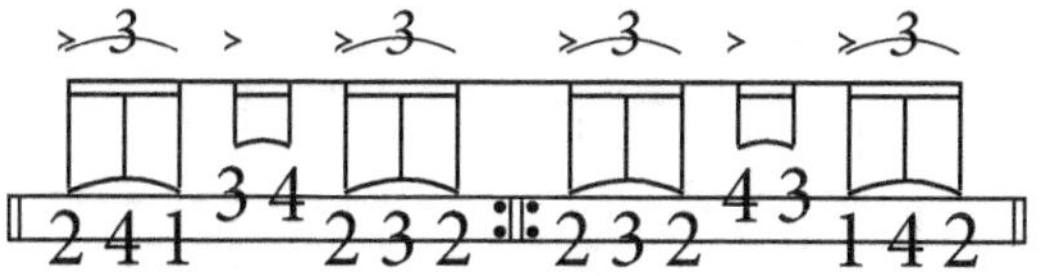

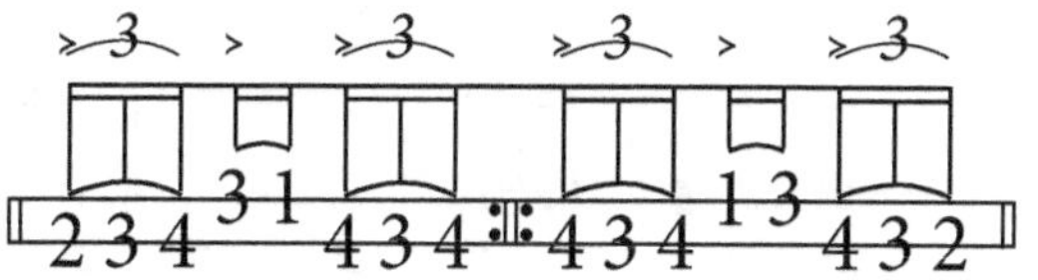

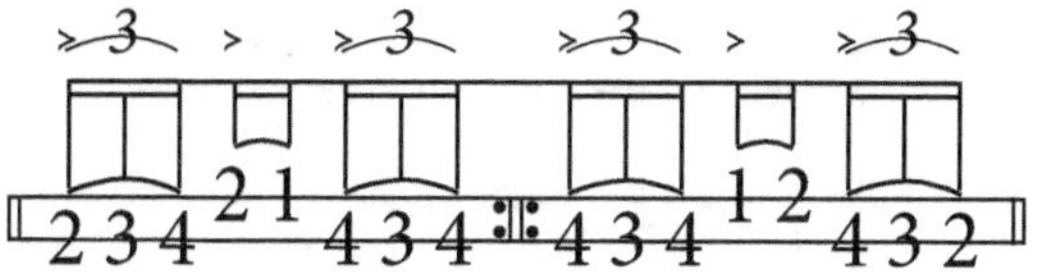

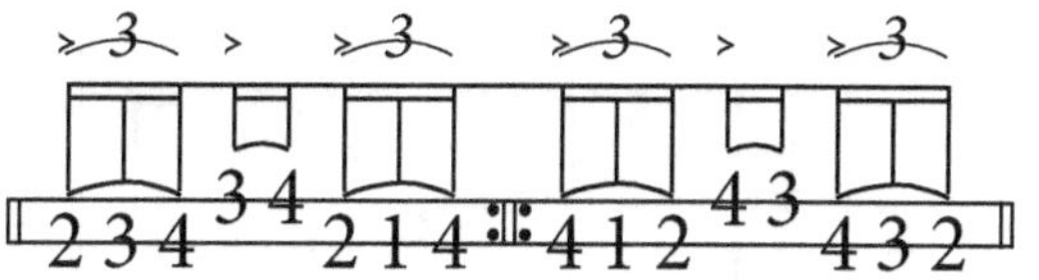

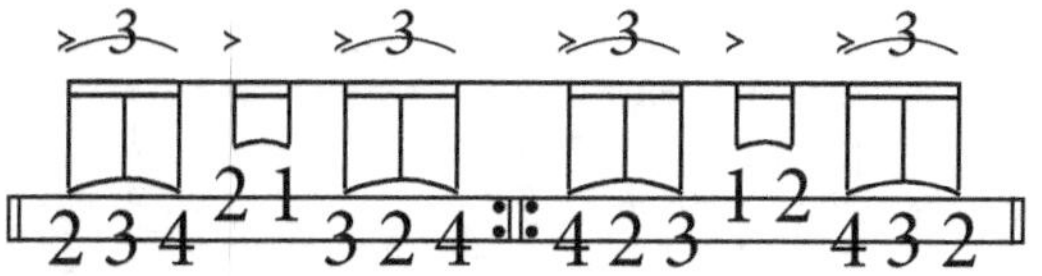

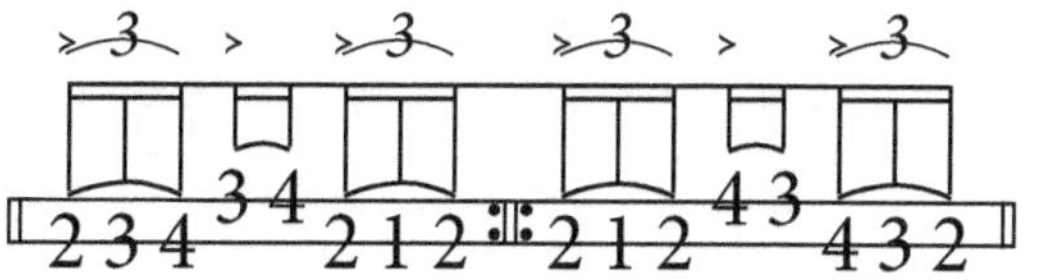

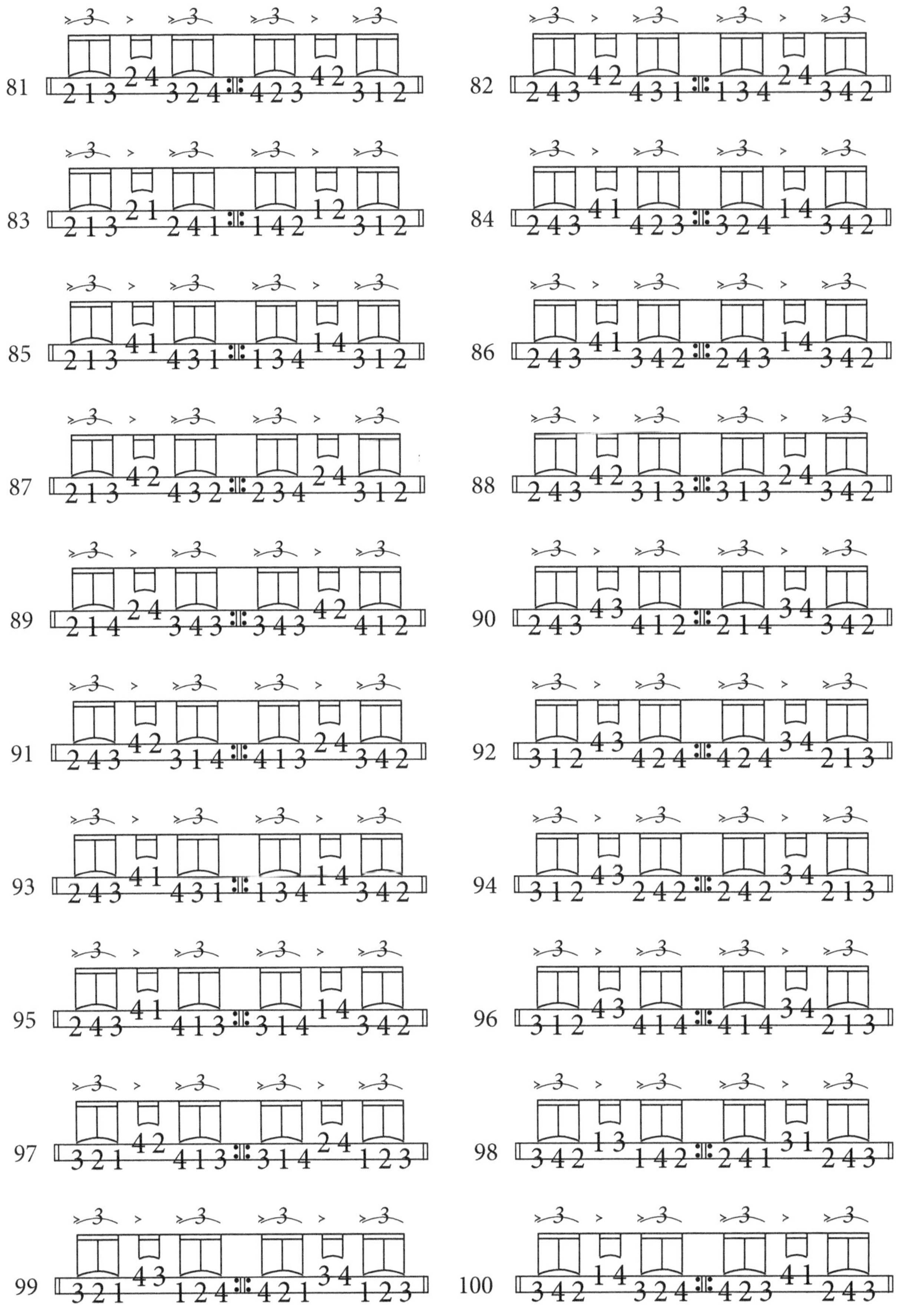

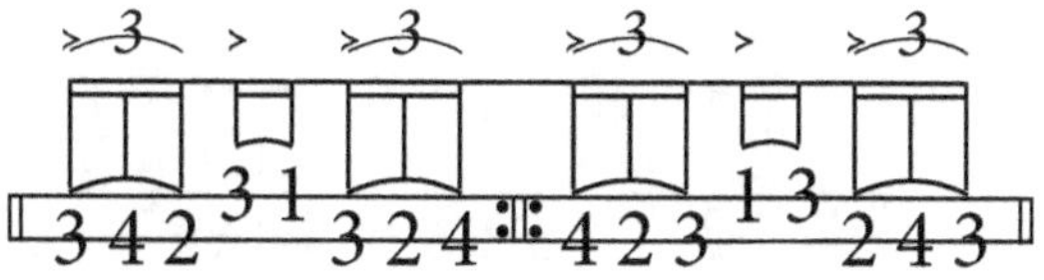

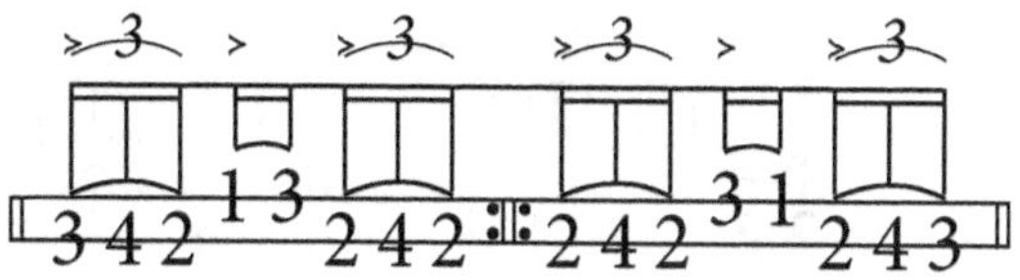

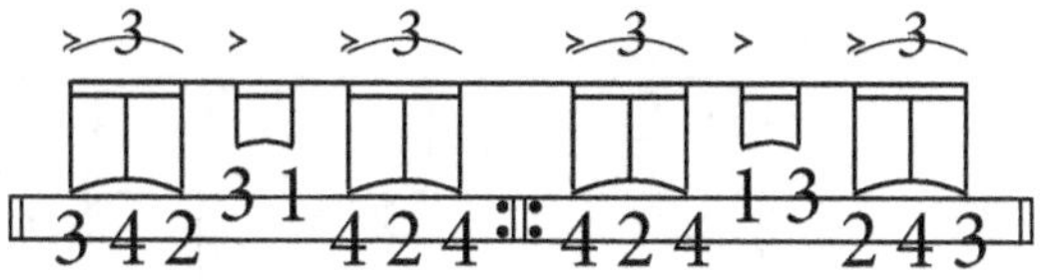

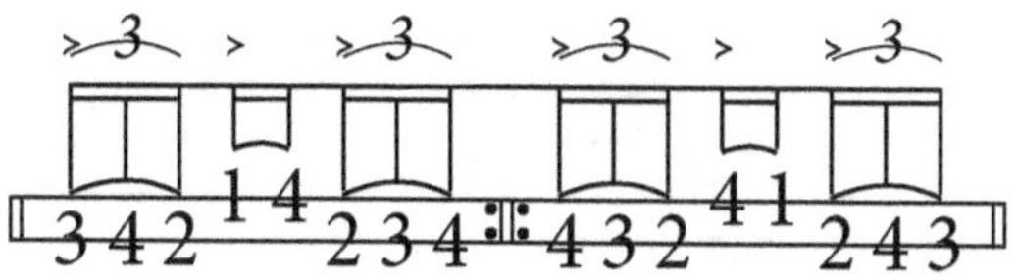

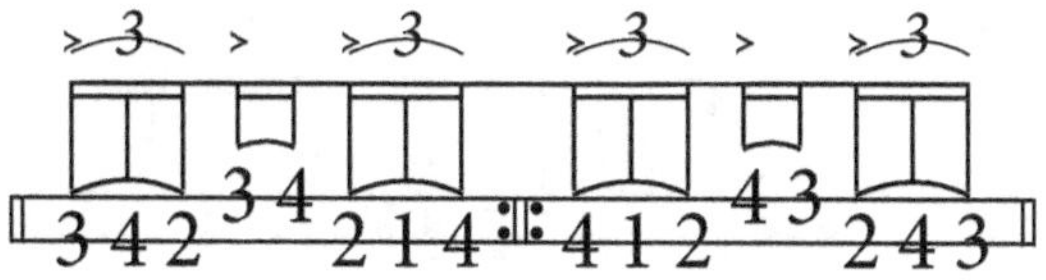

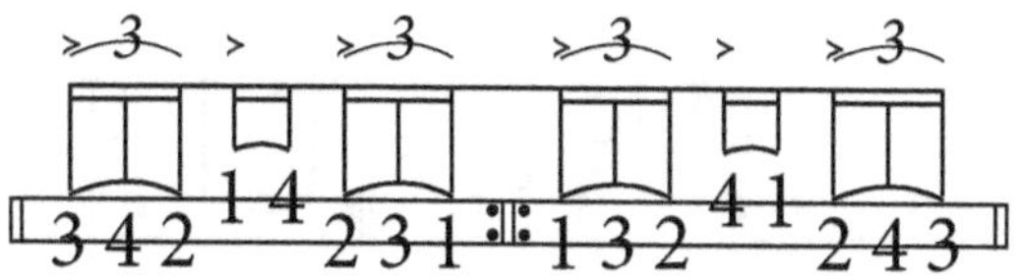

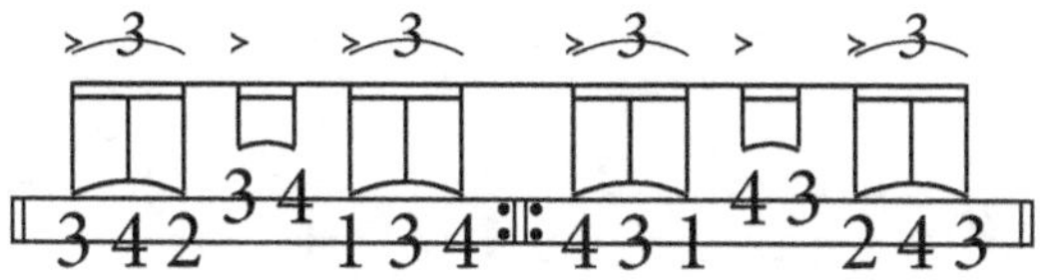

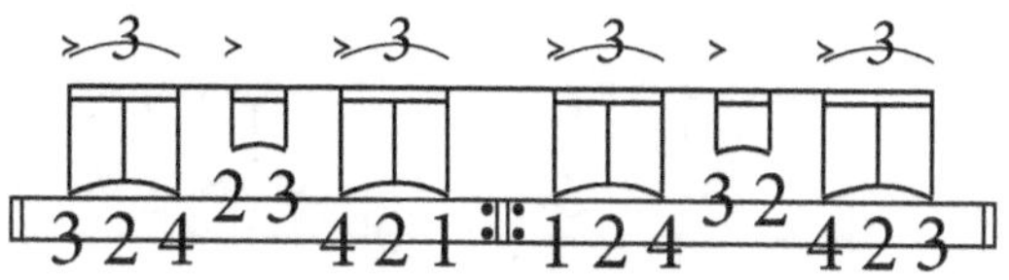

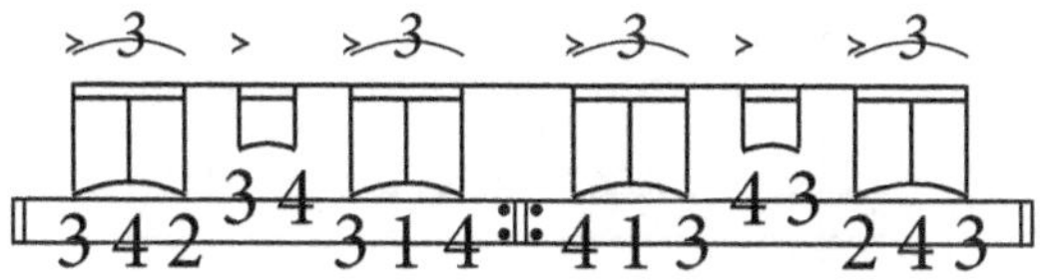

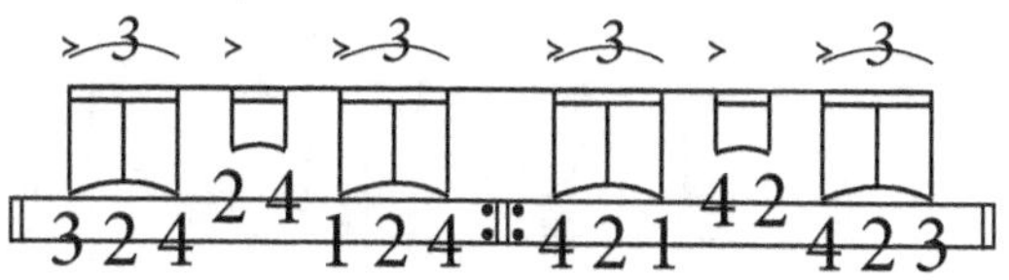

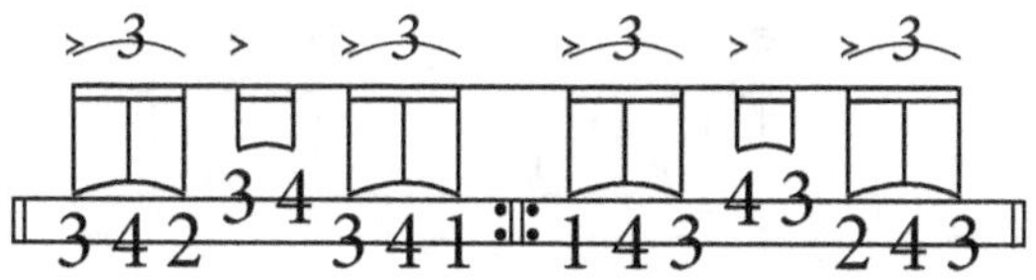

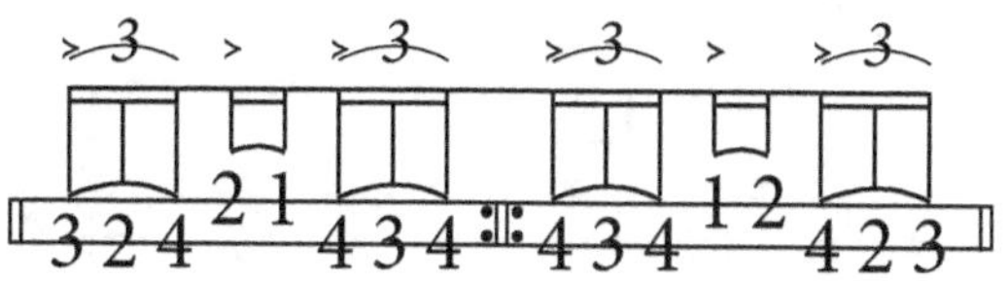

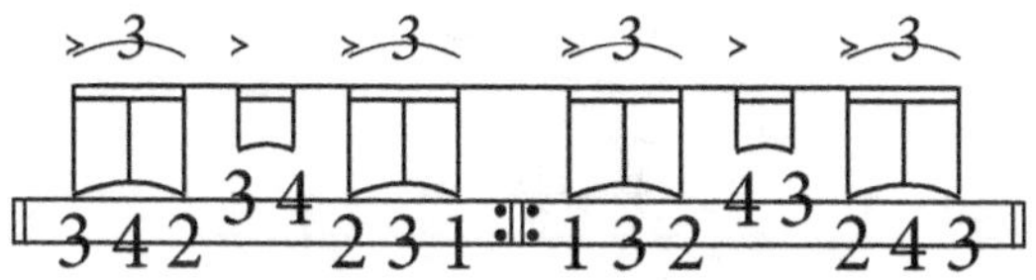

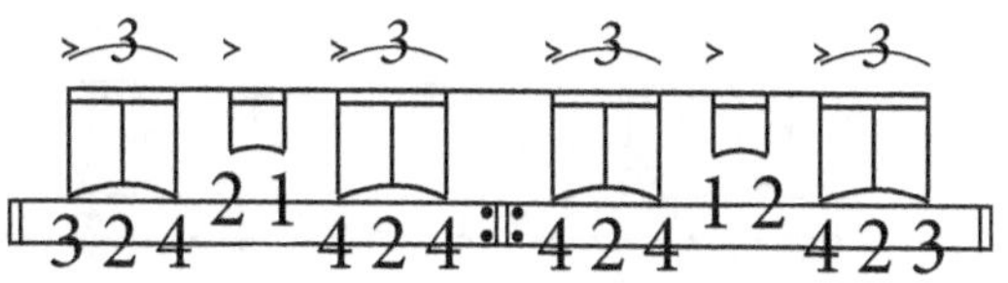

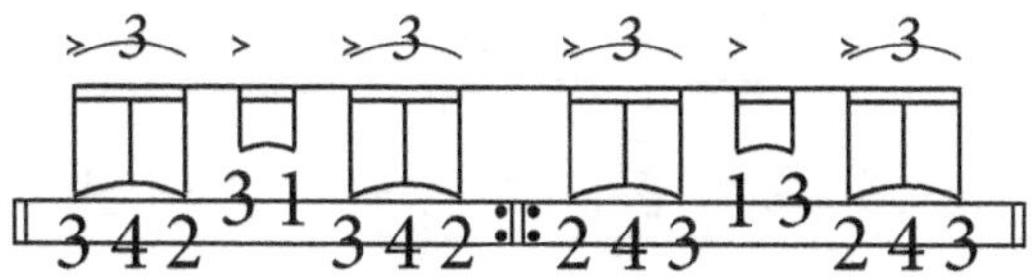

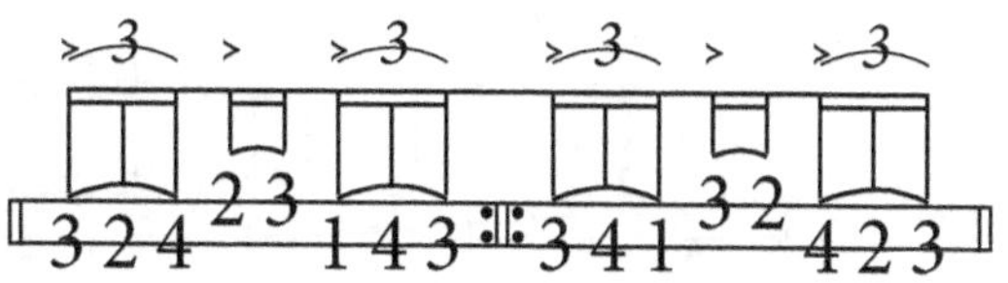

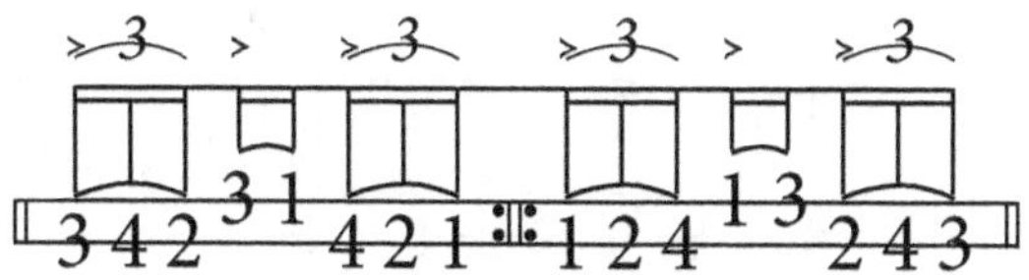

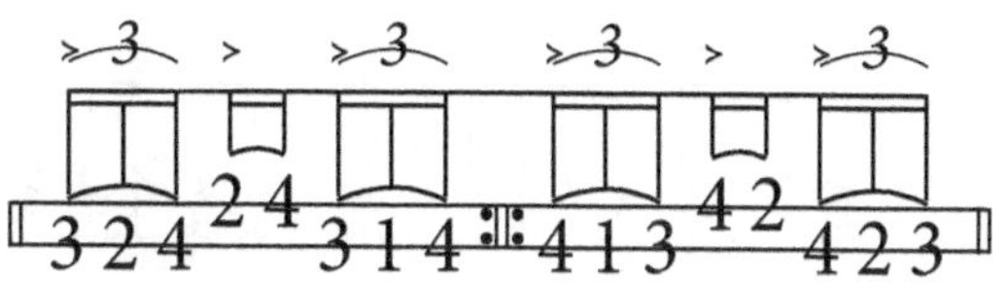

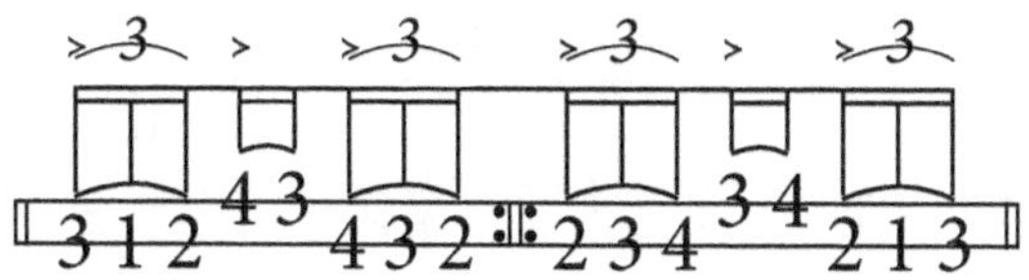

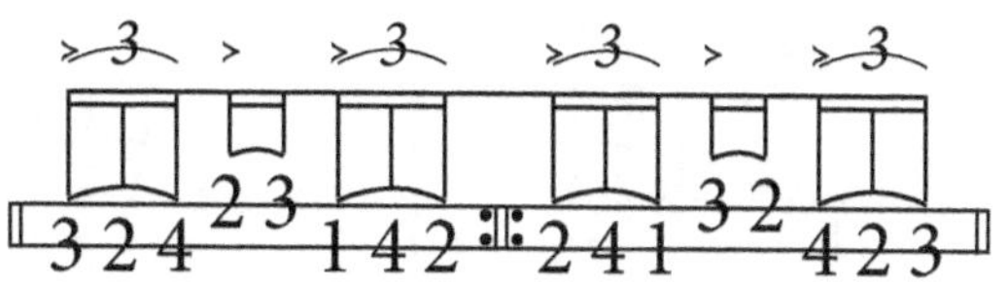

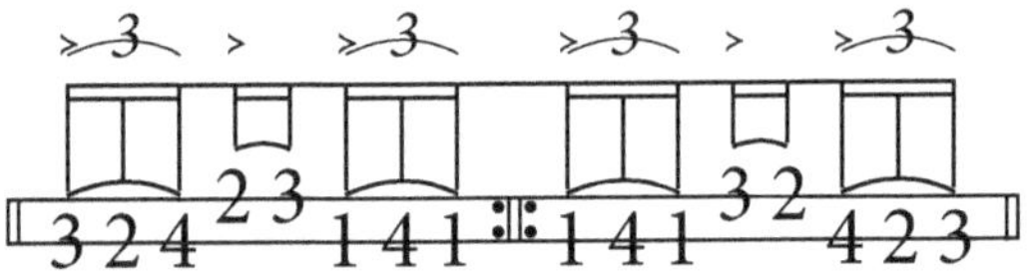

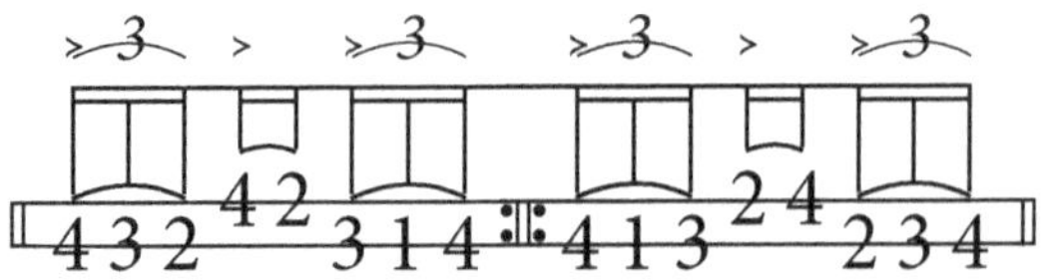

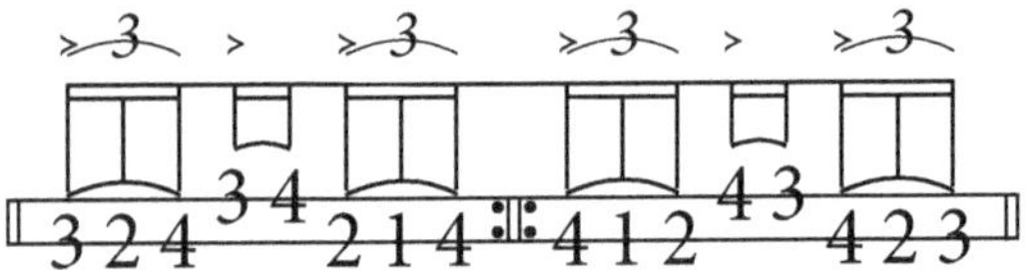

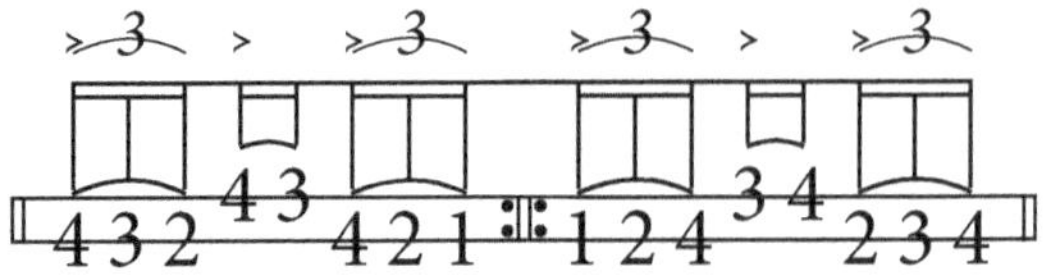

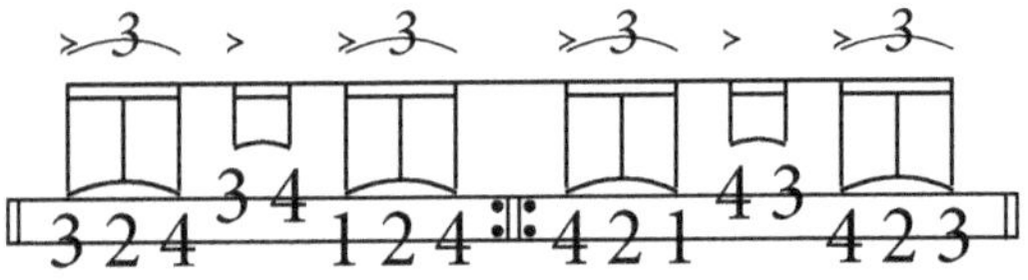

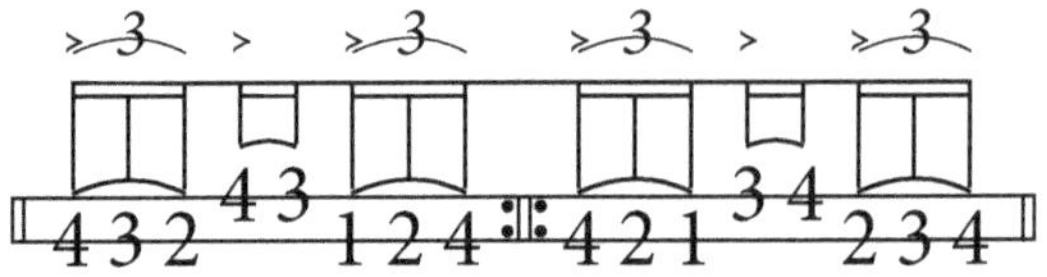

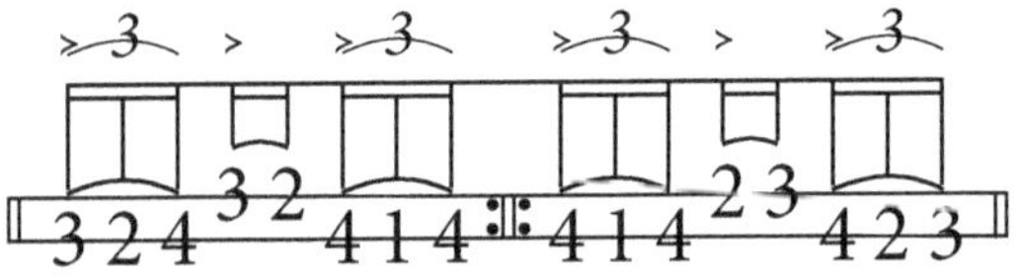

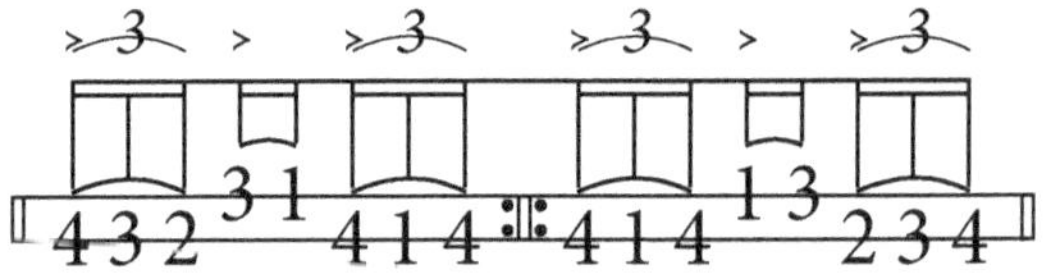

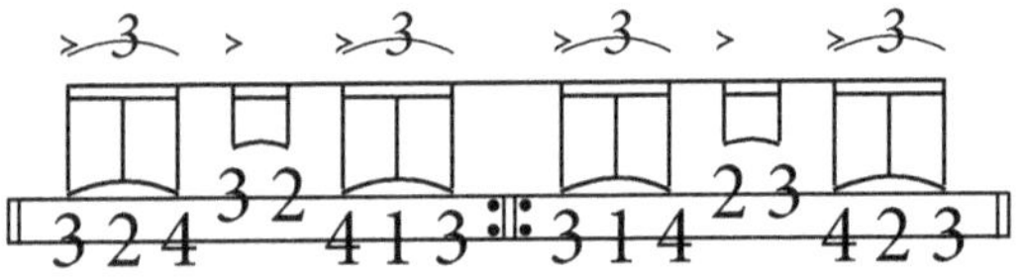

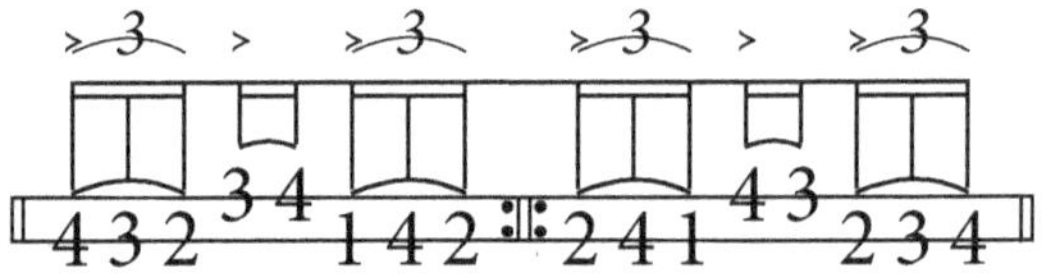

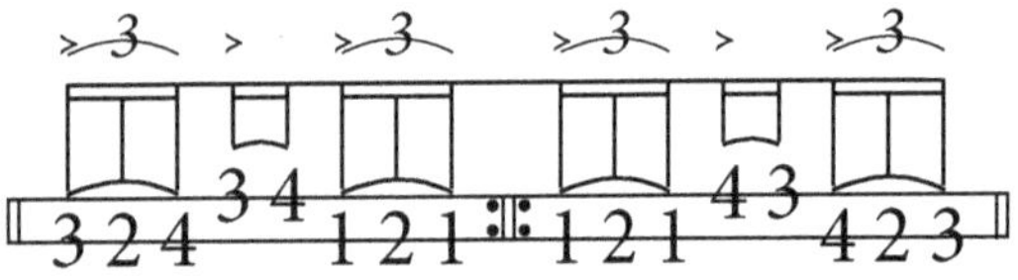

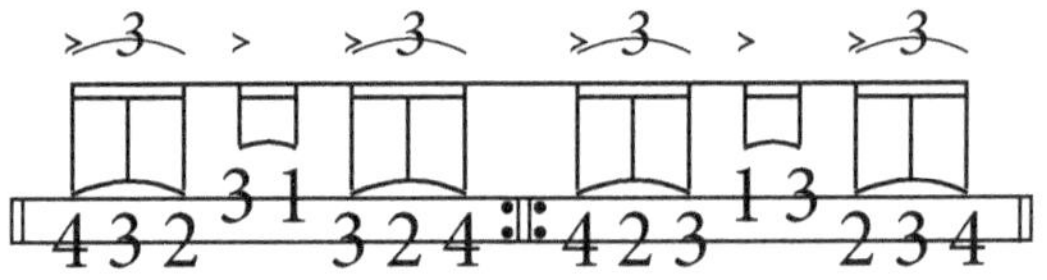

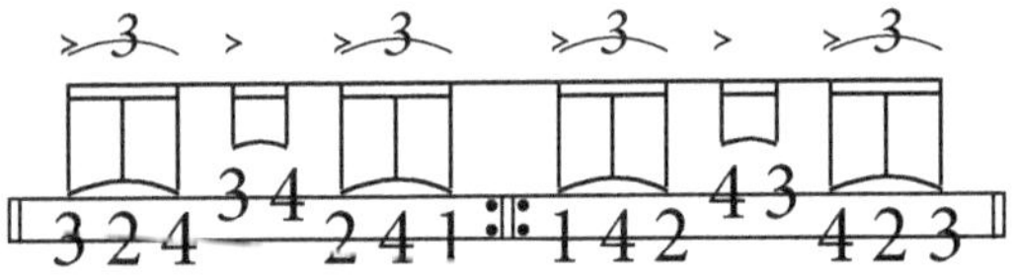

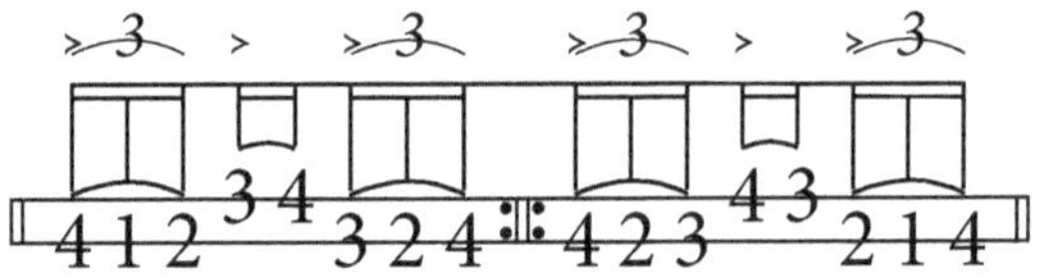

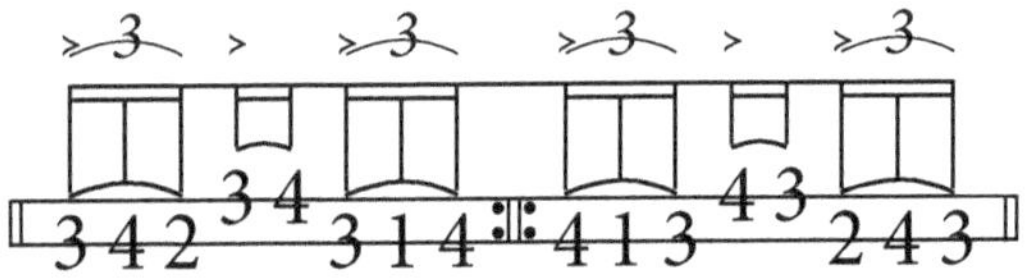

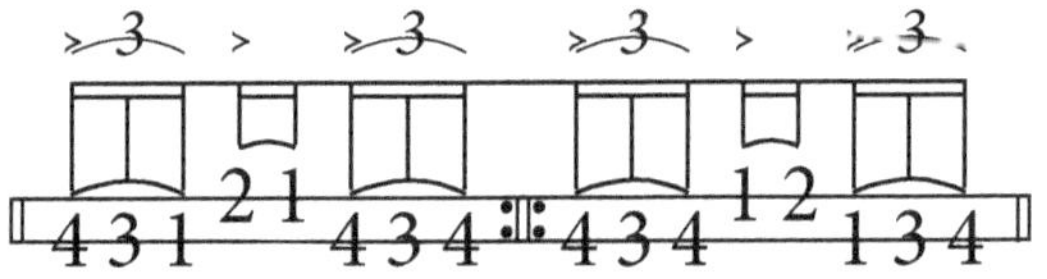

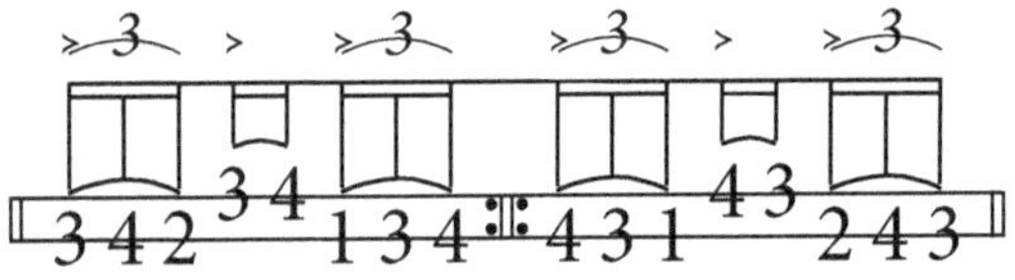

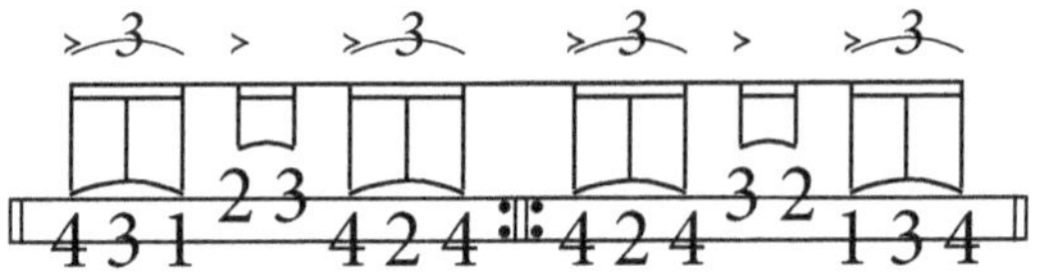

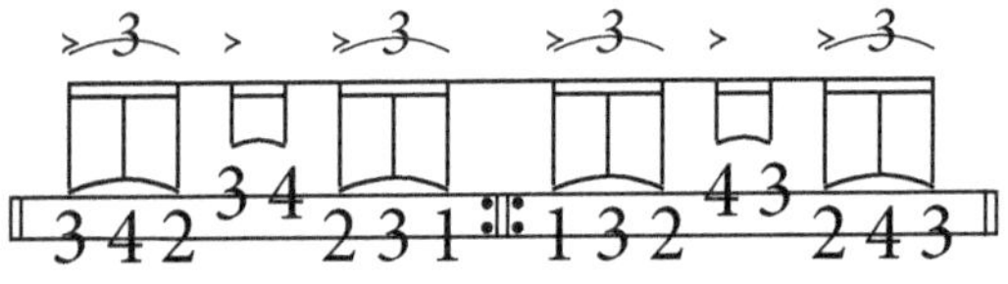

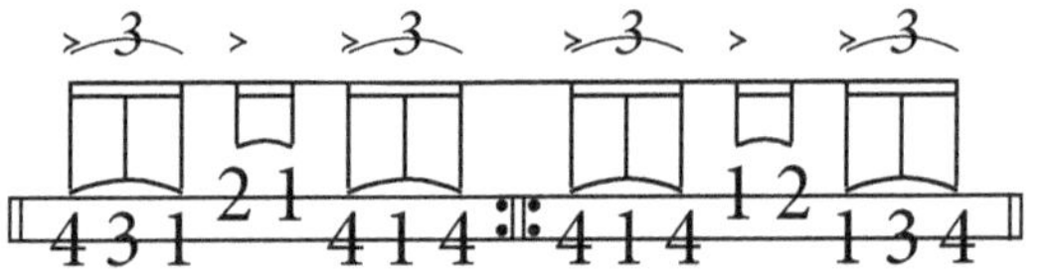

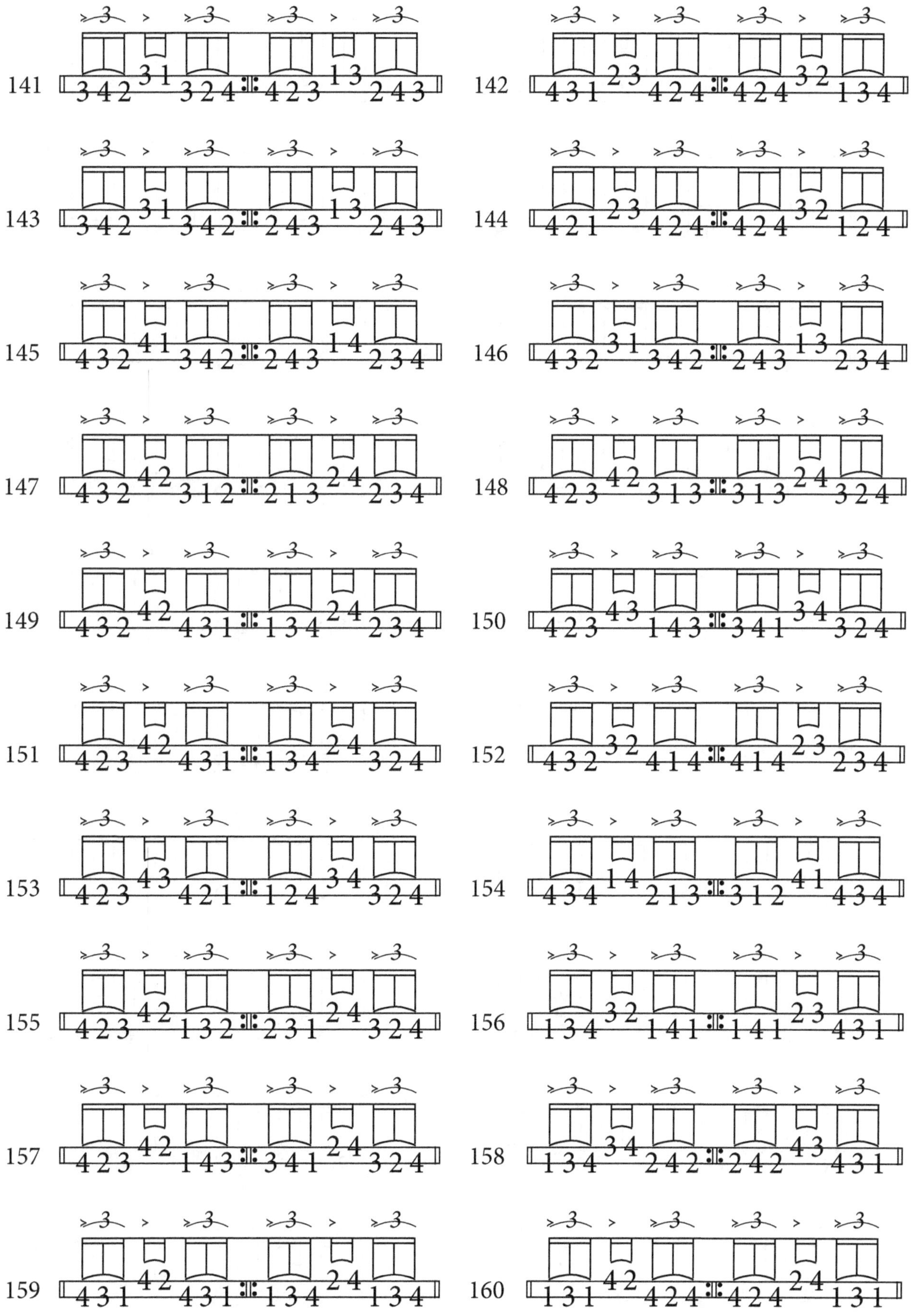

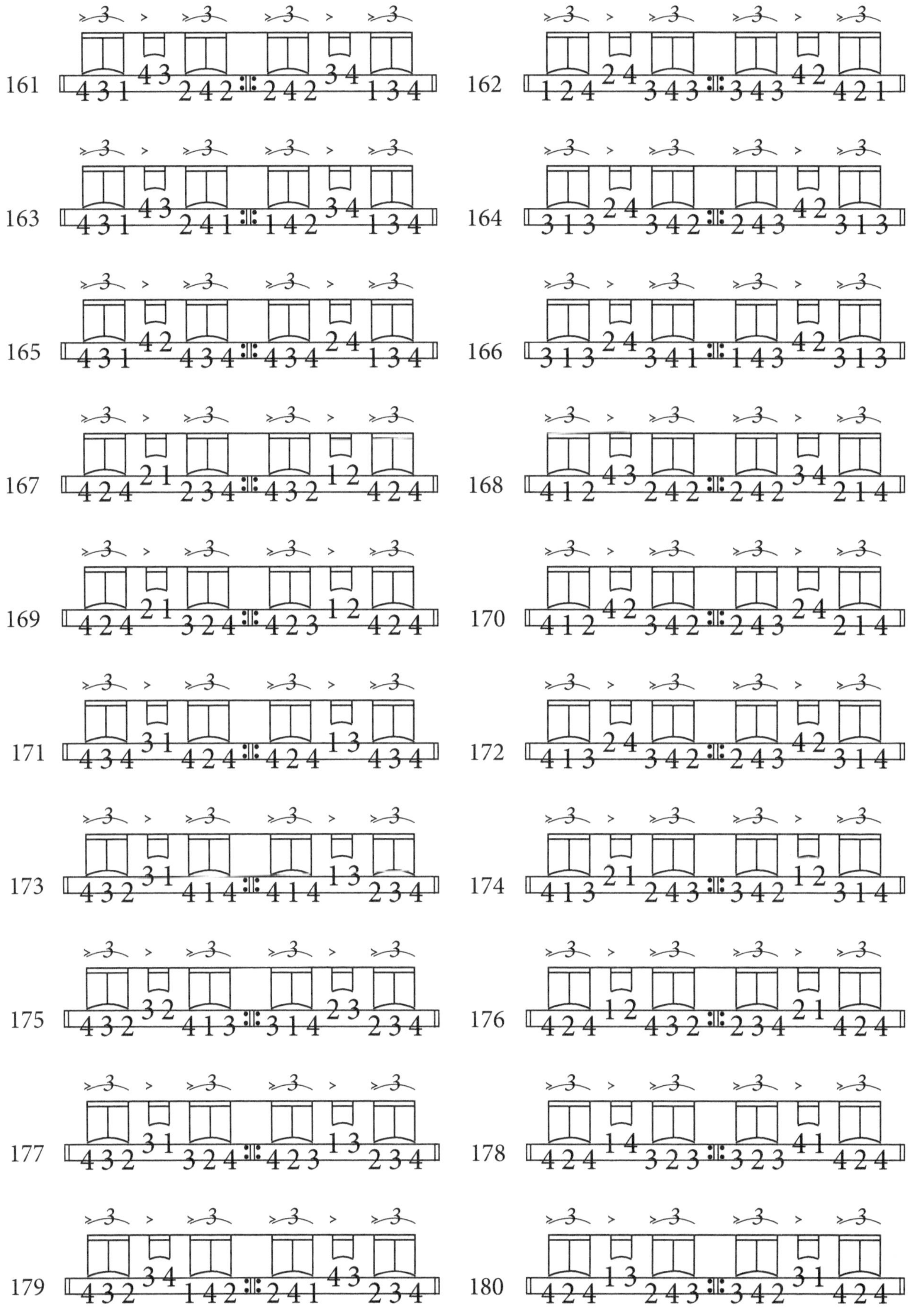

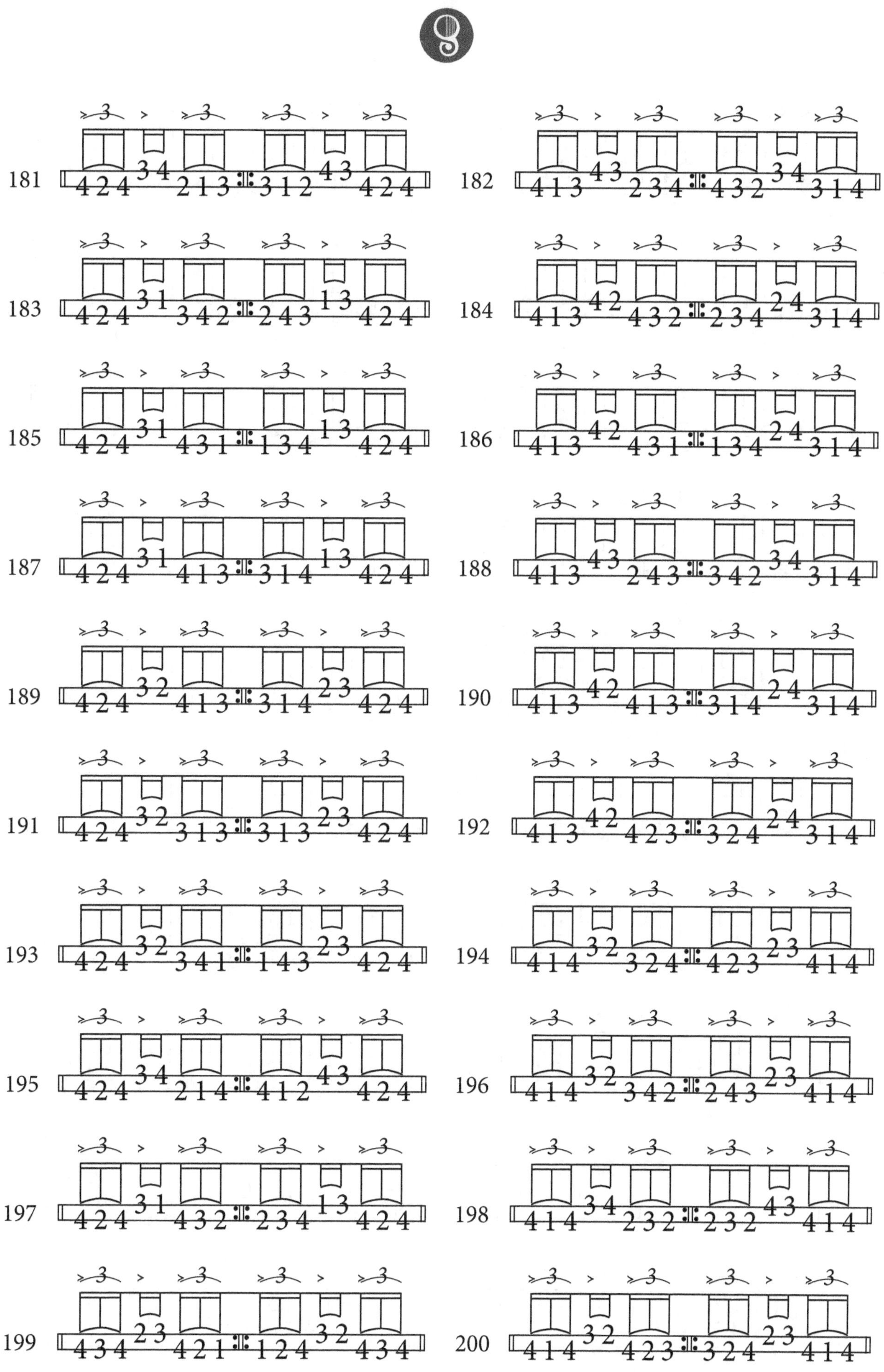

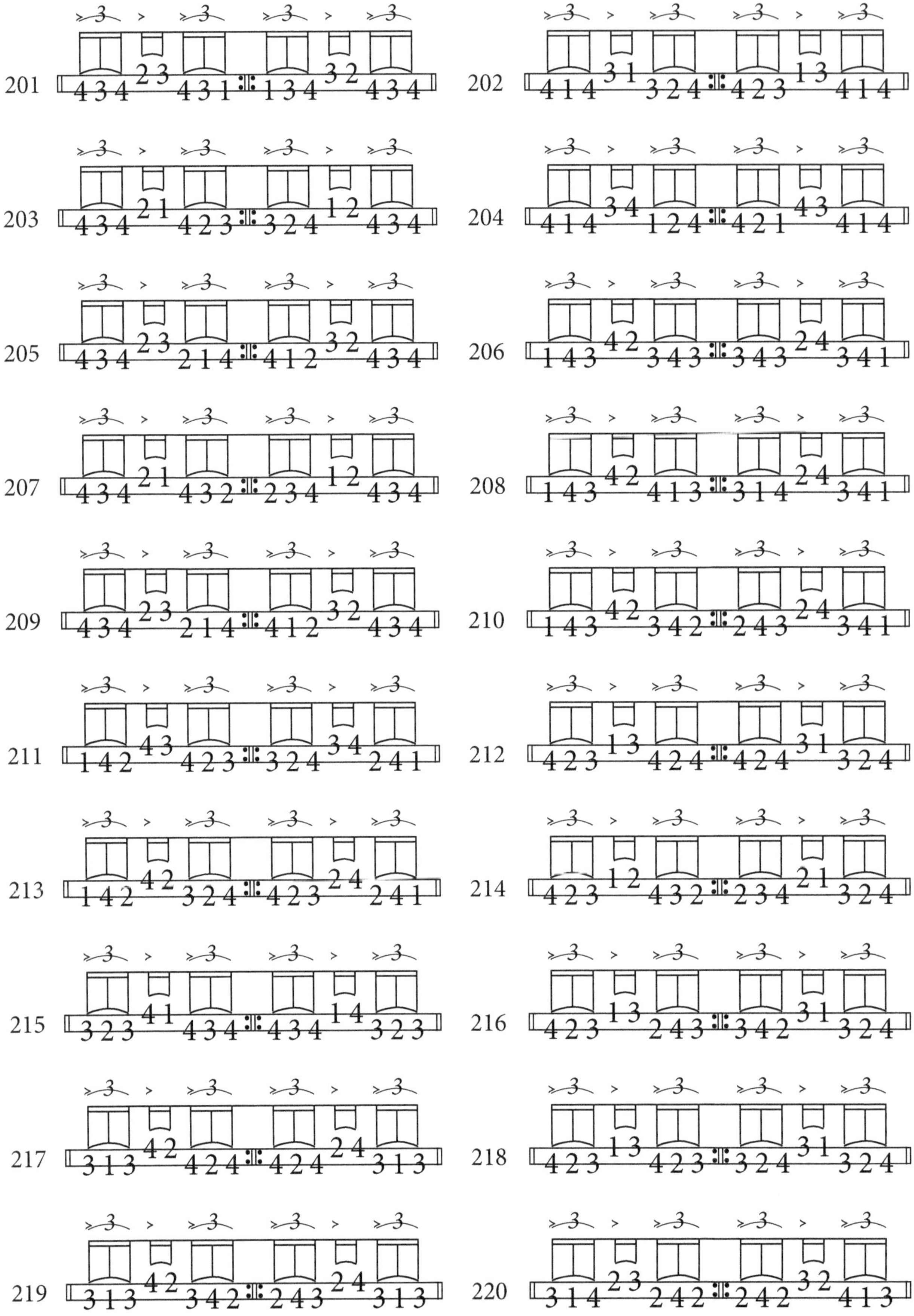

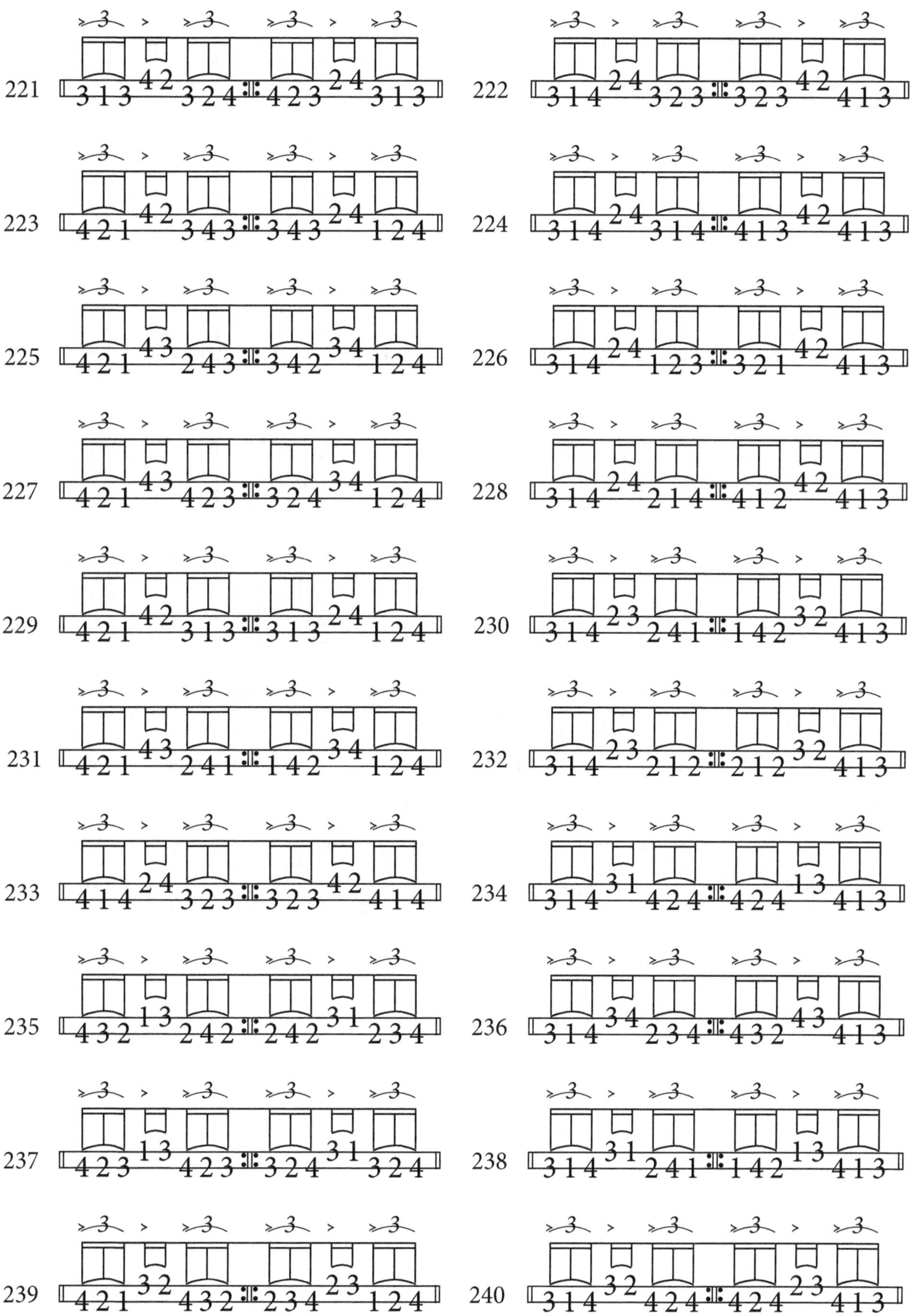

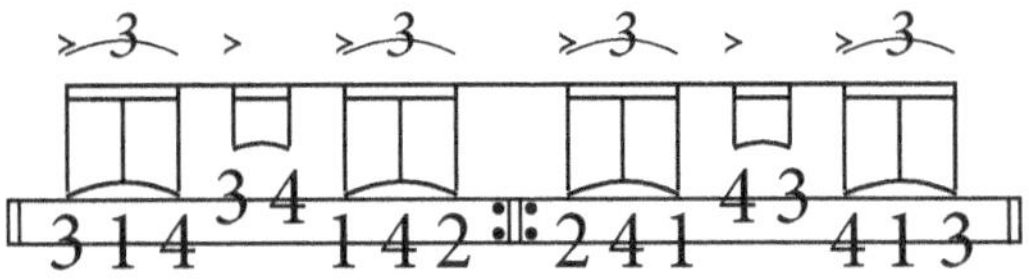

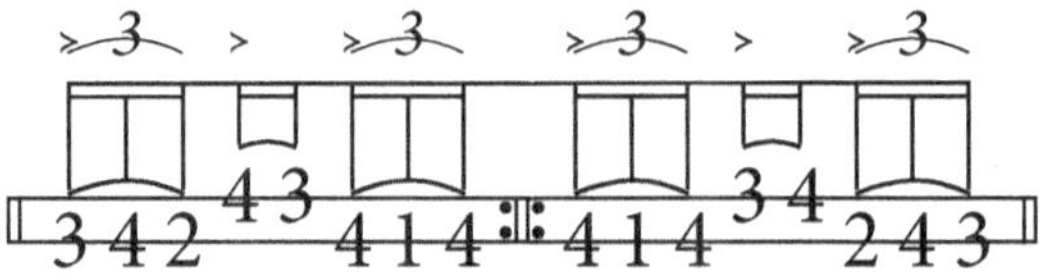

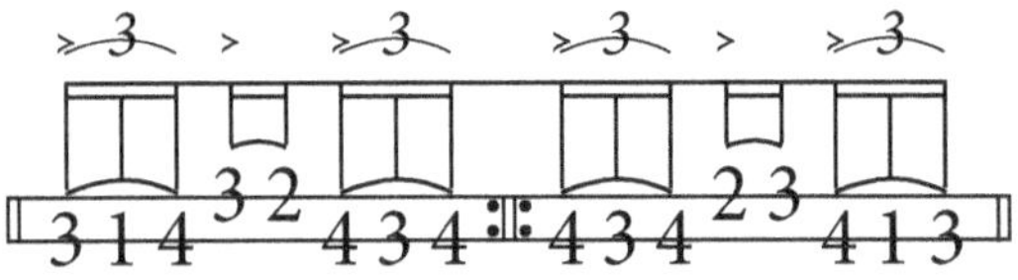

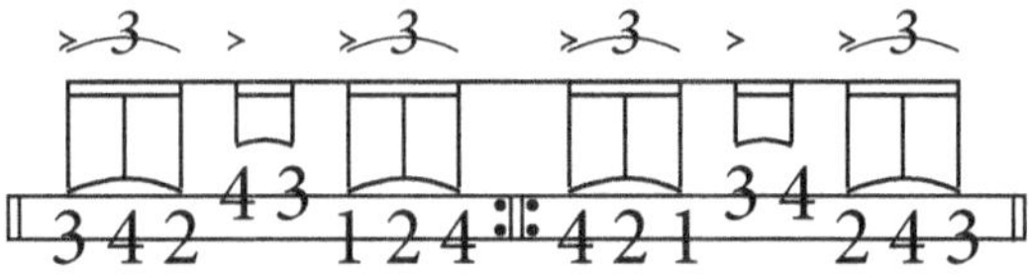

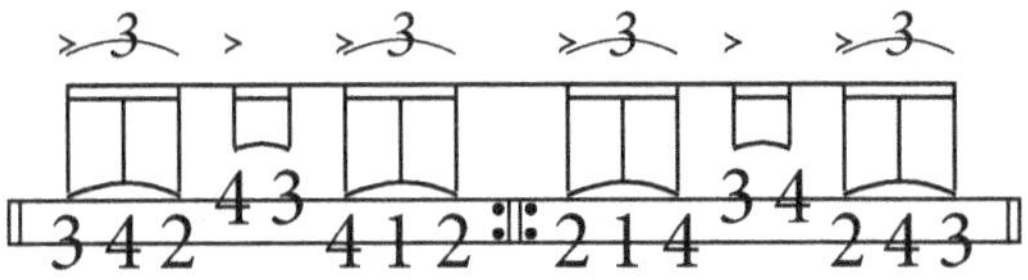

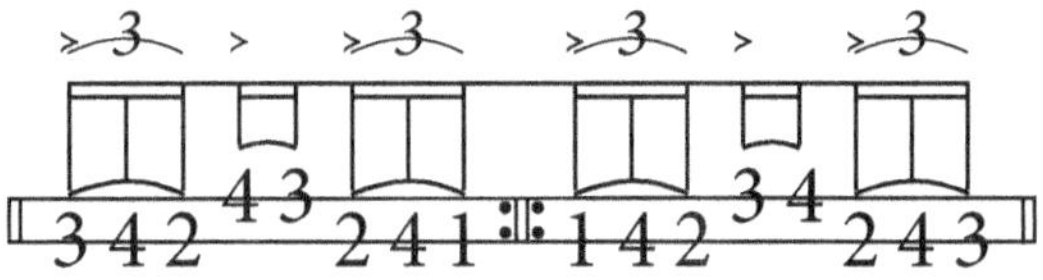

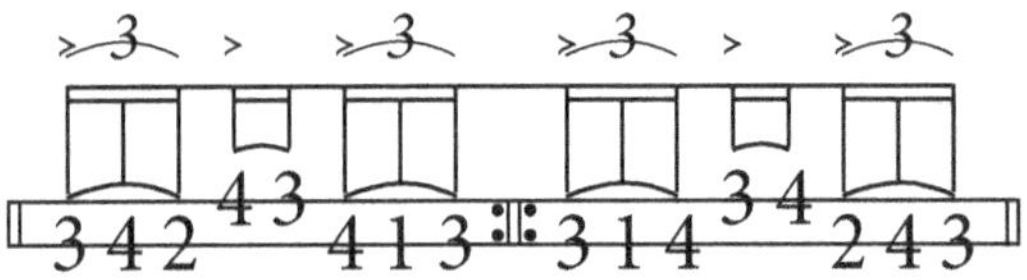

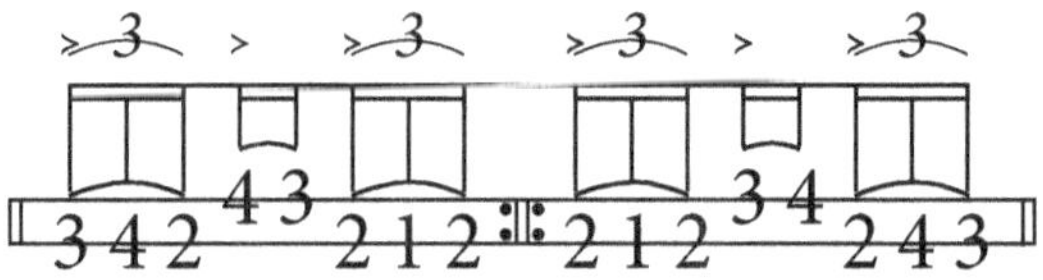

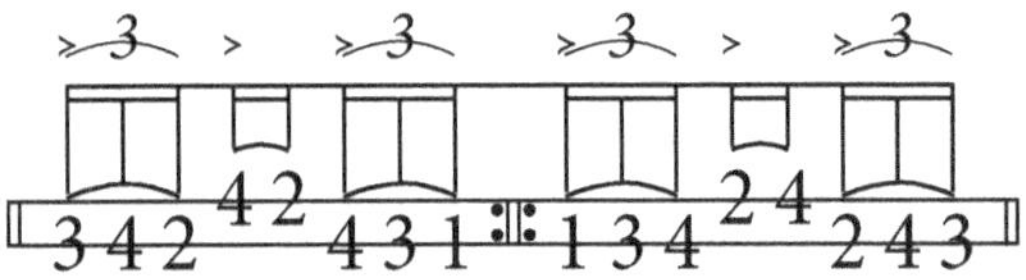

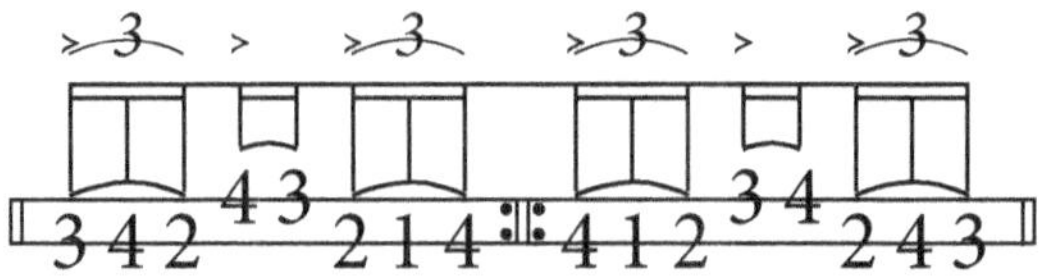

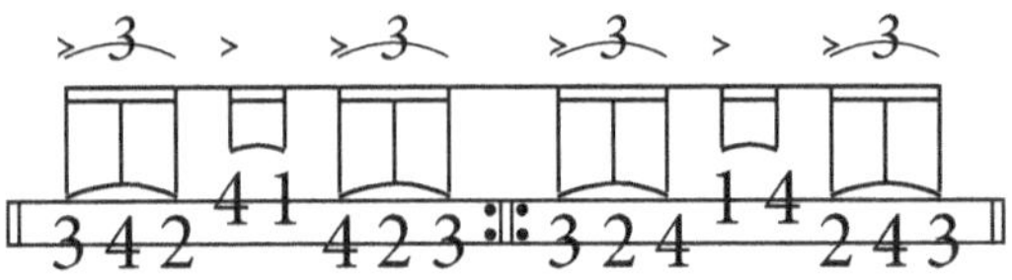

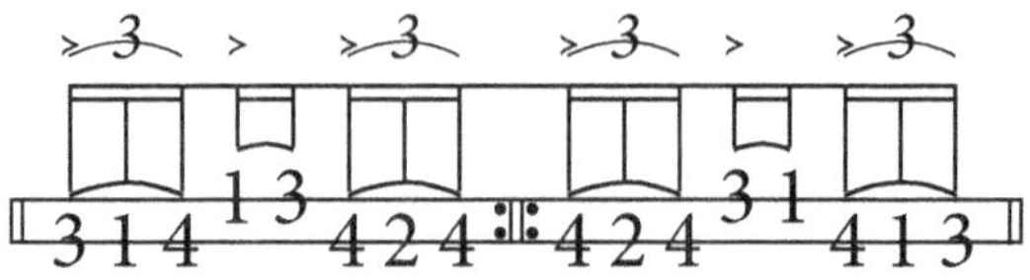

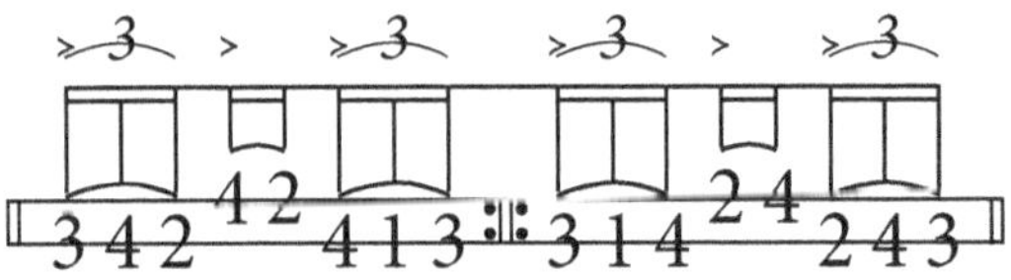

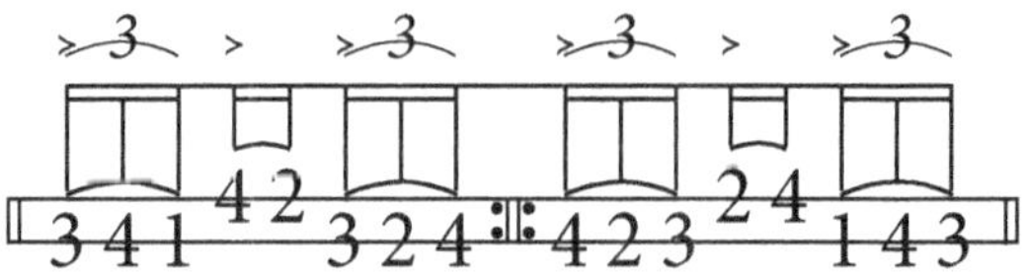

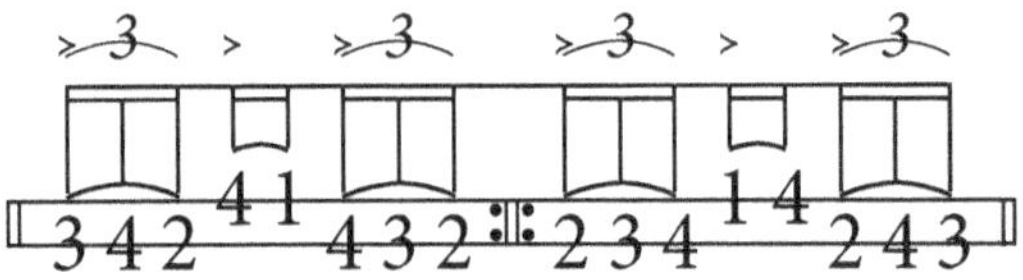

VARIATION 3

COMPLEX - COMPLEX - SIMPLE LIGADO

LEVEL OF DIFFICULTY 3
11 UNITS
COMPLEX - COMPLEX - SIMPLE LIGADO

UNIT 1
Practicing fingers 1 and 2 - Stable fingers 3 and 4

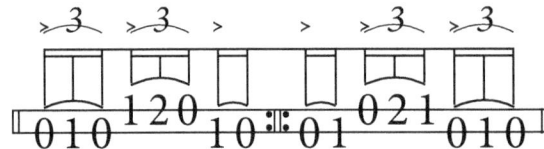

UNIT 2
Practicing fingers 1 and 3 - Stable fingers 2 and 4

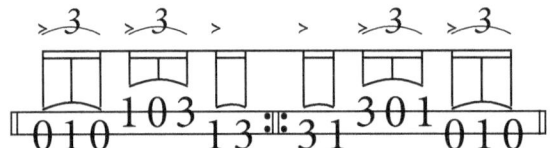

UNIT 3
Practicing fingers 1 and 4 - Stable fingers 2 and 3

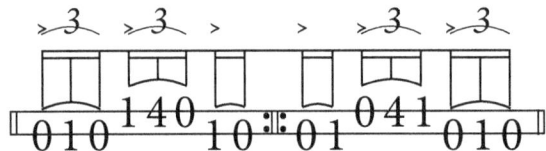

UNIT 4
Practicing fingers 2 and 3 - Stable fingers 1 and 4

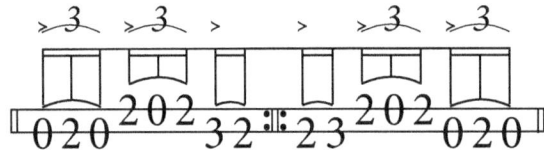

UNIT 5
Practicing fingers 2 and 4 - Stable fingers 1 and 3

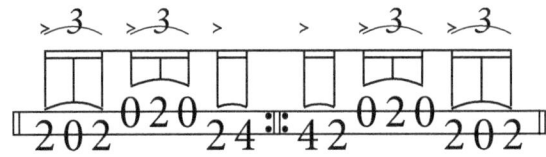

UNIT 6
Practicing fingers 3 and 4 - Stable fingers 1 and 2

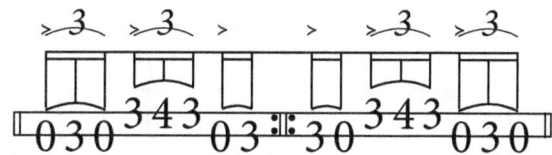

UNIT 7
Practicing fingers 1, 2 and 3 - Stable finger 4

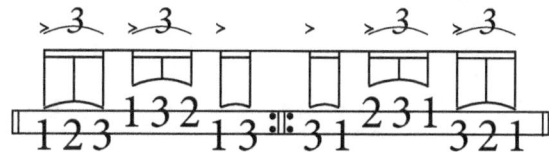

UNIT 8
Practicing fingers 2, 3 and 4 - Stable finger 1

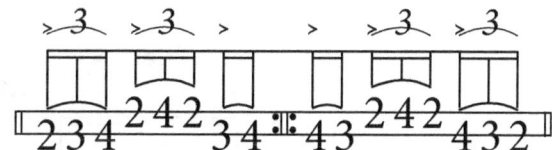

UNIT 9
Practicing fingers 1, 2 and 4 - Stable finger 3

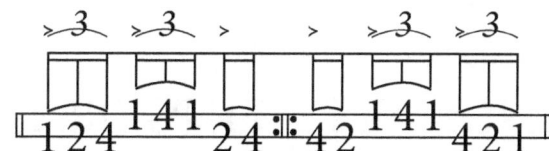

UNIT 10
Practicing fingers 1, 3 and 4 - Stable finger 2

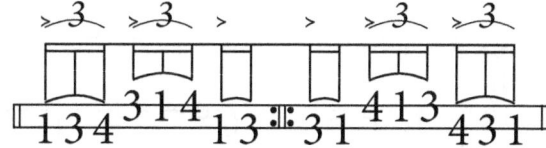

UNIT 11
Practicing fingers 1, 2, 3 and 4

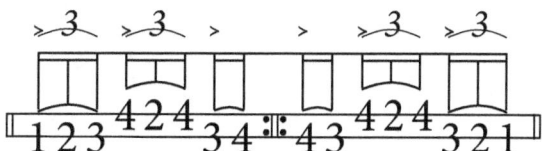

THUMB FINGERINGS

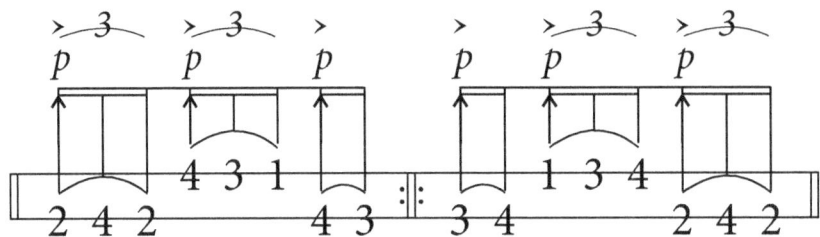

SIMPLE FINGERINGS (TWO FINGERS)

i m i m i m   m a m a m a   i a i a i a
m i m i m i   a m a m a m   a i a i a i

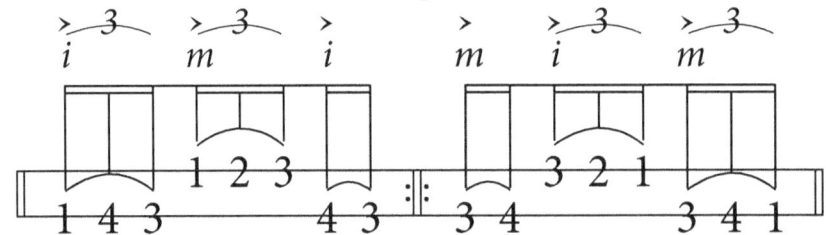

FINGERINGS WITH FINGERS i, m and a

i m a   m i a   a m i
i a m   m a i   a i m

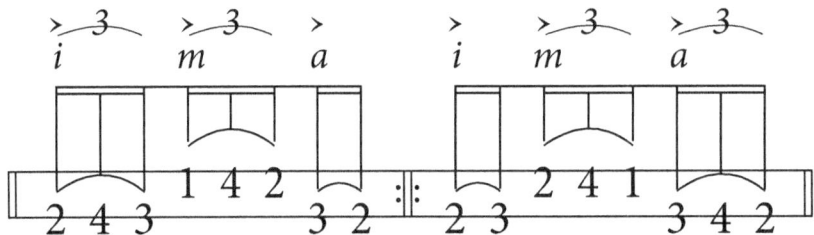

FINGERINGS WITH THUMB ONLY

VARIATION 1

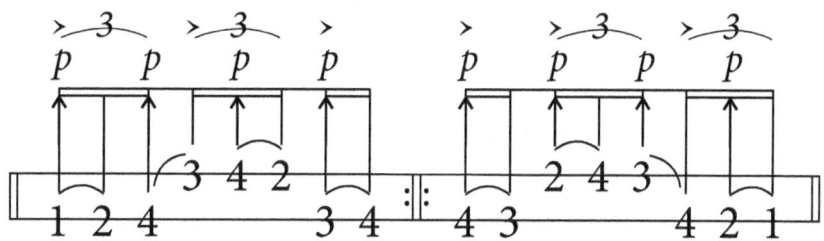

VARIATION 2

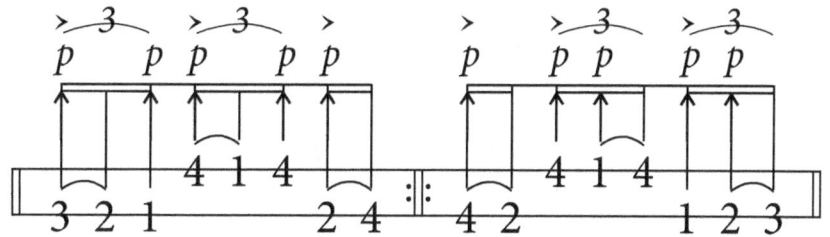

VARIATION 3

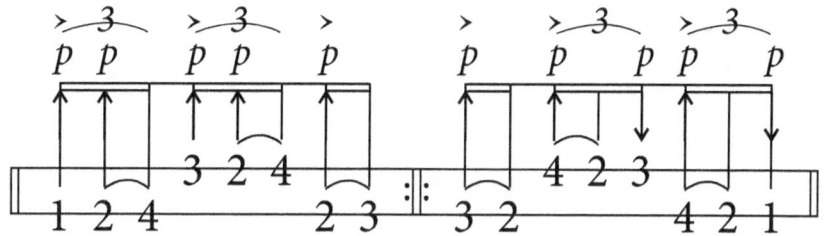

VARIATION 4

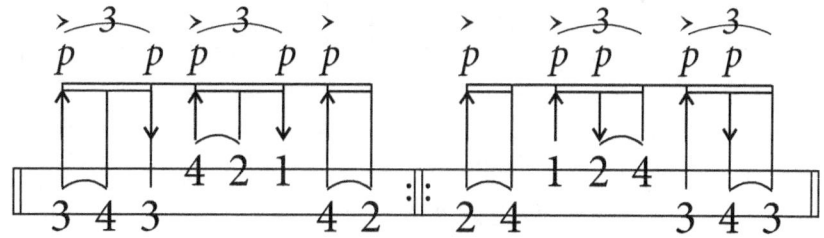

VARIATION 5

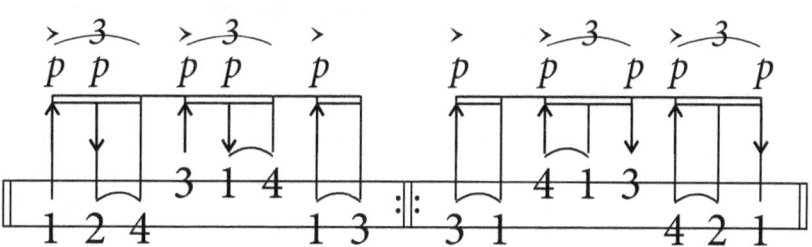

THUMB FINGERINGS
with index (i) only, or with middle finger (m) only, or with ring finger (a) only

VARIATION 1

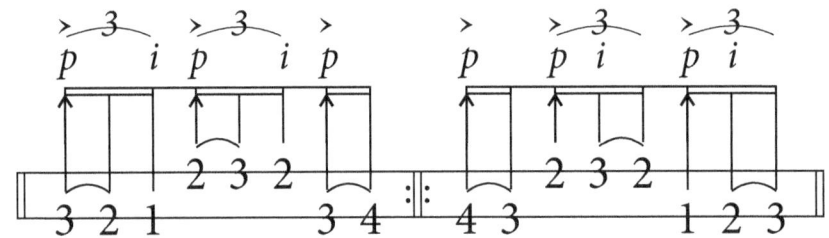

VARIATION 2

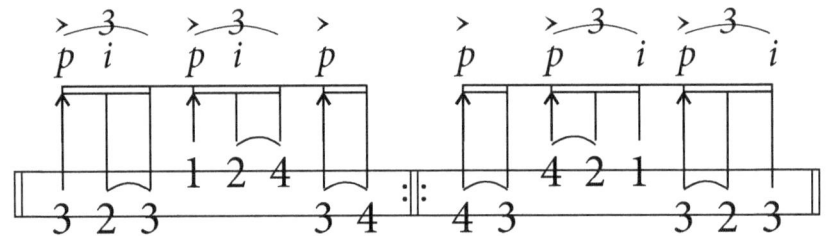

VARIATION 3

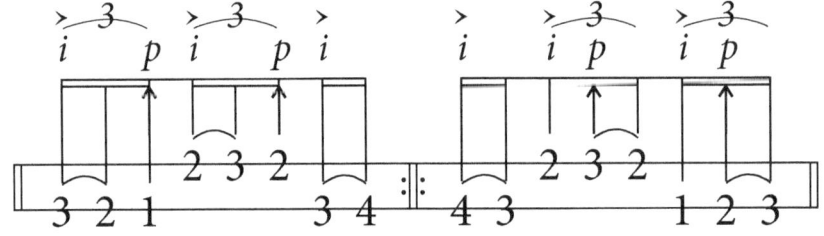

VARIATION 4

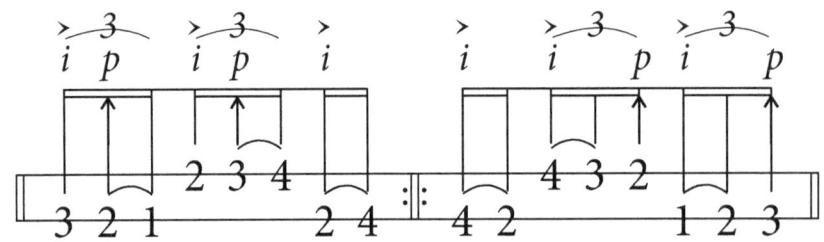

THUMB FINGERINGS
with fingers i, m and a

VARIATION 1
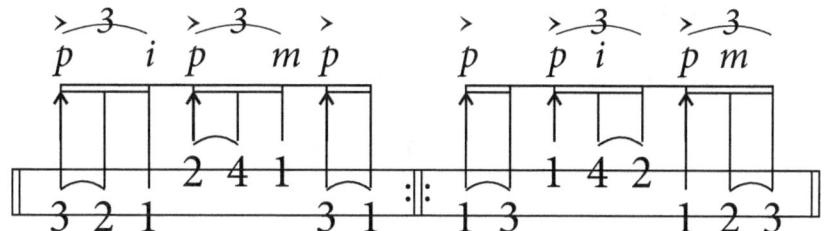

VARIATION 2
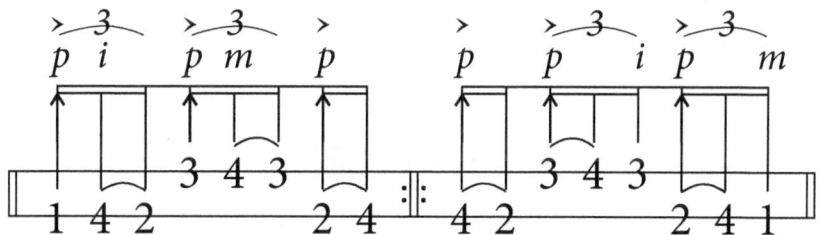

VARIATION 3
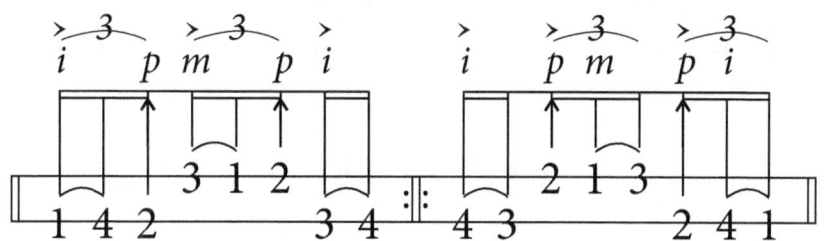

VARIATION 4
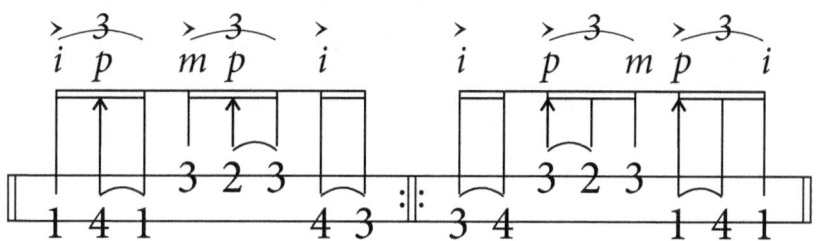

FINGERINGS ONLY WITH FINGERS i, m and a

A

SIMPLE FINGERINGS (2 FINGERS)

i m	m a	i a
m i	a m	a i

VARIATION 1

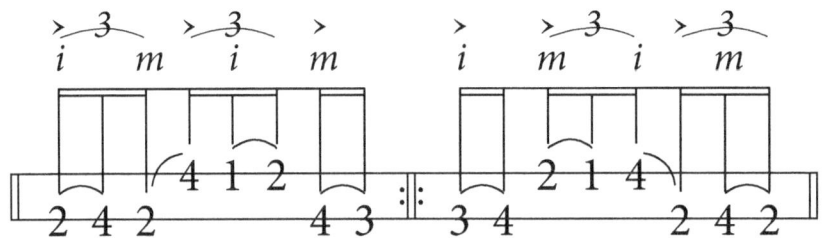

VARIATION 2

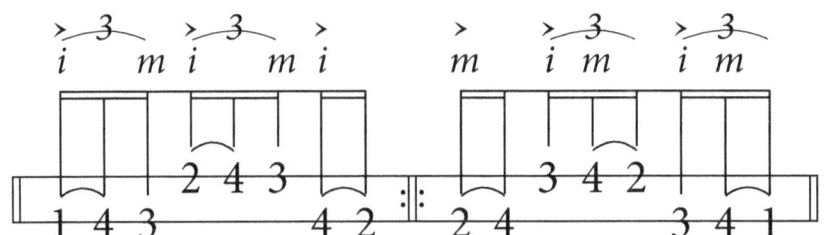

VARIATION 3

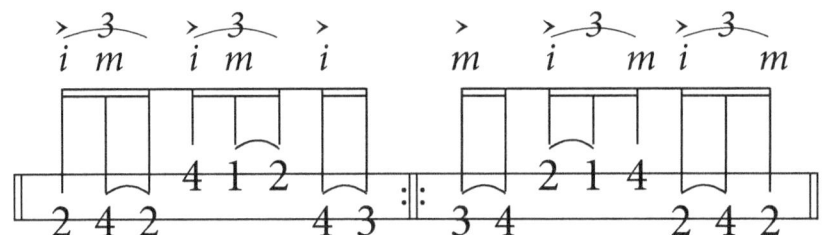

B

MORE COMPLEX FINGERINGS
(3 FINGERS i, m and a)

| i m i m a | m i m i a | a m a m i |
| i a i a m | m a m a i | a i a i m |

VARIATION 1

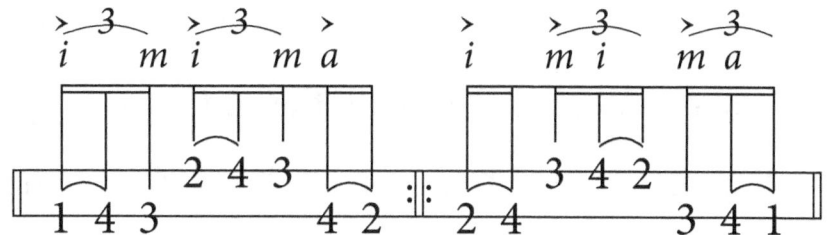

VARIATION 2

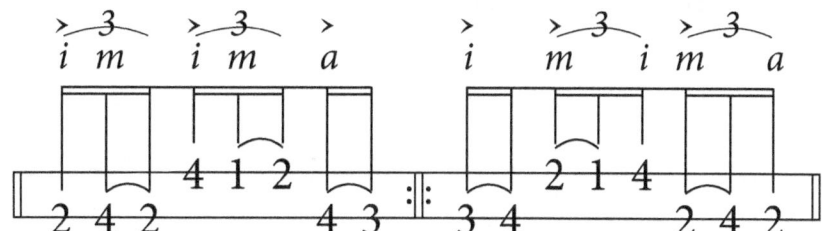

Practice on the two variations of B also with the following fingerings:

| i m a m a | m i a i a | a m i m i |
| i a m a m | m a i a i | a i m i m |

C

VARIATION 1

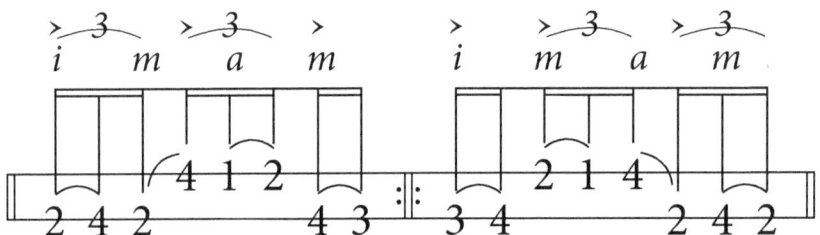

Practice on the above VARIATION with the 12 fingerings cited below:

i m a m	m i m a	a m i m
i m i a	m i a i	a m a i
i a m a	m a m i	a i m i
i a i m	m a i a	a i a m

LIGADOS

UNIT 1

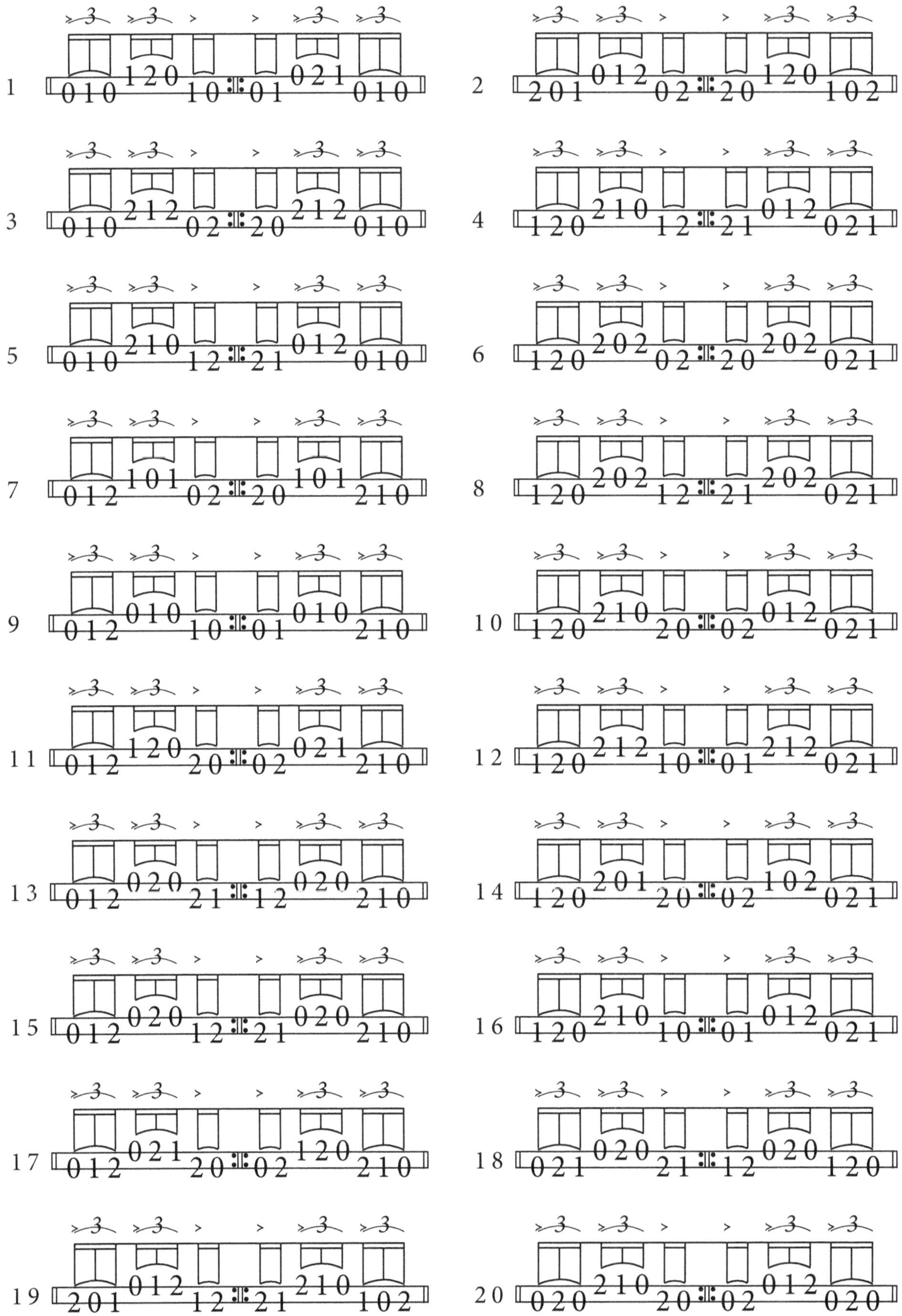

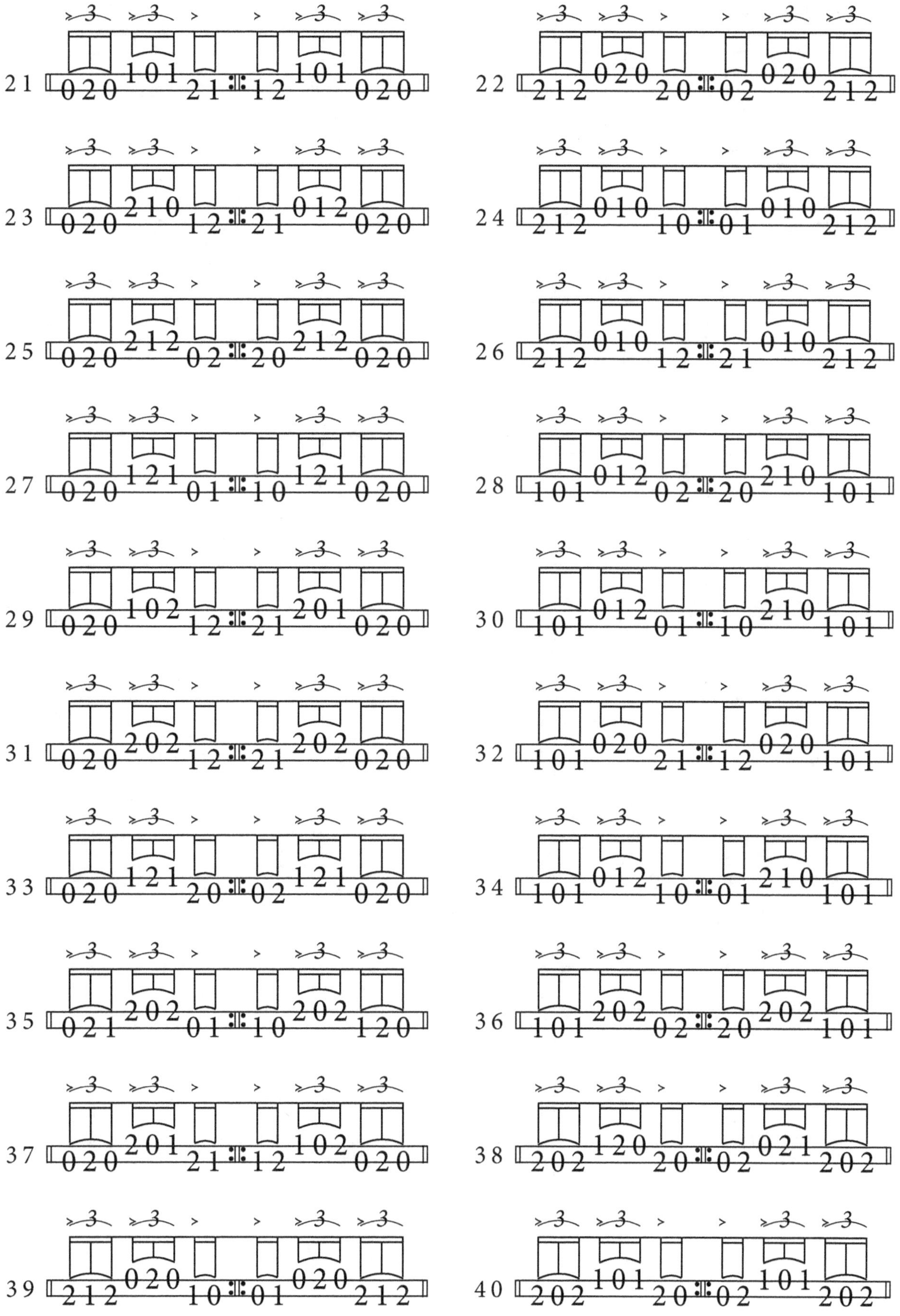

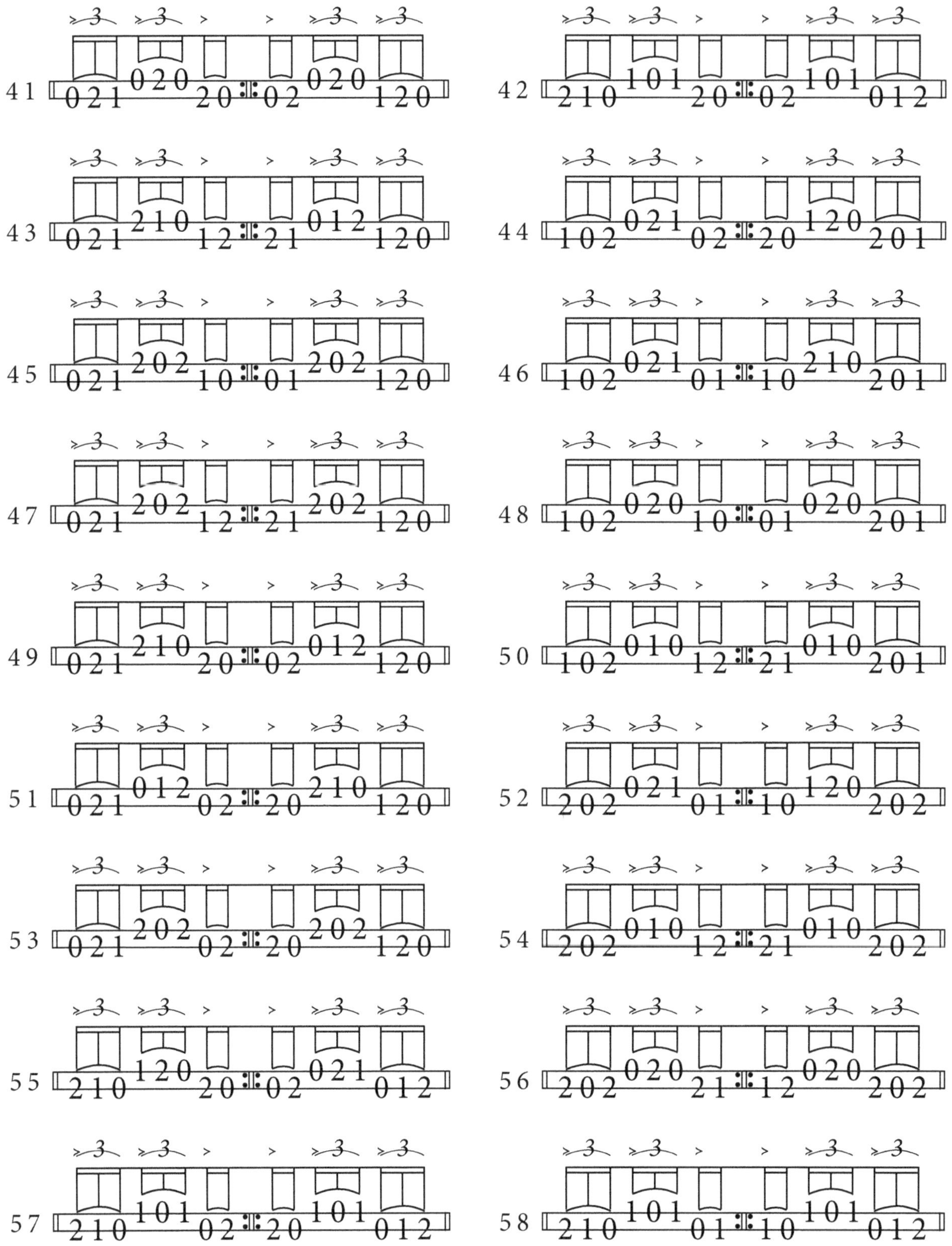

LIGADOS
UNIT 2

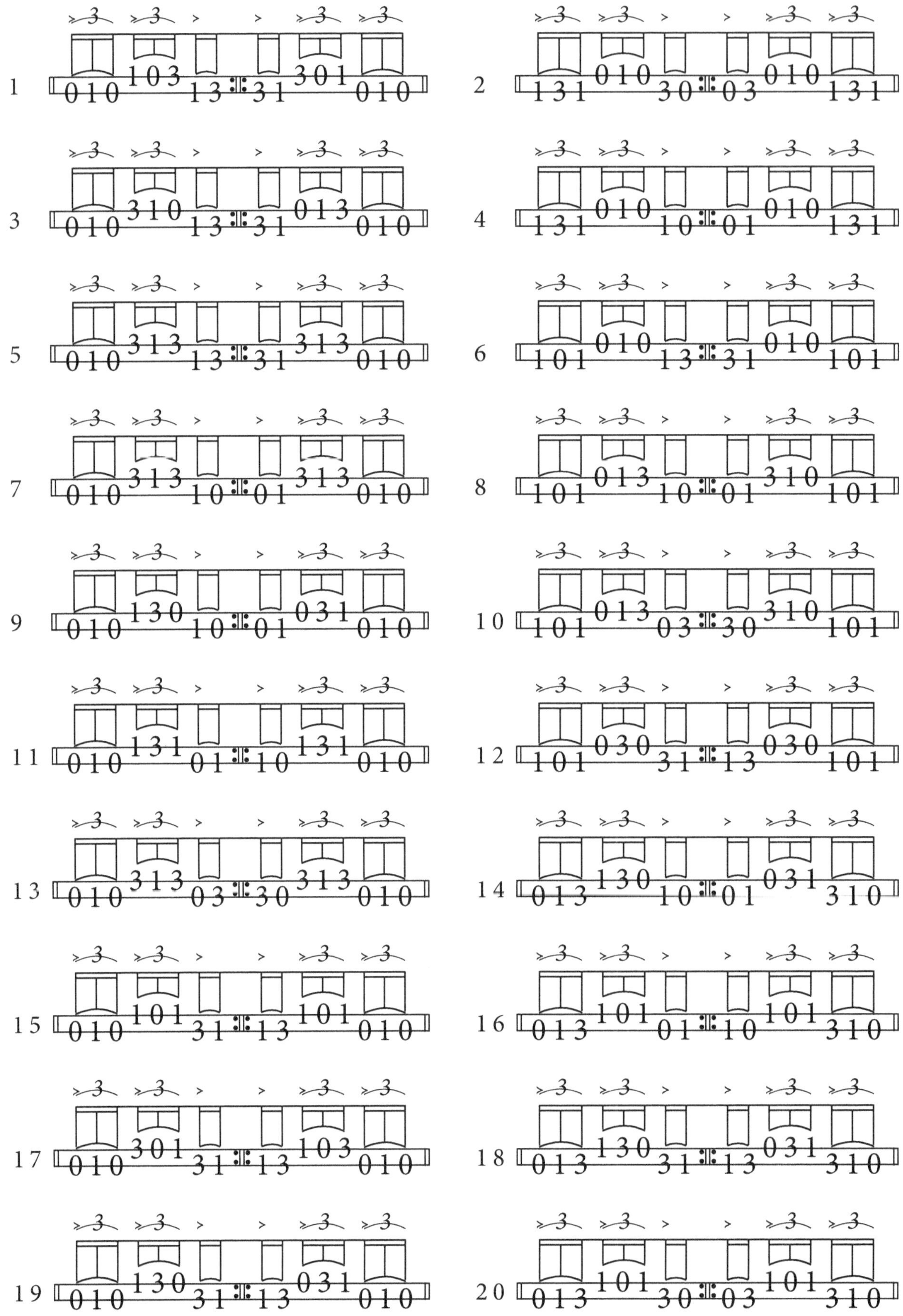

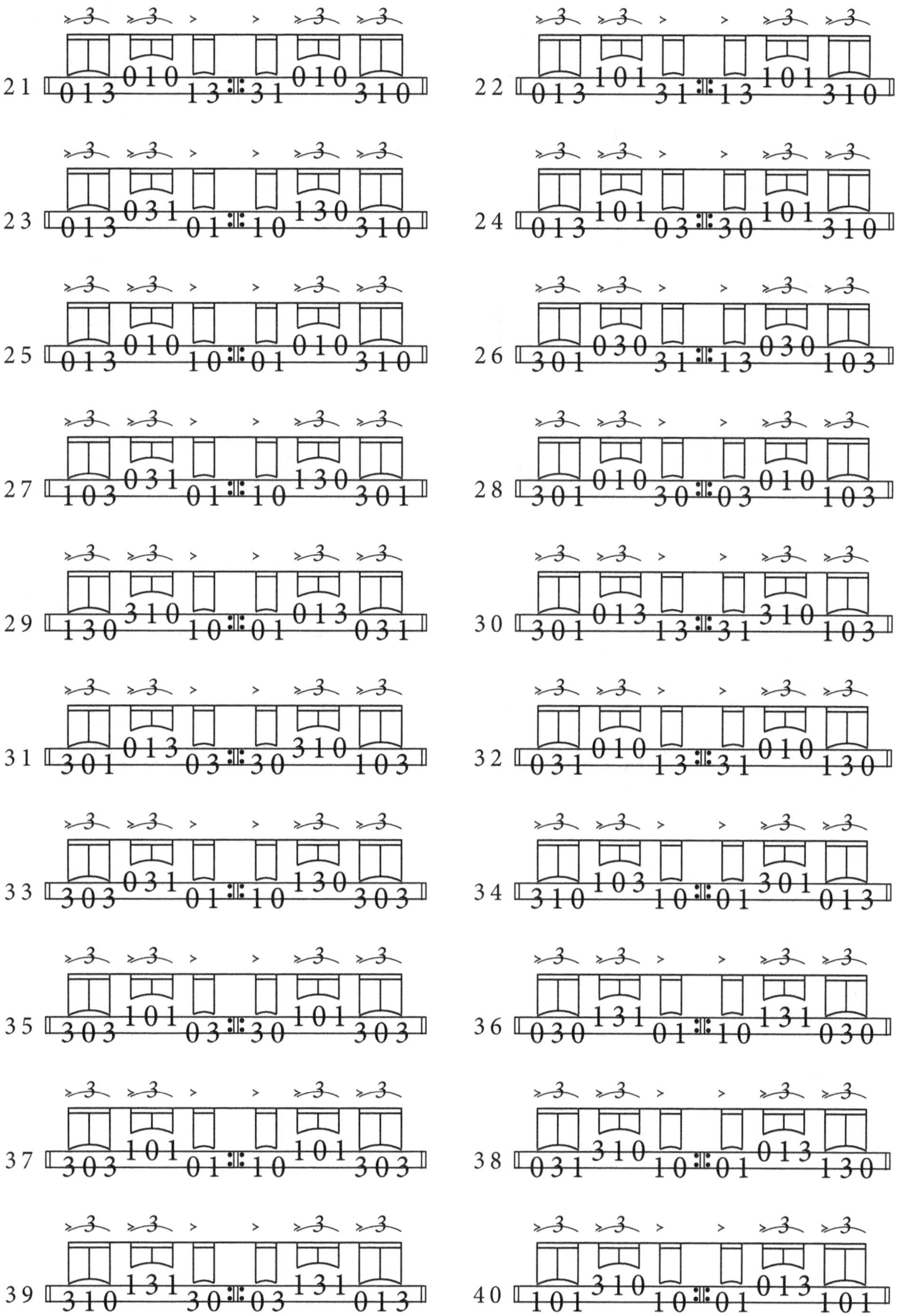

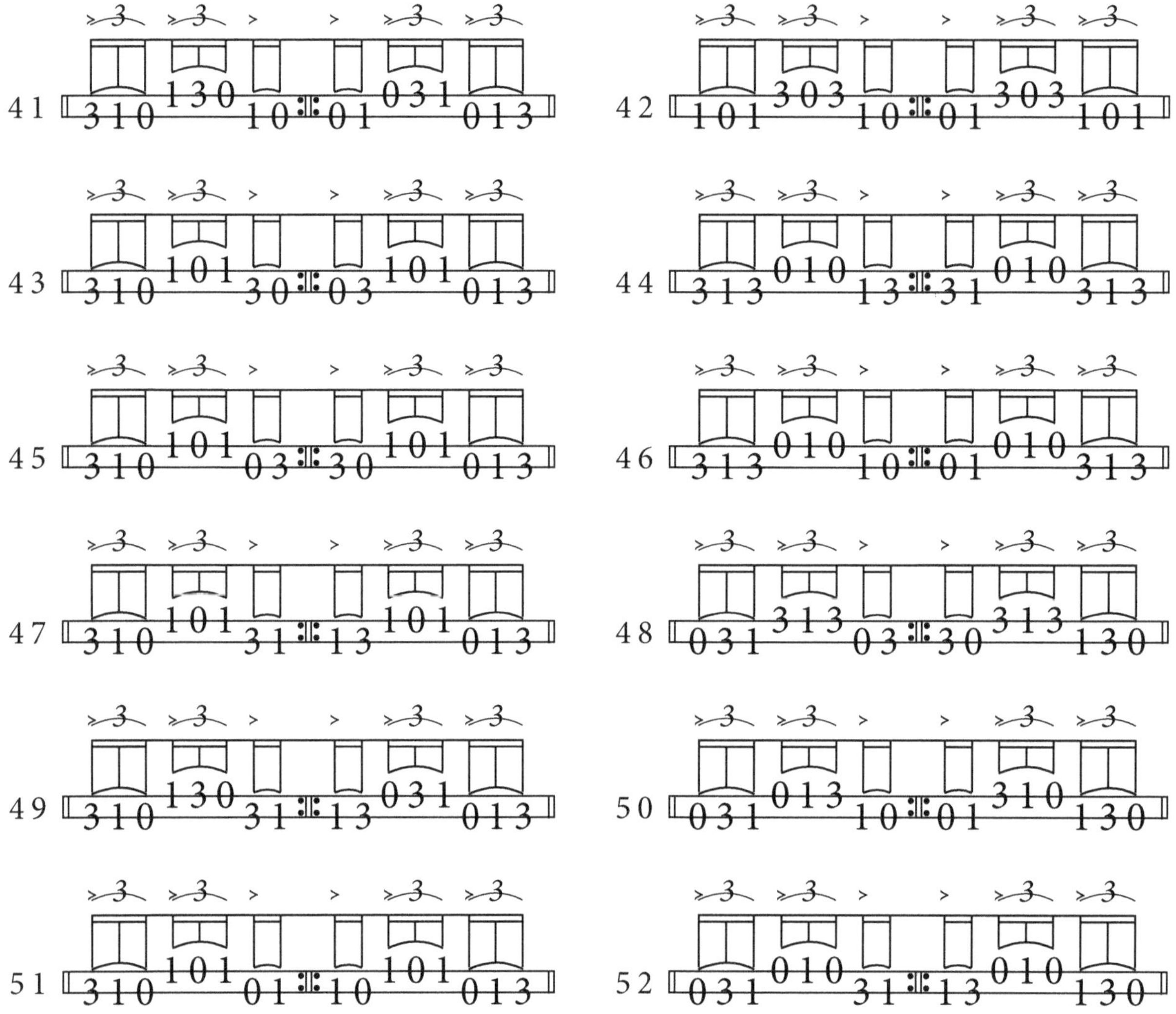

LIGADOS

UNIT 3

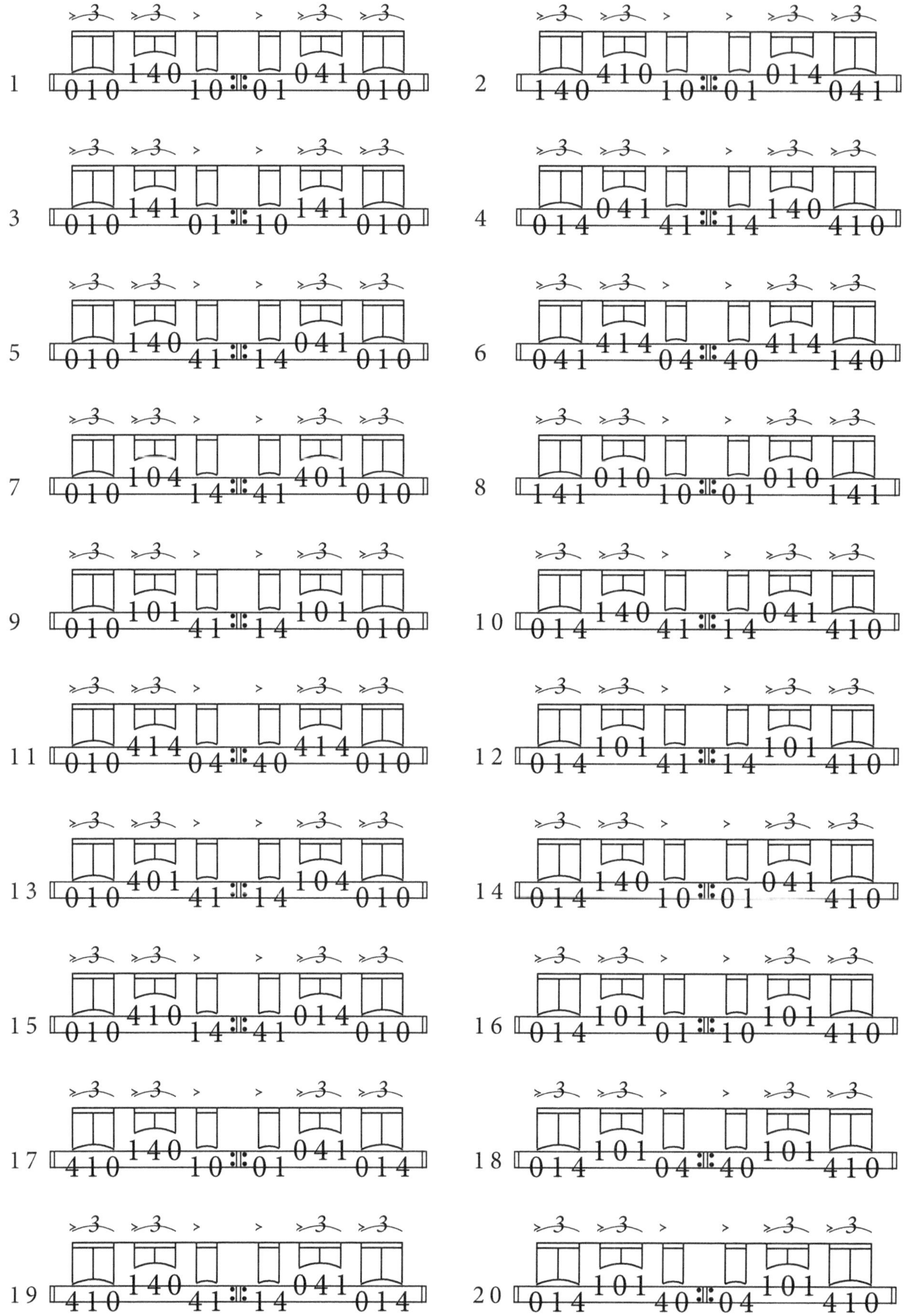

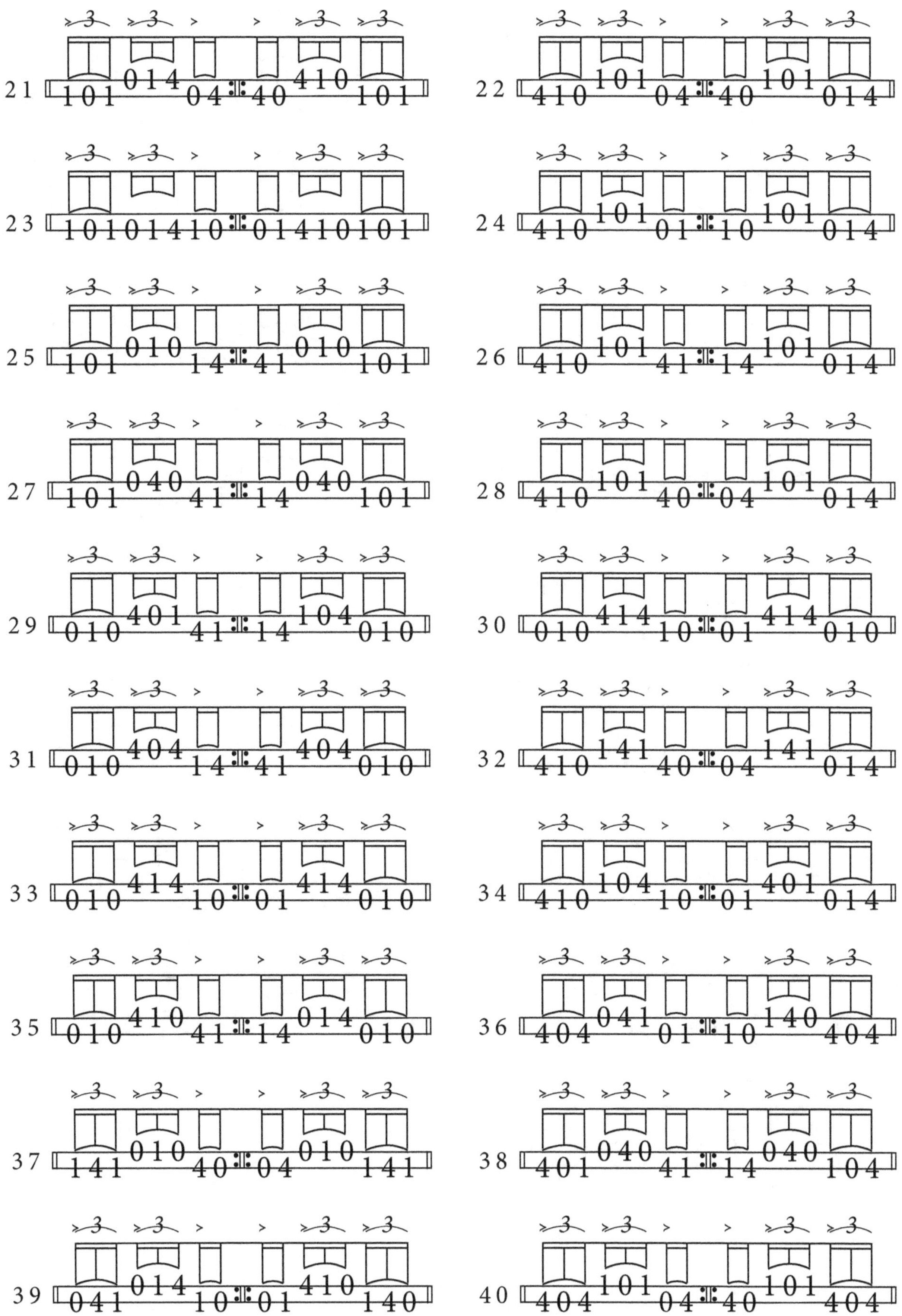

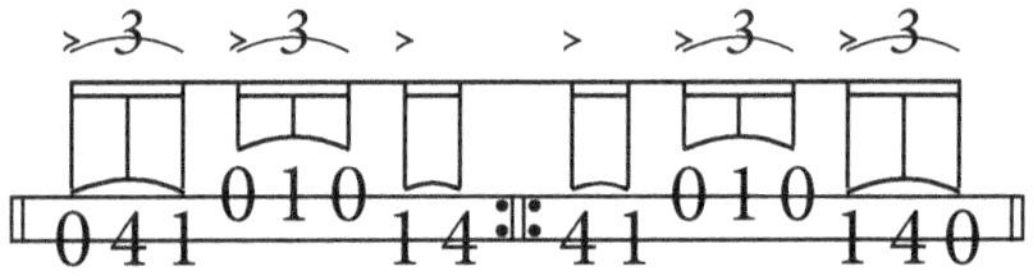

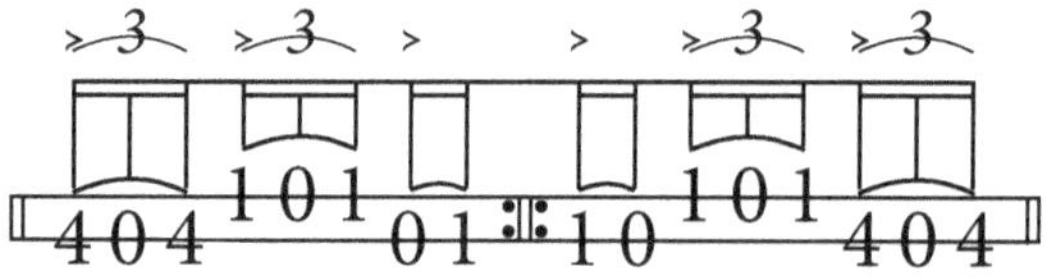

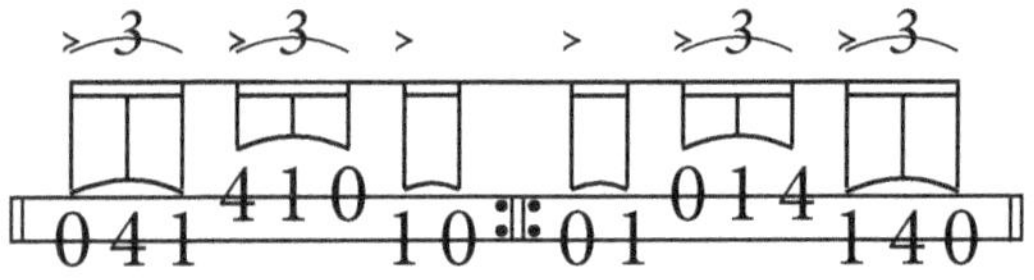

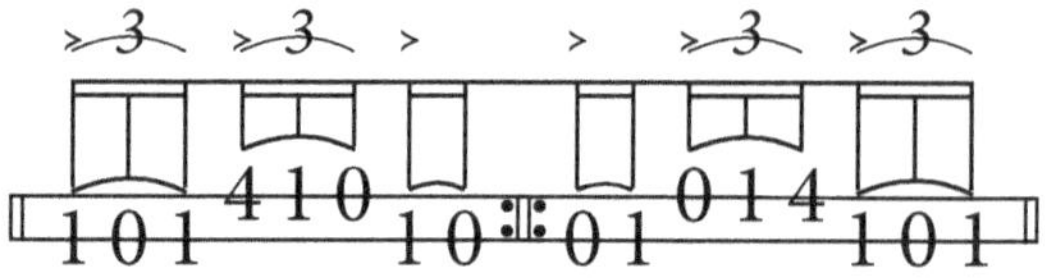

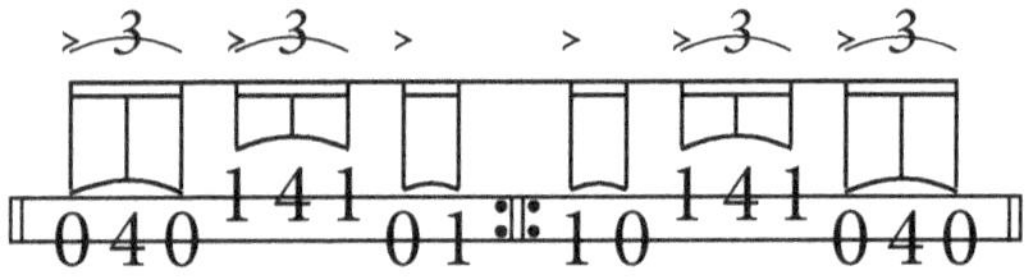

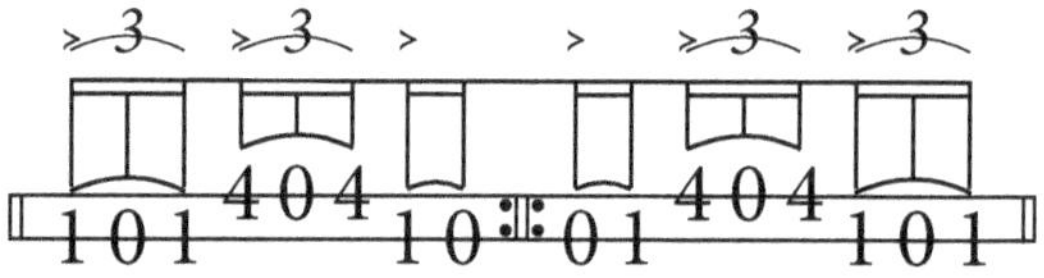

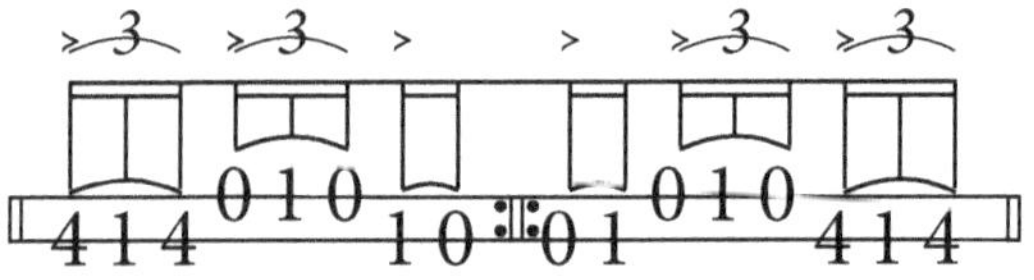

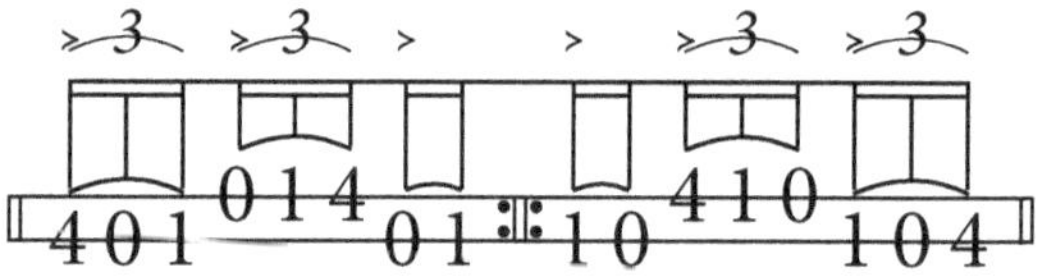

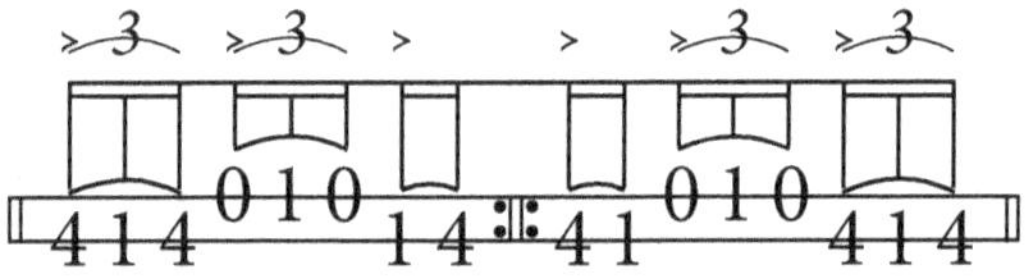

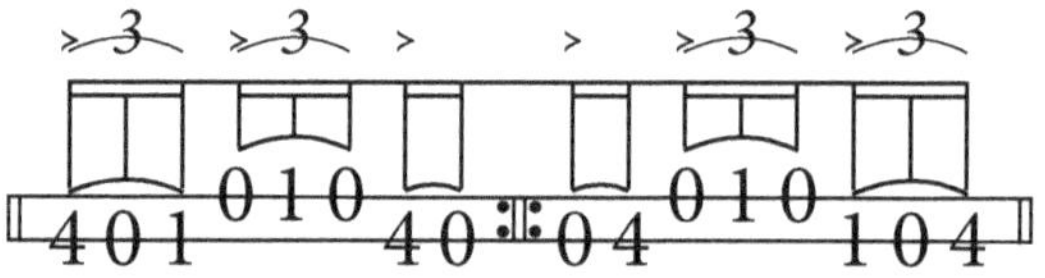

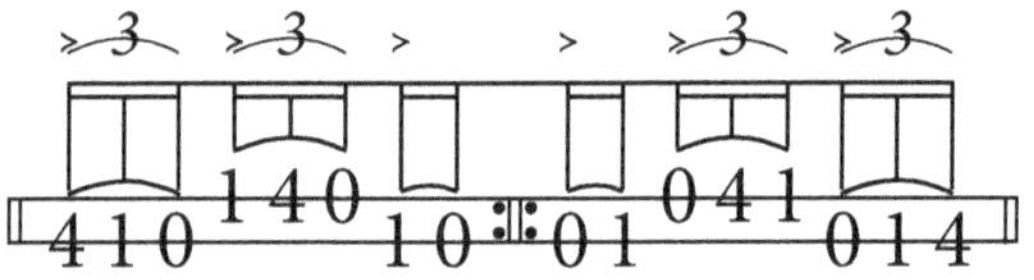

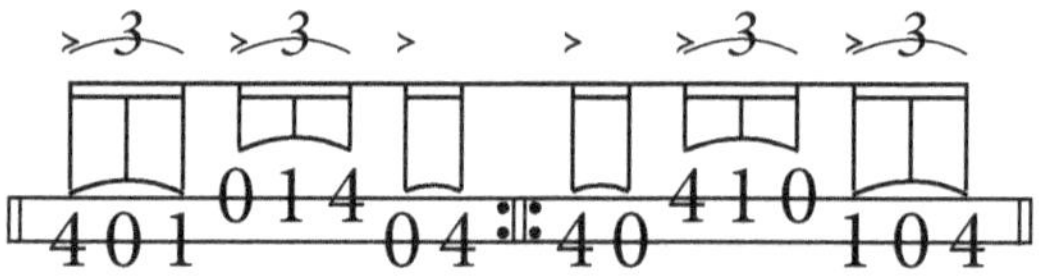

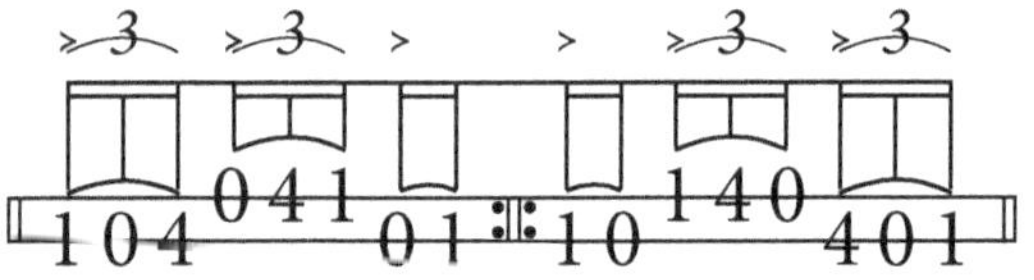

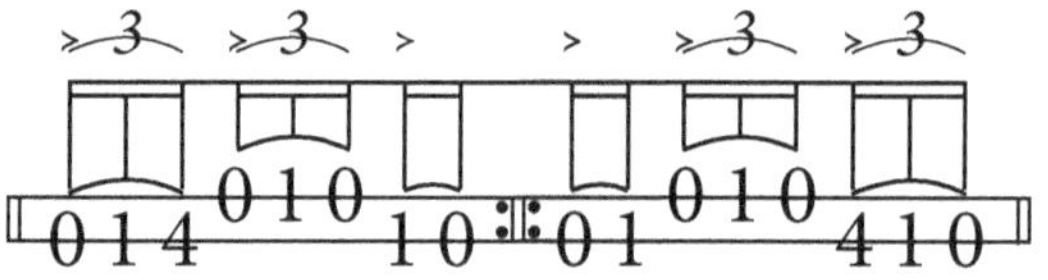

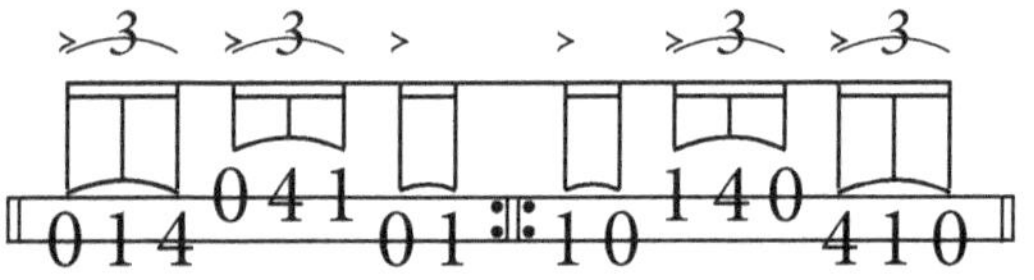

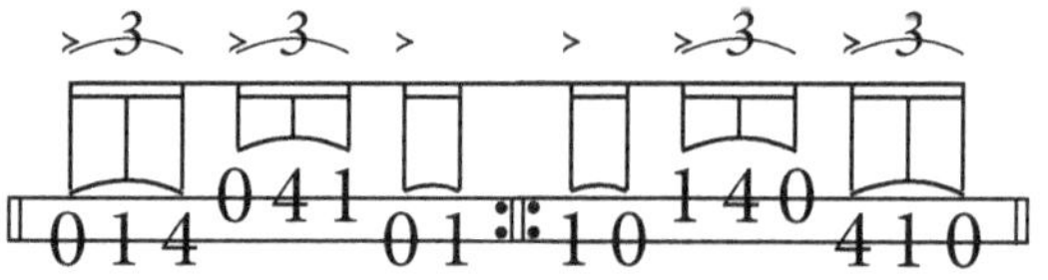

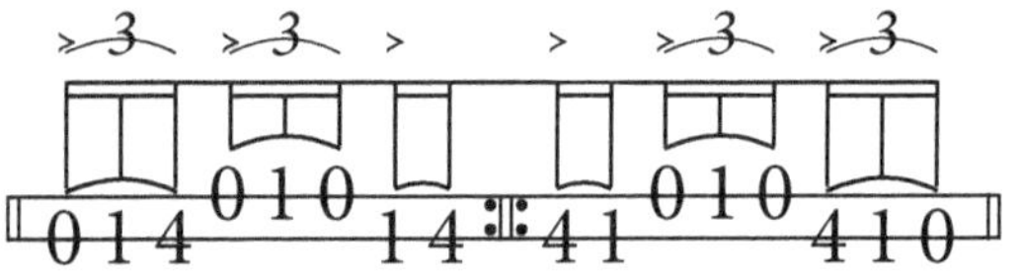

LIGADOS

UNIT 4

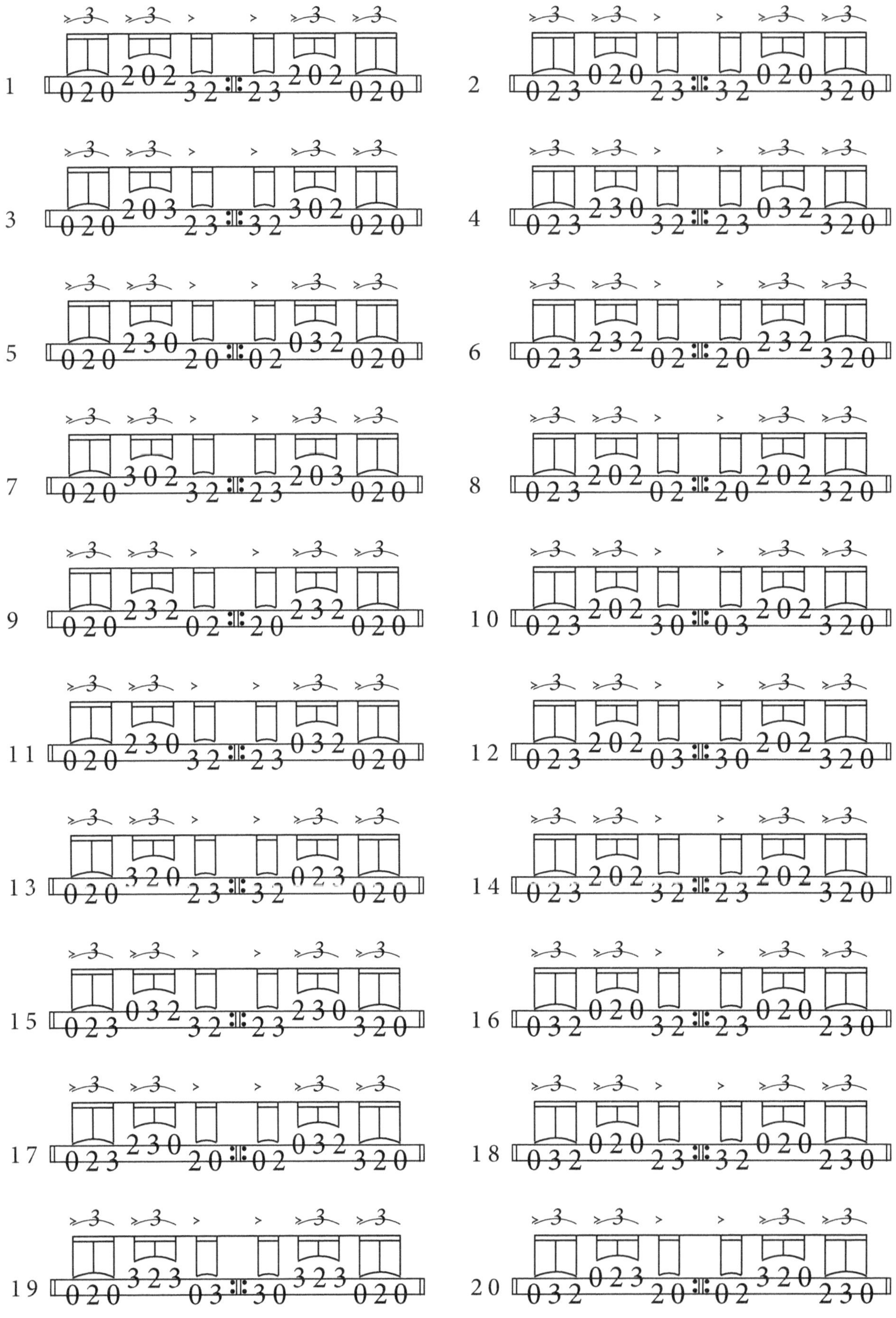

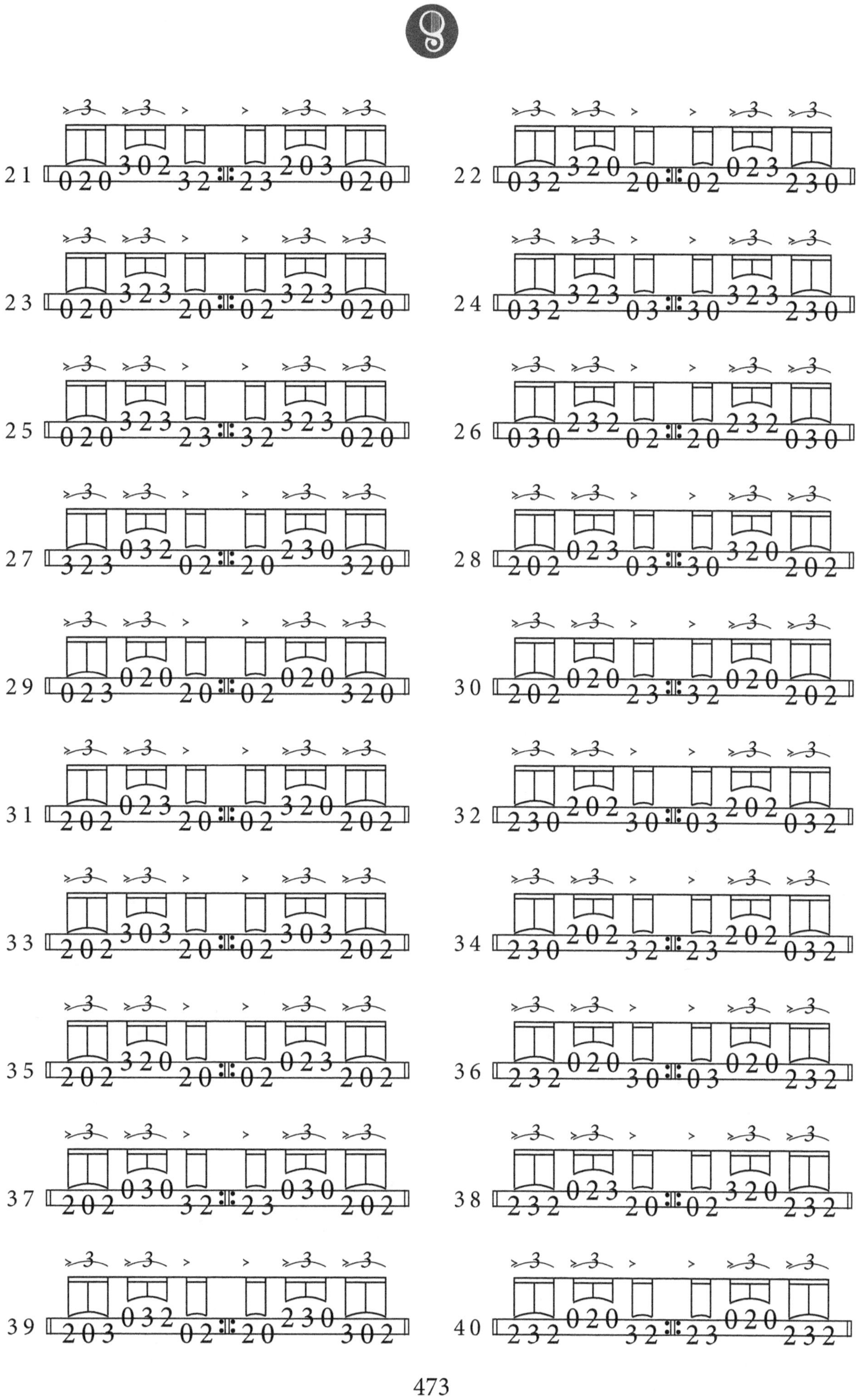

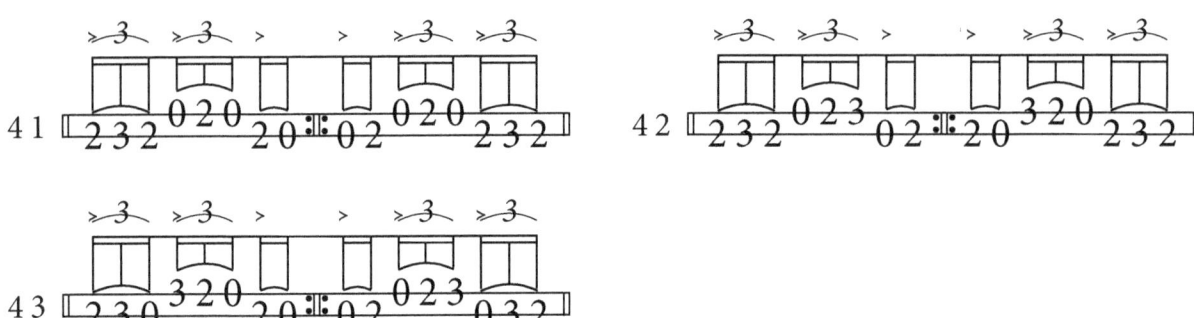

LIGADOS
UNIT 5

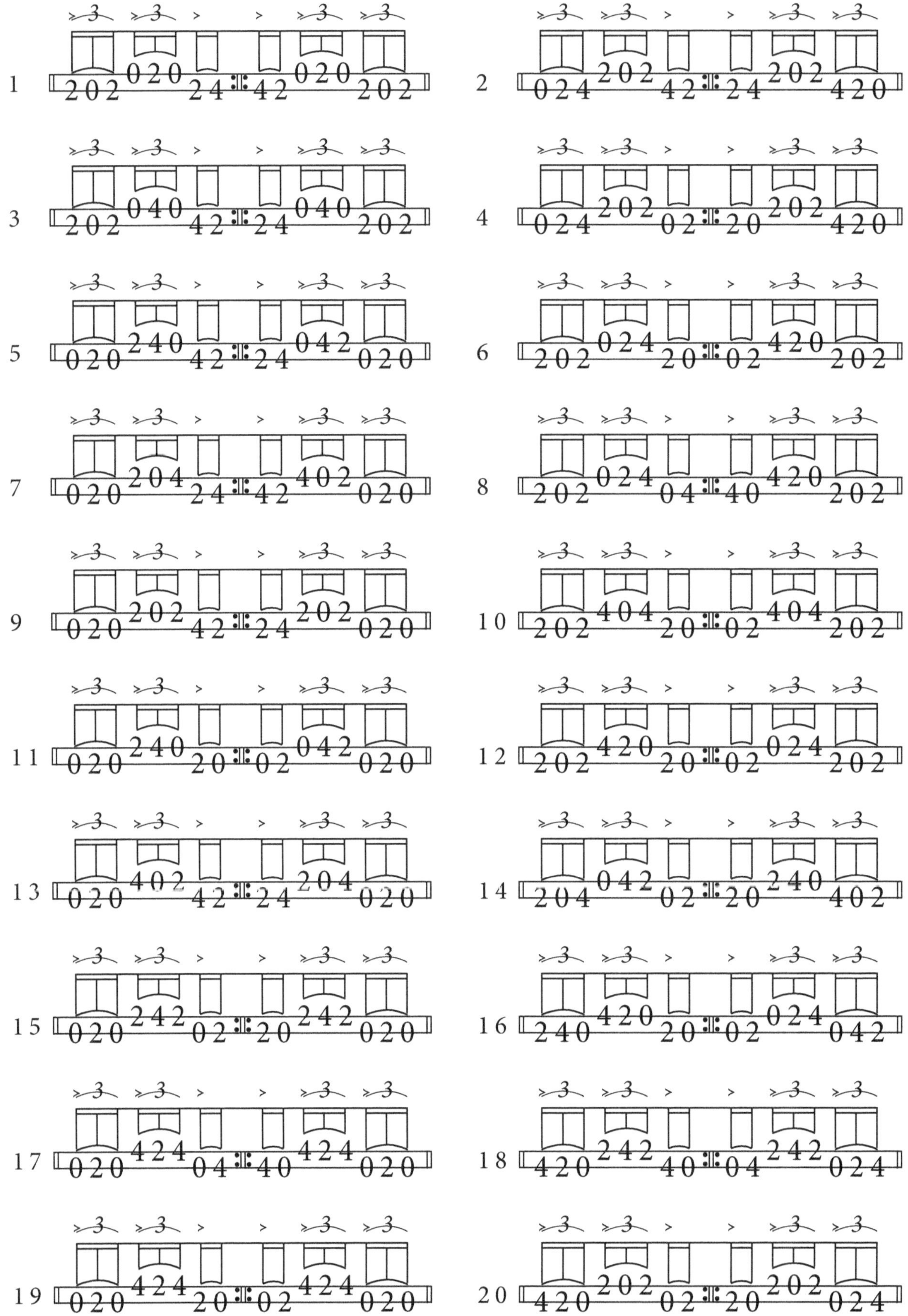

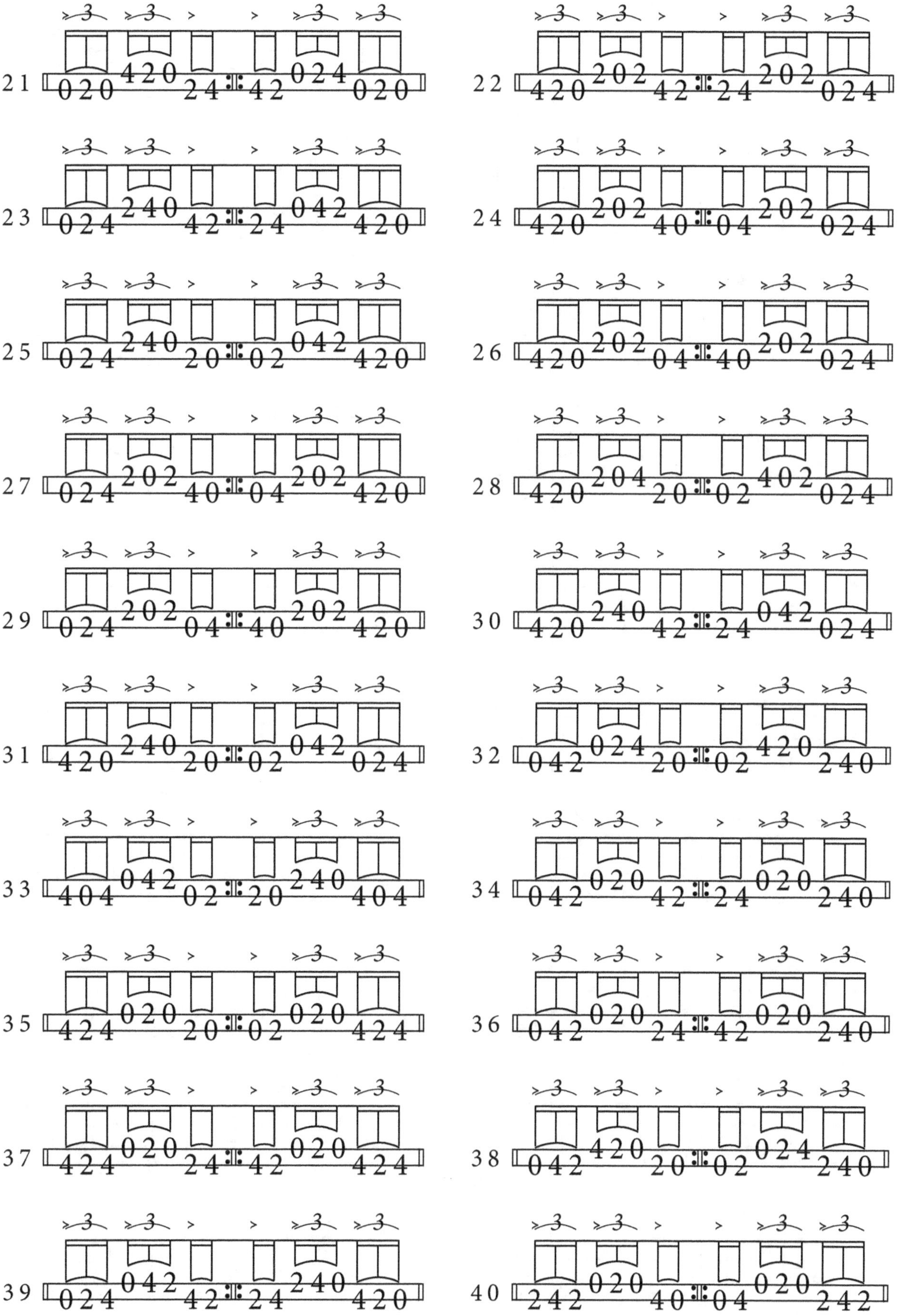

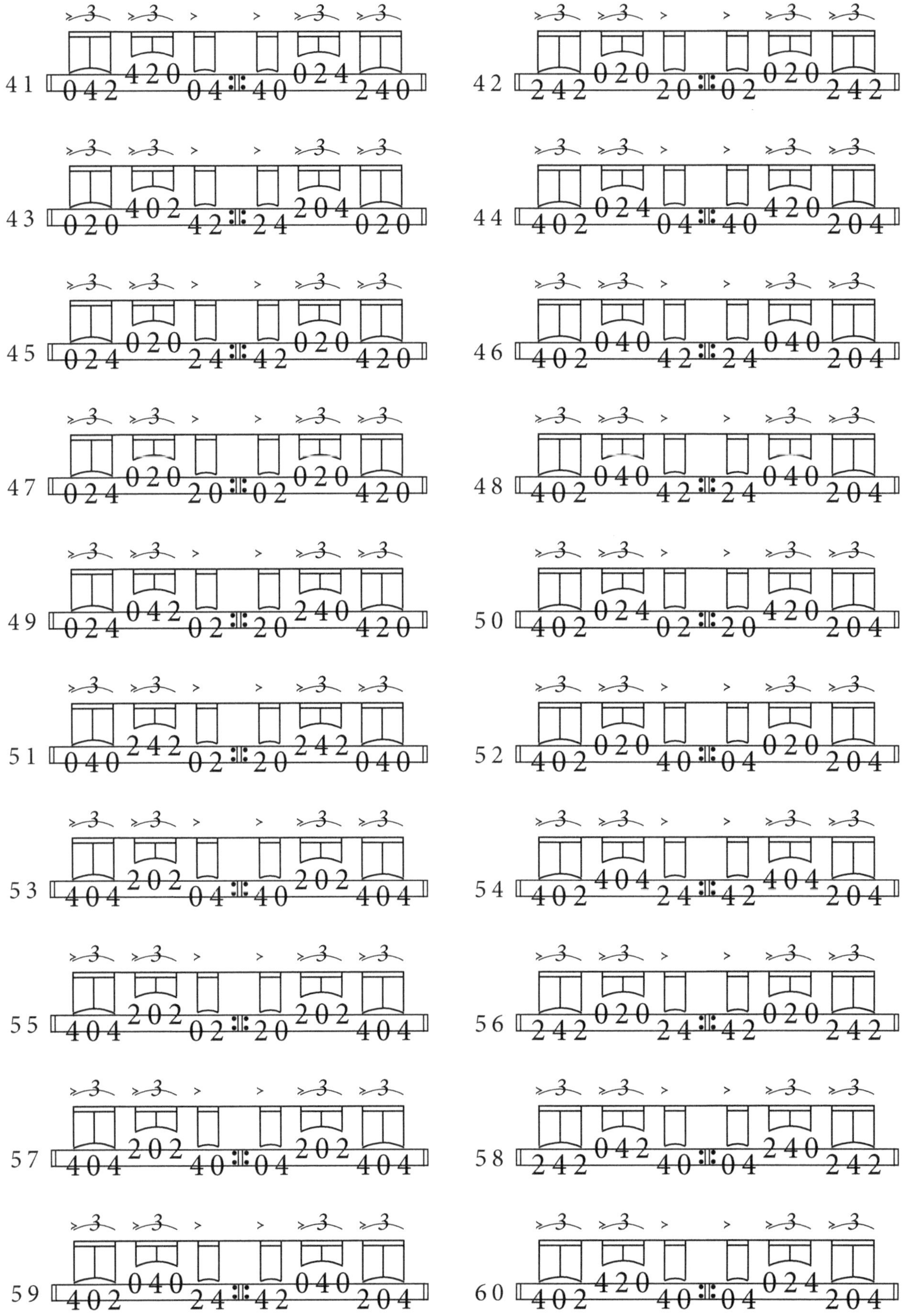

LIGADOS
UNIT 6

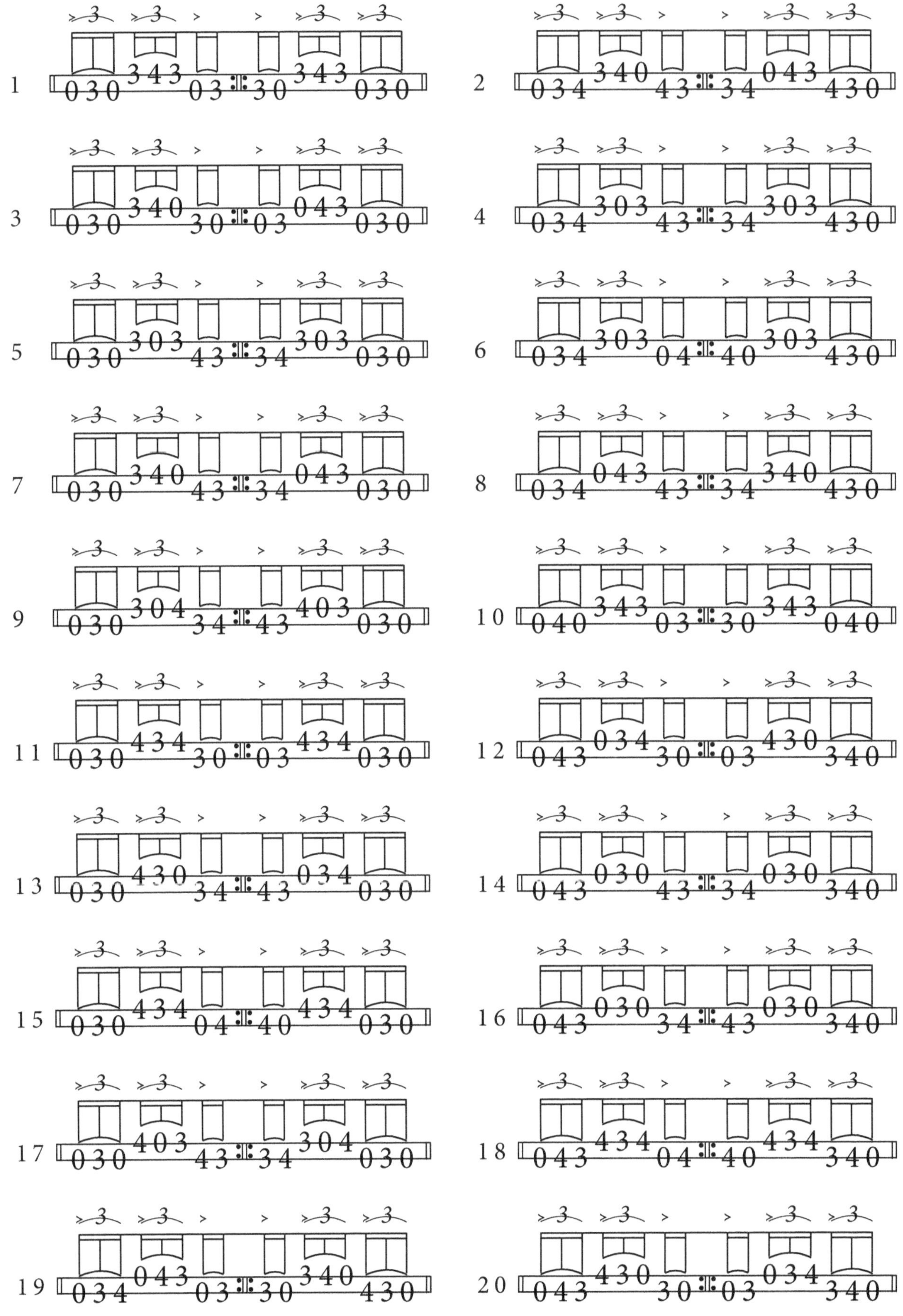

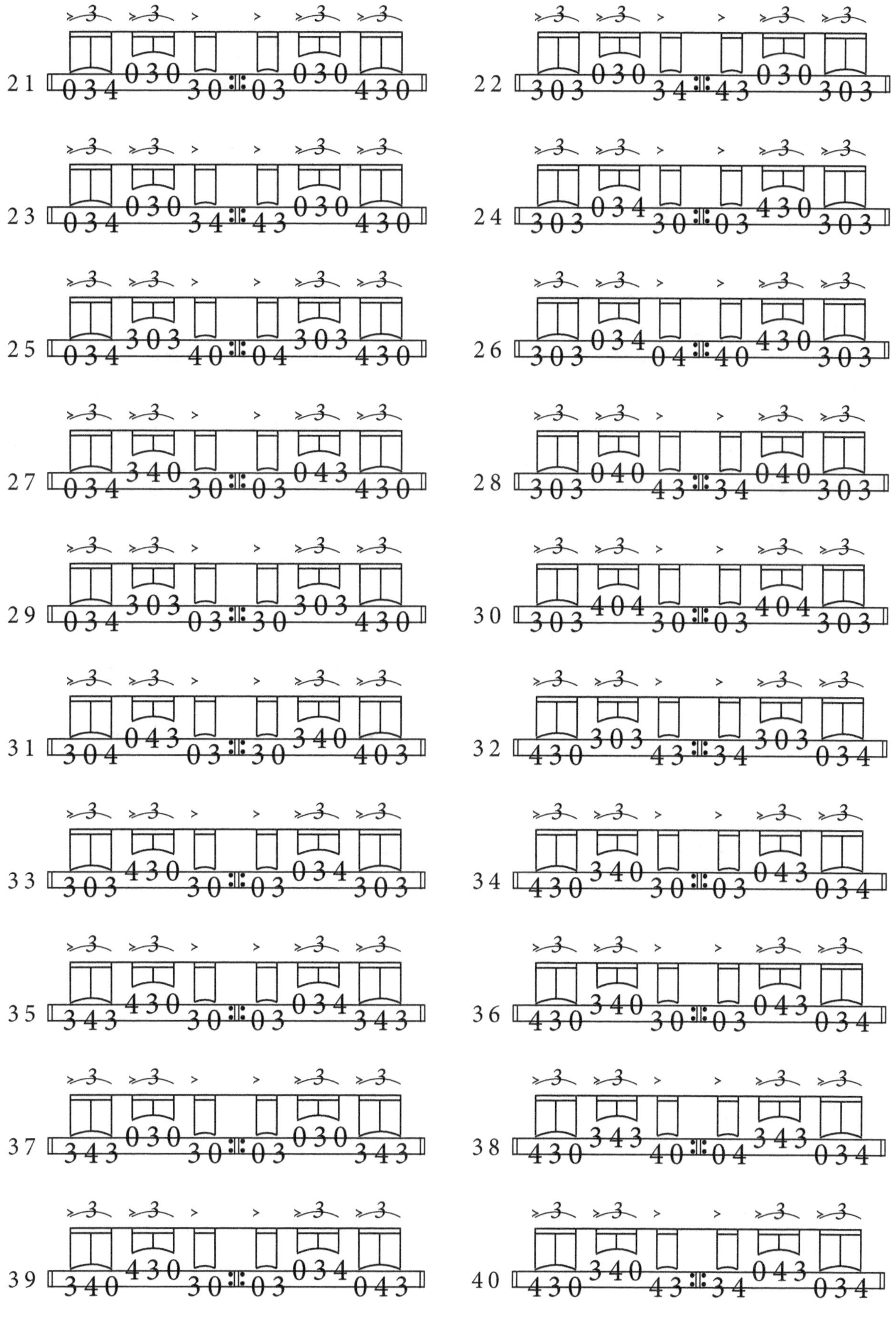

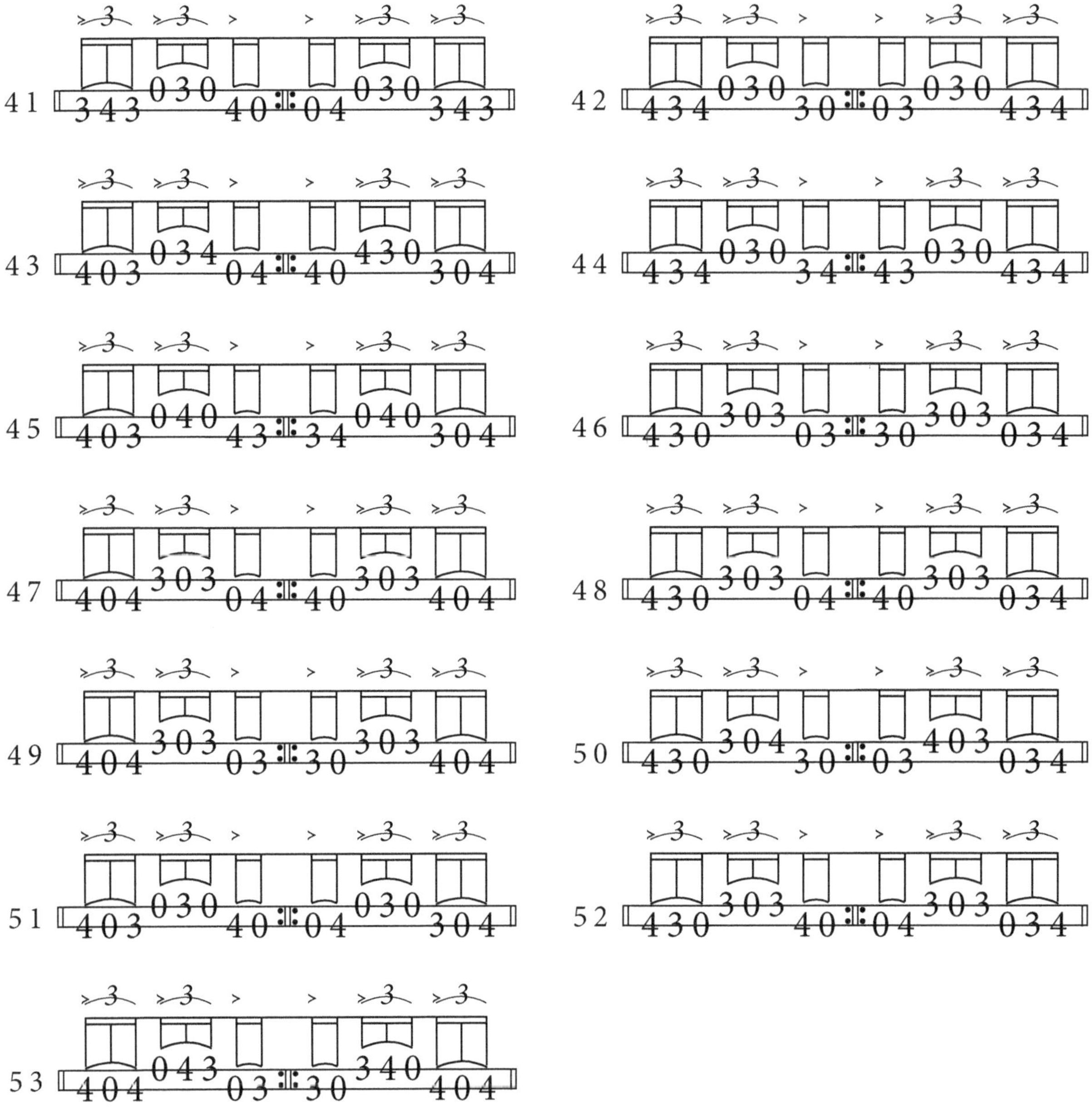

LIGADOS
UNIT 7

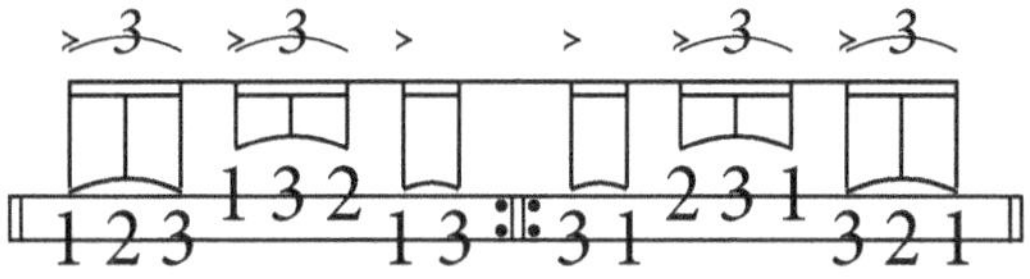

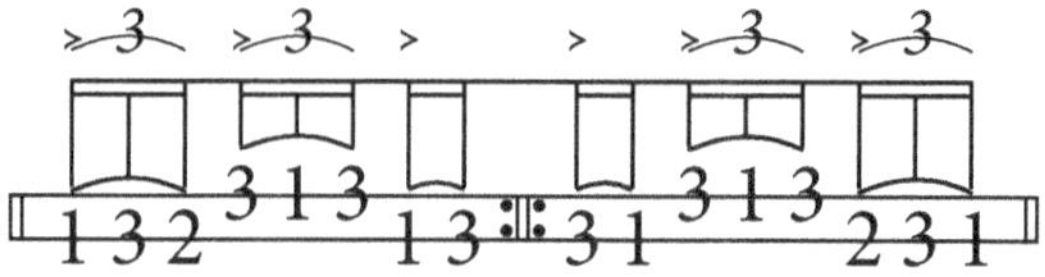

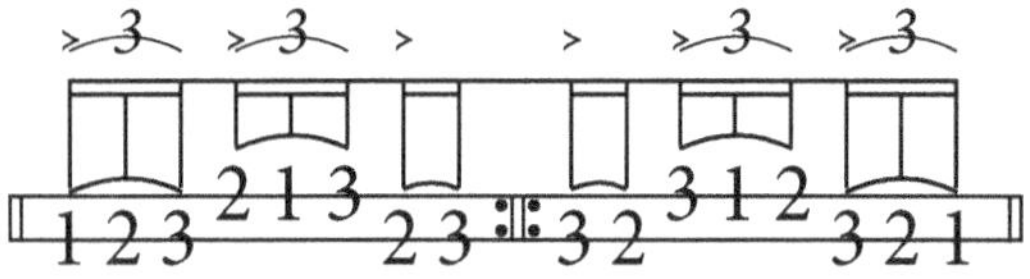

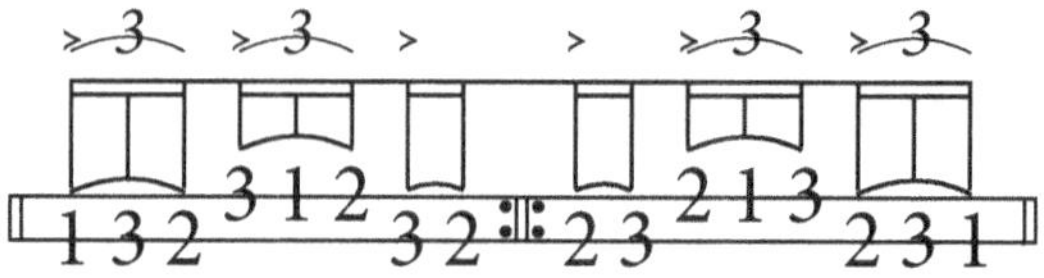

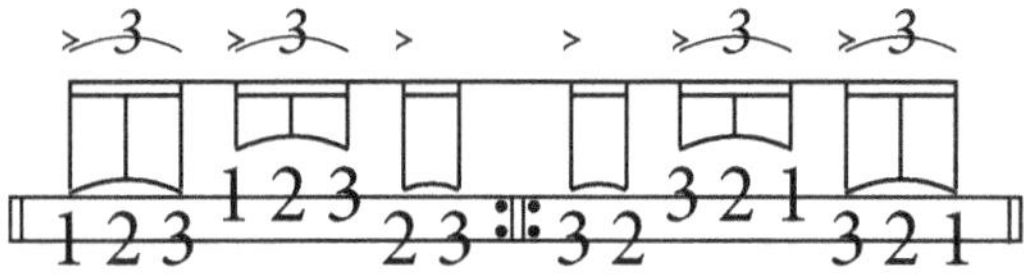

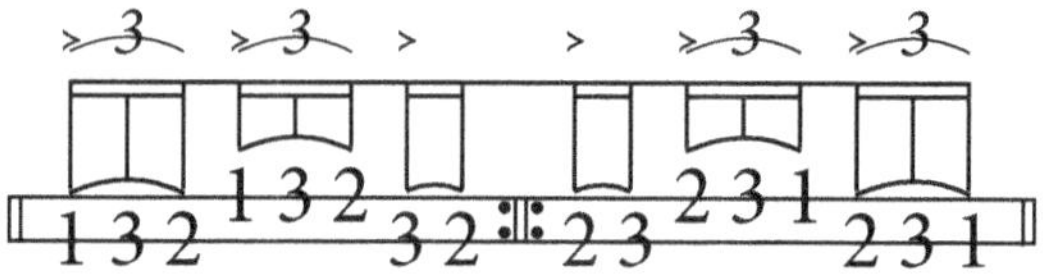

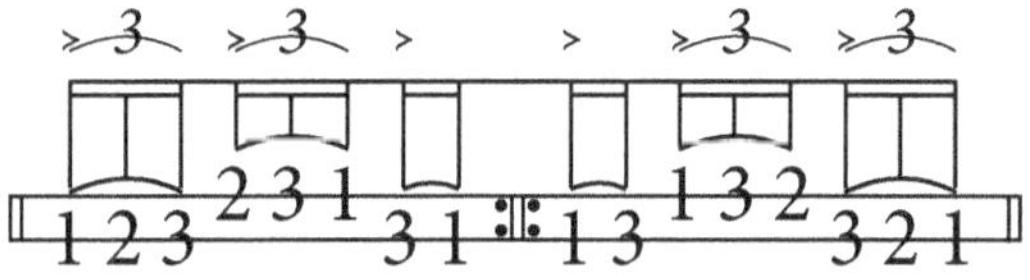

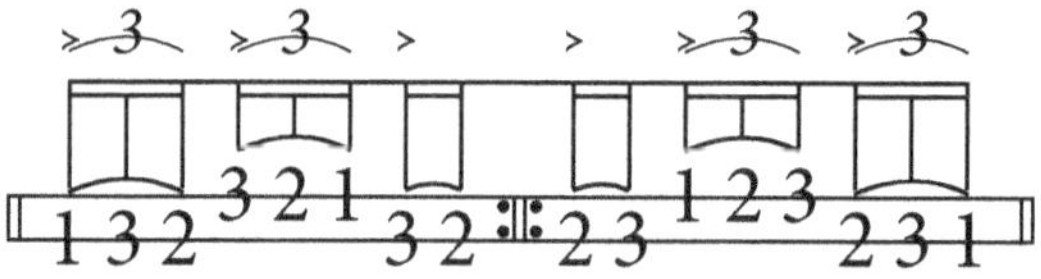

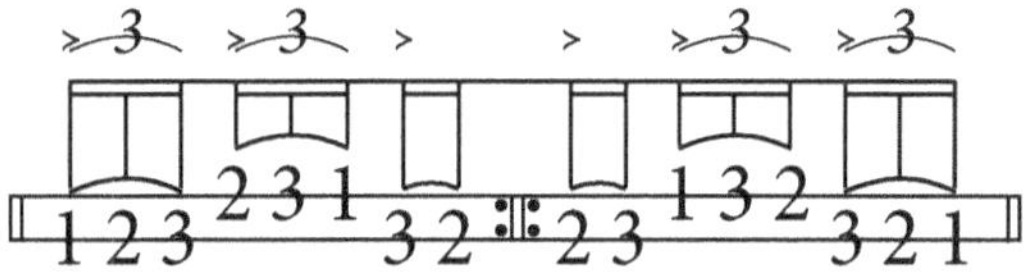

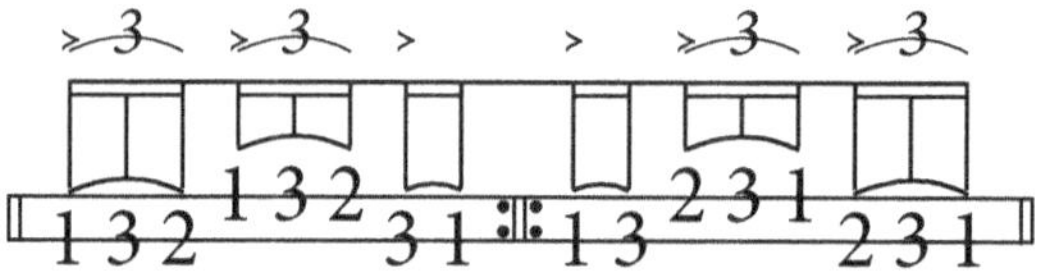

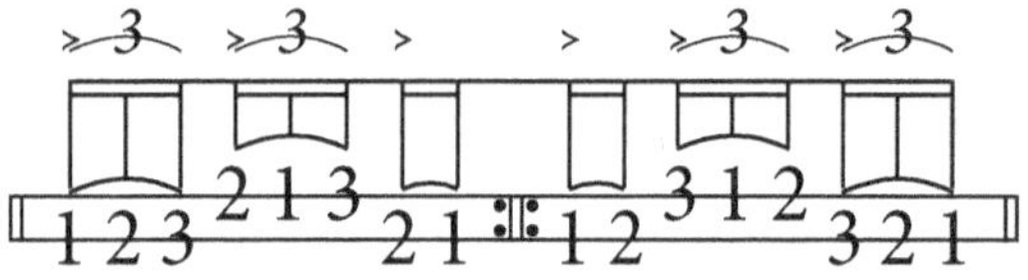

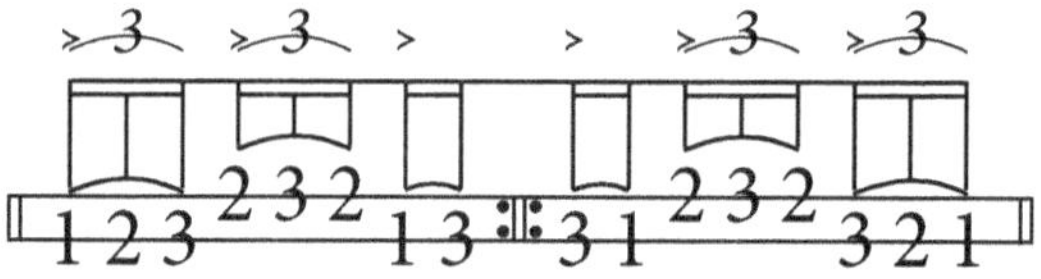

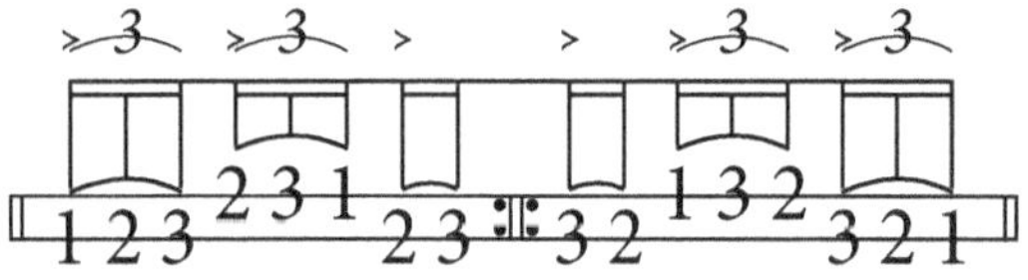

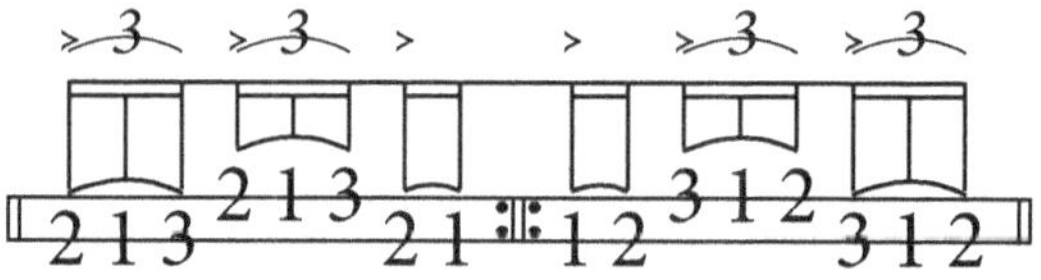

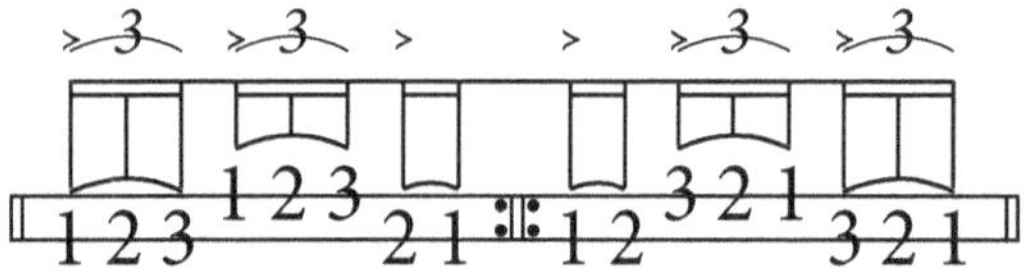

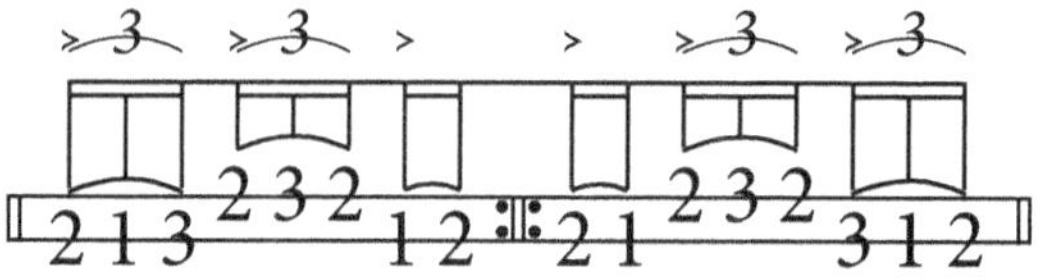

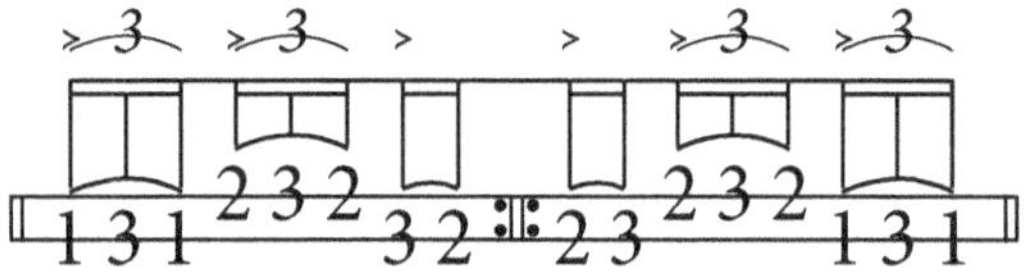

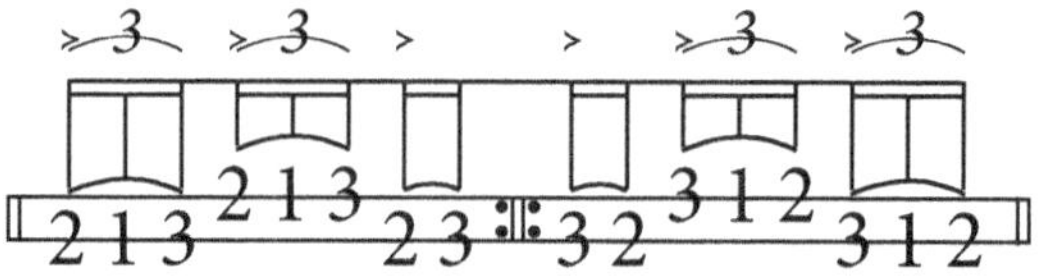

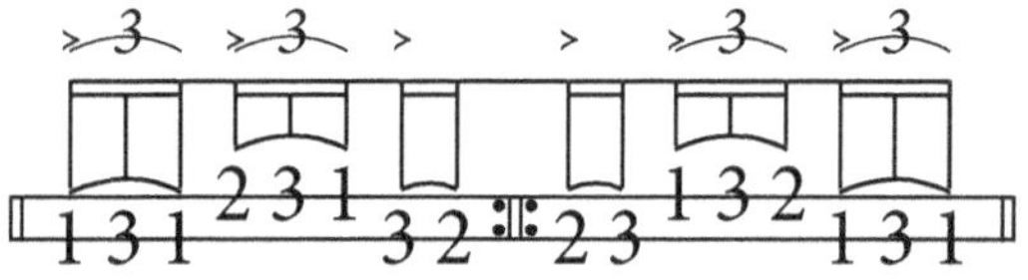

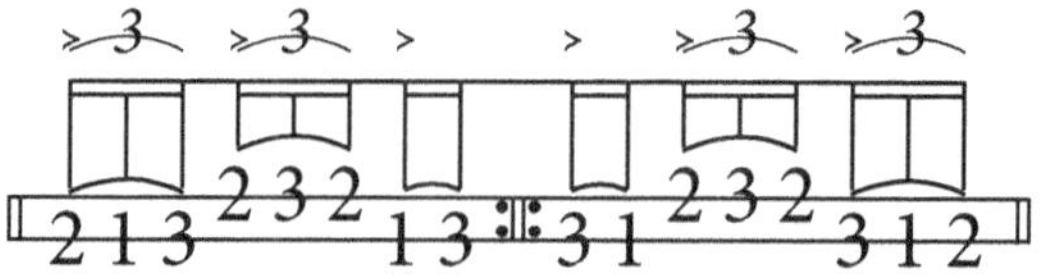

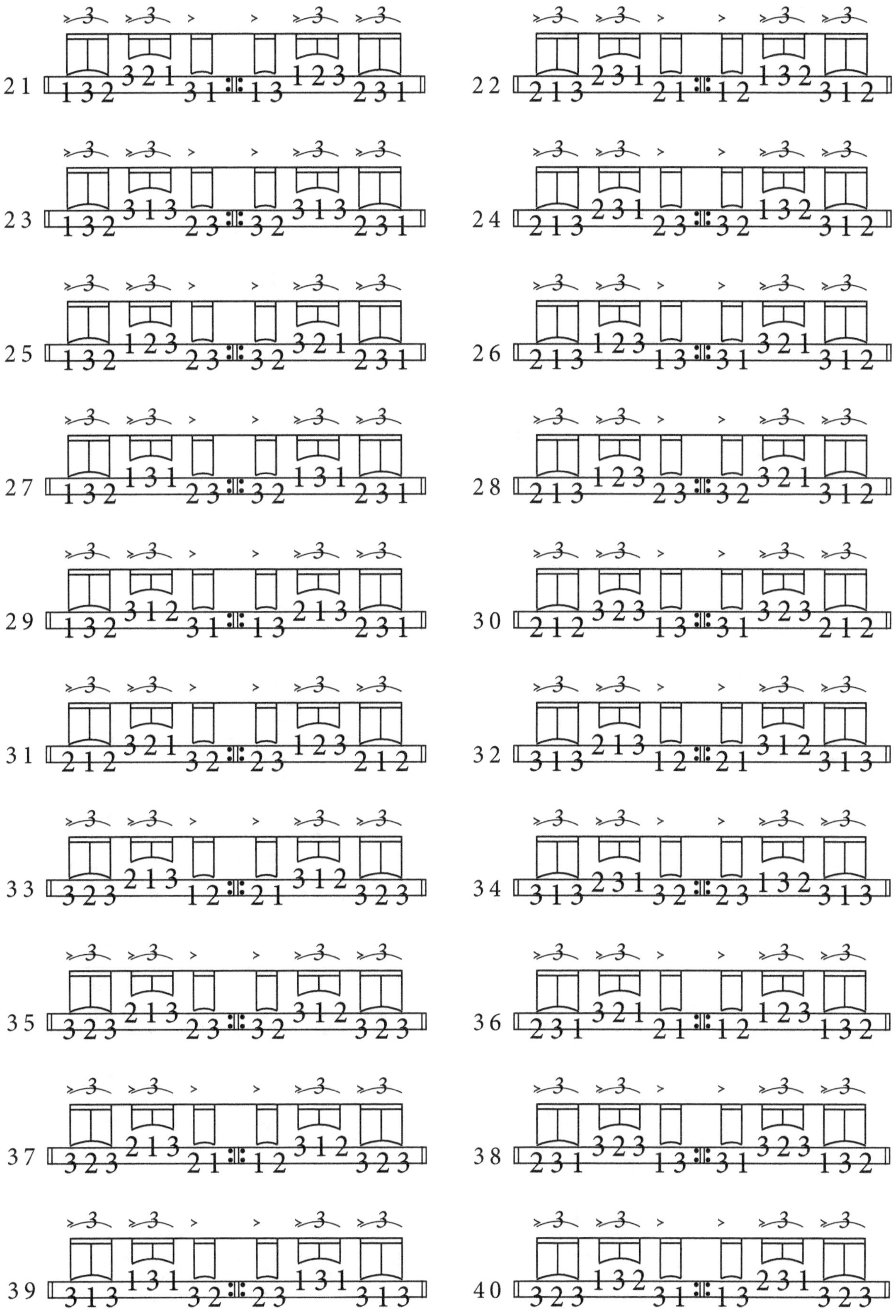

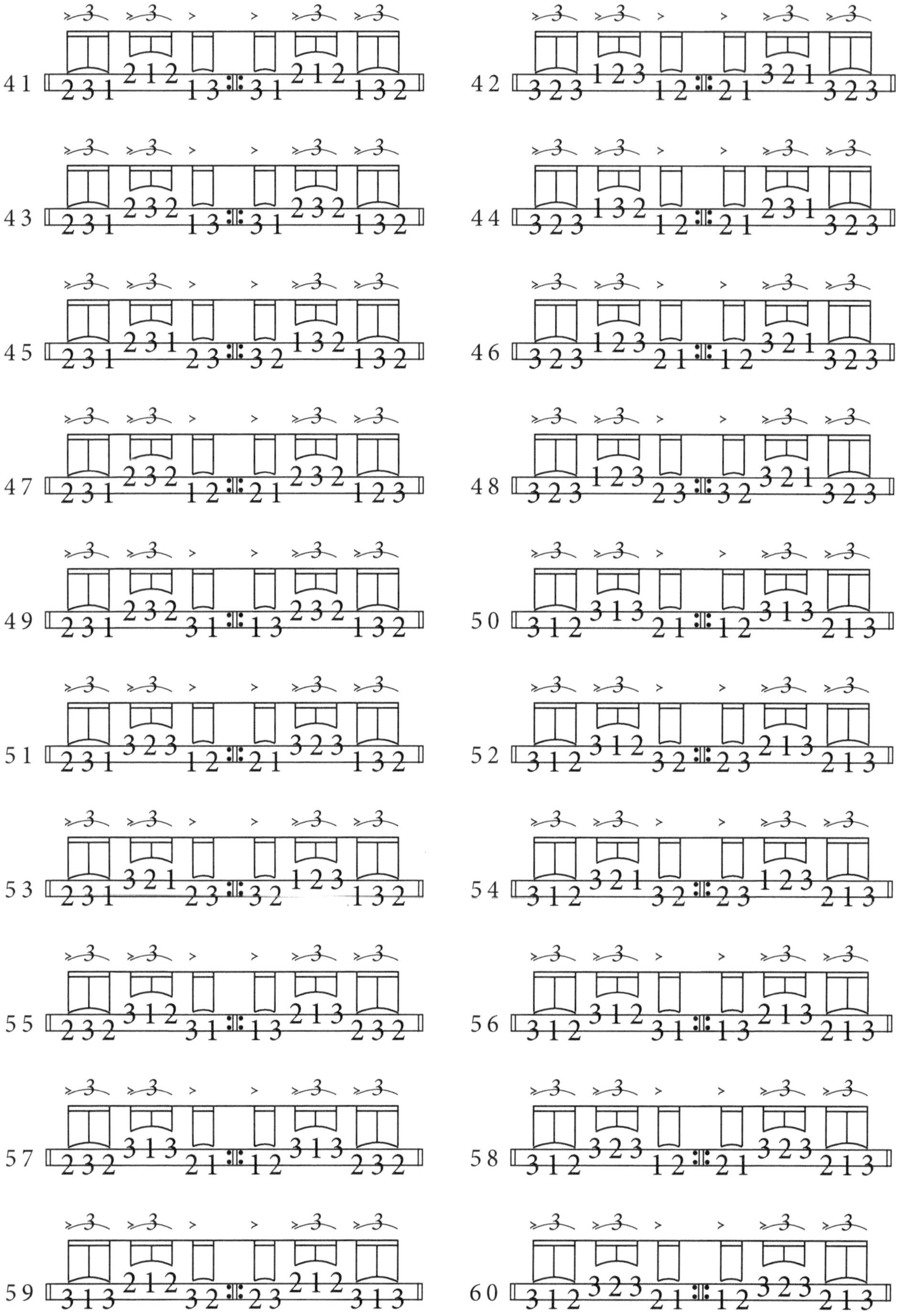

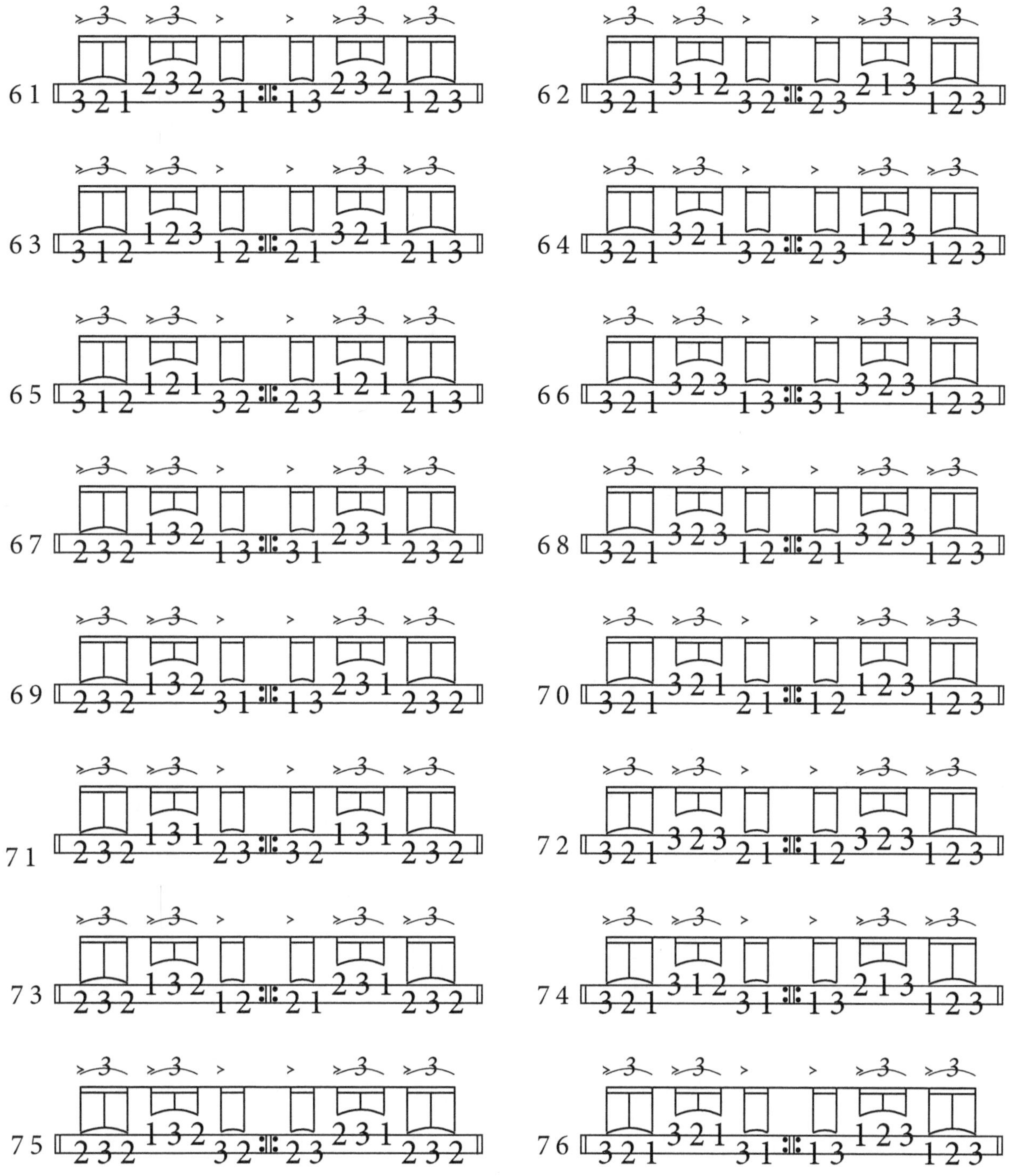

LIGADOS

UNIT 8

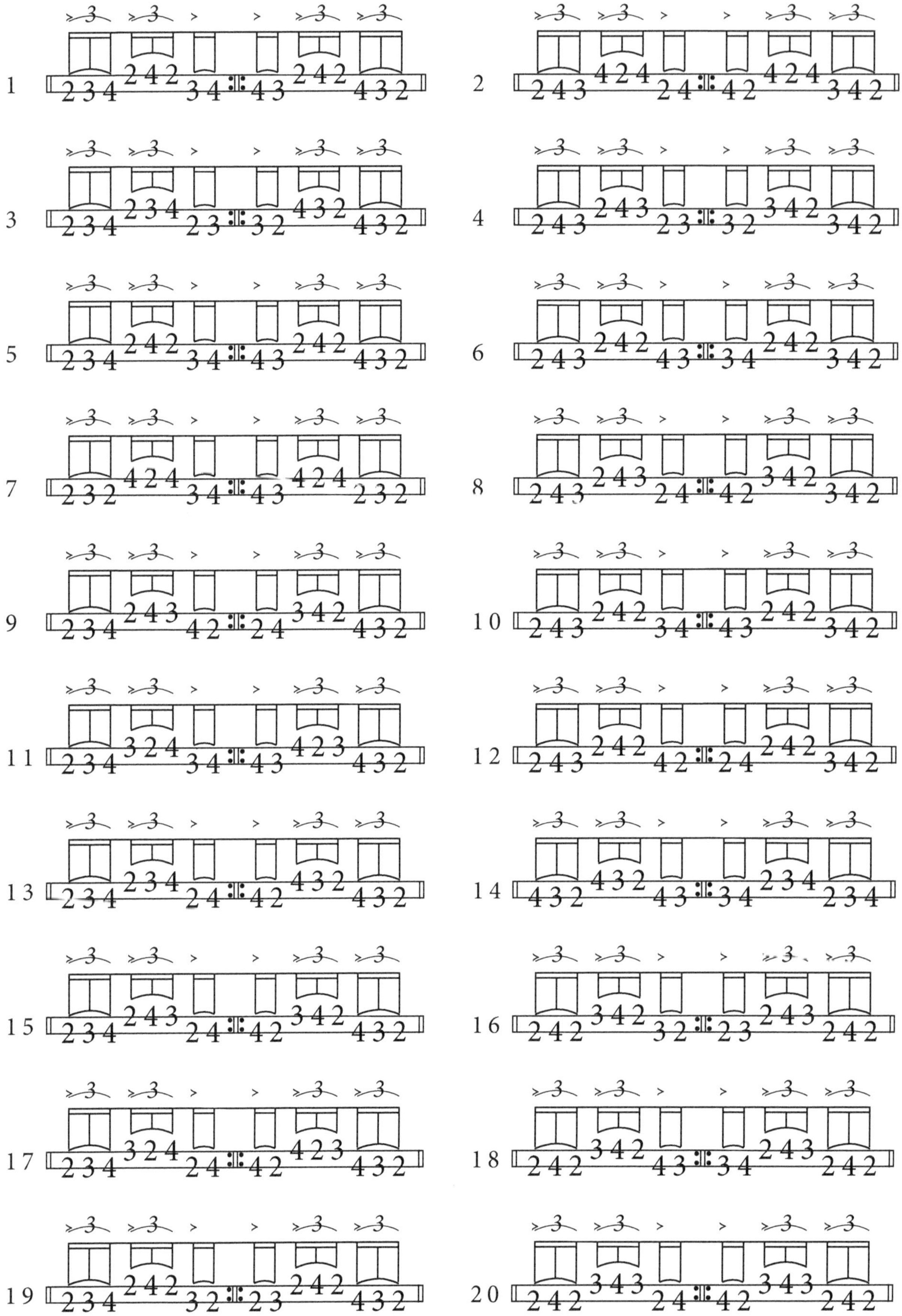

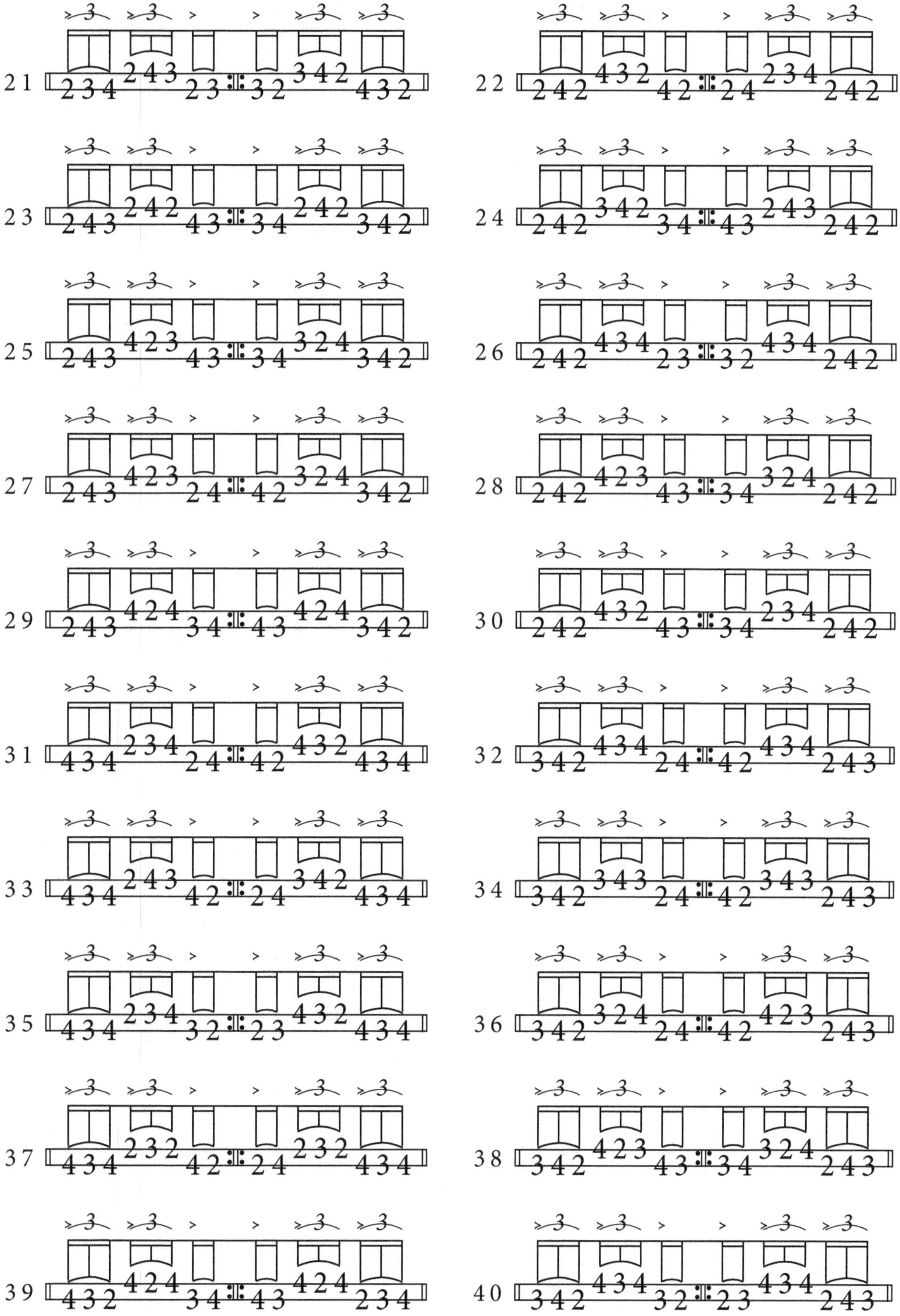

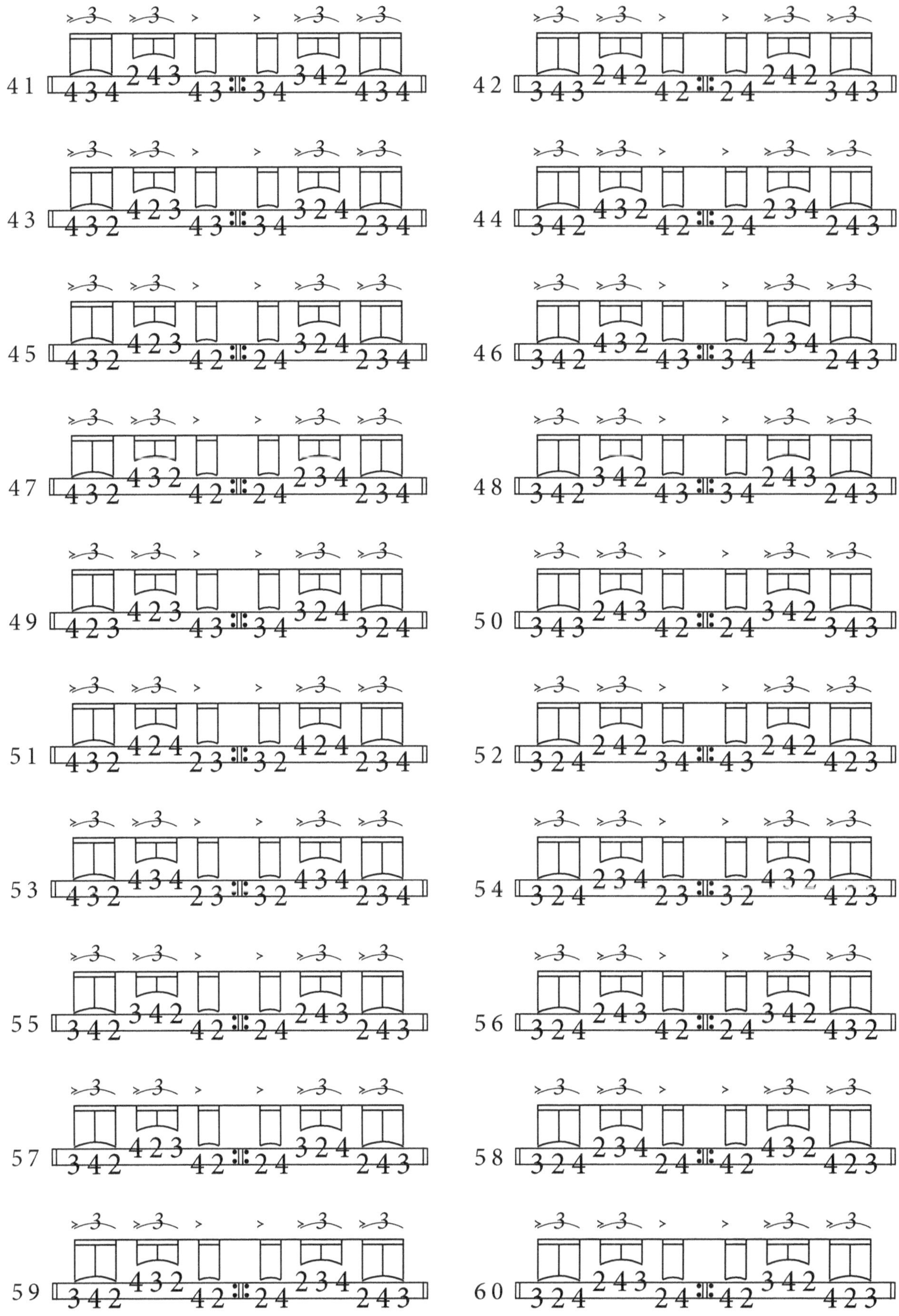

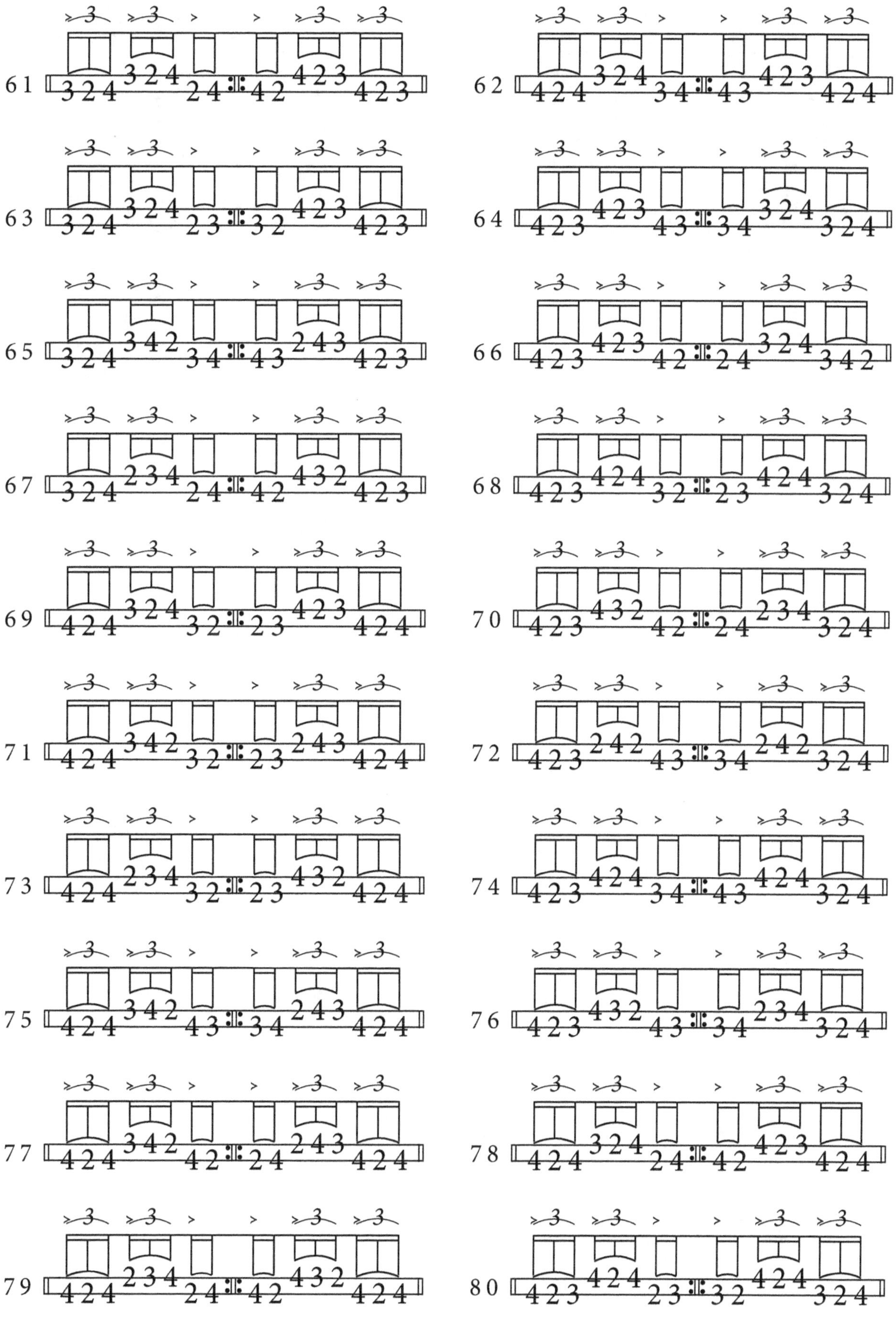

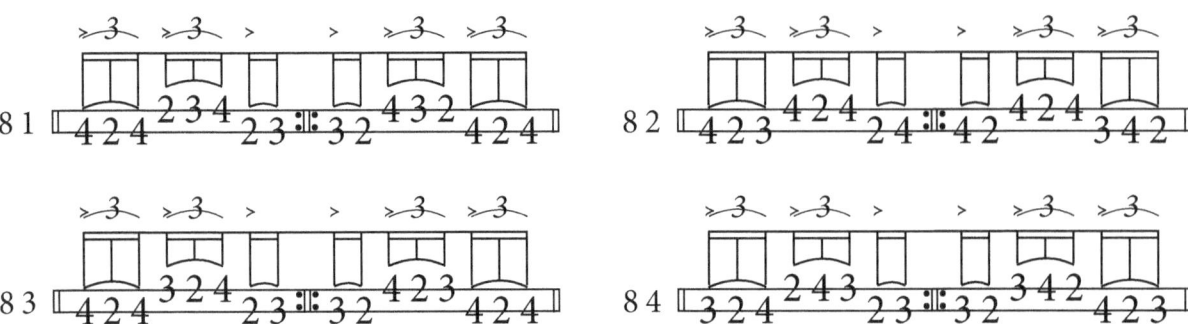

LIGADOS
UNIT 9

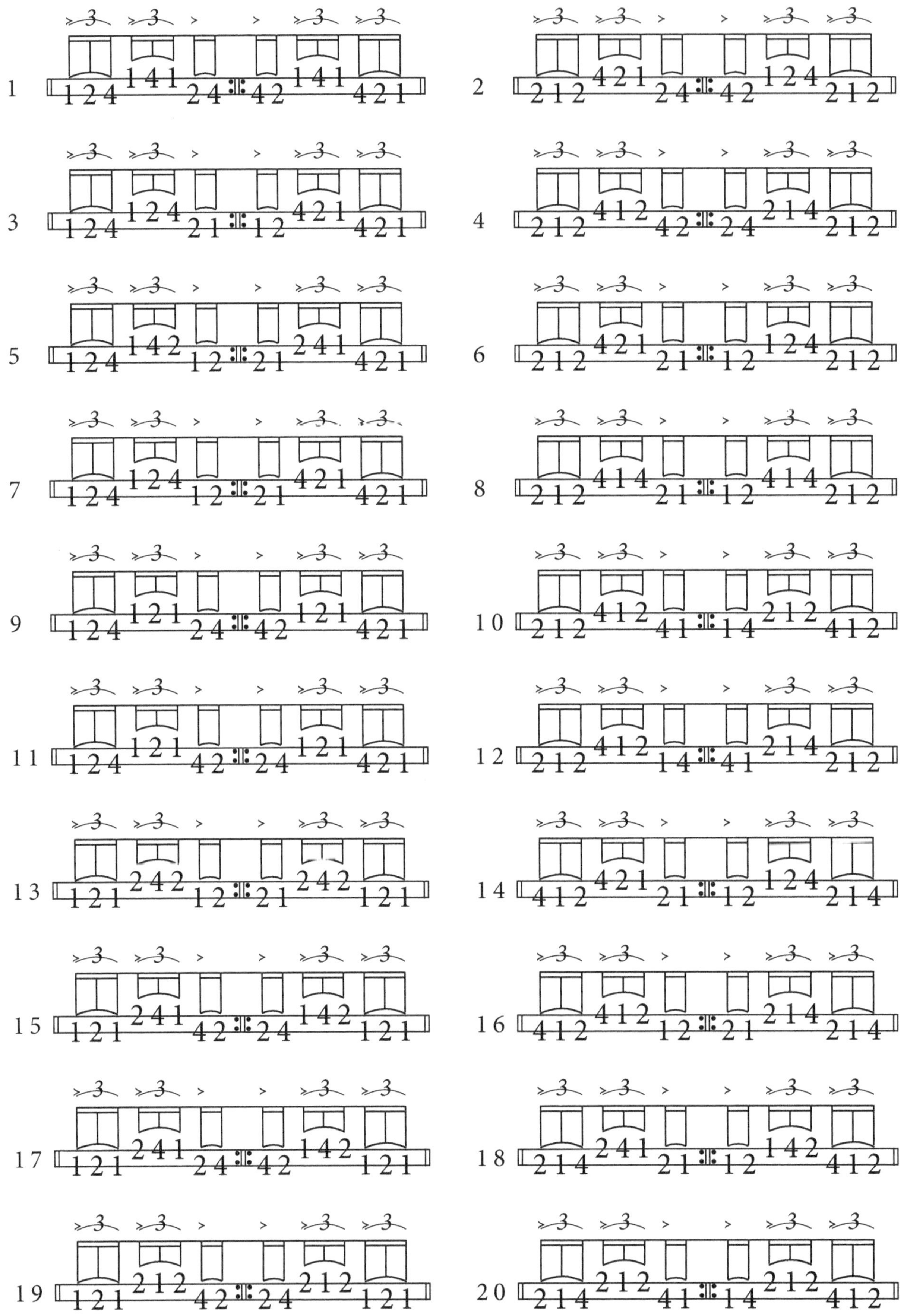

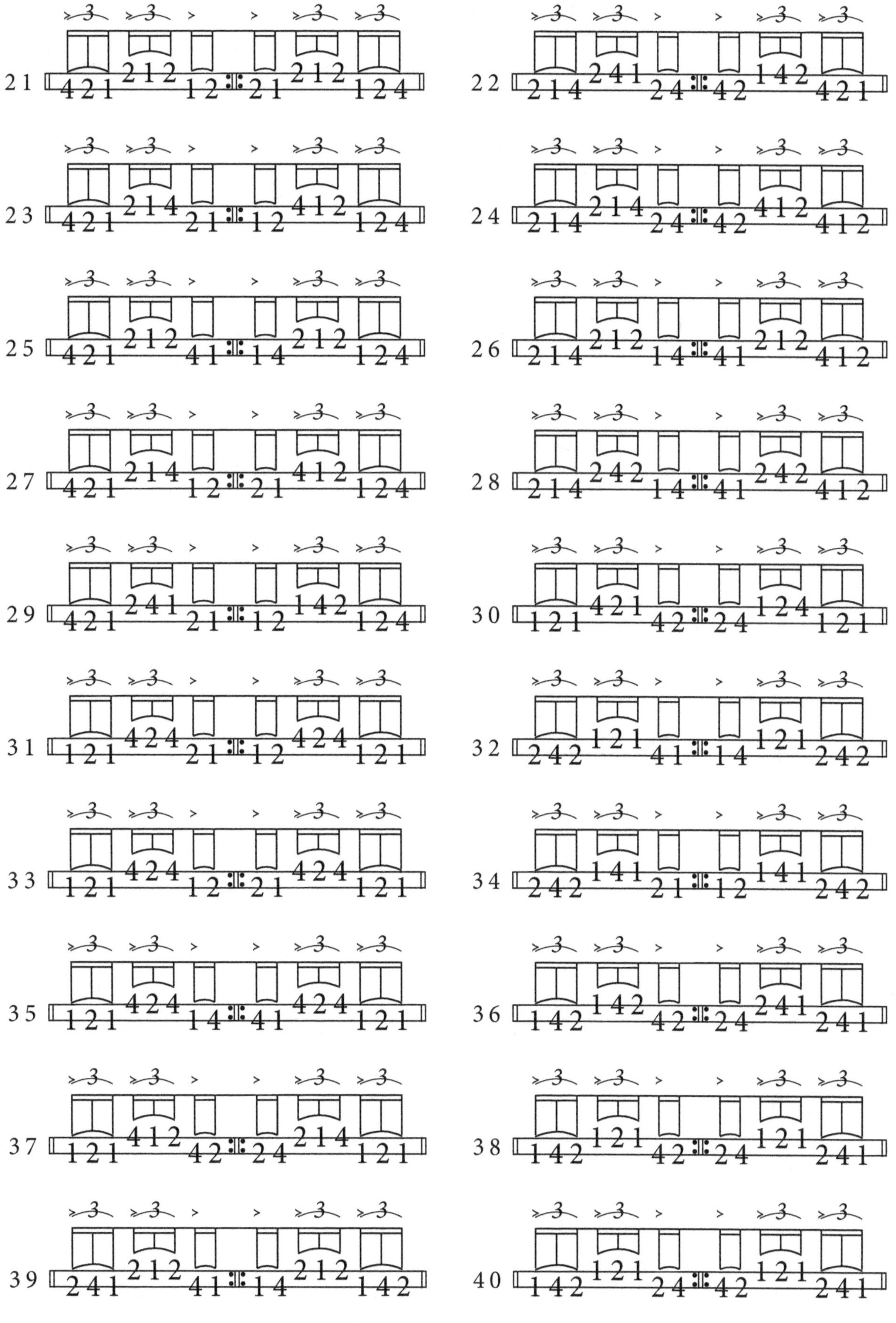

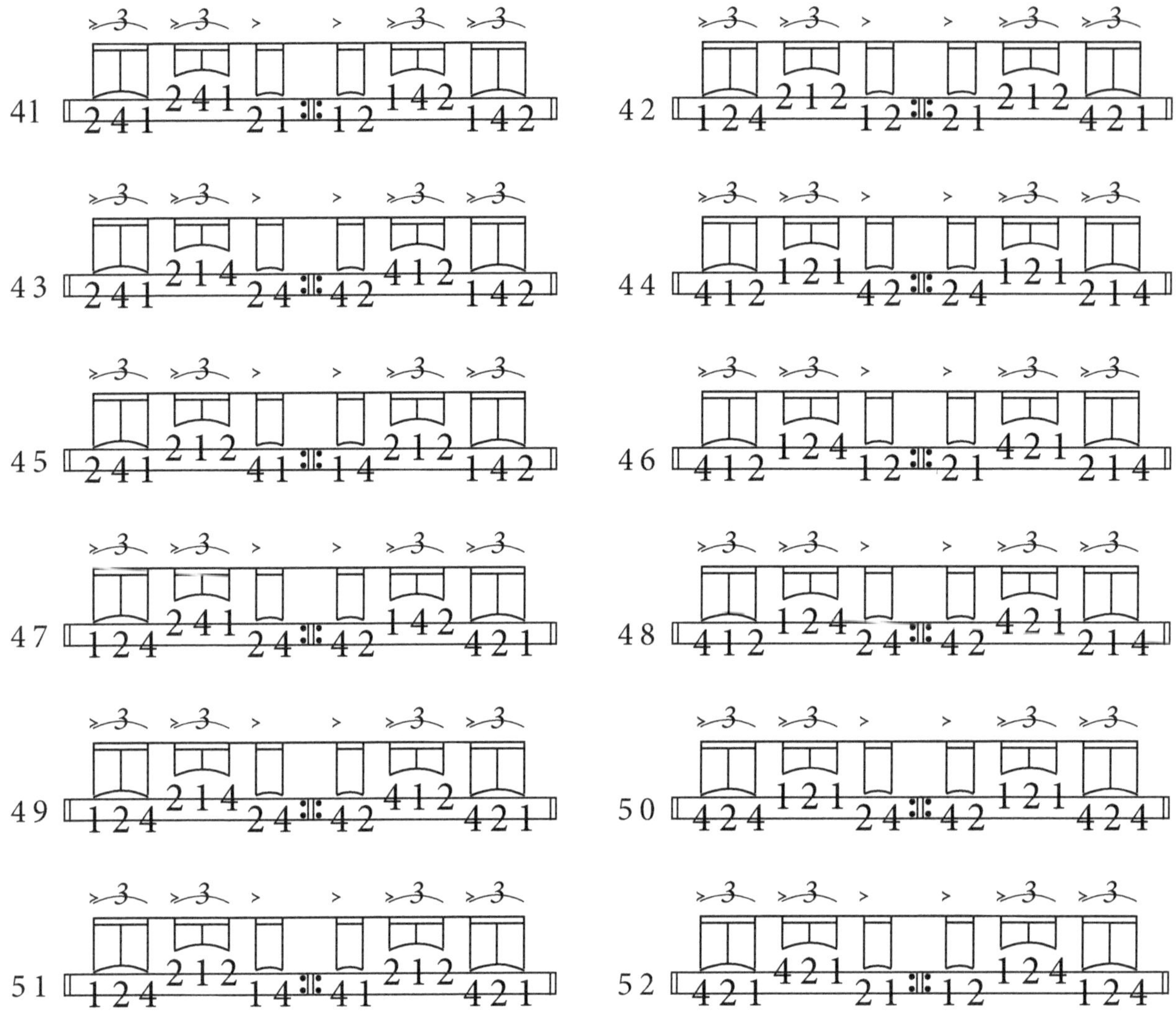

LIGADOS
UNIT 10

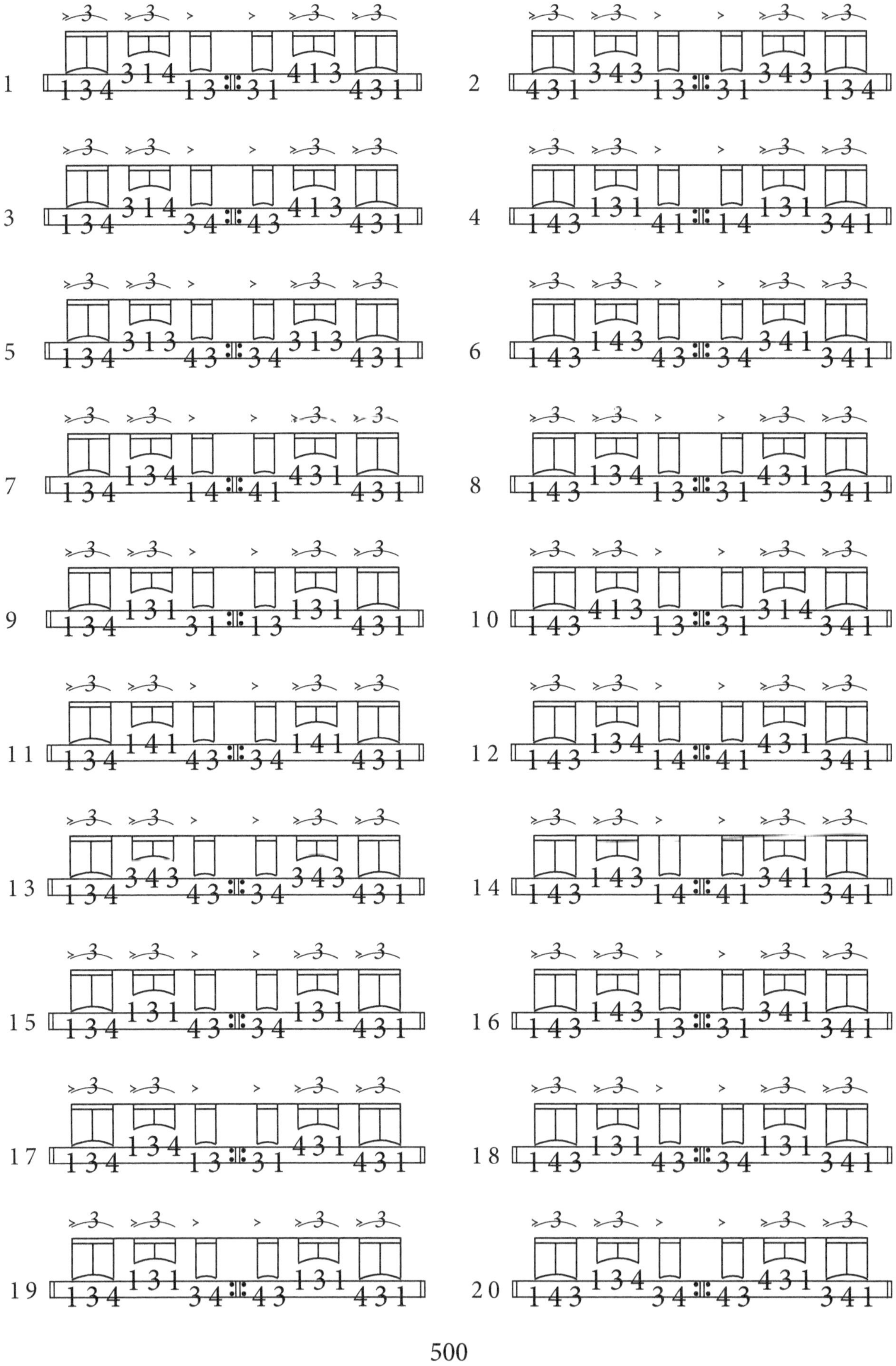

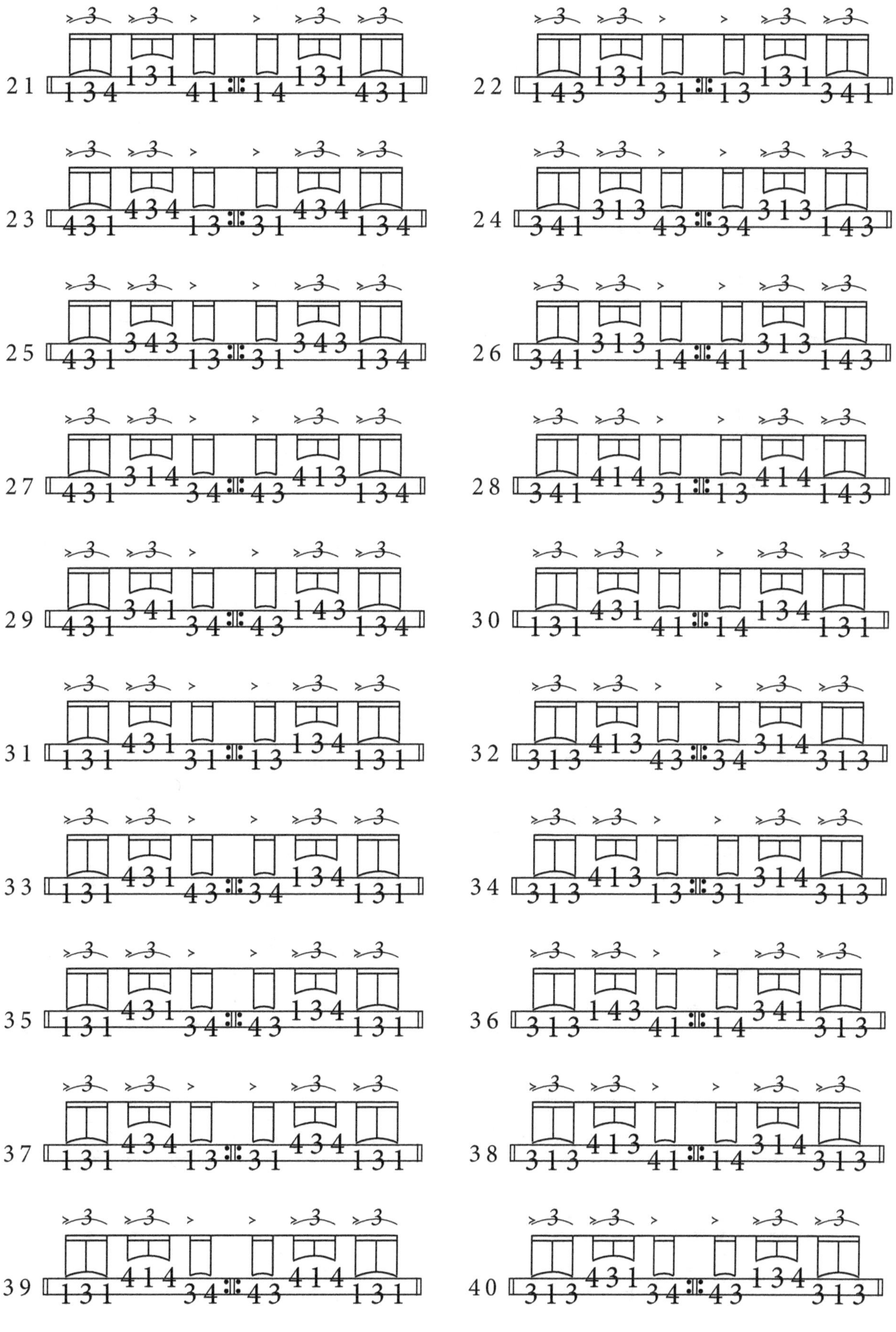

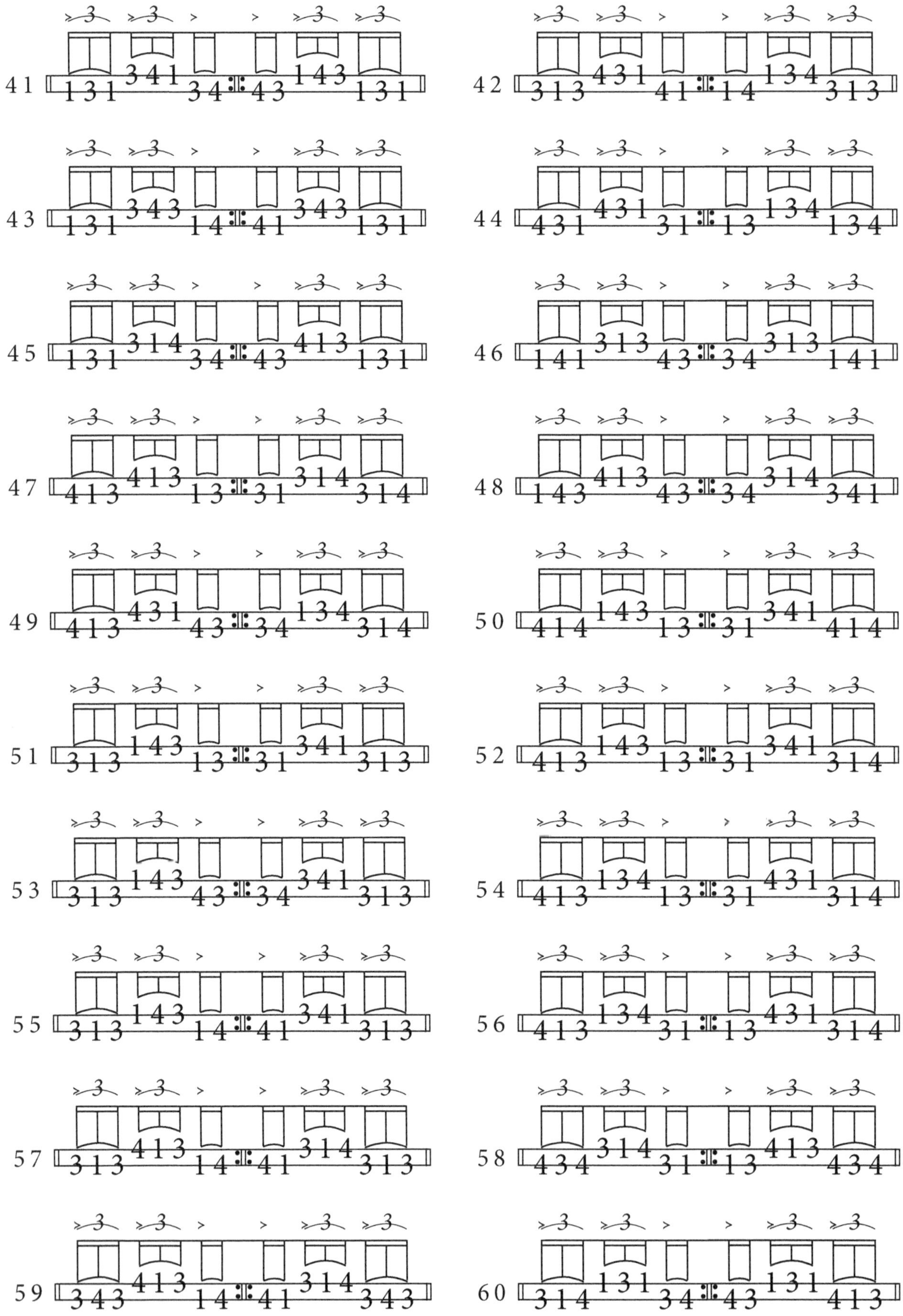

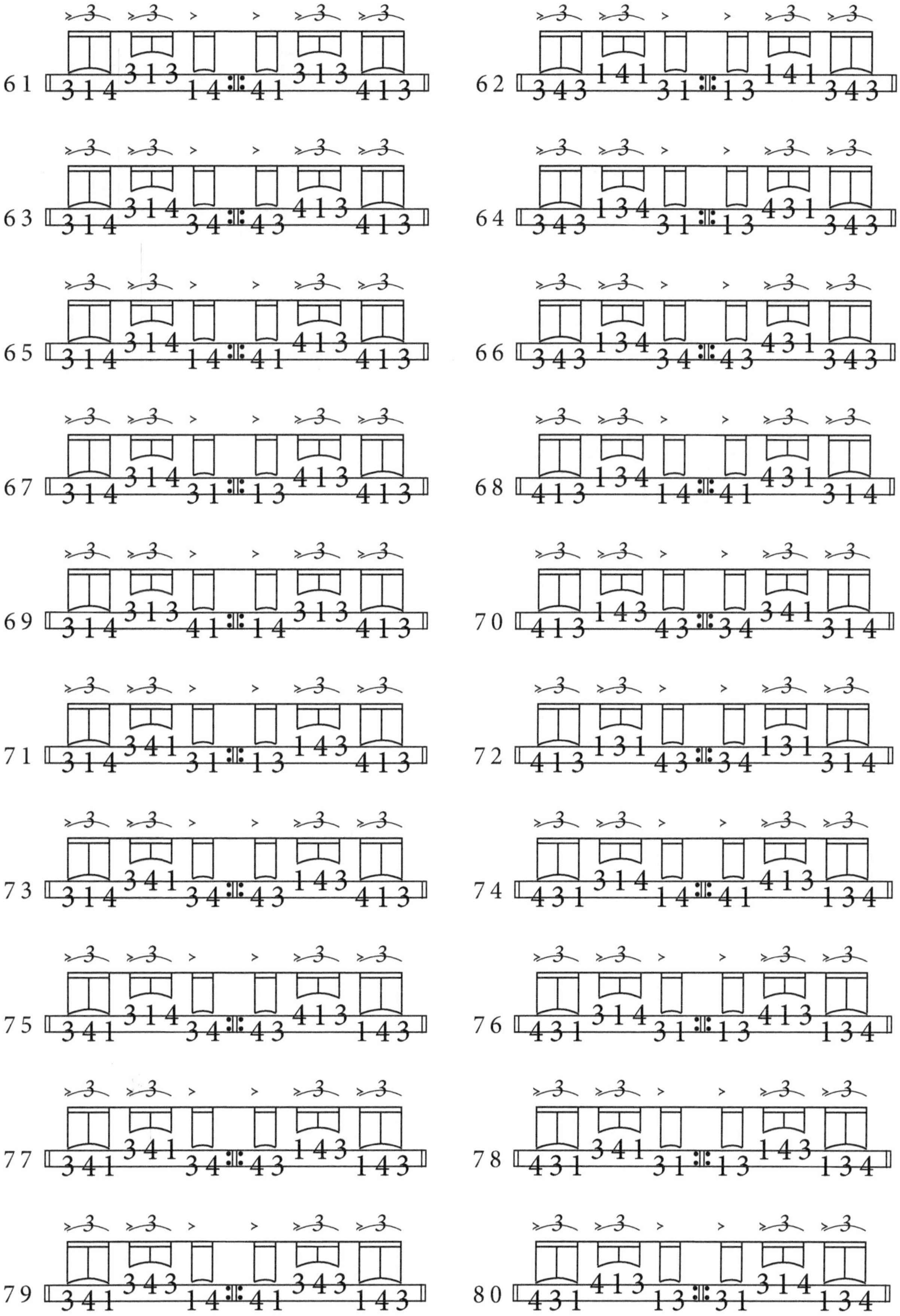

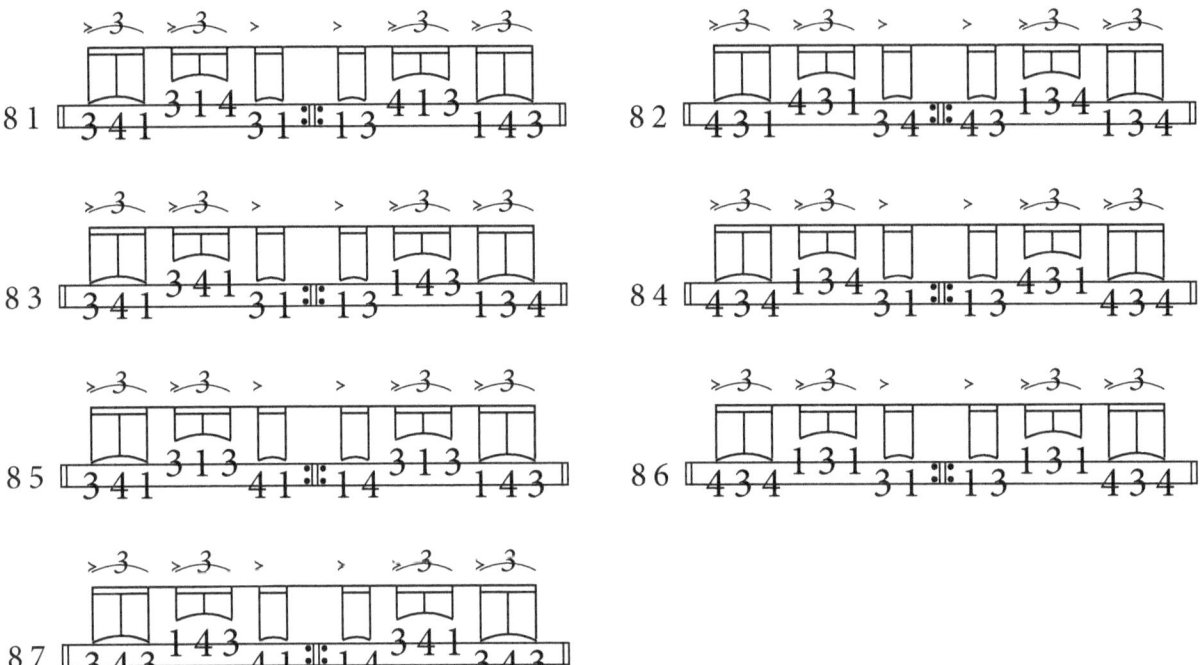

LIGADOS
UNIT 11

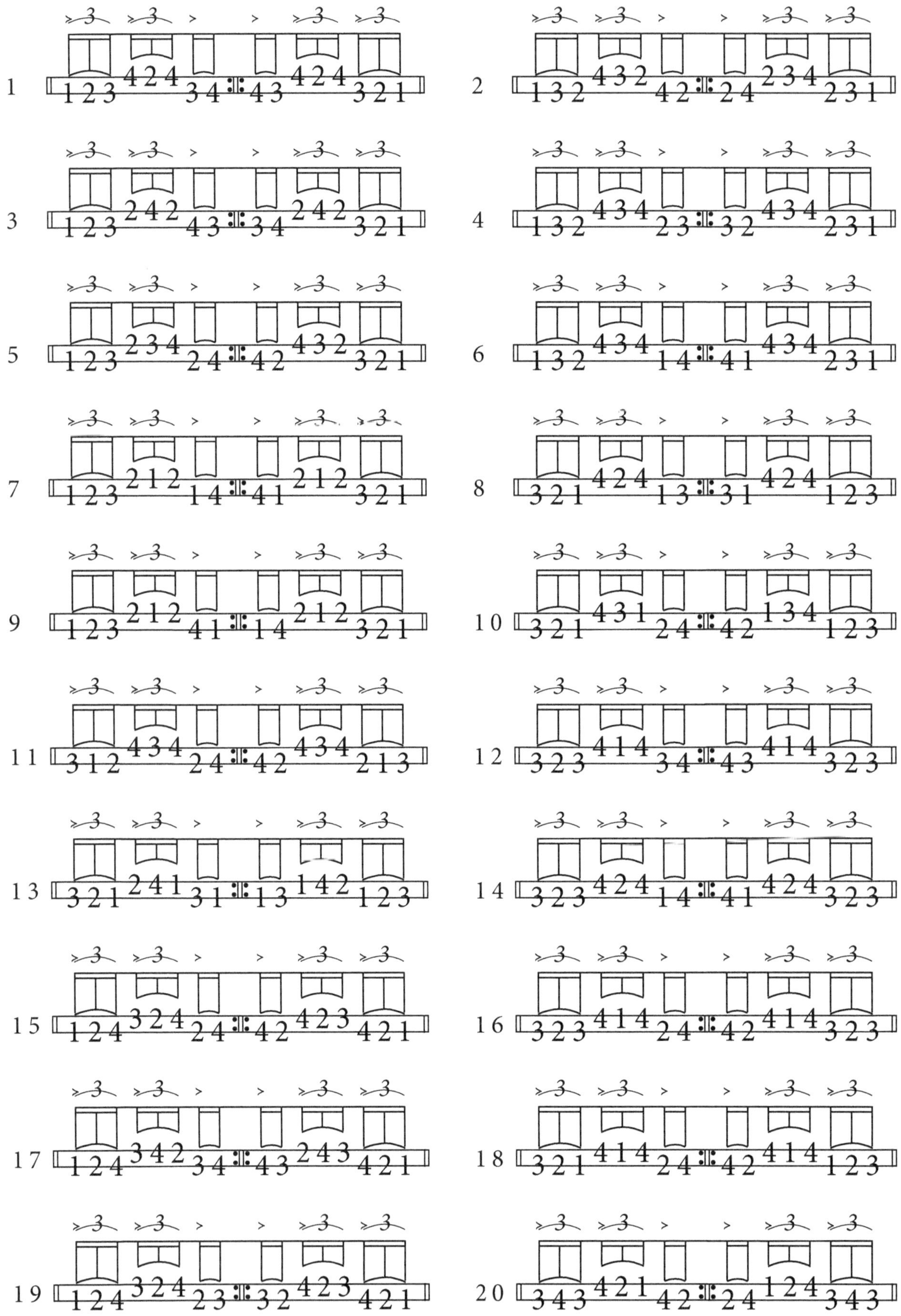

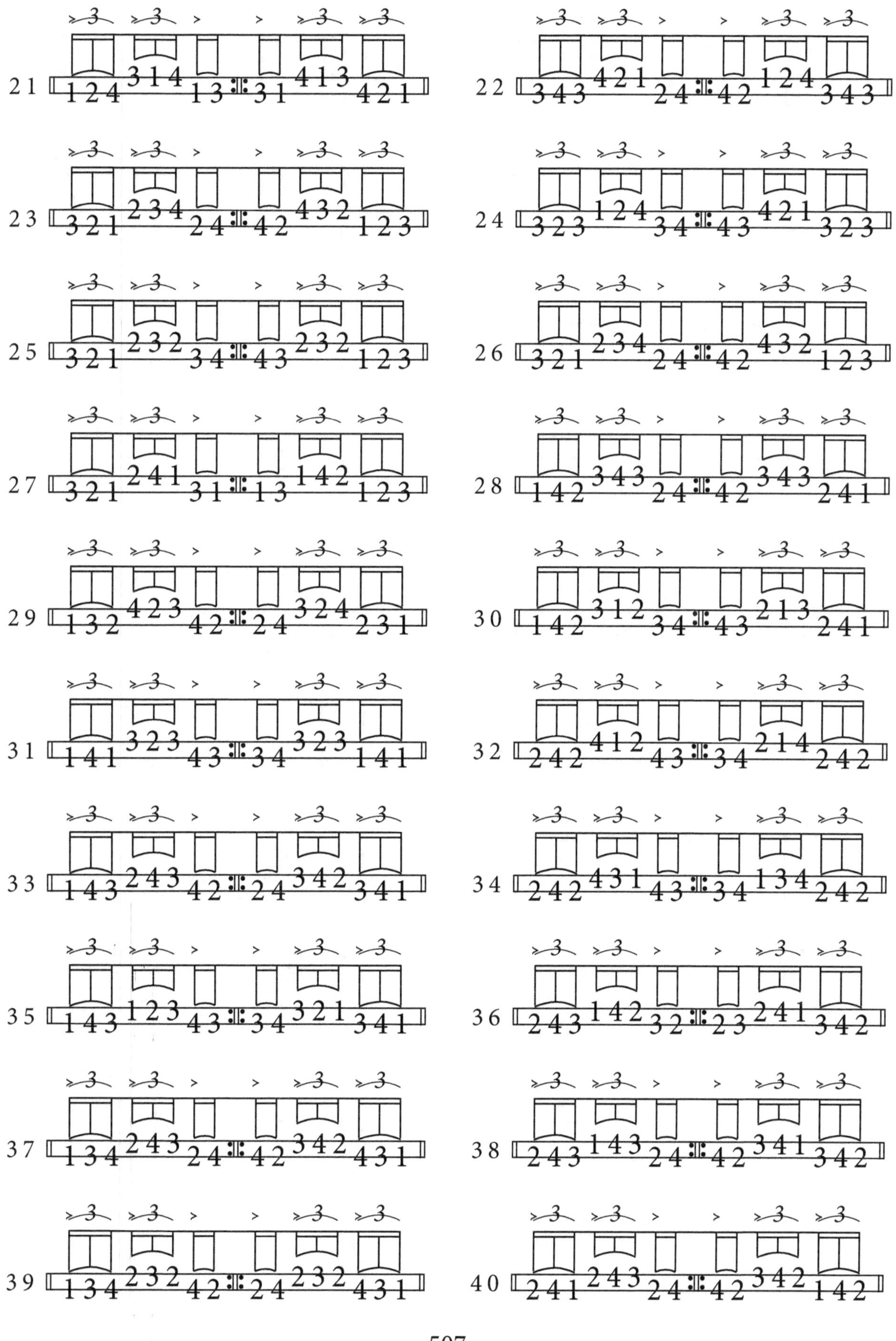

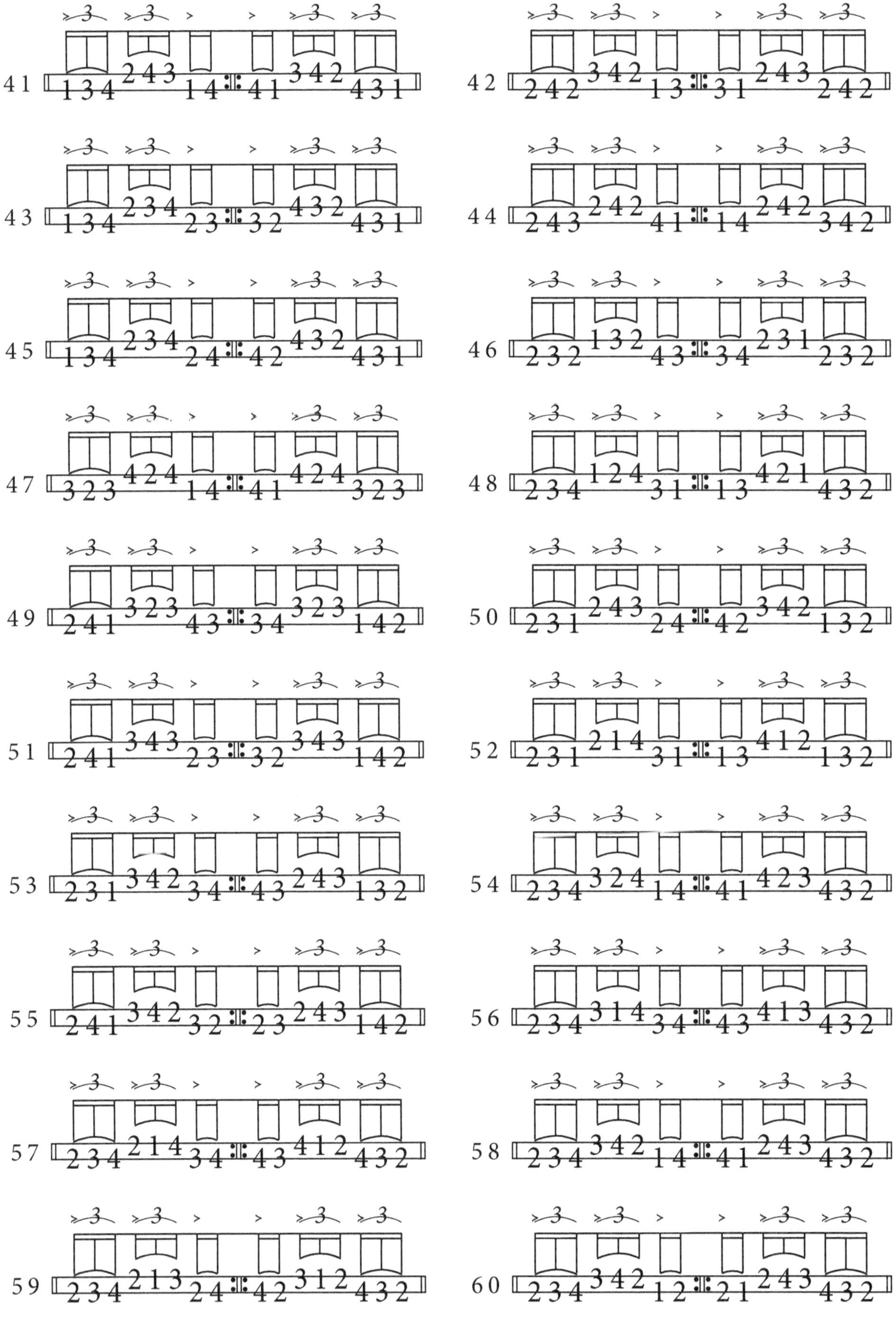

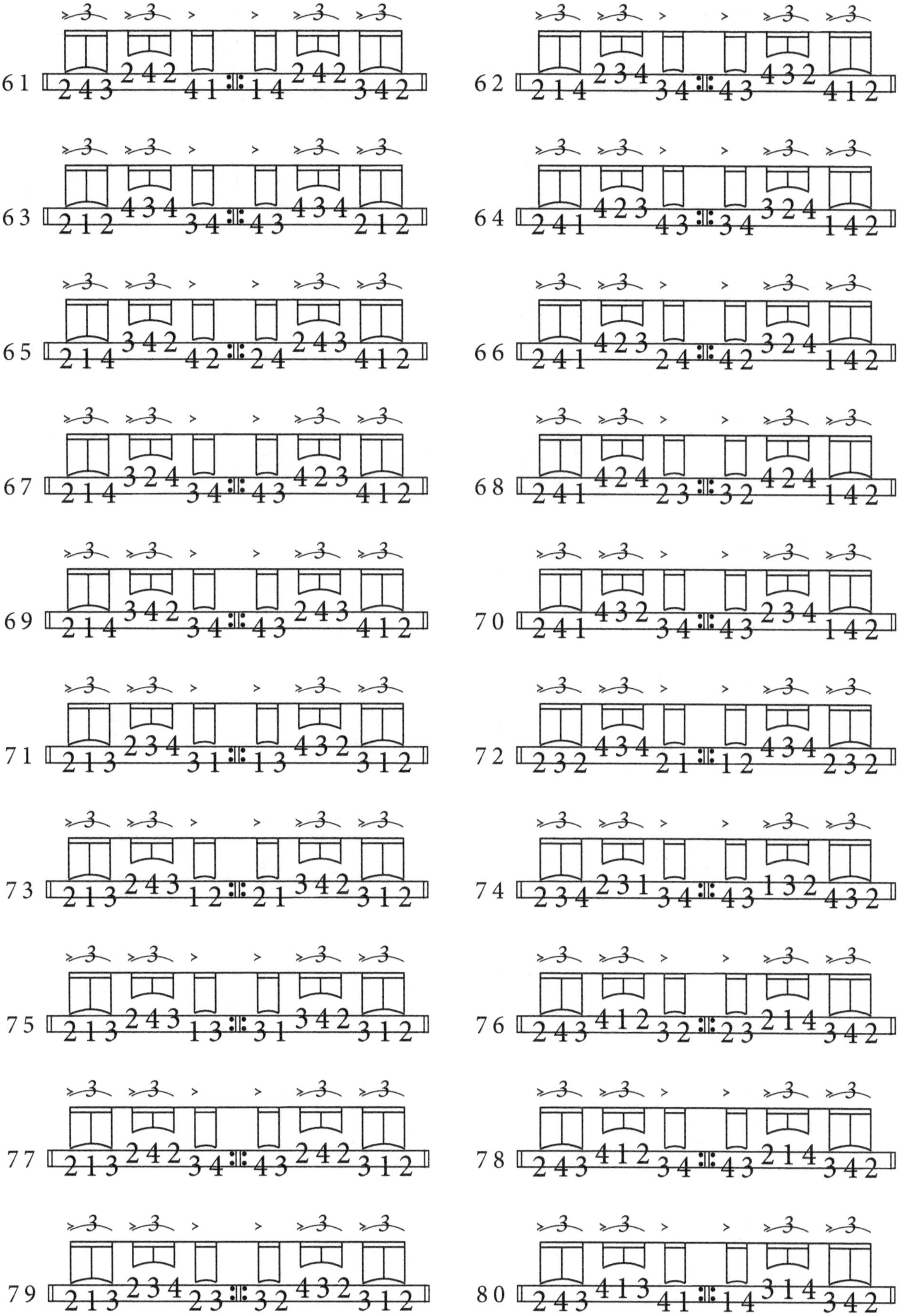

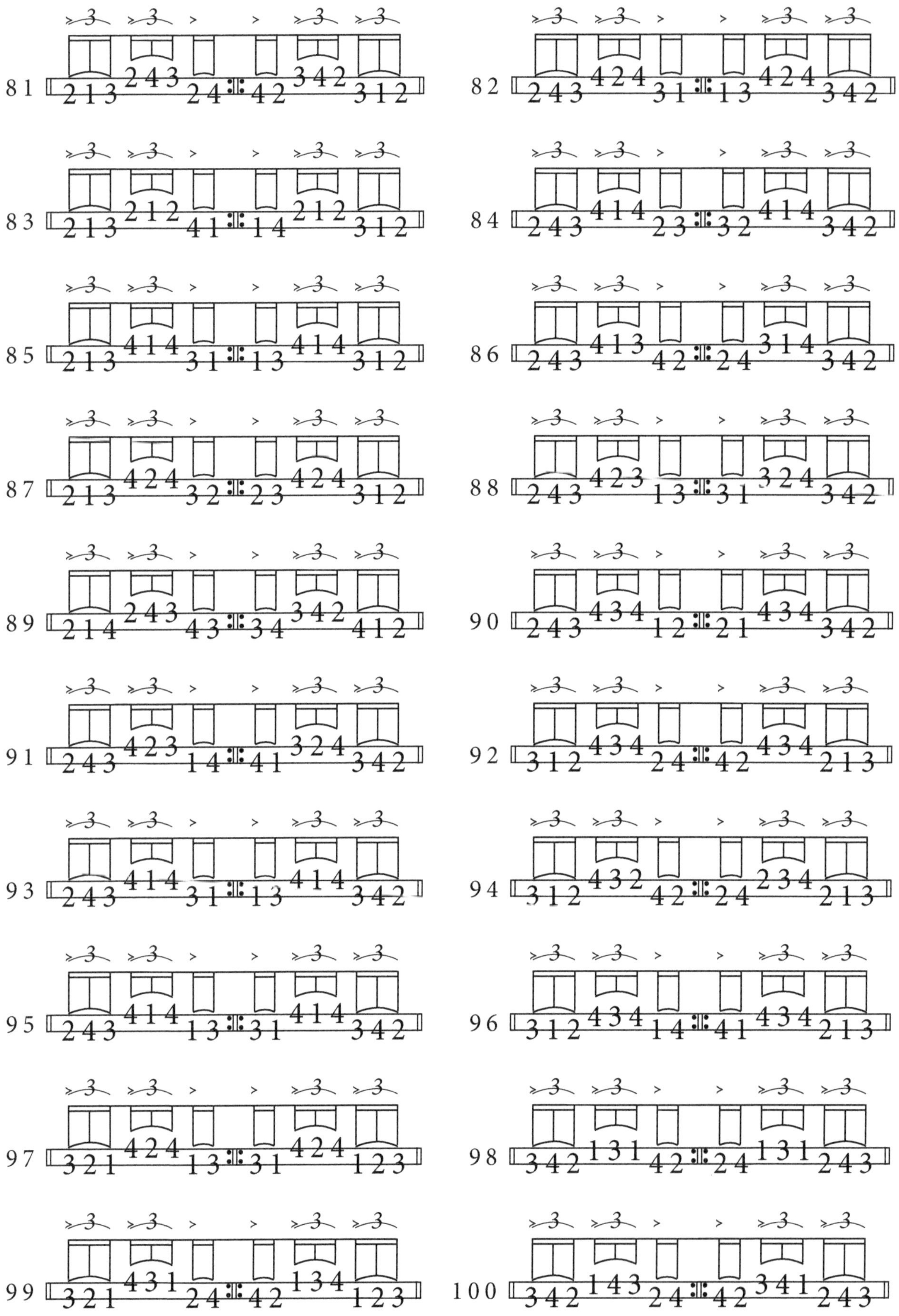

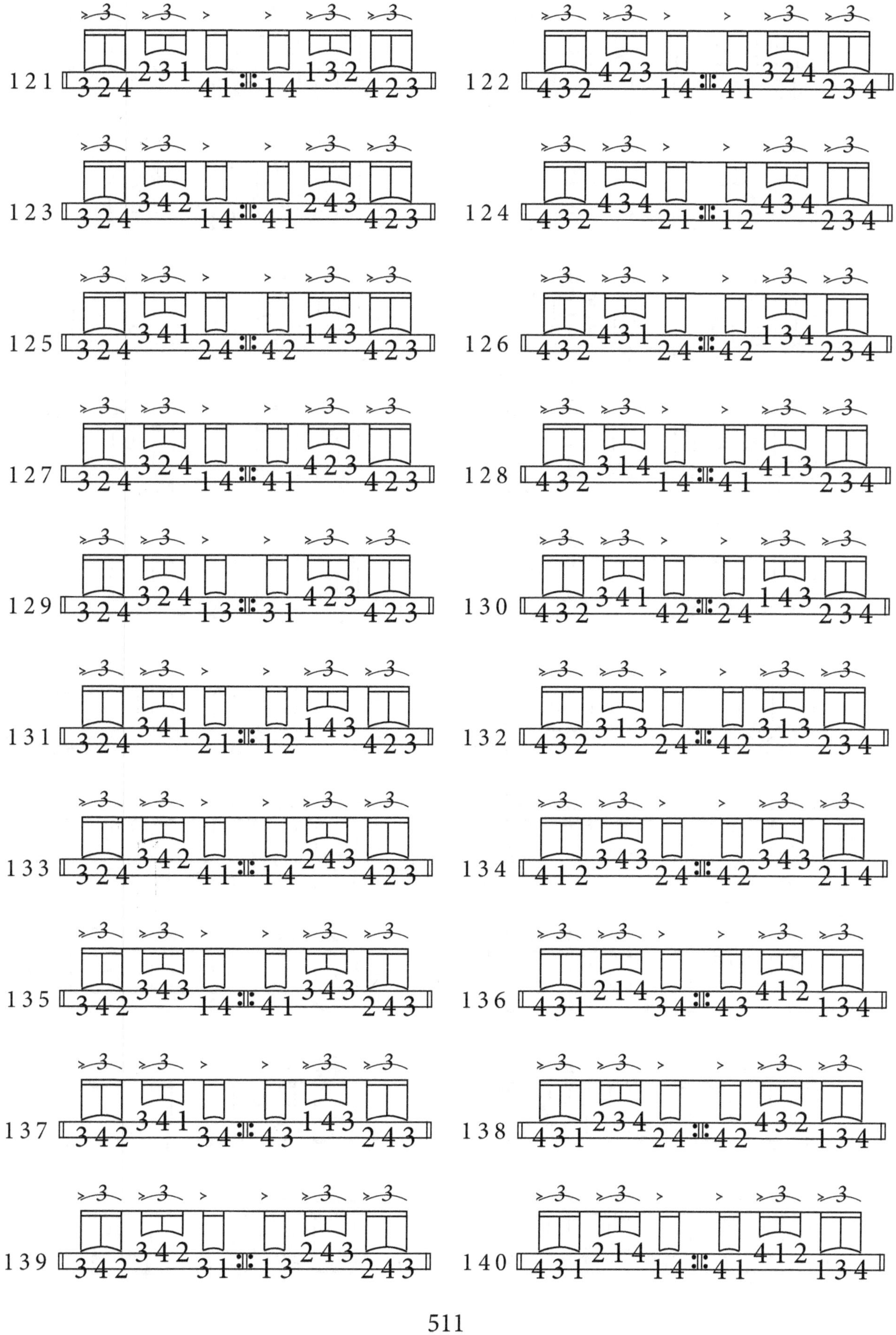

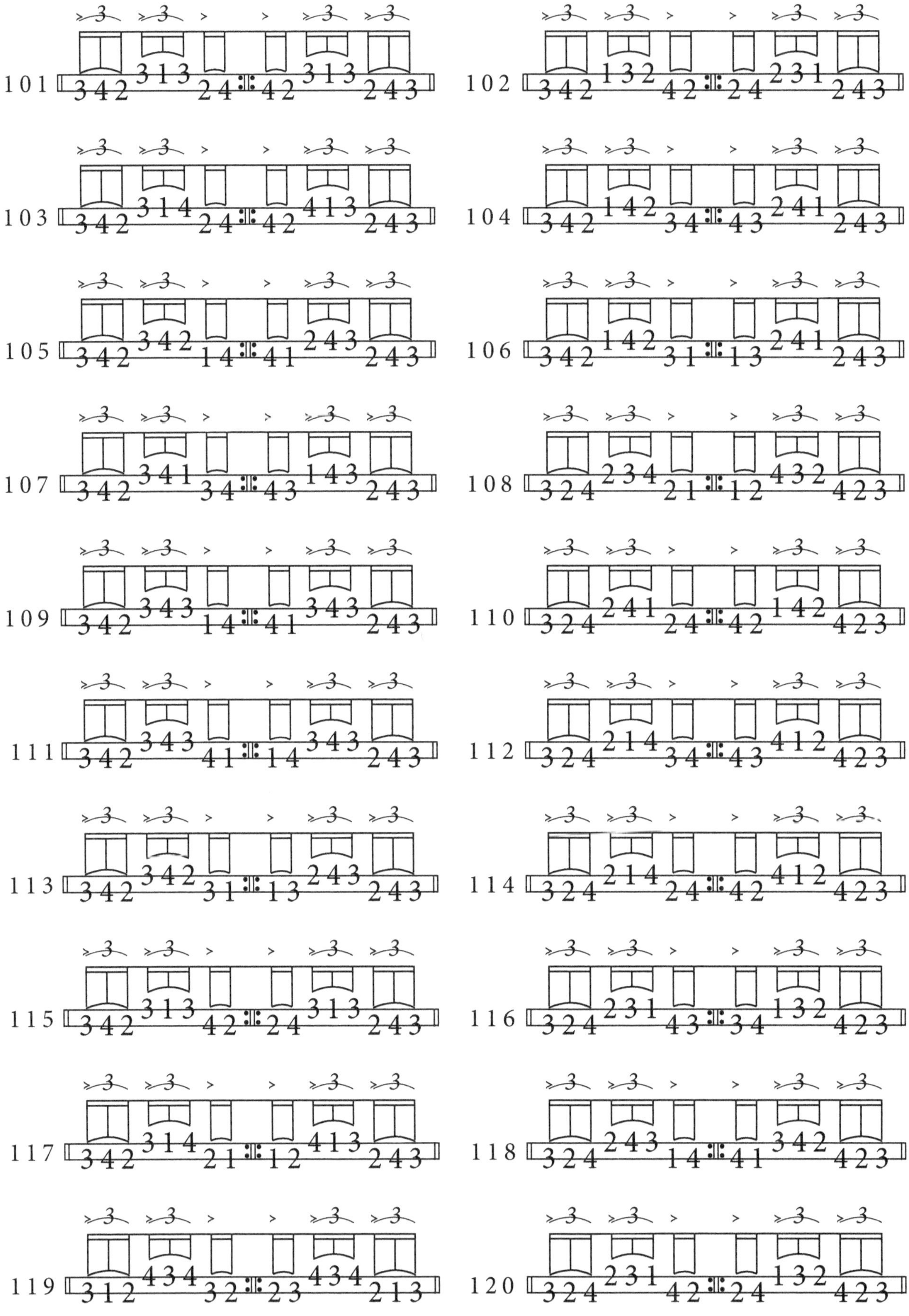

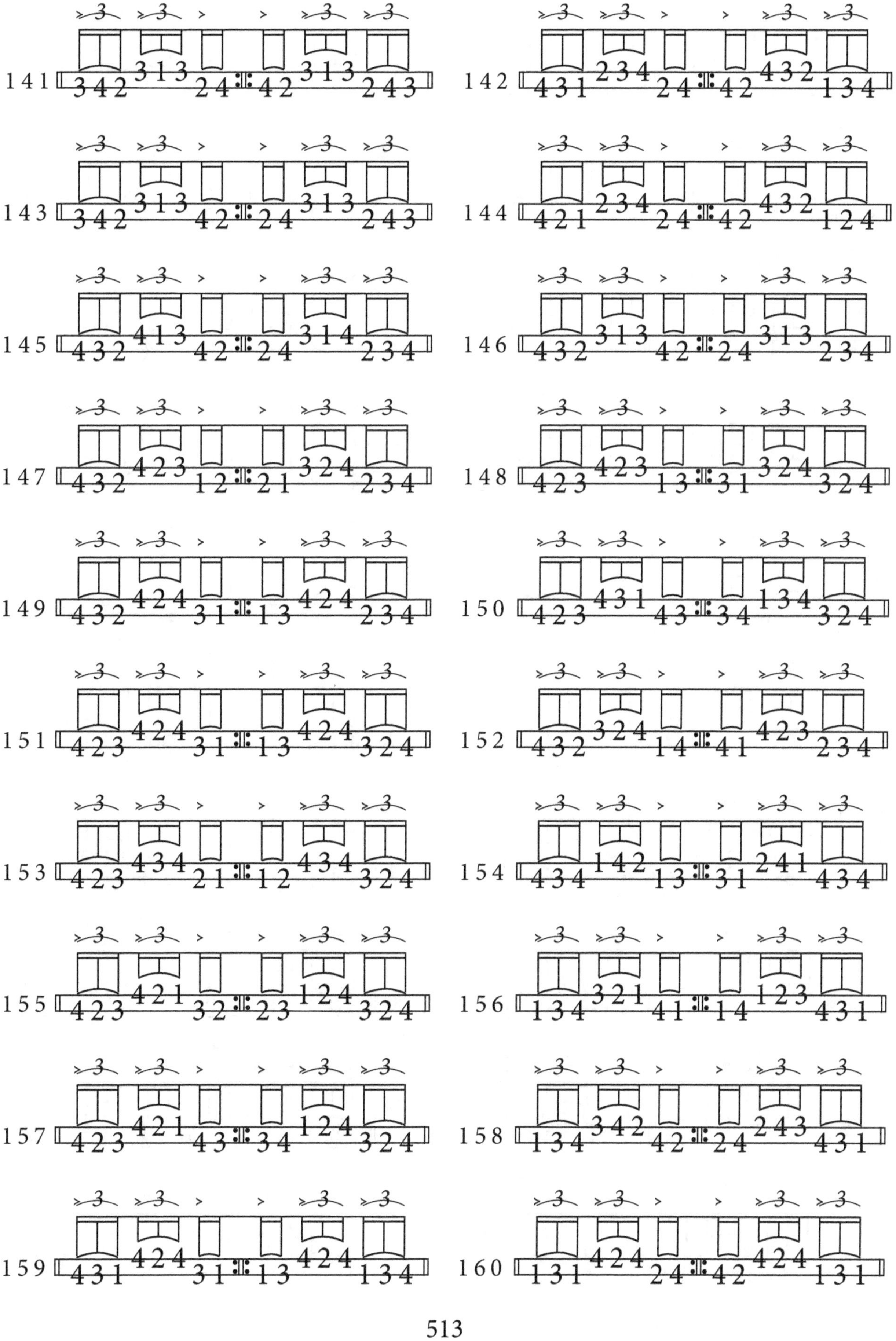

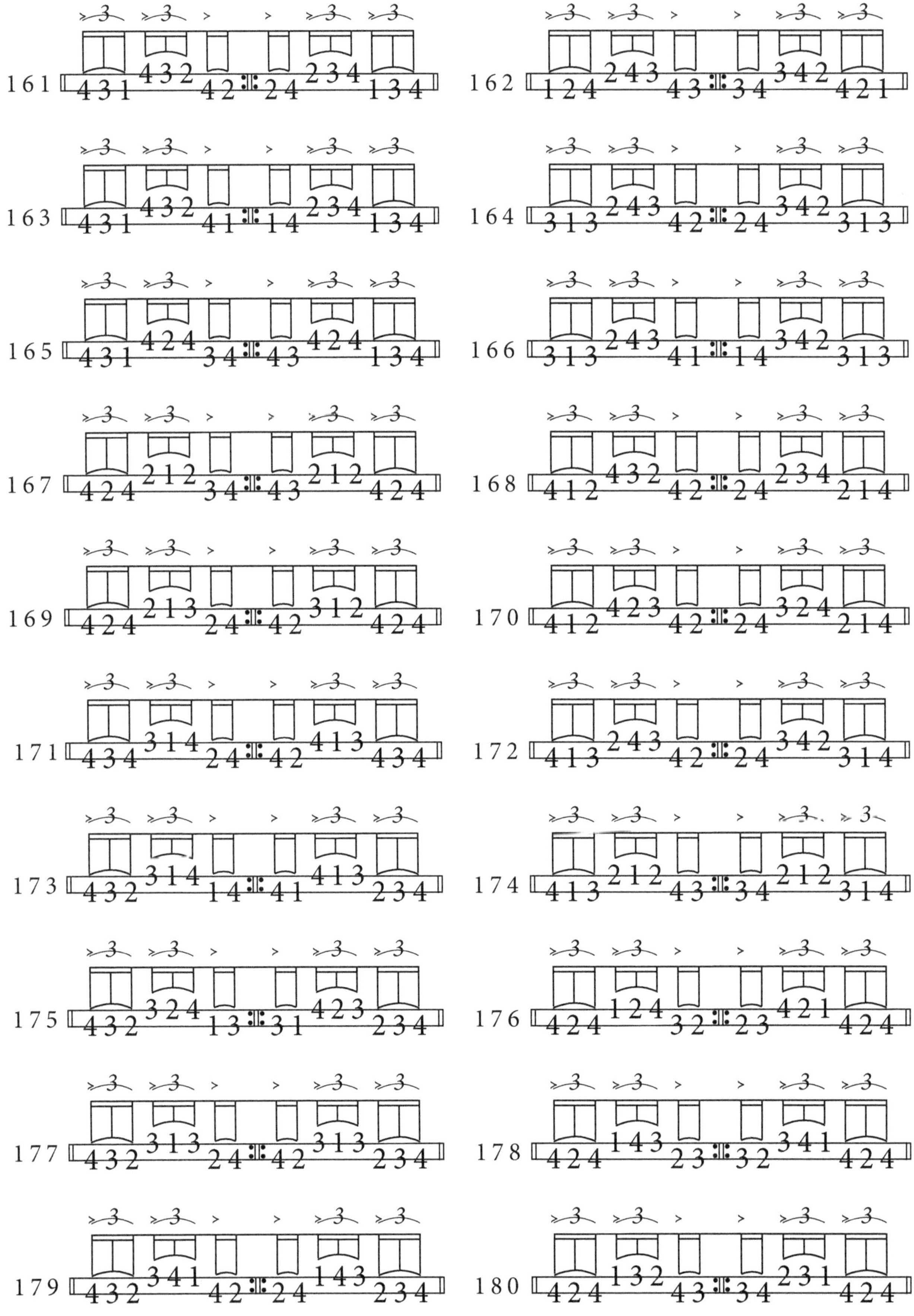

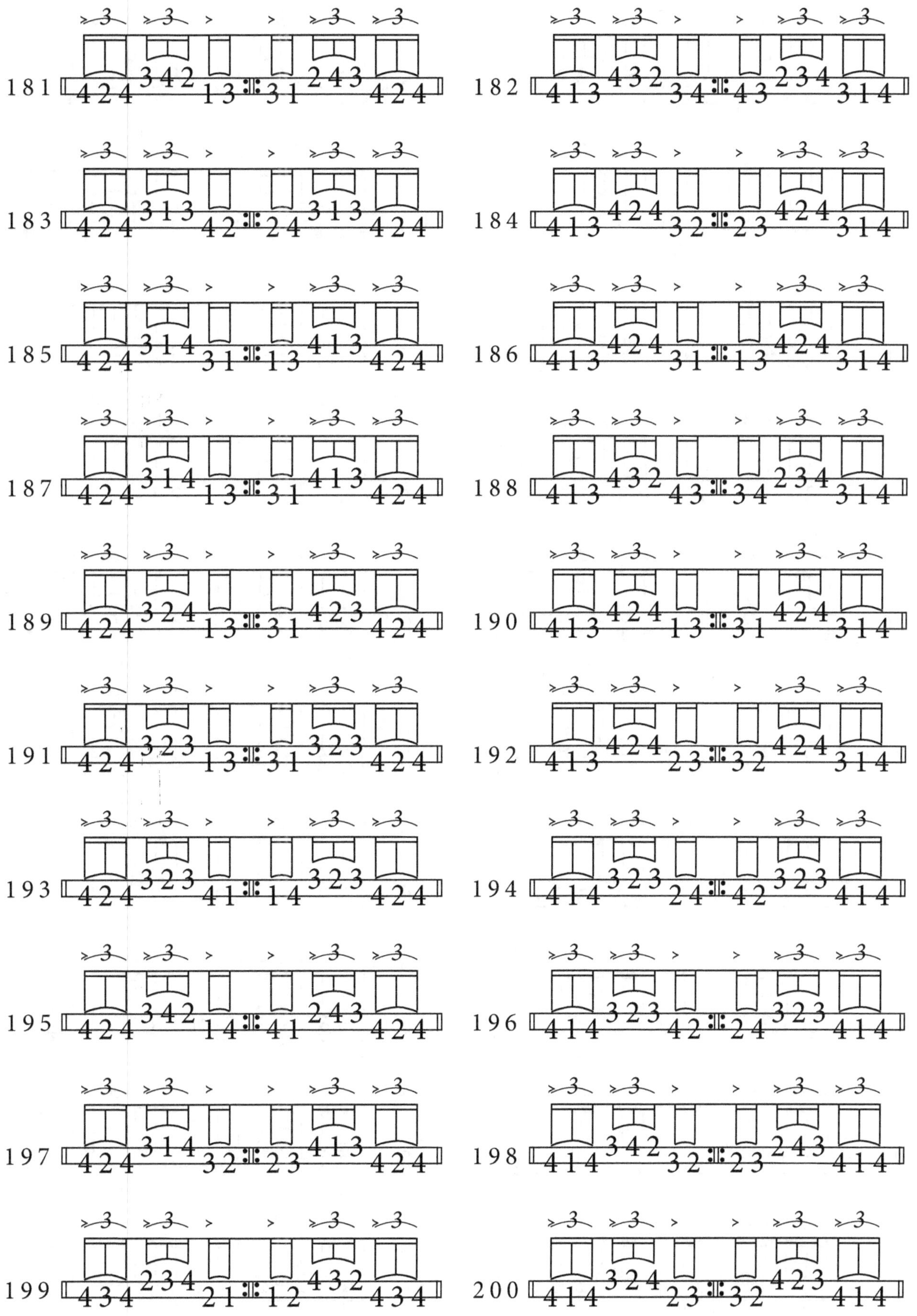

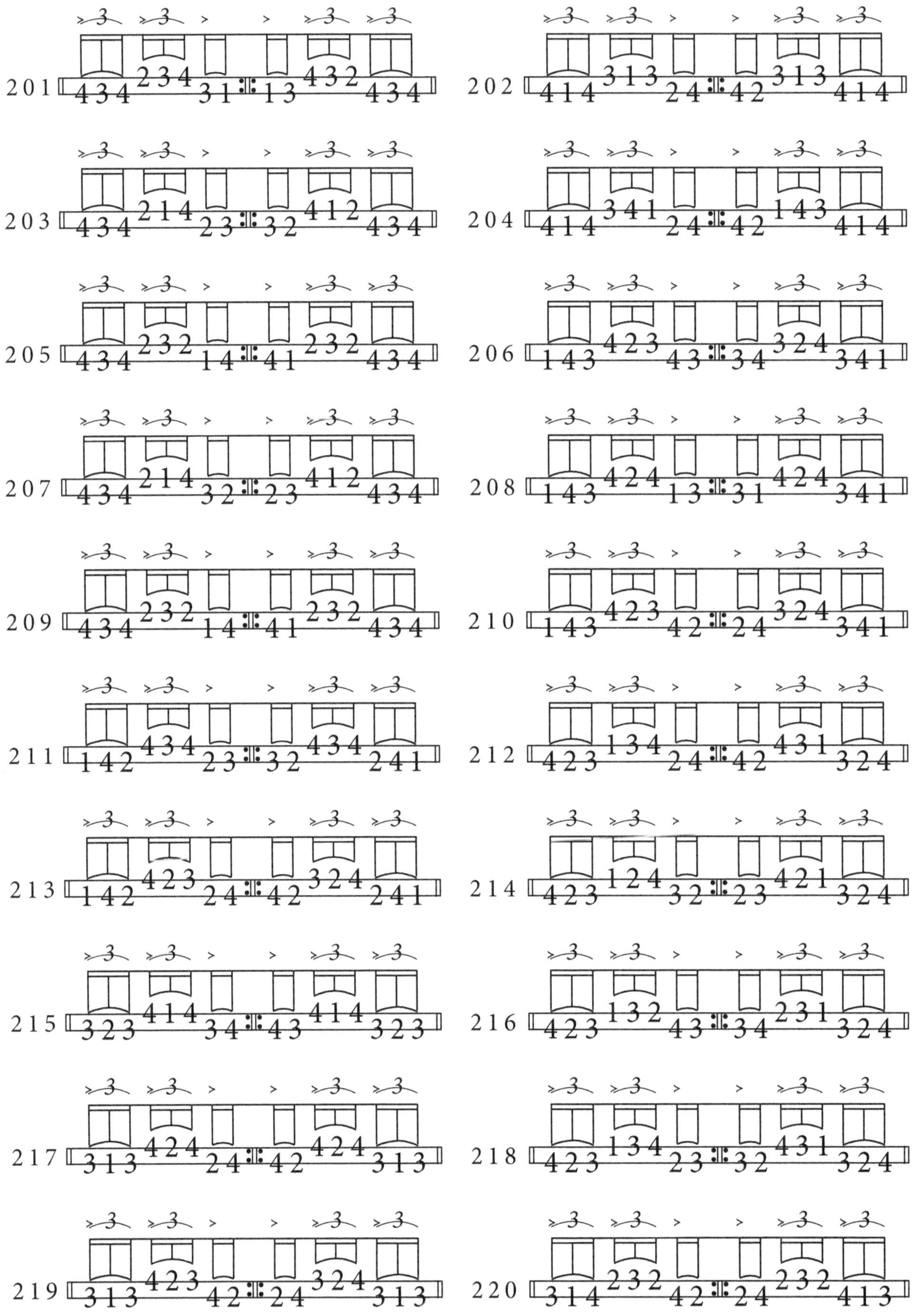

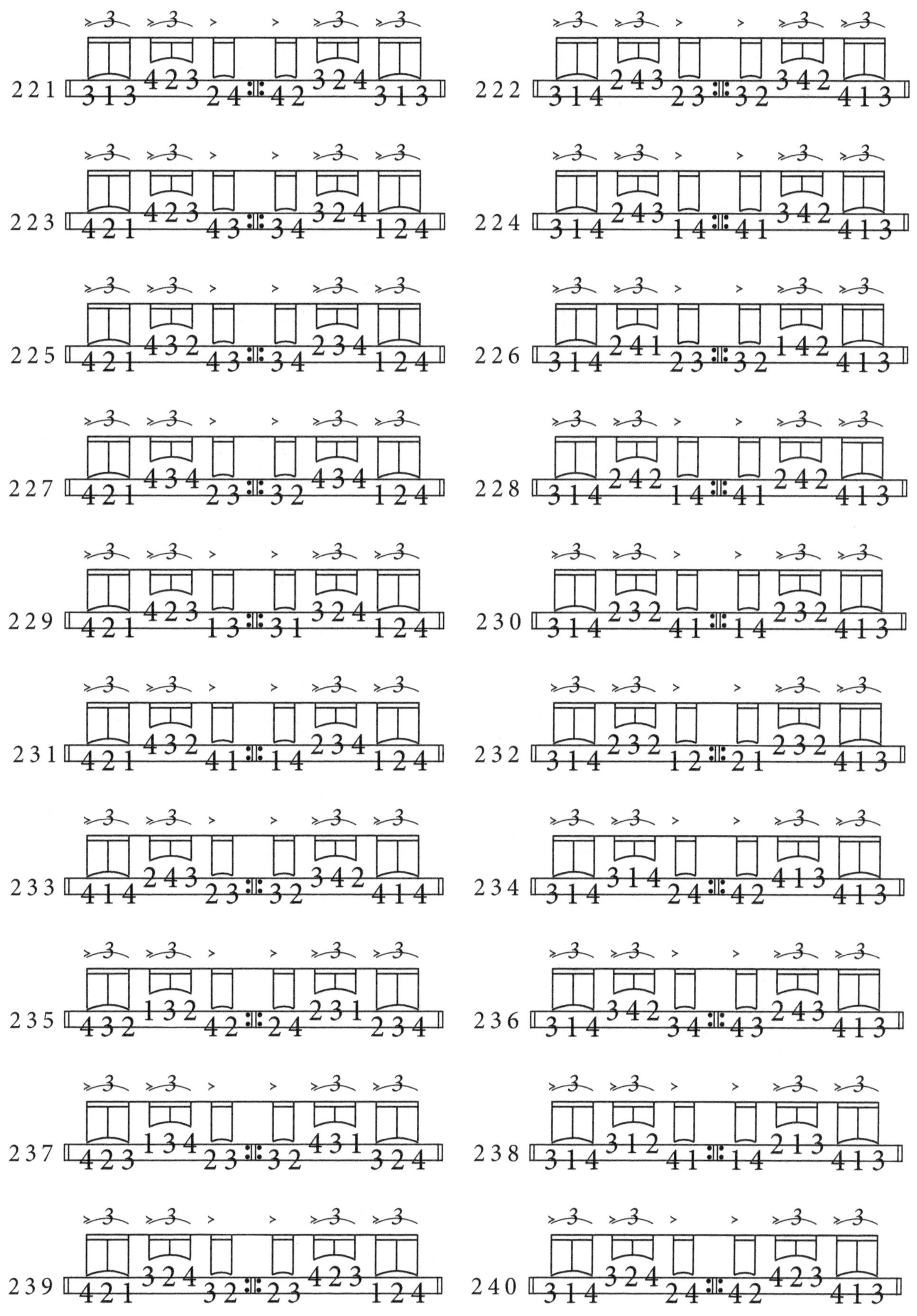

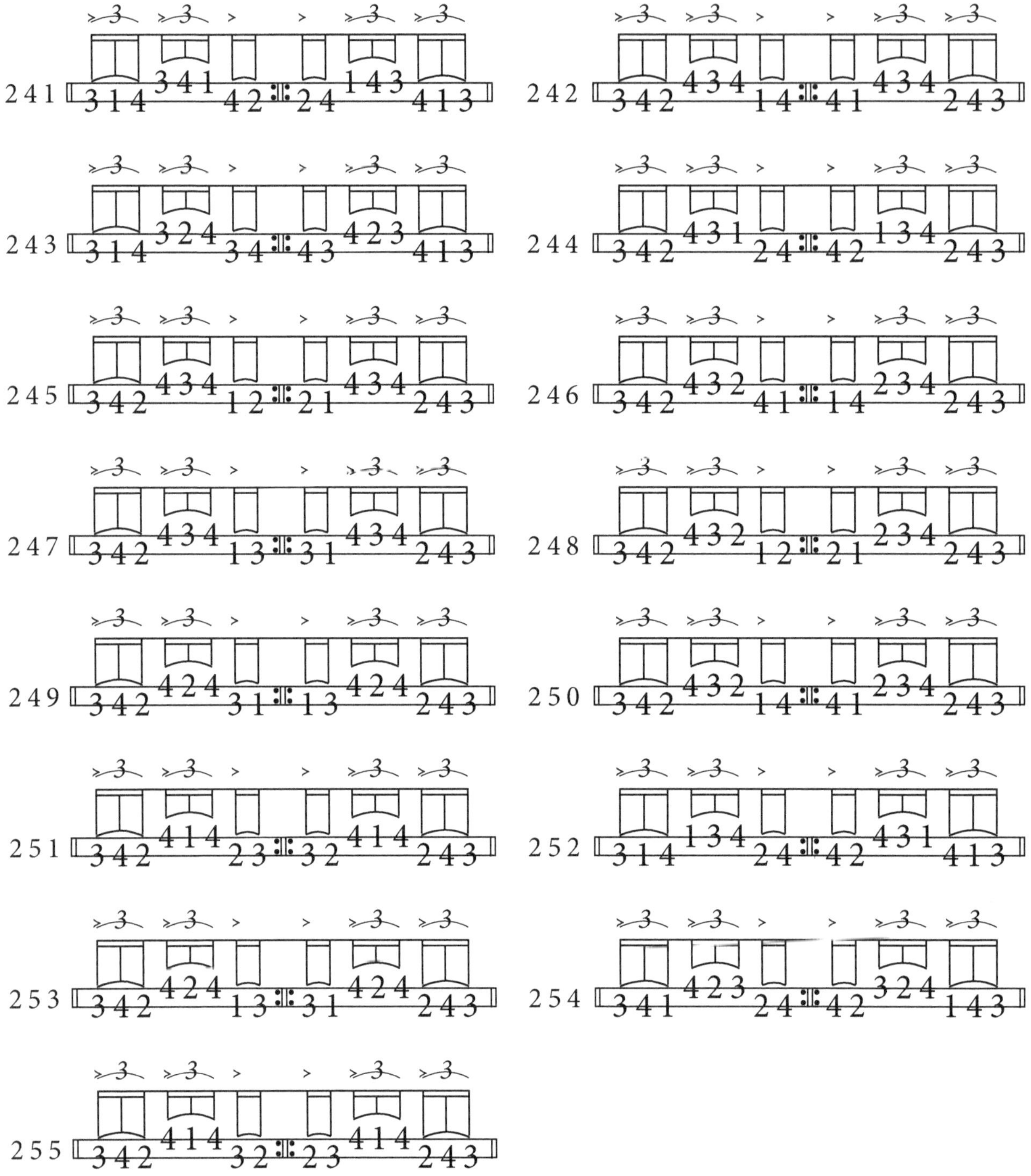

About the Author

Angelo started his studies in 1971, at University Of Athens School Of Medicine in obstetrics and gynecology. Along his medical training and about the same time, he began formal studies in classical guitar at National Conservatory of Athens, Greece.

After successfully completing his medical and music studies, he began his career working as an obstetrician at Kalamata County Hospital, where he witnessed the delivery of hundreds of newborns. Later on, he successfully founded a privately owned medical clinic catered to the needs of the local community.

About 25 years ago Angelo's passion for music was rekindled when a family friend living in Spain, vacationing in Kalamata, introduced him to the unique rhythms and sounds of Flamenco.

Certainly, did not take long for him to completely fall head-over-heels with the music traditions of southern Spain communities of Andalusia, Extremadura and Murcia.

Early on, as a beginner, he struggled trying to locate teaching material and sources to augment his limited at that time knowledge of Flamenco guitar techniques and styles. He frantically searched to find books and lessons explaining these special techniques used in Rasgueados, Pulgar (Alzapua), Golpe and Tremolo. Nothing was available, nothing was organized.

Not be able to locate any Flamenco teaching material, Angelo started in the most amateur, coarse way to generate his own specific technique based exercises needed to develop skills and dexterity.

Decades-long research and effort went into this book and accompanied series in order to educate you in the most efficient, convenient and systematic way.

Organized and presented in current form, this material is guaranteed to satisfy the most demanding and widely possible Classical and Flamenco guitar audience committed in learning the most intricate details of these highly specialized guitar techniques.

Having faith that his work, book series and wearable devices will serve you well, Angelo looks forward in meeting and working with each of you, now and in the near future.